코기토 총서

세계사상의 고전

Das Kapital. Kritik der politischen Ökonomie II
by Karl Marx

코기토 총서 013
세계사상의 고전

자본 II

카를 마르크스 지음 | 강신준 옮김

도서출판 길

옮긴이 강신준(姜信俊)은 1954년 경남 진해에서 태어나 고려대 독어독문학과를 졸업했다. 같은 대학교 대학원에서 경제학을 전공하여 1991년 「독일 사회주의 운동과 농업문제」로 박사학위를 받았다. 독일 프랑크푸르트 대학에서 독일 노동운동사를 연구했으며, 현재 동아대 경제학과 교수로 있다.
저서로 『수정주의 연구 1』(이론과실천, 1991), 『정치경제학의 이해』(동아대학교출판부, 1992), 『자본의 이해』(이론과실천, 1994), 『일본 자본주의의 분석』(공저, 풀빛, 1996), 『노동의 임금교섭』(이론과실천, 1998), 『미국식 자본주의와 사회민주적 대안』(공저, 당대, 2001), 『자본론의 세계』(풀빛, 2001), 『한국노동운동사 4』(공저, 지식마당, 2004), 『재벌의 노사관계와 사회적 쟁점』(공저, 나남, 2005), 『그들의 경제, 우리들의 경제학』(도서출판 길, 2010), 『불량 사회와 그 적들』(공저, 알렙, 2011), 『마르크스의 자본, 판도라의 상자를 열다』(사계절, 2012), 『오늘 「자본」을 읽다』(도서출판 길, 2014) 등이 있다. 역서로는 『임금론』(도프, 거름, 1983), 『자주관리제도』(호르바트, 풀빛, 1984), 『마르크스냐 베버냐』(공역, 뢰비트, 홍성사, 1984), 『자본 2 · 3』(이론과실천, 1988), 『사회주의의 전제와 사민당의 과제』(베른슈타인, 한길사, 1999), 『프롤레타리아 독재』(카우츠키, 한길사, 2006), 『자본』(전5권, 마르크스, 도서출판 길, 2008~10), 『데이비드 하비의 맑스 「자본」 강의』(하비, 창비, 2011), 『맑스를 읽다』(공역, 쿠르츠, 창비, 2014), 『데이비드 하비의 맑스 「자본」 강의 2』(하비, 창비, 2016), 『마르크스의 「자본」 탄생의 역사』(비고츠키, 도서출판 길, 2016) 등이 있다.

코기토 총서 013
세계사상의 고전

자본 II
경제학 비판

2010년 5월 31일 제1판 제1쇄 발행
2010년 10월 25일 제1판 제2쇄 발행
2012년 11월 25일 제1판 제3쇄 발행
2014년 3월 25일 제1판 제4쇄 발행

2019년 1월 15일 제1판 제5쇄 인쇄
2019년 1월 25일 제1판 제5쇄 발행

지은이 | 카를 마르크스
옮긴이 | 강신준
펴낸이 | 박우정

기획 | 이승우
편집 | 이현숙
전산 | 신혜원

펴낸곳 | 도서출판 길
주소 | 06032 서울 강남구 도산대로 25길 16 우리빌딩 201호
전화 | 02) 595-3153 팩스 | 02) 595-3165
등록 | 1997년 6월 17일 제113호

ISBN 978-89-6445-010-9 94300

편 자본의 회전

차례

제3편 사회적 총자본의 재생산과 유통

| 일러두기 |

1. 번역상의 방침

① 원본은 『마르크스-엥겔스 저작집』(*Karl Marx-Friedrich Engels Werke*, 제24권, 1973)을 사용하였다.

② 문맥상 어찌할 수 없는 경우에 한해 의역을 하였다.

2. 주(註)의 표시

① 마르크스 · 엥겔스에 의한 원주는 1), 2), 3)……으로 표시.

※ MEW판에는 1, 2, 3……으로 표시되어 있다.

② MEW판 편집자에 의한 보주는 *으로 표시.

※ MEW판에는 *1, *2, *3……으로 표시되어 있다.

③ MEW판 편집자에 의한 해설은 †1, †2, †3……으로 표시.

※ MEW판에는 〔1〕, 〔2〕, 〔3〕……으로 표시되어 있다.

④ 옮긴이 주: 옮긴이 주는 본문의 ( ) 안에 작은 크기의 활자로 표시.

3. 부호 사용

① 〔 〕: 본문 가운데 중복되거나 예를 든 부분에 한하여 옮긴이가 임의로 넣은 것.

② ( ) 안의 본문 크기 활자: MEW판 자체에 괄호가 있던 부분.

③ 인용문 중의 ( ): 저자 자신이 삽입한 부분.

④ 『 』: 책 · 신문 · 잡지를 구분하지 않고 모두 『 』로 표시.

⑤「　」: 논문이나 책 속의 장 또는 절 등의 제목을 표시.

⑥ {　}: 원문에서 엥겔스가 삽입한 부분.

4. 쪽수 표시

① 본문에 있는 M1, M2, M3……는 MEW판의 쪽수 표시.

② 참고문헌과 인명 · 사항 찾아보기의 각 항목 끝부분의 숫자는 MEW판(본문 중 M1, M2, M3……로 표시한 부분)의 쪽수 표시.

※ MEW판 자체에 쪽수 표시가 없는 부분도 있다(예를 들면 23, 24).

5. 그 밖에

① 독일어 · 영어의 사용: 인명과 개념 또는 강조사항의 경우에 삽입.

② 책명: 참고문헌 · 찾아보기에만 원서명을 넣었다.

③ 책명을 번역할 때 원서명 그대로 완전히 번역하지는 않았다.

④ 몇몇 개념과 용어에서 다른 것이라도 통일시켜 번역한 경우가 있다.

| 제1판 서문 |

『자본』 제2권을 출판 가능한 형태로 만드는 것 — 그것도 한편으로는 가능한 한 일관되고 완결된 저작으로 만들면서 다른 한편으로는 편집자의 저작이 아니라 전적으로 저자의 작품으로 만드는 것 — 은 결코 용이한 일이 아니었다. 방대한 초고의 대부분이 단편적인 것이어서 이러한 작업의 어려움은 더욱 가중되었다. 기껏해야 단 하나의 초고(제4고)만이 출판할 수 있는 형태로 완전하게 정리되어 있었을 뿐이었다. 그러나 그것도 대부분은 나중의 편집과정을 거치면서 무용지물이 되었다. 자료의 주요 부분은 내용상으로는 대체로 잘 정리되어 있었지만, 문장으로는 그렇지 못하였다. 즉 문장은 마르크스가 요점을 정리할 때 사용하던 문장 그대로 쓰여 있었다. 따라서 문체는 부주의한 것이었고, 표현과 어법은 구어체로 가득한 데다 종종 조악한 해학도 포함하고 있었다. 게다가 영어나 프랑스어로 된 전문 용어가 뒤섞여 있었을 뿐 아니라 때로는 문장 전체가(심지어는 몇 쪽에 걸쳐) 영어로 쓰인 경우도 있었다. 이는 저자가 자신의 머릿속에서 전개되는 생각을 그대로 적어 내려간 탓이다. 자세히 다루어진 부분이 있는가 하면, 똑같이 중요한데도 단지 암시만 되어 있는 부분도 있었다. M7

예증을 위한 사실관계 자료들은 단지 수집만 되어 있을 뿐 거의 분류되지 않았고 제대로 다듬어져 있지도 않았다. 장(章)의 끝부분에서는 다음 장으로 넘어가는 데 급급하여, 종종 몇 개의 토막 난 문장들만 남아 있어서 이 부분의 논의가 아직 완료되지 않았다는 것만을 표시하고 있었다. 게다가 필자 자신도 때로는 해독할 수 없었던 그 유명한 필적이 있었다.

나는 초고를 가능한 한 원문 그대로 재생하면서, 문체는 마르크스 자신도 바꾸었을 것이라고 생각되는 곳만을 바꾸었으며, 설명을 위한 문구나 연결을 위한 문구는 절대적으로 필요한 경우에 한하여(그것도 그 의미가 전혀 의문의 여지가 없는 경우에만) 삽입하는 것으로 만족하였다. 그 해석에 조금이라도 의문의 여지가 있는 문장은 원문 그대로 인쇄하는 쪽을 택하였다. 내가 개조하거나 삽입한 분량은 모두 합쳐야 인쇄된 쪽수로는 10쪽에도 못 미치는 것이며, 단지 형식적인 것들에 불과하다.

M8 마르크스가 그의 위대한 경제학적 발견을 출간하기에 앞서 얼마나 비할 데 없는 성실성과 엄격한 자기비판으로 그것을 완벽하게 마무리 짓기 위해 노력하였는지는, 그가 제2권을 위해 남겨놓은 초고의 수를 헤아려 보는 것만으로도 충분할 것이다. 이런 자기비판으로 인해 그는 자신의 서술을, 새로운 연구에 의해 부단히 확대되는 자신의 지평에 형태적으로도, 내용적으로도 거의 맞출 수가 없었다. 이들 초고는 다음과 같이 구성되어 있다.

첫째, 『경제학 비판』(*Zur Kritik der politischen Oekonomie*)이라는 제목의 초고인데, 이것은 1861년 8월부터 1863년 6월 사이에 집필된 것으로, 4절지 1,472쪽 23권으로 이루어져 있다. 이것은 1859년 베를린에서 출간된 똑같은 제목의 제1권 속편이다.* 이 초고의 1~220쪽(제1~5권)과 1,159~1,472쪽(제19~23권)에서는 『자본』 제1권에서 논의된 주제들, 즉 화폐의 자본으로의 전화에서 끝까지를 다루는데, 이것이 『자본』 제1권에

* MEM Bd. 13, 3~160쪽 참조.

대한 현존하는 최초의 초고이다. 973~1,158쪽(제16~18권)은 자본과 이윤, 이윤율, 상인자본과 화폐자본, 즉 나중에 제3권의 초고에서 전개되는 주제들을 다룬다. 그러나 제2권에서 다루어지는 주제들과 나중에 제3권에서 다루어지는 수많은 주제들이 아직 제대로 구분되어 있지는 않다. 그것들은 함께 뒤섞여 있는데 특히 이 초고의 주요 부분을 이루는 220~972쪽(제6~15권)에 걸친 잉여가치학설사(Theorien über den Mehrwert) 부분에서 더욱 그러하다. 이 부분은 경제학의 정수인 잉여가치이론에 대한 상세한 비판적 역사를 포함하며, 또한 나중에 제2권과 제3권의 초고에서 논리적 연관을 통해 별도로 탐구되는 대부분의 문제점들을 그 선행자들에 대항하는 논전의 형태로 전개하고 있다. 나는 이 초고 가운데 제2권과 제3권에 포함된 상당 부분을 제외한 나머지 부분을 『자본』 제4권으로 출판하려고 한다.[†1] 이 초고는 그것이 비록 가치 있는 것이긴 하지만, 여기 제2권에서는 별로 소용이 없는 것이었다.

연대순으로 보아 그 다음 초고는 제3권의 초고이다. 이 초고는 적어도 그 대부분이 1864년과 1865년에 집필되었다. 이 초고의 주요 부분이 완성되고 난 후에야 비로소 마르크스는 제1권의 마무리에 착수하여, 그것을 1867년에 출간하였다. 나는 현재 이 제3권의 초고를 출판하기 위해 정리하는 중이다.

그 다음 기간 — 제1권 출판 이후 — 의 것으로는 제2권을 위한 2절지로 된 초고 4권을 모은 것이 있는데, 마르크스 자신에 의해 1~4까지 번호가 매겨져 있다. 그 가운데 제1고(150쪽)는 1865년 또는 1867년에 집필된 것 M11 으로 추정되는데, 지금 출판되는 제2권에 대한 최초의 독립적 저술이긴 하지만, 다소 단편적인 형태를 띤다. 여기에도 또한 별로 이용할 만한 것은 없었다. 제3고는 부분적으로는 인용문과 마르크스 자신의 발췌 노트(대부분 제2권 제1편과 관련된 것이다)에 대한 언급을 모은 것이며, 부분적으로는 특별한 핵심적 문제들, 즉 고정자본과 유동자본, 그리고 이윤의 원천 등에 관한 애덤 스미스의 명제들에 대한 비판을 정교하게 다룬 것으로 이루어져 있다. 거기에다 이윤율과 잉여가치율의 관계에 대한 설명도 있지만, 이것은 제3권에 속하는 내용이다. 이런 언급들에서 새로이 얻을 만한 것은 거의 없었으며, 제2권과 제3권의 정리된 초고도 나중의 편집 작업에 의해 대체됨으로써 그 대부분이 폐기되었다. 제4고는 제2권 제1편과 제2편 제1장을 위해 출판 가능한 형태로 정리된 것이어서 적소에 사용하였다. 이 초고는 제2고보다 먼저 집필된 것이 분명하지만 형태상으로는 보다 완전한 것이었기 때문에 이 책의 해당 부분에 유용하게 쓰일 수 있었다. 제2고는 약간의 첨가만으로도 충분하였다. 제2고는 제2권의 초고 가운데 유일하게 어느 정도 완성된 것이며, 시기상으로는 1870년에 집필된 것이다. 이제 곧 언급을 하겠지만, 마지막 교정을 위한 비망록에는 '제2고를 기초로 할 것'이라고 뚜렷하게 기록되어 있다.

1870년 이후 주로 질병으로 인하여 또 한 차례의 중단 시기가 있었다. 마르크스는 늘 그래왔듯이 이 기간을 여러 연구들로 채웠다. 농학, 아메리카와 러시아의 농촌 사정, 금융시장과 은행제도, 그리고 지질학과 생리학, 특히 독자적인 수학 연구와 같은 자연과학에 대한 연구들이 이 시기의 수많은 발췌 노트의 내용을 이룬다. 1877년 초 그는 원래 작업을 재개할 수 있을 만큼 충분히 건강이 회복되었다고 생각하였다. 1877년 3월 말 앞서 이야기한 4개의 초고에 대한 참고 및 주해가 만들어져, 제2권의 신작(新作)을 위한 기초를 이루게 되었는데, 이것은 제5고(2절지로 56쪽)로부터 시작된다. 이 제5고는 제2권의 처음 4개 장을 포괄하는데, 아직 덜 다듬어진 상태이다. 핵심적인 문제들은 각주로 처리되어 있다. 자료들은 수집만 되어 있고 아직 분류되어 있지는 않다. 그러나 이것이 제1편 중에서 가장 중요한 부분에 대한 최후의 완전한 서술이다. 이것으로부터 출판 가능한 원고를 만들어내고자 하는 최초의 시도가 제6고(1877년 10월 이후부터 1878년 7월 이전에 걸쳐)에서 이루어졌는데, 이 초고는 4절지로 17쪽에 불과한 것으로 제1장의 대부분을 포괄한다. 두 번째이면서 마지막 시도는 '1878년 7월 2일' 제7고에서 이루어졌는데, 이것은 2절지로 단 7쪽에 불과한 것이었다.

이 무렵 마르크스는 그의 건강 상태에 혁명적인 변화가 없는 한, 자신 M12 이 만족할 만한 제2권과 제3권의 초고 마무리를 결코 끝낼 수 없으리라는 것을 인식하였던 것 같다. 실제로 제5~8고는 질병의 중압감에 대한 그의 격렬한 투쟁의 흔적을 도처에서 보여준다. 제1편 중에서 가장 어려운 부분은 제5고에서 다시 자세히 검토되고 있다. 제1편의 나머지와 제2편 전체(제17장을 제외하고)에서는 이론상의 큰 어려움은 없었다. 그러나 사회적 자본의 재생산과 유통을 다루는 제3편은 그가 수정의 필요성을 강력하게 느꼈던 것 같다. 왜냐하면 제2고에서는, 재생산이 처음에는 그것을 매개하는 화폐의 유통을 고려하지 않고 다루어졌으나, 다음에는 이것을 고려하면서 다시 한 번 다루어졌기 때문이다. 이런 부분은 제외되어야 했고 제3편은 전체적으로 저자의 확대된 시야에 맞추어 개정되어야 했다. 이렇게 해서 나온 것이 제8고인데, 그것은 4절지로 70쪽에 불과한 한 권의 노트였다. 그러나 마르크스가 이 좁은 지면에 얼마나 많은 것을 압축할 수 있었는가는 여기에 출판된 제3편에서 제2고로부터 삽입한 부분을 소거해 보면 명백히 알 수 있을 것이다.

이 제8고도 역시 주제에 대한 예비적인 고찰에 불과하며, 그 주된 목적은 제2고와 비교하여 새로이 획득된 관점들을 확립하고 전개하는 것으로서, 새로 덧붙일 것이 없는 관점들은 제외된 것이다. 제2편 제17장의 핵심 부분 가운데 일부는 어느 정도 제3편과 겹치는 부분으로 논의가 중복되고 약간 확대되어 있다. 논리적 연관은 자주 끊기고, 논술은 여러 군데 비약이 있으며, 특히 결론 부분은 매우 단편적이다. 그러나 마르크스가 말하고자 하는 바는 어떤 방식으로든 거기에 언급되어 있다.

이상이 제2권과 관련된 초고들인데, 이것들로부터 나는 마르크스가 죽기 직전에 그의 딸 엘리너(Eleanor)에게 남긴 말 그대로 '무언가 의미 있는 것을 만들려고' 하였다. 나는 이 과제를 극히 좁은 의미로 해석하였다. 나는 가능한 한 나의 임무를, 다양한 초고들 중에 취사선택하는 일로만 국한했다. 그리고 현존하는 초고 가운데 항상 최후의 것을 기초로 하여 그 이전의 것과 비교하면서 사용하였다. 단순한 기술적 어려움 이상의 어려움은 제1편과 제3편에서만 발생하였는데, 그것은 결코 적은 것이 아니었다. 나는 이러한 난점을 전적으로 저자의 정신에 비추어 해결하고자 노력하였다.

본문에 나오는 인용문은, 그것이 사실을 입증하기 위해 인용된 것이든,
M13 스미스의 인용문처럼 문제를 철저히 구명하고자 하는 사람이면 누구나 원문을 입수할 수 있는 것이든, 대부분 번역해두었다. 다만 제10장에서만은 이것이 불가능하였는데, 왜냐하면 이 장에서는 영어 원문을 직접 비판하기 때문이다. 제1권에서 인용한 부분은 마르크스가 생존 시에 출판된 것으로 최후의 판인 제2판에 의거하여 쪽수를 매겨두었다.

제3권을 위한 초고로는 『경제학 비판』 초고 중 최초의 것과 제3고 중 앞서 언급한 부분 그리고 발췌 노트 속에 섞여 있는 짤막한 주(註) 이외에, 앞서 언급한 1864~65년의 2절지 초고〔제2권을 위한 제2고만큼 거의 완전하게 다듬어진 것이다〕가 있으며, 끝으로 1875년도의 것으로서 '수학적(방정식을 통한)으로 다룬 이윤율과 잉여가치율의 관계'라는 제목의 노트가 한 권 있다. 이 제3권의 출판을 위한 준비는 급속히 진행되고 있다. 현재까지 내가 판단하기로는, 이 작업은 약간의 매우 중요한 부분들을 제외하면 주로 기술적인 어려움 외에는 별다른 어려움이 없을 것이다.

—

나는 여기가 마르크스에 대한 비난을 반박하기에 적절한 곳이라고 생각한다. 그에 대한 비난은 처음에는 나직한 목소리로 산발적으로 제기되었지만, 그의 사후인 작금에는 독일의 강단사회주의자 및 국가사회주의자[†2]와 그 아류들에 의해 기정사실로 공포되고 있는데, 내용인즉슨 마르크스가 로드베르투스(Rodbertus)의 저작을 표절했다는 것이다. 나는 이미

다른 곳에서 이와 관련하여 가장 긴요하다고 생각되는 것은 언급하였지만,[1] 여기에서 이제 비로소 그 결정적인 증거를 제시할 수 있게 되었다.

내가 알고 있는 한, 이런 비난이 처음으로 제기된 것은 마이어(R. Meyer)의 『제4신분의 해방투쟁』(43쪽)에서였다.

> 마르크스가 그의 비판의 대부분을 이 출판물들에서 차용하였다는 것은 충분히 입증될 수 있는 사실이다(이 출판물들은 1830년대 후반까지 소급되는 로드베르투스의 저작들을 의미한다).

이 이상의 증거가 나오지 않는 한, 나는 이 주장에서의 '입증'이라는 것은 로드베르투스가 이것을 마이어에게 확신시켜주었기 때문이라고 간주할 것이다. 1879년에는 로드베르투스가 몸소 무대에 등장하여, 그의 저작 『우리나라의 경제상태에 대한 인식』(1842)과 관련하여 첼러(J. Zeller)에게 보낸 편지(『정치학 총론』[†3], 튀빙겐, 1879, 219쪽) 속에서 다음과 같이 쓰고 있다.

> 당신은 이미 마르크스가 이것(위의 저작 속에서 전개되는 생각들)을, M14 내 이름을 거론하지 않은 채 교묘하게 사용하였다는 것을 알 수 있을 것입니다.

이러한 내용은 그의 유고 편집자인 코자크(Th. Kozak)에 의해서 그대로 되풀이된다(Rodbertus, *Das Kapital*, 베를린, 1884, 서문 15쪽). 끝으로, 1881년 마이어에 의해 간행된 『서한 및 사회정책 논집』에서 로드베르투스는 노골적으로 다음과 같이 말한다.

1) 카를 마르크스, 『철학의 빈곤. 프루동의 '빈곤의 철학'에 대한 응답』(베른슈타인, 카우츠키 옮김), 슈투트가르트, 1885, 서문.*

* MEW Bd. 4, 558~569쪽 참조.

오늘 나는 셰플레(Schäffle)와 마르크스가 내 명의를 숨긴 채 나를 표절하였다는 것을 알게 되었다.(서한 제60번, 134쪽)

또 다른 곳에서 로드베르투스의 주장은 좀더 명확한 형태를 취한다.

나는 이 제3사회서한(sozialen Brief)에서, 자본가의 잉여가치의 기원이 무엇인지를 마르크스와 사실상 똑같은 방법으로(단지 보다 간단명료한 방식을 통해서) 제시하였다.(서한 제48번, 111쪽)

마르크스는 표절과 관련된 이들 비난에 대해 전혀 모르고 있었다. 마르크스가 가지고 있었던 『해방투쟁』 복사본은 인터내셔널에 관련된 부분만 잘라놓은 것이었고, 그 나머지 부분은 그의 사후에 내가 잘라 붙인 것이었다. 그는 튀빙겐의 『정치학 총론』을 본 적도 없었다. 마이어가 출간한 『서한 및 사회정책 논집』에 대해서도 역시 그는 모르고 있었다. 그리고 나 또한 '표절'에 관한 논쟁을 1884년 마이어 박사가 나에게 주의를 환기함으로써 비로소 알게 되었다. 그러나 서한 제48번은 마르크스도 알고 있었다. 마이어는 친절하게도 마르크스의 막내딸에게 그 원본을 보내주었던 것이다. 마르크스에 대한 비판의 숨겨진 진원이 로드베르투스에게 있었다는 은밀한 속삭임의 일부가 마르크스의 귀에 들어갔을 때, 그는 나에게 그 편지를 보여주면서 이렇게 말했다. "로드베르투스가 스스로 주장하는 것이 무엇인지에 대한 믿을 만한 정보를 여기에 입수하였다네. 만약 이것이 그가 주장하는 내용의 전부라면, 나는 전혀 개의치 않을 작정이네. 그리고 로드베르투스가 자신의 서술을 보다 간단명료한 것이라고 생각한다 하더라도 그가 마음대로 생각하도록 내버려두고자 하네." 사실상 마르크스는 로드베르투스의 이 서한에 의해 모든 문제가 깨끗이 매듭지어졌다고 믿었다.

그가 그렇게 생각했으리라는 것은—내가 분명히 알고 있는 바에 따르면—그의 『경제학 비판』이 그 개요뿐만 아니라 가장 중요한 세목까지 모두 완성된 시점이었던 1859년 무렵까지도 그는 로드베르투스의 저술활동에 관해서 전혀 모르고 있었기 때문에 더욱 그러하다. 마르크스는 자신의 경제학 연구를 1843년 파리에서 영국 및 프랑스의 대가들부터 시작하였다. 독일의 경제학자들 중에서 그가 알고 있었던 사람은 라우(K. H. Rau)와 리스트(F. List)뿐이었으며 그 이상에 대해서는 그는 전혀 알고 싶어 하지 않았다. 마르크스와 내가 로드베르투스의 존재에 관해서 처음 알게 된 M15
것은 우리가 1848년 『신라인신문』(*Neue Rheinische Zeitung*)에서 베를린 출신 의원으로서 그가 행한 연설이나 장관으로서 그가 한 행동을 비판하게 되었을 때였다. 우리 둘은 갑자기 장관이 된 이 로드베르투스라는 사람이 누구인가를 라인 출신 의원들에게 물어야 했을 정도로 그에 대해서는 무지하였다. 그러나 이들 의원들도 로드베르투스의 경제학적 저술에 관해서는 아무것도 모르고 있었다. 반면 마르크스가 당시에 이미 로드베르투스의 도움 없이도 '자본가의 잉여가치'가 어디로부터 그리고 어떻게 해서 발생하는지를 잘 알고 있었다는 것은, 1847년 그의 『철학의 빈곤』과 같은 해* 브뤼셀에서 했던 강연(1849년 『신라인신문』 제264~269호**에 발표된 임노동과 자본에 관한 강연)에 의해 입증된다. 마르크스가 로드베르투스라는 경제학자도 있다는 사실을 라살레(F. Lassalle)에게 듣고, 대영박물관에서 그의 제3사회서한을 찾아본 것은 1859년 무렵이었다.

이상이 저간의 실제 사정이다. 그러면 이제 마르크스가 로드베르투스를 '표절'하였다고 비난받는 내용이 무엇인지를 살펴보자. 로드베르투스는 다음과 같이 말하고 있다.

* MEW Bd. 4, 63~182쪽 참조.

** MEW Bd. 6, 397~423쪽 참조.

> 나는 이 제3사회서한에서, 자본가의 잉여가치의 기원이 무엇인지를 마르크스와 사실상 똑같은 방법으로(단지 보다 간단명료한 방식을 통해서) 제시하였다.

그러므로 문제의 핵심은 잉여가치론이다. 그리고 사실 이것 외에 마르크스의 이론 가운데 로드베르투스가 자신의 것이라고 주장할 수 있을 만한 것은 없다. 즉 로드베르투스는 여기에서 잉여가치론의 진정한 창시자는 자신이며, 마르크스가 자신을 표절하였다고 선언하는 셈이다.

그러면 제3사회서한[†4]은 잉여가치의 기원에 관하여 우리에게 어떻게 말하고 있는가? 그것은 다만 '임료'(賃料, die Rente)(그가 지대와 이윤을 총괄하여 부르는 용어)가 상품가치에 '가치를 부가'함으로써 발생하는 것이 아니라,

> 임금에 의해 가치가 공제됨으로써, 바꿔 말하면 임금이 다만 생산물 가치의 일부분에 불과하기 때문에

발생하는 것이며, 만약 노동이 충분히 생산적이라면, 임금은

> 노동생산물의 자연적 교환가치와 같아야 할 필요가 없으며, 따라서 이 자연적 교환가치의 일부는 자본의 보전(!)을 위한 부분과 임료로 남게 될 것

이라고 말하고 있을 뿐이다. 그러나 그것은 '자본의 보전(補塡)'을 위해, 즉 원료와 도구의 마모분을 보전하기 위해 아무것도 남겨두지 않는 생산물의 '자연적 교환가치'가 도대체 어떤 것인지에 대해서는 우리에게 아무것도 말해주지 않는다.

다행히도 우리는 로드베르투스의 획기적 발견에 대해 마르크스가 어떠
M16 한 인상을 받았는지를 확인할 수 있다. 『경제학 비판』 초고 제10권 445쪽

이하*에서 우리는 "추록(追錄), 로드베르투스, 신지대론(新地代論)"이라는 문구를 볼 수 있다. 여기에서는 이 관점(지대론이라는 관점—옮긴이)에서만 제3사회서한이 고찰되고 있다. 로드베르투스의 잉여가치론 일반은 다음과 같은 역설적 표현에 의해 기각된다. "로드베르투스는 먼저 토지소유와 자본소유가 분리되지 않은 나라의 상황을 분석하고, 그런 다음 임료(그는 이것을 잉여가치 전체로 이해한다)는 다만 불불노동(또는 불불노동을 표현하는 생산물의 양)과 같은 것일 뿐이라는 중요한 결론에 도달한다."

자본주의하에서 인류는 수세기에 걸쳐 잉여가치를 생산해왔으며, 잉여가치의 기원에 대한 생각도 점차 발전시켜왔다. 최초의 견해는 상업적 행위에서 직접 발생한다는 것으로서, 잉여가치는 생산물 가치에 부가된 것으로부터 발생한다는 것이었다. 이 견해는 중상주의자들 사이에 널리 통용되고 있었지만, 제임스 스튜어트(James Stewart)는 이미 이 경우 한쪽이 얻는 이익이 다른 한쪽의 손실에서 비롯된 것임을 인식하고 있었다. 그럼에도 이 견해는 그 후에도 오랫동안(특히 사회주의자들 사이에서) 존속되었다. 그러나 그것은 스미스에 의해 고전파 경제학에서 추방되었다.

스미스는 『국부론』 제1권 제6장에서 다음과 같이 말한다.

> 자본(stock)이 특정한 몇 사람의 수중에 축적되고 나면, 그들 중 일부는 당연히 그것을 사용하여 근로자들을 고용하고 이들에게 원료와 생활수단을 제공해주면서 일을 시킬 것이다. 그것은 이들의 노동생산물을 판매함으로써(또는 그들의 노동을 원료의 가치에 부가함으로써) 이윤을 획득하기 위한 것이다. …… 그러므로 노동자들이 원료에 부가한 가치는 이 경우 두 부분으로 분할되어, 한 부분은 그들의 임금으로 지불되고, 다른 한 부분은 고용주가 선대한 원료와 임금에 대한 고용주의 이윤으로 지불된다.

* MEW Bd. 26, 제2분책, 7쪽 이하 참조.

그런 다음 그는 계속해서 다음과 같이 말한다.

> 한 나라의 토지가 모두 사적 소유로 되면, 토지소유자들은 다른 사람들과 마찬가지로 자신이 파종하지 않은 곳에서도 수확을 얻고자 하며, 토지의 자연적 산물에 대해서도 지대를 요구한다. …… 노동자는 …… 그의 노동으로 채집하거나 생산한 것 가운데 일부를 지주에게 양도하여야 한다. 이 부분(또는 같은 말이지만, 이 부분의 가격)이 지대를 구성한다.

마르크스는 전술한 『경제학 비판』 초고 253쪽*에서 이에 대해 다음과 같이 언급한다. "이와 같이 스미스는 잉여가치—즉 잉여노동, 다시 말해
M17 서 이미 수행되어 상품 속에 대상화된 노동 중에서 그 등가를 임금으로 받는 노동을 상회하는 초과분—를 일반적 범주로 파악하고, 본래 의미의 이윤이나 지대는 단지 이 일반적 범주의 곁가지에 불과한 것으로 파악한다."

또한 스미스는 제1권 제8장에서 다음과 같이 말한다.

> 토지가 사적 소유로 되고 나면, 토지소유자는 노동자가 그 토지에서 생산하거나 채집할 수 있는 거의 모든 생산물에 대하여 배당을 요구한다. 그가 받는 지대는 토지에 사용된 노동의 생산물에서 공제되는 첫 번째 부분이 된다. 그러나 토지의 경작자가 수확을 할 때까지 생계를 유지하기 위한 수단을 갖고 있는 경우는 거의 없다. 그의 생계비는 일반적으로 고용주, 즉 그들을 고용하는 차지농업가의 자본(stock)으로부터 그에게 선대되는데, 차지농업가는 노동자의 노동생산물을 노동자와 분배하지 않는다면〔즉 그의 자본이 이윤과 함께 회수되지 않는다면〕 노동자를 고용할 이유가 전혀 없을 것이다. 이 이윤이 토지에 사용된 노동의 생산물에서 공제되는 두 번째 부분이 된다. 거의 모든 노동의 생산물은 이와 같은 이윤의 공제를 받는다. 어

* MEW Bd. 26, 제1분책, 53쪽 참조.

떠한 산업에서도 대부분의 노동자는 노동이 완료될 때까지 그들에게 원료와 임금 및 생계비를 선대해줄 고용주가 필요하다. 이 고용주는 노동자의 노동생산물(또는 이 노동이 가공된 원료에 부가한 가치)을 노동자들과 나누어 갖는다. 이 분배분이 그의 이윤인 것이다.

이에 대해 마르크스는 다음과 같이 언급한다(초고 256쪽*). "그러므로 여기에서 스미스는 솔직하게 지대와 자본에 대한 이윤을 노동자의 생산물(또는 그가 원료에 부가한 노동의 등가인 그의 생산물의 가치)에서 공제한 것에 불과하다고 서술한다. 그런데, 스미스가 앞서 설명한 바와 같이, 이런 공제 부분은 노동자의 임금(또는 그의 임금에 대한 등가)을 지불하는 노동량을 초과하여 노동자가 소재에 부가하는 노동 부분〔즉 잉여노동, 다시 말해 그의 노동 가운데 불불 부분〕으로만 구성된다."

따라서 스미스는 이미 '자본가의 잉여가치의 원천'뿐만 아니라 나아가 토지소유자의 잉여가치의 원천까지도 알고 있었다. 마르크스는 이 사실을 이미 1861년에 인정한 데 반해 로드베르투스와 국가사회주의라는 따뜻한 여름비에 버섯과 같이 성장한 그의 숭배자들은 그러한 사실을 까맣게 잊고 있었던 것 같다.

마르크스는 이어서 "그럼에도 불구하고 스미스는 잉여가치 그 자체를, 그것이 이윤과 지대의 모습을 취하는 특수형태들과 구별하여 독자적인 범주로 다루지는 않았다. 이 때문에 그의 연구에서(그리고 리카도의 저작에서는 그 이상으로) 허다한 오류와 결함이 드러났다"**고 말한다. 이 말은 로드베르투스에게도 그대로 해당된다. 그의 '임료'라는 것은 단지 지대와 이윤의 합에 불과한 것이다. 그는 지대에 관해서는 전적으로 잘못된 이론을 만들어냈으며, 이윤에 대해서는 그가 선행자에게서 발견했던 것 M18

* MEW Bd. 26, 제1분책, 56쪽 참조.
** MEW Bd. 26, 제1분책, 53쪽 참조.

을 전혀 검토도 하지 않은 채 그대로 받아들인다. 이에 반해 마르크스의 잉여가치는 생산수단의 소유자가 등가를 지불하지 않고 획득하는 가치 총액의 일반적 형태를 나타내는 것이며, 이 형태는 마르크스에 의해 비로소 발견된 매우 독특한 법칙들에 따라 이윤과 지대라는, 특수하게 전화된 형태들로 나누어진다. 이들 법칙은 제3권에서 상세히 다루어질 것이다. 우리는 거기에서 잉여가치 일반에 대한 이해에서 잉여가치의 이윤 및 지대로의 전화(즉 자본가계급 내부에서의 잉여가치의 분배 법칙)에 대한 이해에 도달하기 위해서는 많은 매개고리가 필요함을 알게 될 것이다.

리카도는 스미스보다 훨씬 더 앞서 있다. 그는 새로운 가치론에 입각하여 자신의 잉여가치 개념을 확립하였는데 이 새로운 가치론은 스미스에게서 이미 맹아로 나타나긴 했지만 구체적으로는 거의 아무런 응용도 이루어지지 못했던 것으로서 이후 모든 경제학의 출발점이 되었다. 그는 상품가치가 상품에 실현된 노동량에 의해 결정된다는 사실에서 노동에 의해 원료에 부가되는 가치량이 어떻게 배분되는지〔즉 임금과 이윤(여기에서는 잉여가치)으로 분할되는지〕를 도출해낸다. 그는 이 두 부분의 비율이 바뀌더라도 상품의 가치는 불변이라는 사실을 증명하고 있으며, 이 법칙에 관해서는 약간의 예외만을 인정할 뿐이다. 뿐만 아니라, 비록 지나치게 일반적인 표현이긴 하지만, 그는 임금과 잉여가치(이윤의 형태로 파악된다) 사이의 상호관계에 대한 몇 개의 주요 법칙을 확립하고(마르크스, 『자본』 제1권 제15장 제1절*), 지대는 일정한 조건하에서 이윤을 넘어서는 초과분이라는 것을 보여준다. 이상의 어느 점에서도 로드베르투스는 리카도를 넘어서지 못한다. 리카도 학파의 몰락을 야기한 리카도 이론의 내적 모순들은 로드베르투스에게는 전혀 알 수 없는 영역이었고 따라서 그것은 그를 경제학적 해결책으로 이끈 것이 아니라 오히려 유토피아적인 요구로 이끌어놓았다(『인식』, 130쪽).

* MEW Bd. 23, 543~547쪽 참조.

그러나 가치 및 잉여가치에 관한 리카도의 이론이 사회주의적 목적에 이용되는 데는 로드베르투스의 『인식』을 기다릴 필요가 없었다. 『자본』 제1권(제2판)* 609쪽에는 『국난의 근원과 처방, 존 러셀 경에게 보내는 서한』(런던, 1821)이라는 제목의 팸플릿에서 인용된 "잉여생산물 또는 자본의 소유자"라는 문구가 들어 있다. "잉여생산물 또는 자본"이라는 이 하 M19
나의 표현만으로도 그 중요성을 인정받아야 마땅한 이 팸플릿은 마르크스에 의해 망각의 늪에서 건져진 것으로 모두 40쪽으로 이루어져 있다. 거기에서 우리는 다음과 같은 언급을 볼 수 있다.

> 자본가에게 돌아가는 몫이 무엇이든 (자본가의 입장에서 보면) 그는 언제나 노동자의 잉여노동만을 취득할 수 있을 뿐이다. 왜냐하면 노동자도 생존해야 하기 때문이다.(23쪽)

그러나 노동자가 어떻게 생존하는지, 따라서 자본가가 획득하는 잉여노동의 크기가 얼마가 될지는 매우 상대적인 것이다.

> 만약 자본의 양이 증가하는 데 비례하여 그 가치가 감소하지 않는다면, 자본가는 시간당 노동생산물 가운데 노동자가 생존할 수 있을 만큼의 최소량을 제외한 나머지를 모두 거두어들일 수 있을 것이다. …… 드디어 자본가는 노동자에게 "너는 빵을 먹어서는 안 된다. 왜냐하면 인간은 사탕무와 감자로도 생존할 수 있기 때문이다"라고까지 말할지도 모른다. 그런데 우리는 이미 거기까지 와 있다.(23, 24쪽) 만약 노동자가 빵 대신 감자를 먹고 살 수 있다면, 그의 노동에서 더 많은 것을 짜낼 수 있으리라는 것은 명약관화한 사실이다. 즉 노동자가 빵으로 생활하기 위해서는 자신과 가족의 생존을 위해 월요일과 화요일의 노동이 필요하겠지만, 감자로 생활할 경우에는

* MEW Bd. 23, 614쪽 참조.

> 단지 월요일의 절반만이 필요할 것이다. 그리하여 이 경우 월요일의 나머지 절반과 화요일 전부는 국가에 대한 봉사나 자본가를 위해 사용될 수 있도록 비워질 것이다.(26쪽) 자본가에게 지불되는 이자는 그 형태가 무엇이든(즉 지대이든, 화폐이자이든, 사업이윤이든) 모두 타인의 노동에서 지불된다는 것이 명백하다.(23쪽)

우리는 여기에서 로드베르투스가 말하는 '임료'와 똑같은 개념을 볼 수 있는데, 단지 그 명칭만 '임료' 대신에 '이자'가 사용되었을 뿐이다.

마르크스는 이에 대해 다음과 같이 말한다(그의 초고 『경제학 비판』 852쪽[*]). "거의 알려져 있지 않은 이 팸플릿은 — '믿을 수 없는 구두수선공' 매컬럭(MacCulloch)[†5]이 평판에 오르내리기 시작할 때에 출간되었다 — 리카도를 넘어서는 하나의 중요한 진보를 담고 있다. 이 팸플릿은 잉여가치 — 리카도가 말하는 이윤(종종 잉여생산물이라고도 한다) 또는 이 팸플릿의 저자가 말하는 이자 — 를 곧바로 잉여노동이라고 지적한다. 즉 노동자가 무상으로 행하는 노동, 다시 말해서 노동자가 그의 노동력 가치를 보전하는 노동량(그의 임금의 등가를 생산하는 노동량)을 초과하여 행하는 노동이라는 것이다. 잉여생산물(Mehrprodukt)로 표현되는 잉여가치(Mehrwert)를 잉여노동(Mehrarbeit)으로 환원하는 것도 가치를 노동으로 환원하는 것에 못지않게 중요한 일이다. 이것은 사실 스미스에 의해 이미 언
M20 급된 것이며, 리카도의 연구에서 주요한 계기를 이룬다. 그러나 그들은 어디에서도 그것을 절대적인 형태로 언급하거나 확정하지는 않았다." 이어서 초고 859쪽[**]에서는 "더욱이 저자는 기존의 경제학적 범주들에 사로잡혀 있다. 잉여가치와 이윤의 혼동으로 인하여, 리카도가 원치 않던 모순에 빠진 것과 꼭 마찬가지로 이 저자 역시 잉여가치를 자본이자라고 부름으로써

* MEW Bd. 26, 제3분책, 234~235쪽 참조.

** MEW Bd. 26, 제3분책, 250쪽 참조.

똑같은 지경에 빠져 있다. 물론 그가 최초로 모든 잉여가치를 잉여노동으로 환원하였다는 점에서 리카도를 능가하는 것임은 틀림없다. 나아가 그는 잉여가치를 자본이자라고 부르면서도 동시에 이 용어가 잉여노동의 일반적 형태를 의미하는 것으로서, 잉여가치의 특수한 형태인 지대, 화폐이자 및 사업이윤과는 구별되는 것임을 강조한다. 그러나 그는 이들 특수한 형태 가운데 하나의 명칭인 이자를 다시 일반적 형태의 명칭으로 사용한다. 그리고 이것만으로도 그는 경제학적 속어(초고에는 slang으로 되어 있다) 수준으로 퇴보하고 말았다" 고 말하고 있다.

이 마지막 문구는 로드베르투스에게도 꼭 들어맞는다. 그 역시 기존의 경제학적 범주들에 사로잡혀 있다. 또한 그는 잉여가치를 그 전화된 아류 형태들 가운데 하나의 명칭인 임료라고 부르고, 게다가 이를 전혀 명확하게 규정하지도 않는다. 이러한 두 가지 오류로 인해 그는 경제학적 속어 수준으로 퇴보하였고, 그 결과 리카도를 능가하는 자신의 진보를 그 이상 비판적으로 발전시키지 못하고 오히려 미망에 사로잡힘으로써 자신의 불완전한 이론이 껍질을 깨고 채 나오기도 전에 그것을 유토피아의 기초로 삼아버렸다. 그나마 그 유토피아란 것도 다른 모든 것과 마찬가지로 너무 때늦은 것이었다. 그 팸플릿은 1821년에 나왔으며, 1842년 로드베르투스의 '임료'보다 시기적으로 훨씬 앞선 것이었다.

이 팸플릿은 1820년대에 리카도의 가치 및 잉여가치론을 프롤레타리아를 위해 자본주의적 생산에 대항하는 수단으로 전환시킨—그리하여 부르주아 자신의 무기로 부르주아를 공격하는—많은 문헌들 가운데 가장 앞자리에 서 있는 것에 불과하다. 오언(R. Owen)의 공산주의도 경제학적 논쟁과 관련되는 부분에서는 전부 리카도에 기초해 있다. 그러나 오언 이외에도 이와 비슷한 숱한 저술가들이 있었으며, 마르크스는 이미 1847년 프루동에 대항하여(『철학의 빈곤』 49쪽*) 그들 가운데 에드먼즈

* MEW Bd. 4, 98쪽 참조.

(T. R. Edmonds), 윌리엄 톰프슨(W. Thompson), 호지스킨(T. Hodgskin) 등 몇 명만 인용하면서, '그 이외에도 4쪽에 달하는 사람들'을 들 수 있다고 말하고 있다. 나는 이 무수한 저작들 중에서 임의로 톰프슨의 『인류 행복에 가장 도움이 되는 부의 분배원리에 관한 연구』(신판, 런던, 1850)라는 저작을 골라 보았다. 1822년에 쓰인 이 저작은 1824년에 처음 출간되었다.
M21 여기에서도 역시 비생산자계급이 획득하는 부는 노동자의 생산물에서 공제되는 부분으로 기술되었으며, 그것도 상당히 강하게 표현되어 있다.

> 이른바 사회라고 일컫는 것은 생산적 노동자가 자신의 노동생산물 가운데 가능한 한 작은 부분만을 대가로 받고 노동하도록 기만·유도하고, 협박·강제하는 데 부단히 노력해왔다.(28쪽) 왜 노동자는 자신의 노동생산물을 모두 갖지 못하는가?(32쪽) 자본가들이 생산적 노동자에게 지대 또는 이윤이라는 이름으로 강요하는 이들 보상은 토지 또는 다른 물품의 사용에 대한 대가로서 청구된다. …… 생산적 노동자—자신의 생산능력 외에는 아무것도 갖지 않은(즉 무산자인)—가 자신의 생산능력을 발휘하는 데 필요한 모든 물적 소재가 그와는 이해관계가 대립된 타인의 수중에 있고, 그의 생산활동은 이들 타인의 동의에 의해서만 가능하기 때문에, **그의 노동의 과실 중에서 얼마만 한 부분이** 그의 노동에 대한 보상으로 그에게 주어질지는 전적으로 이들 자본가들의 처분에 맡겨져 있으며 또 그럴 수밖에 없는 것이 아니겠는가.(125쪽) …… **나중에 남은 생산물**을 이윤이라 부르든, 조세라 부르든 또는 도둑질이라 부르든, 그 크기에 비례하여 …… 이들 공제 부분(126쪽) 등등.

나는 이 글을 쓰면서 약간 부끄러움을 느끼지 않을 수 없다는 점을 고백한다. 마르크스가 이미 『철학의 빈곤』에서도 1820년대와 30년대 영국의 반(反)자본주의적 문헌을 직접 언급했고, 『자본』 제1권에서도 이들 가운데 여러 문헌—예를 들어 1821년 팸플릿, 래번스턴(P. Ravenstone), 호지스킨 등—을 여러 번 인용했는데도, 독일에서는 이들 문헌이 전혀 알려지지 않았다는 사실 그 자체만은 그래도 견딜 만하다. 그러나 '정말 아무것도 아는 것 없이' 로드베르투스의 소맷자락에만 사력을 다해 매달리고 있는 속류 저술가는 물론, '박식을 자랑'하면서 공직에 앉아 거드름을 피우는 교수들*조차도 스미스와 리카도에게서 이미 발견할 수 있는 것을, 마르크스가 로드베르투스에게서 표절했다고 신랄하게 비난할 정도로 자신들의 고전파 경제학조차 제대로 알지 못한다는 사실은 바로 관변 경제학이 오늘날 얼마나 심각하게 퇴보하였는가를 입증해준다.

그러면 마르크스가 잉여가치에 대해 말한 것 중에서 새로운 것은 무엇인가? 로드베르투스를 포함하여 마르크스 이전의 모든 사회주의 선행 이론들이 허무하게 사라져버렸는데도 그의 잉여가치론만이 모든 문명국가들에서 청천벽력과 같은 전율을 안겨준 까닭은 무엇일까?

화학의 역사는 이와 관련된 좋은 사례를 우리에게 보여준다.

잘 알려져 있다시피 지난 세기말까지는 연소설(燃素說)이 지배적인 학설이었다. 이 이론에 의하면 모든 연소의 본질은 연소체에서 어떤 가상의 M22
물체, 즉 연소(燃素)라고 불리는 절대적 가연물질이 분리된다는 점에 있었다. 이 이론은 몇몇 경우에는 적용되기 어려운 부분이 있긴 했지만, 당시에 알려진 화학현상의 대부분을 설명하기에는 충분하였다. 그런데 1774년 프리스틀리(J. Priestley)가 한 종류의 기체를 추출하였는데,

> 그것은 보통의 공기도 불순하게 보일 정도로 매우 순수하고, 연소(燃素)를 포함하지 않는다는 것을 발견하였다.

그는 그것을 '탈연소기체'(脫燃素氣體)라 불렀다. 그 후 얼마 안 되어 스웨덴의 셸레(K. W. Scheele)도 똑같은 기체를 추출하고, 그것이 대기 중

* 아돌프 바그너(A. Wagner)를 가리킨다.

에 존재한다는 사실을 증명하였다. 또한 그는 이 기체나 또는 보통의 공기 속에서 물체가 연소될 때마다 이 기체가 사라진다는 사실도 발견하고, 이 기체를 화기체(火氣體)라고 불렀다.

이러한 사실들에서 그는 연소(燃素)가 공기의 한 성분과 결합할 때(즉 연소〔燃燒〕에 의해) 발생하는 화합물은 바로 불 또는 열이며, 이것은 유리를 통해 달아나버린다는 결론을 도출하였다.[2)]

프리스틀리와 셸레는 산소(酸素)를 추출한 것이었지만, 그들은 그것이 무엇인지 몰랐다. 그들은 '그들에게 전승된 기존의' 연소설 '범주에만 여전히 사로잡혀 있었다.' 연소설의 모든 개념을 전복시키고, 화학을 혁명적으로 변화시킬 수 있었던 이 원소(元素)는 그들의 수중에서 열매를 맺지 못하고 말았다. 그러나 프리스틀리는 그 후 곧 그의 발견을 파리에서 라부아지에(A. L. Lavoisier)에게 전하였고, 라부아지에는 이 새로운 사실에 의거하여 연소화학(燃素化學) 전체를 분석하여 비로소 이 새로운 종류의 기체가 새로운 화학 원소라는 것, 연소(燃燒)는 연소체에서 신비한 연소(燃素)가 분리되는 현상이 아니라, 이 새로운 원소가 연소체와 결합하는 현상이라는 결론에 도달하였다. 그리하여 그는 연소설의 형태로 거꾸로 서 있던 화학 전체를 처음으로 바로 세워놓았다. 그리고 그가 나중에 주장한 바와 같이 그가 비록 다른 두 사람과 동시에 또는 독자적으로 산소를 추출한 것은 아니지만, 그럼에도 그가 진정한 산소의 발견자인 것은 그와는 달리 다른 두 사람은 단지 산소를 추출했을 뿐 그들이 무엇을 추출했는지 몰랐기 때문이다.

잉여가치론에서 마르크스와 그 선행자들 간의 관계는 라부아지에가 프
M23 리스틀리 및 셸레와 맺는 관계와 같다. 생산물가치 가운데 우리가 현재 잉

2) 로스코/쇼를레머, 『화학상론(詳論)』 제1권, 브라운슈바이크, 1877, 13, 18쪽.

여가치라고 부르는 부분의 존재는 마르크스 이전에 이미 확인되었다. 뿐만 아니라 정도의 차이는 있지만 분명 잉여가치가 무엇으로 구성되어 있는지〔즉 잉여가치가, 그것을 획득하는 사람이 아무런 등가도 지불하지 않는 노동생산물로 이루어져 있다는 것〕도 이미 확인되었다. 그러나 거기에서 더 나아간 사람은 아무도 없었다. 어떤 사람들(고전파 부르주아 경제학자)은 기껏해야 노동생산물이 노동자와 생산수단 소유자 사이에 분할되는 비율을 연구하였을 뿐이고, 또 다른 어떤 사람들(사회주의자)은 이러한 분할이 부당하다는 것을 발견하고, 그 부당성을 제거하기 위한 유토피아적 수단을 추구하였다. 양쪽 모두 그들에게 전승된 기존의 경제학적 범주에 여전히 사로잡혀 있었다.

그때 마르크스가 등장하였다. 그리고 그는 그의 선행자 모두의 견해와 직접적으로 대립하는 입장을 취하였다. 그의 선행자들이 해결책이라고 보았던 곳에서 그는 단지 문제를 발견하였을 뿐이었다. 그는 문제의 핵심이 탈연소기체도, 화기체도 아닌 산소라는 사실, 즉 여기에서 중요한 것은 하나의 경제적 사실에 대한 단순한 확인이나, 이 사실과 영원한 정의, 진정한 도덕 사이의 갈등이 아니라, 경제학 전반을 변혁할 사명을 띤 하나의 사실이며, 이 사실이야말로 그것을 사용할 줄 아는 사람에게 자본주의적 생산 전반을 이해하는 열쇠를 제공하리라는 것을 발견하였던 것이다. 그는 이러한 사실을 출발점으로 하여 라부아지에가 산소에 의거하여 연소화학의 기존 범주를 검토하였던 것과 마찬가지로 기존의 경제학적 범주를 검토하였다. 잉여가치가 무엇인지를 이해하기 위해서 마르크스는 가치가 무엇인지를 알아야 했다. 따라서 무엇보다도 먼저 리카도의 가치론이 비판의 대상이 되어야 했다. 그리하여 그는 노동을 그 가치형성적 속성의 관점에서 분석하여 처음으로 가치를 형성하는 것은 어떠한 노동이며, 그것이 왜 그리고 어떻게 그러한 가치를 형성하는지를 확실히 밝혔다. 또한 그는 가치가 오직 이런 종류의 노동이 응결된 것임을 해명하였는데, 그것은 바로 로드베르투스가 죽을 때까지도 전혀 파악하지 못한 내용이었다. 마르크스는 이어 상품과 화폐의 관계를 탐구하여, 어떻게, 그리고 왜 상품에 내재하는 가치의 속성에 의해 상품과 상품교환이 상품과 화폐의 대립을 야기할 수밖에 없는지를 논증하였다. 여기에 기초한 그의 화폐이론은 최초의 포괄적인 화폐이론이며, 오늘날에는 암묵리에 일반적으로 수용되고 있다. 그는 화폐의 자본으로의 전화를 분석하여, 이러한 전화가 노동력의 매매에 기초하고 있음을 논증하였다. 그는 여기에서 노동을 노동력, 즉 가치창조적 속성으로 대체함으로써, 리카도 학파의 몰락을 야기한 난점 가운데 하나〔즉 자본과 노동의 상호교환을, 노동에 의해 가치가 결정된다는 리카도의 법칙과 조화시키는 것이 불가능했던 것〕를 일거에
M24 해결하였다. 그는 자본을 불변자본과 가변자본으로 구분함으로써, 처음으로 잉여가치 형성과정을 그 현실의 구체적인 형태로 자세히 보여주었고 그것을 설명할 수 있었다. 이는 그의 선행자들 중 그 누구도 이루지 못한 업적이었다. 즉 그는 자본 자체 내에서 하나의 구분을 만들어낸 셈이었는데 이런 구분은 로드베르투스나 부르주아 경제학자들은 전혀 할 수 없었던 것으로서, 경제학의 가장 복잡한 문제를 해결할 수 있는 열쇠를 제공하는 것이었다. 이와 관련된 부분은 여기 제2권과 나아가 제3권을 통해서 명백히 증명될 것이다. 그는 잉여가치 그 자체에 대한 연구를 더 진전시켜, 그 두 가지 형태인 절대적 잉여가치와 상대적 잉여가치를 발견하여, 자본주의적 생산의 역사적 발전에서 이들이 해온 상이한, 그러나 동시에 결정적인 역할을 논증하였다. 그는 이러한 잉여가치의 기초 위에서 우리들이 갖고 있는 최초의 합리적인 임금이론을 전개하였으며, 또한 최초로 자본주의적 축적의 역사에 대한 윤곽과 그 역사적 경향을 제시하였다.

그러면 로드베르투스는 어떠했는가? 그는 위에서 말한 모든 것을 읽은 후 그 속에서 — 경제학자들이 늘 그러했듯이(!) — '사회에 대한 공격'[†6]을 발견하였고 그 자신이 이미 잉여가치의 기원을 훨씬 더 간단명료하게 제시하였다는 것을 발견하였으며, 마침내 이 모든 것은 '현재의 자본형태', 즉 역사적으로 존재하는 자본에는 적용되지만, '자본 개념' 즉 자본

에 대해 로드베르투스가 지닌 유토피아적 관념에는 적용되지 않는다고 주장하였다. 죽을 때까지 연소에 집착하여 산소에 관해서 아무것도 알려 하지 않았던 프리스틀리 옹(翁)과 꼭 마찬가지였다. 다만 유일한 차이점은 프리스틀리는 실제로 산소를 최초로 추출하였지만, 로드베르투스는 그의 잉여가치(아니 그의 '임료') 속에서 진부한 것을 하나 재발견하였을 뿐이다. 게다가 마르크스는 라부아지에와는 달리 자신이 잉여가치의 존재 사실을 최초로 발견했다고 뻔뻔스럽게 주장하지도 않았다.

로드베르투스가 이룩한 또 다른 경제학적 업적도 비슷한 수준의 것이다. 그가 하나의 유토피아에서 잉여가치를 만들어냈다는 점은 이미 마르크스에 의해 『철학의 빈곤』에서 비판되었다. 그 외에도 이것과 관련하여 언급되어야 할 점들은 『철학의 빈곤』 독일어판 서문*에 이미 언급되어 있다. 그는 상업공황을 노동자계급의 과소소비의 결과로 설명하는데, 이것은 이미 시스몽디(Sismondi)의 『신경제학 원리』 제4편 제4장에 들어 있는 내용이다.[3] 단지 차이점이라면 시스몽디가 언제나 세계시장을 염두에 두 M25
었던 반면, 로드베르투스의 시야는 언제나 프러시아 국경을 넘지 않았다는 것뿐이다. 임금이 자본으로부터 나오는지, 소득으로부터 나오는지에 대한 그의 사변은 스콜라 철학의 영역에 속하는 것이며, 이 『자본』 제2권 제3편에서 최종적으로 해결된다. 그의 임료이론은 그의 유일한 재산으로 남아 있었지만 그것도 그것을 비판하는 마르크스의 초고가 출간됨으로써 끝장나고 말았다.** 끝으로 구(舊) 프러시아의 토지소유를 자본의 압박에서 해방하기 위한 그의 제안 역시 전적으로 유토피아적이었다. 왜냐하면, 그것은 이와 관련된 유일한 실제적 문제, 즉 구 프러시아의 융커가 어떻게

* MEW Bd. 4, 558~559쪽 참조.

3) "그리하여 소수 소유자들의 수중에 부가 집중됨으로써 국내시장은 점점 협소해지고, 산업은 그만큼 더 자신의 상품을 처분하기 위한 해외시장을 찾아야만 하는데, 그 해외시장에서는 훨씬 더 큰 변혁이 그들을 기다리고 있다"(곧이어 서술되는 1817년의 공황이 바로 그것이다). 『신경제학 원리』 제1부, 1819년판, 336쪽.

**MEW Bd. 26, 제2책, 7~106쪽 참조.

매년 빚을 지지 않고 가령 20,000마르크의 수입으로 30,000마르크의 지출을 할 수 있느냐 하는 문제를 회피하고 있기 때문이다.

리카도 학파는 1830년 무렵 잉여가치라는 암초에 부딪혀 난파되었다. 이 학파가 해결할 수 없었던 것은, 그 후계자인 속류경제학으로서는 더욱 해결할 수 없는 것으로 남게 되었다. 리카도 학파가 침몰하게 된 두 가지 원인은 다음과 같다.

① 노동은 가치의 척도이다. 그러나 살아 있는 노동은 자본과의 교환에서 그것과 교환되는 대상화된 노동보다 가치가 적다. 임금, 즉 일정량의 살아 있는 노동의 가치는 이것과 똑같은 양의 살아 있는 노동에 의해 생산되는 생산물 또는 이 노동량이 표현되는 생산물의 가치보다도 항상 적다. 그러나 이런 개념으로는 사실상 문제를 해결할 수 없다. 문제는 마르크스에 의해 올바로 제기되었으며, 해결책도 그에 의해 주어졌다. 가치를 갖는 것은 노동이 아니다. 가치를 창출하는 활동으로서의 노동이 어떤 특정 가치를 가질 수 없는 것은, 무게가 특정한 중량을 가질 수 없고, 열이 특정한 온도를 가질 수 없으며 또한 전기가 특정한 전류를 가질 수 없는 것과 꼭 마찬가지다. 상품으로 매매되는 것은 노동이 아니라 노동력인 것이다. 노동력이 상품이 되고 나면, 그 가치는 하나의 사회적 생산물로서 이 상품에 체현된 노동에 의해 결정된다. 이 가치는 노동력이라는 상품의 생산 및 재생산을 위해 사회적으로 필요한 노동과 같다. 따라서 이러한 노동력의 가치에 기초한 노동력의 매매는 결코 경제학적 가치법칙과 모순되지 않는다.

M26 ② 리카도의 가치법칙에 따르면, 동등하게 지불되는 동등한 양의 살아 있는 노동을 고용하는 두 개의 자본은, 다른 조건이 같다면, 같은 시간 동안 똑같은 가치의 생산물을 생산하며, 마찬가지로 똑같은 크기의 잉여가치 또는 이윤을 생산한다. 그러나 그들이 고용하는 살아 있는 노동량이 다르면, 그들은 똑같은 크기의 잉여가치(또는 리카도 학파의 말에 따르면 똑같은 크기의 이윤)를 생산할 수 없을 것이다. 그러나 사실은 그 반대이다. 실제로 똑같은 크기의 자본은, 그들이 얼마만큼의 살아 있는 노동을 고용

하든 상관없이, 똑같은 시간 동안 평균적으로 동등한 이윤을 생산한다. 그러므로 여기에 가치법칙의 모순이 존재하는데, 이 모순은 리카도도 이미 알고 있었지만, 그의 학파는 이 모순을 해결하지 못하였다. 로드베르투스도 이 모순을 인정하지 않을 수 없었다. 그러나 그는 이것을 해결하기보다는 그의 유토피아의 출발점의 하나로 삼고 말았다(『인식』, 131쪽). 마르크스는 이미 그의 초고 『경제학 비판』*에서 이 모순을 해결하였다. 『자본』의 집필 구상(Plan)에 따르면, 이 해결은 제3권에서 다루어지기로 되어 있다.** 그런데 제3권이 간행되려면, 아직 몇 개월이 더 지나야 한다. 따라서 로드베르투스에게서 마르크스의 숨겨진 원천을 찾거나 마르크스보다 탁월한 선행자를 발견하려고 하는 경제학자들은 지금이야말로(제3권이 발간되기까지의 기간—옮긴이) 로드베르투스의 경제학이 무엇을 할 수 있는가를 보여줄 기회를 맞이한 셈이다. 만약 그들이 가치법칙을 손상시키지 않고 오히려 엄밀히 가치법칙에 기초하면서 어떻게 균등한 평균이윤율이 형성될 수 있고 또 형성될 수밖에 없는지를 보여줄 수 있다면, 그때는 우리도 이 문제를 더 논의해볼 수 있을 것이다. 그동안 그들이 빨리 서둘러 주었으면 좋겠다. 이 제2권의 빛나는 연구도, 그리고 거의 전인미답인 영역의 전혀 새로운 성과도 모두 제3권의 내용을 위한 도입부에 지나지 않는 것으로, 제3권이야말로 자본주의적 토대 위에서 사회적 재생산과정에 대한 마르크스 서술의 최종 결론이 전개되고 있다. 이 제3권이 간행되고 나면, 로드베르투스라는 이름의 경제학자는 더는 거론되지 않을 것이다.

『자본』 제2권과 제3권은, 마르크스가 누차 나에게 당부한 대로, 그의 아내에게 헌정된 것이다.

1885년 5월 5일 마르크스의 생일날, 런던에서

프리드리히 엥겔스

* MEW Bd. 26, 제2책, 19~24, 58~65, 170~234, 428~470쪽 참조.

** MEW Bd. 25, 제1편, 제2편 참조.

| 제2판 서문 |

이 제2판은 제1판을 거의 그대로 중판한 것이다. 인쇄상의 오류를 정정하고, 문체에서 드러난 몇몇 부주의를 없앴으며, 단지 반복에 불과한 짧은 문구들도 일부 삭제했다.

전혀 예기치 않았던 곤란에 직면했던 제3권도 이젠 원고 형태로는 거의 완성되어 있다. 나의 건강이 유지된다면, 올 가을에는 출판될 수 있을 것이다.

1893년 7월 15일 런던에서

프리드리히 엥겔스

편의를 위해 여기에 제2고~제8고의 각 초고에서 발췌한 곳을 간단히 일괄하여 표시해둔다. (아래 페이지 수는 MEW판의 페이지 수임 — 편집자)

제1편

31~32쪽: 제2고에서.

32~42쪽: 제7고에서.

42~45쪽: 제6고에서.

45~120쪽: 제5고에서.

120~123쪽: 발췌 노트에 있었던 주(註)에서.

124~끝: 제4고에서.

단, 다음과 같이 삽입된 곳도 있다.

131~132쪽의 구절: 제8고에서.

136쪽과 142쪽의 주: 제2고에서.

제2편

154~163쪽: 제4고의 결론 부분에서.

163~350쪽: 전부 제2고에서.

제3편

제18장(351~358쪽): 제2고에서.

제19장 제1절 및 제2절(359~388쪽): 제8고에서.

제3절(388~390쪽): 제2고에서.

제20장 제1절(391~393쪽): 제2고에서, 단 마지막 단락만은 제8고에서.

제2절(394~397): 주로 제2고에서.

제3, 4, 5절(397~420쪽): 제8고에서.

제6, 7, 8, 9절(420~435쪽): 제2고에서.

제10, 11, 12절(435~476쪽): 제8고에서.

제13절(476~484쪽): 제2고에서.

제21장(485~518쪽): 전부 제8고에서.

제1편

자본의 형태변화와 그 순환

제1장

화폐자본의 순환

자본의 순환과정은[1] 3단계로 진행되는데, 제1권의 서술에 따르면, 각 M31
단계는 다음과 같은 순서를 이룬다.

제1단계: 자본가는 상품시장과 노동시장에서 구매자로 등장한다. 그의 화폐는 상품으로 전화된다. 즉 유통행위 G—W를 통과한다.

제2단계: 자본가에 의한 구매 상품의 생산적 소비. 그는 자본가적 상품생산자로서 행동한다. 그의 자본은 생산과정을 통과한다. 그 결과는 자신의 생산요소 가치보다 더 큰 가치를 갖는 상품이다.

제3단계: 자본가가 판매자로 시장에 돌아온다. 그의 상품은 화폐로 전화된다. 즉 유통행위 W—G를 통과한다.

따라서 화폐자본의 순환정식은 G—W……P……W′—G′이며, 이때 점선은 유통과정의 중단을 표시하고, W′과 G′은 잉여가치에 의해 증가한 W와 G를 표시한다.

제1권에서는 제1단계와 제3단계가 제2단계(즉 자본의 생산과정)를 이

1) 제2고에서.

해하는 데 필요한 경우에 한해서만 논의되었다. 때문에 자본이 여러 단계에서 취하는 다양한 형태와 그 순환의 반복 속에서 취하고 벗는 여러 형태들이 고려되지 않았다. 이제는 이들 형태가 당면의 연구 대상이 된다.

M32 이들 형태를 순수한 상태로 파악하기 위해서는, 무엇보다도 그런 형태변화나 형태형성과 아무 관련이 없는 모든 계기를 제거해야 한다. 그러므로 여기에서는 상품이 그 가치대로 팔릴 뿐만 아니라, 이러한 판매가 불변의 조건하에서 이루어진다고 가정한다. 따라서 순환운동 과정에서 발생할 수 있는 어떠한 가치변동도 모두 무시된다.

제1절 제1단계: G — W[2]

G — W는 일정액의 화폐가 일정액의 상품으로 전화되는 것을 표시한다. 구매자에게는 그의 화폐가 상품으로 전화되는 것이고, 판매자에게는 상품이 화폐로 전화되는 것이다. 일반적인 상품유통의 이 과정이 개별 자본의 독자적 순환에서의 기능적인 한 부분과 구분되는 것은 무엇보다도 그 과정의 형태가 아니라 그 질료적 내용, 즉 화폐와 자리바꿈하는 상품의 특수한 사용성질이다. 이들 상품은 하나는 생산수단, 다른 하나는 노동력으로, 상품생산에서 물적 요소와 인적 요소를 이루고, 그들의 특수한 성질은 물론 생산되는 물품의 종류에 의존하게 된다. 노동력을 A, 생산수단을 Pm이라고 하면, 구매되는 상품총액은 $W = A + Pm$이며, 보다 간단히 표시하면 $W \left\langle \begin{matrix} A \\ Pm \end{matrix} \right.$ 이 된다. 그러므로 G — W는 내용으로 보면, $G — W \left\langle \begin{matrix} A \\ Pm \end{matrix} \right.$ 으로 표시된다. 즉 G — W는 G — A와 G — Pm으로 이루어진다. 화폐액 G는 두 부분으로 나누어지는데, 한 부분은 노동력을 구매하고, 다른 부분은 생산수단을 구매한다. 이렇게 둘로 나누어진 구매는 완전히 서로 다른 시

2) 여기부터는 1878년 7월 2일에 시작된 제7고이다.

장에서 이루어지는데, 하나는 상품시장이고, 다른 하나는 노동시장이다.

G가 전환되는 상품액의 이러한 질적 분리 외에도 $G - W \langle^{A}_{Pm}$ 은 또 하나의 매우 특징적인 양적 관계도 나타내고 있다.

우리는 노동력의 가치 혹은 가격이 그것을 상품으로 판매하는 소유자에게는 임금의 형태〔즉 잉여노동을 포함하는 일정량의 노동에 대한 가격〕로 지불된다는 것을 알고 있다. 예를 들어 노동력의 1일 가치가 5시간 노동의 생산물에 해당하는 3마르크와 같다면, 이 금액은 판매자와 구매자 사이의 계약에서는 예를 들어 10시간 노동의 가격(또는 임금)으로 나타난다. 만일 이러한 계약이 50명의 노동자와 체결된다면, 이들 50명 전체는 M33
하루에 500시간을 구매자에게 제공해야 하지만, 그중 절반인 250노동시(勞動時, Arbeitsstunde)(=25×10시간 노동일)는 잉여노동만으로 이루어진다. 구매되는 생산수단의 양과 규모도 이만한 노동량을 사용하는 데 충분한 것이어야 한다.

따라서 $G - W \langle^{A}_{Pm}$ 은 일정한 화폐액(예를 들면 422파운드스털링)이 그에 상응하는 생산수단 및 노동력으로 전환된다는 질적 관계를 표현할 뿐만 아니라, 노동력 A에 지불되는 화폐 부분과 생산수단 Pm에 지불되는 부분 사이의 양적 비율〔이 비율은 일정 수의 노동자가 지출하게 될 잉여노동의 양에 의해 처음부터 정해져 있다〕도 표현하고 있다.

예를 들어 어떤 방직공장에서 노동자 50명의 주급이 50파운드스털링이고 1,500시간의 잉여노동을 포함하는 3,000시간의 1주 노동시간이 면사로 전화시키는 생산수단의 가치가 372파운드스털링이라면 이 방직공장에서는 일주일 동안 이 금액이 생산수단에 지출되어야 한다.

각 산업부문마다 추가로 사용되는 노동 때문에 추가로 필요한 생산수단의 가치가 얼마인지는 여기에서 전혀 중요한 문제가 아니다. 여기에서 중요한 것은 단지 생산수단에 지출되는 화폐 부분($G - Pm$을 통해서 구매되는 생산수단)이 어떤 조건하에서도 부족하지 않아야 한다는 점(즉 처음부터 필요한 추가분을 잘 계산하여 제대로 된 비율로 조달해야 한다는 점)뿐이다. 바꿔 말하면, 생산수단의 양은 노동량을 흡수하기에(즉 이 노동량에 의해 생산물로 전화되기에) 충분해야 한다는 것이다. 만약 수중의 생산수단이 불충분하다면, 구매자가 움직일 수 있는 여분의 노동은 사용될 수 없으며, 그의 노동에 대한 처분권은 무효가 될 것이다. 만약 사용할 수 있는 노동보다 더 많은 생산수단이 있다면 그것들은 노동을 흡수할 수 없게 되어 생산물로 전화되지 못할 것이다.

$G - W\langle^{A}_{Pm}$ 이 일단 완료되고 나면, 구매자는 단순히 어떤 유용한 물품의 생산에 필요한 생산수단과 노동력만 지배하게 되는 것이 아니다. 그는 노동력의 가치보전에 필요한 것보다 더 많은 노동력의 유동화〔즉 더 많은 노동량〕와 이 노동량의 실현 또는 대상화에 필요한 생산수단도 함께 갖게 된다. 바꿔 말하면 그는 생산요소의 가치보다 더 큰 가치를 갖는 물품〔즉 잉여가치를 포함하는 상품량〕의 생산에 필요한 요소들을 지배하게 된다. 그가 화폐형태로 선대한 가치는 이제 물적 형태를 취하면서 잉여가치(상품의 모습을 한)를 창출하는 가치로 실현된다. 바꿔 말해서 여기에서 그
M34 가치는 가치와 잉여가치를 창출하는 능력을 가진 **생산자본**이라는 상태〔또는 형태〕로 존재하게 된다. 이런 형태의 자본을 P라고 부르기로 하자.

그러나 P의 가치는 A+Pm의 가치와 같고, A와 Pm으로 전환된 G와 같다. G는 P와 똑같은 자본가치이지만, 다만 존재양식이 다를 뿐이다. 즉 G는 화폐상태〔또는 화폐형태〕로 존재하는 자본가치, 말하자면 **화폐자본**이라는 점만 다르다.

그러므로 $G - W\langle^{A}_{Pm}$ 또는 그 일반적 형태인 G—W(즉 모든 상품구매의 합이자 일반적 상품유통의 한 과정)는 자본의 독립된 순환과정 내에서의 한 단계로서, 자본가치가 화폐형태에서 생산적 형태로 전화되는 과정이며, 더 간단히 말하자면 **화폐자본**에서 **생산자본**으로의 전화이다. 여기에서 처음으로 고찰되는 순환도식에서는, 화폐가 자본가치의 최초 담지자로 나타나고, 따라서 화폐자본은 자본이 선대되는 형태로서 나타난다.

화폐자본으로서 자본은 여러 가지 화폐의 기능—지금 이 경우에는 일반적 구매수단과 일반적 지불수단의 기능—을 수행할 수 있는 상태로 존재한다(지불수단으로 기능하는 것은 노동력이 먼저 구매되었다가 노동이 이루어지고 난 뒤에야 비로소 지불될 경우가 바로 그러하며, 또한 생산수단이 제때에 시장에 나와 있지 않고 주문을 해야 하는 경우에도 G—Pm에서 화폐는 지불수단으로 기능한다). 화폐자본이 이런 능력을 갖는 것은 그것이 자본이기 때문이 아니라 화폐이기 때문이다.

한편 화폐상태에 있는 자본가치는 화폐기능만 수행할 수 있으며 다른 기능은 아무것도 수행할 수 없다. 이 화폐기능을 자본기능으로 만드는 것은 자본운동 속에서 화폐기능이 수행하는 특정한 역할 때문이며, 따라서 자본순환 가운데 화폐기능이 나타나는 단계와 다른 단계들 간의 관련 때문이기도 하다. 예를 들어 여기에서는 화폐가 상품으로 전환되고, 이들 상품의 결합이 생산자본의 현물형태를 이룬다. 그러므로 이러한 결합은 이미 자본주의적 생산과정의 결과를 잠재적인 가능성으로 내포한다.

$G—W\langle{}^{A}_{Pm}$ 에서 화폐자본의 기능을 수행하는 화폐 부분은, 이 유통 자체를 완료함으로써 자본의 성격을 상실하고 그 화폐적 성격만 남는 기능으로 이행한다. 화폐자본 G의 유통은 G—Pm과 G—A로, 즉 생산수단의 구매와 노동력의 구매로 나뉜다. 후자의 과정만 따로 고찰해보자. G—A는 자본가의 입장에서 노동력의 구매이다. 그러나 노동자〔즉 노동력의 소유자〕 입장에서 그것은 노동력(여기에서는 임금이라는 형태가 전제되어 있기 때문에 노동이라 해도 좋다)의 판매이다. 여기에서 구매자에게 G—W(=G—A)인 것은, 모든 다른 구매에서도 그렇듯이, 판매자(노동자)에게는 A—G(=W—G), 즉 자신의 노동력의 판매이다. 이것이 제 M35
1의 유통단계(또는 상품의 제1의 형태변화)이다(제1권 제3장 제2절). 그것은 노동의 판매자에게는 그의 상품이 화폐형태로 전화되는 것이다. 노동자는 이렇게 입수한 화폐를 자신의 욕구를 충족하기 위한 온갖 상품〔즉 여러 가지 소비물품〕에 차례대로 지출한다. 그러므로 그의 상품의 총유통은 A—G—W로, 즉 첫째는 A—G(=W—G)로, 둘째는 G—W로 나타난다. 즉 단순한 상품유통의 일반적 형태인 W—G—W로 나타난다. 이 경우 화폐는 단지 일시적인 유통수단으로서 상품의 다른 상품으로의 전환을 매개하는 역할만 수행한다.

G—A는 화폐자본에서 생산자본으로의 전화를 특징짓는 계기이다. 왜냐하면 그것은 화폐형태로 선대된 가치가 실제 자본으로〔즉 잉여가치를 생산하는 가치로〕 전화되기 위한 본질적 조건이기 때문이다. G—Pm은 단지 G—A에 의해 구매된 노동량을 실현하기 위해 필요한 것일 뿐이다. 이 때문에 제1권 제2편 「화폐의 자본으로의 전화」에서는 G—A가 이런 관점에서 다루어졌다. 여기에서는 이 문제가 새로운 각도에서, 특히 자본의 현상형태로서의 화폐자본과 관련하여 고찰될 것이다.

일반적으로 G—A는 자본주의적 생산양식의 특징으로 간주된다. 그러나 그것은 결코 앞에서 든 이유—즉 노동력의 구매라는 것이 노동력의 가격인 임금을 보전하는 데 필요한 것보다 더 많은 노동량의 제공을 조건으로 하는 구매계약이라는 점, 다시 말해서 그것이 선대된 가치의 자본화를 위한〔또는 같은 말이지만, 잉여가치의 생산을 위한〕 근본조건으로서 잉여노동의 제공을 조건으로 하는 구매계약이라는 점—때문은 아니다. 오히려 그것은 G—A라는 그 형태 때문이다. 즉 임금의 형태를 띤 화폐로 노동이 구매되기 때문인데, 이것은 화폐경제의 특징으로 간주된다.

또한 이 경우 그 특징으로 간주되는 것은 그 형태의 불합리성이 아니다. 오히려 이런 불합리성은 무시된다. 불합리성은 가치형성요소(wertbildend) 그 자체로서의 노동이 어떠한 가치도 가질 수 없다는 사실, 따라서 일정량의 노동도 가격으로 표현되는 가치〔즉 일정량의 화폐와 등가로 표현되는 가치〕를 가질 수 없다는 사실에 있다. 그러나 우리가 알고 있는 바와 같이 임금은 단지 하나의 위장된 형태에 불과하다. 이 형태에서는 예를 들어 노동력의 1일 가격이 이 노동력에 의해 하루 동안 유동화되는 노동의 가격으로 나타난다. 즉 이 노동력에 의해 6시간의 노동으로 생산되는 가치는 이 노동력의 12시간 기능〔또는 노동〕의 가치로 표현된다.

G—A가 이른바 화폐경제의 특징 또는 신호로 간주되는 것은 화폐경제에서는 노동이 그 소유자의 상품으로 나타나고, 따라서 화폐가 구매자로서 나타나기 때문이다. 바꿔 말하면, 화폐관계(즉 인간 활동의 매매) 때문인 것이다. 그러나 화폐는 G가 화폐자본으로 전화되지 않고서도, 그리고 경제의 일반적 성격에 아무런 변화가 없이도 이른바 용역의 구매자로서 이미 오래전에 출현하였다. M36

화폐로서는 자신이 어떤 종류의 상품으로 전화될 것인지의 문제가 전혀 중요하지 않다. 화폐는 모든 상품의 일반적 등가형태이며, 모든 상품은 이미 화폐의 가격을 통해서 자신들이 관념적으로 일정한 화폐액을 나타내고, 화폐로의 전화를 기대하고 있으며, 단지 화폐와의 자리바꿈에 의해서만 상품소유자를 위한 사용가치로 전화될 수 있는 형태를 획득한다는 것을 보여준다. 그러므로 노동력이 일단 그 소유자의 상품으로 시장에 출현하여, 그 판매가 노동에 대한 지불이라는 형태〔즉 임금이라는 형태〕로 이루어지면 노동력의 매매는 다른 어떤 상품의 매매와 비교해도 전혀 특이한 것이 아니다. 노동력이라는 상품이 구매될 수 있다는 것이 특징적인 것이 아니라, 노동력이 상품으로 출현한다는 것 자체가 특징적인 것이다.

$G — W \langle {}^{A}_{Pm}$, 즉 화폐자본의 생산자본으로의 전화에 의해서 자본가는 생산의 물적 요소와 인적 요소의 결합을 (이들 요소가 상품으로 구성되어 있을 경우) 실현한다. 화폐가 처음으로 생산자본으로 전화한다면〔또는 화폐가 그 소유자를 위해 처음으로 화폐자본으로 기능한다면〕 자본가는 노동력을 구매하기 전에 먼저 건물, 기계 등과 같은 생산수단을 구매하여야 한다. 왜냐하면 노동력이 그의 지배하에 들어오면 곧바로 그것을 노동력으로 사용할 수 있도록 생산수단이 존재해야 하기 때문이다.

이것은 자본가의 입장에서 본 사태의 전말이다.

노동자의 입장에서 보면, 그의 노동력이 생산적 활동을 수행하게 되는 것은 그것이 판매되어 생산수단과 결합하면서부터이다. 그러므로 노동력은 판매되기 전까지는 생산수단〔즉 노동력의 활동을 위한 물적 조건〕과 분리되어 존재한다. 이렇게 분리된 상태에서는 노동력은 그 소유자를 위한 사용가치의 생산에 직접 사용될 수도 없고, 그 소유자가 생존을 위해 판매해야 하는 상품의 생산에도 직접 사용될 수 없다. 그러나 노동력이 판매를 통해서 생산수단과 결합하게 되면, 노동력은 생산수단과 마찬가지로 구매자의 생산자본의 일부를 이루게 된다.

그러므로 G—A라는 행위에서, 화폐소유자와 노동력소유자는 서로 구
M37 매자와 판매자로만〔즉 화폐소유자와 상품소유자로만〕 관계한다. 그래서 이런 측면에서 보면 그들은 서로 단순한 화폐관계 속에 있을 뿐이다. 그럼에도 구매자는 또한 처음부터 노동력을 그 소유자가 생산적으로 지출하는 데 필요한 물적 조건인 생산수단의 소유자로 나타난다. 바꿔 말하면, 이 생산수단은 노동력의 소유자에 대해 타인의 소유물로서 대립한다. 반면에 노동의 판매자는 그 구매자에 대하여 타인의 노동력으로 대립하게 되고, 이 노동력은 구매자의 자본이 사실상 생산자본으로 기능하도록 구매자의 지배하에 들어와서 그의 자본에 통합되어야만 한다. 그러므로 자본가와 임노동자 사이의 계급관계는 양자가 G—A(노동자 쪽에서는 A—G)라는 행위 속에서 서로 대립하는 순간 이미 존재하고 있으며, 동시에 그 행위의 전제조건을 이룬다. 그것은 매매이고 화폐관계이지만, 그러나 구매자는 자본가이고, 판매자는 임노동자라는 사실을 전제로 하는 매매이다. 그리고 이 관계는 노동력의 실현을 위한 조건, 즉 생활수단과 생산수단이 타인의 소유물로서 노동력의 소유자에게서 분리되어 있다는 사실로부터 발생한다.

이런 분리가 어떻게 발생하는지에 대해서는 여기에서 문제로 삼지 않는다. G—A가 행해질 때 그것은 이미 존재한다. 여기에서 우리가 관심을 갖는 것은 다음과 같다. G—A가 화폐자본의 기능으로 나타나더라도〔즉 화폐가 여기에서 자본의 존재형태로 나타나더라도〕 그것은 단지 여기에서 화폐가 어떤 유용한 인간 활동이나 용역에 대한 지불수단으로 나타나

기 때문은 결코 아니다. 즉 지불수단으로서 화폐의 기능 때문은 결코 아닌 것이다. 화폐가 이러한 형태로 지출될 수 있는 것은 단지 노동력이 그 생산수단(노동력의 생산수단인 생활수단도 포함한다)과 분리된 상태에 있기 때문이며 또한 이런 분리가 노동력이 생산수단의 소유자에게 판매됨으로써만〔따라서 결코 노동력 자신의 가격을 재생산하는 데 필요한 노동량의 수준을 넘어서는 노동력의 유동화까지도 구매자가 지배함으로써만〕 해소되는 것이기 때문이다. 자본관계가 생산과정에서 나타나는 것은 이 관계가 유통행위를 통해서만〔즉 판매자와 구매자가 서로 대립하는 상이한 경제적 기본조건 속에서만, 다시 말해 그들의 계급관계 속에서만〕 스스로 존재하기 때문이다. 이런 관계가 주어지는 것은 화폐의 본성 때문이 아니다. 오히려 단순한 화폐기능이 자본기능으로 전화할 수 있는 것은 바로 이런 관계의 존재 때문이다.

화폐자본(당분간 우리는 화폐자본을 여기에서 우리가 직면한 특정한 기능의 범위 내에서만 다룬다)의 이해에는, 통상 두 가지 오류가 서로 병 M38
행하거나 교차한다. 첫째로, 자본가치가 화폐자본으로 수행하는 기능〔또한 그것이 바로 화폐형태로 존재하기 때문에 수행할 수 있는 기능〕이 자본가치의 자본으로서의 성격(Kapitalcharakter)에서 파생된다는 오류인데, 그 기능들은 단지 자본가치가 화폐상태이기〔즉 자본가치가 화폐로서의 현상형태를 가지고 있기〕 때문에 발생하는 것일 뿐이다. 둘째로, 이와 반대로 화폐기능의 특수한 내용〔화폐기능을 동시에 하나의 자본기능으로 만드는〕을 화폐의 본성으로부터 추론하는 오류인데(따라서 화폐는 자본과 혼동된다), 이 기능은 여기에서 G—A가 행해지는 경우처럼 단순한 상품유통과 그에 상응하는 화폐유통만으로는 결코 주어지지 않는 사회적 조건들을 전제로 한다.

노예의 매매도 그 형태로 보면 역시 상품의 매매이다. 그러나 노예제가 존재하지 않으면 화폐는 이러한 기능을 수행할 수 없다. 노예제도가 존재해야만, 화폐는 노예의 구매에 사용될 수 있다. 반대로 단지 화폐가 구매자의 수중에 있다는 것만으로는 노예제가 결코 성립할 수 없다.

자신의 노동력을 판매하는 것(자신의 노동을 파는 형태, 즉 임금이라는 형태로)이 고립된 현상이 아니라 상품생산의 결정적인 사회적 전제로 나타나기 위해서는〔즉 화폐자본이, 여기에서 고찰되는 기능 $G - W \langle^{A}_{Pm}$ 을 사회적 규모로 수행하기 위해서는〕 생산수단과 노동력의 본원적인 결합이 해체되는 역사적 과정 — 이 과정의 결과 생산수단을 소유하지 못한 노동대중과 생산수단을 소유한 비노동자가 서로 대립하게 된다 — 이 전제되어야 한다. 이 경우 해체되기 이전의 결합 형태가 어떤 것이었는지〔즉 노동자 자신이 생산수단의 소유자였는지 아닌지〕는 전혀 상관이 없다.

결국 여기서 $G - W \langle^{A}_{Pm}$ 라는 행위의 근저에 있는 것은 분배이다. 그것은 소비수단의 분배라는 통상적 의미에서의 분배가 아니라, 생산요소 그 자체의 분배이며, 이들 생산요소 가운데 물적 요소는 한쪽에 집적되고, 노동력은 물적 요소에서 분리되어 다른 쪽에 놓인다.

그러므로 생산자본 가운데 물적 부분인 생산수단은 G — A라는 행위가 일반적인 사회적 행위가 될 수 있기 전에 이미 스스로 자본으로서 노동자와 대립해 있어야 한다.

앞에서도 보았듯이* 일단 확립된 자본주의적 생산은 그 발전과정에서
M39 이러한 분리를 재생산할 뿐만 아니라, 그것이 전반적으로 지배적인 사회적 상태가 될 때까지 그 규모를 점점 확대한다. 그러나 이것 또한 문제의 일면에 불과하다. 자본이 형성되어 생산을 지배할 수 있기 위해서는 어느 정도 상업의 발전단계가 전제되어야 하며, 따라서 상품유통과 그에 따른 상품생산도 어느 정도 발전되어 있어야 한다. 왜냐하면 물품은, 판매를 위해〔즉 상품으로〕 생산되지 않는 한, 상품으로 유통에 들어갈 수 없기 때문이다. 그러나 정상적이고 지배적인 생산의 성격을 띤 상품생산은 자본주의적 생산의 토대 위에서 비로소 나타난다.

* MEW Bd. 23, 제7편, 589~802쪽 참조.

러시아의 지주들은 이른바 농민해방의 결과로 이제 농노 상태의 강제노동자 대신 임노동자를 고용하여 그들의 농업을 경영하고 있는데 이들은 다음 두 가지를 불평한다. 첫째, 화폐자본의 부족이다. 예를 들면 그들은 수확물을 판매하기 전에 상당히 많은 금액을 임노동자에게 지불해야 되는데, 그 첫째 조건인 현금이 부족하다는 것이다. 생산을 자본주의적으로 수행하기 위해서는, 화폐형태로 존재하는 자본이 임금 지불을 위해 항상 수중에 있어야 한다. 그러나 지주들은 걱정할 필요가 없다. 때가 되면 꽃이 피고 산업자본가는 자신의 돈뿐만 아니라 타인의 돈(l'argent des autres)까지도 마음대로 다루기 때문이다.

두 번째 불만은 더욱 특징적이다. 즉 설령 돈이 있어도 구매 가능한 노동력을 충분히 그리고 언제든지 구입하여 이용할 수 없다는 것이다. 왜냐하면 러시아의 농업노동자는 촌락공동체의 토지공유 때문에 아직 완전히 자신의 생산수단과 분리되지 않았고, 따라서 아직 진정한 의미에서 '자유로운 임노동자'가 아니기 때문이다. 그러나 그러한 자유로운 임노동자가 사회적 규모로 존재하는 것, 그것이 곧 G—W(즉 화폐의 상품으로의 전화)가 화폐자본의 생산자본으로의 전화로 나타날 수 있는 필수불가결의 조건이다.

그러므로 화폐자본의 순환정식, G—W……P……W′—G′이 자본순환의 당연한 형태로 되는 것은 이미 발전된 자본주의적 생산의 기초 위에서뿐이라는 것은 말할 필요도 없다. 왜냐하면 그렇게 발전된 자본주의적 생산은 임노동자 계급이 이미 사회적 규모로 존재한다는 것을 전제하기 때문이다. 우리가 이미 보았듯이, 자본주의적 생산은 상품과 잉여가치를 생산할 뿐만 아니라, 또한 임노동자 계급을 계속 확대되는 규모로 재생산하여 거대한 다수의 직접적 생산자를 임노동자로 전화시킨다. G—W……P……W′—G′의 실현을 위한 첫째 조건이 임노동자 계급의 지속적인 존재이기 때문에, 그것은 이미 생산자본의 형태를 띤 자본을 전제하며, 따라서 생산자본의 순환형태를 전제로 한다. M40

제2절 제2단계: 생산자본의 기능

여기에서 고찰되는 자본의 순환은, 유통행위 G—W〔즉 화폐의 상품으로의 전화라는 구매행위〕에서 시작한다. 그러므로 유통은 그 반대의 형태변화 W—G〔즉 상품의 화폐로의 전화라는 판매행위〕에 의해 보완되어야 한다. 그러나 G—W$\langle^{A}_{Pm}$ 의 직접적인 결과는 화폐형태로 선대된 자본가치의 유통이 중단되는 것이다. 화폐자본의 생산자본으로의 전화에 의해 자본가치는 하나의 현물형태를 갖게 되었지만, 이 형태에서는 유통을 더는 계속할 수 없으며 소비, 즉 생산적 소비에 들어가야 한다. 노동력의 사용〔즉 노동〕은 노동과정에서만 실현될 수 있다. 자본가는 노동자를 다시 상품으로 되팔 수 없다. 왜냐하면 노동자는 그의 노예가 아니며, 또한 자본가는 단지 일정 기간 동안만 그의 노동력을 이용하기로 구매하였을 뿐이기 때문이다. 한편 자본가는 노동력을 통해 생산수단을 상품형성요소로 이용하는 한에서만 이 노동력을 이용할 수 있다. 그러므로 제1단계의 결과는 제2단계〔즉 자본의 생산단계〕의 시작이다.

이 운동은 G—W$\langle^{A}_{Pm}$ ……P로 나타나는데 여기에서 점선은, 자본유통은 중단되지만 (자본이 상품유통 영역에서 생산 영역으로 넘어감으로써) 자본의 순환운동은 계속되는 부분을 가리킨다. 제1단계〔즉 화폐자본의 생산자본으로의 전화〕는 단지 제2단계〔즉 생산자본의 기능〕의 선행단계이자 도입단계로만 나타난다.

G—W$\langle^{A}_{Pm}$ 은 이를 수행하는 개인이 임의의 사용형태로 존재하는 가치를 지배할 수 있다는 것을 전제할 뿐 아니라, 또한 그가 이 가치를 화폐형태로 갖고 있다는 것〔즉 그가 화폐소유자라는 것〕도 전제하고 있다. 그러나 이 행위는 바로 화폐를 방출하는 행위이며, 그가 계속 화폐소유자로 남을 수 있는 것은 단지 이 화폐방출 행위를 통해서 화폐가 그에게 도로 회수되리라는 것이 함축되어 있을 경우뿐이다. 그러나 화폐는 상품의 판

매를 통해서만 그에게 회수될 수 있다. 따라서 이 행위는 그가 상품생산자임을 전제하고 있다.

G—A. 임노동자는 단지 노동력의 판매를 통해서만 살아갈 수 있다. 노동력의 유지〔임노동자의 자기보존〕에는 매일의 소비가 필요하다. 그러 M41 므로 그가 자기보존에 필요한 구매〔A—G—W, 또는 W—G—W라는 행위〕를 반복하기 위해서는, 그에 대한 지불이 비교적 짧은 간격으로 계속 반복되어야 한다. 따라서 자본가는 항상 화폐자본가로서〔그리고 그의 자본은 화폐자본으로서〕 임노동자와 대면해야 한다. 반면, 다수의 직접생산자〔임노동자〕가 A—G—W라는 행위를 할 수 있기 위해서는 필요한 생활수단을 구매 가능한 형태〔즉 상품형태〕로 항상 만나야만 한다. 그러므로 이런 상태는 이미 상품으로서의 생산물 유통의 높은 단계〔즉 상품생산 범위의 높은 단계〕를 요구한다. 임노동에 의한 생산이 일반화되면 상품생산은 생산의 일반적 형태가 될 수밖에 없다. 상품생산이 일반적 형태가 되면, 그것은 필연적으로 다시 사회적 분업을 끊임없이 확대시킨다. 즉 특정 자본가들에 의해 상품으로 생산되는 생산물을 점점 전문화해가고, 상호보완적인 생산과정들을 점차 독립적인 생산과정들로 분리한다. 그러므로 G—A가 발전하는 수준에 맞추어 G—Pm도 함께 발전해나간다. 즉 전자의 발전 수준에 맞추어 생산수단의 생산도 그것을 생산수단으로 하는 상품의 생산에서 분리되어간다. 그리하여 이들 생산수단은 모든 상품생산자에 대하여, 그가 직접 생산하는 것이 아니라 특정한 생산과정을 위해 구매하는 상품으로서 대면한다. 그것들은 완전히 분리된 자립적 생산부문들에서 흘러나와 상품으로서 각 생산부문들로 흘러들어가게 되므로 이제 구매하지 않으면 안 되는 대상이 된다. 상품생산의 물적 조건은 각 상품생산자들에게 점점 더 광범위하게 다른 상품생산자의 생산물(즉 상품)로 마주 서게 된다. 거기에 맞추어 자본가도 함께 화폐자본가로 등장하여야 한다. 바꿔 말하면 그의 자본이 화폐자본으로 기능하는 범위가 확대되어야 한다.

다른 한편, 자본주의적 생산의 근본 조건〔임노동자 계급의 존재〕을 만들어내는 바로 그 조건들이 모든 상품생산을 자본주의적 상품생산으로 이행하도록 촉진한다. 자본주의적 상품생산이 발전함에 따라 그것은 기존의 모든 생산형태 — 생산자의 직접적인 자기수요를 충족하기 위한 것이 그 주목적이고 단지 잉여생산물만을 상품으로 전화하는 — 를 파괴하고 분해하는 작용을 한다. 자본주의적 생산은 생산물의 판매를 주요 관심사로 하지만 당장은 생산양식 자체에 눈에 띄게 영향을 미치진 않는다. 예를 들면 자본주의적 세계무역이 중국인, 인도인, 아랍인 등에게 끼친 최초의 영향이 그러하였다. 그러나 일단 자본주의적 생산이 뿌리를 내린 곳에서, 그것은 생산자들의 자기노동에 기초하거나 단지 잉여생산물만을 상
M42 품으로 판매하는 데 기초한 모든 상품생산 형태를 파괴한다. 자본주의적 생산은 먼저 상품생산을 일반화하고 그런 다음 모든 상품생산을 자본주의적 상품생산으로 전화시켜간다.[3]

생산의 사회적 형태가 무엇이든 노동자와 생산수단은 언제나 생산요소이다. 그러나 서로 분리된 상태에서 이들 요소는 단지 생산요소의 가능성으로만 머물러 있을 뿐이다. 생산이 이루어지려면 이들이 결합되어야 한다. 이런 결합이 이루어지는 특정한 방식은 사회구조의 각 경제적 시대를 구분 짓는다. 지금은 자유로운 노동자의 생산수단과 분리를 출발점으로 삼는다. 그리고 우리는 이들 두 요소가 어떤 방식과 조건으로 자본가의 수중에서〔즉 그의 자본의 생산적 존재양식으로〕 결합되는지를 이미 살펴보았다. 상품을 만드는 인적 요소와 물적 요소가 이렇게 결합되어 들어가는 현실적 과정〔즉 생산과정〕은 그것 자체가 자본의 한 기능〔즉 자본주의적 생산과정〕이며, 그것의 본질에 대해서는 이 책의 제1권에서 자세히 분석되었다. 상품생산을 운영한다는 것은 언제나 동시에 노동력을 착취한다는 의미이기도 하다. 그러나 자본주의적 상품생산은 착취양식의 역사발

3) 여기까지 제7고. 여기부터 제6고.

전에서 최초로 노동과정의 조직과 방대한 기술개선을 통해 사회 전체의 경제적 구조를 변혁했으며 이전의 모든 시대를 능가하는 하나의 획기적인 착취양식이 되었다.

생산수단과 노동력은 그것들이 선대된 자본가치의 존재형태인 한, 생산과정에서 가치형성〔따라서 잉여가치의 생산〕에서 그들이 담당하는 상이한 역할에 의해 불변자본과 가변자본으로 구별된다. 생산자본의 상이한 구성 부분으로서 이들은 또한, 자본가의 수중에 있는 생산수단이 생산과정 외부에서도 그의 자본인 반면 노동력은 생산과정 내부에서만 개별자본의 존재형태가 된다는 사실에 의해서도 구별된다. 노동력은 그 판매자인 임노동자의 수중에서만 상품이 되는 반면, 그 구매자인 자본가—노동력의 일시적 사용권을 갖는—의 수중에서만 자본이 된다. 생산수단은 노동력이 생산자본의 인적 존재형태로 생산수단과 합체될 경우에만 비로 M43
소 생산자본의 대상적 형상〔또는 생산자본〕이 된다. 따라서 인간의 노동력이 원래부터 자본인 것은 아니며, 생산수단 역시 그러하다. 그들은 단지 역사적으로 발전된 특정 조건하에서만 특수한 사회적 성격을 갖게 되며, 이것은 마치 그런 조건하에서만 귀금속에 화폐의 사회적 성격이 각인되고 또한 화폐에 화폐자본이라는 사회적 성격이 각인되는 것과 꼭 마찬가지이다.

생산자본은 자신의 기능을 수행하면서 자신의 구성 부분들을 소비하여 그것들을 더 큰 가치를 갖는 생산물로 전환한다. 노동력은 다만 생산자본의 한 기관으로만 작용하기 때문에 잉여노동에 의해 창출되는 생산물가치의 초과분〔그 형성요소의 가치를 넘어서는〕 또한 자본의 과실이 된다. 노동력의 잉여노동은 자본의 무상노동이며, 따라서 자본가를 위한 잉여가치〔즉 거기에 대해 아무런 등가도 지불되지 않는 가치〕를 형성한다. 그러므로 생산물은 단순히 상품일 뿐만 아니라 동시에 잉여가치를 낳는 상품이기도 하다. 그 가치는 P+M, 즉 그 상품의 생산에 소비된 생산자본의 가치 P에 생산자본에 의해 창출된 잉여가치 M을 더한 것과 같다. 이 상품이 10,000파운드의 면사이고, 그 생산에 372파운드스털링 가치의 생산수단과 50파운드스털링 가치의 노동력이 소비된다고 가정해보자. 이 방적과정에서 방적공들은 그들의 노동에 의해 소비된 생산수단의 가치액 372파운드스털링을 면사에 이전하는 동시에 그들의 노동지출에 상응하는, 가령 128파운드스털링의 새로운 가치를 창출하게 된다. 그러므로 10,000파운드의 면사는 500파운드스털링 가치의 담지자가 된다.

제3절 제3단계: W′—G′

상품은 이미 증식된 자본가치의 기능적 존재형태〔생산과정 그 자체로부터 직접적으로 유래하는〕로 **상품자본**이 된다. 만약 상품생산이 사회 전체에 걸쳐서 자본주의적으로 이루어진다면, 모든 상품은 그것이 선철이든 브뤼셀의 레이스이든, 황산이든 담배든 상관없이 처음부터 상품자본의 요소가 될 것이다. 수많은 상품 중에서 어떤 종류의 상품들이 그 속성상 자본의 지위를 부여받게 되고, 어떤 종류의 상품들이 보통 상품이 되는가 하는 문제는 스콜라적 경제학이 스스로 만들어낸 행복한 고민거리의 하나이다.

상품형태의 자본은 상품의 기능을 수행해야 한다. 자본을 구성하는 물품들은 처음부터 시장을 대상으로 생산되기 때문에 반드시 판매되어 화폐로 전화되어야 하며, 따라서 W—G라는 운동을 통과해야만 한다.

M44 자본가의 상품이 10,000파운드의 면사라고 하자. 만약 방적과정에서 소비된 생산수단의 가치가 372파운드스털링이고, 새로 창출된 가치가 128파운드스털링이라면, 면사는 500파운드스털링의 가치를 갖게 되고 500파운드스털링의 가격으로 표현된다. 나아가 이 가격이 판매 W—G에 의해 실현된다고 하자. 모든 상품유통의 이런 단순한 과정을 하나의 자본기능으로 만드는 것은 무엇인가? 그것은 그 과정 내부에서 일어나는 변화

가 아니다. 즉 그것은 우선 상품의 사용가치적 성격에서 일어난 변화가 아닌데 이는 이 상품이 사용대상으로서 구매자의 손에 양도되기 때문이다. 또한 그것은 가치에서 일어난 변화도 아닌데 왜냐하면 그 상품의 가치는 양적으로 변화한 것이 아니라 단지 형태만 바뀌었을 뿐이기 때문이다. 상품가치는 처음에는 면사 속에 존재하였지만, 이제는 화폐 속에 존재한다. 따라서 첫 번째 단계 G—W*와 마지막 단계 W—G 사이에는 하나의 본질적 차이가 존재한다. G—W에서 선대된 화폐가 화폐자본으로 기능하는 것은 화폐가 유통을 통해 특정 사용가치를 갖는 상품으로 전환되기 때문이다. W—G에서 상품이 자본으로 기능할 수 있는 것은 오직 그것이 유통과정이 시작되기 전에 이미 생산과정에서 완성된 자본의 성격을 띠고 나올 경우에만 가능하다. 방적과정에서 방적공은 128파운드스털링의 면사 가치를 창출하였다. 그중에서 가령 50파운드스털링만이 자본가가 노동력에 지출한 것과 등가라면 78파운드스털링은(노동력 착취도가 156%일 경우) 잉여가치를 형성한다. 그러므로 10,000파운드 면사의 가치는 첫째로, 소비된 생산자본 P의 가치를 포함하며, 그중 불변 부분은 372파운드스털링이고, 가변 부분은 50파운드스털링으로 그 합계는 422파운드스털링으로, 이는 8,440파운드의 면사와 동일한 가치이다. 생산자본 P의 가치는 W〔즉 G—W 단계에서는 판매자의 수중에 있는 상품으로 자본가와 대면하던 생산자본 구성요소의 가치〕와 같다. 그러나 둘째로, 이 면사의 가치는 1,560파운드의 면사에 상당하는 78파운드스털링의 잉여가치를 포함한다. 그러므로 10,000파운드 면사의 가치표현인 W는 W+ΔW, 즉 W+W의 증가분(=78파운드스털링)과 같은데, 이 증가분은 원래의 가치 W와 똑같은 상품형태로 존재하므로 이를 w라 부르기로 하자. 따라서 10,000파운드 면사의 가치인 500파운드스털링은 W+w=W′이다. W〔즉 10,000파운드 면사의 가치표현〕를 W′으로 만드는 것은 그것의 절대적 가

* 초판과 제2판에서는 W—G로 되어 있었는데 엥겔스의 인쇄용 원고에 의해 수정되었다.

치크기(500파운드스털링)가 아니다. 왜냐하면 이 가치크기는 다른 모든 W〔다른 어떤 상품의 가치표현〕와 마찬가지로 그 상품에 대상화된 노동량에 의해 결정되기 때문이다. W를 W′으로 변화시키는 것은 그것의 상대적 가치크기, 즉 그것을 생산하는 데 소비된 자본 P의 가치와 비교되는 그
M45 것의 가치이다. W′의 가치에는 이 자본가치와 생산자본에 의해 제공되는 잉여가치가 함께 포함되어 있다. 그것의 가치는 자본가치보다 이 잉여가치 w만큼 더 크다. 10,000파운드의 면사는 증식되어 잉여가치만큼 늘어난 자본가치의 담지자이며, 이것은 바로 자본주의적 생산과정의 산물이다. W′은 하나의 가치관계, 즉 상품생산물의 가치와 그 생산에 지출된 자본의 가치 간의 관계를 표현한다. 다시 말하면 그것은 상품생산물의 가치가 자본가치와 잉여가치로 구성된다는 것을 표현한다. 10,000파운드의 면사가 상품자본 W′이 되는 것은 그것이 단지 생산자본 P의 전화된 형태일 때만〔즉 이 개별 자본의 순환 내에만 존재하는 연관을 통해서만, 다시 말해서 자신의 자본으로 면사를 생산한 자본가에게만〕이다. 가치의 담지자인 10,000파운드의 면사를 상품자본으로 만드는 것은 말하자면 내적 관계일 뿐이지 결코 외적 관계가 아니다. 면사는 그들 가치의 절대적 크기가 아니라 상대적 크기〔즉 그 면사에 포함된 생산자본이 상품으로 전화되기 전에 갖고 있던 가치크기와 비교된 그들의 가치의 크기〕에 의해 자본주의적 특징을 드러낸다. 따라서 만약 이 10,000파운드의 면사가 그 가치대로 500파운드스털링에 팔린다면, 이런 유통행위는(그 자체만으로 본다면) W—G이며, 어떤 불변의 가치가 단지 상품형태에서 화폐형태로 전화하는 것에 불과하다. 그러나 그것이 어떤 개별 자본의 순환 가운데 한 특수한 단계일 경우에는, 바로 그 행위가 '상품 속에 포함된 자본가치 422파운드스털링+상품 속에 포함된 잉여가치 78파운드스털링'의 실현이 된다. 즉 그것은 상품자본이 상품형태에서 화폐형태로 전화되는 W′—G′을 나타낸다.[4]

이제 W′의 기능은 모든 상품생산물의 기능〔화폐로 전화(판매)되어 유

통국면 W — G를 통과하는 기능〕이다. 증식된 자본이 상품자본의 형태를 그대로 유지한 채 시장에 체류하는 한 생산과정은 정지된다. 상품자본은 생산물의 창조자로도 가치의 창출자로도 작용하지 않는다. 자본이 상품형태를 벗어던지고 화폐형태를 취하는 속도〔즉 판매의 속도〕에 따라서 똑같은 자본가치가 생산물 및 가치의 창조자로서 기능하는 정도는 매우 달라질 것이며 재생산의 규모가 확대 또는 축소되는 정도도 상당히 달라질 것이다. 이미 제1권에서 본 바와 같이 주어진 자본의 효율은 자본 자신의 가치크기와는 어느 정도 무관한, 생산과정의 힘에 의해 정해진다.* 여기에 M46 서는 유통과정이 자본의 가치크기와는 무관하게 자본의 효율〔즉 자본의 확대와 축소〕을 결정하는 새로운 힘에 영향을 미치는 것으로 나타난다.

상품량 W′은 증식된 자본의 담지자로서 그 전체가 형태변화 W′— G′을 통과해야만 한다. 여기에서는 판매되는 양이 가장 중요한 문제가 된다. 개별 상품은 총량의 구성 부분으로만 나타난다. 500파운드스털링의 가치는 10,000파운드의 면사 속에 존재한다. 만일 자본가가 7,440파운드만을 그 가치대로 372파운드스털링에 판매하는 데 성공한다면, 그는 그의 불변자본가치〔즉 소비된 생산수단의 가치〕만을 보전하게 된다. 만약 그가 8,440파운드를 판매한다면, 그는 총선대자본의 가치만을 보전하게 될 것이다. 그가 잉여가치를 실현하기 위해서는 그 이상을 팔아야 하며, 78파운드스털링(1,560파운드의 면사)의 잉여가치 전부를 실현하기 위해서는 10,000파운드의 면사를 모두 팔아야만 한다. 이때 그가 획득하는 500파운드스털링의 화폐는 단지 판매된 상품의 등가일 뿐이다. 유통 내부에서 그의 거래는 단순히 W — G이다. 만일 그가 자신의 노동자들에게 50파운드스털링이 아니라 64파운드스털링의 임금을 지불하였다면, 그의 잉여가치는 78파운드스털링이 아니라 64파운드스털링이며, 착취도는 156%가 아니라 단지 100%에 머물 것이다. 그러나 면사의 가치는 변함이 없을 것이

4) 여기까지 제6고, 여기부터 제5고.

* MEW Bd. 23, 629~631쪽 참조.

며, 다만 그 구성 부분들 간의 비율만 변했을 뿐이다. 유통행위 W—G는 여전히 10,000파운드의 면사를 그 가치대로 500파운드스털링의 가치로 판매하는 것을 나타낼 것이다.

W′=W+w(=422파운드스털링+78파운드스털링)이다. W는 생산자본 P의 가치와 같고, 이것은 G—W〔즉 생산요소의 구입〕에 선대된 G의 가치와 같다. 우리의 예에서 그것은 422파운드스털링이다. 만일 상품량이 가치대로 팔린다면, W=422파운드스털링, w=78파운드스털링(잉여생산물 1,560파운드 면사의 가치)이다. 화폐로 표현된 w를 g라고 한다면, W′—G′=(W+w)—(G+g)이며, 따라서 G—W……P……W′—G′ 순환의 좀더 구체적인 형태는 $G—W\langle^{A}_{Pm}$ ……P……(W+w)—(G+g)가 된다.

제1단계에서는 자본가가 사용물품(사용가치적 성격을 가진 물품—옮긴이)을 본래의 상품시장과 노동시장에서 끌어낸다. 제3단계에서 그는 상품을 다시 투입하지만 오직 하나의 시장, 즉 본래의 상품시장에만 투입한다. 그러나 그가 자신의 상품에 의해 자신이 원래 시장에 투입한 것보다 더 큰 가치를 시장에서 뽑아낸다면, 그것은 단지 그가 처음 시장에서 끌어낸 것보다 더 많은 상품가치를 투입했기 때문이다. 그는 가치 G를 시장에 투입하여 그것과 등가인 W를 끌어내었다. 이제 그는 W+w를 투입하여 그것과 등가인 G+g를 끌어낸다. 우리의 예에서 G는 8,440파운드 면사의 가치와 같았다. 그런데 그는 10,000파운드의 면사를 시장에 투입하고 따라
M47 서 시장에서 끌어낸 것보다 더 큰 가치를 시장에 투입한 것이다. 반면 그가 이 증대된 가치를 투입한 것은 바로 생산과정에서 노동력의 착취를 통해 잉여가치〔생산물 가운데 잉여생산물로 표현되는 부분〕를 창출했기 때문이다. 상품량은 오직 이 과정의 생산물일 때만 상품자본〔증식된 자본가치의 담지자〕이 된다. W′—G′을 수행함으로써 선대된 자본가치는 물론 잉여가치도 함께 실현된다. 이 양자의 실현은 W′—G′으로 표현되는 총상품량의 판매가 몇 차례 나뉘어 이루어질 경우도 있고 한꺼번에 이루어

질 경우도 있다. 그러나 똑같은 유통과정 W′—G′이라 하더라도 자본가치와 잉여가치에서 그것이 각기 다를 수도 있는데 이는 이 과정이 이들 각자에 서로 다른 유통단계〔유통 내에서 그것들이 통과해야 하는 형태변화의 각기 상이한 단계〕를 나타낼 경우 그러하다. w(잉여가치)는 생산과정 속에서 비로소 처음 세상에 나온다. 그러므로 그것은 상품시장에도〔즉 상품형태로도〕 처음 출현한다. 이 상품형태가 그것에는 최초의 유통형태이며 따라서 w—g라는 행위도 그것에는 최초의 유통행위〔또는 최초의 형태변화〕이므로 정반대의 유통행위〔또는 정반대의 형태변화〕 g—w에 의해 보완되어야 한다.[5]

자본가치 W가 동일한 유통행위 W′—G′에서 수행하는 유통은 이것과는 다르며, 자본가치의 입장에서 이 유통행위는 W—G가 되고, 여기에서는 W=P〔처음에 선대된 G〕이다. 이 자본가치는 그 최초의 유통행위를 화폐자본 G의 형태로 시작하여 W—G라는 행위를 통해 똑같은 형태로 돌아온다. 그러므로 그것은 ① G—W와 ② W—G라는 두 개의 정반대되는 유통국면을 통과하여 다시 똑같은 순환과정을 새로 시작할 수 있는 형태로 존재하게 된다. 잉여가치에는 상품형태에서 화폐형태로의 최초의 전화가 이루어지는 것이 자본가치에는 그것의 본래 화폐형태로의 복귀(또는 재전화)가 된다.

$G — W \langle^{A}_{Pm}$ 에 의해 화폐자본은 동일한 가치액의 상품, A와 Pm으로 전환된다. 이들 상품은 이제 더는 상품〔판매될 물품〕으로 기능하지 않는다. 그들의 가치는 이제 그것들을 구매한 자본가의 수중에 있으며 그의 생산자본 P의 가치로 존재한다. 그리고 P의 기능〔생산적 소비〕을 통해 이들 상품은 소재적으로 생산수단과 별개의 상품, 즉 면사로 전화되며, 그들의 가치는 그 면사 속에서 보존될 뿐만 아니라 422파운드스털링에서 500파

5) 이것은 자본가치와 잉여가치를 어떻게 분리하든 마찬가지이다. 10,000파운드의 면사에는 1,500파운드〔=78파운드스털링〕의 잉여가치가 포함되어 있지만, 1파운드의 면사〔=1실링〕에도 마찬가지로 2.496온스〔=1.872펜스〕의 잉여가치가 포함되어 있다.

M48 운드스털링으로 증식된다. 이런 실제의 형태변화에 의해 제1단계 G—W에서 시장으로부터 끌려나온 상품은 소재와 가치가 다른 상품으로 대체되어, 이제 다시 상품으로 기능하여 화폐로 전화되고 판매되어야 한다. 그러므로 생산과정은 단지 자본가치의 유통과정이 중단된 것으로만 나타나고, 거기까지는 유통과정 중 제1국면인 G—W만이 통과되었을 뿐이다. 자본가치가 제2의(그리고 최종적인) 국면인 W—G를 통과하는 것은, W가 소재와 가치에서 변화하고 난 이후이다. 그러나 자본가치 그 자체만을 본다면, 그것은 생산과정에서 단지 사용형태만 바뀌었을 뿐이다. 그것은 422파운드스털링 가치의 A와 Pm으로 존재하였지만, 이제는 422파운드스털링의 가치를 갖는 8,440파운드의 면사 형태로 존재한다. 그러므로 만약 우리가 잉여가치와 분리하여 자본가치의 유통과정 두 단계만 고찰한다면, 우리는 자본가치가 ① G—W와 ② W—G를 통과함을 알 수 있는데, 이때 두 번째 W는 첫 번째 W와 사용형태는 바뀌었지만 가치는 동일하다는 것을 알 수 있다. 따라서 자본가치는 G—W—G를 통과하며 이 유통형태는 정반대 방향으로 상품이 두 번 위치 변환함〔화폐에서 상품으로 그리고 상품에서 화폐로의 전화〕으로써 화폐로 선대된 가치가 필연적으로 화폐형태로 복귀〔화폐로 재전화〕하게 만든다.

화폐로 선대된 자본가치로 보면 제2의 최종적인 형태변화〔화폐형태로의 복귀〕인 바로 그 유통행위 W′—G′이, 잉여가치〔상품자본에 의해 함께 이전되어 그 상품자본이 화폐형태로 전화될 때 함께 실현되는〕로 보면 제1의 형태변화〔상품형태에서 화폐형태로의 전화〕, 즉 W—G〔제1의 유통국면〕가 된다.

여기에서 우리는 두 가지 사실에 주의해야 한다. 첫째, 자본가치가 원래의 화폐형태로 최종적으로 재전화하는 것은 상품자본의 한 기능이다. 둘째, 이 기능은 잉여가치가 원래의 상품형태에서 화폐형태로 처음 형태변화하는 것을 포함한다. 화폐형태는 여기에서 이중의 역할을 수행한다. 한편으로 그것은 원래 화폐로 선대된 가치가 회수되는 형태〔과정을 시작할 때의 가치형태로 복귀]를 이룬다. 다른 한편으로 그것은 원래 상품형태로 유통에 들어갔던 가치가 최초로 전화된 형태를 이룬다. 만일 상품자본을 구성하는 상품이 우리가 여기에서 전제한 바와 같이 그 가치대로 팔린다면, W+w는 그것과 등가인 G+g로 전화한다. 실현된 상품가치는 이제 G+g(422파운드스털링+78파운드스털링=500파운드스털링)의 형태로 자본가의 수중에 존재한다. 자본가치와 잉여가치는 이제 화폐로, 즉 일반적 등가형태로 존재한다.

그러므로 과정의 끝부분에 이르면 자본가치는 그것이 과정에 들어갈 때와 동일한 형태를 다시 회복하며, 화폐자본으로서 이제 새로운 과정을 시작하고 통과할 수 있게 된다. 이 과정의 출발형태와 최종형태가 모두 화폐자본 G의 형태라는 바로 이 사실 때문에 우리는 이 순환과정의 형태를 화폐자본의 순환이라고 부른다. 과정의 끝부분에서 변화한 것은 선대된 가치의 형태가 아니라 그 크기뿐이다. M49

G+g는 단지 일정 크기의 화폐액일 뿐이며, 우리의 경우 500파운드스털링이다. 그러나 자본순환의 결과물〔실현된 생산자본〕인 이 화폐액은 자본가치와 잉여가치를 포함한다. 그리고 이 가치들은 이제 면사 속에서처럼 서로 통합되어 있는 것이 아니라 따로따로 분리되어 있다. 실현을 통해서 이들은 각자 독립된 화폐형태를 갖게 되었다. 이들 화폐 가운데 $\frac{211}{250}$은 자본가치 422파운드스털링을 표시하고, $\frac{39}{250}$는 잉여가치 78파운드스털링이다. 상품자본의 실현을 통해 이루어진 이 분리는 잠시 후에 언급하게 될 형태적 의미만 갖는 것이 아니다. 이 분리는 g가 G에 전부 부가되는지, 아니면 일부만 부가되는지 혹은 전혀 부가되지 않는지에 따라서, 다시 말해서 g가 선대된 자본가치의 성분으로 계속 기능하느냐 하지 않느냐에 따라서 자본의 재생산과정에서 중요한 의미를 지닌다. g와 G는 완전히 다른 유통을 통과할 수도 있다.

G′을 통해서 자본은 다시 그 최초의 형태인 G, 즉 화폐형태로 돌아가지만, 그러나 이 형태를 통해서 자본은 자본으로 실현된다.

첫째, 거기에는 양적 차이가 존재한다. 자본은 G로서 422파운드스털링이었지만, 이제 G′으로서 500파운드스털링이 되었다. 이 차이는 G……G′〔즉 순환의 양극이 양적으로 다른 형태〕으로 표현되고 순환운동은 점선으로만 표시된다. G′은 G보다 크고 G′-G=M〔잉여가치〕이다. 그러나 이 순환 G……G′의 결과는 이제 G′으로만 존재한다. 그것은 생산물이며 이 생산물에는 그 형성과정이 소멸되어 있다. G′은 이제 그것을 낳아준 운동에서 독립하여 자립적으로 존재한다. 운동은 사라져버리고 그것을 대신하여 G′이 자리를 잡고 있는 것이다.

그러나 G+g로서의 G′(422파운드스털링의 선대자본+78파운드스털링의 증가분=500파운드스털링)은 또한 하나의 질적 관계 — 비록 이 질적 관계 그 자체는 단지 전체 금액의 각 부분들 사이의 관계〔즉 양적 비율〕로만 존재하지만 — 도 나타낸다. 선대자본 G는 처음의 형태(422파운드스털링)로 다시 나타나지만 그것은 이제 실현된 자본으로 존재한다. 그것은 스스로를 보존하면서 동시에 자본으로 실현되기도 하였는데 이는 그것이 g(78파운드스털링) — 이것과 선대자본 G의 관계는 이것이 선대자본 G의 증식분(과실)이며 동시에 그것이 스스로 창출한 증가분이라는 점이다 — 와 그 자체로서 구별되기 때문이다. G가 자본으로 실현되는 것은
M50 그것이 가치를 창출한 가치로 실현되었기 때문이다. G′은 자본관계로 존재한다. G는 이제 단순한 화폐가 아니라 자기증식된 가치〔즉 자신이 가진 가치보다 더 큰 가치를 낳는 속성을 가진 가치〕로 표현되는 화폐자본의 역할을 한다. G는 G′ 가운데 다른 한 부분(즉 증식된 부분인 g—옮긴이)에 대한 관계 때문에 자본이 되는데, 그 부분은 G 자신이 성취한 것이며, G 자신을 원인으로 하여 야기된 것이며, G 자신을 원인으로 한 결과물이다. 이처럼 G′은 그 자신의 내부에서 분화되고 기능적으로(개념적으로) 구별되며 또한 자본관계를 표현하는 가치총액으로 나타난다.

그러나 이것은 단순히 결과물로만〔즉 이 결과물을 낳는 과정의 매개 없이〕 표현되어 있다.

각 가치 부분들은, 그것들이 서로 다른 물품〔구체적인 물건, 즉 서로 다른 사용형태〕의 가치로, 따라서 서로 다른 상품체들의 가치로 나타나지 않는 한—이 경우 이들 간의 차이는 가치 부분 그 자체에서 발생하는 것이 아니다—질적으로 서로 구별되지 않는다. 화폐에서는 상품들 사이의 모든 차이점들이 사라진다. 왜냐하면 화폐는 모든 상품에 공통적인 등가형태이기 때문이다. 500파운드스털링이라는 화폐액은 전적으로 1파운드스털링이라는 단위요소만으로 구성된다. 이 화폐액의 단순한 존재 그 자체에는 그것의 기원에 대한 단서도 지워져 있고, 여러 자본 성분들이 생산과정에서 가지고 있던 특수한 차이들에 대한 흔적도 모두 사라져버려서 이제 거기에는 단지 원금(元金)(영어로 principal)인 422파운드스털링의 선대자본과 78파운드스털링의 초과가치액이라는 개념적 형태의 구별만 존재한다. 예를 들어 G′=110파운드스털링이고, 그 가운데 100파운드스털링=원금 G이고, 10파운드스털링=잉여가치 M이라고 하자. 110파운드스털링이라는 금액의 두 구성 부분은 절대적으로 같은 종류의 것이며 개념적 차이는 존재하지 않는다. 이 금액 중 어떤 10파운드스털링도—그것이 선대된 원금 100파운드스털링의 $\frac{1}{10}$이든 아니면 초과분 10파운드스털링이든 상관없이—항상 총액 110파운드스털링의 $\frac{1}{11}$일 뿐이다. 그러므로 원금과 초과액〔즉 자본과 잉여액〕은 총액의 분수로 표현될 수 있다. 우리의 예에서 $\frac{10}{11}$은 원금〔또는 자본〕이며 $\frac{1}{11}$은 잉여액이 된다. 그러므로 실현된 자본이 그 과정의 최종단계에서 화폐표현으로 나타나는 것은 자본관계의 무개념적(begrifflos) 표현이다.

이것은 물론 W′(=W+w)에도 적용된다. 그러나 거기에는 다음과 같은 차이가 있다. 즉 W′는(이것을 구성하는 W와 w는 다만 동질의 상품량을 각기 다른 비율로 나타낸 가치 부분일 뿐이다) 자신의 기원인 P(이것의 직접적 생산물이 바로 W′이다)를 곧바로 가리키는 데 반해 유통에서 직 M51
접 도출되는 형태인 G′에서는 P와의 직접적 관계가 보이지 않는다.

G′이 G……G′이라는 운동의 결과를 표현하는 한, G′에 포함된, 원금

과 증가액 간의 무개념적 차이는 그것이 다시 화폐자본으로 적극 기능하게 되면〔즉 증식된 산업자본의 화폐표현으로 고정되고 나면〕 곧바로 사라져버린다. 화폐자본의 순환은 (비록 G′이 이제는 G의 기능을 수행하긴 하지만) 결코 G′으로 시작할 수 없다. 그것은 오직 G로만 시작할 수 있다. 즉 그것은 결코 자본관계의 한 표현으로는 시작할 수 없으며 자본가치의 선대형태로만 시작할 수 있는 것이다. 500파운드스털링이 다시 잉여가치를 생산하기 위해 자본으로 선대되면 그것은 하나의 복귀점이 아니라 출발점을 이룬다. 이제 선대되는 것은 422파운드스털링의 자본이 아니라 500파운드스털링의 자본이다. 그것은 이전보다 더 많은 화폐이며 더 큰 자본가치이지만, 두 구성 부분 사이의 관계는 사라져버렸으며 이제 422파운드스털링이 아니라 500파운드스털링의 금액이 자본으로 기능하게 된다.

자신을 G′으로 나타내는 것은 화폐자본의 적극적인 기능이 아니다. 그것은 오히려 W′의 기능이다. 심지어 단순상품유통, 즉 ① W_1—G, ② G—W_2에서도 G는 제2행위 G—W_2에서야 비로소 적극적으로 기능한다. 그것이 G로 나타나는 것은 단지 제1행위의 결과일 뿐이고 이 제1행위 때문에 그것은 W_1의 전화된 형태로 나타난다. 물론 G′에 포함된 자본관계〔즉 G′ 가운데 자본가치 부분과 가치증가분 간의 관계〕도 기능적인 의미를 갖긴 하는데 그것은 순환 G……G′의 부단한 반복 속에서 G′이 두 개의 유통〔자본유통과 잉여가치유통〕으로 나누어져 그 결과 두 부분〔G와 g〕이 양적으로는 물론 질적으로도 각기 다른 기능을 수행하기 때문이다. 그러나 그 자체로 보면 G……G′이라는 형태는 자본가의 소비를 포함하지 않으며 단지 가치 증식과 축적—무엇보다도 후자가 계속 새롭게 선대되는 화폐자본의 주기적 증가로 나타난다는 의미에서—만을 명시적으로 포함하고 있을 뿐이다.

비록 자본의 무개념적 형태이기는 하지만, G′=G+g는 동시에 최초로 실현된 형태의 화폐자본, 즉 화폐를 낳는 화폐이다. 그러나 이것은 제1단계 $G—W\langle^{A}_{Pm}$ 에서의 화폐자본의 기능과는 구별되어야 한다. 제1단계에서의 G는 화폐로서 유통된다. 그것이 화폐자본의 기능을 수행하는 것은, 그것이 화폐상태로 있지 않으면 화폐기능을 수행할 수 없어서, 상품으로 자신과 대면하고 있는 P의 요소들(A와 Pm)로 전환될 수 없기 때문이다. 이 유통행위에서 그것은 오로지 화폐로만 기능한다. 그러나 이 행위는 과정을 진행하는 자본가치의 제1단계이기 때문에, 그것은 또한 구매되는 상 M52 품 A와 Pm의 특수한 사용형태를 통해서 화폐자본으로 기능하는 것이다. 반면, 자본가치 G와 그것에 의해 생겨나는 잉여가치 g로 구성된 G′은 증식된 가치〔즉 자본의 총순환과정의 목적이자 결과물이며 기능이기도 한〕를 표시한다. G′이 이 결과물을 화폐형태〔실현된 화폐자본〕로 표현한다는 사실은 G′이 자본의 화폐형태〔즉 화폐자본〕라는 점에서 파생된 것이 아니라, 반대로 그것이 화폐자본〔즉 화폐형태의 자본〕이라는 점, 다시 말해서 자본이 이 형태로 과정을 시작하고 따라서 화폐형태로 선대된다는 점에서 파생된 것이다. 우리가 보았듯이 화폐형태로의 재전화는 상품자본 W′의 기능이지 화폐자본의 기능이 아니다. G′과 G의 차액인 g는 W의 증가분인 w의 화폐형태에 지나지 않는다. G′=G+g인 까닭은 W′=W+w이기 때문일 뿐이다. 그러므로 W′에는, 이 차액은 물론 자본가치와 그것에 의해 생겨난 잉여가치와의 관계도 모두, 그것들이 G′〔두 가치 부분이 각자 독립적으로 대면하고, 따라서 각기 독립된 상이한 기능으로 사용되는 화폐액〕으로 전화하기 전에 이미 존재하고 또 표현되어 있다.

G′은 단지 W′의 실현 결과물일 뿐이다. W′과 G′은 모두 증식된 자본가치의 상이한 형태, 즉 그 상품형태와 화폐형태일 뿐이다. 둘은 모두 증식된 자본가치라는 공통점이 있다. 둘은 모두 실현된 자본인데 왜냐하면 거기에는 자본가치 그 자체가 그것과 구분되는 잉여가치〔자본가치에 의해 획득된 과실〕와 함께 — 비록 이 관계가 단지 하나의 화폐액〔또는 상품가치〕의 두 부분 사이의 관계를 무개념적 형태로 표현하고 있을 뿐이긴 하지만 — 존재하기 때문이다. 그러나 잉여가치(자본에 의해 증식된)와 관련된(그리고 구분되는) 자본가치의 표현이라는 점에서〔즉 증식된 가치

의 표현이라는 점에서〕 G′과 W′은 같은 것이며 동시에 같은 것을 표현하
고 있는데, 단지 그 형태만 다를 뿐이다. 그들은 화폐자본과 상품자본으로
구별되는 것이 아니라, 화폐와 상품으로 구별된다. 그들이 증식된 가치
〔즉 자본으로 활동하는 자본〕를 표현하는 한, 그들은 다만 생산자본 기능
〔즉 자본가치가 가치를 낳는 유일한 기능〕의 결과물을 표현하고 있을 뿐
이다. 그들의 공통점은 둘 모두〔화폐자본과 상품자본〕가 자본의 존재양
식이라는 것이다. 하나는 화폐형태의 자본이고, 다른 하나는 상품형태의
자본이다. 그러므로 그들을 구별하는 특별한 기능은 화폐기능과 상품기
능 간의 차이뿐이다. 자본주의적 생산과정의 직접적 산물인 상품자본은
자신의 이런 기원을 상기시키는 것이며, 따라서 그 형태에서 화폐자본보
M55 다 더 합리적이며 덜 무개념적이다. 왜냐하면 일반적으로 모든 상품의 특
수한 사용형태가 화폐 속에서는 사라져버리는 것과 마찬가지로 화폐자본
속에도 이 과정의 모든 흔적이 소멸되어 있기 때문이다. 그러므로 G′ 자
체가 상품자본으로 기능하는 경우에만, 즉 G′이 이 생산물의 전화형태가
아니라 생산과정의 직접적 생산물인 경우〔즉 화폐재료 그 자체의 생산〕에
만 그것의 기괴한 형태가 사라진다. 예를 들면, 금 생산에서 그 정식은
$G—W\langle{}^{A}_{Pm}$ ……P……G′(G+g)이 되고, 여기에서 G′은 상품생산물로 나
타날 것이다. 왜냐하면 P는 최초의 G, 즉 화폐자본으로서 금의 생산요소
들을 위해 선대된 것보다 더 많은 금을 공급하기 때문이다. 이 경우에는
화폐액의 일부가 그 화폐액의 다른 부분의 어머니로 나타나는 G……G′
(G+g)이라는 표현의 불합리성이 사라진다.

M53 그림: 『자본』 제2권에 해당하는 마르크스의 초고

M57 그림: 『자본』 제2권에 해당하는 마르크스의 초고를 엥겔스가 다시 정리한 초고

제4절 총순환

이미 본 바와 같이 유통과정은 제1단계 $G—W \left\langle \begin{matrix} A \\ Pm \end{matrix} \right.$ 이 끝나면서 P에 의해 중단된다. P에서는 시장에서 구매된 상품 A와 Pm이 소재와 가치 모두 생산자본의 구성 부분으로 소비된다. 이 소비의 생산물은 소재와 가치 모두 변화된 새로운 상품 W′이다. 중단된 유통과정 G—W는 W—G에 의해 보완되어야 한다. 그러나 이 두 번째 최종 유통단계의 담지자는 W′이며, 이것은 최초의 W와는 소재와 가치 모두 다른 상품이다. 그러므로 유통의 순서는 ① $G—W_1$, ② $W'_2—G'$으로서 나타난다. 여기에서 P의 기능에 의해 야기된 중단기간 동안에〔즉 생산자본 P의 존재형태인 W의 요소들로부터 W′가 생산되는 동안에〕 첫 번째 상품 W_1은 제2단계에서 그것보다 가치도 크고, 사용형태도 다른 별개의 상품 W'_2로 대체된다. 그런데 자본이 우리들 앞에 나타나는 최초의 현상형태(제1권 제4장 제1절)인 G—W—G′(분해하면 ① $G—W_1$ ② $W_1—G'$)에서는 동일한 상품이 두 번 나타난다. 제1단계에서 화폐가 전화하는 상품과, 제2단계에서 보다 많은 화폐로 재전화하는 상품은 모두 동일한 상품이다. 이런 본질적 차이가 있으나 두 유통은 제1단계에서는 화폐가 상품으로 전화되고, 제2단계에서는 상품이 화폐로 전화된다는 점, 즉 제1단계에서 지출된 화폐가 제2단계에서 다시 회수된다는 공통점이 있다. 한편으로 양자는 화폐가 이렇게 그 출발점으로 되돌아온다는 공통점과 함께, 다른 한편으로 회수된 화폐가 선대된 화폐보다 크다는 공통점도 있다. 이런 점에서 볼 때, 정식 G—W……W′—G′도 일반적 정식 G—W—G′에 포함된다.

또한 여기에서는 유통에 속하는 두 개의 형태변화 G—W와 W′—G′ M56
속에서 똑같은 크기로 동시에 존재하는 가치존재가 서로 대면하고 치환된다. 가치의 변동은 형태변화 P〔즉 생산과정〕에서만 발생하고, 따라서 생산과정은 단지 형식적 형태변화에 불과한 유통과는 달리 자본의 실질적 형태변화로 나타난다.

이제 총운동 G—W……P……W′—G′, 혹은 보다 정확한 형태로 표현된 $G—W\langle{}^{A}_{Pm}$ ……P……W′(W+w)—G′(G+g)을 고찰해보기로 하자. 여기에서 자본은 가치로 나타나는데, 이 가치는 일련의 상호연관된〔그리고 상호제약된〕 전화, 즉 하나의 총과정 가운데 여러 국면이나 단계를 이루는 일련의 형태변화를 통과한다. 이들 국면 가운데 둘은 유통영역에 속하고, 하나는 생산영역에 속한다. 이들 각 국면에서 자본가치는 상이한 자태를 취하며, 거기에 상응하여 서로 다른 특수한 기능을 갖는다. 이 운동 속에서 선대가치는 자신을 보존할 뿐만 아니라 성장하여 그 크기가 증가한다. 최종적으로 마지막 단계에는 총과정의 시작 때와 동일한 형태로 복귀한다. 따라서 이 총과정은 순환과정이다.

자본가치가 그 유통단계에서 취하는 두 가지 형태는 **화폐자본과 상품자본**이라는 형태이다. 생산단계에 속하는 형태는 **생산자본**이라는 형태이다. 총순환과정에서 이들 형태를 취하기도 하고 벗어던지기도 하면서, 각각의 형태에 상응하는 기능을 수행하는 자본은 **산업자본**이다. — 여기에서 산업이란 자본주의적 토대 위에서 운영되는 모든 생산부문을 포괄하는 의미이다.

그러므로 화폐자본, 상품자본, 생산자본은 상호 독립적인 종류의 자본〔즉 각자의 기능이 서로 독립적이고 분리된 사업부문의 내용을 이루는 자본〕을 지칭하는 것이 아니다. 여기에서 그들은 단지 산업자본의 특수한 기능형태들을 나타낼 뿐이며, 산업자본은 이들 세 가지 기능형태 모두를 차례로 취한다.

자본의 순환은 그 여러 단계가 중단 없이 다음 단계로 이행할 경우에만 정상적으로 진행된다. 만약 자본이 제1단계 G—W에서 정지된다면, 화폐자본은 응고되어 축장화폐가 된다. 만일 그것이 생산국면에서 정지되면, 한편으로는 생산수단이 그 기능을 중단하고 쉬게 되며, 다른 한편으로는 노동력이 사용되지 않은 채 남아돌게 된다. 또 만일 자본이 그 마지막

국면 W′—G′에서 정지되면, 팔리지 않고 적체된 상품이 유통의 흐름을 방해할 것이다.

그러나 본질적으로 순환 그 자체는 자본을 각 순환단계마다 일정 기간 불가피하게 고정시킨다. 각 국면에서 산업자본은 하나의 일정한 형태, 즉 M59 화폐자본, 생산자본, 상품자본으로 결박된다. 산업자본은 각각의 형태에 상응하는 기능을 수행하고 나서야 비로소 다른 전화국면에 들어갈 수 있는 형태를 획득하게 된다. 이 점을 명백히 하기 위하여, 우리의 예에서는 생산단계에서 생산된 상품량의 자본가치는 처음 화폐로 선대된 가치의 총액과 같다고 가정하였다. 바꿔 말하면 화폐로 선대된 자본가치 전부가 한꺼번에 한 단계에서 다음 단계로 이동한다고 가정하였다. 그러나 이미 보았듯이(제1권 제6장) 불변자본의 일부〔즉 본래의 노동수단(예를 들면 기계)〕는 많든 적든 동일한 생산과정의 반복을 통해서 계속 다시 사용되고, 따라서 그들의 가치를 조금씩만 생산물에 이전한다. 이런 사실이 자본의 순환과정을 얼마나 변화시키는지에 대해서는 나중에 보게 될 것이다. 여기서는 다음과 같은 내용만으로 충분할 것이다. 우리의 예에서는 422파운드스털링의 생산자본가치는 평균적으로 계산된 공장 건물, 기계 등의 소모분만을 포함하였다. 즉 10,600파운드의 면화를 매주 60시간 방적과정의 생산물인 10,000파운드의 면사로 전화시킬 때 이들 노동수단이 면사에 이전하는 가치 부분만을 포함하였다. 그러므로 372파운드스털링의 선대된 불변자본이 전화된 생산수단에서 건물, 기계 등의 노동수단은 마치 그들이 시장에서 매주 임차되는 데 지나지 않는 것처럼 나타난다. 그러나 이것이 결코 문제의 본질을 변화시키지는 않는다. 우리는 일주일 동안에 생산된 면사의 양, 즉 10,000파운드에 내구 연수를 주 단위로 환산한 숫자를 곱함으로써 이 기간 동안에 구매되어 완전히 소비됨으로써 면사에 이전된 노동수단의 총가치가 얼마인지를 알 수 있다. 그러면 선대된 화폐자본이 생산자본 P로 기능하기 전에 먼저 이런 노동수단으로 전화해야 한다는 것〔즉 제1단계 G—W을 통과해야 한다는 것〕이 명백히 드러난다. 마찬가지로 우리의 예에서 생산과정 동안 면사에 합체된 422파운드스털링의 자본가치는 면사가 완성되기 전에는 10,000파운드 면사의 가치구성 부분으로 유통단계 W′—G′에 들어갈 수 없다. 면사는 먼저 방적되지 않고는 팔릴 수 없다.

일반적 정식에서, P의 생산물은 생산자본요소들과는 물적으로 다른 것으로 간주된다. 즉 생산과정에서 분리된 존재로서, 생산요소들과는 사용
M60 형태가 다른 대상으로 간주된다. 생산과정의 결과가 물적 존재(Ding)로 나타나는 경우에는 항상 그러하며, 생산물의 일부가 새로이 시작되는 생산에 다시 생산요소로 들어가는 경우에도 역시 그러하다. 예를 들어 곡물은 자신의 생산을 위한 종자로 사용되지만, 그 생산물은 단지 곡물만으로 구성되며, 따라서 노동력, 용구, 비료와 같은 관련 요소들과는 상이한 형상을 갖는다. 그러나 생산과정의 생산물이 물적으로 새로운 생산물도 상품도 아닌 그런 독립적인 산업부문도 존재한다. 그중에서 경제적으로 중요한 것은 교통산업뿐인데, 거기에는 상품과 인간을 수송하는 본래의 운수업도 있고, 통신·편지·전보 등의 단순한 전달부문도 있다.

이 점에 대해 추프로프(A. Tschuprow)[6]는 다음과 같이 언급한다.

> 제조업자는 먼저 물품을 생산하고, 그런 다음에야 소비자를 찾을 수 있다.

{그의 생산물은 생산과정에서 완성된 다음 빠져나와서 생산과정과 분리된 상품으로 유통에 들어간다.}

> 따라서 생산과 소비는 공간적으로 시간적으로 분리된 두 개의 행위로 나타난다. 새로운 생산물을 만들어내는 것이 아니라 단지 인간과 물자를 이동시킬 뿐인 운수산업에서는 이들 두 행위가 동시에 수행된다. 그 서비스

6) 추프로프, 『철도의 경제학』, 모스크바, 1875, 69~70쪽.

(장소의 이동)는 그것이 생산되는 바로 그 순간 소비되어야 한다. 이 때문에 철도가 고객을 구할 수 있는 범위는 기껏해야 철로의 양쪽 50베르스트(53킬로미터)일 뿐이다.

인간이든 상품이든 그것이 수송된 결과는 그들이 존재하는 장소의 변화이다. 예를 들어 면사는 이제 그것이 생산된 영국이 아니라 인도에 존재하게 된다.

그러나 운수산업이 판매하는 것은 장소의 변화 그 자체이다. 그것이 만들어낸 유용효과는 운송과정, 즉 운수업의 생산과정과 불가분하게 연결되어 있다. 인간과 상품은 운송수단과 함께 여행하며, 이러한 여행〔즉 운송수단의 공간적 운동〕이 수송수단에 의해 야기되는 생산과정인 것이다. 그 유용효과는 단지 이 생산과정 동안에만 소비될 수 있다. 그것은 이 과정과 구별되는 사용대상 — 생산이 완료된 후에야 비로소 거래물품〔상품〕으로 유통되는 — 으로 존재하는 것이 아니다. 그러나 이 유용효과의 교환가치는 다른 상품과 마찬가지로 '생산에 소비된 생산요소들(노동력과 생산수단)의 가치+운수업에 고용된 노동자들에 의해 창출된 잉여가치'에 의해 결정된다. 이 유용효과는 소비와의 관계에서도 다른 상품과 꼭 마찬 M61
가지이다. 만약 그것이 개인적으로 소비된다면, 그것의 가치는 소비와 함께 사라져버린다. 그러나 그것이 생산적으로 소비되어 그 자체가 운송되고 있는 상품의 한 생산단계를 이룬다면 그것의 가치는 부가가치로 상품에 이전될 것이다. 그러므로 운수업에 대한 정식은 $G - W\langle^{A}_{Pm} \cdots\cdots P - G'$이 될 것이다. 왜냐하면 여기에서는 대가를 지불받고 소비되는 것이 생산과정과 분리된 생산물이 아니라, 생산과정 그 자체이기 때문이다. 따라서 이 정식은 귀금속의 생산과 거의 형태가 똑같다. 다만 유일한 차이점은 이 경우에는 G′이 생산과정에서 창출된 유용효과의 전화된 형태이지, 생산과정에서 생산되어 추출된 금 또는 은의 현물형태가 아니라는 점뿐이다.

산업자본은 잉여가치(또는 잉여생산물)의 획득뿐만 아니라 잉여가치의 창출도 자본의 기능으로 만드는 유일한 자본의 존재양식이다. 그러므로 산업자본은 생산의 자본주의적 성격을 조건으로 한다. 즉 산업자본이 존재한다는 것은 자본가와 임노동자 간의 계급대립이 존재한다는 것을 함축한다. 산업자본이 사회적 생산을 지배해감에 따라서 노동과정의 기술과 사회적 조직이 변혁되고, 이와 함께 사회의 경제적·역사적 유형이 변혁된다. 이미 과거지사가 되어버렸거나, 또는 현재 쇠퇴하고 있는 사회적 생산 상태에서 산업자본 이전에 출현하였던 다른 종류의 자본은, 산업자본에 종속되어 그들 기능의 메커니즘을 산업자본에 적응하도록 변화시킬 뿐만 아니라, 산업자본을 기초로 해서만 움직이고, 따라서 이 기초와 더불어 흥망성쇠를 나누게 된다. 화폐자본과 상품자본은 그들의 기능에 의해 독자적인 사업부문의 담당자로서 산업자본과 함께 등장하는 한, 산업자본이 유통과정에서 취했다가 벗어던지는 상이한 기능형태들의 존재양식들일 뿐이며 그 양식들은 노동의 사회적 분업을 통해 독립되어 일면적으로 형성 발전된 것에 불과하다.

순환 G……G′은 한편으로는 일반적 상품유통과 뒤섞여 있어서, 그곳에서 나오고 그곳으로 되돌아가면서 그 일부를 이룬다. 다른 한편으로 이 순환은 개별 자본가에게 자본가치의 특유한 독립적 운동을 이루는데, 이 운동은 부분적으로는 일반적 상품유통 내부에서 발생하며 부분적으로는 그 외부에서 발생하지만 항상 독립적인 성격을 보유한다. 왜냐하면 첫째, 유통영역에서 발생하는 이 운동의 두 국면 G—W와 W′—G′이 자본운
M62 동의 국면으로서 기능적으로 규정된 성격을 갖기 때문이다. 즉 G—W에서 W는 노동력과 생산수단으로서 소재적으로 규정되어 있고, W′—G′에서는 자본가치가 잉여가치와 함께 실현된다. 둘째, 생산과정 P가 생산적 소비를 포함하기 때문이다. 셋째, 화폐의 출발점으로의 복귀가 G……G′이라는 운동을 그 자체 하나의 완결된 순환운동으로 만들기 때문이다.

그러므로 각 개별 자본은 한편으로는 그 유통의 전반과 후반인 G—W

와 W′—G′에서 일반적 상품유통의 한 주체가 되어 화폐로 또는 상품으로 기능하고 연결됨으로써 상품세계의 일반적 형태변화의 연쇄 속에서 한 매개고리를 이룬다. 다른 한편, 각 개별 자본은 일반적 유통 속에서 자신의 독자적인 순환을 그리는데, 이 순환에서는 생산영역이 하나의 통과단계를 이루고 각 자본은 출발할 때와 동일한 형태로 그 출발점으로 복귀한다. 동시에 각 개별 자본은 생산과정에서의 실질적 형태변화를 포함하는 자신의 순환 속에서, 그 가치의 크기를 변화시킨다. 그것은 화폐가치로 복귀하는 데 그치는 것이 아니라 증식되어 증가된 화폐가치로 복귀하는 것이다.

마지막으로 G—W……P……W′—G′을 나중에 분석할 다른 형태들과 병존하는 자본의 순환과정의 특수한 형태로서 고찰해보면 다음과 같은 특징이 나타남을 알 수 있다.

① 이것은 화폐자본의 순환으로 나타난다. 왜냐하면 화폐형태의 산업자본이 화폐자본으로서, 그 총과정의 출발점이자 복귀점을 이루기 때문이다. 이 정식은 화폐가 여기에서 화폐로 지출되는 것이 아니라 선대될 뿐이라는 사실, 즉 그것이 단지 자본의 화폐형태(즉 화폐자본)일 뿐이라는 사실을 나타낸다. 또한 그것은 이 운동의 결정적인 자기목적이 사용가치가 아니라 교환가치라는 것을 나타낸다. 가치의 화폐형상이 독립적인 가치의 현상형태라는 바로 그 이유 때문에, 그 시발점과 종점이 화폐인 유통형태 G……G′은 자본주의적 생산의 추진 동기(즉 돈벌이)를 가장 생생하게 표현한다. 생산과정은 돈벌이를 위해서 불가피한 필요악(단지 하나의 중간고리)으로 나타난다(그러므로 자본주의적 생산양식하에 있는 모든 나라는 주기적으로 생산과정의 매개 없이 부를 늘리고자 하는 망상에 사로잡히게 된다).

② 생산단계(즉 P의 기능)는 이 순환에서 G—W……W′—G′이라는 유통의 두 국면 사이의 중단을 이루는데, 이 중단은 또한 단순상품유통 G—W—G′의 매개일 뿐이기도 하다. 이 순환과정의 형태 그 자체 내에

M63 서 생산과정은 (자본주의적 생산양식에서의 생산과정이 늘 그러하듯이) 형식에서나 표현에서나 단지 선대된 가치의 증식수단으로 나타나며, 따라서 부의 증식 그 자체가 생산의 목적이 된다.

③ 일련의 국면들이 G—W에 의해 시작되기 때문에 유통의 두 번째 고리는 W′—G′이다. 바꿔 말하면 출발점은 G〔즉 증식되어야 할 화폐자본〕이고, 종점은 G′〔즉 증식된 화폐자본 G+g〕인데, 여기에서 G는 실현된 자본으로 자신의 소산인 g와 함께 나타난다. 이 때문에 G의 순환은 다른 두 순환〔P와 W′의 순환〕과 두 가지 측면에서 구별된다. 첫째는 양극이 화폐형태라는 점에 의해서 구별된다. 화폐는 독립된 실체를 가진 가치의 존재형태—즉 상품들의 사용가치가 흔적도 없이 사라져버린 독립적 가치형태인 생산물의 가치—이다. 둘째, P……P 형태는 반드시 P……P′(P+p)으로는 되지 않으며, W′……W′ 형태에서는 양극 사이에 어떠한 가치의 차이도 보이지 않는다. 그러므로 정식 G……G′의 특징은 첫째, 자본가치가 그 출발점을 이루고, 증식된 자본가치가 그 복귀점을 이루고 있어서, 자본가치의 선대는 전체 운동의 수단으로 나타나고 증식된 자본가치는 그 목적으로 나타난다. 둘째, 이 관계는 화폐형태〔즉 독립적 가치형태〕로 표현되어 있으며, 화폐자본이 화폐를 낳는 화폐로서 표현되어 있다. 가치에 의한 잉여가치의 창출은 그 과정의 알파와 오메가로 나타날 뿐만 아니라 번쩍번쩍 빛나는 화폐형태로 명백하게 나타나 있다.

④ G—W를 보완하는 최종적인 국면 W′—G′의 결과물인 G′〔실현된 화폐자본〕은 화폐자본이 그 최초의 순환을 시작하였을 때와 형태가 동일하기 때문에 그 순환에서 나오자마자 증가된(축적된) 화폐자본 G′=G+g로 다시 똑같은 순환을 시작할 수 있다. 그리고 순환의 반복에서 g의 유통이 G의 유통과 분리된다는 사실은 적어도 G……G′의 형태에서는 표현되어 있지 않다. 그러므로 화폐자본의 순환을 한 차례의 모습으로만 본다면, 형식적으로 그것은 단지 가치증식과 축적과정만을 표현할 뿐이다. 이 순환 속에서 소비는 $G—W\langle{}^{A}_{Pm}$ 에 의해 생산적 소비로만 표현되고, 이

런 생산적 소비는 단지 개별 자본의 순환 속에만 포함되어 있다. G—A는 노동자 편에서 보면 A—G 또는 W—G이다. 즉 그것은 그의 개인적 소비를 매개하는 유통 A—G—W(생활수단)의 제1국면이다. 제2국면 G—W는 이미 개별 자본의 순환에는 들어가지 않는다. 그러나 그것은 개별 자본의 순환에 의해 시작되고 또 그것을 전제로 한다. 왜냐하면 노동자가 자본가의 착취대상으로 항상 시장에 존재하기 위해서는 무엇보다도 먼저 M64 생존해야 하며, 따라서 개인적 소비를 통해 자신을 유지해야 하기 때문이다. 그러나 이런 소비 그 자체는 여기에서 자본에 의한 노동력의 생산적 소비를 위한 하나의 조건으로만〔즉 노동자가 자신의 개인적 소비를 통해 자신을 노동력으로 유지하고 재생산하는 한에서만〕 전제되어 있을 뿐이다. 따라서 순환에 들어가는 본래의 상품 Pm은 단지 생산적 소비를 위한 재료일 뿐이다. A—G 행위는 노동자의 개인적 소비〔즉 생활수단을 그의 피와 살로 전화시키는 것〕를 매개한다. 물론 자본가 역시 자본가로 기능하기 위해서는 존재해야 하며, 따라서 생활하고 소비해야 한다. 이를 위해 그는 사실 노동자만큼만 소비하는 것으로 족하며, 따라서 이상의 것은 이 형태의 유통과정에서는 전제되어 있지 않다. 형식적으로도 이것은 아예 표현되어 있지 않다. 왜냐하면 이 정식은 G′〔즉 증가된 화폐자본으로 기능을 재개할 수 있는 하나의 결과물〕으로 종결되기 때문이다.

W′—G′은 W′의 판매를 직접적으로 포함한다. 그러나 한편에서의 판매인 W′—G′은 다른 편에서의 구매 G—W이다. 그리고 상품은 결국 그 사용가치를 위해 구매되어(중간과정을 무시하면) 소비과정으로 들어가는데 이 소비과정은 구매된 물품의 성질에 따라서 개인적인 것일 수도 있고 생산적인 것일 수도 있다. 그러나 이런 소비는 W′이 그 생산물이 되는 개별 자본의 순환에는 들어가지 않는다. 이 생산물은 판매를 위한 상품으로 곧바로 순환에서 빠져나온다. W′은 명백히 타인의 소비를 위한 것이다. 그러므로 우리는 중상주의(정식 G—W……P……W′—G′에 기초한)의 대변자들에게서 다음과 같은 취지의 장황한 설교를 듣게 된다. 즉

개별 자본가는 노동자만큼만 소비해야 하며, 자본가다운 영민함을 갖춘 국가는 자국 상품의 소비와 소비과정 전체를 어리석은 다른 국가들에 맡기고, 생산적 소비를 자신의 필생 과제로 삼아야 한다는 것이다. 이런 설교는 종종 형식과 내용에서 교부(敎父)들의 금욕적 훈계를 상기시킨다.

—

그러므로 자본의 순환과정은 유통과 생산의 통일이며 그 양자를 모두 포괄한다. 두 국면 G—W와 W′—G′이 유통과정이라는 점에서, 자본의 유통은 일반적 상품유통의 일부를 이룬다. 그러나 자본이 일반적 상품유
M65 통 내에서 자신의 독자적인 순환을 완수하기 위해서는 유통영역은 물론 생산영역까지도 포함하는 자본순환의 기능적인 단계들을 거쳐야만 한다. 일반적 상품유통은 제1단계에서 자본이 생산자본으로 기능할 수 있는 모습을 취하게 해주며, 제2단계에서는 자본이 순환을 갱신할 수 있도록 그 상품기능*을 벗어던지도록 도와준다. 동시에 그것은 자본을 위해 자본순환을 자본에 합체된 잉여가치의 유통에서 분리할 수 있는 가능성을 열어준다.

그러므로 화폐자본의 순환은 산업자본 순환의 가장 일면적인〔따라서 가장 적절하며 가장 특징적이기도 한〕 현상형태이며, 가치의 증식〔즉 돈벌이와 축적〕이 산업자본의 목적이자 추동력이라는 점(말하자면 보다 비싸게 팔기 위하여 구매한다는 사실)을 가장 일목요연하게 보여주는 형태이기도 하다. 제1단계가 G—W라는 사실은 생산자본의 구성 부분들이 상품시장에서 나온 것들이라는 점을 보여주며, 일반적으로 자본주의적 생산과정이 유통〔즉 상업〕에 의해 제약된다는 것을 보여준다. 화폐자본의 순환은 단순히 상품생산만 의미하는 것이 아니다. 그것은 유통에 의해

* 초판에는 '상품형태'로 되어 있다.

비로소 존재할 수 있으며, 유통을 전제로 한다. 그것은 이미 유통에 속한 형태 G가 선대된 자본가치의 최초의, 그리고 순수한 형태로 나타난다는 사실만 보더라도 분명히 알 수 있다. 그러나 다른 두 순환형태는 그렇지 않다.

화폐자본의 순환은 그것이 선대된 가치의 증식을 포함하는 한 언제나 산업자본의 일반적 표현이다. P……P에서 자본의 화폐적 표현은 단지 생산요소들의 가격〔즉 계산화폐로 표현된 가치〕으로만 나타나고, 장부 속에 그런 형태로 고정되어 있다.

새로 등장한 자본이 처음 화폐로 선대되었다가 나중에 화폐로 회수된다면 — 그것이 한 사업영역에서 다른 사업영역으로 이동하거나 혹은 그 사업영역에서 퇴장할 경우에도 — G……G′은 산업자본 순환의 특수한 형태가 된다. 이것은 화폐형태로 처음 선대되는 잉여가치의 자본기능을 포함하는데 그것은 이 잉여가치가 원래 자신이 창출된 사업이 아닌 다른 사업에서 기능할 때 가장 뚜렷하게 나타난다. G……G′은 어떤 자본의 최초의 순환일 수도 있으며 최후의 순환일 수도 있다. 그것은 또한 사회적 총자본의 형태로 간주될 수도 있다. 그것은 — 투자되는 형태가 화폐형태로 새롭게 축적된 자본이든 아니면 한 생산부문에서 다른 생산부문으로 이동하기 위하여 전부 화폐로 전환된 구(舊) 자본이든 모두 — 새로 투자되는 자본의 형태이다.

모든 순환에 항상 포함되는 형태인 화폐자본은 잉여가치를 창출하는 자본 부분〔가변자본〕에 대해서도 물론 이런 순환을 수행한다. 임금을 선대하는 정상적인 형태는 화폐로 지불하는 것이다. 노동자는 그날그날 벌어먹고 사는 형편이기 때문에 이 과정은 비교적 짧은 간격으로 계속 반복되어야 한다. 그러므로 자본가는 항상 화폐자본가로서, 그리고 그의 자본은 항상 화폐자본으로서 노동자를 상대해야 한다. 이 경우 생산수단의 구매나 생산용 상품의 판매에서 나타나는 것과 같은 직접적·간접적 지불대금 청산은 있을 수 없다(그 결과 화폐자본의 대부분은 사실상 상품형태로 M66

만 나타나고, 화폐는 단지 계산화폐의 형태로만, 즉 마지막에 차액의 결제를 위해서만 현금으로 나타날 뿐이다). 다른 한편 가변자본에서 창출되는 잉여가치의 일부는 자본가의 개인적 소비를 위해 지출되는데, 이 소비는 소매 거래에 의해 이루어지며, 그 경로가 아무리 우회적이라 하더라도, 그 일부는 항상 현금〔즉 잉여가치의 화폐형태〕으로 지출된다. 이 잉여가치 부분의 크기가 얼마인지는 전혀 중요하지 않다. 가변자본은 항상 임금에 투자된 화폐자본으로 반복해서 나타나며(G—A), g는 자본가의 개인적 욕구를 충족하기 위해 지출되는 잉여가치로 나타난다. 따라서 선대된 가변자본가치 G와 그 증가분 g는 모두 반드시 화폐형태로 유지되고 화폐형태로 지출된다.

정식 G—W……P……W′—G′(그 결과물인 G′=G+g이다)은 선대되어 증식된 가치가 그 등가형태〔화폐〕로 존재하기 때문에 그로부터 발생하는 형태상의 기만을 내포하며, 환상적인 성격을 띤다. 여기에서 강조되는 것은 가치의 증식이 아니라 이 과정의 화폐형태이며, 원래 유통에 선대된 것보다 더 큰 가치가 화폐형태로 결국 유통에서 인출된다는 사실이다. 즉 자본가에게 귀속되는 금과 은의 양적 증가가 강조되는 것이다. 이른바 중금주의는 G—W—G′이라는 무개념적 형태의 표현에 불과하며, 이 운동은 전적으로 유통에서만 발생하므로, ① G—W와, ② W—G′이라는 두 행위를 다음과 같이 설명할 수밖에 없다. 즉 제2의 행위에서 W는 그 가치보다 높게 판매되고, 따라서 그것의 구매에 의해 유통에 투입된 것보다 더 많은 화폐를 유통에서 회수한다는 것이다. 그러나 좀더 발전된 중상주의에서는 G—W……P……W′—G′이 유일한 형태로 고정되며 이 형태에서는 상품유통뿐만 아니라 상품생산도 필수적인 요소로 나타난다.

G—W……P……W′—G′의 환상적 성격과 그에 따른 환상적 해석은
M67 이 형태가 유통하면서 계속 반복되는 것이 아니라 단 한 번만 발생하는 것으로 고정됨으로써〔따라서 이 형태가 순환의 여러 형태 가운데 하나가 아니라 유일한 형태로 간주됨으로써〕 나타난다. 그러나 이 형태는 스스로

여러 다른 형태들을 가리키고 있다.

첫째, 이 전체 순환은 생산과정 자체의 자본주의적 성격을 전제하며, 따라서 그것의 토대로 이런 생산과정과 함께 그것에 의해 제약되는 특정한 사회적 상태를 전제한다. $G—W=G—W \left\langle \begin{matrix} A \\ Pm \end{matrix} \right.$ 이다. 그러나 G—A는 임노동자의 존재를 전제하며, 따라서 생산수단을 생산자본의 일부로 전제한다. 그러므로 그것은 노동과정과 가치증식과정〔즉 생산과정〕을 이미 자본의 기능으로 전제한다.

둘째, G……G′이 반복되면, 화폐형태로의 복귀도 제1단계의 화폐형태와 마찬가지로 일시적인 것으로 나타날 것이다. G—W는 P에 자리를 내주기 위해 사라진다. 지속적으로 반복되는 화폐형태의 선대와 끊임없는 화폐로의 복귀 그 자체는 다만 순환 속에서 사라지는 계기로만 나타난다.

셋째,

G—W……P……W′—G′. G—W……P……W′—G′. G—W……P……

순환의 두 번째 반복에서는 G의 두 번째 순환이 완료되기 전에 이미 순환 P……W′—G′. G—W……P가 나타나고, 따라서 이후의 순환들은 모두 P……W′—G′—W……P의 형태에 따라 고찰될 수 있다. 그럴 경우 최초 순환의 제1단계인 G—W는, 부단히 반복되는 생산자본의 순환을 위한 일시적인 준비에 불과한 것이 된다. 그리고 이것은 사실 처음에 화폐자본의 형태로 투하되는 산업자본의 경우에도 마찬가지이다.

다른 한편 P의 두 번째 순환이 완료되기 전에, 최초의 순환 W′—G′. G—W……P……W′(축약하면 W′……W′), 즉 상품자본의 순환이 그려지고 있다. 이처럼 최초의 형태는 이미 다른 두 형태를 포함하며, 화폐형태는 그것이 단순한 가치표현이 아니라 등가형태〔즉 화폐형태〕의 가치표현인 경우, 이처럼 사라져버린다.

마지막으로, 신규로 투하된 개별 자본이 처음으로 G—W……P……

W′—G′이라는 순환을 그리는 경우를 고찰해보면 G—W는 개별 자본이 통과하는 생산과정의 준비국면, 즉 선행단계이다. 그러므로 이 국면 G—W는 전제된 것이 아니라 오히려 생산과정에 의해 요구된 것이거나 불가피한 것이 된다. 그러나 이것은 단지 이 개별 자본에만 적용된다. 산업자본 순환의 일반적 형태는, 자본주의적 생산양식이 전제되어 있는 한
M68 〔따라서 자본주의적 생산에 의해 규정되는 사회적 상태에서는〕, 화폐자본의 순환이다. 그러므로 자본주의적 생산과정은—신규로 투하되는 산업자본의 최초의 화폐자본 순환 속에서는 그렇지 않다고 하더라도, 그 외부에서는 이미—하나의 선행조건으로 전제된다. 이 생산과정이 항상적으로 존재하기 위해서는, P……P라는 순환이 끊임없이 반복된다는 것을 전제해야 한다. 제1단계인 G—$W\langle^{A}_{Pm}$ 내부에 이미 이런 전제는 스스로 나타나 있다. 왜냐하면 한편으로 이 단계는 임노동자 계급의 존재를 전제하며 다른 한편으로 생산수단의 구매자에게 제1단계 G—W인 것이, 그 판매자에게는 W′—G′이기 때문이다. 즉 그것은 W′가 상품자본임을 전제하며, 따라서 그 상품이 바로 자본주의적 생산의 결과물이며, 또한 생산자본의 기능임을 전제하기 때문이다.

제2장

생산자본의 순환

생산자본의 순환은 P……W′—G′—W……P라는 일반적 정식을 갖는다. 이것은 생산자본의 주기적 반복 기능〔즉 재생산〕을 의미하고 바꿔 말하면 가치증식과 관련된 재생산과정으로서 생산자본의 생산과정을 의미한다. 따라서 그것은 잉여가치의 생산일 뿐만 아니라 잉여가치의 주기적 재생산이기도 하며 동시에 생산적 형태로 존재하는 산업자본의 기능이며, 이 기능은 한 번만 발휘되는 것이 아니라 주기적으로 반복된다. 따라서 새로운 시작은 출발점 그 자체에 의해 주어진다. W′의 일부는 (어떤 경우에는 산업자본의 여러 투자분야에서) 그것이 상품으로 나온 바로 그 노동과정에 생산수단으로 직접 다시 투입될 수도 있다. 이는 단지 그 부분의 가치가 현실 화폐〔또는 화폐 표장〕로 전화되는 과정을 생략한다는 의미이며 다시 말해 계산화폐로서 독립적 표현을 가질 뿐이라는 것을 의미한다. 이 가치 부분은 유통에 들어가지 않는다. 즉 이 경우 가치는 유통과정에 들어가지 않고 곧바로 생산과정에 들어간다. 이것은 W′ 가운데 자본가가 잉여생산물의 일부로서 현물로 소비하는 부분에도 똑같이 해당된다. 그러나 이것은 자본주의적 생산에서 별로 중요한 부분이 아니다. 그 M69

것은 기껏해야 농업에서만 문제가 될 뿐이다.

이 형태에서는 즉시 두 가지 사실이 주목을 끈다.

첫째, 제1형태 G……G′에서는 생산과정〔즉 P의 기능〕이 화폐자본의 유통을 중단시키고, 단지 그것의 두 국면인 G—W와 W′—G′ 사이의 매개자로만 나타났지만, 여기에서는 산업자본의 총유통과정〔즉 유통국면 내에서 산업자본의 전체 운동〕이 최초의 극으로서 순환을 시작하는 생산자본과 최후의 극으로서 동일한 형태〔즉 순환을 재개하는 형태〕로 순환을 종결하는 생산자본 사이의 중단을 나타내고 그에 따라 양자 간의 매개를
M70 이룬다. 본래의 유통은, 오로지 주기적으로 반복되고 그런 반복에 의해 계속되는 재생산의 매개로만 나타난다.

둘째, 총유통은 화폐자본의 순환에서 취했던 것과 정반대의 형태로 나타난다. 화폐자본의 순환에서, 그것은 (가치규정을 무시한다면) G—W—G(G—W. W—G)였다. 그러나 여기에서 이제 그것은 (역시 가치규정을 무시한다면) W—G—W(W—G. G—W), 즉 단순상품유통의 형태이다.

제1절 단순재생산

먼저 양극 P……P 사이의 유통영역에서 진행되는 W′—G′—W 과정을 고찰해보자.

이 유통의 출발점은 상품자본 W′=W+w=P+w이다. 상품자본의 기능 W′—G′(이제는 상품자본에 포함되어 상품의 한 구성 부분 W로 존재하는 자본가치 P의 실현과, 마찬가지로 상품자본에 포함되어 똑같은 상품량의 구성 부분 w의 가치로 존재하는 잉여가치의 실현)은 순환의 제1형태에서 검토되었다. 그러나 거기에서는 이 기능이 중단된 유통의 제2국면이면서 동시에 전체 순환의 종결국면을 이루고 있었다. 여기에서 이제 그

것은 순환의 제2국면이면서 동시에 유통의 제1국면을 이룬다. 제1순환은 G′으로 끝나지만, G′도 원래의 G와 꼭 마찬가지로 화폐자본으로 제2순환을 다시 시작할 수 있기 때문에, G′에 포함된 G와 g(잉여가치)가 계속 같은 길을 함께 가느냐 아니면 각자 다른 길을 가느냐 하는 것은 더 검토할 필요가 없었다. 이 문제는 우리가 제1순환의 반복과정을 계속해서 추적할 경우에만 비로소 필요한 것이었다. 그러나 생산자본의 순환에서는 이 문제가 결정되어야 한다. 왜냐하면 생산자본의 최초의 순환이 이것에 의해 결정되며, 이 순환에서는 W′—G′이 제1의 유통단계로 나타나고, 그것은 G—W에 의해 보완되어야 하기 때문이다. 정식(생산자본의 유통정식—옮긴이)이 단순재생산을 나타내는가 확대재생산을 나타내는가는 이 결정에 달려 있다. 순환의 성격은 이 결정에 따라 달라진다.

그러면 먼저 생산자본의 단순재생산을 고찰해보자. 여기에서는 제1장에서와 마찬가지로 모든 조건이 불변이고, 상품들은 가치대로 매매된다고 가정한다. 이런 가정하에서는 잉여가치가 모두 자본가의 개인적 소비로 들어간다. 상품자본 W′이 화폐로 전화되면 그 화폐총액 중 자본가치를 나타내는 부분은 산업자본의 순환 속에서 계속 유통된다. 나머지 부분 M71
〔화폐로 변한 잉여가치〕은 일반적 상품유통에 들어가며, 그것은 자본가에게서 빠져나온 화폐유통이긴 하지만 그 개별 자본의 유통 바깥에서 이루어진다.

우리의 예에서 상품자본 W′은 10,000파운드의 면사이고 그 가치는 500파운드스털링이었다. 이 가운데 422파운드스털링은 생산자본의 가치이며 8,440파운드 면사의 화폐형태로 W′으로 시작된 자본유통을 계속한다. 반면 78파운드스털링의 잉여가치, 즉 상품생산물의 초과 부분인

$$W'\begin{pmatrix} W \\ + \\ w \end{pmatrix} \begin{matrix} — \\ - \\ — \end{matrix} G'\begin{pmatrix} G \\ + \\ g \end{pmatrix} \begin{matrix} — W\left\langle \begin{matrix} A \\ Pm \end{matrix}\right. \\ \\ — w \end{matrix}$$

1,560파운드 면사의 화폐형태는 이 유통에서 벗어나 일반적 상품유통 속에서 독자적인 궤도를 그린다.

g—w는 자본가가 본래의 상품, 또는 소중한 자신의 신체나 가족을 위한 서비스에 지출하는 화폐를 매개로 한 일련의 구매를 표시한다. 이런 구매는 여러 기간에 걸쳐 분산적으로 이루어진다. 그러므로 화폐는 일시적으로 일상적 소비를 위한 준비금 또는 축장화폐의 형태(유통이 중단된 화폐는 축장화폐의 형태를 취한다)로 존재한다. 일시적인 축장화폐의 형태를 포함하여 유통수단으로서 화폐의 기능은 그 화폐형태로 존재하는 자본 G의 유통에는 들어가지 않는다. 이 화폐는 선대되는 것이 아니라 지출되는 것이기 때문이다.

우리는 이제까지 총선대자본은 항상 그 전부가 한 국면에서 다음 국면으로 이행한다는 것을 가정하였다. 그래서 여기에서도 우리는 P의 상품생산물이 생산자본 P의 총가치〔즉 422파운드스털링+생산과정에서 창출된 78파운드스털링의 잉여가치〕를 지닌다고 가정한다. 분리될 수 있는 상품생산물을 다루는 우리의 예에서는, 잉여가치가 1,560파운드의 면사 형태로 존재한다. 만약 1파운드의 면사를 단위로 계산한다면, 그것은 2.496온스의 면사 형태로 존재할 것이다. 그러나 상품생산물이 가령 500파운드스털링의 가치를 갖는 한 대의 기계이고 가치구성이 동일하다면, 이 기계의 가치 가운데 일부인 78파운드스털링은 잉여가치가 되지만, 이 78파운드스털링은 전체 기계 속에서만 존재하게 될 것이다. 이 기계는 그것을 잘게 부수어서 그 사용가치와 함께 그 가치도 파괴되지 않고는 자본가치와 잉여가치로 분리될 수 없다. 이 때문에 두 가치구성 부분은 상품체의 구성 부분들로서 관념적으로만 표시될 수 있으며, 10,000파운드의 면사가 1파
M72 운드 단위로 분할될 수 있듯이 그런 형태의 단위로 표시될 수 없다. 기계의 경우에는 g가 자신만의 별도의 유통과정으로 들어가기 위해서는 먼저 이 상품 전체〔상품자본, 즉 기계〕가 팔려야만 한다. 반면 면사의 경우에는, 자본가가 8,440파운드의 면사를 팔았을 때, 나머지 1,560파운드의 판

매는 w(1,560파운드의 면사) — g(78파운드스털링) — w(소비물품)라는 형태로 완전히 분리된 잉여가치의 유통을 표시하게 될 것이다. 그러나 10,000파운드의 면사 생산물 가운데 각 개별 부분의 가치요소들도 총생산물과 마찬가지로 생산물의 각 부분들로 표시될 수 있다. 총생산물 10,000파운드의 면사가 불변자본가치(c)〔즉 372파운드스털링〕의 7,440파운드 면사와, 가변자본가치(v)〔즉 50파운드스털링〕의 1,000파운드 면사, 그리고 잉여가치(m)〔즉 78파운드스털링〕의 1,560파운드 면사로 분할될 수 있는 것과 꼭 마찬가지로, 모든 1파운드의 면사도 c〔즉 8.928펜스〕의 11.904온스 면사와 v〔즉 1.200펜스〕의 1.600온스 면사, 그리고 m〔즉 1.872펜스〕의 2.496온스 면사로 분할될 수 있다. 자본가도 또한 10,000파운드 면사를 여러 부분으로 쪼개어 순차적으로 판매함으로써 그 속에 포함된 잉여가치요소들을 순차적으로 소비할 수 있으며, 또한 c+v의 총액도 이처럼 순차적으로 실현할 수 있을 것이다. 그러나 이런 행위도 결국은 10,000파운드 전부의 판매를 전제로 하는 것이며, 따라서 c와 v의 가치가 8,440파운드의 판매에 의해 보전될 것이라는 것을 전제한다(제1권 제7장 제2절).

그러나 어떤 경우이든 W′ — G′에 의해 W′에 포함된 자본가치와 잉여가치는 모두 분리할 수 있는 존재, 즉 상이한 화폐액으로의 존재를 획득하게 된다. 어느 경우에도 G와 g는 원래 W′ 안에서 상품가격으로 단지 자신의 관념적 표현만을 지니던 가치가 현실로 전화된 형태이다.

w — g — w는 단순상품유통을 표시하며 제1국면인 w — g는 상품자본의 유통 W′ — G′ 속에 포함된다. 즉 자본순환 속에 포함된다. 반면 그 보완적 국면 g — w*는 이 순환의 바깥으로 빠져나와 그것과는 분리된 일반적 상품유통의 과정으로 이루어진다. W와 w의 유통〔즉 자본가치와 잉여가치의 유통〕은 W′이 G′으로 전화된 후 분리된다. 그리하여 다음의 결과를 얻게 된다.

* 초판과 제2판에는 w — g로 되어 있지만 마르크스의 초고에 맞추어 수정되었다.

첫째, W′—G′=W′—(G+g)에 의해 상품자본이 실현됨으로써, W′—G′에서는 동일한 상품량에 의해 여전히 통합되어 진행되는 자본가치와 잉여가치의 운동이, 이제 양자가 각기 분리된 화폐액으로 독자적 형태를 갖게 됨에 따라, 분리될 수 있게 된다.

둘째, 이런 분리가 실제로 진행되어 g는 자본가의 수입으로 지출되고,
M73 자본가치의 기능적 형태인 G는 그 순환에 의해 정해진 자신의 궤도를 계속 달린다면, 제1행위 W′—G′은 (이후의 행위인 G—W 및 g—w와 관련시켜 볼 때) 두 개의 상이한 유통, 즉 W—G—W와 w—g—w로 표시될 수 있을 것이다. 그리고 이 둘은 모두 그들의 일반적 형태로 보면 보통의 상품유통에 속하는 순서이다.

그런데 분리될 수 없는 연속된 형태를 가진 상품체의 경우 가치의 구성 부분들은 실제로는 관념적으로만 분리된다. 예를 들면 주로 신용에 의해 운영되는 런던의 건축업에서, 건축업자는 주택의 건축이 단계적으로 진전됨에 따라 선대금을 받는다. 이들 단계 중 어느 것도 하나의 완성된 건물은 아니며 단지 점차 완성되어가는 장래의 건물이 현실적으로 존재하는 구성 부분일 뿐이다. 따라서 그 현실성에도 불구하고, 그것은 건물 전체의 관념적인 일부분에 불과하지만, 동시에 추가 선대금을 위한 담보로 기여할 만큼 충분히 현실적이다(이 점에 관해서는 제12장을 보라).

셋째, 여전히 W와 G 속에서 통합적으로 진행되는 자본가치와 잉여가치의 운동이 부분적으로만 분리되든가(잉여가치의 일부가 수입으로 지출되지 않는 경우), 또는 전혀 분리되지 않는다면, 자본가치의 순환이 끝나기 전에 그 순환 내부에서 자본가치 그 자체에 변화가 발생한다. 우리의 예에서 생산자본의 가치는 422파운드스털링이었다. 만약 이 자본이 가령 480파운드스털링 또는 500파운드스털링으로 G—W를 계속한다면, 자본은 그 최초의 가치보다 58파운드스털링, 또는 78파운드스털링만큼 증가된 가치로서 그 이후의 순환단계들을 통과할 것이다. 이것은 또한 자본의 가치구성 변화와 결부될 수도 있다.

제2의 유통단계이며 순환 I(G……G′)의 최종단계인 W′—G′은 우리의 순환에서는 제2단계이며 상품유통의 제1단계이다. 그러므로 유통과 관련되는 한, 그것은 G′—W′에 의해 보완되어야 한다. 그러나 W′—G′은 이미 가치증식과정을 통과하였을 뿐만 아니라(여기에서는 제1단계인 P의 기능이다) 그 결과물인 상품생산물 W′도 이미 실현되었다. 그러므로 자본의 가치증식과정은 물론 증식된 자본가치를 나타내는 상품생산물의 실현도 모두 W′—G′에서 끝난다.

우리는 단순재생산을 전제하였다. 즉 g—w가 전부 G—W와 분리된다는 것을 전제로 하였다. 두 개의 유통 W—G—W나 w—g—w도, 일반적인 형태로 보면, 상품유통에 속하기 때문에(그리고 이 때문에 이들의 양극에서는 어떠한 가치의 차이도 나타나지 않는다), 속류경제학에서 나타나는 것처럼, 자본주의적 생산과정을 단지 소비를 위한 상품〔사용가치〕의 생산이라고 인식하거나, 자본가가 그런 상품을 생산하는 목적이 그것 M74
을 사용가치가 다른 상품과 대체 혹은 교환하기 위한 것이라고 생각하기 쉽다.

W′은 처음부터 상품자본으로 나타난다. 그리고 전체 과정의 목적인 치부(가치증식)는 자본가의 잉여가치(따라서 그의 자본도 역시) 크기와 함께 그의 소비 증가를 결코 배제하지 않으며 사실은 그것을 포함한다.

자본가 수입의 유통에서, 생산된 상품 w〔또는 상품생산물 W′ 가운데 관념적으로 이에 상당하는 부분〕는 사실상 그것을 먼저 화폐로 바꾸고, 그런 다음 화폐로부터 개인적 소비를 위한 일련의 다른 상품들로 바꾸는 데에 사용될 뿐이다. 그러나 이와 관련하여, 우리는 w가 자본가에게는 아무런 비용도 물리지 않는 상품가치이며, 잉여노동이 구체화된 것〔따라서 원래 상품자본 W′의 구성 부분으로 처음 무대에 나타난 것〕이라는 사소하지만 중요한 사실을 간과해서는 안 된다. 그러므로 이 w는 존재 그 자체가 이미 진행 중인 자본가치의 순환과 결부되어 있어서, 이 순환이 정체되거나 교란되면 w의 소비도 제한되거나 완전히 중지될 뿐만 아니라, w

와 교환되는 일련의 상품들의 판로도 제한되거나 중지된다. W′—G′이 실패하거나 또는 W′의 일부만 판매되는 경우에도 마찬가지다.

이미 보았듯이 자본가 수입의 유통을 나타내는 w—g—w는 w가 단지 W′〔즉 상품자본이라는 기능형태로 존재하는 자본〕의 가치 부분일 경우에만 자본의 유통에 들어간다. 그러나 g—w를 통하여〔즉 w—g—w라는 전체 형태 속에서〕 독립성을 획득하는 순간, 그것은 자본가가 선대한 자본에서 나왔으면서도 그 자본의 운동에는 들어가지 않는다. 그것은 단지 자본의 존재가 자본가의 존재를 전제하고, 자본가의 존재는 또한 자본가에 의한 잉여가치의 소비를 조건으로 한다는 의미에서만 자본의 운동과 관계되어 있다.

일반적 유통 속에서 W′(가령 면사)은, 단지 하나의 상품으로만 기능한다. 그러나 자본순환의 한 계기로서, 그것은 **상품자본**〔즉 자본가치가 번갈아 가며 취했다 벗었다 하는 모습〕으로 기능한다. 상인에게 판매되고 난 후 면사는 그것이 생산된 자본의 순환과정을 벗어나지만, 그럼에도 상품으로 계속 일반적 유통영역 내에 존재한다. 동일한 상품량의 유통은, 그것이 방적업자 자본의 독립적 순환의 한 계기가 되지 못하는데도 계속된다. 따라서 자본가에 의해 유통에 투입된 상품량의 실제 최종적인 형태변화인 W—G〔즉 이 상품량의 소비로의 최종적 퇴장〕는, 이 상품량이 그의
M75 상품자본으로 기능하는 형태변화에서, 시간적으로나 공간적으로 완전히 분리될 수 있다. 자본유통에서 수행된 동일한 형태변화가, 일반적 유통영역에서는 아직 완수되지 못한 것으로 남아 있는 것이다.

이 면사가 다른 산업자본의 순환에 다시 들어간다 하더라도 사정은 조금도 달라지지 않는다. 일반적 유통은 시장에 자본으로 투입되지 않고 개인적 소비로 들어가는 가치의 유통을 포함할 뿐만 아니라, 사회적 자본의 다양한 독립적 부분들의 갖가지 순환, 즉 개별 자본들의 총체도 포함한다.

일반적 유통의 일부를 이루는 자본순환과 하나의 독립적 순환의 연결고리를 이루는 자본순환 사이의 관계는 G′=G+g의 유통을 고찰해보면

명백해진다. 화폐자본으로서 G는 자본순환을 계속한다. 수입의 지출(g—w)로서의 g는 일반적 유통에는 들어가지만 자본순환에서는 벗어난다. 다만 추가 화폐자본의 기능을 수행하는 일부만이 자본순환에 들어갈 뿐이다. w—g—w에서 화폐는 단지 주화로만 기능한다. 이 유통의 목적은 자본가의 개인적 소비이다. 속류경제학이 자본순환에 들어가지 않는 이 유통—가치생산물 가운데 수입으로 소비되는 부분의 유통—을 자본의 특징적 순환이라고 주장하는 것은 속류경제학이 얼마나 무지한지를 스스로 보여주는 대표적인 한 단면이다.

제2국면 G—W에서는, P(여기에서는 산업자본의 순환을 시작하는 생산자본의 가치)와 같은 자본가치 G가, 잉여가치를 낳고 그리하여 화폐자본 순환의 제1단계〔즉 G—W〕에서 가졌던 것과 똑같은 가치량을 가지고 다시 나타난다. 그 위치는 다를지라도 상품자본이 전화된 화폐자본의 기능〔화폐자본의 Pm과 A(즉 생산수단과 노동력)로의 전화〕은 똑같은 것이다.

자본가치는 상품자본의 기능 W′—G′을 통해서 w—g와 W—G 국면을 동시에 통과하고, 이제 그 보완적 국면 G—W$\langle {}^{A}_{Pm}$ 으로 들어간다. 그리하여 자본가치의 총유통은 W—G—W$\langle {}^{A}_{Pm}$ 이 된다.

첫째, 화폐자본 G는 형태 I(순환 G……G′)에서 자본가치가 선대되는 최초의 형태로 나타났다. 그러나 여기에서 그것은 처음부터 상품자본이 제1유통국면 W′—G′에서 전화된 화폐액의 일부로 나타나며 따라서 처음부터 (상품생산물의 판매에 의해 매개되는) 생산자본 P가 화폐형태로 전화된 것으로 나타난다. 여기에서 화폐자본은 처음부터 자본가치의 최 M76
초 형태도 최후 형태도 아닌 형태로 존재한다. 왜냐하면 W—G 국면을 종결짓는 G—W 국면은 화폐형태를 다시 버림으로써만 비로소 수행될 수 있기 때문이다. 그러므로 G—W 가운데 G—A 부분은 이제 더는 노동력 구매에 의한 단순한 화폐 선대로 나타나는 것이 아니라, 노동력에 의해 창출된 상품가치의 일부분을 이루는 50파운드스털링 가치의 1,000파운드 면사가, 화폐형태로 노동력의 구매에 선대되는 것으로 나타난다. 여기에서 노동자에게 선대되는 화폐는 단지 노동자 자신이 생산한 상품가치의 일부가 전화된 등가형태에 불과하다. 그리고 이미 이런 이유 때문에 G—W라는 행위는 그것이 G—A인 한, 결코 화폐형태의 상품을 사용형태의 상품으로 단순히 대체하는 것이 아니라, 일반적 상품유통 그 자체와는 다른 별개의 요소들을 포함한다.

G′은 W′의 전화된 형태로 나타나는데, W′ 그 자체는 이전의 생산과정 P의 기능의 산물이다. 따라서 화폐총액 G′은 과거노동의 화폐표현으로 나타난다. 우리의 예에서 보면 10,000파운드의 면사〔=500파운드스털링〕는 방적과정의 생산물이다. 이 가운데 7,440파운드의 면사는 선대된 불변자본 c〔=372파운드스털링〕와 같고, 1,000파운드의 면사는 선대된 가변자본 v〔=50파운드스털링〕와 같으며, 1,560파운드의 면사는 잉여가치 m〔=78파운드스털링〕과 같다. 만약 G′ 중에서 최초의 자본 422파운드스털링만 다시 선대되고 다른 조건은 불변이라면, G—A에서 노동자는 금주에 생산한 10,000파운드의 면사 중 단지 일부(1,000파운드 면사의 화폐가치)만을 다음 주의 선대로 받는다. W—G의 결과물인 화폐는 항상 과거노동의 표현이다. 만약 보완적 행위 G—W가 상품시장에서 곧바로 수행된다면, 따라서 G가 시장에 존재하는 상품으로 전화된다면, 이것은 한 형태(화폐)에서 다른 형태(상품)로 과거노동이 다시 전화한 것이다. 그러나 G—W와 W—G 사이에는 시차가 존재한다. 그들이 동시에 이루어질 수 있는 것은 예외적인 경우인데 예를 들면 G—W를 수행하는 자본가와 이 행위가 자신에게는 W—G가 되는 자본가가 그들의 상품을 동시에 서로에게 인도하고, G는 다만 차액만을 결제하는 데 사용되는 경우이다. W—G의 실행과 G—W의 실행 사이의 시차는 다소 클 수도 있다. W—G라는 행위의 결과물인 G는 비록 과거노동을 나타내긴 하지만, G—W에서의 G는, 아직 시장에 존재하지 않지만 장래에 시장에 나타날 상품의 전화 형태를 나타낼 수도 있다. 왜냐하면 G—W는 W가 새로 생

산되고 나서야 비로소 수행될 수 있기 때문이다. 마찬가지로 G는 자신의 화폐표현인 상품 W와 동시에 생산되는 상품들을 표시할 수도 있다. 예를 M77 들어 G—W의 전환(생산수단의 구매)에서, 석탄은 채굴되기 전에 판매될 수 있다. g도 수입으로 지출되지 않고 화폐로 축적될 경우, 다음 해에 생산될 면화를 나타낼 수 있다. 자본가 수입의 지출인 g—w도 마찬가지이다. 이는 또 임금 A〔=50파운드스털링〕에도 적용된다. 이때 50파운드스털링의 화폐는 노동자들의 과거노동의 화폐형태일 뿐만 아니라 이제 곧 실현되거나 장래에 실현될 노동에 대한 어음이기도 하다. 노동자는 그의 임금으로 다음 주에 만들어질 코트를 살 수도 있다. 이는 특히 부패를 막기 위해서 생산되자마자 곧바로 소비되어야 하는 수많은 생활필수품의 경우 바로 그러하다. 따라서 노동자는 자신의 미래노동이나 다른 노동자의 노동이 전화된 형태를 화폐형태의 임금으로 지불받는다. 자본가는 노동자의 과거노동 일부를 가지고 노동자에게 그의 미래노동에 대한 어음을 지불하는 셈이다. 이처럼 노동자의 현재노동과 미래노동은 아직 존재하지도 않는 재고를 형성하기도 하고 그의 과거노동을 직접 지불하기도 한다. 이 경우 재고형성이라는 개념은 완전히 사라진다.

둘째, 유통 W—G—$W\langle\begin{smallmatrix}A\\Pm\end{smallmatrix}$에서는 똑같은 화폐가 두 번 자리를 바꾼다. 즉 자본가는 먼저 판매자로서 화폐를 받고, 다시 구매자로서 그것을 양도한다. 상품의 화폐형태로의 전화는 단지 상품을 화폐형태에서 상품형태로 재전화하는 데만 기여할 뿐이다. 그러므로 자본의 화폐형태〔즉 화폐자본으로서의 자본의 존재〕는 이 운동에서 일시적인 계기에 불과하다. 즉 화폐자본은 운동이 중단되지 않는 한, 그것이 구매수단으로 사용될 때에는 유통수단으로만 나타나고, 자본가들이 상호 구매를 통해 차액만 결제할 경우에는 본래의 지불수단으로 나타난다.

셋째, 화폐자본의 기능은, 그것이 단순한 유통수단으로 사용되든 지불수단으로 사용되든 상관없이, W를 A와 Pm으로 대체하는 것—즉 생산자본의 결과물인 상품생산물(수입으로 소비된 잉여가치를 제외한 나머지)

면사를 그 생산요소로 대체하는 것, 다시 말해서 자본가치가 상품형태에서 상품의 형성요소들로 재전화하는 것—을 매개할 뿐이다. 요컨대, 화폐자본의 기능은 단지 상품자본이 생산자본으로 재전화하는 것을 매개할 뿐이다.

순환이 정상적으로 진행되기 위해서는 W′이 그 가치대로 남김없이 팔
M78 려야 한다. 또한 W—G—W는 단지 한 상품을 다른 상품으로 대체하는 것뿐만 아니라 동일한 가치관계의 대체를 함께 포함한다. 우리는 여기에서도 이것을 그대로 가정한다. 그러나 사실 생산수단의 가치는 변한다. 가치관계의 부단한 변화는 자본주의적 생산에 고유한 것이며, 그것은 자본주의적 생산의 특징을 이루는 노동생산성의 부단한 변동 때문만으로도 그러하다. 생산요소의 이런 가치변화는 나중에* 논의되므로, 여기에서는 단지 그렇다는 사실만 지적해둔다. 생산요소의 상품생산물로의 전화〔즉 P의 W′으로의 전화〕는 생산영역에서 발생하는 반면, W′에서 P로의 재전화는 유통영역에서 일어난다. 그것은 단순한 상품의 형태변화에 의해 매개된다. 그러나 그 내용은 전체적으로 볼 때 재생산과정의 한 계기이다. 자본의 유통형태인 W—G—W는 기능적으로 규정된 소재변환을 포함한다. 또한 W—G—W라는 전화는 W가 상품량 W′의 생산요소와 같아야 하며, 또한 이 요소들은 서로 원래의 가치관계를 유지해야 한다는 것을 조건으로 한다. 그러므로 상품이 그 가치대로 구매되어야 하는 것은 물론 상품이 순환 중에 어떤 가치변화도 겪지 않는다는 것도 여기에서는 전제되어 있다. 그렇지 않으면 과정은 정상적으로 진행될 수 없을 것이다.

G……G′에서 G는 다시 취하기 위해 벗는 자본가치의 최초의 형태이다. 그러나 P……W′—G′—W……P에서 G는 과정 중에만 잠시 취했다가 과정이 끝나기 전에 벗어버리는 형태를 나타낸다. 여기에서 화폐형태는 단지 자본의 일시적인 독자적 가치형태로 나타난다. 자본이 W′ 형태

* MEW Bd. 24, 287~295쪽 참조.

에서 화폐형태를 취하고자 열망하는 것과 마찬가지로, G′에서 자본은 다
시 생산자본의 형태로 전환하기 위해 화폐형태의 외피를 입자마자 곧바
로 다시 그것을 벗고자 열망한다. 자본은 화폐형상에 머물러 있는 한, 자
본으로 기능하지 않으며, 따라서 그 가치는 증식되지 않는다. 자본은 휴면
상태에 있게 되는 것이다. 여기에서 G는 유통수단으로 기능하지만, 그것
은 자본의 유통수단이다.* 자본가치의 화폐형태가 그 제1순환형태(화폐
자본의 형태)에서 갖는 자립적 외양은 여기 제2형태에서는 사라져버리며,
따라서 제2형태는 제1형태의 비판이며, 제1형태를 단지 하나의 특수형태
로 환원한다. 만약 제2의 형태변화 G—W가 장애에 부딪히면(예를 들어
시장에서 생산수단을 구입할 수 없다면) 순환〔재생산과정의 흐름〕은 자
본이 상품자본의 형태로 고정될 때와 꼭 마찬가지로 중단된다. 그러나 여
기에는 다음과 같은 차이가 존재한다. 첫째, 자본은 일시적인 상품형태보
다 화폐형태로 더 오래 유지될 수 있다는 점이다. 자본은 화폐자본으로 기 M79
능하지 않을 경우에도 여전히 화폐로 존속하지만, 만약 자본이 상품자본
의 기능 속에 너무 오랫동안 머물러 있으면 자본은 더 이상 상품, 또는 사
용가치로 존속하지 못한다. 둘째, 화폐형태로 있는 자본은 그 최초의 생산
자본 형태가 아닌 다른 생산자본 형태를 취할 수 있지만, W′의 형태로는
꼼짝달싹도 할 수 없다는 점이다.

W′—G′—W는 그 형태로 보면 단지 W′에 대해서만 그 재생산의 계기인 유통행위들을 포함한다. 그러나 W′—G′—W가 수행되기 위해서는 W′이 전환되는 W의 현실적 재생산이 필요하다. 그러나 이런 재생산은 W′으로 표시되는 개별 자본의 재생산과정 외부에 존재하는 재생산과정들에 의해 제약된다.

형태 I에서는 $G—W\langle^{A}_{Pm}$ 가 단지 화폐자본에서 생산자본으로 최초의 전화를 준비할 뿐이지만, 형태 II에서는 상품자본에서 생산자본으로의 재

* 초고에는 여기에 마르크스가 '투크와는 반대로'(Gegen Tooke)라는 주를 달아두었다.

전화를 준비한다. 즉 산업자본의 투하가 불변인 한, 그것은 상품자본을 만들어낸 동일한 생산요소들로 재전화하는 것을 준비한다. 따라서 $G—W\left\langle{A \atop Pm}\right.$ 는 여기에서도 형태 I과 마찬가지로 생산과정의 준비단계로 나타나지만, 그러나 생산과정으로의 복귀(즉 생산과정의 갱신이며, 따라서 재생산과정의 선행단계이자 가치증식과정의 반복을 위한 선행단계)로 나타난다.

여기에서 우리는 다음과 같은 사실에 주의하여야 한다. 즉 G—A는 단순한 상품교환이 아니라 잉여가치 생산을 위해 사용되어야 할 상품 A의 구매이며, G—Pm은 단지 이런 목적을 실행하기 위해 소재적으로 필수불가결한 절차일 뿐이라는 사실이다.

$G—W\left\langle{A \atop Pm}\right.$ 이 수행되면 G는 생산자본 P로 재전화하고, 새로운 순환이 시작된다.

그러므로 P……W′—G′—W……P의 구체적인 형태는 다음과 같다.

$$P \cdots\cdots W' \begin{pmatrix} W \\ + \\ w \end{pmatrix} \begin{matrix} — \\ \\ — \end{matrix} \begin{pmatrix} G \\ + \\ g \end{pmatrix} \begin{matrix} — W\left\langle{A \atop Pm}\right. \cdots\cdots P \\ \\ — w \end{matrix}$$

화폐자본의 생산자본으로의 전화는 상품생산을 위한 상품구매이다. 소비는 오직 그것이 생산적 소비인 한에서만 자본 그 자체의 순환에 들어간다. 생산적 소비의 조건은 이렇게 소비되는 상품을 매개로 잉여가치가 창출된다는 것이다. 그리고 이것은 생산자의 생존을 목적으로 하는 생산(때로는 상품생산)과는 매우 다른 것이다. 이와 같이 잉여가치 생산을 조건으로 하는, 상품에 의한 상품의 교체는 단지 화폐에 의해 매개될 뿐인
M80 생산물 교환과는 전혀 다른 것이다. 그러나 경제학자들은 이 사실을 어떠한 과잉생산도 불가능하다는 증거로 삼는다.

A와 Pm으로 전화되는 G의 생산적 소비 외에 이 순환은 G—A라는 첫

번째 고리를 포함하는데, 이것은 노동자의 관점에서는 A—G=W—G가 된다. 노동자의 소비를 포함하는 노동자의 유통 A—G—W에서는 그 첫 번째 고리만이 G—A의 결과물로 자본순환에 들어간다. 그 두 번째 행위 G—W는 개별 자본의 유통에서 나오긴 했지만, 그 개별 자본의 유통에는 들어가지 않는다. 그러나 자본가계급에게 노동자계급은 계속 존재해야 하며, 따라서 G—W에 의해 매개되는 노동자의 소비 또한 필요한 것이다.

W′—G′이라는 행위는, 자본가치가 그 순환을 계속하기 위해서는 그리고 잉여가치가 자본가에 의해 소비되기 위해서는, 반드시 W′이 화폐로 전화〔즉 판매〕되어야 한다는 것을 가정한다. 물론 W′은 그 물품이 하나의 사용가치이고, 따라서 소비(생산적인 것이든 개인적인 것이든)에 적합하기 때문에 구매된다. 그러나 W′이 면사를 구매한 상인의 수중에서 계속 유통된다 하더라도, 이는 그 면사를 생산하여 상인에게 판매한 개별 자본의 계속적인 순환과는 아무런 직접적 관계가 없다. 전 과정은 계속되고, 그와 함께 그것을 조건으로 하는 자본가와 노동자의 개인적 소비도 계속된다. 이 점은 공황을 고찰하는 데 중요한 것이다.

W′은 판매되어 화폐로 전화하고 나면, 노동과정〔따라서 재생산과정〕의 실질적인 요소들로 재전화할 수 있다. W′이 최종 소비자에 의해 구매되든, 그것을 재판매하려는 상인에 의해 구매되든, 그것은 이 문제에 아무런 영향을 미치지 않는다. 자본주의적 생산에 의해 생산되는 상품량의 크기는 생산의 규모와 지속적인 생산의 확대 욕구에 의해 결정되는 것이지, 미리 예정된 수요와 공급의 범위, 혹은 충족되어야 하는 욕구의 범위에 의해 결정되는 것이 아니다. 대량 생산의 경우 그 직접적인 구매자는, 다른 산업자본가들을 제외한다면, 도매상인뿐이다. 일정 한계 내에서 재생산과정은 거기에서 빠져나온 상품들이 실제로 개인적·생산적 소비에 들어가지 않더라도, 같은 규모 또는 확대된 규모로 이루어질 수 있다. 상품의 소비는 그 상품이 나온 자본 순환에는 포함되지 않는다. 예를 들어 면사가 팔리면 그 판매된 면사가 어떻게 되든 상관없이 면사로 나타나는 자본가 M81

치의 순환은 다시 시작될 수 있다. 생산물이 판매되는 한, 자본가적 생산자의 입장에서는 만사가 순조롭게 진행되고 있는 것이다. 그가 대표하는 자본가치의 순환은 중단되지 않는다. 그리고 만약 이 과정이 확대된다면—이는 생산수단의 생산적 소비의 확대를 포함한다—이러한 자본의 재생산은 노동자 쪽에서 개인적 소비〔따라서 수요〕의 확대를 수반할 수 있을 것이다. 왜냐하면 이 과정은 생산적 소비에 의해 준비되고 매개되기 때문이다. 이와 같이 잉여가치의 생산은 물론 그에 따른 자본가의 개인적 소비도 함께 증가하고, 재생산과정 전체가 번창한 상태이면서도, 상품의 상당 부분이 단지 외관상으로만 소비에 들어간 것처럼 보일 뿐 실제로는 여전히 상인들 수준에서 판매되지 않은 채 남아 있어, 사실상 여전히 시장에 머물러 있을 수도 있다. 그러다가 한 상품 흐름이 다른 상품 흐름을 따라잡아버리면, 결국 이전의 흐름이 단지 외관상으로만 소비에 흡수되었을 뿐이라는 것이 드러나게 된다. 상품자본들은 시장에서 서로 자리를 차지하기 위해 경쟁한다. 뒤에 나오는 자는 전량을 팔기 위해 보다 낮은 가격으로 판매한다. 이전의 상품은 아직 다 팔리지도 않았는데, 그에 대한 지불기일은 다가온다. 그 소유자는 지불불능을 선언하거나 지불하기 위해서는 어떤 가격으로든 팔아야 한다. 이러한 판매는 현실적 수요상태와는 아무런 관계도 없다. 그것은 단지 지불에 대한 수요, 즉 상품을 화폐로 전화시켜야 하는 절대적 필요성과 관계된 것일 뿐이다. 그리하여 공황이 발발한다. 공황은 소비적 수요〔즉 개인적 소비를 위한 수요〕의 직접적 감소에 의해서가 아니라 자본과 자본 간 교환의 감소〔즉 자본의 재생산과정의 축소〕에 의해서 가시화된다.

G는 화폐자본〔생산자본으로 재전화하기로 되어 있는 자본가치〕의 기능을 수행하기 위해 Pm과 A라는 상품으로 전환되는데, 만약 이들 상품이 각기 다른 시기에 구매되거나 지불된다면, 즉 G—W가 순차적으로 진행되는 일련의 구매와 지불을 나타낸다면, G 가운데 일부는 G—W라는 행위를 수행하지만 또 다른 일부는 화폐상태에 머무르면서 이 과정 자체의

조건들에 의해 정해진 시기가 되어야만 비로소 동시적으로(또는 순차적으로) G—W라는 행위에 사용된다. 이 부분은 일정 시점에 가서 행동에 들어가기〔기능을 수행하기〕 위해 단지 일시적으로만 유통에서 빠져나와 있을 뿐이다. 이 부분의 이런 저장은 그것의 유통에 의해〔그리고 유통을 위해〕 정해진 기능이다. 이 경우 구매 및 지불 재원으로서 이 부분의 존재〔그 운동의 중지, 즉 그 유통의 중단상태〕는 화폐가 화폐자본의 기능 가운 M82
데 하나를 수행하고 있는 상태이다. 왜냐하면 이 경우 일시적으로 쉬고 있는 화폐는 그 자체 화폐자본 G(G′−g=G)의 일부〔즉 상품자본의 가치 가운데 순환의 출발점인 생산자본의 가치 P의 일부〕이기 때문이다. 한편 유통에서 빠져나온 화폐는 모두 축장화폐의 형태로 존재한다. 그러므로 여기에서는 축장화폐 형태가 화폐자본의 기능이 되는데, 이는 G—W에서 구매수단 또는 지불수단으로서 화폐의 기능이 화폐자본의 기능이 되는 것과 마찬가지이다. 이는 자본가치가 여기에서 화폐형태로 존재하기 때문이며, 화폐상태가 산업자본의 순환과 관련된 여러 단계들 가운데 하나의 상태이기 때문이다. 이와 동시에 화폐자본은 산업자본의 순환 내부에서 단지 화폐의 기능만 수행하며, 이 화폐기능은 순환의 다른 단계들과의 관련에 의해서만 자본기능으로서 의의가 있다는 것도 여기서 다시 한 번 입증된다.

G′을 G에 대한 g의 관계〔자본관계〕로 표시하는 것은 화폐자본의 직접적 기능이 아니라 상품자본 W′의 기능이며, 이 W′의 기능도 다시 w와 W 사이의 관계로 단지 생산과정〔즉 생산과정에서 이루어진 자본가치의 자기증식〕의 결과를 나타내고 있을 뿐이다.

만일 유통과정의 진행이 장애에 부딪혀 G가 시장상태 등의 외부적 요인에 의해 G—W의 기능을 중단할 수밖에 없고 따라서 상당 기간 화폐상태로 묶여 있어야 한다면, 이것도 또한 화폐의 축장화폐 상태이며, 이것은 단순상품유통에서도 W—G에서 G—W로의 이행이 외부적 요인에 의해 중단됨으로써 종종 발생한다. 이것은 비자발적인 화폐축장이다. 우리의 경우 화폐는 이처럼 유휴상태의 잠재적 화폐자본 형태를 취한다. 그러나 당분간 이 점에 대해서는 더 논의하지 않겠다.

그러나 어느 경우에도 화폐자본이 화폐상태로 정체되는 것은 운동이 중단된 결과로 나타나는 것이며, 이 중단이 합목적적인지 아닌지, 혹은 자발적인 것인지 비자발적인 것인지, 그 기능에 일치되는 것인지 아닌지는 중요한 문제가 아니다.

제2절 축적과 확대재생산

생산과정의 확대가 이루어지는 비율은 자의적인 것이 아니라 기술적으
M83 로 정해져 있기 때문에, 실현된 잉여가치는 그것을 자본화할 경우에도, 실제로 추가자본으로 기능할 수 있는〔즉 과정 중인 자본가치의 순환에 들어갈 수 있는〕 크기가 되기 위해서는 여러 차례의 순환을 반복해야 할 경우가 많다(말하자면 그만한 크기가 될 때까지 축적되어야 하는 것이다). 그 결과 잉여가치는 축장화폐로 응결되고, 이런 형태를 통해 잠재적 화폐자본이 된다. 그것이 잠재적인 까닭은 화폐형태로 머물러 있는 한 자본으로 기능할 수 없기 때문이다.[6a] 여기에서 화폐축장은 자본주의적 축적과정에 포섭되어 그것에 수반되긴 하지만, 동시에 이 과정과는 본질적으로 구별되는 하나의 계기로 나타난다. 왜냐하면 재생산과정 그 자체는 잠재적 화폐자본의 형성에 의해 확대되지는 않기 때문이다. 반대로 여기에서는 자본가적 생산자가 자신의 생산규모를 곧바로 확대할 수 없기 때문에 잠

6a) {'잠재적'(latent)이라는 표현은 잠열(潛熱)이라는 물리학적 개념에서 차용한 것으로, 이 개념은 지금 에너지의 전화이론에 의해 거의 대체되었다. 그래서 마르크스는 제3편(나중에 집필된 부분)에서는 그 대신 포텐셜(潛勢的, potentielles) 에너지의 개념에서 차용한 '포텐셜' 혹은 달랑베르(d'Alembert)의 가능속도에서 유추한 '가능적 자본'(virtuelles Kapital)이라는 표현을 사용한다.}

재적 화폐자본이 형성된다. 만약 그가 자신의 잉여생산물을 새로운 금·은을 유통에 투입하는 금·은 생산자에게 판다면—또는 결국 같은 것이지만, 국내 잉여생산물의 일부 대금으로 금·은을 외국에서 추가로 수입하는 상인에게 판다면—그의 잠재적 화폐자본은 국내에 축장된 금·은의 증가분이 된다. 그 밖의 다른 모든 경우에는, 언제나 구매자의 수중에서 유통수단이었던 것〔예를 들어 78파운드스털링〕이 자본가의 수중에서는 단지 축장화폐의 형태만 취한다. 다시 말해서 국내에 축장된 금·은의 배분만 변할 뿐이다.

만약 자본가들 사이의 거래에서 화폐가 지불수단으로 기능한다면(구매자가 상품의 대가를 어느 정도 기간이 지나고 나서야 지불하는 식으로), 자본화될 잉여생산물은 화폐로 전화하는 것이 아니라 채권〔즉 구매자가 이미 보유하고 있거나 곧 보유하게 될 등가물의 소유청구권〕으로 전화한다. 그것은 이자를 낳는 증권에 투자된 화폐와 마찬가지로, 다른 개별 산업자본의 순환에는 들어갈 수 있지만 순환의 재생산과정에는 들어가지 않는다.

자본주의적 생산의 모든 특징은 선대된 자본가치의 증식에 의해 규정되며, 따라서 첫째 가능한 한 많은 잉여가치의 생산에 의해 규정된다. 그러나 그것의 두 번째 특징은(제1권 제22장을 보라) 자본의 생산〔즉 잉여 M84
가치의 자본으로의 전화〕에 의해 규정된다. 축적〔또는 확대된 규모의 생산〕은 잉여가치 생산의 부단한 확대를 위한 수단으로〔따라서 자본가의 치부를 위한 수단으로, 즉 자본가의 개인적 목적으로〕 나타나고, 자본주의적 생산의 일반적 경향 속에 내재된 것이지만, 그러나 그것은 또한 (이미 제1권에서 보았다시피) 자본주의적 생산의 발전에 의해 모든 개별 자본가에게 하나의 필연이 된다. 그의 자본의 부단한 증대는 그가 자본을 유지할 수 있는 조건이 된다. 그러나 이미 앞에서 논의된 것을 여기에서 다시 반복할 필요는 없다.

우리는 먼저 단순재생산을 고찰하면서 잉여가치가 전부 수입으로 지출된다고 가정하였다. 그러나 현실적으로는 정상적인 경우 잉여가치 가운데 일부는 항상 수입으로 지출되어야 하지만 다른 일부는 자본화되어야 한다. 이 경우 특정 기간 동안에 생산된 잉여가치가 어떤 때는 전부 소비되고, 어떤 때는 전부 자본화된다고 하더라도 그것은 전혀 문제가 되지 않는다. 평균적으로 보면—일반적 정식은 오로지 평균적 운동만 나타낸다—양자가 모두 발생한다. 그러나 정식을 복잡하게 만들지 않기 위해서는 잉여가치가 전부 축적된다고 가정하는 것이 더 좋다. 정식 P……W′—G′—W′$\langle^{A}_{Pm}$ ……P′은 생산자본이 확대된 규모로〔즉 보다 큰 가치를 가진 것으로〕 재생산되고, 증대된 생산자본으로 두 번째 순환을 시작한다는 것—혹은 같은 말이지만 첫 번째 순환을 반복한다는 것—을 나타낸다. 이 두 번째 순환이 시작될 때 우리는 다시 한 번 P를 출발점으로 삼게 된다. 단, 이 P는 첫 번째 P보다 더 큰 생산자본이다. 마찬가지로 정식 G……G′에서, 그 두 번째 순환이 G′으로 시작된다면, G′은 G로, 즉 일정 크기의 선대된 화폐자본으로 기능한다. 그것은 첫 번째 순환이 시작될 때의 화폐자본보다 더 큰 화폐자본이지만, 그것이 선대된 화폐자본의 기능을 수행하는 순간, 그것이 잉여가치의 자본화에 의해 크기가 증대되었다는 관계는 모두 사라져버린다. 그 기원(잉여가치의 자본화에 의해 크기가 증대되었다는 사실—옮긴이)은 순환을 시작하는 화폐자본의 형태를 통해서 사라져버린다. 이것은 P′에서도 그것이 새로운 순환의 출발점으로 기능하는 경우 똑같이 적용된다.

P……P′을 G……G′, 즉 제1순환과 비교해 보면, 이 둘의 의미가 결코 동일하지 않다는 것을 알 수 있다. G……G′은, 그 자체를 하나의 독자적인 순환으로 보면, 단지 화폐자본〔또는 화폐자본으로서 순환 중인 산업자본〕 G가 화폐를 낳는 화폐〔즉 가치를 낳는 가치〕, 다시 말해 잉여가치를 낳는 화폐라는 것을 표현하고 있을 뿐이다. 그러나 P의 순환에서는 가치
M85 증식과정 그 자체가, 제1단계인 생산과정이 끝나자마자 완료되고, 제2단계(유통의 제1단계)인 W′—G′을 통과하고 나면 '자본가치+잉여가치'

가 이미 실현된 화폐자본〔즉 제1순환에서 최후의 극으로 나타났던 G'〕으로 존재한다. 잉여가치가 생산되었다는 사실은 처음에 고찰된 정식 P……P(원판 47쪽*의 구체화된 정식을 보라)에서 w—g—w으로 표현되었는데, 이것은 제2단계에서 자본유통의 바깥으로 나와 잉여가치(수입으로서)의 유통을 나타낸다. 전체 유통이 P……P에 의해 표시되고, 따라서 양극 사이에 가치의 차이가 나타나지 않는 이 형태에서는 선대가치의 증식〔잉여가치의 생산〕이 G……G'에서와 마찬가지로 표시되어 있다. 다만 W'—G'이라는 행위가 G……G'에서는 최후의 단계로 나타나고, P……P에서는 순환의 제2단계, 유통의 제1단계로만 나타난다.

P……P'에서 P'은 잉여가치가 생산되었다는 것을 나타내는 것이 아니라 생산된 잉여가치가 자본화되었다는 사실〔즉 자본이 축적되었다는 사실, 따라서 P'은 P와는 달리 최초의 자본가치에 자본가치의 운동에 의해 축적된 자본의 가치를 더한 것으로 구성된다는 사실〕을 나타낸다.

G……G'의 단순한 종결로서의 G'이나 이 순환 어디에나 나타나는 W'도, 그 자체만으로 보면, 운동을 나타내는 것이 아니라 운동의 결과를 나타낸다. 즉 자본가치의 증식이 상품 또는 화폐형태로 실현되었음을 나타내며, 따라서 자본가치를 G+g 또는 W+w〔즉 자본가치와 그 소산인 잉여가치 사이의 관계〕로 나타낸다. 그들은 이 결과를 증식된 자본가치의 다양한 유통형태로 나타내는 것이다. 그러나 W'의 형태이든 G'의 형태이든 이미 발생한 가치증식 그 자체는 화폐자본의 기능도 아니고 상품자본의 기능도 아니다. 산업자본의 특수한 기능에 상응하는 여러 특수한 형태〔또는 존재양식〕로서 화폐자본은 화폐기능만 수행할 수 있으며, 상품자본은 상품기능만 수행할 수 있을 뿐이다. 그들 간의 차이는 단지 화폐와 상품 간의 차이에 불과하다. 마찬가지로 생산자본 형태의 산업자본도 생산물을 창출하는 다른 노동과정과 똑같은 요소들만으로 구성되어 있다.

* MEW Bd. 24, 79쪽 참조.

즉 한편으로는 물적 노동조건(생산수단)과 다른 한편으로는 생산적으로 (합목적적으로) 활동하는 노동력이 바로 그 요소들이다. 산업자본은, 생산영역에서는 생산과정 일반에 적합한(따라서 비자본주의적 생산과정에도 적합한) 구성(가변자본과 불변자본이라는 구성—옮긴이)으로만 존재할
M86 수 있는 것과 마찬가지로, 유통영역에서는 유통에 적합한 두 가지 형태〔즉 상품과 화폐〕로만 존재할 수 있다. 그러나 노동력이 타인의 노동력이고 자본가는 자신의 생산수단을 다른 상품소유자에게서 구매하는 것과 꼭 마찬가지로 노동력도 그 소유자에게서 구매한다는 사실을 통해, 생산요소의 총체는 처음부터 스스로가 생산자본이라는 것을 명시한다. 따라서 생산과정 그 자체도 산업자본의 생산적 기능으로 등장하고, 화폐와 상품도 동일한 산업자본의 유통형태로 등장하며, 따라서 그들의 기능도 산업자본의 유통기능〔즉 생산자본의 기능을 끌어들이든가 아니면 그것에서 벗어나는〕으로 등장한다. 여기에서 화폐기능과 상품기능이 동시에 화폐자본의 기능과 상품자본의 기능이 되는 것은 오직 산업자본이 순환과정의 여러 단계들에서 수행해야 하는 여러 기능 형태와 그것들이 관련되어 있기 때문이다. 그러므로 화폐가 화폐로서, 상품이 상품으로서 갖는 독특한 성격과 기능을, 이들이 지닌 자본으로서의 성격에서 도출하고자 하는 것은 오류이며, 반대로 생산자본의 특성을 생산수단의 존재양식에서 도출하는 것도 역시 오류이다.

G′ 또는 W′이 G+g〔또는 W+w, 즉 자본가치와 그 소산인 잉여가치 사이의 관계〕로 고정되면, 이 관계는 두 형태 모두를 통해서—하나는 화폐형태, 다른 하나는 상품형태이며 어느 것으로 표현되든 마찬가지이다—표현된다. 따라서 이 관계는 화폐나 상품 그 자체에 고유한 속성이나 기능에서 나오는 것이 결코 아니다. 두 경우 모두 자본의 특성, 즉 가치를 낳는 가치라는 속성이 결과물로 표현되어 있을 뿐이다. W′은 항상 P의 기능의 산물이며, G′은 W′이 산업자본의 순환 속에서 전화된 형태일 따름이다. 그러므로 실현된 화폐자본이 다시 화폐자본으로서 독자적인

기능을 재개하게 되면, 그것은 더 이상 G′=G+g 속에 내재된 자본관계를 표현하지 않게 된다. G……G′이 끝나고 G′이 순환을 새롭게 시작하는 경우, 그것은 G′으로 기능하는 것이 아니라 G로 기능한다. 그것은 G′ 속에 포함된 잉여가치가 전부 자본화된 경우에도 마찬가지이다. 우리의 경우 제2순환은 제1순환에서의 422파운드스털링이 아니라, 500파운드스털링의 화폐자본으로 시작한다. 순환을 시작하는 화폐자본은 지난번보다 78파운드스털링만큼 더 크다. 이런 차이는 한 순환과 다른 순환을 비교할 때 나타나지만, 그러한 비교는 각 개별 순환 내에서는 불가능하다. 화폐자본으로 선대된 500파운드스털링 가운데 78파운드스털링은 이전에 잉여가치로 존재하였는데, 다른 자본가의 수중에서 제1순환을 시작하는 500파운드스털링에 비해 전혀 다른 역할을 수행하는 것은 아니다. 생산자본 M87
의 순환에서도 마찬가지이다. 증대된 P′이 순환을 재개할 때 P로 등장하는 것은 단순재생산 P……P에서의 P와 전혀 다르지 않다.

$G'—W'\langle\begin{smallmatrix}A\\Pm\end{smallmatrix}$ 의 단계에서는 양적 증가가 A′ 또는 Pm′이 아니라 단지 W′에 의해서만 표시되어 있다. W가 A와 Pm의 합계이기 때문에, W′은 자신에 포함된 A와 Pm의 합계가 원래의 P보다 더 크다는 사실을 이미 표시하고 있다. 둘째로, A′이나 Pm′이라는 표현은 틀린 것이다. 왜냐하면 우리가 알고 있는 바와 같이, 자본의 증대는 자본의 가치구성 변화와 관련되고, 이 변화가 진전됨에 따라 Pm의 가치는 증가하며, A의 가치는 항상 상대적으로〔때로는 절대적으로도〕 감소하기 때문이다.

제3절 화폐축적

화폐로 전환된 잉여가치 g가 과정 중인 자본가치에 즉시 추가되어 자본 G와 함께 G′이라는 크기로 순환과정에 들어갈 수 있는지 없는지는, g가 단지 존재하는지 않는지와는 무관하다. 만약 g가 제1사업영역이 아닌 별개의 제2사업영역에 화폐자본으로 사용되려면, 일단 그것이 이 사업에서 요구되는 최소한의 크기를 가져야 한다는 것은 분명한 사실이다. 그리고 그것이 원래의 사업을 확장하는 데 사용될 경우에도 P의 소재적 요소 사이의 비율이나 그들의 가치관계 때문에 역시 어떤 최소한의 크기가 필요하다. 이 사업에 사용되는 모든 생산수단들은 서로 질적인 관계뿐만 아니라 일정한 양적 관계, 즉 비례적인 크기도 갖는다. 이처럼 생산자본에 들어가는 요소들 사이의 소재적 관계와 거기에 수반되는 가치관계에 의해, g가 생산자본의 증가분으로 추가적 생산수단과 노동력으로〔또는 단지 생산수단으로만〕 전화하기 위해 필요한 최소한의 크기가 정해진다. 따라서 방적업자가 자신의 방추 수를 증가시키기 위해서는 — 그러한 사업 확장에 필요한 임금 및 면화에 대한 지출 증가는 차치하더라도 — 거기에 맞추어 더 많은 수의 소면기와 전방기도 동시에 구매하여야 한다. 그러므로 그가 이런 방식으로 사업을 확장하기 위해서는, 잉여가치가 이미 상당한 액수에 달해 있어야 한다(일반적으로 새로 설치되는 방추는 개당 1파운드스털링으로 계산된다). 만약 g가 이런 최소 규모에 도달하지 못하면, 이 자본에 의해 연속적으로 생산되는 g의 총액이 G와 함께〔즉 $G' — W' \langle {}^{A}_{Pm}$ 의
M88 형태로〕 기능할 수 있을 때까지 자본순환은 여러 번 반복되어야 한다. 가령 방적기계의 아무리 사소한 변화라도, 그것이 방적기계의 생산성을 높이는 것이라면, 방적원료에 대한 지출 증가와 전방기 수의 확대가 필요해진다. 따라서 이런 과정을 통해서 g는 축적되지만, 이때 g의 축적은 그 자신의 기능이 아니라 P……P가 반복된 결과이다. g 자신의 기능은, 반복적인 가치증식 순환〔즉 외부〕으로부터 그것이 제대로 기능하기 위해 필요한 최소한의 규모만큼 충분히 증대될 때까지 화폐상태를 유지하는 것이다. 그 최소한의 규모란 g가 실제 화폐자본으로〔즉 이미 기능하고 있는 화폐자본 G의 축적 부분으로〕 들어갈 수 있는 규모이다. 그때까지 g는 축적되어 형성과정에 있는 형태〔즉 성장과정에 있는 축장화폐의 형태〕로만 존재한다. 따라서 이 경우 화폐축적·화폐축장은 여기에서 현실적인 축적〔즉

산업자본의 운영규모 확대〕에 일시적으로 수반되는 과정으로 나타난다. 그것이 일시적인 까닭은, 축장화폐가 축장화폐의 상태로 남아 있는 한, 그것은 자본으로 기능하지 않고, 가치증식과정에도 참여하지 않으며 단지 하나의 화폐액—이 화폐액은 자신과 아무런 관련이 없는 화폐들이 동일한 금고 속에 계속 들어오는 방식으로만 증가한다—으로만 남아 있기 때문이다.

축장화폐라는 형태는 단지 유통하지 않는 화폐의 형태, 즉 유통이 중단되어 화폐형태로 보존된 화폐의 형태에 불과하다. 화폐축장 과정은, 그 자체만으로 보면, 모든 상품생산에 공통된 것이지만, 그것이 하나의 자기목적이 되는 것은 상품생산이 아직 발전하지 못한 전 자본주의적 형태에서뿐이다. 그러나 여기에서 축장화폐는 화폐자본의 형태로 나타나며, 화폐축장은 자본축적에 일시적으로 수반되는 과정으로 나타나는데, 이는 화폐가 여기에서 **잠재적인 화폐자본**의 역할을 하기 때문이며(또한 그런 한에서만 그러하다), 또한 화폐축장〔즉 화폐형태로 존재하는 잉여가치의 축장화폐 상태〕은 잉여가치가 실제로 기능하는 자본으로 전화하기 위해 자본순환 외부에서 진행되는 (기능적으로 규정된) 준비단계이기 때문이다. 그러므로 축장화폐는 이런 규정에 의해 잠재적 화폐자본이 되며, 따라서 그것이 과정에 들어가기 위해 획득해야 하는 크기도 그때그때마다 생산자본의 가치구성에 의해 결정된다. 그러나 그것이 축장화폐의 상태에 머물러 있는 한, 그것은 아직 화폐자본으로 기능하지 않고 여전히 쉬고 있는 화폐자본이다. 그것은 이전처럼 기능을 중단한 것이 아니고, 아직 그 기능을 수행할 능력이 없는 화폐자본이다.

우리는 여기에서 화폐의 축적을 현실적인 화폐의 축장〔즉 화폐축적의 본래의 현실적 형태〕을 통해서 논의하고 있다. 그것은 또한 W′을 판매한
자본가의 단순한 회수액(채권)의 형태로 존재할 수도 있다. 그 밖에 잠재 M89
적 화폐자본 형태는 예를 들어 이자가 붙는 은행예금, 환어음, 각종 유가증권 등과 같이 화폐를 낳는 화폐의 모습으로 존재하지만, 이들 형태는 여

기에서 다룰 문제가 아니다. 이들 형태의 경우 화폐로 실현된 잉여가치는 그것을 만들어낸 산업자본의 순환 외부에서 특수한 자본기능을 수행하는데, 그 기능은 첫째 순환 자체와는 아무런 관계도 없으며, 둘째 산업자본의 기능과는 구별되는 자본기능을 전제하는 것으로 여기에서는 아직 다루지 않는 부분이다.

제4절 준비금

지금까지 고찰한 형태에서는 잉여가치의 존재형태인 축장화폐가 화폐축적기금〔즉 자본축적이 일시적으로 취하는 화폐형태〕이고, 그런 점에서 그 자체가 자본축적의 조건이기도 하였다. 그러나 이런 축적기금은 또 다른 별개의 부수적인 역할도 수행할 수 있다. 즉 자본순환 과정이 P……P′라는 형태를 취하지 않더라도, 다시 말해서 자본주의적 재생산이 확대되지 않더라도 축적기금은 자본순환 과정에 들어갈 수 있다.

만약 W′—G′ 과정이 정상적인 한도를 초과하여 길어진다면, 즉 상품자본의 화폐형태로의 전화가 비정상적으로 지연된다면, 또는 이 전화가 완료되더라도 가령 화폐자본이 전화되어야 하는 생산수단의 가격이 순환이 시작될 때보다 높아진다면, 축적기금으로 기능하는 축장화폐는 화폐자본(또는 화폐자본의 일부)을 대신하여 사용될 수 있다. 이 경우 화폐축적기금은 순환의 교란을 조정하기 위한 준비금의 역할을 한다.

이런 준비금으로서의 축적기금은 순환 P……P에서 고찰되었던 구매 또는 지불 수단의 기금과는 다르다. 구매 또는 지불 수단은 기능하는 화폐자본의 일부(따라서 과정에 들어와 있는 자본가치 가운데 일부의 존재형태)이며, 이들 부분은 각기 시점만 달리하여 자신들의 기능을 수행한다. 이들 준비화폐자본은 생산과정이 계속되는 동안 끊임없이 형성된다. 왜냐하면 오늘 지불받은 것은 일정 기간이 지나고 나서야 비로소 다시 지불되며, 오늘 다량의 상품을 판매하였더라도 다시 다량의 상품을 구매하는 것은 일정 기간이 지나고 나서이기 때문이다. 그러므로 이 둘 사이의 기간에는 유통되는 자본 가운데 일부가 항상 화폐형태로 존재한다. 반면 준비금은 이미 기능을 수행하고 있는 자본〔즉 보다 정확히 말하자면, 화폐자본〕의 구성 부분이 아니다. 그것은 오히려 축적의 전(前) 단계에 있는 자 M90
본, 즉 아직 활동 상태의 자본으로 전화되지 않은 잉여가치의 구성 부분이다. 물론 자본가가 곤경에 처했을 경우에는 그의 수중에 있는 화폐가 어떤 기능을 가졌든 상관없이 자본순환을 계속 진행시키기 위해 자신이 갖고 있는 무엇이든 사용한다는 것은 두말할 필요도 없다. 가령 우리의 예에서는 G=422파운드스털링이고 G′=500파운드스털링이다. 만약 422파운드스털링의 자본 가운데 일부가 지불 및 구매 수단의 기금〔즉 준비화폐〕으로 존재한다면 다른 조건이 불변인 한 그것은 전부 순환에 들어가기로 예정된 것이며, 또한 충분히 그렇게 될 것이다. 그러나 준비금은 78파운드스털링의 잉여가치 가운데 일부이다. 이것이 422파운드스털링 가치의 자본순환 과정에 들어갈 수 있는 것은 이 순환의 조건이 달라질 경우뿐이다. 왜냐하면 그것은 축적기금의 일부이며, 여기에서 그것은 재생산 규모의 확대 없이 나타날 것이기 때문이다.

화폐축적기금은 잠재적 화폐자본의 존재이며, 따라서 화폐의 화폐자본으로의 전화이다.

단순재생산과 확대재생산을 포괄하는 생산자본 순환의 일반적 정식은 다음과 같다.

$$P \cdots\cdots \overbrace{W' - G'}^{①}.\ \overbrace{G - W}^{②} \left\langle {A \atop Pm} \right. \cdots\cdots P(P')$$

만일 P=P라면, ②의 G=G′−g이다. 만약 P=P′이라면, ②의 G는 'G′−g'보다 크다. 즉 g 가운데 전부 또는 일부가 화폐자본으로 전화된 것이다.

생산자본의 순환은 고전파 경제학이 산업자본의 순환과정을 고찰하는 데 사용하는 형태이다.

제3장

상품자본의 순환

상품자본의 순환을 나타내는 일반적 정식은 다음과 같다. M91

W′—G′—W……P……W′.

W′은 앞의 두 순환의 산물로 나타날 뿐만 아니라 그 전제로 나타나기도 한다. 왜냐하면 최소한 생산수단 가운데 일부가 순환 중인 다른 개별자본의 상품생산물인 경우 어떤 자본에 G—W인 것은 이미 다른 자본의 W′—G′을 포함하기 때문이다. 우리의 경우, 가령 석탄·기계 등은 광산업자와 기계제조업 자본가의 상품자본을 나타낸다. 더구나 제1장 제4절에서 본 바와 같이 G……G′의 최초의 반복에서는 이 화폐자본의 제2순환이 종료되기 전에 이미 순환 P……P뿐만 아니라 순환 W′……W′도 전제되어 있다.

만일 확대된 규모로 재생산이 이루어진다면, 최종 W′은 최초의 W′보다 더 크며, 따라서 이 경우 그것은 W″으로 표시되어야 한다.

제3형태와 앞의 두 형태 사이의 차이는 다음과 같다. 첫째, 제3형태에서는 두 개의 정반대되는 국면을 갖는 총유통이 순환을 시작하는 반면, 제1형태에서는 유통이 생산과정에 의해 중단되고 제2형태에서는 두 개의 상호보완적인 국면을 갖는 총유통이 다만 재생산과정의 매개로만 나타나고, 따라서 P……P 사이를 매개하는 운동을 이룬다. G……G′의 유통형태는 G—W……W′—G′=G—W—G이다. P……P의 유통형태는 역의 형태 W′—G′. G—W=W—G—W이다. W′—W′에서도 유통형태는 이 후자의 형태를 갖는다.

둘째, 순환 I과 II의 반복에서는, 종결점 G′과 P′이 새로 반복되는 순환 M92 의 출발점을 이루는 경우에도 G′과 P′이 생겨난 형태는 사라진다. G′=G+g와 P′=P+p는 G와 P로 새로운 과정을 시작한다. 그러나 형태 III에서는 순환이 동일한 규모로 갱신될 경우에도 출발점 W가 W′으로 표시되어야 하는데 그 이유는 다음과 같다. 형태 I에서 G′이 새로운 순환을 시작하면, 그것은 화폐자본 G〔즉 증식되어야 할 자본가치의 화폐형태의 선대〕로 기능한다. 선대된 화폐자본의 크기는 제1순환 동안 이루어진 축적 덕분에 증대되었다. 그러나 선대된 화폐자본의 크기가 422파운드스털링이든 500파운드스털링이든 그것이 단지 자본가치로 나타난다는 사실에는 아무런 변화가 없다. G′은 이제 더는 증식된 자본〔즉 잉여가치를 내포한 자본, 다시 말해 자본관계〕으로 존재하지 않는다. 그것은 오직 생산과정을 통해서만 증식될 것이다. 이것은 P……P′에서도 마찬가지이다. P′은 언제나 P〔즉 잉여가치를 생산해야 할 자본가치〕로 계속 기능해야 하며, 그 순환을 반복해야만 한다. 반면 상품자본의 순환은 자본가치에서 시작하는 것이 아니라 상품형태로 증식된 자본가치로 시작한다. 따라서 그것은 처음부터 단순히 상품형태로 존재하는 자본가치의 순환뿐만 아니라 잉여가치의 순환도 함께 포함한다. 따라서 만일 이 형태로 단순재생산이 이루어지면, 종점의 W′은 출발점의 W′과 그 크기가 같을 것이다. 만일 잉여가치의 일부가 자본순환에 들어간다면, 종점에서는 W′이 아니라 W′이 증대된 W″이 나타나겠지만, 그 다음의 순환은 다시 W′으로 시작될 것이다. 이 W′은 축적을 통해 더욱 커진 자본가치를 가진 것으로서 다만 이전의 순환에서보다 더 커진 W′(따라서 새로 창출된 잉여가치에서도 그만큼 더 커진 것을 포함한다)으로 새로운 순환을 시작한다. 어느 경우든 모두 W′은 항상 '자본가치+잉여가치'인 상품자본으로 순환을 시작한다.

어떤 개별 산업자본의 순환에서 그 생산수단이 어떤 다른 산업자본의 생산물인 경우, W로서의 W′은 자신의 형태가 아니라 다른 산업자본의 형태로 나타난다. 첫 번째 자본의 G—W(즉 G—Pm)라는 행위는 이 두 번째 자본에서 W′—G′이 된다.

유통행위 $G - W \langle {}^{A}_{Pm}$ 에서, A와 Pm의 처지는 이들이 판매자—즉 한편에서는 자신의 노동력을 판매하는 노동자와 다른 한편에서는 생산수단을 판매하는 생산수단의 소지자—의 수중에서 상품으로 존재하는 한 동일하다. 자신의 화폐가 화폐자본으로 기능하는 구매자에게 A와 Pm은, 구매자가 이들을 구매하기 전까지는〔즉 A와 Pm이, 화폐형태를 취하는 구매자의 자본에 대해 타인의 상품으로 대립하는 한〕 단지 상품으로만 기능한다. 여기에서 Pm과 A의 차이점은 다음과 같은 점뿐이다. 즉 만약 Pm이 그 판매자의 자본의 상품형태라면, Pm은 그 판매자의 수중에서도 W′〔즉 자본〕일 수 있지만, A는 노동자에게 언제나 상품일 뿐이며 오직 그 구매 M93
자의 수중에서만 P의 구성 부분으로서 자본이 된다는 점이다.

이 때문에 W′은 결코 단순한 W〔즉 자본가치의 단순한 상품형태〕로 순환을 시작할 수 없다. 상품자본으로서 W′은 항상 양면성이 있다. 사용가치의 관점에서 보면, 그것은 P의 기능의 산물(여기서는 면사)이며, P의 요소인 A와 Pm은 상품으로서 유통영역에서 빠져나와 단지(nur)* 이 생산물의 생산자로만 기능하였을 뿐이다. 둘째로 가치의 관점에서 보면, 그것은 자본가치 P와, P의 기능에 의해 생산된 잉여가치 m의 합계이다.

단지 W′ 그 자체의 순환 속에서만 W=P=자본가치는 W′ 가운데 잉

* 초판과 제2판에는 '이제'(nun)라고 되어 있지만 마르크스의 초고에 맞추어 수정되었다.

여가치를 이루는 부분〔잉여가치가 들어 있는 잉여생산물〕에서 자신을 분리할 수 있으며 또한 분리해야만 한다. 이 둘이 면사처럼 실제로 분리 가능한지 아니면 기계처럼 불가능한지는 중요한 것이 아니다. 그들은 W′이 G′로 전화되면 언제나 곧바로 분리될 수 있다.

만약 총상품생산물이 우리의 10,000파운드 면사처럼 독립적인 동질의 부분생산물들로 분할될 수 있고 따라서 W′—G′이라는 행위를 순차적으로 이루어지는 판매 총액으로 표현하는 것이 가능하다면, 상품형태인 자본가치는 잉여가치가 실현되기 전에〔즉 W′ 전체가 실현되기 전에〕 W로 기능할 수 있으며 W′과 분리될 수 있을 것이다.

500파운드스털링의 가치를 갖는 10,000파운드의 면사 가운데 8,440파운드 면사의 가치는 422파운드스털링의 자본가치(잉여가치와 분리된)이다. 만약 자본가가 먼저 8,440파운드의 면사를 422파운드스털링에 판매한다면, 이 8,440파운드의 면사는 상품형태의 자본가치 W를 나타낸다. 그 밖에 W′에 포함된 잉여생산물인 1,560파운드의 면사는 78파운드스털링의 잉여가치와 같으며, 이것은 나중에 유통될 것이다. 자본가는 잉여생산물의 유통 w—g—w가 완료되기 전에 W—G—W$\langle^{A}_{Pm}$ 을 수행할 수 있을 것이다.

또는 만일 그가 우선 372파운드스털링의 가치를 갖는 7,440파운드의 면사를 팔고, 그런 다음 50파운드스털링 가치의 1,000파운드 면사를 판다면, W의 첫 번째 부분에서는 생산수단(불변자본 부분 c)이 보전되고 W의 두 번째 부분에서는 가변자본 부분 v, 즉 노동력이 보전되어 앞의 경우와 똑같이 될 것이다.

그러나 만약 이런 연속적인 판매가 이루어지고, 순환의 조건이 그것을 허용한다면, 자본가는 W′을 c+v+m으로 분리하지 않고, W′의 일부에 대해서도 이런 분리를 수행할 수 있을 것이다.

예를 들면, W′(10,000파운드의 면사=500파운드스털링) 가운데 불변자본 부분을 나타내는 7,440파운드의 면사(=372파운드스털링)는, 불변

부분(7,440파운드의 면사에 소비된 생산수단의 가치)만을 보전하는 276.768파운드스털링 가치의 5,535.360파운드의 면사와 가변자본만을 보 M94 전하는 37.200파운드스털링 가치의 744파운드 면사, 그리고 잉여생산물로서 잉여가치의 담지자인 58.032파운드스털링 가치의 1,160.640파운드의 면사로 분리될 수 있다. 따라서 7,440파운드의 면사를 판매할 경우, 그는 그 가운데 6,279.360파운드의 면사(313.968파운드스털링의 가격)를 통해 7,440파운드 면사에 포함된 자본가치를 보전하고, 1,160.640파운드의 잉여생산물 가치, 즉 58.032파운드스털링을 그의 수입으로 지출할 수 있다.

똑같은 방법으로 그는 1,000파운드의 면사(=50파운드스털링=가변자본 가치)를 분할하여 그렇게 판매할 수 있다. 37.200파운드스털링 가치의 744파운드 면사는 1,000파운드의 면사에 포함된 불변자본가치에 해당한다. 5.000파운드스털링 가치의 100파운드 면사는 가변자본 부분에 해당한다. 따라서 42.200파운드스털링 가치의 844파운드 면사는 1,000파운드의 면사에 포함된 자본가치를 보전한다. 마지막으로 7.800파운드스털링 가치의 156파운드 면사가 있는데, 이것은 1,000파운드의 면사에 포함된 잉여생산물을 표시하며, 잉여생산물로 소비될 수 있다.

마지막으로 그가 나머지 78파운드스털링 가치의 1,560파운드 면사를 판매하는 데 성공한다면, 그것은 다음과 같은 방식으로 분할할 수 있다. 즉 1,160.640파운드의 면사를 58.032파운드스털링에 판매하여 1,560파운드의 면사에 포함된 생산수단의 가치를 보전하고, 156파운드의 면사를 7.800파운드스털링에 판매하여 가변자본가치를 보전한다. 합계 1,316.640파운드의 면사(=65.832파운드스털링)가 총자본가치를 보전한다. 결국 243.360파운드의 잉여생산물(=12.168파운드스털링)이 수입으로 지출될 수 있도록 남게 된다.

면사에 포함된 c, v, m의 모든 요소가 각기 해당 구성 부분들로 분할될 수 있는 것과 마찬가지로, 1실링(=12펜스)의 가치를 갖는 1파운드의 면사도 똑같은 구성 부분들로 분리될 수 있다.

c=0.744파운드의 면사=8.928펜스
v=0.100파운드의 면사=1.200 펜스
m=0.156파운드의 면사=1.872 펜스
c+v+m= 1파운드의 면사=12펜스

위에서 서술한 세 번의 판매를 모두 합하면, 우리는 10,000파운드의 면사를 한꺼번에 판매했을 때와 똑같은 결과를 얻게 된다.

불변자본의 경우:
제1차 판매: 5,535.360 파운드의 면사 = 276.768 파운드스털링
제2차 판매: 744.000 파운드의 면사 = 37.200 파운드스털링
제3차 판매: 1,160.640 파운드의 면사 = 58.032 파운드스털링
계 7,440 파운드의 면사 = 372 파운드스털링

M95 가변자본의 경우:
제1차 판매: 744.000 파운드의 면사 = 37.200 파운드스털링
제2차 판매: 100.000 파운드의 면사 = 5.000 파운드스털링
제3차 판매: 156.000 파운드의 면사 = 7.800 파운드스털링
계 1.000 파운드의 면사 = 50 파운드스털링

잉여가치의 경우:
제1차 판매: 1,160.640 파운드의 면사 = 58.032 파운드스털링
제2차 판매: 156.000 파운드의 면사 = 7.800 파운드스털링
제3차 판매: 243.360 파운드의 면사 = 12.168 파운드스털링
계 1,560 파운드의 면사 = 78 파운드스털링

총계:

불변자본:	7,440 파운드의 면사	=	372	파운드스털링
가변자본:	1,000 파운드의 면사	=	50	파운드스털링
잉여가치:	1,560 파운드의 면사	=	78	파운드스털링
계	10,000 파운드의 면사	=	500	파운드스털링

W′—G′은 그 자체만 보면 10,000파운드 면사의 판매일 뿐이다. 이 10,000파운드의 면사는 다른 모든 면사들과 마찬가지로 상품이다. 구매자가 관심을 갖는 것은 1파운드당 1실링, 즉 10,000파운드에 500파운드스털링이라는 가격이다. 만일 그가 협상과정에서 가치구성을 언급하게 된다면, 그것은 다만 면사가 파운드당 1실링 이하로 팔릴 수 있으며, 그렇게 팔더라도 판매자에게 여전히 남는 거래가 되리라는 것을 입증하고자 하는 음흉한 의도에서 그러는 것에 불과할 것이다. 그러나 그가 구매하는 양은 그의 필요에 의해 결정된다. 만약 그가 직물공장의 소유자라면, 구매량은 이 공장에서 기능하는 그의 자본의 구성에 의해 결정되는 것이지, 그에게 판매하는 방적업자 자본의 구성에 의해 결정되는 것은 아니다. W′ 가운데 그것에 소비된 자본(또는 이 자본의 여러 구성 부분들)을 보전하는 부분과 잉여생산물—잉여가치의 지출을 위한 것이든 자본축적을 위한 것이든—로 사용해야 할 부분의 비율은 10,000파운드의 면사를 상품형태로 취하는 자본의 순환 속에서만 존재한다. 이 비율은 판매 그 자체와 아무런 관계도 없다. 게다가 여기에서는 W′이 가치대로 판매되고, 따라서 문제가 되는 것은 다만 W′이 상품형태에서 화폐형태로 전화되는 것일 뿐이라는 사실이 전제되어 있다. 이 개별 자본의 순환 속에서 생산자본을 보전해야 하는 기능적 형태인 W′에서, 판매 시의 가격과 가치가 서로 다른지 또 다르다면 어느 정도 다른지는 물론 매우 중요하다. 그러나 단순한 형태상의 구별을 논의하는 여기에서는 그것이 별로 중요하지 않다.

형태 I, 즉 G……G′에서는 생산과정이 두 개의 서로 보완적이고 대립 M96

되는 자본유통 국면의 중간에 나타난다. 그것은 종결국면인 W′—G′이 나타나기 전에 이미 지나가버린다. 화폐는 자본으로 선대되어, 먼저 생산요소로 전화한 다음 이로부터 상품생산물로 전화하며, 이 상품생산물은 다시 화폐로 전화한다. 이것은 하나의 완결된 사업순환이며, 그 결과물은 어디에서나 사용할 수 있는 화폐이다. 그러므로 새로운 출발은 단지 하나의 가능성으로만 주어져 있다. G……P……G′은 어떤 개별 자본이 그 사업에서 퇴거할 때 그 기능을 종결시키는 최후의 순환일 수도 있고, 새로이 기능을 시작하는 자본의 최초의 순환일 수도 있다. 여기에서 일반적 운동은 G……G′, 즉 화폐에서 더 많은 화폐로의 운동이다.

형태 II, 즉 P……W′—G′—W……P(P′)에서는 총유통과정이 첫 번째 P의 뒤를 따르고, 두 번째 P에 선행한다. 그러나 그것은 형태 I과는 정반대 순서로 일어난다. 첫 번째 P는 생산자본이고 그 기능은 다음에 이어지는 유통과정의 선행조건이 되는 생산과정이다. 반면 마지막 P는 생산과정이 아니다. 그것은 단지 산업자본이 다시 생산자본의 형태로 존재하는 것에 불과하다. 그리고 이것은 마지막 유통국면에서 자본가치가 A+Pm〔즉 서로 결합하여 생산자본의 존재형태를 이루는 주관적 요소와 객관적 요소〕으로 전화된 결과이다. 자본은 그것이 P이든 또는 P′이든 마지막에는 생산자본으로 새롭게 기능하기 위한〔즉 생산과정을 다시 수행하는 데 필요한〕 형태로 다시 나타난다. 운동의 일반적 형태 P……P는 재생산의 형태이며, G……G′처럼 가치증식을 과정의 목적으로 표현하지는 않는다. 바로 그 때문에 고전파 경제학은 특정한 자본주의적 형태의 생산과정을 무시하고, 생산 그 자체를 과정의 목적으로 설명하게 되었다. 즉 한편으로는 생산의 갱신(G—W)을 위해, 다른 한편으로는 소비(g—w)를 위해, 가능한 한 저렴하게 많은 양을 생산하여, 그 생산물을 최대한 많은 다른 생산물과 교환하는 것을 그 과정의 목적으로 설명하였던 것이다. 여기에서는 G와 g가 단지 일시적인 유통수단으로만 나타나기 때문에 화폐 및 화폐자본의 특성은 간과될 수 있으며, 전(全) 과정은 단순하고 자연적인 것처럼 보인다. 즉 그것은 천박한 합리주의가 일컫는 자연성을 갖는다. 마찬가지로 상품자본의 경우에도 때때로 이윤을 망각하고 생산순환 전체를 다루면서 상품자본을 단지 상품으로만 간주한다. 그러나 가치의 구성 부분이 문제가 되면, 그것은 곧바로 상품자본으로 나타난다. 물론 축적도 생산과 M97 똑같은 방식으로 나타난다.

형태 III, W′—G′—W……P……W′에서는 유통과정의 두 국면이 순환을 개시하는데, 이들은 형태 II, P……P에서와 같은 순서로 진행된다. 그 다음에는 P가 이어지는데, P는 형태 I에서와 마찬가지로 자신의 기능〔생산과정〕을 수반한다. 그런 다음 순환은 생산과정의 결과물인 W′으로 종결된다. 형태 II에서 순환이 생산자본의 단순한 재현인 P로 종결되는 것과 마찬가지로, 여기에서는 순환이 상품자본의 재현인 W′으로 종결된다. 형태 II에서 자본의 최종 형태가 P이고 따라서 그 과정도 생산과정으로 다시 시작해야 하는 것과 마찬가지로, 여기에서는 산업자본의 형태가 상품자본으로 재현되어 있고 따라서 순환도 유통국면 W′—G′에서 재개되어야 한다. 두 순환형태는 모두 완결된 것이 아니다. 왜냐하면 그들은 G′〔즉 화폐로 재전화된 증식된 자본가치〕으로 종결되지 않기 때문이다. 그러므로 두 순환형태는 모두 계속되어야 하며, 따라서 재생산을 포함한다. 형태 III의 총순환은 W′……W′이다.

형태 III은 다음과 같은 점에서 앞의 두 형태와 구별된다. 즉 증식될 원래의 자본가치가 아닌, 이미 증식된 자본가치가 가치증식의 출발점으로 나타나는 것은 오직 이 순환뿐이라는 점이다. 여기에서는 자본관계로서의 W′이 출발점이며, 그러한 관계로서 W′은 전체 순환에 결정적인 영향을 미친다. 왜냐하면 W′은 이미 제1국면에서 자본가치의 순환뿐만 아니라 잉여가치의 순환도 포함하기 때문이며 잉여가치는—모든 개별 순환까지는 아니더라도 평균적으로는—일부는 수입으로 지출되어 유통 w—g—w를 통과해야 하고, 일부는 자본축적의 요소로 기능해야 하기 때문이다.

W′……W′이라는 형태에서는 총상품생산물의 소비가 자본순환 그 자체의 정상적인 진행 조건으로 전제되어 있다. 노동자의 개인적 소비와 잉여생산물 중 축적되지 않은 부분의 개인적 소비가 전체 개인적 소비를 이룬다. 그리하여 소비는 총체적으로—개인적 소비뿐만 아니라 생산적 소비도—W′의 순환에 그 조건으로 들어간다. 생산적 소비(사실상 노동자의 개인적 소비도 여기에 포함된다. 왜냐하면 노동력은 일정 범위 내에서는 노동자의 개인적 소비의 지속적인 산물이기 때문이다)는 각각의 모든 개별 자본에 의해 이루어진다. 개인적 소비는—개별 자본가의 생존에 필요한 것을 제외하면—단지 하나의 사회적 행위로만 상정되고 개별 자본가의 행위로는 상정되지 않는다.

M98 형태 I과 II에서는 총운동이 선대된 자본가치의 운동으로 나타난다. 그러나 형태 III에서는 증식된 자본이 총상품생산물의 모습을 갖추고 출발점을 이루고, 또한 운동하는 자본〔상품자본〕의 형태를 취한다. 그것이 화폐로 전화되면서 비로소 이 운동은 자본의 운동과 수입의 운동으로 나누어진다. 이 자본순환에는 사회적 총생산물이 한편으로는 개인적 소비기금으로, 다른 한편으로는 재생산기금으로 분할되는 것뿐만 아니라 모든 개별 상품자본에서도 그 생산물이 각기 이들 두 부분으로 분할되는 것이 모두 포함되어 있다.

G……G′에서는 새로운 순환에 들어가는 g의 크기에 따라 순환의 확대 가능성이 포함된다.

P……P에서는 P가 새로운 순환을 똑같은 크기의 가치〔혹은 심지어 더 작은 가치〕로 시작하면서도 확대재생산을 나타낼 수 있다. 예를 들어 노동생산성의 증가로 인해 상품요소들이 저렴해지는 경우가 바로 그러하다. 이와 반대로 가령 생산요소의 가격이 등귀하는 경우에는, 가치에서는 증가된 생산자본이 소재로는 축소된 규모의 재생산을 나타낼 수도 있다. 이는 W′……W′에서도 마찬가지이다.

W′……W′에서는 상품형태의 자본이 생산의 전제가 된다. 상품형태의

자본은 제2의 W로 이 순환 내에서 전제조건으로 다시 나타난다. 만일 이 W가 아직 생산(혹은 재생산)되지 않았다면, 순환은 정지될 것이다. 이 W는 대부분 다른 산업자본의 W′으로 재생산되어야 한다. 이 순환에서 W′은 운동의 출발점이자 통과점이면서 동시에 종점으로 존재한다. 따라서 그것은 항상 존재한다. 그것은 재생산과정의 항상적인 조건이다.

W′……W′은 또 한 가지 점에서 형태 I, II와 구별된다. 세 순환은 모두 순환과정을 시작할 때의 자본형태가 그 순환을 종결할 때의 형태와 동일하다. 따라서 세 순환 모두에서 자본은 계속해서 처음과 같은 형태로 다시 나타나 동일한 순환을 다시 시작한다. 최초의 형태 G, P, W′은 항상 자본가치(형태 III에서는 자본가치에 합체된 잉여가치와 함께)가 선대되는 형태, 바꿔 말하면 순환을 처음 시작할 때의 형태이다. 종결 형태 G′, P, W′은 항상 순환 속에서 처음의 형태에 선행하는 기능형태의 전화된 형태이며 처음의 형태가 아니다.

다시 말해서 형태 I에서 G′은 W′이 전화된 형태이며, 형태 II에서 마지막 P는 G가 전화된 형태이다(그리고 형태 I과 II에서 이 전화는 상품유통의 단순한 과정에 의해, 즉 상품과 화폐의 형식적인 위치 변환에 의해 달성된다). 그런데 형태 III에서 W′은 생산자본 P가 전화된 형태이다. 그러나 이 형태 III에서의 전화는 첫째, 자본의 기능적 형태와 관련될 뿐만 아니라 자본가치의 크기와도 관련된다. 둘째, 그 전화는 유통과정에 속하는 형식적 위치 변환의 결과가 아니라, 생산자본의 상품 구성성분의 사용 형태와 가치가 생산과정에서 겪게 되는 실질적 전화의 결과이다. M99

최초의 극의 형태인 G, P, W′은 각각의 순환 I, II, III에 전제되어 있다. 마지막 극에서 재현되는 형태는 순환 그 자체의 일련의 형태변화에 의해 성립하고, 따라서 그것에 의해 제약된다. 한 개별 산업자본 순환의 종점인 W′은 단지 동일한 산업자본(W′은 이 자본의 산물이다)의 P(유통에 속하지 않는 형태)만을 전제한다. 형태 I의 종점인 G′ — 즉 W′의 전화된 형태(W′ — G′) — 은 G가 구매자의 수중에〔즉 순환 G……G′의 외부에〕 있고, W′의 판매에 의해 이 순환에 들어와 순환의 최종형태가 된다는 것을 전제한다. 그리고 형태 II에서 종점 P는 A와 Pm(W)이 순환 외부에 존재하다가, G—W에 의해 결합함으로써 그 최종형태로 P가 된다는 것을 전제한다. 그러나 마지막 극을 제외하고는, 개별 화폐자본의 순환은 화폐자본 일반의 존재를 전제하지 않으며, 개별 생산자본의 순환도 이미 순환하고 있는 생산자본의 존재를 전제하지 않는다. 형태 I에서는 G가, 형태 II에서는 P가 역사의 무대에 등장하는 최초의 화폐자본, 최초의 생산자본일 수 있다. 그러나 형태 III, 즉

$$W' \left(\begin{array}{l} W \text{ —— } \\ \text{— } \; G' \left(\begin{array}{l} G \text{ —— } W \langle^{A}_{Pm} \cdots\cdots P \cdots\cdots W' \\ \\ g \text{ —— } w \end{array} \right. \\ w \text{ —— } \end{array} \right.$$

에서는, W가 순환의 외부에 두 번 전제되어 있다. 첫 번째는 W′—G′—$W\langle^{A}_{Pm}$ 에서이다. 여기에서 W는 그것이 Pm으로 이루어져 있는 한 판매자의 수중에 있는 상품이다. 그것은 자본주의적 생산과정의 산물인 한 그 자체가 상품자본이다. 그리고 그렇지 않은 경우라 할지라도, 상인의 수중에서는 상품자본으로 나타난다. 두 번째는 w—g—w의 마지막 w에서인데, 이 w도 그것을 구매할 수 있기 위해서는 마찬가지로 상품으로 존재해야 한다. 이들이 상품자본이든 아니든, A와 Pm은 W′과 마찬가지로 상품이며, 서로 상품으로 관계한다. 그것은 w--g—w의 마지막 w에 대해서도 똑같이 적용된다. 그러므로 W′=W(A+Pm)인 한, W′은 상품을 자신의 형성요소로 가지며, 유통 내에서 같은 상품에 의해 대체되어야 한다. 마찬가지로 w—g—w에서 두 번째 w도 유통 속에서 동일한 다른 상품들과 대체되어야 한다.

M100 더구나 자본주의적 생산양식이 지배적인 경우 판매자의 수중에 있는 상품은 모두 상품자본이어야만 한다. 그리고 그것은 상인의 수중에서도

계속 상품자본이다(설사 그 전까지는 아니었다 할지라도 일단 상인의 수중에 들어오면 상품자본이 된다). 그렇지 않다면 적어도 그것은 원래의 상품자본을 대체하는 상품〔따라서 상품자본에 단지 다른 존재형태를 부여할 뿐인 상품〕— 예를 들어 수입품 — 이어야 한다.

생산자본 P를 구성하는 상품요소 A와 Pm은 P의 존재형태로서 그들이 판매되는 여러 상품시장에 있을 때와는 모습이 다르다. 그들은 이젠 통합되어 결합된 상태로 생산자본으로 기능할 수 있다.

오직 이 형태 III만 순환 그 자체 내에서 W가 W의 전제로 나타나는 이유는 그 출발점이 상품형태의 자본이기 때문이다. 이 순환은 W′ — 잉여가치가 부가됨으로써 그 크기가 증대되든 증대되지 않든 상관없이 그것이 자본가치로 기능하는 한 — 이 생산요소 상품들로 전화되는 것에 의해 시작된다. 그러나 이 전화는 전 유통과정 W — G — W(=A+Pm)를 포괄하며, 이 과정의 결과이다. 따라서 여기에서 W는 양극에 위치하지만, 두 번째 극 — 외부의 상품시장으로부터 G — W에 의해 그 형태 W를 얻게 되는 — 은 순환의 마지막 극이 아니라 순환에서 유통과정을 포괄하는 처음 두 단계의 마지막 극에 불과하다. 유통과정의 결과는 P로서 이것은 유통과정이 끝난 다음 자신의 기능인 생산과정을 시작한다. 유통과정의 결과가 아니라 단지 생산과정의 결과로서 W′은 순환의 종점으로 출발점의 극 W′과 동일한 형태로 나타난다. 반면 G……G′과 P……P에서는 마지막 극 G′과 P가 유통과정의 직접적인 결과물이다. 그러므로 이들의 경우에는 단지 종점에서만 G′과 P가 다른 사람의 수중에 있다는 것을 전제한다. 순환이 양극 사이에서 이루어지는 한, 전자의 G도, 후자의 P도 — 타인의 화폐로서 G의 존재도, 타인의 생산과정으로서 P의 존재도 — 이들 순환의 전제로 나타나지는 않는다. 반면 W′……W′은 W(=A+Pm)가 타인의 수중에 있는 타인의 상품이라는 것을 전제로 하며 이들 상품은 시작 부분의 유통과정에 의해 순환에 들어와서 생산자본으로 전화하고 이 생산자본 기능의 결과물인 W′은 다시 순환의 종결형태가 된다.

그러나 순환 W′……W′은, 그 영역 내에 W(=A+Pm)의 형태로 존재하는 다른 산업자본을 전제한다는 바로 그 이유 때문에〔그리고 Pm은 다양한 종류의 다른 자본, 예를 들어 우리의 경우 기계, 석탄, 석유 등을 포
M101 괄하기 때문에〕 스스로 다음과 같은 점을 요구한다. 즉 이 순환을 단지 순환의 일반적 형태로〔다시 말해 하나의 사회적 형태로〕 고찰하도록 요구한다. 바꾸어 말하자면 그것을 통해 각각의 개별 산업자본을(최초로 투하된 경우는 제외한다) 고찰하고, 따라서 그것을 모든 개별 산업자본에 공통된 운동형태로 고찰할 뿐만 아니라, 동시에 개별 자본의 합〔즉 자본가계급의 총자본〕의 운동형태로도 고찰하도록 요구한다. 이런 운동에서는 각 개별 산업자본의 운동이 단지 하나의 부분운동으로만 나타나고, 이 부분운동은 또한 다른 부분운동과 서로 연루되어 상호 제약하는 관계를 맺는다. 예를 들어, 만약 우리가 한 나라의 연간 총상품생산물을 고찰하고 그 운동—총생산물 가운데 일부가 모든 개별적 사업부문의 생산자본을 보전하고, 다른 일부가 여러 계급의 개인적 소비에 들어가는—을 분석한다면, 우리는 W′……W′을 사회적 자본뿐만 아니라 그것에 의해 생산된 잉여가치〔또는 잉여생산물〕의 운동형태로 고찰하게 될 것이다. 사회적 자본이 개별 자본의 총계(주식자본을 포함하며, 또한 정부가 생산적 임노동을 광산·철도 등에 사용하면서 산업자본가의 기능을 수행하는 경우 국가자본도 여기에 포함된다)와 같다는 사실, 그리고 사회적 자본의 총운동이 개별 자본 운동의 산술적 합계와 같다는 사실은 결코 다음과 같은 사실을 배제하지 않는다. 즉 이 운동이 각각의 개별 자본 운동에서는—그것이 사회적 자본의 총운동 가운데 일부라는 관점에서 보면, 즉 사회적 자본 가운데 다른 부분의 운동과 연관시켜 고찰한다면—그 운동과 다른 현상을 드러낼 수 있다는 사실, 그리고 이 운동이 문제를 해결하는 방식은 각각의 개별 자본순환을 고찰함으로써 그 해결책을 찾아내는 방식이 아니라 오히려 반대로 각각의 개별 자본순환의 고찰에서는 이미 그 해결책이 전제되어 있어야 한다는 사실이 바로 그것이다.

W′……W′은 처음에 선대된 자본가치가 운동—이 운동은 스스로를 처음부터 산업자본의 전체 운동이라고 선언한다—을 개시하는 극 가운데 일부분만을 이루는 유일한 순환이다. 이 전체 운동은 생산물 가운데 생산자본을 보전하는 부분의 운동일 뿐만 아니라, 또한 생산물 가운데 잉여생산물을 이루면서 평균적으로 일부는 수입으로 지출되고 일부는 축적요소로 사용되어야 하는 부분의 운동이기도 하다. 잉여가치 가운데 수입으로 지출된 부분이 이 순환에 포함되어 있을 경우, 이 순환에는 개인적 소비도 함께 포함되어 있다. 그러나 이 개인적 소비는 또한 출발점인 상품 W가 어떤 임의의 사용물품으로 존재한다는 이유를 통해서도 이 순환에 포함된다. 그러나 자본주의적으로 생산된 물품은, 그 사용형태가 생산적 소비를 위한 것이든 개인적 소비를 위한 것이든, 또는 그 양자 모두를 위한 것이든 상관없이 모두 상품자본이다. G……G′은 단지 가치의 측면〔즉 M102
과정 전체의 목적이 선대된 자본가치의 증식이라는 점〕만을 보여준다. P……P(P′)는 자본의 생산과정을 생산자본의 크기가 동일한 또는 증대된 재생산과정(축적)으로 보여준다. W′……W′은 이미 그 최초의 극에서 자본주의적 상품생산의 모습으로 스스로를 드러내고, 처음부터 생산적 소비와 개인적 소비를 포괄한다. 생산적 소비와 거기에 포함된 가치증식은 다만 이 순환운동의 한 부분으로만 나타난다. 마지막으로, W′은 더 이상 어떠한 생산과정에도 들어갈 수 없는 사용형태로 존재할 수도 있기 때문에, 생산물 가운데 일부로 표현되는 W′의 여러 가치구성 부분은 W′……W′이 사회적 총자본의 운동형태로 간주되느냐 아니면 하나의 개별 산업자본의 독립적인 운동으로 간주되느냐에 따라, 각기 다른 지위를 가져야만 한다는 것이 처음부터 표시되어 있다. 이런 모든 특성에 의해 이 순환은 하나의 개별 자본의 개별적 순환으로서의 자신을 뛰어넘어 그 이상의 것을 나타낸다.

W′……W′에서는 상품자본〔즉 자본주의적으로 생산된 총생산물〕의 운동이 개별 자본의 독립적 순환의 전제로 나타날 뿐만 아니라 그 순환에

의해 제약되는 것으로도 나타난다. 그러므로 만약 이 형태의 특성을 올바로 파악하고자 한다면, 형태변화 W′—G′과 G—W가 한편으로는 자본의 형태변화에서 기능적으로 정해진 부분들이며, 다른 한편으로는 일반적 상품유통의 고리들이라는 사실만으로는 충분하지 않다. 이제는 거기에 더하여 한 개별 자본의 형태변화와 다른 개별 자본들의 형태변화, 그리고 총생산물 가운데 개인적 소비를 위한 부분 간의 상호관련을 명백히 하는 것이 필요하다. 그래서 우리는 개별 산업자본의 순환을 분석할 경우에는, 주로 형태 I과 형태 II에 기초하여 이를 수행한다.

순환 W′……W′이 하나의 개별 자본 형태로 나타나는 것은, 예를 들어 농업에서와 같이 수확을 기준으로 계산이 이루어지는 경우이다. 형태 II에서는 파종이 출발점이고, 형태 III에서는 수확이 출발점이다. 또는 중농주의자들의 말처럼, 형태 II는 선대에서 출발하고 형태 III은 회수에서 출발한다. III에서는 자본가치의 운동이 처음부터 일반적 생산물량의 운동 가운데 단지 일부로만 나타나지만, I과 II에서는 W′의 운동이 개별 자본 운동에서 단지 하나의 계기를 이룰 뿐이다.

M103 형태 III에서는 시장에 있는 상품이 생산 및 재생산 과정의 지속적인 전제를 이룬다. 따라서 이 형태에만 주의를 고정하면, 생산과정의 모든 요소가 상품유통에서 나온 것처럼 보이며, 단지 상품들로만 구성된 것처럼 보인다. 그러나 이런 일면적 파악은 생산과정의 여러 요소 가운데 상품요소가 아닌 요소들을 간과하게 된다.

W′……W′에서는 총생산물(총가치)이 출발점이기 때문에, (해외 무역을 제외한다면) 이 형태는, 생산성이 불변일 때도 확대재생산이 이루어질 수 있는 것은 단지 잉여생산물 가운데 자본화되는 부분이 이미 추가 생산자본의 소재적 요소들을 포함하는 경우뿐이라는 것을 보여준다. 즉 그것은 어떤 해의 생산이 다음 해의 생산의 전제로 사용될 경우〔또는 그것이 1년 내에 단순재생산 과정과 동시에 이루어질 수 있는 경우〕란 잉여생산물이 곧바로 추가자본으로 기능할 수 있는 형태로 생산되는 것임을 보여주

고 있다. 생산성 증가는 자본소재의 가치를 높이는 것이 아니라 자본소재의 양을 증가시킬 수 있을 뿐이다. 그러나 그것은 그렇게 함으로써 가치증식을 위한 추가적 소재를 형성한다.

W′……W′은 케네 경제표(tableau économique)의 기초인데, 그가 G……G′(중상주의가 오로지 매달렸던 바로 그 형태)에 반대하여 이 형태를 선택하고 P……P를 선택하지 않은 것은 그의 위대하고 정확한 분별력을 보여주는 부분이다.

제4장

순환과정의 세 가지 형태

M104 총유통과정을 Ck라고 한다면 세 가지 형태는 다음과 같은 방식으로 나타낼 수 있다.

I. G — W……P……W′……G′

II. P……Ck……P

III. Ck……P(W′)

이들 세 가지 형태를 총괄해 보면 과정의 모든 전제가 과정의 결과〔즉 과정 스스로가 만들어낸 전제〕로 나타난다. 모든 계기는 제각기 출발점, 통과점, 귀착점으로 나타난다. 총과정은 생산과정과 유통과정의 통일로 나타난다. 생산과정은 유통과정의 매개자가 되며 역으로 유통과정은 생산과정의 매개자가 된다.

이들 세 순환의 공통점은 자본의 증식이 정해진 목적〔즉 동력〕으로 작용한다는 점이다. 형태 I에서는 그것이 형태로 나타난다. 형태 II는 P, 즉 가치증식과정 그 자체에서 시작된다. 형태 III에서 순환은 — 비록 운동은 같은 규모로 반복되지만—증식된 가치에서 시작하여 새롭게 증식된 가치로 끝난다.

W—G가 구매자에게 G—W이고 G—W가 판매자에게 W—G인 한, 자본유통은 단지 일상적인 상품의 형태변화를 나타낼 뿐이고 상품의 형태변화와 관련된(제1권 제3장 제2절) 화폐유통량의 법칙도 여기에 그대로 적용된다. 그러나 만약 우리가 이런 형식적인 측면에 매달리지 않고 여러 개별 자본의 형태변화들 사이의 실질적인 관련을 고려한다면〔즉 사실상 개별 자본들의 순환의 연관을 사회적 총자본의 재생산과정 가운데 한 부분운동으로 고찰한다면〕 화폐와 상품의 단순한 형태전환으로부터 그런 관련을 설명할 수는 없을 것이다.

끊임없이 회전하고 있는 원에서는 모든 점이 출발점임과 동시에 회귀 M105
점이다. 그러나 회전을 중단시키면 모든 출발점은 회귀점이 될 수 없다. 그리하여 우리가 이미 보았듯이 모든 개별 순환은 다른 순환을 (암묵적으로) 전제할 뿐만 아니라 한 형태의 순환의 반복은 다른 형태의 순환을 포함한다. 이처럼 모든 차이는 단지 형식적인 것으로, 혹은 단지 관찰자에게만 존재하는 주관적 차이로 나타난다.

이들 각각의 순환이 여러 개별 산업자본이 취하는 운동의 특수한 형태로 간주되는 한, 이들 차이도 항상 개별적인 것으로만 존재한다. 그러나 현실에서는 모든 개별 산업자본이 세 순환형태 모두를 동시에 수행한다. 이들 세 순환, 즉 자본의 세 가지 모습의 재생산형태는 연속적으로 나란히 이루어진다. 예를 들어 지금 상품자본으로 기능하는 자본가치 가운데 일부는 화폐자본으로 전화하지만 동시에 다른 일부는 생산과정을 떠나서 새로운 상품자본으로 유통에 들어간다. 이처럼 W′……W′이라는 순환형태가 끊임없이 계속되고 다른 두 형태도 마찬가지이다. 어느 형태, 어느 단계에 있더라도 자본의 재생산은 이들 형태의 형태변화나 세 단계의 순차적인 통과와 마찬가지로 연속적이다. 따라서 여기에서는 총순환이 이들 세 형태의 현실적인 통일이다.

우리의 고찰에서, 자본가치는 총가치량이라는 측면에서 보면 그 전체가 화폐자본, 혹은 생산자본, 혹은 상품자본으로 나타난다고 상정되었다. 예를 들어 처음에는 422파운드스털링을 전부 화폐자본으로 가지고 있다가 그 다음에는 그것 전부를 생산자본으로 전화시키고 마지막에는 그것을 다시 상품자본으로, 즉 (78파운드스털링어치의 잉여가치를 포함하여) 500파운드스털링 가치의 면사로 전화시킨다고 가정하였다. 여기에서 각각의 단계는 그만큼의 중단을 가져온다. 예를 들어 이들 422파운드스털링이 화폐형태로 머무는 동안〔즉 구매 G—W(A+Pm)가 이루어질 때까지는〕 자본 전체는 단지 화폐자본으로만 존재하고 기능한다.

그것이 생산자본으로 전화되는 순간 그것은 화폐자본으로도, 상품자본으로도 기능하지 않는다. 즉 총유통과정은 중단된다. 마찬가지로 그것이 G나 W′으로 두 유통단계 가운데 한 군데에서 기능하는 순간 이번에는 총생산과정이 중단된다. 따라서 순환 P……P는 생산자본의 주기적인 갱신으로 나타날 뿐만 아니라, 또한 유통과정이 끝날 때까지 생산자본 기능의 중단〔즉 생산과정의 중단〕으로도 나타날 것이다. 생산은 연속적이 아니
M106 라 단속적으로 이루어질 것이고, 생산의 갱신은 유통과정의 두 단계가 빨리 완료되느냐 혹은 늦게 완료되느냐에 따라 그때그때 달라지는 일정 기간이 지나고서야 비로소 이루어질 것이다. 이런 경우는 예를 들어 자신의 고객을 위해서만 일하고 새로운 주문을 받을 때까지는 생산과정을 중단하는 중국의 수공업자에게 그대로 해당된다.

사실 이것은 운동 중인 자본의 모든 부분에 똑같이 해당되고 이들 모든 부분은 순차적으로 이 운동을 수행해나간다. 10,000파운드의 면사가 어떤 방적업자의 주간(週間) 생산물이라고 하자. 이 10,000파운드의 면사는 전부 생산영역을 떠나서 유통영역으로 들어간다. 이 면사에 포함된 자본가치는 모두 화폐자본으로 전화되어야 하고 그것이 화폐자본의 형태로 묶여 있는 동안 그것은 새로 생산과정에 들어갈 수 없다. 그 자본가치는 우선 유통에 들어가서 생산자본의 요소로, 즉 A+Pm으로 재전화되어야만

한다. 자본의 순환과정은 끊임없는 중단이며 한 단계를 지나 다음 단계로 들어가는 것, 그리고 한 형태를 버리고 다른 형태가 되는 것을 의미한다. 이들 각각의 단계는 다음 단계의 조건이 될 뿐만 아니라 또한 동시에 그것을 배제하기도 한다.

그러나 연속성은—늘 무조건 달성될 수 있는 것은 아니지만—자본주의적 생산의 특징이며 그 기술적 토대 때문에 필연적인 것이기도 하다. 그러면 실제 현실에서는 이것이 어떠한지 살펴보기로 하자. 예를 들어 10,000파운드의 면사가 상품자본으로 시장에 나타나서 화폐(지불수단이든 구매수단이든 혹은 단지 계산화폐이든 상관없이)로 전화되는 동안에는 새로운 면화, 석탄 등이 면사를 대신하여 생산과정에 들어가고 따라서 이들은 이미 화폐형태 및 상품형태에서 생산자본의 형태로 재전화되어 생산자본으로 기능을 시작한다. 첫 번째 10,000파운드의 면사가 화폐로 전화되는 바로 그 순간 그 이전의 10,000파운드 면사는 이미 유통의 두 번째 단계에 들어가서 화폐에서 생산자본의 여러 요소로 재전화된다. 자본의 모든 부분은 순차적으로 순환과정을 통과하고 순환과정의 여러 단계에 동시적으로 존재한다. 이처럼 산업자본은 그 순환의 연속성에 의해 순환의 모든 단계에 동시적으로 존재하고 그들 단계에 상응하는 다양한 기능형태를 취한다. 산업자본 가운데 처음으로 상품자본에서 화폐로 전화하는 부분은 순환 W′……W′을 개시하는 반면, 운동 중인 산업자본 전체는 순환 W′……W′을 통과한다. 한 손으로는 화폐를 선대하고 다른 한 손으로는 화폐를 받는 것이다. 어느 한 점에서 순환 G……G′의 개시는 동시 M107
에 다른 한 점에서 화폐의 회귀이다. 이는 생산자본에서도 마찬가지이다.

따라서 연속적으로 이루어지는 산업자본의 실제 순환은 유통과정과 생산과정의 통일일 뿐만 아니라 이들 세 순환 모두의 통일이기도 하다. 그러나 이것이 그런 통일이 될 수 있는 것은 단지 자본의 여러 부분이 순환의 순차적인 국면들을 연속적으로 통과할 수 있고, 하나의 국면과 하나의 기능형태에서 다음 국면과 다음 기능형태로 이행할 수 있으며, 따라서 이들 부분의 전체인 산업자본이 동시에 다양한 국면과 기능 속에 존재하여 세 순환 모두를 동시에 나타내는 한에서 그러하다. 여기에서 각 부분이 순차적으로 된다는 것은 그것들이 병존한다는 것〔즉 자본의 분할〕을 조건으로 한다. 예를 들어 분업화된 공장제도에서는 생산물이 끊임없이 그 형성과정의 여러 단계에 있으면서 하나의 생산국면에서 다음의 생산국면으로 이행한다. 개별 산업자본은 일정한 크기를 나타내며 이 크기는 자본가의 재력에 의해 결정되지만 동시에 각 산업부문별로 요구되는 최소 규모가 있기 때문에 자본의 분할에는 일정한 비율이 있게 마련이다. 이용 가능한 자본의 크기는 생산과정의 규모를 제약하고 이 규모는 상품자본과 화폐자본이 생산과정과 나란히 기능을 수행하는 한 상품자본과 화폐자본의 크기를 제약한다. 그러나 생산의 연속성을 위해 필요한 자본 부분들의 병존은 단지 자본의 여러 부분들이 순차적으로 여러 단계를 통과하는 운동에 의해서만 가능하다. 병존은 그 자체 순차성의 결과일 뿐이다. 예를 들어 한 부분에서 W′—G′이 정체되어 상품이 판매될 수 없다면 이 부분의 순환은 중단되고 이 부분의 생산수단에 의한 대체는 일어나지 않을 뿐만 아니라, 그 후 계속해서 생산과정에서 W′이 되어 나오는 부분들도 이들 선행자들 때문에 기능을 전환할 수 없게 된다. 이런 일이 일정 기간 동안 계속되면 생산이 제약되고 전체 과정은 중단될 것이다. 순차적인 과정에서의 모든 정체는 병존을 교란하고, 한 단계에서의 정체는 단지 정체된 자본 부분의 총순환뿐만 아니라 개별 자본 전체의 총순환에도 크고 작은 정체를 불러일으킨다.

과정을 나타내는 그 다음 형태는 각 국면이 연속적으로 이어지는 형태로 이루어지고 그러므로 자본이 하나의 새로운 국면으로 이행하기 위해서는 자본이 다른 한 국면을 떠나야 한다는 것을 전제로 한다. 따라서 모든 개별 순환은 자본의 여러 기능형태 가운데 하나를 출발점과 귀착점으로 삼는다. 다른 한편 총과정은 사실상 세 순환의 통일이며, 세 순환은 과
M108 정의 연속성을 나타내는 여러 형태들이다. 총순환은 자본의 기능형태별

로 각각 독자적인 순환으로 나타나고 이들 각각의 순환은 총과정의 연속성을 위해 반드시 필요하다. 한 기능형태의 순환은 다른 순환의 조건이다. 총생산과정이 곧 재생산과정이며, 따라서 재생산과정의 각 계기의 순환이기도 하다는 사실은 총생산과정(특히 사회적 자본)에 하나의 필요조건이다. 자본의 여러 분할 부분들은 순차적으로 여러 단계와 기능형태들을 통과해 간다. 그렇기 때문에 각 기능형태는, 그 형태로 존재하는 자본부분이 끊임없이 달라지긴 하지만, 다른 기능형태와 동시에 각자의 순환을 통과한다. 자본 가운데 일부(끊임없이 변화하는)는 끊임없이 재생산되고 상품자본으로 존재하다가 화폐로 전화한다. 또 다른 일부는 화폐자본으로 존재하고 이는 생산자본으로 전화한다. 그리고 세 번째 부분은 생산자본으로 존재하고 이는 상품자본으로 전화한다. 세 형태 모두가 계속 존재하는 것은 바로 이들 세 국면을 통과하는 총자본의 순환 때문이다.

그리하여 전체로서의 자본은 시간적으로나 공간적으로 함께 여러 국면에 존재한다. 그러나 각 부분은 끊임없이 순차적으로 하나의 국면, 하나의 기능형태에서 그 다음으로 이행하고 따라서 순차적으로 모든 국면에서 기능한다. 다시 말해 이들 형태는 유동적이며 그들의 동시성은 그것들의 계기적 관계(Nacheinander)에 의해 매개된다. 모든 형태는 다른 형태의 뒤를 따르면서 동시에 다른 형태에 선행한다. 그리하여 자본의 한 부분이 한 형태로 귀환하는 것은 자본의 다른 부분이 다른 형태로 귀환하는 것을 조건으로 한다. 모든 부분은 끊임없이 자신을 통과하면서 순환하지만 자신의 형태로 존재하는 것은 항상 자본의 다른 부분이고 이들 각각의 순환은 단지 총과정의 동시적이고 순차적인 계기를 이룰 뿐이다.

총과정의 연속성—위에서 서술한 중단이 아니라—은 세 순환의 통일을 통해서만 비로소 실현된다. 사회적 총자본은 항상 이런 연속성을 지니며 그 과정은 항상 세 순환의 통일을 나타낸다.

개별 자본에서는 재생산의 연속성이 가끔 중단된다. 첫째, 가치는 양적으로 종종 다른 시기에 다른 비율로 여러 단계와 기능형태에 배분된다. 둘째, 생산된 상품의 성질에 따라, 즉 자본이 투하되는 생산영역에 따라 이 배분 비율은 다를 수 있다. 셋째, 계절에 좌우되는 생산부문에서는 연속성
M109 이 종종 중단될 수 있다. 그것은 자연조건 때문인 경우도 있고(농업이나 청어잡이 등) 예를 들어 계절노동처럼, 관습적인 요인에 의한 것도 있다. 과정이 가장 규칙적이고 일관되게 진행되는 것은 공장과 광산업 부문이다. 그러나 이런 생산부문별 차이가 순환과정의 일반적 형태의 차이를 가져오는 것은 아니다.

자기증식하는 가치인 자본은 단지 계급관계〔즉 노동이 임노동으로 존재하는 데 근거한 특정 사회적 성격〕만 포함하는 것이 아니다. 그것은 하나의 운동으로서 여러 단계를 통과하는 순환과정이며, 이 과정은 순환과정의 서로 다른 세 가지 형태를 포함한다. 따라서 자본은 멈춰 있는 물적 존재가 아니라 단지 운동으로만 이해될 수 있다. 가치의 자립화를 단순한 추상으로 간주하는 사람들은 산업자본의 운동이 현실에서 바로 이 추상이라는 것을 잊고 있다. 여기에서 가치는 여러 형태와 여러 운동을 통과하면서, 이런 운동을 통해 자신을 유지하는 동시에 증식, 확대해나간다. 여기에서 우리는 일단 단순한 운동형태만 다루기 때문에 자본가치가 자신의 순환과정 속에서 겪을 수 있는 혁명은 고려하지 않는다. 그러나 분명한 것은 어떤 가치혁명이 있다 하더라도 자본가치가 증식되는 한〔즉 독립된 가치가 자신의 순환과정을 계속하는 한, 따라서 가치혁명이 어떤 방식으로든 극복되고 상쇄되는 한〕 자본주의적 생산은 존재하고 지속될 수 있다는 사실이다. 자본의 운동은 상품 및 노동의 구매자, 상품 판매자, 그리고 생산자본 소유자의 기능을 모두 수행하는〔따라서 자신의 행위를 통해 순환을 진행시키는〕 개별 산업자본가의 행위로 나타난다. 만약 사회적 자본가치가 가치혁명을 겪게 되면 개별 자본은 이 가치변화의 조건을 충족시킬 수 없기 때문에, 이 혁명에 굴복하여 몰락해버리는 일이 일어날 수 있다. 그러한 가치혁명이 점점 더 격렬하고 빈번해짐에 따라 자립화한 가치의 자동적인〔불가항력적인 자연과정의 힘으로 작용하는〕 운동은 개별 자

본가의 예상과 계산에 반하여 점점 더 위력을 발휘하고, 정상적인 생산의 진행은 점차 비정상적인 투기에 예속당하고 개별 자본의 생존은 더욱더 큰 위험에 빠지게 된다. 따라서 이런 주기적 가치혁명은 그것이 부정하는 것〔즉 가치가 자본으로서 자립적 존재를 획득하고 그 운동을 통해서 자립적 존재를 유지하고 강조한다는 사실〕을 확인시켜준다.

과정 중인 자본의 일련의 형태변화에는 순환을 통해서 발생하는 자본가치량의 변화와 원래 가치 간의 끊임없는 비교가 포함되어 있다. 가치를 M110 창출하는 힘〔노동력〕에 대한 가치의 자립화가 G—A(노동력 구매)라는 행위에 의해 시작되고 생산과정 동안에 노동력의 착취로 실현된다면 이런 가치의 자립화는 이 순환—여기에서는 화폐, 상품, 생산요소가 단지 과정 중인 자본가치의 형태만 바뀐 것일 뿐이고 자본의 과거 가치량은 현재의 변화된 가치량과 비교된다—속에서는 다시 나타나지 않는다.

베일리[†7]는 자본주의적 생산양식을 특징짓는 가치의 자립화를 몇몇 경제학자의 환상으로 취급하면서 거기에 반대하여 다음과 같이 말한다. "가치는 동시에 존재하는 상품들 사이의 관계이다. 왜냐하면 그런 것들만이 서로 교환될 수 있기 때문이다."

그가 이렇게 말한 것은 각각 다른 시기에 있는 상품가치들을 비교하는 것에 반대하기 때문인데, 이런 비교는, 각 시기에 대한 화폐가치를 고정할 경우, 서로 다른 시기에 같은 종류의 상품 생산에 필요한 노동지출을 비교하는 것일 뿐이다. 이런 반대는 그의 전반적인 오해에서 비롯된 것으로 그에 따르면 교환가치는 가치와 같고, 가치형태는 가치 그 자체이다. 즉 만약 상품가치가 사실상 교환가치로 기능하지 않고 그리하여 사실상 서로 교환될 수 없다면 상품가치들은 더 이상 비교될 수 없다는 것이다. 그는 가치가 자본가치〔또는 자본〕로 기능하기 위해서는 오로지 가치가 '동시적'으로가 아니라 순차적으로 가치순환의 여러 국면을 통해 자신과의 동일성을 유지하고 자신과 비교되어야만 한다는 것을 전혀 이해하지 못하고 있다.

순환정식을 순수한 형태로 고찰하기 위해서는 상품이 그냥 가치대로 팔린다는 가정만으로는 충분하지 않고 '다른 조건이 불변인 상태에서' 상품이 가치대로 팔린다고 가정해야만 한다. 예를 들어 P……P 형태를 살펴보기로 하고 여기에서 특정 자본가의 생산자본을 감가시킬 수 있는 생산과정 내부의 모든 기술혁신은 배제하기로 하자. 또한 생산자본의 가치 구성요소들의 변동이 기존 상품자본의 가치 — 이것은 상품자본의 재고에 따라 상승할 수도 하락할 수도 있다 — 에 미칠 수 있는 영향도 모두 무시하기로 하자. W′인 10,000파운드의 면사는 그 가치대로 500파운드스털링에 팔리고 422파운드스털링 가치의 8,440파운드 면사는 W′에 포함된 자본가치를 보전한다고 가정하자. 그러나 만약 면화, 석탄 등의 가치가 상승
M111 하면(여기에서는 단순한 가격변동은 무시하기 때문에) 422파운드스털링으로는 생산자본요소들을 전부 보전하기에 부족할 것이다. 그리하여 추가 화폐자본이 필요하게 되고 화폐자본은 묶이게 된다. 그들 요소의 가격이 하락할 경우에는 반대 현상이 나타나서 화폐자본은 묶여 있던 상태에서 풀려날(freigesetzt) 것이다. 과정이 완전한 정상상태로 진행되는 경우는 가치관계가 불변일 때뿐일 것이다. 그러나 그것도 실제로는 순환이 반복되는 동안 발생하는 여러 교란 요인들이 서로 상쇄되어야만 가능할 것이다. 교란이 크면 클수록 그것이 상쇄될 때까지 기다릴 수 있으려면 산업자본가는 점점 더 큰 화폐자본을 가지고 있어야 할 것이다. 그리고 자본주의적 생산이 진행됨에 따라 개별 생산과정의 규모가 확대되고 그에 따라 선대되어야 하는 자본의 최소 크기도 증대되기 때문에, 앞에서 언급한 조건에는 다른 여러 요인들이 부가되어 점차 산업자본가의 기능은 개별적인〔또는 결합된〕 거대 화폐자본가의 독점으로 전화될 것이다.

여기에서 주목해야 할 것은 만약 생산요소의 가치변동이 발생하면 한편으로는 G……G′ 형태와 다른 한편으로는 P……P′ 및 W′……W′ 형태

사이에 차이가 나타난다는 점이다.

새로 투하된 자본(처음에 화폐자본으로 등장하는)의 형태 G……G′에서는 원료, 보조재료 등과 같은 생산수단의 가치가 하락할 경우 일정 규모의 사업을 시작하기 위해 필요한 화폐자본의 투하액이 가치하락 이전보다 더 적어질 것이다. 왜냐하면 생산과정의 규모(생산력의 발전이 불변이라면)는 주어진 노동력 양으로 처리할 수 있는 생산수단의 양과 규모에 의해 결정되는 것이지, 이들 생산수단이나 노동력의 가치(노동력의 가치는 단지 가치증식의 크기에만 영향을 미친다)에 의해 결정되는 것은 아니기 때문이다. 역으로 만약 생산자본요소를 구성하는 상품들의 생산요소 가치가 상승할 경우 일정 규모의 사업을 개시하는 데는 이전보다 많은 화폐자본이 필요할 것이다. 어느 경우든 영향을 받는 것은 단지 새로 투하되는 화폐자본의 양뿐이다. 새로운 개별 산업자본의 증가가 주어진 생산부문에서 통상적인 방식으로 이루어진다면, 전자의 경우에는 화폐자본이 과잉상태로 될 것이고 후자의 경우에는 화폐자본이 묶이게 될 것이다.

P……P 및 W′……W′의 순환은, P와 W′의 운동이 동시에 축적인〔따라서 추가화폐 g가 화폐자본으로 전화될〕 경우에만, 자신을 G……G′으로 드러낸다. 이런 경우를 제외하곤 이들 두 순환이 생산자본요소들의 가치변동으로부터 받는 영향은 G……G′이 받는 영향과 다르다. 우리는 여기에서도 다시 그런 가치변동이 생산과정에 있는 자본의 구성 부분에 미치는 영향은 고려하지 않는다. 여기에서 직접 영향을 받는 것은 최초의 투 M112
자가 아니다. 영향을 받는 것은 이미 재생산과정에 있는 산업자본이지 최초의 순환에 있는 산업자본이 아니다. 즉 그것은 W′……W$\langle^{A}_{Pm}$ 이고 상품자본의 생산요소로의 재전화—상품자본이 상품으로 이루어져 있는 경우—이다. 가치〔혹은 가격〕가 하락한다면 세 가지 경우가 있을 수 있다. 우선 재생산과정이 동일한 규모로 계속될 경우이다. 이때는 기존의 화폐자본 가운데 일부가 유리되어 화폐자본의 증가가 이루어지지만, 실질적인 축적〔확대재생산〕이나 그런 축적을 시작하고 동반하는 g(잉여가치)의 축적기금으로의 전화는 일어나지 않는다. 다음으로 기술적 조건이 허락할 경우인데 이때 재생산과정의 규모는 그렇지 않은 경우보다 더 확대된다. 마지막으로 원료 등의 재고 형성이 증가하는 경우가 있을 수 있다.

상품자본을 대체하는 요소들의 가치가 상승하면 이와 반대 현상이 일어난다. 이 경우에는 재생산이 더 이상 정상적인 규모로 이루어지지 않는다(예를 들면 작업시간이 단축된다). 그렇지 않으면 재생산을 이전 규모로 계속하기 위해서 화폐자본이 추가로 들어와야만 한다(화폐자본의 결박). 혹은 축적기금이 이미 마련되어 있는 경우에는 그것의 전부 혹은 일부가 재생산과정의 확장을 위해서가 아니라 재생산과정을 이전 규모로 영위하기 위해서 투하된다. 이 경우에도 추가 화폐자본이 외부〔즉 화폐시장〕에서 오는 것이 아니라 산업자본가 자신의 재력에서 나온다면 그것은 화폐자본의 결박이 된다.

그러나 P……P와 W′……W′에서는 사정이 달라질 수 있다. 예를 들어 만약 방적업자가 많은 양의 면화 재고를〔즉 자신의 생산자본 가운데 많은 부분을 면화 재고 형태로〕 가지고 있다면 면화 가격이 하락할 경우 그의 생산자본 가운데 일부가 감가될 것이다. 반대로 면화 가격이 상승하면 그의 생산자본 가운데 이 부분의 가치가 상승할 것이다. 한편 만약 그가 많은 양을 상품자본(예를 들어 면사)의 형태로 고정시켜두었다면 면화 가격이 하락할 경우 그의 상품자본〔즉 순환 중인 그의 자본 일반〕 가운데 일부가 감가될 것이다. 가격이 상승할 경우에는 반대 현상이 나타날 것이다. 마지막으로 $W'—G—W\langle^{A}_{Pm}$ 이라는 과정에서 만약 상품자본의 실현인 W′……G가 W 요소의 가치변동 이전에 수행된다면 자본은 단지 첫 번째 경우에 고찰한 방식으로, 즉 유통의 두 번째 행위 $G—W\langle^{A}_{Pm}$ 에서만 영향을 받을 것이다. 그러나 W′—G가 수행되기 전에 가치변동이 일어난다면 다른 조건이 변화하지 않는 한, 면화 가격의 하락은 그에 상응하는 면사
M113 가격의 하락을 초래하고 반대로 면화의 가격상승은 면사의 가격상승을 야기할 것이다. 같은 생산부문에 투하된 여러 개별 자본에 대한 영향은 그

것들 각자가 처해 있는 상황에 따라 상당히 달라질 수 있다. 또한 화폐자본이 묶이거나 풀려나는 것은 유통과정 기간의 차이〔따라서 유통속도의 차이〕로부터도 발생할 수 있다. 그러나 이것은 회전과 관련된 논의영역에 속한다. 여기에서 우리가 관심을 기울이는 부분은 단지 생산자본요소의 가치변동과 관련하여 G—G′과 순환과정의 다른 두 가지 형태 사이에 나타나는 실제 차이에 대한 것뿐이다.

자본주의적 생산양식이 이미 충분히 발전한〔따라서 지배적인〕 시기에는, 유통단계 $G—W\langle^{A}_{Pm}$ 에서 Pm(생산수단)을 구성하는 상품 가운데 많은 부분이 다른 사람의 상품자본으로 기능한다. 따라서 판매자의 입장에서 보면 W′—G′, 즉 상품자본의 화폐자본으로의 전화가 발생한다. 그러나 이것은 반드시 그렇지는 않다. 사실은 그 반대이다. 산업자본이 화폐 혹은 상품으로 기능하는 유통과정 내부에서 산업자본의 순환은 화폐자본으로든 상품자본으로든 매우 다양한 사회적 생산양식—그것들이 상품을 생산하고 있을 경우—의 상품유통과 교차한다. 상품이 노예제에 기초한 생산의 생산물이든 혹은 농민(중국 농민, 인도의 라이오트)의 생산물이든 혹은 공동체(네덜란드령 동인도)의 생산물이든 혹은 국영생산(러시아 역사 초기에 있었던 농노제에 기초한 것과 같은)의 생산물이든 혹은 반야만적인 수렵민족의 생산물이든 그것과는 상관없이 이들 상품은 산업자본을 나타내는 화폐와 상품에 대하여 역시 상품과 화폐로 대면하고, 산업자본의 순환은 물론 상품자본에 포함된 잉여가치의 순환에도—이 잉여가치가 수입으로 지출될 경우—들어간다. 즉 그것들은 상품자본의 두 유통영역 모두에 들어간다. 상품이 만들어진 생산과정의 성격은 여기에서 중요하지 않다. 그것들은 시장에서 상품으로 기능하고, 또한 상품으로서 산업자본의 순환은 물론 산업자본에 포함된 잉여가치의 유통에도 들어간다. 따라서 산업자본의 유통과정을 특징짓는 것은 상품이 모든 곳에서 쏟아져 나오는 것, 즉 시장이 세계시장으로 되는 것이다. 외국 상품에 적용되는 것은 외국 화폐에도 똑같이 적용된다. 상품자본이 외국 화폐에 대하여 단지 상품으로만 기능하는 것처럼 이 외국의 화폐도 상품자본에 대하여 단지 화폐로만 기능한다. 여기에서 화폐는 세계화폐로 기능한다.

그러나 여기에서 두 가지 점에 유의해야만 한다.

M114 첫째, G — Pm 행위가 끝나고 나면 상품(Pm)은 이제 상품이 아니라 산업자본의 존재양식 가운데 하나인 생산자본 P의 기능형태를 갖는다. 그러나 그렇게 되는 순간 상품의 출처는 사라져버린다. 상품은 단지 산업자본의 존재형태로만 존재하고 산업자본에 합체되어 있다. 그러나 그것을 보전하기 위해서는 그것의 재생산이 필요하다는 사실에는 변함이 없으며, 그런 점에서 자본주의적 생산양식에는 그 발전단계의 외부에 있는 여러 생산양식이 필요하다. 그러나 모든 생산을 가능한 한 상품생산으로 변화시키는 것이 자본주의적 생산양식의 경향이다. 이를 위한 주요 수단은 바로 모든 생산을 이와 같이 자본주의적 유통과정에 끌어들이는 것이다. 그리고 발전된 상품생산이야말로 자본주의적 상품생산이다. 산업자본의 침입은 모든 곳에서 이런 전화를 촉진하고 그와 함께 모든 직접적 생산자의 임노동자로의 전화도 촉진한다.

둘째, 산업자본의 유통과정에 들어가는 상품(가변자본이 노동자에게 지불된 후 노동력의 재생산을 위해 전환되는 필요생활수단도 포함하여)은 그 출처〔즉 그것이 나온 생산과정의 사회적 형태〕가 어디든 산업자본 그 자체에 대해 이미 상품자본〔상품거래자본 혹은 상인자본〕의 형태로 대립한다. 그리고 이 상품자본은 그 본질에 따라 모든 생산양식의 상품을 포함한다.

자본주의적 생산양식은 대규모 생산뿐만 아니라 필연적으로 대규모 판매〔즉 개별 소비자에 대한 판매가 아니라 상인에 대한 판매〕도 전제한다. 이 소비자 자신이 생산적 소비자〔즉 산업자본가〕인 경우, 즉 한 생산부문의 산업자본이 다른 부문의 생산수단을 공급하는 경우, 한 산업자본가로부터 많은 다른 산업자본가로의 직접 판매(주문 등의 형태로)도 이루어진다. 그런 점에서 모든 산업자본가는 직접적 판매자이고 자신의 상인이기도 하다. 이것은 그가 상인에게 판매할 경우에도 역시 해당된다.

상인자본의 기능인 상품거래는 자본주의적 생산의 전제이고 자본주의적 생산의 발전과 함께 발전해나간다. 따라서 우리는 때때로 자본주의적 유통과정의 한 측면을 설명하기 위해 상품거래의 존재를 주어진 것으로 가정한다. 그러나 이 유통과정의 일반적인 분석에서는 상인의 개입이 없는 직접 판매를 가정한다. 왜냐하면 상인의 개입은 운동의 여러 계기를 은폐해버리기 때문이다.

이 문제를 다소 소박하게 서술하고 있는 시스몽디의 말을 들어보자.

> 상업은 상당액의 자본을 사용하는데 이 자본은 얼핏 보기에 우리가 그 운동을 서술해왔던 자본의 구성 부분은 아닌 것처럼 보인다. 직물상인의 창고에 쌓인 직물의 가치는 처음에는 연간 생산물 가운데 부자가 일을 시 M115
> 키기 위해 가난한 사람에게 임금으로 주는 부분과 아무 관련이 없는 것처럼 보인다. 그러나 이 자본은 우리가 이제까지 언급한 다른 자본을 대신한 것에 불과하다. 부(富)의 발전을 명확하게 이해하기 위해 우리는 부가 만들어지는 과정에서 소비되는 과정까지를 모두 추적하였다. 거기에서 예를 들어 직물 제조에 사용된 자본은 늘 똑같은 것처럼 보였다. 소비자의 수입과 교환되면서 그것은 단지 두 부분으로만 나누어졌다. 한 부분은 수익이 되어 제조업자의 수입으로 기능하고, 다른 한 부분은 임금이 되어 새로운 직물을 제조하는 노동자의 수입으로 기능하였다.
>
> 그러나 이 자본 가운데 여러 부분이 서로 대체되는 편이〔또한 제조업자와 소비자 사이의 전체 유통에 100,000에퀴(écu: 옛날 화폐 이름 — 옮긴이)가 필요할 경우 이것을 제조업자, 도매상인 그리고 소매상인들 간에 균등하게 나누는 편이〕 모두에게 이익이라는 것이 금방 드러났다. 그리하여 제조업자는 이 자본 가운데 단지 $\frac{1}{3}$ 만으로 그가 전체 자본을 가지고 했던 것과 같은 일을 하게 되었다. 왜냐하면 그는 제조를 완료하자마자 이전에 소비자를 발견했던 것보다 훨씬 빨리 구매자인 상인을 발견할 수 있었기 때

문이다. 한편 도매상인의 자본도 소매상인의 자본에 의해 훨씬 빨리 보전되었다. …… 선대된 임금액과 최종 소비자의 구매가격 사이의 차액은 자본의 이윤이 되어야 했다. 제조업자, 도매상인, 소매상인이 각자 기능을 분담하게 되면서 이 이윤은 그들 사이에 분배되었다. 그리고 비록 한 사람과 하나의 자본이 아니라 세 사람과 세 개의 자본이 필요하긴 했지만, 수행된 작업은 동일한 것이었다.(『신경제학 원리』, 제1권, 139~140쪽)—그들(상인들)은 모두 간접적으로 생산에 참여하였다. 왜냐하면 생산은 소비를 목적으로 하기 때문에 생산물이 소비자의 손이 닿을 수 있는 곳에 옮겨지기 전까지는 생산이 완료된 것으로 간주할 수 없기 때문이다.(같은 책, 137쪽)

M116 우리는 순환의 일반적 형태를 고찰하면서〔그리고 제2권 전체에 걸쳐서〕 화폐를 금속화폐로 간주하고 상징화폐〔즉 특정 국가에서 특별한 목적을 위해 만든 단순한 가치 표지〕와 아직 덜 발달된 신용화폐는 제외하기로 한다. 첫째, 그것이 역사적 진행과정에 맞다. 신용화폐는 자본주의 생산의 초기에는 아주 사소한 역할만 수행하거나 혹은 아무런 역할도 하지 못하였다. 둘째, 이런 역사적 진행과정의 필연성은 다음과 같은 사실에 의하여 이론적으로도 입증된다. 즉 이제까지 투크(T. Tooke) 등이 이야기해 온 신용화폐의 유통에 관한 모든 비판적 설명은 단순한 금속유통의 조건에서는 모든 문제가 어떻게 나타날 것인지로 논의를 계속 환원했던 것이다. 그러나 결코 잊어서는 안 되는 사실은 금속화폐가 구매수단과 지불수단 모두로 기능할 수 있다는 점이다. 논의를 단순화하기 위해 우리는 여기 제2권에서는 화폐가 단지 첫 번째 기능형태로만 존재한다고 간주하고자 한다.

산업자본의 개별 순환과정 가운데 단지 일부를 이룰 뿐인 유통과정은, 그것이 일반적 상품유통 내에서 일련의 과정만을 나타낼 경우, 앞서(제1권 제3장) 논의한 일반법칙에 의해 규정된다. 예를 들어 500파운드스털링이라는 동일한 화폐량에서도 화폐의 유통속도가 빠르면 빠를수록〔즉 각각의 개별 자본이 상품형태변화나 화폐형태변화의 각 단계를 보다 빨리 통과하면 할수록〕 순차적으로 통과하는 산업자본〔또는 상품자본의 형태로 존재하는 개별 자본〕의 양은 더 많아진다. 따라서 화폐가 지불수단으로 기능하는 일이 많으면 많을수록, 예를 들어 상품자본을 그 생산수단으로 대체할 때 단지 차액만을 지불하는 일이 많으면 많을수록, 또한 예를 들어 임금의 지불에서 지불일과 지불일 사이의 간격이 짧으면 짧을수록, 같은 양의 자본가치가 유통을 위해 요구하는 화폐량은 더 적어진다. 다른 한편 유통속도와 다른 모든 조건이 불변이라고 가정하면 화폐자본으로 유통하는 데 필요한 화폐량은 상품의 가격총액(상품량×가격)에 의해 결정되고 상품량과 가치가 주어질 경우에는 화폐 그 자체의 가치에 의해 결정된다.

그러나 일반적인 상품유통의 법칙은 자본의 유통과정이 일련의 단순 M117
유통행위들로 이루어진 경우에만 적용되며, 그것들이 개별 산업자본 순환의 기능적인 여러 단계들로 이루어진 경우에는 적용되지 않는다.

이것을 명확히 하기 위해서는 유통과정을 다음의 두 형태에서 나타난 것처럼 중단되지 않는 연관관계로 고찰하는 것이 가장 좋다.

$$\text{II)}\ P\cdots\cdots W'\left(\begin{array}{l} W\ —\\ \quad —\ G'\\ w\ —\end{array}\right)\begin{array}{l} G\ —\ W\left\langle\begin{array}{l}A\\ Pm\end{array}\right.\cdots\cdots P(P')\\ \\ g\ —\ w\end{array}$$

$$\text{III)}\ W'\left(\begin{array}{l} W\ —\\ \quad —\ G'\\ w\ —\end{array}\right)\begin{array}{l} G\ —\ W\left\langle\begin{array}{l}A\\ Pm\end{array}\right.\cdots\cdots P\cdots\cdots W'\\ \\ g\ —\ w\end{array}$$

일련의 유통행위로 이루어진 유통과정(그것이 W—G—W의 형태이든 아니면 G—W—G의 형태이든)은 단지 일련의 상품형태변화가 서로 마주 보고 있는 것일 뿐이다. 이들 각각의 상품형태변화는 다시 타인의 상품〔또는 상품과 마주 선 타인의 화폐〕 쪽에서 이루어지는 반대 방향의 형태변화를 포함한다.

상품소유자 쪽에서 W—G는 상품구매자 쪽에서 G—W이다. W—G에서 상품의 첫 번째 형태변화는 G로 등장하는 상품의 두 번째 형태변화이다. G—W에서는 그것이 반대이다. 따라서 한 단계에 있는 특정 상품의 형태변화와 다른 단계에 있는 다른 상품의 형태변화가 착종하는 것에 관한 이야기는 자본가가 상품의 구매자 및 판매자로 기능하는 한〔따라서 그의 자본이 타인의 상품에 대해서는 화폐로 기능하고 타인의 화폐에 대해서는 상품으로 기능하는 한〕 자본유통에도 그대로 적용된다. 그러나 이러한 착종이 자본의 형태변화의 착종과 동일한 것은 아니다.

첫째, 우리가 본 것처럼 G—W(Pm)은 여러 개별 자본의 형태변화의 착종을 나타낼 수 있다. 예를 들어 방적업자의 상품자본인 면사는 석탄에 의해 부분적으로 대체된다. 방적업자의 자본 가운데 일부는 화폐형태로 존재하다가 그로부터 상품형태로 전화하는 반면 자본주의적 석탄 생산자의 자본은 상품형태로 존재하다가 화폐형태로 전화된다. 똑같은 유통행위가 이 경우에는 두 산업자본(생산부문이 서로 다른)의 반대 방향의 형태변화—따라서 이들 자본의 일련의 형태변화의 착종—를 나타낸다.
M118 그러나 우리가 이미 본 것처럼 G가 전화되는 Pm은 범주적인 의미에서의 상품자본〔즉 산업자본의 기능형태, 다시 말해 자본가가 생산한 것〕일 필요가 없다. 이것은 항상 한편에서는 G—W이고 다른 한편에서는 W—G이지만 언제나 여러 자본의 형태변화의 착종은 결코 아니다. 또한 노동력의 구매인 G—A는 결코 여러 자본의 형태변화의 착종이 아니다. 왜냐하면 노동력은 노동자의 상품이기는 하지만 자본가에게 팔리고 나서야 비로소 자본이 되기 때문이다. 다른 한편 W′—G′에서는 G′이 상품자본의

전화된 형태일 필요가 없다. 이것은 노동력이라는 상품이 화폐화한 것〔임금〕일 수도 있고 혹은 독립적인 노동자나 노예, 혹은 농노나 공동체의 생산물이 화폐화한 것일 수도 있다.

둘째, 한 개별 자본의 유통과정 내부에서 이루어지는 각 형태변화가 수행하는 역할(기능적으로 규정된)에 대해서는, 그들 형태변화가 — 세계시장의 총생산이 자본주의적으로 수행된다는 것을 전제로 하여 — 다른 자본의 순환에서 그것들에 대응하는 반대 방향의 형태변화를 나타낸다고는 결코 말할 수 없다. 예를 들어 순환 P……P에서 W′을 화폐로 전화시키는 G′은 구매자에게는 단지 그의 잉여가치의 화폐화에 불과한 것일 수도 있다(상품이 소비재인 경우). 혹은 $G' \cdots\cdots W' \left\langle {A \atop Pm} \right.$ (자본이 축적되어 투입되는 경우)에서는 Pm의 판매자에게 G′은 단지 그의 선대자본의 보전을 위해 들어가는 것일 수도 있으며 혹은 G′이 나누어져 수입의 지출로 사용되는 경우 그의 자본유통에는 다시 들어가지 않을 수도 있다.

따라서 사회적 총자본(개별 자본들이 제각기 독립적으로 기능하는 구성 부분으로 되어 있는)의 각 구성 부분들이 — 잉여가치뿐만 아니라 자본에 대해서도 — 어떻게 유통과정에서 상호 보전되는지는 자본유통과정이나 다른 모든 상품유통에 공통적으로 나타나는 착종〔상품유통에서 단순한 형태변화들의 착종〕을 통해서는 알 수 없고 별도의 연구방법이 필요하다. 좀더 면밀히 분석해보면, 지금까지 사람들은 모든 상품유통에서 나타나는 형태변화의 착종에서 빌려온 불명확한 생각 외에는 아무것도 내포하지 않은 문구에 만족해왔다.

—

산업자본 순환과정〔또한 자본주의적 생산〕의 두드러진 특성 가운데 하나는, 한편으로 생산자본의 형성요소가 상품시장에서 빠져나와 끊임없이 갱신되고 상품으로 구매되어야 하고, 다른 한편으로 노동과정의 생산물

M119 이 노동과정에서 상품으로 빠져나와 끊임없이 상품으로 판매되어야 한다는 사실이다. 예를 들어 저지(低地) 스코틀랜드의 근대적 차지농업가를 대륙의 구식 소농과 비교해보자. 전자는 자신의 생산물 모두를 판매하고 따라서 생산물의 모든 요소를(심지어 종자까지도) 시장에서 보전해야 하지만, 후자는 자신의 생산물 대부분을 직접 소비하고 가능한 한 매매를 적게 하고 작업도구나 의류까지도 가능한 한 스스로 만든다.

이런 점에 근거하여 현물경제, 화폐경제, 신용경제는 지금까지 사회적 생산의 대표적인 세 가지 경제적 운동형태로 대비되어왔다.

그러나 첫째, 이들 세 가지 형태는 대등한 발전국면을 나타내는 것이 아니다. 이른바 신용경제는 화폐경제의 한 형태일 뿐이다. 왜냐하면 이들 두 용어는 생산자들 사이의 교환기능(Verkehrsfunktion) 혹은 교환양식(Verkehrsweise)을 표현하는 것이기 때문이다. 발전된 자본주의적 생산에서 화폐경제는 신용경제의 기초로 나타날 뿐이다. 따라서 화폐경제와 신용경제는 자본주의적 생산의 서로 다른 발전단계에 대응하는 것일 뿐, 결코 현물경제와 대비되는 별도의 교환형태(Verkehrsform)가 아니다. 만약 그렇다면 동일한 논리로 현물경제의 매우 다양한 형태들도 다른 두 개와 대등한 것으로 대비할 수 있을 것이다.

둘째, 화폐경제와 신용경제라는 범주에서 강조되고 구별의 지표로 제기되는 것은 경제〔즉 생산과정 그 자체〕가 아니라 경제에 상응하는 교환양식(다양한 생산담당자 혹은 생산자들 간의)이기 때문에 첫 번째 범주에도 같은 기준이 적용되어야 한다〔다시 말해서 현물경제가 아니라 교환경제가 되어야 한다〕. 페루의 잉카제국†8과 같이 완전히 폐쇄된 현물경제는 이들 범주의 어디에도 속하지 않을 것이다.

셋째, 화폐경제는 모든 상품생산에 공통된 것이고 또한 생산물은 매우 다양한 사회적 생산조직체 내에서 상품으로 나타난다. 따라서 자본주의적 생산을 특징짓는 것은 단지 생산물이 거래물품(상품)으로 생산되는 수준, 따라서 생산물의 형성요소가 생산물이 만들어진 경제에 다시 거래물품(상품)으로 들어가야 하는 수준뿐일 것이다.

사실 자본주의적 생산은 생산의 일반적 형태가 상품생산인 생산이다. 그러나 그것이 그렇게 되는 것은〔그리고 발전함에 따라 차츰 더 그렇게 되는 것은〕 단지 노동 자체가 여기에서는 상품으로 나타나기 때문에, 즉 M120
노동자가 자신의 노동〔자신의 노동력 기능〕을 팔기(우리가 가정한 바와 같이 재생산비에 의해 정해진 가치로) 때문이다. 노동이 임노동이 되는 수준에 따라 생산자는 산업자본가가 된다. 그런 점에서 자본주의적 생산〔따라서 또한 상품생산〕은 농촌의 직접생산자가 임노동자로 될 때에야 비로소 그 완전한 수준에 이르게 된다. 자본가와 임노동자의 관계에서 화폐관계〔즉 구매자와 판매자 사이의 관계〕는 생산 그 자체에 내재하는 관계가 된다. 그러나 이 관계는 생산의 사회적 성격에 기초한 것이지 교환양식의 사회적 성격에 기초한 것이 아니다. 사실은 거꾸로 후자가 전자로부터 나온다. 생산양식의 성격을 통해서 거기에 상응하는 교환양식의 토대를 보지 않고 그것을 반대 방향으로 보는 것은 장삿속으로 가득 찬 부르주아적 사고방식 때문이다.[7)]

—

자본가는 유통에서 끌어내는 것보다 더 작은 가치를 화폐형태로 유통에 투입한다. 그것은 그가 유통에서 끌어낸 것보다 더 큰 가치를 상품형태로 유통에 투입하기 때문이다. 그는 단지 자본의 인격체〔산업자본가〕로만 기능하기 때문에 그의 상품가치 공급은 항상 상품가치에 대한 그의 수요보다 크다. 이런 점에서 만약 그의 공급과 수요가 일치했다면 그것은 그의 자본이 증식하지 못했다는 것, 즉 그것이 생산자본으로 기능하지 못했

7) 여기까지는 제5고. 이 장의 끝부분까지는 1877년〔혹은 1878년〕의 노트에 기록된 여러 저서의 발췌문 가운데 들어 있는 각주이다.

으며 생산자본이 잉여가치를 갖지 못한 상품자본으로 전화되었다는 것을 의미할 것이다. 즉 그것은 이 자본이 생산과정에서 노동력으로부터 상품 형태의 잉여가치를 끌어내지 못했다는 것, 따라서 자본으로 전혀 기능하지 못했다는 것을 의미할 것이다. 실제로 자본가는 '그가 산 것보다 더 비싸게 팔아야만' 한다. 그러나 그럴 수 있으려면, 그는 자본주의적 생산과정을 통해 그가 사들인 더 저렴한(가치가 더 작기 때문이다) 상품을 가치가 더 큰(즉 더 비싼) 상품으로 전화시켜야만 한다. 그가 더 비싸게 팔 수 있는 것은 자신의 상품을 가치 이상으로 팔았기 때문이 아니라, 그 상품의 생산요소의 가치 총액보다 더 큰 가치의 상품을 팔았기 때문이다.

자본가가 그의 자본을 증식하는 비율은 그의 수요와 공급 간 격차가 크면 클수록, 즉 그가 수요하는 상품가치에 비해 그가 공급하는 상품가치가
M121 크면 클수록 더 커진다. 그의 목적은 자신의 수요와 공급을 일치시키는 것이 아니라, 가능한 한 그들 사이의 격차를 늘리는 것〔즉 그의 공급이 수요를 초과하도록 하는 것〕이다.

이는 개별 자본가뿐만 아니라 자본가계급 전체에도 똑같이 해당된다.

자본가가 단지 산업자본의 인격체일 뿐이라는 점에서 자본가 자신의 수요는 생산수단과 노동력에만 국한된다. 가치의 측면에서 보면 Pm에 대한 그의 수요는 선대자본보다 작다. 그가 구매하는 생산수단의 가치는 그의 자본가치보다 작으며 따라서 그것은 그가 공급하는 상품자본의 가치보다는 훨씬 작다.

노동력에 대한 그의 수요는 가치의 측면에서 볼 때 그의 총자본에 대한 가변자본의 비율, 즉 v : C에 의해 결정된다. 따라서 자본주의적 생산에서 노동력에 대한 수요는 그 비율에서 생산수단에 대한 수요보다 계속 작아진다. 자본가의 Pm에 대한 구매는 A에 대한 구매보다 계속해서 더 증대된다.

노동자는 자신의 임금을 거의 모두 생활수단〔그것도 대부분 생활필수품〕으로 전환시키기 때문에 노동력에 대한 자본가의 수요는 또한 간접적

으로 노동자계급의 소비에 들어가는 소비수단의 수요이기도 하다. 그러나 이 수요는 v와 같으며 그것보다 조금도 크지 않다(만약 노동자가 자신의 임금 가운데 일부를 저축한다면—여기에서 모든 신용관계는 당연히 고려되지 않는다—그것은 그가 자신의 임금 가운데 일부를 축장화폐로 전화시키고 그만큼 수요자(구매자)로 기능하지 않는다는 것을 의미한다). 자본가 수요의 최대치는 C=c+v이지만 그의 공급은 c+v+m이다. 따라서 만약 그의 상품자본 구성이 80c+20v+20m이라면 그의 수요는 80c+20v이다. 즉 가치의 관점에서 보면 그의 수요는 그의 공급보다 $\frac{1}{5}$ 만큼 작다. 그가 생산한 m의 양의 백분율(이윤율)이 크면 클수록 그의 공급에 비해 그의 수요는 더욱 작아진다. 생산이 계속 발전함에 따라 노동력〔따라서 간접적으로는 생활필수품)에 대한 자본가의 수요는 생산수단에 대한 자본가의 수요에 비해 점차 감소하지만, 다른 한편으로 매일 계산해보면 Pm에 대한 그의 수요가 그의 자본보다 항상 작다는 점을 결코 잊어서는 안 된다. 다시 말해서 생산수단에 대한 그의 수요는 동일한 액수의 자본을 가지고 동일한 조건으로 노동하면서 그에게 생산수단을 공급하는 자본가의 상품생산물보다 언제나 그 가치가 작아야만 한다. 이러한 자본가가 한 명이 아니라 많다고 해서 이런 사실이 변화되는 것은 결코 아니다. 그의 자본이 1,000파운드스털링이고 그중 불변자본이 800파운드스털링이라고 하자. 그러면 자본가 전체에 대한 그의 수요는 800파운드스털링이다. 자 M122
본가 전체는 이윤율이 불변일 때 1,000파운드스털링당(그중 얼마만큼이 각 개별 자본가에게 돌아가든, 그리고 각각의 양이 각 자본가의 총자본 가운데 차지하는 비율이 얼마이든 상관없이) 합계 1,200파운드스털링 가치의 생산수단을 공급한다. 따라서 가치량에서 보면 그의 수요는 그들의 공급에서 $\frac{2}{3}$ 만 충족하는 반면, 그 자신의 총수요는 자신의 공급에서 단지 $\frac{4}{5}$ 에 불과하다.

이제 계속해서 회전을 고찰해보기로 하자. 그의 총자본이 5,000파운드스털링이고 그 가운데 4,000파운드스털링이 고정자본이며 1,000파운드스털링이 유동자본이라고 하자. 앞의 가정에 따르면 이 1,000파운드스털링은 800c+200v로 이루어져 있다. 그의 총자본이 1년에 1회전하기 위해서 그의 유동자본은 1년에 5회전해야만 한다. 그러면 그의 상품생산물은 6,000파운드스털링이 되어 그의 선대자본보다 1,000파운드스털링 더 많아지고 따라서 잉여가치의 비율도 앞의 경우와 똑같게 된다.

5,000C : 1,000m=100(c+v) : 20m. 그러므로 이 회전은 그의 총공급에 대한 총수요의 비율을 전혀 변화시키지 않는다. 그의 총수요는 그의 총공급보다 $\frac{1}{5}$ 만큼 더 작다.

자본가의 고정자본이 10년마다 갱신된다고 가정하자. 그러면 그는 매년 $\frac{1}{10}$, 즉 400파운드스털링을 상각(償却)해나간다. 따라서 그는 고정자본으로 3,600파운드스털링의 가치만을 갖고 나머지 400파운드스털링은 화폐로 갖는다. 만약 수리가 필요하고 그 수리가 평균 수준을 초과하지 않는다면 그것은 단지 나중에 추가로 이루어지는 자본투하나 마찬가지이다. 우리는 이 문제를 다음과 같이 볼 수 있다. 즉 그가 자신의 투하자본가치를 평가하면서 수리비용을 똑같이 계산에 넣는다면(투하자본이 연간 상품생산물에 투입될 경우) 수리비는 $\frac{1}{10}$ 의 감가상각비 형태로 거기에 포함되는 것이다(만약 실제 필요한 수리가 평균보다 적다면 그만큼의 화폐는 그에게 이익이 될 것이고 평균 이상이면 반대로 손해가 될 것이다. 그러나 이것은 동일한 산업부문에 종사하는 자본가계급 전체에서는 서로 상쇄될 것이다). 어쨌든 비록 그의 총자본 회전이 연 1회라서 연간 수요가 항상 5,000파운드스털링(=그가 선대한 최초의 자본가치)이라 하더라도 이 수요는 자본의 유동 부분에 비해서는 증가해가는 반면 그 고정 부분에 비해서는 끊임없이 감소해간다.

이제 재생산 문제로 넘어가자. 자본가가 잉여가치 g를 전부 소비하고 최초의 자본량 C만 다시 생산자본으로 전환한다고 하자. 그러면 가치량에서 자본가의 수요는 그의 공급과 동일하다. 그러나 자본의 운동에서는 그렇지 않다. 그는 자본가로서 자신의 공급 가운데 $\frac{4}{5}$ 만(가치량에서) 수

요로 사용한다. 그는 비(非)자본가로서(즉 자본가로서의 기능을 통해서가 M123
아니라 개인적 필요나 향락을 위해) $\frac{1}{5}$ 을 소비한다.

그의 계산을 백분율로 표시하면 다음과 같다.

자본가로서의	수요=100,	공급=120
향락가로서의	수요= 20,	공급= —
총계	수요=120,	공급=120

이러한 전제는 자본주의적 생산이 존재하지 않고 따라서 산업자본 자체가 존재하지 않는다는 전제와 똑같다. 왜냐하면 그것은 추동력으로 작용하는 것이 부의 증식 그 자체가 아니라 향락이라고 전제함으로써 자본주의적 토대를 이미 배제하고 있기 때문이다.

그러나 이런 가정은 기술적으로도 불가능하다. 자본가는 가격변동에 대비하고 판매와 구매에 유리한 경기상황을 기다릴 수 있도록 준비자본(Reservekapital)을 갖추어야 하며, 또한 생산을 확장하고 기술적 진보를 자신의 생산조직에 결합할 수 있도록 자본을 축적해야만 한다.

자본축적을 위해 그는 우선 화폐형태의 잉여가치 일부분(유통에서 획득한)을 유통에서 끌어낸 다음, 그것이 그의 기존 사업을 확장하거나 부속사업의 개시를 위해 필요한 수준에 도달할 때까지 축장화폐로 증대시켜야 한다. 화폐축장이 계속되는 동안, 그것은 자본가의 수요를 증대시키지 않는다. 화폐는 유동화되지 않는다. 이 화폐는 공급된 상품만큼 상품시장에서 끌어낸 화폐액이긴 하지만 그만큼의 상품을 상품시장에서 다시 끌어내지는 않는다.

여기에서 신용은 고려되지 않는데, 예를 들어 화폐가 축적됨에 따라 자본가가 은행의 당좌계정에 이자를 노리고 예탁하는 경우도 신용에 포함된다.

제5장

유통기간[8]

M124 우리가 본 것처럼 생산영역과 두 국면의 유통영역을 통과하는 자본운동은 순차적으로 진행된다. 자본이 생산영역에 머무는 기간이 자본의 생산기간이고 유통영역에 머무는 기간이 자본의 유통기간이다. 따라서 자본순환의 전체 기간은 생산기간과 유통기간의 합과 같다.

생산기간은 물론 노동과정 기간을 포함하지만 노동과정 기간은 생산과정을 모두 포함하지 않는다. 무엇보다도 먼저 생각할 수 있는 것은 불변자본 가운데 일부분이 기계, 건물 등과 같은 노동수단 — 이것들은 닳아 없어질 때까지 계속 반복되는 노동과정에 사용된다 — 이라는 점이다. 예를 들어 야간에는 노동과정이 주기적으로 중단되고 따라서 이들 노동수단의 기능도 중단되지만 그 시간에도 이들 노동수단은 여전히 생산장소에 머물러 있다. 이들 노동수단은 기능할 때뿐만 아니라 기능하지 않을 때에도 그 장소에 놓여 있는 것이다. 다른 한편 자본가는 생산과정이 시장에서의 매일매일의 공급 변동에 좌우되지 않고, 미리 예정된 규모로 일정 기간 계

8) 여기부터는 제5고.

속 진행될 수 있도록 원료와 보조재료의 일정량을 재고로 비축해두어야 만 한다. 원료 등의 이런 재고는 순차적으로 조금씩 생산적으로 소비된다. 따라서 이것의 생산기간[9]과 기능기간 사이에는 차이가 존재한다. 즉 일반적으로 생산수단의 생산기간은 다음 기간들을 포함한다. ① 생산수단이 생산수단으로 기능하는 기간, 즉 생산과정에 사용되는 기간. ② 생산 M125
과정이 중단된 기간, 즉 생산과정에 합체된 생산수단의 기능이 중단되어 있는 기간. ③ 생산수단이 과정의 조건으로 준비되는 기간, 즉 이미 생산자본을 나타내긴 하지만 아직 생산과정에 들어가지 않은 기간.

지금까지 이야기한 시간적 차이는 모두 생산자본이 생산영역에 머무는 기간과 그것이 생산과정에 머무는 기간 사이의 차이였다. 그러나 생산과정 자체가 노동과정〔따라서 노동기간〕의 중단—즉 노동대상이 더는 인간노동을 가하지 않고 자연적 과정의 작용에 맡겨지는 기간—이 필요할 수도 있다. 이런 경우 노동과정〔즉 생산수단의 노동수단으로서의 기능〕은 중단되지만 생산과정〔즉 생산수단의 기능〕은 계속된다. 이것은 예를 들면 파종 후의 곡물, 지하실에서 발효되는 포도주, 피혁공장과 같은 공장들에서의 노동재료—여기에서 노동재료는 화학적 과정의 작용을 거치게 된다—에 적용된다. 여기에서 생산기간은 노동기간보다 더 길다. 두 기간의 차이는 노동기간을 초과하는 생산기간의 초과분이다. 이런 초과분은 항상 생산자본이 생산과정에서 기능하지 않으면서 생산영역에 잠재적으로 존재한다는 사실〔또는 생산자본이 노동과정에 존재하지 않으면서 생산과정에서 기능한다는 사실〕에 기초해 있다.

잠재적인 생산자본 가운데 생산자본의 조건으로 비축되어 있는 부분〔예를 들어 방적업에서의 면화나 석탄 등〕은 생산물이나 가치의 창출에 아무런 기능도 수행하지 않는다. 이 부분은 생산과정의 중단 없는 흐름을

9) {여기에서 생산기간은 적극적인 의미에서의 생산기간이다. 즉 생산수단의 생산기간은 그것이 생산되는 시간을 의미하는 것이 아니라 그것이 상품생산물의 생산과정에 참가하는 시간을 의미한다.}

위해 필요한 조건이긴 하지만 그 자체로는 유휴자본이다. 생산용 재고(잠재적인 자본)의 보관을 위해 필요한 건물, 설비 등은 생산과정의 조건이며 따라서 선대된 생산자본의 구성 부분을 이룬다. 그것들은 준비단계에 있는 생산자본 구성 부분들의 창고 역할을 수행한다. 이 단계에서 필요한 노동과정은 원료 등의 가격을 상승시키는데, 그것은 생산적 노동이며 잉여가치도 생산한다. 왜냐하면 다른 모든 임노동과 마찬가지로 이 노동 가운데 일부는 지불되지 않기 때문이다. 전체 생산과정의 정상적인 중단〔즉 생산자본이 기능하지 않는 중간 휴식기간〕은 가치나 잉여가치를 창출하지 않는다. 바로 그런 이유 때문에 야간에도 노동을 시키려는 열망이 나타난다(제1권 제8장 제4절). 노동기간에서 생산과정 도중 노동대상이 거쳐야 하는 중간 휴식기간도 가치나 잉여가치를 창출하지 않는다. 그러나 그것들은 생산물의 창출을 도울 뿐만 아니라 생산물의 생애 가운데 일부〔즉
M126 생산물이 통과해야 하는 하나의 과정〕를 이룬다. 설비 등의 가치는 그것이 기능을 수행하는 전체 기간에 대한 일정 비율만큼 생산물에 이전된다. 생산물은 노동에 의해 이 단계에 놓였으며, 이들 설비의 사용은 생산의 조건이 된다. 이는 예를 들어 면화의 일부가 보푸라기가 되어 공기 중에 날아가버림으로써 생산물에 들어가지 않더라도 여전히 그 가치를 생산물에 이전하는 것과 마찬가지이다. 잠재적 자본 가운데 건물, 기계 등〔즉 노동수단〕과 같은 다른 부분들 — 이들 부분은 단지 생산과정의 규칙적인 중단에 의해서만 그 기능이 중단된다. 따라서 이들 부분이 생산감축, 공황 등에 의해 불규칙적으로 중단될 경우 그것은 고스란히 손실이 된다 — 은 생산물의 형성에 직접 들어가지 않고도 가치를 부가한다. 이들 부분이 생산물에 부가하는 총가치는 그것의 평균 내구기간에 의해 정해진다. 그것은 기능을 수행할 때는 물론 기능하지 않는 기간에도 사용가치와 함께 가치를 상실한다.

마지막으로 노동과정이 중단되어도 계속해서 생산과정 속에 남아 있는 불변자본 부분의 가치는 생산과정의 결과물을 통해서 재현된다. 이 경우

생산수단은 노동에 의하여 생산수단이 스스로 통과하게 되는 특정한 자연적 과정의 조건 속에 놓여 있으며 그 과정의 결과물은 일정한 유용효과(또는 생산수단의 사용가치의 변화된 형태)이다. 노동이 실제로 생산수단을 그 용도에 맞게 소비하는 한 노동은 항상 생산수단의 가치를 생산물에 이전한다. 이때 이런 유용효과를 얻기 위해 노동이 계속해서 노동수단을 사용하여 노동대상에 일정한 작용을 가해야 하는지, 혹은 노동이 노동대상에 최초의 자극을 주기만 하면 더 이상 노동의 작용 없이도 생산수단이 자연적 과정의 결과로 저절로 의도된 형태로 변화하게 되는지 그렇지 않은지는 전혀 중요하지 않다.

생산기간이 노동기간을 초과하는 원인이 무엇이든—즉 생산수단이 단지 잠재적인 생산자본을 이루고 있을 뿐이어서 여전히 실제 생산과정의 전 단계에 있기 때문이든, 혹은 생산과정 내부에서 생산과정의 중단에 의해 생산수단 자신의 기능이 중단되기 때문이든, 마지막으로 생산과정 자체가 노동과정의 중단이 필요하기 때문이든—어떤 경우에도 생산수단은 노동을 흡수하는 기능을 수행하지 않는다. 노동을 흡수하지 않는다면 그것들은 당연히 잉여가치도 흡수하지 않는다. 그러므로 생산자본이 생산기간 중 노동기간을 초과하는 부분에 있을 경우에는, 이 휴식기간이 가치증식과정의 수행과 아무리 불가분한 관계라 할지라도, 생산자본의 가치증식은 결코 일어나지 않는다. 생산기간과 노동기간이 일치하면 할수록 M127
주어진 기간 동안 일정 생산자본의 생산성과 가치증식이 더 커진다는 것은 당연하다. 따라서 자본주의적 생산에서는 노동기간을 초과하는 생산기간을 가능한 한 줄이려는 경향이 있다. 그러나 자본의 생산기간은 자본의 노동기간과 일치하지는 않더라도 항상 노동기간을 포함하고 있고 그 둘 간의 차이는 그 자체가 생산과정의 조건이기도 하다. 그러므로 생산기간은, 비록 거기에 자본의 잠재적인 기간〔혹은 가치증식 없이 생산하는 기간〕이 포함되어 있다 하더라도, 늘 자본이 사용가치를 생산하고 자신의 가치를 증식시키는〔즉 생산자본으로 기능하는〕 기간이다.

유통영역 내에서 자본은 상품자본과 화폐자본으로 머문다. 자본의 두 유통과정은 상품형태에서 화폐형태로, 화폐형태에서 상품형태로 전화하는 내용으로 이루어져 있다. 상품의 화폐로의 전화가 여기에서는 동시에 상품에 합체된 잉여가치의 실현이기도 하다는 사실, 또한 화폐의 상품으로의 전화가 동시에 자본가치 자신의 생산요소 형태로의 전화〔또는 재전화〕이기도 하다는 사실과는 무관하게 이들 과정은 모두 유통과정으로서 상품의 단순한 형태변화과정일 뿐이다.

유통기간과 생산기간은 상호 배타적인 관계에 있다. 유통기간 동안 자본은 생산자본의 기능을 수행하지 않고 따라서 상품이나 잉여가치를 생산하지 않는다. 총자본가치가 언제나 한 번에 하나의 국면에서 다음 국면으로 이행하는 가장 단순한 형태의 순환을 고찰해보면, 유통기간이 지속되는 동안에는 생산과정이 중단되고 따라서 자본가치의 증식도 중단된다는 것, 그리고 생산과정의 갱신 속도가 유통기간의 길이에 따라 달라진다는 것은 아주 명백하다. 반면 자본의 여러 부분이 순차적으로 순환을 통과할 경우, 즉 총자본가치의 순환이 자본의 여러 부분의 순환 내에서 연속적으로 이루어질 경우에는, 자본의 각 부분이 유통부문에 머무는 기간이 길어질수록 자본 가운데 끊임없이 생산영역에서 기능하는 부분의 크기가 더 작아질 것이 분명한 사실이다. 그러므로 유통기간의 확대와 축소는 생산기간〔혹은 주어진 크기의 자본이 생산자본으로 기능하는 범위〕의 축소와 확대에 반대 요인으로 작용한다. 자본 유통의 형태변화가 관념적이면 관념적일수록, 즉 유통기간이 0 혹은 0에 가까울수록 기능하는 자본의 크
M128 기와 그 생산성 및 잉여가치도 함께 커진다. 예를 들어 한 자본가가 생산물의 인도와 동시에 대금을 지불받기로 하고 주문에 따라 작업을 하고, 그 대금의 지불을 자본가 자신의 생산수단으로 받는다면 유통기간은 0에 가까워진다.

그러므로 일반적으로 자본의 유통기간은 자본의 생산기간을 제한하고

따라서 자본의 가치증식과정을 제한한다. 그것도 유통기간의 길이에 비례하여 제한한다. 유통기간의 길이는 상당히 길어지거나 줄어들 수 있으며 따라서 매우 다양한 범위에서 자본의 생산기간을 제한할 수 있다. 그러나 경제학은 단지 현상으로 나타나는 것, 즉 유통기간이 자본의 가치증식과정에 미치는 영향만을 본다. 경제학은 이런 부정적인 영향을 긍정적인 것으로 간주하는데, 그 이유는 그 영향의 결과가 긍정적이기 때문이다. 경제학이 이런 표피적인 외관에 더 집착하는 까닭은 그런 표피적인 외관이야말로 자본이 그 생산과정〔따라서 노동의 착취〕과는 무관하게 가치증식의 신비한 원천을 가지고 있으며, 그 원천이 유통영역에서 비롯된 것임을 입증해주고 있는 것같이 보이기 때문이다. 나중에 다시 다루게 되겠지만 심지어 과학적인 경제학조차 이런 표피적인 외관에 현혹당했다. 곧바로 다루게 되겠지만 이런 표피적인 외관은 다음과 같은 여러 현상에 의하여 더욱 강화된다. ① 자본가적 이윤계산 방법. 여기에서는 부정적인 원인이 긍정적인 원인으로 나타난다. 왜냐하면 단지 유통기간만 다른 다양한 투하영역들에 있는 자본들은 유통기간이 길어지면 그것이 가격인상의 원인〔즉 이윤의 균등화 원인 가운데 하나〕으로 작용하는 경향이 있기 때문이다. ② 유통기간은 회전기간의 한 계기에 불과하다. 그러나 회전기간은 생산기간〔또는 재생산기간〕을 포함한다. 실제로는 생산기간〔또는 재생산기간〕에 기인하는 것이 마치 외관상으로는 유통기간에 기인하는 것처럼 보인다. ③ 상품이 가변자본(임금)으로 전화하는 것은 그에 앞서 그것들이 화폐로 전화하는 것을 필요조건으로 한다. 그러므로 자본의 축적에서 추가 가변자본으로의 전환은 유통영역〔또는 유통기간 동안〕에서 이루어진다. 따라서 이렇게 이루어진 축적은 유통영역〔혹은 유통기간〕에 기인하는 것처럼 보인다.

유통영역 내에서 자본은 순서에 차이는 있어도 두 개의 대극적인 국면 W—G 및 G—W를 통과한다. 그러므로 자본의 유통기간도 마찬가지로 두 부분, 즉 상품에서 화폐로 전화하는 데 필요한 시간과 화폐에서 상품으로 전화하는 데 필요한 시간으로 나누어진다. 단순상품유통의 분석(제1권 제3장)에서 이미 살펴본 것처럼 W—G〔즉 판매〕는 자본의 형태변화에서 가장 어려운 부분이며 따라서 보통의 조건하에서는 유통기간의 대부분을 M129 차지한다. 화폐상태에서 가치는 항상 전환될 수 있는 형태를 취한다. 상품상태에서 가치는 일단 화폐로의 전화를 통해서 곧바로 교환 가능한 형태〔언제든지 활동할 수 있는 형태〕를 취해야 한다. 그런데 자본유통과정의 G—W 국면에서 자본은 상품—주어진 사업부문에서 생산자본의 일정 요소를 구성하는—으로 전화해야만 한다. 그리고 경우에 따라서 생산수단을 시장에서 구할 수 없어서 그것을 직접 생산해야 하거나, 혹은 먼 시장에서 구입해야 하거나, 혹은 통상적인 공급이 불안정해지거나, 혹은 가격이 변화하는 등의 여러 상황〔즉 G—W 형태의 단순한 형태변화에서는 감지할 수 없지만, 유통국면의 이 부분을 위해서는 다소 시간이 요구되는 경우〕이 있을 수 있다. W—G와 G—W는 시간적으로는 물론 공간적으로도—구매시장과 판매시장이 공간적으로 별개의 시장으로 존재하는 경우—분리될 수 있다. 예를 들어 공장의 경우에는 구매자와 판매자가 다른 사람인 경우가 흔하다. 상품생산에서 유통은 생산 그 자체만큼이나 필요하고 따라서 유통담당자도 생산담당자와 마찬가지로 필요하다. 재생산과정은 자본의 두 가지 기능—따라서 자본가 자신이 직접 수행하든 혹은 그 대리인인 임노동자가 수행하든 이들 두 기능을 대표할 필요성도 함께—을 포함한다. 그러나 이것이 상품자본과 화폐자본의 기능을 생산자본의 기능과 혼동할 이유가 되지 않는 것처럼, 유통담당자와 생산담당자를 혼동할 이유도 되지 않는다. 유통담당자는 생산담당자에게서 지불을 받아야만 한다. 그러나 서로 사고파는 자본가들이 이런 매매행위를 통해서 가치나 생산물을 창출할 수 없는 것과 마찬가지로 사업규모의 확대 때문에 자본가들이 이들 기능을 타인에게 전가하거나 전가해야 할 경우에도 자본가들은 그런 행위를 통해서 가치나 생산물을 창출할 수 없다. 몇몇 사업부문에서 구매자와 판매자는 이윤 배당을 지불받는다. 그러나 그들이 소비자에게서 지불을 받는다는 말은 전혀 쓸모가 없는 이야기이다. 소비자가 지불을 할 수 있는 것은 단지 그들 소비자 자신이 생산담당자로서 상품이라는 등가물을 생산하는 경우이거나, 혹은 법적인 권리(생산담당자의 공동출자자 등으로서)나 자신의 근로에 의해 생산담당자에게서 이 같은 등가를 취득한 경우뿐이다.

W—G와 G—W 사이에는 상품과 화폐라는 형태상의 차이와는 아무 상관이 없는, 생산의 자본주의적 성격에서 야기되는 차이가 있다. 그 자체만으로 보면 W—G와 G—W는 단지 주어진 가치를 하나의 형태에서 다른 형태로 이행시킬 뿐이다. 그러나 동시에 W′—G′은 W′ 안에 포함된 잉여가치의 실현이기도 하다. 그러나 G—W는 그렇지 않다. 그러므로 판매는 구매보다 더 중요하다. 정상적인 조건하에서 G—W는 G로 표시된 M130 가치의 증식을 위해 필요한 행위이기는 하지만 잉여가치의 실현은 아니다. 이것은 잉여가치 생산의 시작이지 끝이 아니다.

상품자본의 유통 W′—G′에서는 상품 그 자체의 존재형태〔즉 사용가치로서 상품의 존재〕에 기인한 일정한 한계가 주어져 있다. 상품은 본래 소실되는 것이다. 따라서 만약 그것들이 각자의 용도에 따라 일정 기간 내에 생산적으로나 개인적으로 소비되지 않는다면〔달리 말해서 만약 그것들이 일정 기간 내에 판매되지 않는다면〕, 그것들은 소실됨으로써 사용가치와 함께 교환가치를 갖는 성격까지 모두 잃게 될 것이다. 그와 함께 상품에 포함된 자본가치와 이 자본가치에 합체된 잉여가치도 모두 소멸될 것이다. 사용가치는 끊임없이 갱신되고 재생산되고 또한 새로운 사용가치(같은 종류든 다른 종류든)에 의해 대체되지 않고서는 계속적으로 증식하는 자본가치의 담지자로 남아 있을 수 없다. 사용가치가 완성된 상품형태로 판매된다는 것, 따라서 그것들이 이 판매를 통해 생산적 소비 혹은 개인적 소비로 들어간다는 것은 재생산이 끊임없이 갱신되기 위한 조건을 이룬다. 그것들은 새로운 형태로 계속 존속하기 위해서 일정 기간 내에 자신들의 낡은 사용형태를 변화시켜야만 한다. 교환가치는 그 실체를 이렇게 끊임없이 갱신하는 것을 통해서만 자신을 유지한다. 상품의 사용가치는 상품의 종류에 따라 각기 소멸되는 기간이 다르다. 그러므로 사용가치의 생산과 소비 사이의 간격은 상품마다 다를 수 있다. 다시 말해서 사용가치가 W—G의 유통국면 안에서 상품자본으로 머무는 기간〔즉 상품으로서의 유통기간〕은 제각기 다를 수 있다. 상품체의 소멸에 의한 상품자본 유통기간의 한계는 유통기간 가운데 이 부분〔즉 상품자본이 상품자본으로 기능할 수 있는 유통기간〕의 절대적 한계이다. 따라서 상품은 빨리 소멸하는 것일수록, 따라서 생산된 후 곧바로 소비되고 판매되어야 하는 것일수록 생산지에서 더 멀리 떨어질 수 없게 되고, 그 공간적 유통영역이 더욱 좁아지고 판매시장의 범위도 더 국지적으로 제한된다. 결국 빨리 소멸하는 상품일수록 상품으로서의 유통기간이 그런 물리적 속성에 의해 더 큰 제한을 받게 되고 그것은 그만큼 자본주의적 생산의 대상으로 부적절하게 된다. 이런 상품은 인구가 밀집된 지역에서만, 혹은 운송기관의 발달에 의해 지역적 거리가 단축되는 정도에 따라서만 자본주의적 생산의 대상이 될 수 있다. 그러나 특정 상품의 생산이 소수의 수중에, 그리고 인구가 많은 지역에 집중되면 대규모 맥주 양조업, 낙농업 등의 생산물들에 대해서도 상대적으로 큰 시장이 창출될 수 있다.

제6장

유통비

제1절 순수유통비

ㄱ. 매매기간

자본의 상품에서 화폐로의 형태전화와 화폐에서 상품으로의 형태전화 M131
는 동시에 자본가의 거래, 즉 매매행위이다. 이들 형태전화가 일어나는 기간은 주관적으로 보면〔즉 자본가의 관점에서 보면〕 판매기간과 구매기간〔즉 자본가가 시장에서 판매자와 구매자의 기능을 수행하는 기간〕이다. 자본의 유통기간이 자본의 재생산기간에 반드시 필요한 부분인 것처럼, 자본가가 매매를 하면서 시장을 돌아다니는 기간도 그가 자본가〔즉 인격화된 자본〕로 기능하는 기간 가운데 반드시 필요한 부분이다. 이 기간은 그의 사업기간의 일부이다.

{우리는 상품이 가치대로 매매된다고 가정했기 때문에 이 과정의 내용은 단지 일정 가치가 한 형태에서 다른 형태로〔즉 상품형태에서 화폐형태로 또는 화폐형태에서 상품형태로〕 전환(상태변화)되는 것뿐이다. 만약

상품이 가치대로 팔린다면 가치의 크기는 구매자의 수중에서나 판매자의 수중에서나 똑같다. 변하는 것은 단지 가치의 존재형태뿐이다. 상품이 가치대로 팔리지 않는다 해도 거래된 가치의 총액은 변하지 않는다. 즉 한쪽에서 발생한 이익은 다른 한쪽의 손해가 된다.

W—G와 G—W의 형태변화는 구매자와 판매자 사이의 거래이다. 그들에게는 거래를 체결하기 위한 시간이 필요하다. 특히 거래에서는 서로 상대방보다 더 많은 이익을 얻으려는 싸움이 발생하고 사업가들은 "그리스인끼리 만나면 격렬한 싸움이 일어난다"[†9]는 말과 같이 서로 대립하기 때문에 더욱더 시간이 필요하다. 상태변화에는 시간과 노동력이 필요하
M132 지만 그것은 가치를 창출하기 위한 것이 아니라 한 형태에서 다른 형태로 가치를 전환하기 위한 것이다. 이 과정에서 여분의 가치량을 획득하기 위해 서로 노력한다고 해도 사정이 달라질 것은 없다. 이 노동이 양쪽의 나쁜 의도 때문에 증가하였다고 하더라도 그것은 가치를 창출하는 것이 아니다. 이는 소송 사건에서 소송을 수행하는 노동이 소송 목적물의 가치량을 증대시키지 않는 것과 마찬가지이다. 이 노동—이것은 유통까지도 포함하는(또는 유통에 포함되는) 자본주의적 생산과정의 전 과정 가운데 반드시 필요한 한 계기이다—은 열을 발생시키는 데 사용되는 재료의 연소작용과 같은 것이다. 이런 연소작용은 연소과정에서 반드시 필요한 계기이긴 하지만 어떠한 열도 발생시키지 않는다. 예를 들어 석탄이 연료로 소비되기 위해서는 산소와 결합해야만 하는데, 그러기 위해서는 석탄이 고체 상태에서 가스 상태로 바뀌어야만 한다(왜냐하면 연소의 결과물인 탄산가스 속에서 석탄은 가스 상태이기 때문이다). 즉 석탄의 물리적 존재형태〔혹은 상태〕가 바뀌어야만 한다. 따라서 새로운 결합에 앞서 고체 상태로 결합된 탄소 분자가 분리되고, 이들 분자가 각각 원자로 분열되어야만 하는데 이렇게 되기 위해서는 얼마간 에너지 지출이 필요하지만 이 에너지 지출은 열로 전화되는 것이 아니라 오히려 열을 방출할 뿐이다. 그러므로 만약 상품소유자가 자본가가 아니라 독립적인 직접생산자라면 매매

에 걸리는 시간은 그들의 노동기간의 감소를 뜻하는데 이런 이유 때문에 그들은 언제나(고대와 중세에도) 이 거래를 휴일에 하려고 했던 것이다.

자본가의 수중에서 상품매매가 차지하는 비중이 아무리 커진다고 해도 그것으로는 이런 노동〔즉 아무런 가치도 창출할 수 없고 단지 가치의 형태변화를 매개하기만 하는 노동〕을 가치를 창출하는 노동으로 전화시킬 수 없는 것이 당연하다. 또한 기능의 이전〔즉 산업자본가가 이런 '연소작용'을 스스로 수행하는 대신 제3자에게 비용을 지불하고 그들이 별도의 사업으로 수행하게 하는 경우〕을 통해서도 이런 전화(가치를 창출하지 않는 노동이 가치를 창출하는 노동으로—옮긴이)의 기적이 일어날 수 없는 것은 마찬가지이다. 이들 제3자가 자본가에 대한 순수한 사랑 때문에 자본가에게 그들의 노동을 제공하는 것은 물론 아닐 것이다. 지주의 지대 징수인이나 은행의 수위에게는 자신의 노동이 지대의 가치량이나 자루에 넣어서 다른 은행으로 운반하는 금화의 가치량에 단 한 푼도 부가하지 못한다는 것은 관심거리 밖이다.}[10)]

자신을 위해 타인을 노동시키는 자본가에게 판매와 구매는 하나의 중 M133
요한 기능이 된다. 그는 많은 사람의 생산물을 거대한 사회적 규모로 전유하기 때문에 판매도 역시 대규모로 수행해야 하고 나중에 다시 이것을 화폐에서 생산요소로 재전화해야만 한다. 구매기간과 판매기간은 여전히 가치를 창출하지 않는다. 여기에서 상인자본의 기능 때문에 하나의 환상이 만들어진다. 그러나 여기에서 이것을 자세히 다루지 않는다 하더라도 다음 사실은 처음부터 명백하다. 그 자체로는 비생산적이지만 재생산에는 반드시 필요한 계기를 이루는 어떤 기능이, 분업을 통해 다수의 부업에서 소수의 전업〔즉 소수의 특정 사업〕으로 전화된다 하더라도 이 기능 자체의 속성은 변화하지 않을 것이라는 점이다. 한 사람의 상인(여기에서는 그냥 상품의 형태전화를 담당하는 사람, 즉 단순한 구매자와 판매자로 간

10) {{ } 안에 있는 내용은 제8고 끝부분에 있는 주(註)에서 뽑아낸 것이다.}

주된다)은 자신의 영업을 통해 많은 생산자의 매매기간을 단축할 수 있을 것이다. 이 경우 그는 쓸데없는 에너지의 지출을 줄이고 생산기간을 풀어 주도록 돕는 하나의 기계로 간주될 수 있을 것이다.[11]

문제를 단순화하기 위해(왜냐하면 자본가로서의 상인과 상인자본에 대해서는 뒤에서 다루게 될 것이므로) 이러한 구매와 판매의 담당자가 자신의 노동을 파는 사람이라고 가정하자. 그는 W—G와 G—W라는 일에 자신의 노동력과 노동시간을 지출한다. 따라서 그는 마치 다른 사람들이 방적이나 환약 제조업에 종사함으로써 생계를 유지하는 것과 마찬가지로 자신도 위와 같은 일을 함으로써 생계를 유지한다. 그도 반드시 필요한 하
M134 나의 기능을 수행하는데 이는 재생산과정 그 자체가 비생산적인 기능을 포함하기 때문이다. 그도 다른 사람과 마찬가지로 노동하지만 그의 노동의 내용은 가치도 생산물도 창출하지 못한다. 그는 생산에서 아무런 실질적인 기능도 수행하지 못한다. 그의 유용성은 비생산적인 기능을 생산적인 기능으로 바꾸거나 혹은 비생산적인 노동을 생산적인 노동으로 바꾸는 데 있는 것이 아니다. 만약 그러한 전화가 그런 기능의 이전에 의해서 이루어질 수 있다면 그것은 기적일 것이다. 그의 유용성은 오히려 사회의 노동력과 노동시간 가운데 이런 비생산적인 기능에 묶여 있는 부분을 줄여준다는 점에 있다. 그뿐만이 아니다. 그가 임금을 많이 받긴 하지만 단지 임노동자에 불과하다고 가정하자. 그의 급료가 얼마든 그는 임노동자

11) "상업에 소요되는 비용은 반드시 필요한 것이긴 하지만 부담스러운 지출로 간주되어야만 한다"(케네, 『경제표 분석』, 외젠 데르 엮음, 『중농학파』 제1권, 파리, 1846, 71쪽). 케네에 따르면 상인들 간의 경쟁에서 발생하는 '이익', 즉 경쟁 때문에 어쩔 수 없이 발생하는 "상인들의 보수〔혹은 수익〕의 감소는 …… 엄밀히 말하면 최초의 판매자와 구매자(소비자)의 손실이 줄어든 것에 불과하다. 그런데 이처럼 상업적인 비용을 줄여서 감소된 손실은 **순생산물**〔혹은 상업을 통해서 증가된 부(상업을 운송비와 무관한 단순한 교환행위로 간주하든, 운송비와 결부해 간주하든 상관없이)〕이 아니다"(145~146쪽). "상업에 소요되는 비용은 항상 생산물의 판매자가 지불하는데 (중개수수료가 없을 경우) 그들은 구매자가 지불하는 가격을 모두 취득할 것이다"(163쪽). 토지소유자와 생산자는 '보수를 지불하는 사람'이고 상인은 '보수를 수취하는 사람'이다(케네, 『상업 및 수공업자의 노동에 관한 대화』*, 데르 엮음, 『중농학파』 제1권, 164쪽).
* 초판과 제2판에는 『경제문제』라고 되어 있다.

로서 자신의 시간 가운데 일부를 무상으로 노동한다. 그는 매일 8시간 노동의 가치생산물을 받지만 실제 노동은 10시간을 수행한다. 비록 필요노동 부분으로 사회적 생산물의 일부가 그에게 이전된다 하더라도 그가 수행하는 2시간의 잉여노동은 8시간의 필요노동과 마찬가지로 가치를 만들어내지 못한다. 첫째, 사회적으로 보면 노동력은 여전히 단순한 유통기능에 10시간 동안 사용된다. 이것은 다른 용도로는(특히 생산적 노동에는) 사용될 수 없다. 둘째, 그러나 이 2시간의 잉여노동이 그 노동을 수행하는 개인에 의해 지출되었다고 하더라도 사회는 그것에 대해 아무것도 지불하지 않는다. 사회는 그것에 의해 어떤 여분의 생산물이나 가치도 얻지 못한다. 그러나 이 노동자를 통해서 표현되는 유통비는 10시간에서 8시간으로 $\frac{1}{5}$ 줄었다. 사회는 노동자가 수행하는 실제 유통기간 가운데 이 $\frac{1}{5}$에 대해서는 어떤 등가도 지불하지 않는다. 그러나 만약 이 사람이 자본가에 의해 고용된다면 지불되지 않은 이 2시간만큼 자본가의 유통비〔즉 자본가의 수입에서 공제되는 유통비〕는 감소된다. 자본가에게 이것은 이득의 증가인데 왜냐하면 그의 자본의 가치증식을 제한하는 마이너스 요인이 감소했기 때문이다. 독립적인 소상품생산자가 자신의 시간 일부를 구매와 판매에 소비하는 한 이것은 단지 그들의 생산적 기능 사이의 중간기간에 지출된 시간〔혹은 생산기간의 감축〕으로 나타날 뿐이다.

어떤 경우든 이런 용도로 소비된 시간은 전화된 가치에 아무것도 부가하지 못하는 유통비이다. 그것은 가치를 상품형태에서 화폐형태로 전화시키는 데 필요한 비용이다. 자본주의적 상품생산자가 유통담당자로 등장할 경우 그가 직접적 상품생산자와 구별되는 점은 다음과 같다. 즉 그는 직접적 상품생산자보다 더 큰 규모로 매매하고 따라서 더 넓은 범위에서 유통담당자로 기능할 뿐이다. 그리고 그가 사업규모 때문에 유통담당자 M135
를 임노동자로 구매(고용)할 필요가 있을 경우에도〔혹은 구매할 수 있을 경우에도〕 사정은 전혀 달라지지 않는다. 노동력과 노동시간은 여전히 일정한 정도로 유통과정(이것이 단순한 형태전화인 한)에 지출되어야만 한다. 그러나 이제 그것은 추가 자본투하로 나타난다. 가변자본 가운데 일부는 유통에서만 기능하는 이들 노동력의 구입에 투하되어야만 한다. 이러한 자본선대는 생산물은 물론 가치도 전혀 창출하지 못한다. 그것은 선대자본이 생산적으로 기능하는 범위를 그만큼 축소한다. 그것은 마치 생산물의 일부가 생산물의 나머지 부분을 매매하는 기계로 전화된 것과 같다. 이런 기계는 생산물 가운데 하나의 공제 부분을 이룬다. 이것은 비록 유통에 지출되는 노동력을 감축할 수 있다고 하더라도 생산과정에는 함께 참가하지 않는다. 이것은 단지 유통비의 일부를 이룰 뿐이다.

ㄴ. 부기(簿記)

현실적인 구매와 판매 이외에 부기에도 노동시간이 지출되는데 부기에는 또한 펜, 잉크, 책상, 사무실과 같은 대상화된 노동이 들어간다. 따라서 이 기능에는 한편으로는 노동력, 다른 한편으로는 노동수단이 지출된다. 이 경우에도 사정은 매매기간의 경우와 똑같다.

자본은 그 순환 내에서의 통일체〔즉 과정 중인 가치〕로서 생산영역에 있든 유통영역의 두 국면에 있든, 단지 계산화폐의 모습으로 무엇보다도 상품생산자〔혹은 자본주의적 상품생산자〕의 머릿속에 관념적인 형태로만 존재한다. 이 운동은 가격 결정이나 상품가격의 계산(가격 계산)을 포함하는 부기에 의해 확립되고 통제된다. 그리하여 생산의 운동, 특히 가치증식운동 — 여기에서 상품은 단지 가치의 담지자〔즉 관념적으로만 존재하던 가치가 계산화폐로 확정된 사물의 이름〕로만 나타난다 — 은 관념속에 존재하는 상징적인 모습을 띠게 된다. 개별 상품생산자가 단지 그의 머릿속으로만 기장(記帳)하거나(예를 들어 농부가 그러하다. 부기를 사용하는 차지농업가는 자본주의적 농업이 시작되고 나서야 비로소 등장하였다) 혹은 생산을 하지 않는 시간에 단지 부수적인 일과로 자신의 지출, 수입, 지불만기일 등을 기장할 경우, 이런 그의 기능과 그런 기능을 수행하면서 그가 소비하는 종이 등과 같은 노동수단들은 노동기간과 노동수단의 추가 소비를 나타내는 것으로, 그것들은 분명 필요한 것이기는 하지만, M136 그의 생산적 노동시간과 노동수단(현실의 생산과정에 기능하면서 생산물의 형성과 가치형성에 들어가는)들에서 공제되는 부분이라는 점은 틀림없다.[12] 이 기능이 자본주의적 상품생산자의 수중에 집중되어 다수의 소상품생산자가 아니라 한 사람의 자본가 기능〔즉 하나의 대규모 생산과정 내에서의 기능〕으로 나타남으로써 이 기능의 규모가 변하거나, 혹은 이 기능을 부속물로 삼던 생산적 기능에서 이 기능이 분리되거나, 혹은 이 기능이 그것만 맡는 별개의 담당자 기능으로 독립한다고 해도 이 기능의 본질은 변하지 않는다.

분업〔즉 한 기능의 자립화〕은 만약 어떤 기능이 스스로 생산물과 가치를 창출하는 능력을 가지고 있지 않다면〔즉 따로 독립하기 전에 이미 생산물과 가치를 창출하는 능력을 가지고 있지 못하다면〕 그 기능에 새롭게 생산물과 가치를 창출할 수 있는 능력을 부여하지는 못한다. 만약 한 자본가가 그의 자본을 새로 투하한다면 그는 이 자본 가운데 일부를, 경리를 고용하고 부기용품을 구입하는 데 투하해야만 한다. 만약 그의 자본이 이미 기능하고 있고 계속적인 재생산과정에 있다면 그는 그의 생산물 가운데 일부를 (화폐로의 전화를 거쳐) 끊임없이 경리나 사무원 등으로 재전화시켜야만 한다. 그의 자본 가운데 이 부분은 생산과정에서 빠져나온 것으로 유통비에 속하며 총수익에서 공제된 부분이다(전적으로 이 기능에

12) 중세에는 단지 수도원에서만 농업과 관련된 부기가 있었다. 그러나 앞에서 보았듯이(제1권, 343쪽*) 일찍이 고대 인도의 공동체에도 농업에 관한 부기원(簿記員)이 있었다. 여기에서 부기는 공동체 관리(官吏)들의 고유하고 배타적인 기능으로 독립되어 있었다. 이런 분업에 의해 시간, 노력, 비용이 절약되었다. 그러나 생산과 생산부문의 부기는 선하(船荷)와 선하증권(船荷證券)이 별개인 것과 마찬가지로 별개의 것이다. 부기원은 공동체의 노동력 가운데 일부가 생산에서 빠져나온 것이고 부기원의 기능에 대한 비용은 부기원 자신의 노동이 아니라 공동체 생산물에서의 공제분에 의해 보전된다. 인도 공동체의 부기원과 관련된 이 이야기는 조건만 조금 바꾸면 자본가의 부기원에게도 그대로 적용된다(제2고에서 발췌한 것임).

* MEW Bd. 23, 378쪽 참조.

만 지출되는 노동력을 포함하여).

그러나 부기로 인해 발생하는 비용이나 노동시간의 비생산적 지출과 M137 단순한 매매기간의 비용 사이에는 일정한 차이가 있다. 후자는 생산과정의 일정한 사회적 형태〔즉 그것이 상품의 생산과정이라는 사실〕에서만 발생한다. 과정이 사회적 규모로 진행되고 순수한 개별적 성격을 상실해갈수록, 과정을 통제하고 관념적으로 총괄하는 기능을 갖는 부기는 점점 더 필요하게 된다. 따라서 부기는 수공업 경영 및 농민 경영의 분산적 생산에서보다는 자본주의적 생산에서, 그리고 자본주의적 생산에서보다는 공동체적 생산에서 더욱 필요하게 된다. 그러나 부기의 비용은 생산의 집적에 따라 그리고 부기가 사회적 부기로 전화될수록 점차 감소한다.

여기에서 우리는 단순한 형식적 형태변화에서 발생하는 유통비의 일반적 성격만을 다룬다. 따라서 여기에서 유통비의 모든 형태를 상세히 논의하는 것은 불필요하다. 그러나 가치의 순수한 형태전화에 속하고 따라서 생산과정의 일정한 사회적 형태로부터 발생하는 여러 형태들〔즉 개별 상품생산자에게는 단지 일시적이고 거의 감지할 수 없는 요소로서, 그의 생산적 기능에 부수적으로 딸려 있거나 결합된 여러 형태들〕이 얼마나 거액의 유통비로써 사람을 놀라게 할 수 있는지는 단순한 화폐의 출납행위가 은행이나 개별 사업체 회계원의 전담 기능으로 독립하여 대규모로 집중되어 있는 것을 통해서 확인할 수 있다. 이런 유통비는 그 겉모습이 변화한다고 해서 그 성격까지 바뀌지는 않는다는 것을 잊지 말아야 한다.

ㄷ. 화폐

생산물이 상품으로 생산되든 그렇지 않든 생산물은 항상 부(富)의 소재적 형태, 즉 개인적 소비나 생산적 소비를 목적으로 하는 사용가치이다. 상품일 경우 생산물의 가치는 관념적인 가격으로 존재하며 이 가격은 생산물의 현실적인 사용형태를 조금도 변화시키지 않는다. 그러나 금은과 같은 특정 상품이 화폐로 기능하고, 화폐는 단지 유통과정에만 머물러 있다는 사실(화폐는 축장화폐, 준비금 등의 형태로도—비록 잠재적이기는 하지만—유통영역에 머문다)은 생산과정의 특정한 사회적 형태〔즉 상품의 생산과정〕가 만들어낸 순수한 하나의 산물이다. 자본주의적 생산의 토대 위에서는 상품이 생산물의 일반적 모습이 되고 생산물의 대부분이 상품으로 생산되어 결국 화폐형태를 띠어야만 하기 때문에〔즉 상품량—사회적 부(富) 가운데 상품으로 기능하는 부분—이 끊임없이 늘어나기 때문에〕 유통수단, 지불수단, 준비금 등으로 기능하는 금은의 양도 함께 증가한다. 화폐로 기능하는 이들 상품은 개인적 소비는 물론 생산적 소비에 M138
도 들어가지 않는다. 화폐는 사회적 노동이 단순한 유통수단으로 사용되기 위해 고정된 형태이다. 사회적 부 가운데 일부가 이런 비생산적 형태로 묶여 있다는 이유 외에도 또 화폐의 마모 때문에 화폐는 끊임없이 보전〔즉 보다 많은 사회적 노동(생산물의 형태를 취하는)이 보다 많은 금은으로 전화〕되어야 한다. 자본주의가 발달한 국가에서는 일반적으로 부 가운데 화폐형태로 묶여 있는 부분이 크기 때문에 이런 보전비용이 상당하다. 화폐상품으로서의 금은은 사회에서 단지 생산의 사회적 형태 때문에 발생하는 유통비를 의미한다. 그것은 상품생산 일반에 따른 부대비용이며 이 부대비용은 상품생산의 발달, 특히 자본주의적 생산의 발달과 함께 증대된다. 그것은 사회적 부 가운데 유통과정을 위해 지불되어야 하는 부분이다.[13)]

13) "한 나라에서 유통되는 화폐는 그 나라 자본 가운데 일부분이고 나머지 부분의 생산을 돕거나 생산성을 높이기 위해 생산적인 목적에서 완전히 떼어낸 부분이다. 그러므로 금을 유통수단으로 사용하기 위해 일정량의 부가 필요하다고 하는 것은 마치 어떤 다른 생산을 도우려는 기계를 만들기 위해 일정량의 부가 필요하다는 것과 똑같은 이야기이다"(『이코노미스트』 제5권, 520쪽).

제2절 보관비

가치의 단순한 형태전환〔즉 관념적으로 고찰한 유통〕에서 발생하는 유
통비는 상품의 가치에 포함되지 않는다. 이런 유통비로 지출된 자본 부분
은, 자본가의 시각에서 보면, 생산적으로 지출된 자본에서 그냥 공제된 것
이다. 이제 우리가 고찰할 유통비는 이것과는 성질이 다른 것이다. 이 유
통비는 생산과정에서 발생할 수 있는 것으로 단지 이 생산과정이 유통에
까지 연장되어 그 생산적 성격이 유통형태에 의해 은폐된 것일 뿐이다. 물
론 사회적인 시각에서 보면 이것은 단지 비용일 뿐이며 산 노동이나 대상
화된 노동의 비생산적 지출이라고 말할 수도 있지만, 바로 그런 이유 때문
에 개별 자본가에게는 그것이 가치를 생산하는 것이 될 수도 있고 그의 상
품 판매가격에 추가되는 부분이 될 수도 있다. 이것은 이미 다음과 같은
사실 때문이다. 즉 생산영역에 따라서 〔그리고 때로는 동일한 생산영역에
M139 서도 개별 자본에 따라서〕 이 비용이 달라지기 때문이다. 이 비용은 상품
가격에 부가되는 방식을 통해서 각 개별 자본가들에게 배분된다. 그러나
가치를 부가하는 모든 노동은 잉여가치를 부가할 수도 있으며 특히 자본
주의적 생산에서는 항상 잉여가치를 부가할 것이다. 왜냐하면 노동에 의
해 창출되는 가치는 노동 그 자체의 크기에 의해 정해지지만 노동에 의해
창출되는 잉여가치는 자본가가 노동에 대해 지불하는 크기에 의해 정해
지기 때문이다. 따라서 상품에 사용가치를 부가하지 않고도 상품가격을
인상시키는 비용〔즉 사회적으로는 생산의 부대비용에 속하는 비용〕이 개
별 자본가에게는 치부의 원천이 될 수도 있는 것이다. 한편 이 유통비가
상품가격에 부가하는 부분이 단지 이 유통비를 균등하게 배분하는 것에
불과하다고 해서 그것이 지닌 비생산적 성격이 사라지는 것은 아니다. 예
를 들어 보험회사는 개별 자본가의 손실을 자본가계급 사이에 배분한다.
그러나 사회적 총자본의 시각에서 보면 손실이 균등화된다고 해서 손실

그 자체가 없어지는 것은 아니다.

ㄱ. 재고형성 일반

생산물은 상품자본으로 존재하는 동안〔즉 시장에 머무르는 동안〕, 다시 말해 생산과정에서 빠져나와 소비과정으로 들어갈 때까지의 중간과정 동안 상품재고를 형성한다. 시장에 있는 상품으로서〔따라서 재고의 형태를 취하는 상품으로서〕 상품자본은 모든 순환에서 두 번 나타난다. 즉 한 번은 과정 중에 있는 자본 자신—고찰되고 있는 바로 그 순환의 주체이다—의 상품생산물로 나타나며 다른 한 번은 이와 반대로 구매되어 생산자본으로 전화하기 위해 시장에서 만나야 하는 다른 자본의 상품생산물로 나타난다. 물론 이 후자의 상품자본은 주문을 받아야만 생산될 수 있고 따라서 그것의 생산이 이루어질 때까지는 순환이 잠시 중단된다. 그러나 생산과정과 재생산과정이 지속되기 위해서는 대량의 상품(생산수단)이 끊임없이 시장에 존재해야〔즉 재고를 형성하고 있어야〕 한다. 마찬가지로 생산자본은 노동력의 구매를 포함한다. 그리고 이 경우 화폐형태는 단지 노동자가 시장에서 대부분을 구입해야 하는 생활수단의 가치형태일 뿐이다. 우리는 이 부분을 여기에서 좀더 자세히 살펴볼 것이다. 먼저 다음과 같은 점은 이미 밝혀져 있다. 즉 상품생산물로 전화되어 이제는 판매되어야 하는〔다시 말해 화폐로 재전화되어 이제 시장에서 상품자본으로 기능하는〕 자본가치(과정 중에 있는)의 입장에서 보면 상품자본이 재고를 형성하고 있는 상태는 목적에 어긋나는, 비자발적인 시장 체류이다. 판매 M140
가 빨리 이루어질수록 재생산과정은 그만큼 순탄하게 진행된다. W′—G′의 형태전화에 머물러 있는 것은 자본이 계속해서 생산자본으로 기능하는 것을 방해할 뿐만 아니라 자본순환 내에서 이루어져야 하는 실제의 소재변환도 방해한다. 다른 한편 G—W의 입장에서 볼 때 시장에 상품이 언제나 존재한다는 것〔즉 상품재고〕은 재생산과정이 순조롭게 이루어지기 위한 조건으로〔또한 새로운 자본이나 추가자본의 투하조건으로〕 나타난다.

상품자본이 상품재고로 시장에 체류하려면, 건물·창고·상품저장소가 필요하다. 따라서 불변자본의 투하가 필요하다. 또한 상품을 저장소에 운반하기 위한 노동력에 대한 지불도 필요하다. 게다가 상품은 망가지기도 하고 유해한 환경의 여러 요소들에 노출되기도 한다. 이것을 막기 위해서는 추가자본이 일부는 노동수단으로〔즉 대상화된 형태로〕, 일부는 노동력으로 투하되어야만 한다.[14)]

이처럼 자본이 상품자본으로〔즉 상품재고로〕 존재함으로써 여러 가지 비용이 발생하는데 이들 비용은 생산영역에 속하지 않기 때문에 유통비로 분류된다. 이들 유통비는 일정 정도 상품의 가치에 포함되기〔즉 상품가격을 올리기〕 때문에 제1절에서 언급한 유통비와는 구별된다. 어쨌든 상품재고를 유지하고 보관하는 데 사용되는 자본과 노동력은 직접적 생산과정에서 분리되어 있다. 한편 여기에 사용된 자본과 노동력—자본의 한 구성요소로 간주된다—은 사회적 생산물을 통해서 보전되어야만 한다. 따라서 이런 자본투하는 노동생산력을 떨어뜨리는 작용을 하게 된다. 즉 일정한 유용효과를 얻는 데 더 많은 자본과 노동이 필요하게 만든다. 그것은 부대비용(Unkosten)인 것이다.

상품재고의 형성과 관련된 유통비는, 단지 기존의 가치가 상품형태에서 화폐형태로 전화하는 데 필요한 기간 때문에(즉 생산과정의 특정한 사회적 형태 때문에, 다시 말해서 생산물이 상품으로 생산되고 따라서 화폐
M141 로의 전화를 거쳐야만 한다는 사실 때문에) 발생하는 것이므로 이들 비용

14) 1841년 토머스 코벳은 9개월 동안 밀을 저장하는 비용이 양적인 손실 0.5%, 밀 가격에 대한 이자 3%, 창고료 2%, 선적 및 운반 비용 1%, 인도(引渡)작업 0.5%, 합계 7%〔혹은 밀 1쿼터의 가격 50실링에 대하여 3실링 6펜스〕라고 계산하였다(코벳, 『개인적 부의 원인과 그 양식에 대한 연구』, 런던, 1841, 140쪽). 철도위원회에서 리버풀 상인들이 한 증언에 따르면 1865년 곡물저장에 소요된 (순)비용은 월 1쿼터당 2펜스〔혹은 1톤당 10펜스〕였다(『왕립철도위원회』, 1867, 증언록, 19쪽, 제331번).

은 제1절에서 상술한 유통비와 그 성격이 똑같다. 한편 상품의 가치가 여기에서 보존되거나 증식되는 것은 사용가치〔즉 생산물 그 자체〕가 자본투하를 요구하는 특정한 물적 조건에 처해 있고, 또 작업조건이 사용가치에 추가노동을 가해야 할 필요가 있기 때문이다. 그러나 상품가치의 계산이나 이 과정에 관한 부기, 매매거래 등은 사용가치(상품가치가 그 속에 존재하는)에 아무런 영향도 미치지 못한다. 그것들은 단지 상품가치의 형태하고만 관계가 있을 뿐이다. 그러므로 위에서 언급한 경우처럼 재고형성에 수반되는 부대비용(여기에서 그것은 비자발적인 것이다)은 단지 형태전환의 정체와 형태전화의 필요 때문에 발생하긴 하지만 다음과 같은 점에서 제1절에서 언급한 부대비용과는 구별된다. 즉 이들 대상 그 자체가 가치의 형태전화가 아니라 가치의 유지라는 점에서 이 가치는 생산물(사용가치)로서 상품 속에 존재하며 따라서 생산물(사용가치) 그 자체의 유지를 통해서만 보존될 수 있다. 여기에서 사용가치는 전혀 증가하지 않고 오히려 감소한다. 그러나 그 감소는 제한적인 수준에서 그치고 사용가치는 그대로 존속한다. 또한 여기에서는 상품 속에 존재하는 선대된 가치도 증가하지 않는다. 그러나 새로운 노동—대상화된 노동과 산 노동 모두—은 부가된다.

이제 더 연구해야 할 부분은 이런 부대비용이 어느 정도까지 상품생산 일반〔즉 일반적이고 절대적인 형태의 상품생산, 말하자면 자본주의적 상품생산〕의 독특한 성격으로부터 발생하는가, 그리고 또 다른 한편 이들 부대비용이 어느 정도까지는 모든 사회적 생산에 공통적이고 어느 정도까지는 단지 자본주의적 생산 내에서만 나타나는 특수한 형태〔하나의 특수한 현상형태〕인가 하는 문제이다.

애덤 스미스는 재고형성이 자본주의적 생산에 고유한 현상이라는 황당무계한 견해를 내세웠다.[15] 그와 반대로, 예를 들면 레일러(J. Lalor)와 같

15) 『국부론』 제2권, 서론.

은 보다 최근의 경제학자들은 재고형성이 자본주의적 생산의 발전에 따라 감소한다고 주장한다. 시스몽디는 재고형성을 자본주의적 생산의 어두운 면이라고까지 간주한다.†10

사실상 재고는 세 가지 형태, 즉 생산자본의 형태, 개인적 소비기금의 M142 형태, 상품재고 또는 상품자본의 형태로 존재한다. 재고는 절대량에서는 세 형태 모두에서 동시에 증가할 수 있지만 상대적으로는 한 형태에서 증가하면 다른 형태에서는 감소한다.

생산이 자기수요를 직접 충족하기 위해 이루어지고 교환이나 판매를 위해 생산되는 부분은 매우 작아서 사회적 생산물이 전혀 상품의 형태를 취하지 않거나 비교적 작은 부분만이 상품의 형태를 취하는 경우에는 상품형태의 재고〔상품재고〕가 전체 부(富)에서 차지하는 비중이 매우 작으리라는 것은 애초부터 명백한 사실이다. 그러나 이 경우 소비기금〔특히 본래적인 의미에서 생활수단의 소비기금〕은 비교적 그 비중이 크다. 그것은 전통적 방식의 농민경제를 보면 금방 알 수 있다. 거기에서는 생산물 가운데 압도적인 부분이 상품재고를 형성하지 않고—이는 생산물이 그 소유자의 수중에 머물러 있기 때문이다—곧바로 생산수단이나 생활수단의 재고로 전화한다. 이들은 상품재고의 형태를 띠지 않으며 바로 그 때문에 스미스는 이런 생산양식에 기초한 사회에는 재고가 존재하지 않는다고 주장했다. 그는 재고의 형태를 재고 그 자체와 혼동하고 이제까지의 사회는 하루 벌어 하루 먹었고 다음 날의 일은 다음 날의 운수에 맡겼다고 믿었다.16) 이것은 유치한 오해이다.

16) 스미스가 잘못 생각한 것처럼 재고형성은 처음에 생산물이 상품으로, 소비용 재고가 상품재고로 전화되면서 발생하는 것이 아니다. 오히려 이들 형태변화는 자가수요를 위한 생산에서 상품생산으로 이행하는 동안 생산자의 경제에 심각한 공황을 발생시킨다. 예를 들어 인도에서는 극히 최근까지 '풍년에는 거의 필요가 없는 곡물을 대량으로 저장하는 관습'이 유지되었다(『벵골과 오리사의 기근에 관한 하원 보고서』, 제1부, 제74번, 1867, 230~231쪽). 미국의 남북전쟁 때문에 면화, 황마 등에 대한 수요가 급격히 증가하자 인도 여러 지역에서는 벼 경작이 급감하고 쌀값이 상승하여 생산자들은 종래의 비축미를 판매하기에 이르렀다. 거기에다

생산자본 형태의 재고는 생산수단 형태로 존재하는데 그것은 이미 생산과정 내에 있거나 혹은 적어도 생산자의 수중에 있다. 다시 말해서 이미 잠재적으로 생산과정에 있다. 앞서 보았듯이 노동생산성이 발전하면〔그 M143 리하여 자본주의적 생산양식—이것은 이전의 모든 생산양식보다 훨씬 더 노동의 사회적 생산력을 발전시킨다—도 함께 발전하면〕 노동수단의 형태로 과정에 합체되어 일정 기간 동안 과정 내에서 끊임없이 반복해서 기능하는 생산수단(건물, 기계 등)의 양이 점차 늘어난다. 이런 증대는 노동의 사회적 생산력이 발전해나가기 위한 전제이자 동시에 그 결과이기도 하다. 이런 형태로 존재하는 부가 절대적으로는 물론 상대적으로도 증가하는 것(제1권 제23장 제2절 참조)은 무엇보다도 자본주의적 생산양식의 특징이다. 그러나 불변자본의 소재적 존재 형태〔즉 생산수단〕는 이런 종류의 노동수단뿐만 아니라 매우 다양한 가공 단계에 있는 노동재료와 보조재료로 구성되어 있다. 생산규모가 증대하고 협업, 분업, 기계에 의해 노동생산력이 상승함에 따라 매일매일 재생산과정에 들어가는 원료, 보조재료의 양도 함께 증가한다. 이들 요소는 생산장소에 미리 마련되어 있어야만 한다. 따라서 생산자본 형태로 존재하는 이들 재고의 양은 절대적으로 증가한다. 과정이 계속 진행되기 위해서는—이들 재고가 매일 갱신될 수 있는지 혹은 일정 기간이 지나야만 갱신될 수 있는지의 문제는 무시한다—예를 들어 매일(또는 매주) 소비되는 것보다 더 많은 양의 원료가 항상 생산장소에 쌓여 있어야만 한다. 과정이 계속 진행되기 위해서는 또한 과정의 여러 조건들이 제때에 갖추어지지 못하는 일—즉 매일매일의 구입과정에서 발생할 수 있는 중단 때문에, 혹은 상품생산물의 판매가 매일(혹은 매주) 이루어지기 때문에, 혹은 그로 인해 상품생산물의 생산요

1864~66년 오스트레일리아, 마다가스카르 등지로 전례 없는 쌀의 수출이 이루어졌다. 이로 인해 1866년 극심한 기근이 일어났는데 이 기근으로 오리사 1개 주에서만 100만 명이 사망하였다(앞의 책, 174, 175, 213, 214쪽, 제3부 「비하리의 기근에 관한 기록」, 32, 33쪽. 이들 글에서는 기근의 원인 가운데 하나로 '기존 재고의 유출'을 강조한다〔제2고에서 발췌〕).

소로의 재전화가 단지 불규칙적으로만 이루어지기 때문에 — 이 있어서는 안 된다. 그러나 생산자본은 분명 매우 다양한 크기로 잠재적인 상태를〔즉 재고의 형태를〕 취할 수 있다. 예를 들어 방적업자가 준비해두어야 하는 면화나 석탄의 재고가 3개월분이냐 1개월분이냐 하는 것은 큰 차이이다. 분명 이런 재고는 절대적으로는 증가해도 상대적으로는 감소할 수 있다.

이것은 다양한 조건들에 의존하지만 모든 조건은 본질적으로 원료의 필요량을 신속하고 규칙적이며 안정적으로 공급함으로써 중단이 발생하지 않도록 하기 위한 것이다. 이들 조건이 충족되지 않으면 않을수록, 따라서 공급의 속도와 규칙성 및 안정성이 떨어지면 떨어질수록 생산자의 수중에서 가공되기를 기다리는 생산자본의 잠재적인 부분〔즉 원료 등의
M144 재고〕은 그만큼 더 많아야 한다. 이들 조건은 자본주의적 생산의 발전 정도〔따라서 사회적 노동생산력의 발전 정도〕에 반비례한다. 따라서 이런 형태의 재고도 역시 그에 반비례한다.

그러나 이때 재고의 감소로 나타나는 것(예를 들면 레일러의 견해에서 나타나듯이)은 부분적으로 상품자본의 형태로 존재하는 재고〔즉 본래적인 의미에서 상품재고〕의 감소에 불과하다. 따라서 이것은 동일한 재고의 형태변화에 불과하다. 예를 들어 첫째, 매일 국내에서 생산되는 석탄의 양이 많다면〔즉 석탄 생산의 규모와 능력이 크다면〕 방적업자는 생산의 연속성을 확보하기 위하여 대량의 석탄을 저장할 필요가 없다. 석탄 공급이 안정적이고 꾸준히 반복되기 때문에 그럴 필요가 없게 되는 것이다. 둘째, 한 과정의 생산물이 생산수단으로 다른 과정에 이전되는 속도는 운수교통기관의 발전에 좌우된다. 이 경우 운송비의 수준이 중요한 역할을 한다. 예를 들어 운송비가 비교적 낮을 때 많은 양의 석탄을 저장해두는 것이, 석탄을 탄광에서 방적공장까지 계속 반복적으로 수송하는 것보다는 더 싸게 먹힐 것이다. 지금까지 이야기한 이들 두 경우는 모두 생산과정 그 자체에서 발생한다. 셋째, 신용제도의 발달도 영향을 미친다. 방적업자

가 자신의 면화, 석탄 등의 재고 갱신을 위해 면사의 직접적인 판매에 덜 의존하면 할수록—신용제도가 발달할수록 이런 직접적인 의존은 더욱 낮아질 것이다—면사 판매의 우연성에 의존하지 않고 연속적으로 면사 생산을 일정한 규모로 유지하기 위해 필요한 이들 재고의 상대적인 양은 더욱 적어질 수 있을 것이다. 그러나 넷째, 많은 원료나 반(半)제품 등은 생산에 비교적 오랜 기간이 소요되는데 이는 특히 농업에서 공급되는 온갖 원료들이 그러하다. 그러므로 생산과정의 중단이 발생하지 않게 하려면 새로운 생산물이 기존의 생산물을 대체할 수 없는 기간 동안 원료의 일정 재고가 존재하여야 한다. 만일 이 재고가 산업자본가의 수중에서 감소한다면 그것은 이 재고가 상품재고의 형태로 상인의 수중에서 증가하였다는 것을 의미할 뿐이다. 예를 들어 운송기관이 발달하면 수입항에 있는 면화를 신속하게 리버풀에서 맨체스터로 이송할 수 있게 되고 공장주는 자신의 면화 재고를 필요에 따라 비교적 적은 비율로 갱신할 수 있게 된다. 그러나 그럴 경우 그 면화는 그만큼 대량의 상품재고로 리버풀 상인의 수중에 머무르게 된다. 따라서 이것은 단지 재고의 형태변화에 불과한데 레일러 등은 이 점을 간과하였다. 그리고 사회적 자본의 측면에서 볼 때에도 이 경우에는 같은 양의 생산물이 재고형태로 존재하게 된다. 예를 들어 M145 1년 동안 한 나라에서 준비해야 할 필요량은 운송기관의 발달에 따라 감소한다. 많은 범선과 기선이 미국과 영국 사이를 왕복한다면 영국으로서는 면화 재고를 갱신할 기회가 늘어나는 한편 국내에 저장해두어야 할 면화 재고의 평균량은 감소할 것이다. 세계시장의 발달과 그에 따라 동일한 물품의 공급원이 다양해지는 것도 같은 영향을 미친다. 동일한 물품이 여러 나라에서 여러 기간에 걸쳐 조금씩 공급될 것이기 때문이다.

ㄴ. 본래적 의미의 상품재고

이미 본 것처럼 자본주의적 생산에서는 상품이 생산물의 일반적 형태이며, 자본주의적 생산이 양적으로나 질적으로 발전하면 할수록 그 경향은 가속화한다. 따라서 자본주의적 생산이 발달한 곳에서는 (생산규모가 같을 경우에도) 생산물 가운데 상품으로 존재하는 부분의 비율이 자본주의 이전의 생산양식이나 아직 덜 발달된 자본주의 생산양식에 비해 훨씬 더 높다. 그러나 모든 상품은〔따라서 모든 상품자본(그냥 상품에 불과하지만 그 상품이 자본가치의 존재형태인)도〕 생산영역에서 직접 생산적 소비나 개인적 소비로 들어가지 않고 생산과 소비의 중간인 시장에 있는 한 상품재고의 한 요소를 이룬다. 따라서 (생산규모가 불변일 경우) 상품재고〔즉 생산물의 상품형태가 독립하여 고정된 것〕 그 자체는 자본주의적 생산이 진행됨에 따라 증가한다. 위에서 이미 본 것처럼 이것은 단지 재고의 형태변화에 불과하다. 즉 한쪽에서 상품형태의 재고가 증가하는 것은 다른 한쪽에서 직접적인 생산용 혹은 소비용 형태의 재고가 감소하기 때문이다. 이것은 재고의 사회적 형태가 변화된 것에 불과하다. 만약 사회적 총생산물에 비해 상품재고의 상대적 크기가 증가할 뿐만 아니라 동시에 그 절대적인 크기도 증가한다면 그것은 자본주의적 생산이 발전함에 따라 총생산물의 크기가 증대하였기 때문이다.

자본주의적 생산의 발전에 따라 생산규모는 생산물에 대한 직접적 수요에 의해 결정되기보다는, 개별 자본가가 다루는 자본의 크기와 그 자본의 증식운동, 그리고 그의 생산과정의 연속과 확대의 필요에 점점 더 큰 영향을 받아 결정된다. 이와 함께 개별 생산부문에서는 상품으로 시장에 나와 있는 생산물〔즉 판로를 찾고 있는 생산물〕의 양이 필연적으로 증가
M146 한다. 상품자본의 형태로 일정 기간 동안 고정되는 자본의 양은 증가한다. 따라서 상품재고도 증가한다.

마지막으로 사회 구성원 가운데 대다수는 임노동자〔일주일 단위로 임금을 받아 매일매일 지출하는 형태로 그날 벌어 그날 먹는 사람들〕로 전화하고 이들은 생활수단을 재고형태로 마련해두어야만 한다. 이들 재고의 각 요소가 아무리 유동적이라고 하더라도 재고가 끊임없이 흘러가기

위해서는 그들 요소 가운데 한 부분은 항상 정체되어 있어야만 한다.

이들 모든 계기는 생산의 형태로부터 발생하는 것이며 또한 이 형태에 포함되어 있는 형태변화(생산물이 유통과정에서 겪어야만 하는)로부터 발생하는 것이다.

생산물 재고의 사회적 형태가 어떤 것이든, 그것의 보관에는 생산물을 저장하는 공간으로 건물, 용기 등이 필요하고 또한 해로운 영향을 막기 위해 지출해야만 하는 노동과 생산수단에 대한 비용(생산물의 성질에 따라 액수가 달라지는)도 필요하게 된다. 재고가 사회적으로 집중되면 될수록 이들 비용은 상대적으로 점점 더 줄어든다. 이런 비용은 물적 형태이든 살아 있는 형태이든 언제나 사회적 노동(자본주의적 형태에서는 자본투하)의 일부를 이루는데 그것들은 생산물 형성 그 자체에는 들어가지 않고 오히려 생산물에서 공제되는 부분을 이룬다. 그것들은 반드시 필요한 것으로서 사회적 부의 부대비용이다. 그것은 상품재고의 요소인 사회적 생산물의 존재가, 생산의 사회적 형태〔즉 상품형태〕나 그 필연적인 형태전화로부터 생기는 것이든, 혹은 우리가 상품재고를 단지 생산물 재고의 한 특수한 형태(비록 유통과정에 속하는 생산물 재고형태인 상품재고의 형태는 띠지 않더라도, 모든 사회에 공통적인)로만 보든 상관없이, 사회적 생산물의 유지비에 속한다.

이제 이런 비용이 상품가치에 어느 정도까지 포함될 것인지의 문제를 살펴보기로 하자.

만약 자본가가 생산수단과 노동력에 선대한 자신의 자본을 생산물〔즉 판매를 위한 일정량의 상품〕로 전화시켰는데 이들 상품이 팔리지 않고 있다면, 이 기간 동안 단지 그의 자본의 가치증식과정만 정체된 것이 아니다. 이 재고를 유지하는 데 필요한 건물, 추가노동 등에 대한 지출은 곧바로 손실이 된다. 만약 그가 마지막 구매자에게 다음과 같이 말한다면 그 구매자는 그를 비웃을 것이다. "나는 6개월 동안 내 상품을 팔 수 없었고 이 기간 동안 상품을 보존함으로써 상당량의 자본을 놀렸을 뿐만 아니라 M147 x라는 액수의 부대비용까지 지출하였습니다." 구매자는 이렇게 말할 것이다. "그것 참 안됐군요. 그런데 바로 당신 이웃에 판매자가 또 한 사람 있는데 그의 상품은 불과 이틀 전에 완성되었습니다. 당신의 상품은 재고품이고 시간이 흘렀기 때문에 아마도 다소간 망가졌을 것입니다. 따라서 당신은 당신의 경쟁자보다 싸게 팔아야만 할 것입니다." 상품생산자가 그 상품의 실제 생산자인지 아니면 실제 생산자를 대신할 뿐인 자본주의적 생산자인지는 상품의 존재조건에 아무런 영향도 미치지 않는다. 그는 자신의 물품을 화폐로 전화시켜야 한다. 그 물품이 상품형태로 고정되어 있기 때문에 발생하는 부대비용은 상품의 구매자와는 아무런 상관이 없는, 그 자신만의 개인적인 문제일 뿐이다. 구매자는 그의 상품의 유통기간에 대해 아무런 비용도 지불하지 않는다. 실제 혹은 가상의 가치혁명 시기에 자본가가 그의 상품을 고의로 시장에 내놓지 않을 경우에도 그가 추가 부대비용을 실현할 것인지 아닌지는 이 가치혁명이 실제로 일어날 것인지, 혹은 그의 투기가 얼마나 정확했는지 그렇지 않은지에 달려 있다. 그러나 가치혁명은 그의 부대비용의 결과가 아니다. 따라서 재고형성이 유통의 정체인 한 그로 인해 발생한 비용은 상품가치에 부가되지 않는다. 다른 한편 유통영역에서의 정체 없이는〔즉 자본이 일정 기간 동안 상품형태로 머물러 있지 않으면〕 재고는 있을 수 없다. 따라서 마치 준비금(Geldreserve)의 형성 없이는 화폐가 유통될 수 없는 것처럼 유통의 정체가 없으면 재고도 있을 수 없다. 따라서 상품재고가 없으면 상품유통도 없다. 자본가는 W′—G′에서는 이런 필연성과 직면하지 않지만 G—W에서는 이런 필연성과 만나게 될 것이다. 이 필연성은 자본가 자신의 상품자본과 관련된 것이 아니라, 그를 위해 생산수단을 생산하고 그의 노동자를 위해 생활수단을 생산하는 다른 자본가의 상품자본과 관련된 것이다.

재고형성이 자발적인지 혹은 비자발적인지〔즉 상품생산자가 재고를 고의로 유지하는지 혹은 유통과정 자체의 사정 때문에 판매가 되지 않아 생산물이 재고로 되었는지〕는 사태의 본질에 아무런 변화도 가져올 수 없을 것처럼 보인다. 그러나 이 문제의 해결을 위해서는 자발적 재고형성과 비자발적 재고형성을 구분 짓는 것이 무엇인지를 알아두는 것이 유익하다. 비자발적 재고형성은 상품생산자의 지식과는 무관하게 그의 의지를 거스르는 유통의 정체에서 생긴 것이거나 혹은 바로 그런 유통의 정체와 같은 것이다. 그러면 자발적 재고형성의 특징은 무엇인가? 판매자는 가능한 한 그의 상품을 빨리 처분하려고 한다. 그는 항상 생산물을 상품으로 M148
내놓는다. 만약 그가 그것을 판매에서 제외한다면 그것은 상품재고의 실제(ἐνεϱγεία) 요소가 아니라 단지 잠재적인(δυνάμει) 요소를 이룰 것이다. 그에게 상품 그 자체는 여전히 교환가치의 담지자에 지나지 않으며, 또한 상품이 그런 교환가치의 담지자로 기능할 수 있는 것은 그것이 상품형태를 벗어던지고 화폐형태를 취함으로써만(그리고 그러고 나서야) 비로소 가능하다.

주어진 기간의 수요를 충족하기 위해서는 상품재고가 일정 수준을 유지해야만 한다. 이때 구매자의 범위가 계속해서 확대된다는 점도 고려되어야 한다. 예를 들어 하루 동안의 수요를 충족하기 위해서는 시장에 있는 상품 가운데 일부가 흘러가면서 화폐로 전환되는 동안 다른 일부는 끊임없이 상품형태로 머물러 있어야만 한다. 다른 부분이 흘러가고 있는 동안 정체되어 있던 부분은 재고량 자체의 감소와 함께 점차 감소하고 결국은 최종적으로 모두 판매된다. 이 경우 상품의 정체는 상품판매의 필수적인 조건으로 간주된다. 더욱이 그 크기는 평균적인 판매〔혹은 평균적인 수요〕보다 더 커야만 한다. 그렇지 않으면 이들 평균을 넘는 초과분의 수요는 충족될 수 없을 것이다. 다른 한편 재고는 끊임없이 소진되기 때문에 지속적으로 갱신되어야만 한다. 이런 갱신은 결국 생산에 의해서만〔즉 상품공급에 의해서만〕 이루어질 수 있다. 이 공급이 외국에서 오든 아니든 그것은 중요하지 않다. 갱신은 상품의 재생산에 필요한 기간에 좌우된다. 상품재고는 이 기간 동안의 수요를 모두 충족하기에 충분해야만 한다. 재고가 최초 생산자의 수중에 머물러 있지 않고 도매상을 거쳐 소매상에 이르기까지 여러 저장소를 거친다는 사실은 단지 현상만 변화시킬 뿐 본질 그 자체는 변화시키지 않는다. 사회적으로 보면 상품이 개인적 소비나 생산적 소비에 들어가지 않는 한 자본 가운데 일부는 여전히 상품재고의 형태로 존재한다. 생산자 자신은 생산에 직접 좌우되지 않고 안정적인 고객을 확보하기 위하여 자신의 평균적 수요에 상응하는 재고를 유지하려고 한다. 생산기간에 대응하여 매입시기가 형성되고 상품은 같은 종류의 새로운 상품으로 보충될 때까지 일정 기간 동안 재고를 형성한다. 이런 재고형성을 통해서만 유통과정〔따라서 유통과정을 포함하는 재생산과정〕은 지속적으로 이어질 수 있다.

M149 염두에 두어야 할 것은 W가 여전히 시장에 있다고 하더라도 W의 생산자에게는 W′—G′이 이미 끝났을 수도 있다는 점이다. 만약 생산자가 자신의 상품이 최종 소비자에게 팔릴 때까지 그것들을 재고로 가지고 있으려면 그는 한편으로는 상품생산자로서 다른 한편으로는 상인으로서 이중의 자본을 가동하여야만 할 것이다. 상품 그 자체로서는—그것을 개별 상품으로 보든 혹은 사회적 자본의 구성 부분으로 보든—재고를 형성하는 비용을 상품생산자가 부담하든 혹은 A에서 Z까지 일련의 상인들이 부담하든 그것은 별로 중요하지 않다.

상품재고가 단지 재고—만약 상품재고로 존재하지 않는다면 주어진 사회적 생산 수준에서 생산용 재고(잠재적 생산기금)나 소비기금(소비수단의 준비금)으로 존재할—의 상품형태에 불과하다면 재고의 유지에 필요한 비용〔재고형성비용, 즉 재고형성에 사용되는 대상화된 노동이나 산 노동〕도 단지 사회적 생산기금이나 사회적 소비기금의 유지비가 전화한 것에 불과하다. 이 비용이 야기하는 상품가치의 증가는 이 비용을 단지 일정 비율에 따라 여러 상품들에 배분한 것에 불과한데 이는 상품 종류에 따라 그 비용이 달라지기 때문이다. 그리고 재고형성비용은 비록 그것이 사회적 부의 존재조건 가운데 하나이긴 하지만 역시 사회적 부에서 공제되는 부분에 해당한다.

상품재고가 상품유통의 조건이고 상품유통 내에서 필연적으로 발생하는 형태인 한, 다시 말해서 화폐준비의 형성이 화폐유통의 조건인 것과 꼭 마찬가지로 이런 외관상의 정체가 흐름 그 자체의 형태인 한 — 단지 이런 한에서만 이 정체는 정상적인 것이다. 반면 유통의 저수지에 머물러 있는 상품이 그 뒤에 계속되는 생산의 흐름에 곧바로 자리를 만들어주지 않아 저수지가 넘쳐버리게 되면, 마치 화폐유통이 정체되면 축장화폐가 늘어나는 것과 마찬가지로, 유통의 정체로 인해 상품재고가 늘어나게 된다. 이런 정체가 산업자본가의 창고에서 일어나든 상인의 창고에서 일어나든 그것은 마찬가지이다. 이 경우 상품재고는 판매가 중단 없이 이루어지기 위한 조건이 아니라 상품이 판매되지 않음으로써 발생하는 결과이다. 비용은 동일하지만 이제 이 비용은 순전히 형태로부터〔즉 상품을 화폐로 전화시킬 필요와 이런 형태변화의 어려움으로부터〕 발생하는 것이기 때문에, 이는 상품가치에 들어가는 것이 아니라 공제 부분을 이루며 가치실현에서의 가치손실이다. 재고의 정상적인 형태와 비정상적인 형태를 형태만으로는 구별할 수 없고 양쪽 모두 유통의 정체이기 때문에 이 두 현상은 혼동하기 쉬운 것이다. 게다가 생산자의 입장에서는 이미 상인의 손에 넘 M150
겨진 자기 상품의 유통과정이 정체되어 있어도 자신의 자본 유통과정은 계속될 수 있기 때문에 스스로 기만당하기 쉽다. 다른 조건이 불변인 한 생산과 소비가 팽창하면 상품재고도 마찬가지로 팽창한다. 상품재고는 똑같은 속도로 갱신되고 흡수되지만 그 규모는 이전보다 더 커지게 된다. 따라서 유통의 정체에 의한 상품재고의 팽창이 재생산과정의 확대 징조로 오인될 수 있는데 이는 특히 신용제도의 발달에 따라 현실의 운동이 신비화하면 더욱 그렇게 오인될 수 있다.

재고형성비용의 구성요소는 다음 세 가지이다. ① 생산물의 양적인 감소(예를 들면 밀가루 재고), ② 품질의 손상, ③ 재고의 유지를 위해 필요한 대상화된 노동과 산 노동.

제3절 운송비

여기에서 포장, 상품분류 등과 같은 유통비의 세부 항목까지 모두 파고들 필요는 없다. 일반적인 법칙에 따르면 상품의 형태전화에서 발생하는 유통비는 어떤 것도 상품에 가치를 부가하지 않는다. 유통비는 가치실현을 위한, 또는 가치를 한 형태에서 다른 형태로 이전하기 위한 비용에 지나지 않는다. 이런 비용에 지출된 자본(이 자본의 통제하에 이루어진 노동도 포함하여)은 자본주의적 생산의 부대비용에 속한다. 그것은 잉여생산물로부터 보전되어야 하는데, 전체 자본가계급의 입장에서 보면 그것은 잉여가치 또는 잉여생산물에서 공제되는 부분을 이룬다. 그것은 마치 노동자에게 그가 자신의 생활수단을 구입하는 데 사용한 시간이 손실시간인 것과 마찬가지이다. 그러나 운송비는 매우 중요한 역할을 하기 때문에 여기서 간단하게나마 살펴보기로 한다.

자본순환 내에서는, 그리고 자본순환의 한 국면을 이루는 상품의 형태변화 내에서는 사회적 노동의 신진대사가 수행된다. 이런 신진대사는 생산물의 장소 변경, 즉 한 지점에서 다른 지점으로의 실제 운동이 필요할 수 있다. 그런데 상품유통은 상품의 물리적인 운동 없이도 이루어질 수 있고 생산물의 운송은 상품유통 없이도(심지어 생산물의 직접적 교환 없이도) 이루어질 수 있다. A가 B에게 가옥을 파는 경우 가옥은 상품으로 유통되긴 하지만 장소를 옮기는 것은 아니다. 면화나 선철과 같이 이동 가능한
M151 상품가치도 상품창고에서 장소를 옮기지 않은 채 여러 차례 유통과정을 경과하고 투기업자에게 판매되었다가 다시 구매되기도 한다.[17] 여기에서 실제로 움직이는 것은 물건 그 자체가 아니라 물건의 소유권이다. 다른 한편 잉카제국에서는 사회적 생산물이 상품으로 유통되지도 않고 교환을

17) 슈토르흐(H. F. Storch)는 이것을 가공(架空)의 유통(Circulation factice)이라고 불렀다.

통해 분배되지도 않았지만 운수업이 중요한 역할을 수행하였다.

따라서 자본주의적 생산의 기초 위에서는 운수업이 유통비의 원인으로 나타나지만 이런 특수한 현상형태가 문제의 본질을 변화시키는 것은 결코 아니다.

생산물의 양은 운송에 의해 늘어나지 않는다. 또한 운송에 의해 일어날 수 있는 생산물의 자연적 성질 변화도 몇몇 예외를 제외하면, 의도된 유용효과가 아니라 불가피한 해악일 뿐이다. 그러나 물건의 사용가치는 단지 그것을 소비함으로써만 실현되고 그 소비는 이들 물건의 장소 변경〔즉 운수업의 추가 생산과정〕이 필요할 수 있다. 따라서 운수업에 투하된 생산자본은 일부는 운송수단에 의한 가치의 이전을 통해서, 그리고 다른 일부는 운송노동을 통한 가치의 부가를 통해서 운송되는 생산물에 가치를 부가한다. 모든 자본주의적 생산에서와 마찬가지로 운수노동에 의한 이런 가치부가는 임금의 보전과 잉여가치로 이루어진다.

각 생산과정 내에서 노동대상의 장소변화와 거기에 필요한 노동수단 및 노동력—예를 들어 면화를 소면실에서 방적실로 옮기거나 석탄을 갱내로부터 지표로 끌어 올릴 경우—은 중요한 역할을 한다. 완성된 생산물이 완성된 상품으로서 한 독립적 생산 장소에서 멀리 떨어진 다른 생산장소로 옮겨 가는 것은 똑같은 현상을 단지 보다 큰 규모로 보여주는 것에 불과하다. 생산물이 한 생산장소에서 다른 생산장소로 옮겨지는 데 이어 완성된 생산물이 생산영역에서 소비영역으로 옮겨지는 과정이 뒤따른다. 생산물은 이들 운동을 모두 완료하고 나서야 비로소 소비할 준비를 마치게 된다.

앞서 본 바와 같이 일반적인 상품생산 법칙에 따르면 노동생산성은 노동에 의해 창출된 가치에 반비례한다. 이 법칙은 다른 모든 산업에서와 같이 운송업에도 해당된다. 상품을 일정 거리만큼 운송하는 데 필요한 노동량(죽은 노동과 산 노동 모두)이 적으면 적을수록 노동생산성은 더 높아 M152
지고 이는 반대의 경우에도 그대로 적용된다.[18] 다른 조건이 불변이라면 운송이 상품에 부가하는 가치의 절대적인 크기는 운수업의 생산력에 반비례하고 운송되는 거리에 정비례한다.

다른 조건이 불변이라면 운송비에 의해 상품가격에 부가되는 상대적인 가치 부분은 그 상품의 용적 및 중량에 정비례한다. 그러나 많은 가변적인 요소들이 있다. 예를 들어 물품이 얼마나 쉽게 파손될 수 있는지, 얼마나 쉽게 부패될 수 있는지, 혹시 폭발성이 있는지 등에 따라 운송에는 각각의 중요한 예방조치들이 필요하고 그에 따라 일정한 노동과 노동수단의 지출이 필요하다. 이 점과 관련하여 철도왕들은 식물학자나 동물학자보다 더 비상한 천재성을 발휘하여 기발한 발명들을 해왔다. 예를 들어 영국 철도에서는 물품 분류 목록이 여러 권의 책을 채울 수 있을 만큼 풍부하게 이루어져 있는데 일반적인 원칙에서 볼 때 거기에는 물품의 다양한 자연적 성질을 하나하나 운송상의 약점으로 분류하여 판에 박힌 사기의 구실로 삼으려는 의도가 내재해 있다.

이전에는 크레이트(일정 용적의 상자 단위)당 11파운드스털링 하던 유리가 이제는 산업의 진보와 유리세(稅)의 폐지 결과 2파운드스털링밖에 하지 않지만, 운송비는 이전과 마찬가지로 비싸고 수로 운송일 때는 이전보다 더 비싸졌다. 이전에는 납 세공(細工)에 들어가는 유리와 유리제품은 버밍엄에서 50마일 이내에서는 톤당 10실링으로 운송되었다. 이제는 물품이

---

18) 리카도는 장 바티스트 세이(J. B. Say)를 인용하여 운송비로 생산물의 가격〔혹은 가치〕을 높이는 것이 상업의 축복 가운데 하나라고 간주한다. 세이는 다음과 같이 쓴다. "상업을 통해서 우리는 상품을 처음 만들어진 장소에서 획득하여 다른 소비지로 옮길 수 있다. 따라서 상업은 처음 장소에서의 상품가격과 두 번째 장소에서의 상품가격의 차액만큼 상품가격을 높일 수 있다." †11 리카도는 여기에 다음과 같은 설명을 덧붙였다. "그렇다. 그러나 이 추가가치는 어떻게 상품에 부가되는가? 그것은 첫째 생산비에 운송비를 부가하고 둘째 상인의 선대자본에 대한 이윤을 부가하는 방식으로 이루어진다. 그 상품의 가치가 커지는 이유는 다른 모든 상품의 가치가 커지는 이유와 마찬가지로 소비자가 그 상품을 구입하기 전에 생산과 운송에 그만큼의 추가 노동이 소비되었기 때문이다. 이것을 상업이 갖는 특별한 이점이라고 말할 수는 없다."(리카도, 『경제학 원리』, 제3판, 런던, 1821, 309, 310쪽.)

> 파손되기 쉽다는 위험을 구실로 그 운임이 세 배로 인상되었다. 그러나 실제로 그것이 파손되더라도 철도회사는 그것을 변상하지 않는다.[19]

게다가 운송비로 인해 물품에 부가되는 상대적인 가치 부분이 물품의 M153
가치에 반비례한다는 사실에 근거하여 철도왕들은 물품의 가치에 정비례하여 운임을 부과하였다. 이 점과 관련된 산업가와 상인의 불평은 방금 인용한 보고서의 증언록에서 자주 발견된다.

자본주의 생산양식은 운수교통기관의 발달에 따라, 그리고 또한 운송의 집중〔규모의 확대〕에 따라 개별 상품의 운송비를 감소시킨다. 자본주의 생산양식은 첫째 모든 생산물의 대부분을 상품으로 전화시킴으로써, 그리고 둘째 근거리 시장을 원격지 시장으로 대체함으로써, 사회적 노동(산 노동과 대상화된 노동 모두) 가운데 상품운송에 지출되는 부분을 증가시킨다.

유통, 즉 상품이 공간적으로 실제 이동하는 것은 상품의 운송으로 귀착된다. 운수업은 한편으로는 독자적인 생산부문〔따라서 생산자본의 특수한 투하영역〕을 형성하고 다른 한편으로는 그것이 유통과정 내부의〔그리고 유통과정을 위한〕 생산과정에 연속적으로 나타난다는 점에 의해 구별된다.

19) 『왕립철도위원회』, 31쪽, 제630번.

제2편

자본의 회전

제7장

회전기간과 회전수

우리는 자본의 총유통(Zirkulation)기간이 그 자본의 순 유통(Umlauf) M154 기간과 생산기간의 합과 같다는 것을 보았다. 이것은 자본가치가 일정한 형태로 선대된 순간부터 같은 형태의 기능하는 자본가치로 되돌아올 때까지의 기간을 가리킨다.

자본주의적 생산의 목적은 항상 선대된 가치의 증식으로 정해져 있다. 이때 선대되는 가치가 독립적인 형태(즉 화폐형태)를 취하는가 아니면 상품—이 경우 상품의 가치형태는 선대된 상품의 가격을 통해서 단지 관념적으로만 독립성을 지닌다—의 형태를 취하는가는 중요하지 않다. 두 경우 모두, 자본가치는 그 순환과정 동안 다양한 존재형태를 거치며, 그것의 정체성은 자본가의 장부〔혹은 계산화폐의 형태〕를 통해서 확인된다.

G……G′의 형태를 취하든 P……P의 형태를 취하든 양자는 모두 ① 선대된 가치가 자본가치로 기능하여 자신을 증식한다는 점과 ② 이 가치는 그 과정이 완료된 후 원래 출발했던 형태로 되돌아간다는 점을 함축한다.

선대된 가치 G의 증식과 동시에 이 형태(화폐형태)로의 자본의 복귀는 G……G′에서 명백히 볼 수 있다. 그러나 똑같은 일이 두 번째 형태에서도 일어난다. 왜냐하면 P라는 출발점은 생산요소〔즉 주어진 가치를 갖는 상품〕의 현존재이기 때문이다. 이 형태는 이 가치의 증식(W′과 G′)과 원래 형태로의 복귀를 포함한다. 왜냐하면 두 번째 P에서 선대된 가치는 처음 선대될 때의 형태인 생산요소의 모습을 다시 취하기 때문이다.

M155 우리는 앞에서 이미 다음과 같은 사실을 보았다: "만일 생산이 자본주의적 형태를 취한다면 재생산도 마찬가지일 것이다. 자본주의적 생산양식에서 노동과정이 단지 자본의 증식을 위한 수단으로만 나타나는 것과 마찬가지로 재생산에서도 노동과정은 단지 선대된 가치를 자본(자기를 증식하는 가치)으로 재생산하기 위한 수단으로만 나타난다."(제1권 제21장, 588쪽)

I. G……G′, II. P……P, III. W′……W′의 세 형태는 다음과 같은 차이점이 있다. 즉 형태 II (P……P)에서는 과정의 반복〔재생산과정〕이 현실적인 것으로 표현되지만 형태 I에서는 단지 가능성으로만 표현된다. 그러나 양자는 선대된 자본가치 — 그것이 화폐형태이든 생산요소의 소재적인 모습이든 — 가 출발점이자 동시에 복귀점이라는 점에서 형태 III과 구별된다. G……G′에서 복귀점은 G′=G+g로 표현된다. 만약 과정이 동일한 규모로 갱신된다면 G가 다시 출발점이 되고 g는 여기에 포함되지 않는다. 이때 g는 단지 G가 자본으로서 증식되었고 따라서 잉여가치 g를 창출하긴 했으나 그것을 따로 떼어냈다는 것을 보여줄 뿐이다. P……P 형태에서도 생산요소 P의 형태로 선대된 자본가치가 역시 출발점이 된다. 이 형태는 이 자본가치의 증식을 포함한다. 만약 단순재생산이 이루어지면 같은 크기의 자본가치인 같은 형태의 P가 다시 그 과정을 시작한다. 축적이 이루어지면 P′(가치량에서 G′과 같고 W′과 같다)은 증대된 자본가치로서 과정을 다시 시작한다. 그러나 이 과정은, 자본가치의 크기만 더 커졌을 뿐 그 형태는 원래 선대될 때와 같은 형태로 다시 시작한다. 반면 형태 III

* MEW Bd. 23, 591쪽 참조.

에서는 자본가치가 선대된 자본가치로 과정을 시작하는 것이 아니라, 이미 증식된 자본가치〔즉 선대된 자본가치가 그 일부분에 지나지 않는 상품형태의 부의 총체〕로 과정을 개시한다. 이 형태 III은 제3편 — 여기에서는 개별 자본의 운동이 사회적 총자본의 운동과 관련하여 논의된다 — 에서 매우 중요한 의미가 있다. 그러나 이것은 자본의 회전을 고찰하는 데는 별 쓸모가 없다. 왜냐하면 자본의 회전은 항상 화폐 또는 상품의 형태로 존재하는 자본가치의 선대에서 출발하고, 또한 항상 순환하는 자본가치가 선대된 때의 형태로 회귀하는 것을 전제로 하기 때문이다. 형태 I과 II 가운데 전자는 주로 잉여가치의 형성에 회전이 미치는 영향을 연구하는 데 유용하고 후자는 생산물의 창출에 회전이 미치는 영향을 연구하는 데 유용하다.

경제학자들은 다양한 순환형태를 거의 구별하지 않았고, 그것들을 자본회전과 관련시켜 각기 고찰하지도 않았다. 그들은 대개 G……G′ 형태 M156
만 고찰하는데 이는 그 형태가 개별 자본가들에게 지배적인 형태일 뿐만 아니라 그들이 계산할 때도 화폐가 단지 계산화폐의 형태로만 출발점을 이룰 경우 이 형태가 그들에게 도움이 되기 때문이다. 일부 경제학자들은 생산요소 형태의 지출을 출발점으로 삼아 그것이 환류될 때까지를 고찰하기도 하는데, 이때도 이들은 그 환류되는 형태가 상품인지 화폐인지에 대해서는 전혀 언급하지 않는다. 예를 들어 그들은 다음과 같이 말한다.

> 경제적 순환이란 …… 말하자면 지출이 이루어진 때로부터 회수가 이루어질 때까지 생산의 전 과정을 말한다. 농업의 경우 그것은 파종기가 그 시작이며 추수가 그 끝이다.(S. P. 뉴먼, 『경제학 요강』, 앤도버/뉴욕, 81쪽)

또 다른 사람들은 W′에서 시작하기도 한다(형태 III).

> 생산교역의 세계에서는 우리가 경제적 순환이라고 부르고자 하는 것이

하나의 원을 그리며 회전하는 것을 볼 수 있다. 이 순환은 사업이 연속적인 몇몇 거래를 거쳐서 원래의 출발지점으로 되돌아옴으로써 하나의 회전을 완수한다. 출발지점은 자본가가 수입을 손에 넣음으로써 그의 자본이 되돌아온 지점이라고 말할 수 있다. 그는 이 지점에서 다시 출발하여 노동자를 고용하고 그들의 생계에 필요한 물자〔아니 생계에 필요한 물자를 손에 넣을 수 있는 힘〕를 임금의 형태로 나누어 주고 자신이 거래하는 물품을 만들게 하여 이것을 시장에 가지고 나가 판매하고 그 매상금으로 이 기간의 모든 투자분을 회수함으로써 이 일련의 순환운동을 끝마친다.(T. 찰머스, 『경제학 개론』, 제2판, 글래스고, 1832, 85쪽)

한 개별 자본가가 임의의 생산부문에 투자한 총자본가치는 순환을 끝마치면 다시 원래의 형태로 돌아와서 동일한 과정을 반복할 수 있게 된다. 이 가치가 자신을 자본가치로 영속화하고 증식하기 위해서는 이 과정을 반복해야만 한다. 각각의 순환은 자본의 생애 가운데 끊임없이 반복되는 한 부분, 즉 하나의 주기를 이룰 뿐이다. G……G′ 주기의 끝에서 자본은 다시 화폐자본의 형태로 돌아오고 이 화폐자본은 자본의 재생산과정〔또는 가치증식과정〕이 포함된 일련의 형태전환을 새롭게 거치게 된다. P……P 주기의 끝에서 자본은 다시 생산요소의 형태로 돌아오고 이들 생산요소는 새로운 자본순환의 전제가 된다. 자본의 순환이, 각기 분리된 별
M157 개의 과정이 아니라 주기적인 과정으로 규정될 때 그것을 자본의 회전이라고 부른다. 이 회전의 기간은 자본의 생산기간과 유통기간의 합계에 의해 이루어진다. 이 합계가 자본의 회전기간을 이루는 것이다. 따라서 그것은 총자본가치의 한 순환주기와 다음 순환주기 사이의 간격을 나타낸다. 그것은 자본의 생활과정이 갖는 주기적 성격을 나타내며 또한 동일한 자본가치의 증식과정〔혹은 생산과정〕이 갱신·반복되는 시간을 나타낸다.

특정 자본을 위해 회전기간을 가속화하거나 단축하려는 개인적인 모험

을 무시한다면 자본의 회전기간은 그것들의 투하영역에 따라 달라진다.

노동일이 노동력의 기능을 측정하는 자연적 도량단위이듯이 1년은 과정 중에 있는 자본의 회전을 측정하는 자연적 도량단위가 된다. 이 도량단위의 자연적 기초는 자본주의적 생산의 발생지인 온대지역의 가장 중요한 농작물들이 1년에 한 번씩 수확되는 생산물이라는 데 근거한다.

회전기간의 도량단위인 1년을 U, 주어진 자본의 회전기간을 u, 그것의 회전수를 n이라고 한다면 $n=\frac{U}{u}$ 이다. 예를 들어 회전기간 u가 3개월이라면 $n=\frac{12}{3}$, 즉 4이다. 이 자본은 1년에 네 번의 회전을 수행하는 것이다〔또는 4회전한다〕. u가 18개월이라면 $n=\frac{12}{18}=\frac{2}{3}$ 이므로 이 자본은 1년에 그 회전기간의 $\frac{2}{3}$ 만을 완수한다. 만약 자본의 회전기간이 여러 해라면 이것은 1년의 배수로 계산된다.

자본가에게 자본의 회전기간은 자신의 자본을 증식시켜 원래 형태로 회수하기 위해서 그가 자신의 자본을 선대해야 하는 기간이다.

우리는 회전이 생산과정과 가치증식과정에 미치는 영향을 보다 자세히 연구하기 전에 유통과정으로부터 자본에 부착되어 그 회전의 형태에 영향을 미치는 새로운 두 형태를 고찰해야만 한다.

제8장

고정자본과 유동자본

제1절 형태적 차이

M158 제1권 제6장에서 보았듯이* 불변자본 가운데 일부는 불변자본이 생산과정에 들어갈 때의 일정 사용형태를 그 불변자본의 도움을 받아 생산물이 만들어지고 난 이후에도 그대로 유지한다. 즉 그것은 상당 기간에 걸쳐 끊임없이 반복되는 노동과정에서 계속 동일한 기능을 수행한다. 예를 들면 작업용 건물, 기계 등〔요컨대 우리가 노동수단이라고 부르는 모든 것〕이 그런 것들이다. 불변자본 가운데 이 부분은 자신의 사용가치와 함께 상실되는 자신의 교환가치에 비례하여 생산물에 가치를 양도한다. 양도되는 가치의 크기〔즉 이들 생산수단의 가치가 자신의 도움을 받아 만들어진 생산물로 이전되는 부분〕는 평균에 의해 계산된다. 즉 이 가치의 크기는 생산수단이 생산과정에 들어가는 순간부터 그것이 완전히 사용되어 소멸되어버리는〔그리하여 같은 종류의 새로운 것으로 대체되거나 재생산되어

* MEW Bd. 23, 218쪽 참조.

야 할) 순간까지의 평균 지속기간에 의해 계산된다.

이 불변자본 부분—순수한 의미의 노동수단—의 특성은 다음과 같다.

자본 가운데 일부는 불변자본(즉 처음 노동과정에 들어갈 때의 독자적인 사용형태가 지속되는 한 계속해서 노동과정의 요소로 기능하는 생산수단)의 형태로 선대된다. 완성된 생산물(생산물로 전화된 생산물 구성요소도 포함하여)은 생산과정에서 밀려 나와 상품이 되어 생산부문에서 유통부문으로 옮겨 간다. 그렇지만 노동수단은 일단 생산부문에 들어가 M159 고 나면 결코 그곳을 떠나지 않는다. 그것의 기능이 자신을 거기에 붙잡아두는 것이다. 선대된 자본가치 가운데 일부는 이런 형태(즉 과정 내에서 노동수단의 기능으로 정해진 형태)로 고정된다. 노동수단이 기능함에 따라, 그리고 노동수단의 마모에 따라 그 가치의 일부분은 생산물로 이전되지만 나머지 부분은 노동수단의 형태로(따라서 생산과정 내부에) 고정된 채 머물게 된다. 이렇게 고정된 가치는 노동수단의 수명이 다할 때까지(그리하여 그 가치가, 끊임없이 반복되는 일련의 노동과정을 통해서 만들어지는 생산물들에 상당 기간에 걸쳐 배분될 때까지) 조금씩 계속 감소해나간다. 그러나 노동수단이 여전히 노동수단으로 기능하고 따라서 같은 종류의 신품으로 대체될 필요가 없는 동안에는 이 노동수단에는 여전히 불변자본가치가 고정되어 있고, 노동수단에 원래 고정되어 있던 가치 가운데 나머지 부분은 생산물에 이전되어 상품재고의 한 부분으로 유통된다. 노동수단의 수명이 길면 길수록, 그리고 마모가 느리면 느릴수록 이 사용형태 속에는 불변자본의 가치가 더 오랫동안 고정되어 머물게 된다. 그러나 노동수단의 내구성이 어느 정도이든 그것이 가치를 양도하는 비율은 항상 그것이 기능하는 전체 기간에 반비례한다. 만약 똑같은 가치를 가진 두 기계 중 하나는 5년 만에 마모되고 다른 하나는 10년 만에 마모된다면 같은 기간 동안 전자가 양도하는 가치의 크기는 후자에 비해 두 배가 된다.

자본가치 가운데 이처럼 노동수단에 고정되는 부분도 다른 부분과 마찬가지로 유통된다. 우리가 보았듯이 자본가치 전체는 끊임없이 유통하고 있으며 따라서 그런 의미에서 모든 자본은 유통자본이다. 그러나 우리가 여기에서 고찰하는 자본 부분의 유통은 독특한 것이다. 첫째로 이 부분은 그 사용형태로 유통되는 것이 아니라 단지 그 가치만 유통된다. 게다가 그 가치의 유통도 이 부분으로부터 가치가 생산물〔상품으로 유통되는〕로 이전되는 정도에 따라 조금씩만 이루어진다. 기능하는 전 기간에 걸쳐 노동수단의 가치 가운데 일부는 늘 그것의 도움을 받아 생산되는 상품과는 별개로 노동수단에 고정되어 있다. 불변자본 가운데 이런 특성을 지닌 부분이 취하는 형태가 **고정자본**이다. 반면 생산과정에 선대된 자본 가운데 소재적으로 다른 부분이 취하는 형태는 **유동자본**이다.

생산수단 가운데 일부—즉 증기기관에 소비되는 석탄처럼 노동수단
이 기능하는 동안 노동수단 자신에 의해 소비되는 보조재료나 조명용 가
스 등과 같이 단지 과정을 도와줄 뿐인 보조재료—는 소재로는 생산물
속에 들어가지 않는다. 이들은 단지 가치에서만 생산물가치의 한 부분을
이룰 뿐이다. 생산물은 자신의 유통을 통해서 이런 보조재료의 가치를 유
M160 통시킨다. 이 점에서 보조재료와 고정자본은 동일하다. 그러나 보조재료
는 노동과정에 들어갈 때마다 모두 소비되고 따라서 새로운 노동과정이
시작될 때마다 같은 종류의 신품으로 전부 보전되어야만 한다. 그것은 또
한 기능을 수행하는 동안 자신의 독립적인 사용형태를 유지하지도 않는
다. 따라서 보조재료가 기능하는 동안 자본가치 가운데 어떤 부분도 보조
재료의 원래 사용형태〔즉 현물형태〕로 고정되어 있지 않다. 이들 보조재
료 부분이 소재로서 생산물에 들어가는 것이 아니라 단지 가치의 측면에
서 하나의 가치 부분으로만 생산물가치에 들어간다는 사실, 또한 이것과
관련된 것으로, 이들 재료의 기능이 생산영역에 매여 있다는 사실 때문에
램지(G. Ramsay)와 같은 경제학자들은 (고정자본과 불변자본을 혼동한
것은 물론) 보조재료도 고정자본의 범주에 포함시키는 혼동을 저질렀다.*

생산수단 가운데 소재로 생산물에 들어가는 부분〔즉 원료 등과 같은

부분〕은 그것을 통하여 부분적으로 나중에 향락수단으로 개인적 소비에 쓰일 수 있는 형태를 취한다. 순수한 의미의 노동수단〔즉 고정자본의 소재적 담지자〕은 생산적으로만 소비되며 개인적 소비에는 사용되지 않는다. 왜냐하면 그것은 생산물〔즉 그것의 도움을 받아 만들어진 사용가치〕에는 들어가지 않고 오히려 완전히 마모될 때까지는 생산물과는 별개로 자신의 독자적인 형태를 유지하기 때문이다. 한 가지 예외적인 것은 운송기관이다. 운송기관이 생산적 기능을 수행하는 동안〔즉 생산영역 내부에 머무는 동안〕 만들어내는 유용 효과〔즉 장소의 변경〕는 개인적 소비〔예를 들어 여행자의 소비〕로도 사용된다. 여행자는 이 경우 다른 소비수단에 대해 사용대가를 지불하는 것과 마찬가지로 그 사용대가를 지불한다. 이미 보았듯이 예를 들어 화학공업에서는 원료와 보조재료 사이의 경계가 명료하지 않다.** 노동수단과 보조재료와 원료 사이의 경계도 그러하다. 예를 들어 농업에서 토지개량을 위해 추가된 소재의 일부분은 생산물의 형성요소로서 농작물 속에 들어간다. 한편 그들 소재의 작용은 제법 오랜 기간, 예를 들어 4~5년간에 걸쳐 분산된다. 따라서 그것들 가운데 일부는 소재로 생산물에 들어가면서 가치도 함께 생산물에 이전하지만 나머지 부분은 원래의 사용형태로 존재하면서 그 가치도 고정되어 있다. 이 부분은 생산수단으로 존속하면서 고정자본의 형태를 취한다. 역축(役畜)으로 이용되는 소는 고정자본이다. 그러나 그것이 식용으로 사용되면, 그것은 노동수단으로 기능하지 않으며 따라서 고정자본으로도 기능하지 않는다.

생산수단에 투하된 자본가치 가운데 일부에 대하여 고정자본의 성격을 부여하는 것은 오로지 이 가치가 유통되는 특유의 방식에 근거한 것이다. M161
이 특유의 유통방식은 노동수단이 그 가치를 생산물에 이전할 때〔혹은 생산과정에서 노동수단이 가치형성요소로 작용할 때〕의 특유한 방식에서 비롯된 것이다. 그리고 이 방식 자체 또한 노동과정에서 노동수단이 기능

* MEW Bd. 26, 제3책, 323~325쪽 참조.

** MEW Bd. 23, 196쪽 참조.

하는 특수한 방식에서 비롯된 것이다.

모두 알다시피 한 노동과정에서 생산물로 만들어진 사용가치가 다른 노동과정에서는 생산수단으로 투입된다. 어떤 생산물이 고정자본으로 되는 것은 그것이 단지 생산과정에서 노동수단으로 기능한다는 점 때문이다. 그래서 생산물 그 자체가 그저 노동과정에서 빠져나오는 것만으로는 결코 고정자본이 되지 못한다. 예를 들어 기계 제조업자의 생산물〔혹은 상품〕로서의 기계는 그의 상품자본에 속한다. 이 기계는 기계 구입자〔즉 그것을 생산에 사용하는 자본가〕의 수중에서 비로소 고정자본이 된다.

다른 모든 조건이 같을 경우 노동수단이 고정자본으로 기능하는 정도는 노동수단의 내구기간에 따라 증대한다. 즉 노동수단에 고정된 자본가치와 이 가치량 중 반복적으로 이루어지는 노동과정에서 노동수단에서 생산물로 이전되는 부분 간의 차이는 이 내구기간에 따라 달라진다. 이런 가치의 이전이 천천히 이루어질수록—가치는 동일한 노동과정이 매번 반복될 때마다 노동수단에서 생산물로 이전되기 때문에—고정된 자본은 더욱 커지고 생산과정에서 이용되는 자본과 거기에서 소비되는 자본 사이의 차이는 더욱 커진다. 이 차이가 사라져버리면 노동수단은 그 일생을 끝마치고 사용가치와 함께 그 가치도 사라져버린다. 즉 그것은 더 이상 가치의 담지자가 아니게 된다. 불변자본의 다른 모든 소재적 담지자와 마찬가지로 노동수단도 단지 자신의 사용가치와 함께 자신의 가치를 잃는 정도만큼만 생산물에 가치를 이전하므로 그 사용가치의 소멸이 느리면 느릴수록〔다시 말해 생산과정에 오래 머물수록〕 불변자본가치가 노동수단에 고정되어 있는 기간은 그만큼 길어진다.

엄격한 의미에서 노동수단이 아닌 생산수단〔예를 들어 재료, 원료, 반제품 등〕도 가치의 이전〔즉 그 가치의 유통방식〕이라는 점에서 노동수단과 같은 조건에 있다면 그것도 역시 고정자본의 소재적 담지자이며 고정자본의 존재형태이다. 앞에서 기술한 토지개량이 그러한데, 토지개량에 의해 토지에 부가된 화학성분은 몇 번의 생산기간에 걸쳐 혹은 수년간에 걸쳐서 작용한다. 이 경우 가치 가운데 일부는—다른 부분은 이미 생산물에 이전되어 생산물과 함께 유통되고 있지만—여전히 생산물과 더불어 독립적인 형태〔즉 고정자본 형태〕로 존속한다. 이 경우 고정자본의 가 M162 치는 그중 일부〔또한 이 가치 부분을 간직한 사용가치, 즉 실체〕만 생산물에 들어간다.

근본적인 오류—고정자본과 유동자본이라는 범주와 불변자본과 가변자본이라는 범주를 혼동한 것—외에도 경제학자들 사이에 만연한 개념규정에 대한 기존의 혼란은 무엇보다도 다음과 같은 점들에 근거한 것이다.

사람들은 노동수단이 소재로서 갖는 특별한 속성〔예를 들어 가옥 등이 지닌 물리적 부동성〕을 곧바로 고정자본의 속성이라고 생각한다. 그러나 이런 경우에는 똑같은 고정자본이면서 노동수단인 선박은 가옥과는 달리 물리적 가동성을 갖는 반대되는 속성을 지닌다는 점을 지적하면 쉽게 혼란을 해결할 수 있다.

또한 어떤 사람은 가치의 유통에서 발생하는 경제적인 형태규정을 물적인 속성과 혼동하기도 한다. 즉 그 자체가 자본인 것은 아니고 단지 특정한 사회적 관계하에서만 자본이 되는 어떤 물적 존재를 마치 그것이 그 자체로서 원래부터 고정자본이나 유동자본이라는 일정한 형태의 자본인 것처럼 생각한다. 우리가 제1권 제5장에서 보았듯이* 모든 생산수단은 노동과정에서—그것이 어떤 사회적 조건에서 이루어지든—노동수단과 노동대상으로 나누어진다. 그러나 자본주의적 생산양식 내부로 들어오는 순간 이들 둘은 모두 자본〔전편에서 규정된 바로 그 '생산자본'〕이 된다. 그런 과정에서 노동과정의 성질에서 비롯된 노동수단과 노동대상의 차이는 고정자본과 유동자본의 차이라는 새로운 형태로 반영된다. 이리하여 노동수단으로 기능하는 어떤 물적 존재는 이제 고정자본이 된다. 만약 그

* MEW Bd. 23, 192~196쪽 참조.

물적 존재가 자신의 소재적 속성에 따라 노동수단 이외의 기능에도 사용될 수 있다면 그것은 그 기능이 달라짐에 따라 고정자본이 될 수도 있고 그렇지 않을 수도 있다. 역축으로 이용되는 가축은 고정자본이다. 반면 비육가축은 나중에 생산물로서 유통영역으로 들어가는 원료이며 따라서 고정자본이 아니라 유동자본이다.

어떤 생산수단이 여러 번 반복되는 〔그러나 서로 연계되고 이어지면서 하나의 생산기간을 이루는〕 노동과정 — 즉 생산물을 완성하는 데 필요한 총생산기간 — 에 꽤 오랫동안 고정되어 있을 경우 그것은 고정자본과 꼭 마찬가지로 자본가에게 상당 기간 동안 선대되어야 하는 것이긴 하지만 그러나 그것 때문에 그의 자본이 고정자본으로 되지는 않는다. 예를 들
M163 어 씨앗은 고정자본이 아니라 단지 약 1년 동안 생산과정에 고정되어 있는 원료에 불과하다. 모든 자본은 생산자본의 기능을 수행하는 한 생산과정〔따라서 그 소재적 형태나 기능 혹은 그 가치의 유통방식이 무엇이든 생산자본의 모든 요소〕에 고정되어 있다. 이렇게 고정되어 있는 기간의 길이는 생산과정의 종류나 그것이 목표로 하는 유용성에 따라 달라지는데 이 길이가 고정자본과 유동자본을 구별하는 기준이 되는 것은 아니다.[1)]

일반적인 노동조건을 포함하여 노동수단 가운데 일부는, 예를 들어 기계처럼 노동수단으로 생산과정에 들어가서〔혹은 생산적 기능에 사용될 목적으로 미리〕 일정 장소에 고정되어 있거나 혹은 토지개량, 공장건물, 용광로, 운하, 철도 등과 같이 아예 처음부터 고정된 장소에 묶인 형태로 생산된다. 이런 경우 노동수단은 어쩔 수 없이 자신의 실질적인 존재양식 때문에 자신이 기능을 수행해야 할 생산과정에 계속 묶여 있어야 한다. 다른 한편 기관차, 선박, 역축 등과 같은 노동수단은 물리적으로 계속 장소

1) 어느 것이 고정자본이고 어느 것이 유동자본인지를 규정하기 어려워서 로렌츠 슈타인은 이들 간의 구별을 단지 서술의 편의성을 위한 것일 뿐이라고 생각하였다.

를 바꾸어 가면서 운동하고 그러면서도 계속해서 생산과정 속에 존재한다. 전자의 경우 부동성이 노동수단에 고정자본이라는 성격을 부여하지 않는 것처럼 후자의 경우 가동성이 노동수단으로부터 고정자본이라는 성격을 박탈하지도 않는다. 그런데도 노동수단이 일정 장소에 고정되어 토지에 그 뿌리를 단단히 내리고 있다는 점 때문에 이런 고정자본은 국민경제에서 독특한 역할을 수행한다. 그것은 외국으로 보낼 수도 없고 세계시장에서 상품으로 유통시킬 수도 없다. 이 고정자본의 소유권은 명의 변경이 가능하고 구매되거나 판매될 수 있으며 그런 점에서 관념적으로 유통될 수 있다. 나아가 이런 소유권은, 예를 들어 주식의 형태로 외국시장에서도 유통될 수 있다. 그러나 이런 종류의 고정자본을 소유하는 사람이 바뀐다고 해서 한 나라에 존재하는 부의 가동적인 부분과 물적으로 고정된 부동적인 부분 간의 비율이 바뀌지는 않는다.[2)]

고정자본의 독특한 유통은 특유의 회전을 만들어낸다. 고정자본이 그 현물형태의 마모를 통해 잃게 되는 가치 부분은 생산물의 가치 부분으로 유통된다. 그리고 생산물은 유통을 통해 상품에서 화폐로 전화한다. 그에 M164
따라 노동수단의 가치 가운데 생산물에 의해 유통되는 부분도 화폐로 전화하며, 이때 유통과정에서 화폐로 떨어져 나오는 가치의 양은 이 노동수단이 생산과정에서 가치의 담지자 역할을 중단하는 부분의 크기에 비례한다. 그리하여 노동수단의 가치는 이제 이중적 존재형태를 취하게 된다. 그것의 일부는 생산과정에 속하는 사용형태〔혹은 현물형태〕로 묶여 있으며 다른 일부는 거기에서 분리되어 화폐가 된다. 노동수단이 그 기능을 수행함에 따라 노동수단의 가치 가운데 현물형태로 존재하는 부분은 끊임없이 감소하는 반면 화폐형태로 전화되는 부분은 계속 증가한다. 그리하여 최종적으로 이 노동수단이 생애를 마치게 되면 그것의 가치는 모두 그 시체에서 분리되어 화폐로 전화한다. 여기에서 생산자본 가운데 이 고정

2) 여기까지가 제4고. 여기부터는 제2고.

자본만이 갖는 회전의 특성이 나타난다. 이 요소의 가치가 화폐로 전화하는 것은 그 가치의 담지자인 상품이 화폐로 전화하는 것과 같은 보조로 이루어진다. 그러나 이것이 화폐형태에서 사용형태로 재전화하는 것은 상품이 다른 생산요소로 재전화하는 것과는 무관하며 오히려 그 자신의 재생산주기〔즉 노동수단이 완전히 소모되어 같은 종류의 다른 노동수단으로 대체되어야 하는 기간〕에 의해 정해진다. 만약 10,000파운드스털링의 가치가 있는 기계의 사용기간이 예를 들어 10년이라고 한다면 원래 이 기계를 구매하기 위해 선대된 가치의 회전기간은 10년이다. 이 기간이 끝날 때까지 기계는 갱신될 필요가 없고 그것의 현물형태로 계속 기능을 수행한다. 그러는 동안 이 기계의 가치는 계속해서 자신이 생산하는 상품의 가치 부분으로 조금씩 유통되고〔따라서 조금씩 화폐로 전화하고〕 마침내 10년이 되면 그 가치가 전부 화폐로 전화하고 이 화폐에서 다시 기계로 재전화함으로써 그 회전을 모두 마치게 된다. 이 재생산기간이 시작될 때까지 기계의 가치는 일단 준비금의 형태로 조금씩 축적된다.

생산자본의 다른 요소들 가운데 일부는 보조재료나 원료의 형태로 존재하는 불변자본요소로, 그리고 또 다른 일부는 노동력에 투하된 가변자본으로 구성된다.

노동과정과 가치증식과정의 분석(제1권 제5장)은 이들 각 구성 부분들이 생산물과 가치를 형성할 때 각기 전혀 다른 역할을 수행한다는 점을 보여주었다. 불변자본 가운데 보조재료 및 원료로 이루어진 부분의 가치는—노동수단으로 이루어진 부분의 가치와 마찬가지로—단지 이전된 가치로서 생산물의 가치에 다시 나타나는 반면, 노동력은 노동과정을 통해 자신의 가치의 등가(等價)를 생산물에 부가한다. 다시 말해서 자신의
M165 가치를 실제로 재생산한다. 또한 보조재료 가운데 일부—연료, 조명용 가스 등—는 소재로 생산물에 들어가지 않고 노동과정에서 소비되는 반면, 다른 일부는 물체로 생산물에 들어가 생산물의 실체를 이루는 재료가 된다. 그러나 이런 모든 차이는 유통〔즉 회전방식〕에서는 중요하지 않다.

보조재료나 원료는 생산물의 형성과정에서 완전히 소비됨으로써 자신들의 모든 가치를 생산물에 이전한다. 따라서 그들의 가치 전체는 생산물에 의해 유통되고 화폐로 전화한 다음 다시 화폐에서 상품의 생산요소로 재전화한다. 이들 가치의 회전은 고정자본의 회전과 마찬가지로 중단되지 않고 각각의 형태로 전체 순환을 끊임없이 통과하며, 따라서 이들 생산자본의 요소는 끊임없이 현물로 갱신된다.

생산자본 가운데 노동력에 투하되는 가변적인 구성 부분을 살펴보면 먼저 노동력은 일정한 기한을 두고 구입된다. 자본가가 노동력을 구입하여 생산과정에 합체시키면 그것은 그의 자본의 한 구성 부분〔즉 가변적인 구성 부분〕을 이룬다. 노동력은 매일 일정 시간 동안 사용되며 그동안에 단지 노동력의 하루 가치 전부를 생산물에 부가할 뿐만 아니라 나아가 그것을 초과하는 잉여가치까지도 부가한다〔그러나 여기에서는 이 잉여가치 부분을 당분간 무시하기로 한다〕. 노동력은, 예를 들어 일주일 동안 구매되어 사용되고 나면 관습적인 기간단위로 계속해서 구매가 갱신되어야만 한다. 연속적인 생산의 순환이 중단되지 않게 하려면, 노동력이 기능하는 동안 생산물에 부가되어 생산물의 유통과 함께 화폐로 전화된 노동력 가치의 등가가 끊임없이 화폐에서 노동력으로 재전화되어야만 한다. 즉 끊임없이 그 형태들의 완전한 순환을 경과해야만 한다〔다시 말해서 회전하지 않으면 안 된다〕.

따라서 생산자본 가운데 노동력에 선대된 가치 부분은 생산물에 완전히 이전되어(여기에서도 계속해서 잉여가치는 무시한다) 이 생산물을 통해 유통영역에 속하는 두 번의 형태변화과정을 거치고, 언제나 이 끊임없는 갱신을 통해 생산과정에 합체된다. 그러므로 노동력은 가치 창출과 관련해서는 불변자본 가운데 고정자본을 이루지 않는 부분(유동자본 — 옮긴이)과 서로 구분되지만 가치의 이런 회전방식에서는 고정자본과는 달리 이 유동자본 부분과 공통된 성격을 지닌다. 생산자본 가운데 이들 구성 부분 — 생산자본의 가치 가운데 노동력에 투하된 부분과 고정자본을 이루지 않는 생산수단에 투하된 부분—은 회전에서 그들의 공통된 성격에 의해 유통자본(혹은 유동자본)으로 고정자본과 대비된다.

M166 앞에서 보았듯이* 자본가가 노동력 사용의 대가로 노동자에게 지불하는 화폐는 사실상 단지 노동자에게 필요한 생활수단의 일반적 등가형태에 불과하다. 그런 의미에서 가변자본은 그 소재가 생활수단으로 이루어져 있다. 그러나 우리가 지금 다루는 회전에서는 그 형태가 중요하다. 자본가가 구매하는 것은 노동자의 생활수단이 아니라 바로 노동자의 노동력 그 자체이다. 즉 그의 가변자본 부분을 이루는 것은 노동자의 생활수단이 아니라 움직이고 있는 노동자의 노동력이다. 자본가가 노동과정에서 생산적으로 소비하는 것은 노동자의 생활수단이 아니라 노동력 그 자체이다. 그리고 자신의 노동력 대가로 받은 화폐를 생활수단으로 바꾸고 그것을 다시 노동력으로 재전화〔즉 생계를 유지〕하는 것은 바로 노동자 자신이다. 이는 마치 예를 들어 자본가가 화폐를 받고 판매한 상품의 잉여가치 가운데 일부를 자신의 생활수단으로 바꾼다고 해서 우리는 그의 상품을 구매한 사람이 그 자본가에게 그 화폐를 생활수단으로 지불했다고 말하지 않는 것과 마찬가지이다. 설사 노동자가 자신의 임금 가운데 일부를 생활수단〔즉 현물〕으로 지불받을 경우에도 이것은 이제 제2의 거래에 해당한다. 이 경우 그는 먼저 자신의 노동력을 일정한 가격에 판매하기로 하고 그런 다음 그 노동력가격 가운데 일부를 생활수단으로 받기로 합의한 것이다. 이것은 단지 지불형태가 바뀐 것에 불과하며, 그가 실제로 판매하는 것이 그의 노동력이라는 사실이 바뀐 것은 아니다. 그것은 제2의 거래이며, 이 거래는 더 이상 노동자와 자본가 사이의 거래가 아니라 노동자는 상품구매자로, 자본가는 상품판매자로 수행하는 거래이다. 반면 제1의 거래에서는 노동자가 상품(자신의 노동력)의 판매자이고 자본가는 그것의 구매자가 된다. 제2의 거래는 마치 자본가가 제철소에 그의 상품〔예를 들

* MEW Bd. 23, 181~191쪽 참조.

어 기계)을 팔고 다른 상품(예를 들어 철)을 대신 받는 것과 꼭 마찬가지이다. 따라서 고정자본과 구분하여 유동자본으로 규정되는 것은 노동자의 생활수단이나 노동자의 노동력이 아니다. 그것은 오히려 생산자본의 가치 가운데 노동력에 투하된 부분이 그 회전 형태에 의해 불변자본 가운데 일부(고정자본과 구분되는 부분)와 함께 이 유동자본의 성격을 부여받은 것이다.

유동자본—노동력과 생산수단의 형태를 띤—의 가치는 단지 고정자본의 크기에 의해 주어지는 생산규모에 따라 생산물이 완성되는 기간 동안만 선대된다. 이 가치는 전부 생산물에 들어가서 그것이 판매되고 나면 완전히 다시 유통에서 회귀하여 새롭게 선대될 수 있다. 유동자본을 이루 M167
는 노동력과 생산수단은 완성된 생산물의 형성과 판매를 위해 필요한 만큼만 유통에서 빠져나오지만 그것들은 끊임없이 재구매(화폐형태에서 생산요소로 재전화)를 통해 보전되고 갱신되어야만 한다. 그것들은 한 번에 고정자본요소보다 적은 양으로 시장에서 빠져나오지만 그만큼 더 자주 반복해서 시장에서 빠져나와야 하기 때문에 그것들에 투하된 자본의 선대는 보다 짧은 기간에 갱신된다. 이러한 끊임없는 갱신은 유동자본을 이루는 모든 요소의 가치를 유통시키는 생산물의 끊임없는 매매를 통해서 매개된다. 그리고 마지막으로 이들 요소는 단지 그 가치에서뿐만 아니라 그 소재적인 형태에서도 끊임없이 형태변화의 모든 순환을 통과한다. 그것들은 끊임없이 한 상품에서 그 상품의 생산요소로 재전화하는 것이다.

노동력은 그 자신의 가치와 함께 항상 생산물에 잉여가치(불불노동이 형상화한 것)를 부가한다. 이 잉여가치는 생산물의 다른 가치요소와 마찬가지로 완성된 생산물에 의해 끊임없이 유통되고 화폐로 전화한다. 그러나 지금 우리가 관심을 갖는 것은 자본가치의 회전이지 자본가치와 함께 회전하는 잉여가치의 회전은 아니므로 후자는 고려하지 않기로 한다.

지금까지 말한 것으로부터 다음과 같은 결론을 얻을 수 있다.

① 고정자본과 유동자본의 형태를 구분하는 것은 단지 생산과정에서

기능하는 자본가치〔즉 생산자본〕 회전의 차이에 근거한 것일 뿐이다. 이 회전의 차이는 또한 생산자본의 여러 구성 부분이 자신의 가치를 생산물에 이전하는 방식의 차이에서 발생하는 것이지 이들 구성 부분이 생산물 가치의 생산에 관여하는 방식의 차이〔혹은 가치증식과정에서 그것들의 독특한 활동방식〕에서 생기는 것은 아니다. 마지막으로 생산물에 가치를 양도하는 방식의 차이는—따라서 이 가치가 생산물을 통해 유통되고 생산물의 형태변화에 의해 자신의 원래 현물형태로 갱신되는 방식의 차이도—생산자본이 지니는 여러 소재적인 모습의 차이〔즉 그 소재적 형태 가운데 일부는 개별 생산물의 창출과정에서 완전히 소비되지만 다른 일부는 조금씩 부분적으로만 소비되어가는 차이〕에서 발생한다. 따라서 고정자본과 유동자본으로 분할될 수 있는 것은 단지 생산자본뿐이다. 반면 이런 대립은 산업자본의 다른 두 존재양식〔즉 상품자본과 화폐자본〕에는 어디에도 존재하지 않으며 또한 이 양자와 생산자본의 대립으로도 역시
M168 존재하지 않는다. 그것은 단지 생산자본에서만 그리고 생산자본 내부에서만 존재한다. 화폐자본과 상품자본이 자본으로서 아무리 많이 기능하고 아무리 잘 유통한다 하더라도 그것들이 고정자본과 구분되어 유동자본이 될 수 있는 것은 그것들이 생산자본의 유동적인 구성 부분으로 전화하기 때문이다. 그러나 이 화폐자본과 상품자본이라는 두 개의 자본형태가 유통영역에 머무른다는 사실 때문에 〔앞으로 이 점을 자세히 살펴보겠지만〕 애덤 스미스 이래의 경제학은 이들 두 자본형태를 생산자본의 유동적 구성 부분과 함께 유동자본의 범주에 포함시키는 오류를 범하였다. 사실 이들 두 자본형태는 생산자본과 대비되는 유통자본이지 고정자본과 대비되는 유동자본은 아니다.

② 고정자본의 회전〔그리고 이에 필요한 회전기간〕은 유동자본의 여러 번의 회전을 포괄한다. 고정자본이 한 번 회전하는 동안에 유동자본은 여러 번 회전한다. 생산자본의 가치구성 부분 가운데 한 부분은, 단지 이 부분을 지니는 생산수단이, 생산물이 완성되어 상품으로 생산과정에서 빠

져나올 때까지의 기간 동안에 완전히 사용되지 않을 경우에만 고정자본의 형태로 규정된다. 이 가치구성 부분 가운데 일부는 다른 일부가 완성된 생산물에 의해 유통되고 있을 때에도 — 그러나 유동자본의 경우에는 바로 이 유통을 통해서 총가치가 유통된다 — 여전히 원래의 사용형태로 묶여 있어야 한다.

③ 생산자본의 가치 가운데 고정자본에 투하되는 부분은 생산수단 가운데 고정자본을 구성하는 부분이 기능하는 전체 기간에 대해 한 번에 모두 선대된다. 즉 이 가치는 자본가에 의해 한꺼번에 유통에 투하된다. 그러나 이 가치는 고정자본이 상품에 조금씩 부가하는 가치의 실현을 통해서 단지 조금씩 부분적으로만 유통에서 다시 빠져나온다. 다른 한편 생산자본의 가치 가운데 일부가 고정된 생산수단 그 자체는 한 번에 모두 유통에서 빠져나와 그것이 기능하는 전 기간에 걸쳐 생산과정에 참여하지만 이 기간 동안 같은 종류의 새것으로 보전될〔즉 재생산될〕 필요가 없다. 그것은 유통에 투입되는 상품의 형성을 위해 일정 기간 동안 계속해서 역할을 수행하지만 그 자신의 갱신을 위해서는 아무것도 유통에서 빼내오지 않는다. 즉 이 기간 동안 그것은 스스로의 입장에서도 자본가에 의한 새로운 선대가 필요하지 않다. 마지막으로 고정자본에 투하된 자본가치는 이 가치를 지니는 생산수단의 기능이 계속되는 동안 자신의 형태 순환을 소재의 형태로 통과하는 것이 아니라 단지 그 가치의 형태로만 통과하며 그 M169
것도 조금씩 부분적으로만 통과한다. 즉 그 가치 가운데 일부가 끊임없이 상품의 가치 부분으로 유통되고 화폐로 전화할 뿐 화폐에서 처음의 현물형태로 재전화하지는 않는다. 화폐가 생산수단의 현물형태로 이처럼 재전화하는 것은 이것의 기능이 다하고 나서야〔즉 생산수단이 완전히 소비되고 나서야〕 비로소 이루어진다.

④ 유동자본요소도 고정자본요소와 마찬가지로 생산과정 — 이것이 중단되지 않기 위해서는 — 내에 항상 고정되어 있다. 그러나 이렇게 고정된 유동자본요소들은 끊임없이 현물로(생산수단은 같은 종류의 생산물에 의

해, 노동력은 계속 반복적인 구매를 통해서) 갱신되는 반면, 고정자본요소들은 계속 사용되는 동안에는 그 자신이 갱신되거나 그 구매가 갱신될 필요가 없다. 생산과정 내에는 원료와 보조재료가 항상 존재하지만 이것들은 언제나 생산물이 완성되면서 소비된 옛날 것들을 대체하여 갱신된 새 것들이다. 마찬가지로 노동력도 항상 생산과정 내에 존재하지만, 그것은 종종 사람의 교체까지도 포함하는 새로운 구매를 통해서만 그렇게 존재한다. 이에 반해 건물, 기계 따위는 유동자본의 반복되는 회전기간 동안 역시 반복되는 동일한 생산과정에서 같은 것이 계속 사용된다.

제2절 고정자본의 구성 부분, 보전, 수리, 축적

동일한 자본이 투하될 경우에도 고정자본의 각 요소는 수명도 다르고 회전기간도 서로 다르다. 철도를 예로 들면 선로, 침목, 토구, 역사, 철교, 터널, 기관차, 차량은 각기 사용기간과 재생산기간이 다르며, 따라서 거기에 선대된 자본도 회전기간이 각각 다르다. 건물, 플랫폼, 저수조, 육교, 터널, 수로, 댐 등 — 간단히 말해 영국의 철도에서 '공작물'(工作物, works of art)이라고 불리는 것 — 은 모두 오랫동안 갱신될 필요가 없는 것들이다. 마모되어 없어지는 것은 주로 궤도와 차량(rolling stock)이다.

M170 근대적인 철도가 만들어질 당시 가장 뛰어난 기사들 사이에서 지배적인 의견은 철도의 수명이 매우 길고 선로의 마모도 거의 감지할 수 없을 정도여서 모든 재정적인 문제나 실무적인 문제에서 무시해도 좋다는 것이었다. 잘 만들어진 선로의 수명은 100~150년으로 추정되었다. 그러나 선로의 수명 — 이것은 당연히 기관차의 속도, 열차의 중량과 수, 선로 그 자체의 두께 그리고 여타 많은 부수적인 조건에 의해 정해진다 — 이 평균 20년을 넘지 않는다는 점이 금방 밝혀졌다. 심지어 몇몇의 철도역과 거대한 교통 중심지에서는 선로가 1년 만에 모두 마모되어버리기도 하였다.

1867년경부터 강철 선로가 도입되기 시작하였는데 그것은 철로 만들어진 선로에 비해 비용은 약 두 배였지만 수명은 두 배 이상 길었다. 침목의 수명은 12~15년이었다. 차량에서는 화물차가 객차보다 빨리 노후화한다는 점이 밝혀졌다. 기관차의 수명은 1867년 당시 대략 10~12년으로 측정되었다.

마모는 일차적으로 사용 그 자체를 통해 일어난다. 일반적으로 선로는 열차의 차량 수에 비례하여 마모된다(R. C., 제17645번).[3] 속도가 빨라지면 마모는 속도의 제곱보다 더 빨리 증가하였다. 즉 열차의 속도가 두 배로 되면 마모는 네 배 이상 증가하였다(R. C., 제17046번).

마모는 또한 자연력의 작용을 통해서도 일어난다. 예를 들면 침목은 실제의 마모뿐만 아니라 부식을 통해서도 노후화한다.

> 철도 유지비는 철도 교통을 통해서 일어나는 마모보다는 오히려 대기에 노출되는 목재, 철, 토목시설 등의 질에 좌우된다. 아마도 한 달 동안의 혹독한 추위가 철도 시설물에 미치는 영향이 한 해 동안의 철도 교통보다 더 클 것이다.(R. P. 윌리엄스, 『선로 유지에 관하여—토목기사협회에서의 강연』, 1867, 가을.)[†12]

마지막으로 대공업에서는 늘 나타나는 도덕적 마모가 여기에서도 중요한 역할을 차지한다. 예를 들어 예전에는 보통 40,000파운드스털링에 살 수 있던 차량과 기관차를 10년이 지난 후에는 30,000파운드스털링에 살 수 있다. 따라서 이런 자재들에 대해서는 사용가치의 감소가 없었다 하더라도 시장가격의 25%를 감가하여 차량의 가격을 정해야 한다(라드너, 『철도경제학』, 120쪽). M171

3) R. C.라고 표시된 인용문은 『왕립철도위원회. 양원에 제출된 위원회의 증언록』(런던, 1867)에서 발췌한 것이다. 질문과 답변에는 번호가 매겨져 있는데 여기에 있는 번호가 바로 그것이다.

관상 교량은 지금과 같은 형태로 갱신되지는 않을 것이다.(왜냐하면 이제는 이런 교량에 더 좋은 형태가 생겼기 때문이다.) 그런 교량에 대해 일상적인 수리나 부품의 제거, 혹은 대체 등을 수행하는 것은 별로 잘하는 일이 아니다.(W. B. 애덤스, 『도로와 철도』, 런던, 1862, 136쪽)

노동수단들은 대부분 산업이 진보함에 따라 끊임없이 혁신된다. 따라서 그것들은 원래 형태대로가 아니라 혁신된 형태로 보전된다. 그런데 한편으로 많은 고정자본들은 일정한 현물형태로 투하되어 그 형태 그대로 평균수명이 일정하기 때문에 새로운 기계의 도입은 단지 느린 속도로만 이루어진다. 즉 개량된 노동수단들은 한꺼번에 급속하게 도입되지 못한다. 그러나 또 다른 한편 격렬한 경쟁—특히 결정적인 변화의 국면이 닥친 경우—은 낡은 노동수단이 그 자연수명을 다하기도 전에 그것을 새로운 것으로 강제로 대체해버리기도 한다. 산업설비가 이처럼 상당한 대규모로 사회 전반에 걸쳐 조기에 갱신되는 경우는 주로 자연재해나 공황이 발생하였을 때이다.

마모(도덕적 마모는 제외하고)는 고정자본이 마모를 통해 자신의 사용가치를 상실하면서 점차 생산물에 이전하는 가치 부분을 의미한다.

이런 마모 때문에 고정자본은 평균수명이 일정하다. 고정자본의 선대는 이 평균수명의 전 기간을 대상으로 이루어지며 이 기간이 지나면 그것은 전부 교체되어야만 한다. 예를 들어 말과 같이 생명이 있는 노동수단은 재생산기간이 자연 그 자체에 의해 정해진다. 즉 노동수단으로서 그것의 평균수명은 자연법칙에 의해 결정된다. 이 기간이 끝나면 그것은 새로운 것으로 교체되어야 한다. 한 마리의 말은 조금씩 나누어 교체될 수 없기 때문에 다른 한 마리의 말로만 교체될 수 있다.

고정자본의 다른 요소들은 주기적으로나 부분적으로 갱신이 가능하다. 이 경우의 부분적 혹은 주기적 교체는 사업의 점차적인 확장과는 다른 것이다.

고정자본 가운데 일부는 일정 기간 동안 수명이 똑같은 것이 아니라 각기 다른 기간 동안 부분적으로 갱신이 이루어지는 요소들로 이루어져 있다. 예를 들어 철도에서 선로가 그러한데 그것은 철도 시설물 가운데 다른 요소들보다 더 자주 교체되어야만 한다. 침목도 마찬가지인데, 라드너에 따르면 1850년대 벨기에에서는 매년 침목의 8%가 갱신되었다. 즉 12년 M172
만에 모든 침목이 갱신되었다.†13 이 이야기의 내용은 결국 다음과 같다. 즉 일정한 금액이 예를 들어 10년 동안 일정 종류의 고정자본으로 선대된다. 이러한 투자는 한 번에 이루어진다. 그러나 이 고정자본 가운데 일정 부분(즉 그 가치가 생산물가치 속으로 들어가서 생산물과 함께 화폐로 전화되는 부분)은 매년 현물로 보전되는 반면 다른 부분은 그것의 원래 현물형태대로 존재한다. 이 자본이 유동자본과 구별되는 고정자본인 까닭은 그것이 한 번에 투하되었다가 단지 일부분씩만 현물형태로 재생산되기 때문이다.

고정자본 가운데 또 다른 일부는 각기 마모되는 기간도 다르고 따라서 제각기 기간을 달리해서 교체되어야 하는 이질적인 요소들로 이루어져 있다. 기계가 바로 그러하다. 우리가 방금 하나의 고정자본에서 각기 수명이 다른 여러 요소들에 대해 언급한 내용은 고정자본의 한 요소로 사용되는 (서로 수명이 다른) 기계의 부품들에 대해서도 그대로 적용된다.

부분적인 갱신이 이루어지면서 점차 사업이 확장되는 경우와 관련하여 말해둘 부분은 다음과 같다. 우리가 보았듯이 고정자본은 생산과정에서 계속 현물형태로 기능을 수행하지만 그 가치 가운데 일부는 마모의 평균치만큼씩 생산물과 함께 유통되면서 화폐로 전화한 다음 그것이 현물로 재생산될 때까지 자본보전을 위한 준비금의 한 부분을 이룬다. 고정자본 가치 가운데 이처럼 화폐로 전화된 부분은 사업을 확장하는 데 사용되거나 혹은 기계를 개량하여 생산성을 높이는 데 쓰일 수 있다. 재생산은 이처럼 일정한 기간에 걸쳐 이루어지는데 사회 전체의 입장에서 보면 이것은 확대된 규모로의 재생산이다. 생산영역이 확대될 경우 그것은 외연적인 확대재생산이며 생산수단의 효율이 높아질 경우 그것은 내포적인 확대재생산이다. 이 확대재생산은 축적 — 잉여가치의 자본으로의 전화 — 을 통해서 이루어진 것이 아니라, 고정자본의 본체에서 화폐형태로 떨어져 나온 가치가 같은 종류의 〔새롭게 추가된 혹은 보다 효율이 높은〕 고정자본으로 재전화함으로써 이루어진다. 물론 어느 정도까지 그리고 얼마만큼의 규모로 이런 추가 투자가 이루어질지, 또한 이런 방식으로 재투자하기 위해서는 준비금을 얼마만큼 적립해야 하고 이런 적립을 위해서는 얼마의 기간이 필요할지 등은 모두 해당 사업영역의 특수한 성질에 좌우된다. 한편 현존하는 기계의 세부적인 개량이 어느 정도까지 이루어질지
M173 는 물론 개량의 성질과 기계 그 자체의 구조에 좌우된다. 그런데 예를 들어 철도 건설에서 이런 점이 얼마나 미리 고려되었는지에 대해서 애덤스는 다음과 같이 말한다.

> 모든 구조는 꿀벌의 집에 적용되는 원리 — 무한한 확장의 가능성 — 에 따라야 한다. 지나치게 견고하고 처음부터 완전한 모양을 갖춘 그런 구조는 모두 좋지 않은 것이다. 그런 구조는 확장될 경우 부서져야 하기 때문이다.(123쪽)

이것은 주로 사용 가능한 공간에 좌우된다. 어떤 건물은 위로 몇 층을 더 올릴 수 있지만, 다른 건물은 측면으로 확대가 가능한〔즉 이런 경우 더 넓은 토지가 필요한〕 것도 있다. 자본주의적 생산에서는 한편으로는 많은 수단이 낭비되기도 하고 다른 한편으로는 사업이 점차적으로 확장되는 과정에서 이런 종류의 〔비합리적인〕 측면으로의 확대(부분적으로는 노동력에도 해를 끼치면서)가 많이 이루어지기도 한다. 왜냐하면 여기에서는 모든 것이 사회적 계획에 따라 이루어지는 것이 아니라 개별 자본가가 움직이는 각각의 〔무한히 서로 다른〕 조건과 수단 등에 좌우되기 때문이다.

이것은 생산력의 엄청난 낭비를 초래한다.

준비금(즉 고정자본 가운데 화폐로 재전화된 부분)에서 이처럼 일부씩 재투자가 이루어지는 경우는 농업에서 가장 쉽게 볼 수 있다. 공간적으로 주어진 생산영역이 여기에서는 점진적인 자본투자를 가장 잘 흡수할 수 있는 능력을 갖추고 있다. 축산과 같이 자연적 재생산이 이루어지는 분야도 이와 비슷하다.

고정자본은 별도의 유지비가 필요하다. 그것을 유지시키는 기능 가운데 일부는 노동과정 그 자체에 의해 이루어진다. 고정자본은 노동과정에서 사용되지 않으면 부식된다(제1권 제6장 196쪽*과 제13장 423쪽** 기계가 사용되지 않음으로써 발생하는 마모 부분을 보라). 그래서 영국의 법률도 임대된 토지가 관례에 따라 경작되지 않을 경우에는 이를 명시적으로 토지 손괴(waste)로 간주한다(W. A. 홀즈워스〔법정변호사〕, 『지주 및 임차인 법』, 런던, 1857, 96쪽). 이처럼 노동과정을 통해 사용됨으로써 이루어지는 고정자본의 유지기능은 살아 있는 노동〔즉 노동력〕의 천부적 재능이 무상(無償)으로 제공하는 것이다. 더구나 노동의 이런 유지 기능은 이중적으로 이루어진다. 한편으로 노동은 노동재료의 가치를 생산물에 이전함으로써 그 가치를 유지시키고 다른 한편으로는 생산과정에서 노동수단을 움직여서 그것의 사용가치를 유지시킴으로써 노동수단의 가치를—자신이 그것을 생산물에 이전하지 않는 한—유지시킨다.

그러나 고정자본의 수선 상태가 잘 유지되기 위해서는 적극적인 노동투하가 함께 이루어질 필요가 있다. 기계는 수시로 청소를 해주어야만 한다. 이 말은 기계가 사용 불능 상태가 되지 않도록 하기 위해 추가노동을 M174
투입하고 생산과정과 불가분의 관계에 있는 각종 유해한 환경요인들을 제거하는 것, 즉 말 그대로 기계를 작업 가능한 상태로 유지하는 것을 의미한다. 인간의 수명을 평균 30년이라고 가정할 경우에는 그가 이 기간 동

* MEW Bd. 23, 221~222쪽 참조.

** MEW Bd. 23, 426쪽 참조.

안 계속 씻는다는 것도 함께 가정되는 것과 마찬가지로 고정자본도 그 표준수명은 이 기간 동안 그것이 정상적으로 기능하는 데 필요한 조건을 계속 유지한다는 가정하에서 계산되어야 하는 것이 당연한 일이다. 여기에서 말하는 부분은 기계에 포함된 노동을 보전하는 것과 관련된 것이 아니라 기계를 사용하기 위해 계속 필요한 추가노동과 관련된 것이다. 그것은 기계가 수행하는 노동의 문제가 아니라 기계 때문에 소비되는 노동의 문제이고 이때의 기계는 생산의 주체가 아니고 하나의 원료이다. 이 노동에 투하된 자본은 비록 생산물이 만들어지는 본래의 노동과정에 들어가는 것은 아니지만 유동자본에 속한다. 이 노동은 생산이 이루어지는 동안 끊임없이 지출되어야 하며 따라서 그 가치도 끊임없이 생산물의 가치에 의해 보전되어야 한다. 이 노동에 투하된 자본은 유동자본에서 일반적인 잡비로 지출되고 연 평균치에 따라 가치생산물에 배분되어야 하는 부분에 속한다. 우리는 본격적인 공업에서 청소를 위한 이런 노동이 휴식시간 동안에 노동자에 의해 무상으로 수행되며 또한 종종 생산과정 자체 내에서 이루어짐으로써 커다란 사고의 원인이 되는 것을 보았다.* 이 노동은 생산물가격에 포함되지 않는다. 그런 점에서 소비자는 이 노동을 무상으로 얻는다. 반면 자본가는 그 때문에 기계의 유지비용을 지불하지 않는다. 그 비용을 노동자가 스스로 지불하기 때문인데—이것은 자본이 스스로를 유지하는 수수께끼 가운데 하나이다—사실 이 점은 기계에 대한 노동자의 법률적 권리를 이루는 것이어서 노동자는 부르주아 법률의 관점에서 보더라도 기계의 공동 소유자인 셈이다. 그러나 예를 들어 기관차처럼 기계를 청소하기 위해서는 그것을 생산과정에서 분리해야 할 필요가 있는 경우, 즉 은폐된 형태로 청소가 이루어질 수 없는 생산부문에서는 이런 수선유지에 소요되는 노동이 경상비용〔즉 유동자본의 한 요소〕으로 계산된다. 예를 들어 기관차는 최소한 사흘에 하루꼴로 차고에 들어가야만 가

* MEW Bd. 23, 449~450쪽, 각주 190a 참조.

동될 수 있다. 증기탱크를 손상 없이 세척하기 위해서는 반드시 먼저 식혀야만 하기 때문이다(R. C., 제17823번).

본래 수리와 수선 작업은 자본과 노동의 투하가 필요하지만 이 자본과 노동은 원래의 선대자본에 포함되어 있지 않고 따라서 고정자본의 순차적인 가치보전에 의해 항상 보전되고 보충될 수 있는 것이 아니다. 예를 들어 고정자본의 가치가 10,000파운드스털링이고 그것의 전체 수명이 10년이라면 10년이 지난 후에 모두 화폐로 전화되는 이 10,000파운드스털링은 처음 투하된 자본의 가치만큼은 보전하지만 그 기간 동안 수리를 위해 새롭게 추가된 자본이나 노동을 보전하지는 않는다. 이 추가자본은 한 번이 아니라 필요에 따라 그때그때 선대되는 추가가치이며 그 다양한 선대기간은 그 성격상 우연적이다. 모든 고정자본은 이처럼 후속적으로 조금씩 이루어지는 노동수단과 노동력에 대한 추가자본 투하가 필요하다. M175

기계 등의 각 부분이 받는 손상은 본질적으로 우연적이고 따라서 그로 인해 필요하게 되는 수리도 우연적이다. 그렇지만 이들 온갖 수리 가운데에서 어느 정도 고정적인 성격을 갖고 고정자본의 수명기간 동안에 일정기간마다 이루어지는 수리노동을 두 가지로 분류해낼 수 있다. 초기의 고장에 대한 수리노동과 내구기간 후반기에 자주 발생하는 고장에 대한 수리노동이 바로 그것이다. 예를 들어 아무리 완벽한 상태로 생산과정에 투입된 기계라 할지라도 실제 사용과정에서는 항상 결함이 드러나기 마련이고 이에 따라 수리노동이 추가로 이루어져야만 한다. 또 다른 한편 기계의 수명이 후반기로 넘어갈수록〔즉 정상적인 마모가 누적되고 기계를 구성하는 소재가 노후화해갈수록〕 기계를 그 평균수명이 다할 때까지 유지하기 위해 필요한 수리노동은 더욱 빈번하게 점차 증가할 것이다. 이는 마치 일찍 죽지 않도록 하기 위해서 소요되는 의료비용이 젊고 튼튼한 사람보다는 노인에게서 훨씬 더 큰 것과 마찬가지이다. 그러므로 그것의 우연적인 성격에도 불구하고 수리노동은 고정자본의 전체 수명기간에 걸쳐 불균등하게 배분된다.

지금까지의 논의와 기계 수리노동의 우연적인 성격으로부터 다음과 같이 말할 수 있다.

우선 이런 수리가 필요한 제반 사정과 마찬가지로 수리노동을 위해 노동력과 노동수단이 실제로 지출되는 것 또한 우연적이다. 필요한 수리의 규모는 고정자본의 전체 수명기간에서 각 시기마다 달리 배분된다. 또한 고정자본의 평균수명을 산정하는 데는 청소(여기에는 장소의 청소도 포함된다)와 그때그때 요구되는 수리를 통해 고정자본이 계속해서 가동상
M176 태를 유지한다는 것이 전제되어 있다. 고정자본의 마모를 통한 가치이전은 고정자본의 평균수명에 근거하여 계산되지만 이 평균수명 자체는 그것의 유지보수에 소요되는 추가자본이 끊임없이 선대된다는 것을 전제로 하여 계산된다.

한편 이런 자본과 노동의 추가지출에 의해 부가된 가치는 지출과 함께 곧바로 상품가격에 포함될 수 없는 것이 분명하다. 예를 들어 방적업자는 이번 주에 톱니바퀴가 부서졌다든가 벨트가 끊어졌다는 이유로 지난 주에 비해 실을 더 비싸게 팔 수 없다. 방적업 전체의 비용은 결코 이런 개별 공장의 사고 때문에 변동하지는 않는다. 다른 모든 경우와 마찬가지로 여기에서도 가치는 평균에 의해 결정된다. 특정 산업부문에 투하된 고정자본의 평균수명 기간 동안 발생한 이런 사고나 유지보수 작업의 평균적인 횟수는 경험을 통해서 드러난다. 여기에 들어간 평균지출은 평균수명 기간 전체에 걸쳐 배분되고 그것에 상응하는 각 부분별로 할당되어 생산물 가격에 부가되고 따라서 생산물의 판매를 통해서 보전된다.

이렇게 보전되는 추가자본은 비록 그 투하방식이 불규칙적이라 하더라도 유동자본에 속한다. 기계의 고장을 즉각 수리하는 것은 대단히 중요하기 때문에 비교적 큰 공장에서는 모두 공장노동자 외에 기사, 목수, 기계 수리공, 열쇠공 등과 같은 별도 인력을 고용한다. 그들의 임금은 가변자본의 일부분을 이루고 그들의 노동가치는 생산물에 배분된다. 한편 생산수단을 위해 지출하는 비용은, 비록 그것들이 현실적으로 부정기적인 시기

마다 선대되고 따라서 불규칙한 기간에 걸쳐 생산물이나 고정자본에 들어가긴 하지만, 위에서 말한 평균적인 방식으로 계산되어 끊임없이 생산물가치의 한 부분을 형성한다. 이런 수리작업에 투하된 자본은 많은 점에서 독특한 종류의 자본을 이루고 있어서 유동자본으로도 고정자본으로도 분류될 수 없지만 그것이 경상지출에 속한다는 점에서 유동자본으로 보는 것이 더 타당할 것이다.

부기의 방식이 장부에 기록된 사물의 실제 관계를 변화시키지 않는 것은 당연한 일이다. 그러나 많은 사업부문에서 관습적으로 수리비용을 아래와 같이 고정자본의 실제 마모와 함께 합산한다는 점에 유념하는 것은 중요한 일이다. 즉 선대된 고정자본이 10,000파운드스털링이고 그 수명이 15년이라 하자. 그러면 매년 이루어지는 마모는 $666\frac{2}{3}$ 파운드스털링이다. M177
그러나 마모의 계산은 수명을 10년으로 상정하여 이루어진다. 말하자면 생산된 상품의 가격에 고정자본의 마모분으로 매년 부가되는 것은 $666\frac{2}{3}$ 파운드스털링이 아니라 1,000파운드스털링이다. 즉 $333\frac{1}{3}$ 파운드스털링은 수리노동 등을 위해 적립된다(10과 15라는 숫자는 단지 예시로 사용된 것일 뿐이다). 고정자본이 15년 동안 수명을 유지하기 위해서는 평균적으로 수리에 이만한 금액이 지출되는 것이다. 물론 계산을 이렇게 한다고 해서 고정자본과 수리에 소비된 추가자본이 서로 다른 범주에 속한다는 사실이 방해를 받는 것은 전혀 아니다. 이런 계산방법에 근거하여 예를 들어 기선(汽船)의 유지보전 비용은 최저 매년 15%〔즉 재생산기간은 $6\frac{2}{3}$ 년〕로 추정되었다. 그리하여 1860년대에 영국 정부는 페닌슐라 오리엔탈 회사에 $6\frac{1}{4}$ 년*의 재생산기간을 적용하여 기선의 유지보전 비용으로 연 16%의 비율에 맞추어 보상을 하였다. 철도에서는 기관차 1량의 평균수명이 10년이지만 수리비를 가산하여 마모는 매년 $12\frac{1}{12}$%〔즉 수명을 8년으로 낮춰 잡아〕로 계산되며 객차와 화물차는 마모가 9%〔즉 수명을 $11\frac{1}{9}$ 년으로〕로

* 초판과 제2판에는 $6\frac{1}{3}$로 되어 있다.

계산된다.

소유자가 자신의 고정자본인 가옥 등의 물건을 타인에게 고정자본으로 임대한 경우 이 임대계약에서 법률은 시간, 자연력의 영향, 정상적인 사용의 결과인 정상적인 마모와 가옥의 표준적인 수명과 그것의 표준적인 사용 기간을 유지하기 위해서 수시로 요구되는 그때그때의 수리를 구별하는 것을 인정한다. 통상적으로 전자는 소유자가, 후자는 임차인이 부담한다. 나아가 수리는 다시 일상적인 수리와 근본적인 수리로 구분된다. 후자는 부분적으로 고정자본의 현물형태에 대한 갱신이어서 — 계약에서 명시적으로 반대되는 내용이 기술되어 있지 않은 한 — 역시 소유자의 부담이 된다. 영국법을 예로 들어 보자.

> 근본적인 수리를 하지 않고도 견딜 수 있다면, 임차인은 매년 건물이 비바람에 견딜 정도로만 이를 보존하고 또한 대체로 일상적인 수리라는 이름으로 이루어지는 수리만 하면 된다. 또한 건물 가운데 '일상적인' 수리의 대상이 되는 부분도 임차인이 그 건물을 양도받았던 시점에서의 해당 부분의 연령과 일반적인 상태가 고려되어야 한다. 왜냐하면 낡고 마모된 재료를 새로운 것으로 바꾸거나 시간의 경과와 통상적인 사용에 의해 발생하는
> M178 불가피한 가치하락을 보상하는 것은 임차인의 의무가 아니기 때문이다.(홀즈워스, 앞의 책, 90, 91쪽)

예외적인 자연현상, 즉 대화재나 홍수 등에 의해 발생하는 파괴와 관련된 보험은 마모의 보전이나 수선유지 노동과는 전혀 다른 것이다. 이것은 잉여가치로부터 보전되어야 하는 것이며 잉여가치의 공제 부분을 이룬다. 그렇지 않으면 사회 전체 입장에서 볼 때 우연과 자연력에 의해 야기된 예외적인 파괴를 보전하는 데 필요한 생산수단을 준비해두기 위해서는 끊임없는 과잉생산〔즉 인구 증가를 완전히 배제한 채 현존하는 부의 단순한 보전과 재생산에 필요한 것보다 더 큰 규모의 생산〕이 있어야만

한다.

보전을 위해 필요한 자본 가운데 실제 준비금으로 적립되는 것은 극히 일부분에 불과하다. 거의 대부분은 생산규모 자체의 확대에 사용되며, 이 확대는 현실적인 확대일 뿐만 아니라 고정자본 생산부문의 정상적인 생산 범위에 속하는 것이기도 하다. 예를 들어 기계제조공장은 그 고객의 공장이 매년 확장될 뿐만 아니라 이들 공장 가운데 일부가 끊임없이 부분적이거나 전체적인 재생산이 필요하다는 점을 항상 염두에 두고 있다.

수리비뿐만 아니라 마모도 사회적 평균에 의해 결정된다면 거기에는 필연적으로 커다란 불균등이 발생하고 이는 같은 생산부문에서 같은 크기와 같은 조건에서 자본투하가 이루어지는 경우에도 발생한다. 실제로 기계 등의 수명은 어떤 자본가에게는 평균보다 길지만 어떤 자본가에게는 그렇지 못하다. 어떤 자본가의 수리비는 평균보다 높고 다른 자본가의 수리비는 평균보다 낮다. 그러나 마모와 수리비에 의해 결정되는 상품의 가격인상은 모두에게 똑같이 평균에 의해 결정된다. 따라서 어떤 자본가는 이 가격인상을 통해 그가 실제 추가한 것보다 더 많이 얻고 어떤 자본가는 더 적게 얻는다. 이런 사실은 같은 산업부문에서 노동력의 착취도가 동일할 경우에도 각 자본가가 각기 다른 수익을 얻게 되는 온갖 사정들과 함께 잉여가치의 참된 본질을 이해하는 것을 어렵게 한다.

본래의 수리와 보전 사이의 경계, 그리고 유지비와 갱신비 사이의 경계는 어느 정도 유동적이다. 바로 이 점 때문에 예를 들어 철도에서 어떤 지출이 수리에 사용된 것인지 보전에 사용된 것인지, 그리고 그것들이 경상비에서 지출되어야 할지 원래의 자본에서 지출되어야 할지를 둘러싸고 끝없는 논쟁이 발생한다. 수리비를 수입 계정이 아니라 자본 계정으로 이 M179
월하는 것은 철도 경영자들이 자신들의 보너스를 늘리기 위해 인위적으로 조작하는 방식으로 잘 알려져 있다. 그러나 이것에 관한 가장 중요한 단서는 이미 경험에서 드러나고 있다. 예를 들어 철도의 수명 초기에 필요한 추가노동은 수리가 아니라 철도 건설의 본질적인 구성 부분으로 간주되어야만 한다. 따라서 그것은 수입 계정이 아니라 자본 계정에 기입되어야 한다. 왜냐하면 그것은 마모 혹은 정상적인 운행 결과에 따른 것이 아니라 원래 철도 건설 과정에 불가피하게 존재하는 불완전성에 기인한 것이기 때문이다.(라드너, 앞의 책, 40쪽)

이에 반해 매년 수익을 올리는 과정에서 필연적으로 발생하는 가치하락을 그해의 수익에 전가하는 것은, 그 금액이 실제로 지출되느냐와 상관없이 유일하게 올바른 방법이다.(캡틴 피츠모리스, 「칼레도니아 철도 조사위원회」, 1868년 『금융시장 리뷰』에 게재됨)

농업에서는 고정자본의 보전과 유지를 분리하는 것이, 적어도 증기로 작업하는 것이 아닌 한, 현실적으로 불가능하기도 하고 쓸모도 없다.

용구의 현재량이(경작과 기타 작업 및 온갖 경영에 필요한 기구) 과다하지 않을 정도로 충분한 경우 매년 이들 용구의 마모 및 유지비용은 그때그때의 여러 사정에 따라 구입 자본의 15~25%로 계산하는 것이 보통이다.(키르히호프, 『농업경영학 요강』, 드레스덴, 1852, 137쪽)

철도 운행 차량의 경우, 수리와 보전은 나눌 수 없다.

우리는 일정한 운행 차량 대수를 계속 유지한다. 우리는 보유하고 있는 기관차의 수와 상관없이 이 대수를 항상 유지한다. 어쩌다 한 량이 사용할 수 없는 상태가 되어 새로 제작하는 편이 유리한 상태가 되면 우리는 수익 가운데 일부를 지출하여 그것을 제작하게 되는데 이때 폐기되는 기관차의 재료가치는 물론 수익에 계상한다. …… 이 가치는 보통 꽤 큰 액수에 달한다. …… 차바퀴, 차축, 기관 등 폐기되는 기관차의 상당히 많은 부분이 여기에 해당한다.(T. 구치, 그레이트웨스턴 철도회사 사장, R. C., 제17327번, 제17329번) …… 수리는 갱신을 의미한다. 나에게 '교체'라는 말은 존재하지 않는다. …… 철도회사는 일단 차량이나 기관차를 사들이면 그것이 영구히 굴러가도록 계속 수리를 해야만 한다.(제17784번) …… 우리는 기관차의 비용을 주행 1마일당 $8\frac{1}{2}$ 펜스로 계산한다. 우리는 기관차를 이 $8\frac{1}{2}$ 펜스로 계속해서 유지한다. 우리는 기관차를 수시로 갱신한다. 만약 당신이 한 량을 새로 사려 한다면 그것은 필요 이상의 화폐를 지출하는 것이다. M180
…… 폐기되는 기관차에는 항상 몇 개의 차바퀴와 차축, 그 밖에 아직 사용할 수 있는 부분이 남아 있고, 따라서 이것들을 사용하면 완전히 새로운 것과 똑같은 기관차를 싸게 만들 수 있기 때문이다.(제17790번) …… 나는 지금 매주 새로운 기관차〔즉 신품과 똑같은 것〕를 한 량씩 생산해내고 있다. 신품과 같다고 한 것은 기관과 실린더, 그리고 차체가 새것이기 때문이다.(제17823번, 그레이트노던 철도 기관차 공장장 아치볼드 스터록, R. C., 1867년에 게재됨)

객차나 화차도 마찬가지이다.

시간이 흐르면서 현재 보유하고 있는 기관차와 객차, 화차는 끊임없이 갱신된다. 새로운 차바퀴가 끼워지기도 하고 새로운 몸체가 만들어지기도 한다. 동작을 직접 담당하기 때문에 가장 마모되기 쉬운 부분은 순차적으로 갱신된다. 이리하여 기관차와 객차, 화차에는 이런 수리가 계속 이루어져서 그 가운데 많은 것들은 원래의 재료가 흔적조차 남아 있지 않게 된다. 이것들은 완전히 수리 불능상태가 되어도 부품 가운데 사용 가능한 부분은 다시 가공해서 사용되며, 따라서 이것들이 궤도상에서 완전히 사라지는 일은 결코 없다. 따라서 가동자본은 끊임없이 재생산되고 있는 것이다. 선로에서는 궤도 전체가 새로 부설될 경우 일정 시기에 한꺼번에 이루어져야 하는 일이 차량에서는 매년 순차적으로 이루어진다. 차량은 다년간 쓸 수 있는 것이고 따라서 차량은 끊임없는 재생상태에 있는 것이다.(라드너, 앞의 책, 115~116쪽)

라드너가 철도에 관하여 서술한 이런 과정은 개별 공장에는 해당되지 않지만, 한 산업부문 전체〔혹은 사회 전체의 총생산〕에서 수리와 함께 뒤섞여 진행되는 고정자본의 끊임없는 부분적 재생산에는 똑같이 해당된다.

노련한 경영자들이 자신들의 보너스를 높일 목적으로 수리와 보전이라는 용어를 어떻게 교묘하게 조작하는지를 알려주는 한 사례가 있다. 위에서 인용한 윌리엄스의 강연에 따르면, 영국의 많은 철도회사들은 노반과 건물의 수선유지비로 다음과 같은 금액을 몇 년간 평균하여 수입 계정에서 공제하였다(선로 1마일당 연간 액수).

런던, 노스웨스턴	370파운드스털링
미들랜드	225파운드스털링
런던, 사우스웨스턴	257파운드스털링
그레이트노던	360파운드스털링
랭커셔, 요크셔	377파운드스털링
사우스이스턴	263파운드스털링
브링턴	266파운드스털링
맨체스터, 셰필드	200파운드스털링

M181 이들 금액의 차이 가운데 실제 비용의 차이에서 비롯된 것은 극히 일부분에 불과하다. 이들 차이는 거의 대부분이 각종 비용 항목을 자본 계정에 기입한 것인지 아니면 수익 계정에 기입한 것인지의 계산 방법 차이에서 비롯된 것이다. 윌리엄스는 솔직하게 다음과 같이 말한다.

비용을 낮게 기입하는 것은 보너스를 높이는 데 필요하기 때문이고, 비용을 높게 기입하는 것은 그것을 수용할 수 있을 만큼 수익이 있기 때문이다.[†12]

때로는 기입된 비용이 실제 마모와 보전이 이루어진 금액과 같을 수도 있는데 이 경우에는 단지 수리비만 계산에 들어가게 된다. 철도 시설물에 관한 라드너의 다음과 같은 언급은 일반적으로 독(dock), 운하, 철교, 석교 등과 같은 내구 구조물에 모두 적용된다.

제법 견고한 구조물에서 시간의 완만한 작용을 통해 이루어지는 마모는 단기간이면 관찰을 통해 알아낼 수 없을 만큼 미미한 영향만 미치지만 예를 들어 수백 년과 같은 장기간이면 아무리 견고한 구조물이라도 부분 혹은 전부를 갱신하지 않을 수 없다. 선로의 다른 부분에서 확연히 알아챌 수 있을 정도로 진행되는 마모와 이런 미미한 마모를 비교하는 것은 우주 천체들의 운동에서 나타나는 주기적인 편차와 장기 편차를 비교하는 경우와 별로 다르지 않다. 다리, 터널, 육교 등 비교적 큰 규모의 철도 시설물들에 미치는 시간의 작용은 장기적인 마모라고 부를 수 있는 좋은 사례이다. 비교적 단기간의 수리를 통해 보전될 수 있는 급속하고 확연히 드러나는 가치하락은 천체운동에서의 주기적인 편차와 비슷한 것이다. 이처럼 매년 지출되는 수리비 중에는 비교적 내구력이 큰 건축물에서 때때로 발생하는 우연한 외벽 손상에 대한 보전도 포함된다. 그러나 이런 수리와는 별도로 이들 구조물에는 다시 연령이라는 요소가 반드시 영향을 미치고, 그 결과 아무리 오래 걸린다 하더라도 언젠가는 건축물의 상태가 새로 건설되지 않으면 안 되는 그런 시점이 결국 오고야 만다. 물론 재정적, 경제적 문제와 관련해서는 이런 시점이 아마도 너무 먼 미래의 일이라서 실제 계산에 포함되기 어려울 수도 있다.(라드너, 앞의 책, 38, 39쪽)

이것은 내구기간이 긴 모든 건축물에 적용된다. 따라서 이런 건축물들에서는 거기에 선대된 자본이 그것들의 마모에 따라 순차적으로 보전될 필요가 없으며, 단지 수선유지를 위한 매년 평균비용만 생산물가격에 부가하면 된다.

우리가 본 것처럼 고정자본 마모의 보전을 위해 환류하는 화폐의 상당 부분은 매년 혹은 보다 짧은 기간 동안에 고정자본의 현물형태로 재전화하지만, 그럼에도 각각의 개별 자본가에게는 고정자본 가운데 몇 년이 지나야만 재생산기간이 되어 비로소 완전히 교체되는 부분에 쓰일 상각기
M182 금이 필요하다. 고정자본 가운데 상당히 많은 부분은 그 속성 때문에 조금씩 재생산될 수 없는 특성이 있다. 게다가 비교적 짧은 간격으로 새로운 현물이 가치가 하락한 현물에 부가되는 방식으로 재생산이 일부분씩 진행되는 경우에는 이런 보전이 이루어지기 전에 생산부문의 특수한 성격에 따라 미리 일정한 규모의 화폐축적이 이루어져 있어야 한다. 즉 임의의 화폐액이 아니라 일정한 액수의 화폐가 필요한 것이다.

만약 우리가 이 문제를 뒤에서 다루게 될 신용제도를 전혀 고려하지 않은 채 단순한 화폐유통의 전제하에서만 고찰한다면 이 운동의 메커니즘은 다음과 같이 이루어진다. 제1권(제3장 제3절, 가)에서 밝혀진 바와 같이 어떤 사회에 현존하는 화폐 가운데 일부는 항상 축장화폐로 유휴상태에 있고, 나머지 부분이 유통수단〔혹은 직접 유통하는 화폐의 직접적인 준비금〕으로 사용되긴 하지만 화폐의 총량에서 축장화폐와 유통수단이 나누어지는 비율은 끊임없이 변동한다. 이제 우리의 경우에는 특정 대자본가의 수중에 축장화폐로 대량 축적되었던 화폐가 고정자본의 구입을 위하여 한꺼번에 모두 유통에 투입된다. 그것은 스스로 다시 사회 내에서 유통수단과 축장화폐로 나누어진다. 고정자본의 마모 정도에 따라 그것의 가치는 상각기금이라는 형태로 출발점으로 되돌아오지만 이 상각기금은 다시 유통화폐 가운데 일부를 바로 그 자본가―고정자본을 구입하면서 자신의 축장화폐를 유통수단으로 전화시켜 자신에게서 분리했던―의

축장화폐로 (시간이야 다소간 걸리겠지만) 되돌려준다. 그것은 사회에 존재하는 축장화폐의 끊임없이 변화하는 분할로서 이 축장화폐는 번갈아서 유통수단으로 기능하다가 다시 축장화폐로서 유통화폐량에서 분리되곤 한다. 대공업과 자본주의적 생산의 발전이 필연적으로 수반하는 신용제도의 발전과 함께 이 화폐는 축장화폐가 아니라 자본으로 기능하지만 그러나 그것은 화폐소유자의 수중이 아니라 그것을 처분할 수 있는 다른 자본가의 수중에서 자본으로 기능한다.

제9장

선대자본의 총회전: 회전의 순환

M183 앞서 보았듯이 생산자본 가운데 고정 부분과 유동 부분은 회전 방식과 기간이 모두 다르며, 또한 같은 업종 내에 존재하는 고정자본의 각 구성 부분도 제각기 수명은 물론 재생산기간도 다르기 때문에 회전기간이 서로 다르다(같은 업종 내에 존재하는 유동자본의 각 구성 부분들에서 실질적으로 혹은 외견상으로 나타나는 회전의 차이에 대해서는 이 장의 끝부분 ⑥을 보라).

① 선대자본의 총회전은 그것의 각 구성 부분들의 회전의 평균이다(이것의 계산 방법은 뒤에서 다루게 될 것이다). 단지 기간의 차이만 문제로 삼는다면 물론 그 평균의 산출은 너무도 간단하다. 그러나

② 여기에는 단지 양적인 차이뿐만 아니라 질적인 차이도 존재한다.

생산과정에 들어가는 유동자본은 생산물에 자신의 가치를 모두 이전한다. 따라서 생산과정이 중단되지 않고 계속 진행되려면 끊임없이 생산물의 판매를 통하여 유동자본이 현물로 보전되어야만 한다. 생산과정에 들어가는 고정자본은 자신의 가치 가운데 일부(마모분)만 생산물에 이전하며 마모되더라도 생산과정에서 계속해서 기능을 수행한다. 따라서 그것

은 상당한 기간을 거치고 나서야 현물로 보전되고 유동자본만큼 그렇게 자주 보전될 필요가 없다. 이 보전 필요성〔즉 재생산기간〕은 고정자본의 각 구성 부분에 따라 단지 양적으로 다를 뿐만 아니라, 우리가 이미 보았듯이, 고정자본 가운데 비교적 오래 쓸 수 있는〔수년간 지속되는〕 부분은 1년 혹은 그 이하의 짧은 기간마다 수시로 보전되어 원래의 고정자본에 현물로 부가될 수 있지만 이것과 속성이 다른 고정자본 부분의 보전은 그 수명이 다하고 나서 한꺼번에 이루어져야만 한다.

따라서 고정자본을 구성하는 각 부분의 개별적인 회전을 단지 양적으로만〔즉 회전기간의 길이〕 다르고 질적으로는 동일한 회전 형태로 환원할 필요가 있다. M184

이런 질적 동일성은 우리가 연속적인 생산과정의 형태인 P……P를 출발점으로 삼을 경우에는 나타나지 않는다. 왜냐하면 P의 구성요소 가운데 어떤 것들은 끊임없이 현물로 보전되어야 하는 반면 어떤 것들은 그럴 필요가 없기 때문이다. 그러나 G……G′ 형태에서는 회전의 이러한 질적 동일성이 나타난다. 예를 들어 어떤 기계의 가치가 10,000파운드스털링이고 10년 동안 사용할 수 있으며 따라서 그것의 $\frac{1}{10}$, 즉 1,000파운드스털링이 매년 화폐로 재전화한다고 가정해보자. 이 1,000파운드스털링은 1년 동안에 화폐자본에서 생산자본과 상품자본으로 전화한 다음 상품자본에서 화폐자본으로 다시 전화한다. 그것은 화폐형태로 고찰하는 경우의 유동자본처럼 원래 형태, 즉 화폐형태로 회귀하는데 이때 이 1,000파운드스털링의 화폐자본이 연말에 재차 기계의 현물형태로 재전화하는지 하지 않는지는 중요하지 않다. 그러므로 우리는 선대된 생산자본의 총회전을 계산할 경우에는 화폐형태로의 회귀가 회전의 종결이 되도록 선대된 자본의 모든 요소를 화폐형태로 고정시킨다. 우리는 가치가 항상 화폐형태로 선대된다고 간주하며 특히 가치의 이런 화폐형태가 계산화폐의 형태에 지나지 않는 연속적인 생산과정에서도 역시 화폐로 선대된다고 간주한다. 그렇게 함으로써 비로소 우리는 평균을 끌어낼 수 있는 것이다.

③ 선대된 생산자본 가운데 훨씬 큰 비중을 차지하는 고정자본의 재생산기간〔따라서 회전기간도〕이 수년에 걸친 순환을 포괄한다 할지라도 1년 동안 회전한 자본가치는, 같은 기간 동안 유동자본이 몇 차례 반복적으로 회전하는 덕분에 선대자본의 총가치보다 오히려 더 클 수 있다.

고정자본이 80,000파운드스털링이고 그것의 재생산기간이 10년이라서 매년 이 가운데 8,000파운드스털링이 화폐형태로 회귀하여 그 회전의 $\frac{1}{10}$을 완수한다고 하자. 또한 유동자본은 20,000파운드스털링이고 그 회전은 매년 5회라고 하자. 그러면 총자본은 100,000파운드스털링이고 회전한 고정자본은 8,000파운드스털링, 회전한 유동자본은 20,000파운드스털링×5(회)=100,000파운드스털링이다. 따라서 1년 동안에 회전한 자본은 108,000파운드스털링으로 선대자본보다 8,000파운드스털링이 더 많다. 선대된 자본의 $1\frac{2}{25}$가 회전한 것이다.

④ 그러므로 선대자본의 가치회전은 선대자본의 실제 재생산기간 혹은
M185 그 구성 부분들의 실제 회전기간과는 다르다. 예를 들어 4,000파운드스털링의 자본이 1년에 5회전한다고 가정해보자. 그러면 회전한 자본은 4,000파운드스털링×5(회)=20,000파운드스털링이다. 그러나 회전할 때마다 회귀하여 다시 새로 선대되는 것은 최초에 선대된 4,000파운드스털링의 자본이다. 이 자본의 크기는 그것이 반복해서 자본으로 기능하는 회전기간의 수에 아무 영향을 받지 않는다(잉여가치는 여기서 무시한다).

그리고 ③의 사례에서 연말에 자본가의 수중으로 회귀한 것은 ⓐ그가 새롭게 유동자본 부분에 투자하는 20,000파운드스털링의 가치액과 ⓑ마모에 의해 선대된 고정자본가치에서 떨어져 나온 8,000파운드스털링이다. 이와 더불어 생산과정에는 여전히 같은 고정자본이 그대로 남아 있지만 그것의 가치는 80,000파운드스털링이 아니라 그보다 감소한 72,000파운드스털링이다. 그래서 선대된 고정자본이 그 수명을 다하여 생산물과 가치의 창출자로서 그 기능을 중지함으로써 새롭게 보전되기까지는 아직 생산과정이 9년 더 계속될 필요가 있을 것이다. 이처럼 선대된 자본가치

는 몇 번의 회전으로 이루어진 한 번의 순환〔예를 들어 앞에서 든 사례의 경우 연간 10회전으로 구성된 한 번의 순환〕을 거쳐야 한다. 그리고 이 순환은 사용되는 고정자본의 수명〔즉 재생산기간 혹은 회전기간〕에 의해 결정된다.

그리하여 자본주의적 생산양식의 발전에 따라 고정자본의 수명과 가치량이 증대하는 것과 같은 비율로 산업과 각 산업에 투자된 산업자본의 수명도 여러 해씩〔예를 들어 평균 10년〕 늘어난다. 고정자본의 발전은 한편으로는 고정자본의 수명을 연장하지만 다른 한편으로는 생산수단 — 이것은 자본주의적 생산양식의 발전과 함께 끊임없이 증가한다 — 의 끊임없는 변혁을 통해 그 수명을 단축하기도 한다. 그리하여 자본주의적 생산양식의 발전과 함께 생산수단의 교체는 물론 도덕적 마모로 인한 그것의 보전 필요성도 그것이 물리적으로 수명을 끝마치기 훨씬 전에 발생한다. 대공업의 핵심 분야에서 이런 수명의 평균주기는 오늘날 10년으로 추정된다. 그러나 여기에서 중요한 것은 이 수치가 아니다. 중요한 것은 여러 번의 회전 — 자본은 고정자본 부분에 의해 여기에 묶여 있다 — 으로 이루어진 이런 장기(수년의 기간) 순환을 통해서 주기적인 공황 — 경기는 불황, 회복, 경기과열, 공황이라는 연속적인 시기를 통과한다 — 의 물적 기초가 만들어진다는 것이다. 그러나 자본이 투하되는 시기는 제각기 달라 M186
서 이들 주기도 통일적으로 이루어지지는 않는다. 그렇지만 공황은 언제나 새로운 대규모 투자의 출발점을 이루고 바로 그런 점에서 또한 — 사회 전체의 시각에서 볼 때 — 다음 순환을 위한 새로운 물적 토대를 이룬다.[3a)]

⑤ 회전의 계산 방법에 대해서 미국의 한 경제학자는 이렇게 말한다.

3a) "도시의 생산은 매일매일의 순환에 묶여 있지만 농촌의 생산은 연 단위의 순환에 묶여 있다"(아담 H. 뮐러, 『정치학 요강』, 베를린, 1809, III, 178쪽). 이것이 낭만파의 공업과 농업에 대한 순진한 개념이다.

어떤 사업부문들에서는 선대자본 전체가 1년 동안에 여러 번 회전〔또는 순환〕하는 경우도 있지만 어떤 사업부문들에서는 1년에 1번 이상 회전하는 부분과 그보다 적게 회전하는 부분이 함께 존재하는 경우도 있다. 자본가가 자신의 이윤을 계산하는 데 사용하는 기준은 자신의 총자본이 자신의 손을 거쳐서 한 번 회전하는 데 소요되는 평균기간이다. 예를 들어 특정 사업부문에 종사하는 어떤 사람이 자신의 자본 가운데 $\frac{1}{2}$ 은 10년에 한 번 갱신되는 건물과 기계에 투하하고 $\frac{1}{4}$ 은 2년에 한 번 갱신되는 작업도구 등에 투하하고 마지막 $\frac{1}{4}$ 은 임금과 원료에 투하하여 1년에 2회전한다고 가정해 보자. 그리고 그의 전 자본은 50,000달러라고 하자. 그러면 그의 연간 투자는 다음과 같이 될 것이다.

10년 동안	$\frac{50,000}{2}$ 달러=25,000달러	=1년에	2,500달러
2년 동안	$\frac{50,000}{4}$ 달러=12,500달러	=1년에	6,250달러
$\frac{1}{2}$ 년 동안	$\frac{50,000}{4}$ 달러=12,500달러	=1년에	25,000달러
		1년에	33,750달러

따라서 그의 전 자본이 1회전하는 평균기간은 16개월이다.[†14]……

또 하나 다른 경우를 들어보자. 총자본 50,000달러 가운데 $\frac{1}{4}$ 은 10년에 걸쳐 순환하고 다른 $\frac{1}{4}$ 은 1년에 걸쳐, 나머지 $\frac{1}{2}$ 은 1년에 2회전한다고 하자. 그러면 연간 투자는 다음과 같이 될 것이다.

$\frac{12,500}{10}$	= 1,250달러
12,500	=12,500달러
25,000×2	=50,000달러
1년간의 회전	=63,750달러

(스크로프, 『경제학 원리』, 알론조 포터 엮음, 뉴욕, 1841, 142~143쪽)[†15]

⑥ 자본 각 부분의 회전에서 나타나는 실제의 차이와 외관상의 차이. M187
위에서 언급된 스크로프는 같은 구절(141쪽)에서 이렇게 말한다.

> 가장 빨리 유통되는 자본은 공장주, 농업경영자, 상인이 노동자들의 임금 지불에 투하한 자본이다. 왜냐하면 만일 이들이 피고용인들에게 주급으로 임금을 지불한다면 그들은 그 재원을 판매나 송장 청구를 통해서 들어온 자신들의 주간 수입에서 조달할 것이므로 결국 이들 자본은 1주일마다 1회씩 회전하게 될 것이기 때문이다. 반면 원료나 완제품 재고에 투하되는 자본은 이보다 유통속도가 느리다. 이들 자본의 회전은 그의 구매와 판매의 신용기한이 동일할 경우 원료의 구입과 완제품의 판매 사이에 소요되는 기간에 따라 1년에 2회나 4회 회전하게 될 것이다. 공구와 기계에 투자된 자본의 유통은 이보다 더 느리다. 그 이유는 이것이 아마도 평균 5년 내지 10년에 한 번만 회전하기〔즉 소비되어 갱신되기〕 때문이다(물론 때에 따라서 단 한 번의 작업에만 사용되고 폐기되는 공구도 있다). 공장, 점포, 창고, 곡물창고 등과 같은 건물이나 도로, 관개시설 등에 투하된 자본은 거의 전혀 유통되지 않는 것처럼 보일 수도 있다. 그러나 실제로는 이들 설비도 앞서 말한 경우와 똑같이 생산에 기여하면서 완전히 소모되며 생산자가 작업을 계속하기 위해서는 재생산되어야만 한다. 단지 차이가 있다면 이것들이 다른 것들보다 느리게 소비되고 재생산된다는 것뿐이다. …… 이것들에 투하된 자본은 아마도 20년 혹은 50년 만에 비로소 1회전할 것이다.(141~142쪽)

스크로프는 여기에서 유동자본 가운데 특정 부분들의 흐름에서 나타나는 차이 — 이것은 개별 자본들 간의 지불기한과 신용관계의 차이 때문에 발생하는 것이다 — 를 자본의 성질에서 비롯된 각종 회전들과 혼동하고 있다. 그는 임금이 판매나 송장 청구를 통해 들어온 주간 수입에 의해 매주 지불되어야 한다고 말한다. 여기에서 첫째로 지적해두어야 할 것은 지불기간의 길이〔즉 노동자가 자본가에게 제공하는 신용기간의 길이〕에 따라, 다시 말해서 임금의 지불기간이 일주일, 한 달, 3개월, 6개월인가에 따라 임금 그 자체와 관련된 다양한 차이들이 발생한다는 점이다. 여기에서는 앞서 말했던 법칙이 그대로 적용된다. 즉 "필요한 지불수단(말하자면 한꺼번에 선대되어야 하는 화폐자본)의 양은 지불기간의 길이에 정비례* 한다."(제1권 제3장 제3절 나, 124쪽)**

둘째, 일주일 동안의 생산물에는 생산과정에서 일주일 동안의 노동에 의해 부가된 모든 새로운 가치뿐만 아니라 일주일 동안 생산물에 소비된
M188 원료와 보조재료의 가치도 함께 포함되어 있다. 생산물과 함께 생산물에 포함되어 있는 이들 가치도 같이 유통된다. 생산물의 판매를 통해서 이 가치는 화폐형태를 취하고 또한 이전과 같은 생산요소로 다시 전환되어야만 한다. 이것은 노동력은 물론 원료와 보조재료에도 똑같이 적용된다. 그러나 우리가 이미 본 것처럼(제6장 제2절) 생산의 연속을 위해서는 생산수단의 재고가 필요하고 이 재고는 사업부문에 따라 다를 뿐만 아니라 같은 사업부문에서도 유동자본의 구성 부분〔예를 들어 석탄과 면화처럼〕에 따라서도 또한 달라진다. 그래서 이들 재료는 비록 끊임없이 현물로 보전되어야 하긴 하지만 항상 그때마다 새롭게 구입될 필요는 없다. 얼마나 자주 구매가 이루어져야 할 것인지는 이용 가능한 재고의 크기와 이 재고를 모두 소진하는 데 소요되는 시간에 좌우된다. 노동력은 이런 재고를 비축해둘 수 없다. 노동에 투하된 자본의 경우 화폐로의 재전화는 원료와 보조재료에 투자된 자본의 재전화와 함께 이루어진다. 그러나 화폐가 노동력과 원료로 재전화하는 것은 이들 두 구성 부분 각각의 구입·지불 기간 때문에 각각 따로 진행되는데 그들 중 하나는 생산용 재고로서 제법 장기간에 걸쳐 구매되고 다른 하나는 노동력으로서 보다 단기간〔예를 들면 매주〕에 구매된다. 다른 한편 자본가는 생산용 재고 외에 완제품의 재고도

* 초판과 제2판에는 '반비례'로 되어 있다.
** MEW Bd. 23, 156쪽 참조.

갖추고 있어야 한다. 판매의 어려움 같은 사정은 제외하더라도 예를 들어 일정량은 주문에 따라 생산되어야 하기 때문이다. 그래서 주문량의 마지막 부분이 생산되고 있는 동안에 이미 완성된 생산물은 주문량 전체가 완전히 생산될 때까지 창고에서 대기하게 된다. 그 밖에 유동자본 회전의 차이는 유동자본 가운데 어떤 요소들이 다른 요소들보다 생산과정의 준비단계(목재의 건조 등)에 더 오랫동안 머물러 있어야 하는 경우에도 발생한다.

상업자본에서와 마찬가지로 스크로프가 여기에서 언급하는 신용관계는 개별 자본가들의 회전을 변화시킨다. 그러나 사회적 규모에서 이 신용관계가 회전을 변화시키는 것은 그것이 생산뿐만 아니라 소비까지도 촉진하는 경우뿐이다.

제10장

고정자본과 유동자본에 관한 여러 학설: 중농학파와 애덤 스미스

M189 케네는 고정자본과 유동자본을 최초의 선대(avances primitives)와 매년 이루어지는 선대(avances annuelles)로 구별한다. 케네는 이 구별을 생산자본〔즉 직접적 생산과정에 합체된 자본〕 내에서의 구별로 정확하게 묘사한다. 그는 농업에서 사용되는 자본〔다시 말해 차지농업가의 자본〕을 현실적으로 유일하게 생산적인 자본으로 간주하기 때문에 단지 차지농업가의 자본에 대해서만 이렇게 구별한다. 또한 여기에서 그는 자본 가운데 일부는 회전기간이 1년이지만 일부는 회전기간이 1년보다 길다(10년)는 것도 설명하였다. 중농학파는 점차 논의를 발전시켜 종종 이 구별을 다른 종류의 자본〔즉 산업자본 일반〕에 적용하기도 하였다. 사회적 차원에서는 1년마다 이루어지는 선대와 몇 년에 걸쳐 이루어지는 선대를 구별하는 것이 계속 중요한 문제이기 때문에 애덤 스미스 이후에도 많은 경제학자들이 이 문제를 다루고 있다.

이들 두 가지 선대의 구별은 선대된 화폐가 생산자본의 여러 요소로 전화될 때에 비로소 발생한다. 이 구별은 단지 생산자본 내에서만 존재한다. 따라서 케네에게서 화폐를 최초의 선대 혹은 매년 이루어지는 선대로 구별하는 일은 절대 일어나지 않는다. 생산을 위한 선대〔즉 생산자본〕로서 이들 두 선대는 화폐는 물론 시장에 나와 있는 상품과도 대립한다. 또한 케네에게 이들 생산자본의 두 요소 사이의 구별은 각자가 완성된 생산물의 가치에 들어가는 방식의 차이와 각자의 가치가 생산물가치와 함께 유통되는 방식의 차이, 그리고 각자 보전되고 재생산되는 방식의 차이—하나는 매년 그 가치가 모두 보전되고 다른 하나는 그 가치가 오랜 기간에 걸쳐 조금씩 보전되는 차이—등으로 정확하게 설명된다.[4)]

스미스가 이룩한 유일한 진전은 이들 범주를 일반화한 것이다. 스미스 M190
에게 이것들은 이미 자본의 특수한 한 가지 형태인 차지농업가의 자본하고만 관계된 것이 아니라 생산자본의 모든 형태와 관계된 것이다. 따라서 농업에서 도출된 1년마다의 회전과 몇 년에 걸친 회전의 구별은 이제 기간이 각기 상이한 회전들 간의 일반적 구별로 대체되고 그 결과 고정자본의 1회전은 항상 유동자본의 1회전—그 회전기간이 얼마이든 상관없이—보다 더 많은 회전을 포함한다는 결론이 당연히 도출된다. 그리하여 스미스에게서 매년 이루어지는 선대는 유동자본으로 전화하고 최초의 선대는 고정자본으로 전화한다. 그러나 그가 이룬 진전은 각 범주를 이처럼 일반화한 것에 불과하다. 그의 논의는 케네의 그것에 훨씬 못 미친다.

스미스는 연구의 시작 부분을 이루는 바로 그 조잡한 경험적인 방식에서 이미 불명료한 개념에서 출발한다.

4) 케네에 대해서는 『경제표 분석』(데르 엮음, 『중농학파』, 제1부, 파리, 1846) 참조. 예를 들어 거기에서는 다음과 같이 말한다. "매년 이루어지는 선대는 경작노동에 매년 지출되는 비용으로 이루어진다. 이 선대는 농장 설립기금에 해당하는 최초의 선대와 구별되어야만 한다"(59쪽). 후기 저작에서 중농학파는 때때로 이들 선대를 곧바로 자본이라고 부르기도 한다("자본 또는 선대", 뒤퐁 드 느무르, 『케네 박사의 준칙, 또는 그 사회경제학 원리의 요강』〔데르 엮음, 『중농학파』, 제1부, 391쪽〕). 게다가 르 트론은 다음과 같이 말하고 있다. "노동생산물의 내구성 때문에 한 나라는 그해의 재생산과는 별개인 상당량의 부를 재고로 갖는데, 이 재고는 끊임없이 유지되고 증대되는 자본—오랜 기간에 걸쳐 축적되고 원래 생산물로 지불되는—을 나타낸다"(데르, 제2부, 928~929쪽). 튀르고(Turgot)는 자본이라는 용어를 정식으로 선대(avances)라는 용어 대신 사용할 뿐만 아니라 더 나아가 제조업자의 선대를 차지농업가의 선대와 동일시한다(튀르고, 『부의 형성과 분배에 관한 고찰』, 1766).

자본의 주인이 수익〔또는 이윤〕을 얻기 위해 자본을 사용하는 방식에는 두 가지가 있다.(『국부론』 제2권, 에버딘 판, 1848, 제1장, 185쪽)

M191 가치가 자본의 기능을 수행하도록〔즉 그 소유자에게 잉여가치를 가져다주도록〕 투하되는 방식은 자본이 투하되는 영역의 종류만큼이나 제각기 다를 뿐만 아니라 다양하기도 하다. 원래 이 문제는 자본이 투하될 수 있는 각기 다른 생산부문과 관련된 것이다. 그런데 이 문제를 위와 같은 방식으로 제기하게 되면 그것은 훨씬 복잡해진다. 즉 위와 같은 방식으로 문제를 제기하면 가치가 생산자본으로 투하되지 않은 경우에도〔예를 들어 이자 낳는 자본, 상인자본 등과 같이〕 어떻게 해서 그 소유자에게 자본으로 기능할 수 있는가 하는 문제도 거기에 포함된다. 이렇게 되면 우리는 이미 실제 분석 대상〔즉 생산자본이 여러 요소로 분할됨으로써 (투하된 영역과는 무관하게) 생산자본의 회전이 어떤 영향을 받는가 하는 문제〕에서 멀리 떨어져 나와버리게 된다.

스미스는 이어서 다음과 같이 말한다.

첫째로 자본은 재화를 생산, 제조 혹은 구매하여 다시 판매함으로써 이윤을 얻는 데 사용될 수 있다.

그는 여기에서 자본이 농업, 제조업, 상업에 사용될 수 있다는 것 외에는 아무것도 말하지 않는다. 그는 단지 자본의 다양한 투하영역에 대해서, 그리고 상업과 같이 자본이 직접적 생산과정에 합체되지 않는〔즉 생산자본으로 기능하지 않는〕 영역에 대해서 말할 뿐이다. 그럼으로써 그는 중농학파가 생산자본의 다양한 차이와 이들 차이가 자본의 회전에 미친 영향을 설명했던 개념에서 떠나버린다. 실제로 그는 단지 생산물과 가치의 형성과정에서 생산자본의 다양한 차이—이 차이는 다시 생산자본의 회전과 재생산에서 차이를 만들어낸다—가 문제인 곳에서 엉뚱하게 상인 자본을 그 사례로 들기도 한다. 그는 계속해서 다음과 같이 말한다.

> 이런 방식으로 사용되는 자본은 그것이 계속 주인의 소유로 남거나 동일한 모습으로 존속하는 동안은 그 주인에게 아무런 수익이나 이윤을 가져다주지 못한다.

이런 방식으로 사용된 자본이라! 그러나 스미스는 농업과 공업에 투하된 자본을 말하다가 조금 후 이렇게 투하된 자본이 고정자본과 유동자본으로 분리된다고 말한다! 그러므로 이런 방식으로 이루어진 자본의 투하는 자본을 고정자본이나 유동자본으로 만들 수 없다.

그게 아니라면 혹시 그가 말하려고 했던 것이 상품을 생산하고 그것을 M192 판매하여 이윤을 남기려는 목적으로 사용된 자본은 상품으로 전화된 후에 판매되고, 이 판매를 통해서 첫째 판매자의 소유에서 구매자의 소유로 이전되고, 둘째 상품으로서의 현물형태에서 화폐형태로 전환되어야 하기 때문에 그것이 소유주의 수중에 남아 있거나 혹은—소유주에게—동일한 형태로 남아 있을 경우에는 소유주에게 쓸모가 없다는 것이었을까? 그러나 만일 그렇다고 한다면 상황은 다음과 같이 될 것이다. 즉 이전에 생산자본의 형태〔즉 생산과정에 속한 형태〕로 기능하던 자본가치가 이제는 상품자본과 화폐자본으로〔즉 유통과정에 속하는 형태로〕 기능하고 따라서 자본은 고정자본도 유동자본도 아닐 것이다. 그리고 이것은 원료와 보조재료〔즉 유동자본〕에 의해 부가된 가치 부분은 물론 노동수단의 소비〔즉 고정자본〕에 의해 부가된 가치 부분에도 똑같이 적용될 것이다. 따라서 우리는 고정자본과 유동자본 간의 차이에 대해서는 결국 한 발짝도 접근하지 못한 셈이다. 그는 계속해서 다음과 같이 말한다.

> 상인의 재화는 그가 그것을 화폐를 받고 판매하기 전까지는 그에게 아무

런 수익〔혹은 이윤〕도 가져다주지 못한다. 그리고 이 화폐도 또한 다시 재화와 교환될 때까지는 그에게 아무것도 가져다주지 못한다. 그의 자본이 끊임없이 한 가지 형태로 그를 빠져나와 다른 형태로 그에게 회귀하고 단지 이런 유통〔혹은 연속적인 교환〕을 통해서만 그의 자본은 그에게 얼마간의 이윤을 가져다줄 수 있다. 그러므로 이런 자본은 유동자본이라고 부르는 것이 가장 적절할 것이다.

그가 여기에서 유동자본이라고 하는 것은 내가 **유통자본**(Zirkulations-kapital)이라고 부르려는 것, 즉 유통과정〔말하자면 교환을 통한 형태변화(소재의 변환과 소유주의 변환)〕에 속하는 자본형태로서 생산과정에 속하는 자본 형태〔즉 생산자본〕에 대립하는 상품자본과 화폐자본이다. 이들 자본형태는 산업자본가가 자신의 자본을 분할한 특수한 종류가 아니라 선대된 똑같은 자본가치가 그 생애과정(curriculum vitae) 동안에 차례로 반복하여 취했다가 내버리는 각기 다른 형태이다. 스미스는 이것을 — 이 점은 중농학파에 비하여 커다란 퇴보이다 — 자본가치가 **생산자본**의 형태
M193 로 존재하는 동안 자본가치의 유통〔즉 그것이 차례로 여러 형태를 취하면서 진행하는 순환〕 내부에서 비롯되는 형태상의 구별과 혼동하고 있는데, 이 형태상의 구별은 생산자본의 여러 요소가 가치형성과정에 참여하여 자신의 가치를 생산물에 이전하는 방식의 차이에서 생기는 것이다. 우리는 한편으로 생산자본과 유통부문에 존재하는 자본(상품자본과 화폐자본) 간의 혼동이 가져온 결과와 다른 한편으로 고정자본과 유동자본 간의 혼동이 야기한 결과에 대해서 조금 뒤에 고찰할 것이다. 고정자본으로 선대된 자본가치도 유동자본으로 선대된 자본가치와 마찬가지로 생산물을 통해서 유통되고 또한 상품자본의 유통을 통해 화폐자본으로 전화한다. 차이가 있다면 단지 고정자본은 유동자본과 달리 그 가치가 조금씩만 유통되고 따라서 그 보전과 현물형태의 재생산도 상당 기간에 걸쳐 조금씩만 이루어진다는 점뿐이다.

스미스가 여기에서 유동자본이라고 말하는 것이 다름 아닌 유통자본〔즉 유통과정에 속한 형태의 자본가치(상품자본 및 화폐자본)〕이라는 것은 그가 매우 잘못 선택한 사례를 통해 입증된다. 그가 예로 드는 자본 종류는 생산과정에 속한 것이 아니라 유통부문에만 존재하는〔즉 유통자본으로만 이루어져 있는〕 상인자본이기 때문이다.

자본이 전혀 생산자본의 역할을 수행하지 않는 사례에서 출발하는 것이 얼마나 잘못된 것인지는 그 자신도 곧바로 고백하고 있다.

> 상인의 자본은 모두 유동자본이다.

그러나 나중에 우리가 듣게 되는 것처럼 유동자본과 고정자본의 구별은 생산자본 내부의 본질적인 구별에서 비롯된 것이어야만 한다. 스미스가 염두에 두는 것은 한편으로는 중농학파적인 구별이고 다른 한편으로는 자본가치가 순환을 수행하면서 취하는 형태상의 구별이다. 그리고 그에게서 이 둘은 서로 마구 뒤섞여 있다.

그러나 어떻게 하여 이윤이 화폐와 상품의 형태변화로부터 발생하는지, 즉 가치가 이들 형태 가운데 하나에서 다른 하나로 전화되는 것만으로 어떻게 이윤이 생기는지는 도저히 알 수가 없다. 또한 그는 여기에서 유통부문에서만 움직이는 상인자본을 가지고 출발하기 때문에 그것 때문에라도 설명은 전연 불가능하게 된다. 이 점은 나중에 다시 살펴보기로 하고 우선 그가 고정자본에 대해 말하는 것을 들어보기로 하자.

> 둘째로 그것(자본)은 토지의 개량이나 유용한 기계와 작업도구의 구입, M194
> 혹은 주인을 바꾸지 않고도〔즉 더 이상 유통되지 않고도〕 수익이나 이윤을 창출하는 그런 물건들에 사용될 수 있다. 따라서 이런 자본은 고정자본이라고 부르는 것이 가장 적절하다. 업종에 따라서 사용되는 고정자본과 유동자본 사이의 비율은 각기 다를 필요가 있다. …… 모든 수공업 장인이나

제조업자의 자본 가운데 일부는 그들의 작업도구에 고정되어야만 한다. 그런데 이 부분은 어떤 업종에서는 매우 작고 어떤 업종에서는 매우 크다. …… 그렇지만 이런 모든 수공업 장인(재단사, 제화공, 직공과 같은)의 자본 가운데 훨씬 큰 부분은 그들이 고용한 노동자들의 임금이나 그들이 구입한 재료의 가격으로 유통된 다음 제품의 가격을 통해 이윤과 함께 환수된다.

이윤의 원천에 대한 유치한 정의는 차치하더라도 약점과 혼란은 다음 구절에서 곧바로 다시 드러난다. 예를 들어 기계 제조업자에게 기계는 상품자본으로 유통되는 생산물이며 따라서 스미스의 말을 빌리면

양도되고 주인을 바꾸면서 계속 유통된다.

그렇다면 자신의 정의에 따라 기계는 고정자본이 아니라 유동자본일 것이다. 이런 혼란도 역시 스미스가 생산자본의 다양한 요소들이 유통되는 방식의 차이에서 비롯된 고정자본과 유동자본의 구별을, 동일한 자본이 생산과정에서는 생산자본으로 기능하지만 유통영역에서는 유통자본〔즉 상품자본이나 화폐자본〕으로 기능하면서 차례차례 통과해가는 형태적인 구별과 혼동하는 데서 기인한다. 따라서 스미스에게는 같은 물건이 자본의 순환과정에서 차지하는 위치에 따라 고정자본(노동수단, 생산자본의 여러 요소들)으로 기능할 수도 있고 '유동'자본, 즉 상품자본(생산영
M195 역에서 유통영역으로 밀려난 생산물)으로 기능할 수도 있다.

그러나 스미스는 갑자기 분류 기준을 변경함으로써 처음 그가 연구의 출발점에서 말한 것과 모순을 일으키게 되었다. 즉 그것은 다음 문장과 명백하게 모순된다.

자본의 주인이 수익〔또는 이윤〕을 얻기 위해 자본을 사용하는 방식에는

> 두 가지가 있다.

말하자면 유동자본으로 사용하는 방식과 고정자본으로 사용하는 방식 두 가지가 있는 것이다. 이 문장에 따르면 그 방식은 예를 들어 자본이 공업이나 농업에서 사용될 수 있는 방식과 같이 서로 독립된 별개의 자본들을 사용하는 다양한 방식이다. 그런데 이제 그는 다음과 같이 말한다.

> 업종에 따라서 사용되는 고정자본과 유동자본 사이의 비율은 각기 다를 필요가 있다.

고정자본과 유동자본은 이제 더는 서로 다른 별개의 자본투하가 아니라 같은 생산자본의 서로 다른 구성 부분이고, 이들 구성 부분은 투하영역에 따라 자본의 총가치에서 차지하는 비율이 그때그때 달라진다. 즉 그것은 생산자본 자체의 일정한 분할로 발생하는 구별이며 따라서 생산자본에만 적용되는 구별이다. 그러나 다시 이것과 모순되게 상업자본이 단순한 유동자본으로 고정자본과 대립한다는 말이 이어진다. 스미스는 스스로 이렇게 말한다.

> 상인의 자본은 그 전체가 유동자본이다.

실제로 상인의 자본은 유통영역 내에서만 기능하는 자본이고 그러한 자본으로서 생산자본〔즉 생산과정에 합체된 자본〕과 대립한다. 그러나 바로 이런 이유 때문에 그것은 생산자본의 유동적인 구성 부분으로 생산자본의 고정적인 구성 부분과 대립할 수 없다.

자신이 제시한 사례에서 스미스는 '작업도구'를 고정자본으로 규정하고 보조재료를 포함한 원료와 임금에 투하된 자본 부분("제품의 가격을 통해 이윤과 함께 환수되는 것")을 유동자본으로 규정하고 있다.

M196 그리하여 그는 우선 노동과정의 각 구성 부분들〔즉 한편으로는 노동력(노동)과 원료, 다른 한편으로는 노동수단〕에서 출발한다. 그런데 이것들이 자본의 구성 부분인 까닭은 자본으로 기능해야 할 일정 가치액이 그것들에 투하되어 있기 때문이다. 바로 그런 점에서만 그것들은 생산자본〔즉 생산과정에서 기능하는 자본〕의 존재양식이며 소재적인 요소를 이룬다. 그런데 이들 가운데 하나가 고정적이라고 불리는 까닭은 무엇일까? 그것은 "자본 가운데 일부가 작업도구에 고정되어 있어야만 하기" 때문이다. 그러나 다른 부분도 또한 임금과 원료에 고정되어 있다. 그럼에도 기계와

> 작업도구 …… 주인을 바꾸지 않고도〔즉 더 이상 유통되지 않고도〕 수익이나 이윤을 창출하는 그런 물건들 …… 따라서 이런 자본은 고정자본이라고 부르는 것이 가장 적절하다.

광산업을 예로 들어보자. 여기에서는 노동대상이 구리와 같은 천연생산물이라서 노동을 통해 처음으로 획득되는 것이기 때문에 원료가 전연 사용되지 않는다. 이런 과정의 생산물인 구리는 처음에 우선 취득되었다가 그 다음에 상품〔혹은 상품자본〕으로 유통되기 때문에 생산자본의 요소를 하나도 가지고 있지 않다. 생산자본의 가치 가운데 어떤 부분도 그것에는 투하되지 않는다. 한편 생산과정의 다른 요소들〔즉 노동력과 석탄, 물 등의 보조재료〕도 마찬가지로 소재적으로 생산물에 들어가지 않는다. 석탄은 모두 소비되어버리고 그 가치만 생산물에 들어간다. 이는 마치 기계의 가치 가운데 일부가 생산물에 들어가는 것과 마찬가지이다. 마지막으로 노동자는 기계와 마찬가지로 생산물인 구리와 대립하여 독립적인 상태로 남아 있다. 단지 그가 자신의 노동을 통해 생산한 가치만 이제 구리 가치의 한 구성 부분을 이룰 뿐이다. 그러므로 이 사례에서는 생산자본 가운데 어떤 구성 부분도 '주인'을 바꾸지 않는다. 바꿔 말하면 그것들 중 어느 것도 유통되지 않는다. 왜냐하면 이들 가운데 소재로 생산물에 들어

가는 것은 하나도 없기 때문이다. 그러면 이 경우 유동자본은 어디에 있는 것일까? 스미스 자신의 정의에 따르면 구리 광산에서 사용되는 모든 자본은 고정자본으로만 이루어질 것이다.

반면 다른 산업의 예를 하나 더 들어보자. 이 산업에서는 사용하는 원료도 생산물의 실체를 이루고 보조재료도 연료용 석탄과 같이 가치는 물 M197
론 소재로서도 생산물에 들어간다고 하자. 예를 들어 생산물이 실이라면 실과 함께 그 원료인 면화도 주인을 바꾸면서 생산과정에서 소비과정으로 들어간다. 그러나 면화가 생산자본의 요소로 기능하는 한 그 소유주는 그것을 판매하는 것이 아니라 그것을 가공하여 실로 만든다. 그는 그것을 타인에게 양도하지 않는다. 스미스의 조잡하고 시행착오적인 말로 표현한다면 그는 "그것을 양도하고 주인을 바꾸면서 계속 유통시킴으로써" 이윤을 얻지 않는다. 그가 자신의 재료를 유통시키지 않는 것은 그가 기계를 유통시키지 않는 것과 마찬가지이다. 그의 재료는 방적기나 공장 건물과 마찬가지로 생산과정에 고정되어 있다. 실제로 생산자본 가운데 일부는 그것이 노동수단의 형태로 고정되어 있는 것과 마찬가지로 항상 석탄, 면화 등의 형태로 고정되어 있어야만 한다. 다른 점은 단지 다음과 같은 점뿐이다. 즉 예를 들어 매주 실 생산에 필요한 면화, 석탄 등은 항상 매주 생산물의 생산에 전부 소비되고 따라서 새로운 면화, 석탄 등으로 보전되어야 한다는 점이다. 다시 말해 생산자본 가운데 이들 요소는 비록 종류가 같아 보여도 늘 같은 종류의 신품으로 구성되는 반면 각각의 방적기나 공장건물은 같은 종류의 신품으로 보전되는 일 없이 매주 생산의 전 과정에 계속해서 참여한다. 생산자본의 요소로서 이들 모든 구성 부분은 생산과정에 항상 고정되어 있다. 왜냐하면 그것들이 없이는 생산과정이 진행될 수 없기 때문이다. 그리고 고정적인 것이든 유동적인 것이든 생산자본의 모든 요소는 똑같이 생산자본으로서 유통자본, 즉 상품자본과 화폐자본에 대립해 있다.

노동력도 이와 마찬가지이다. 생산자본 가운데 일부는 계속해서 노동력에 고정되어 있어야만 한다. 그리고 기계와 마찬가지로 노동력도 어디서건 동일한 노동력이 같은 자본가에 의해 상당 기간 동안 사용된다. 이때 노동력과 기계의 차이는 기계가 한 번에 전부 구입되는(물론 할부로 구매되는 경우는 그렇지 않지만) 반면 노동자는 그렇지 않다는 점이 아니라, 노동자가 지출하는 노동은 전부 생산물의 가치에 들어가는 반면 기계의 가치는 단지 조금씩 들어갈 뿐이라는 점에 있다.

스미스는 유동자본을 고정자본에 대립되는 것으로 말하면서 이들 각각의 정의를 혼동한다.

> M198 이런 방식으로 사용되는 자본은 그것이 계속 주인의 소유로 남거나 동일한 모습으로 존속하는 동안은 그 주인에게 아무런 수익이나 이윤을 가져다주지 못한다.

그는 생산물〔즉 상품자본〕이 유통영역에서 겪는〔그리고 상품소유주의 변환을 매개하는〕 상품의 형식적인 형태변화를 생산자본의 여러 요소들이 생산과정에서 겪는 소재적인 형태변화와 같은 범위에 넣는다. 그는 여기에서 상품의 화폐로의 전화와 화폐의 상품으로의 전화〔즉 판매와 구매〕를 곧바로 생산요소의 생산물로의 전화와 혼동한다. 그가 유동자본의 사례로 제시하는 것은 상품에서 화폐로, 화폐에서 상품으로 전화하는 상인자본인데 이 전화과정은 상품유통에 속하는 형태변화 W—G—W이다. 그러나 기능 중인 산업자본에 대하여 유통영역 내에서의 이런 형태변화가 갖는 의의는 화폐가 재전화하는 모든 상품이 생산요소(노동수단과 노동력)라는 점, 따라서 이 형태변화는 산업자본이 기능을 계속하도록〔즉 생산과정이 연속되고 재생산되도록〕 도와준다는 점에 있다. 이 형태변화는 전 과정이 **유통** 내에서 이루어진다. 그것은 한 사람의 수중에서 다른 사람의 수중으로 상품이 실제로 이행하도록 만든다. 반면 생산자본이 생산과정 내에서 겪는 형태변화는 **노동과정**에 속하는 형태변화이며, 생산요소를 원하는 생산물로 전화시키기 위해 필요한 형태변화이다. 스미스가 주장하는 것은 생산수단 가운데 일부(본래의 노동수단)는 자신의 현물형태를 변화시키지 않은 채 단지 조금씩만 마모되면서 노동과정에서 사용되는(그는 이것을 "그 주인에게 이윤을 가져다준다"고 잘못 표현하고 있다) 반면, 다른 일부(재료)는 자신이 변화하고 이를 통해 생산수단으로서 자신의 사명을 완수한다는 것이다. 그러나 이처럼 노동과정에서 생산자본의 각 요소들이 서로 다른 작업방식을 취한다는 점은 단지 고정자본과 비(非)고정자본을 구별하는 출발점을 이룰 뿐이며, 이 구별 자체를 이루는 것은 아니다. 이런 사실은 이들 작업방식의 차이가 모든 생산양식에서 — 자본주의적 생산양식이든 아니든 — 똑같이 나타난다는 점에서 이미 분명하게 확인된다. 그러나 작업방식의 이런 소재적 차이는 생산물로의 가치이전과 그대로 일치하고 이 가치이전은 다시 생산물의 판매를 통한 가치보전과 그대로 일치한다. 그리고 바로 이것이야말로 앞서 말한 고정자본과 유동자본의 구별을 이루는 것이다. 그러므로 자본이 고정자본으로 되 M199
는 까닭은 그것이 노동수단에 고정되어 있기 때문이 아니라 노동수단에 투하된 가치의 일부가 — 다른 일부는 생산물의 가치구성 부분으로 유통되는 반면 — 노동수단에 고정된 상태로 머물기 때문이다.

> 만약 그것(자본)이 미래의 이윤을 획득하는 데 사용된다면 그것은 그(사용자)의 수중에 머물러 있든가 아니면 그의 수중을 벗어남으로써 이 이윤을 획득해야만 한다. 전자가 고정자본이며 후자가 유동자본이다.(189쪽)

여기에서 무엇보다 먼저 눈에 띄는 것은 통상적으로 자본가들에게서 흔히 볼 수 있는 이윤에 대한 조잡한 경험적 개념인데 이것은 스미스의 심오한 견해와는 모순되는 것이다. 생산물의 가격 속에는 원료와 노동력의 가격은 물론 마모를 통해 작업도구에서 생산물로 이전되는 가치 부분도 함께 보전되어 있다. 그런데 이런 보전을 통해서는 이윤이 결코 만들어지지 않는다. 생산물의 생산을 위해 선대된 가치가 생산물의 판매에 의해 전부 보전되는지 혹은 조금씩 보전되는지, 그리고 한꺼번에 보전되는지 혹은 순차적으로 보전되는지는 단지 보전의 방식과 기간을 변화시킬 수 있을 뿐이며 어떤 경우에도 양자에 공통적인 것 — 가치보전 — 을 잉여가치의 창출로 전화시킬 수는 없다. 이 개념의 근저에는 잉여가치가 생산물의 판매〔즉 유통〕가 이루어지기 전에는 실현되지 않기 때문에 잉여가치는 단지 판매〔즉 유통〕를 통해 발생한다는 일상적인 견해가 자리를 잡고 있다. 사실 여기에서 말하는 이윤 발생의 다양한 방식이란 단지 생산자본의 여러 요소들이 사용되는 방식〔즉 생산요소로서 그것들이 노동과정에서 작동하는 방식〕이 다르다는 것을 잘못 표현한 것에 불과하다. 결국 고정자본과 유동자본의 구별은 노동과정〔즉 가치증식과정, 혹은 생산자본 자신의 기능〕에서 도출되는 것이 아니라 자본 가운데 어떤 부분은 이렇게 사용되고 어떤 부분은 저렇게 사용된다고 생각하는 개별 자본가들의 주관적인 생각에 의해 결정되어야 하는 셈이다.

이에 반해 케네는 이런 구별을 재생산과정과 그것의 필연성 자체에서 도출해내었다. 이 과정이 연속적으로 이루어지기 위해서는, 매년 이루어지는 선대의 가치는 연간 생산물의 가치로부터 매년 모두 보전되어야 하지만 최초로 선대된 자본의 가치는 조금씩만 보전되어가다가 몇 년 후〔예를 들어 10년 후〕에야 비로소 모두 보전되어 재생산(동종의 신품으로 교체)되면 된다. 따라서 스미스는 케네보다도 훨씬 퇴보한 것이다.

M200 이리하여 스미스의 고정자본 개념에서는 고정자본이 노동수단으로서 생산물 — 노동수단의 도움을 받아 만들어진 — 과 대립하면서 생산과정에서 그 모습이 변화되지 않은 채 모두 마모될 때까지 계속 생산에 봉사한다는 점 외에는 아무것도 남는 것이 없다. 그는 생산자본의 모든 요소가 각자의 현물형태(노동수단, 재료, 노동력)로 생산물〔그리고 상품으로 유통되는 생산물〕과 대립한다는 사실을 잊고 있으며 또한 노동력과 재료로 구성된 자본 부분과 노동수단으로 구성된 자본 부분 사이의 차이는, 노동

력은 항상 (노동수단처럼 내구연한 전체에 걸쳐 구매되지 않고) 새롭게 구매된다는 점과 재료는 똑같은 물품이 아니라 항상 같은 종류의 신품이 노동과정에서 기능한다는 점뿐이라는 사실을 잊고 있다. 이와 함께 그는 고정자본의 가치가 마치 유통도 하지 않는 것처럼—물론 스미스도 이전에는 고정자본의 마모를 생산물가격의 한 부분으로 설명하였다—보이게 하는 잘못된 생각도 만들어내고 있다.

고정자본의 대립물인 유동자본의 개념에서는 이것이 고정자본과는 달리 생산자본 가운데 생산물의 가치로부터 전부 보전되는〔따라서 생산물의 형태변화에 전부 함께 참가해야 하는〕 구성 부분이라는 점이 강조되지 않는다. 오히려 유동자본은 자본이 생산영역에서 유통영역으로 넘어갈 때 취하는 모습〔상품자본과 화폐자본〕과 혼동되고 있다. 그러나 이들 두 형태〔상품자본과 화폐자본〕는 생산자본의 고정적인 부분은 물론 유동적인 부분의 가치도 함께 포함한다. 둘은 모두 생산자본과 대립하는 유통자본이지, 고정자본과 대립하는 유동자본이 아니다.

마지막으로 고정자본에 의해 이윤이 획득되는 까닭은 고정자본이 생산과정에 머물러 있기 때문이고 유동자본에 의해 이윤이 획득되는 까닭은 유동자본이 생산과정을 떠나 유통되기 때문이라는 완전히 잘못된 설명을 함으로써, 스미스는 불변자본 가운데 유동적인 부분과 가변자본이 회전과정에서는 동일한 형태를 취하지만 잉여가치의 형성과 가치증식과정에서는 본질적으로 다른 역할을 수행한다는 사실〔즉 자본주의적 생산의 모든 비밀〕을 은폐하고 불분명하게 만들어버린다. 둘 모두를 유동자본이라고 부름으로써 그는 이들 간의 본질적인 차이를 없애버린다. 이것은 이후의 경제학에서 더욱 진전되어 가변자본과 불변자본의 대립이 아니라 고정자본 M201
과 유동자본의 대립만이 본질적이고 유일한 구별로서 확립되었다.

스미스는 우선 고정자본과 유동자본을 자본투하의 특수한 두 가지 방식이라 부르고 이들 각자가 따로따로 이윤을 가져온다고 말한 다음, 계속해서 다음과 같이 말한다.

고정자본은 유동자본을 사용하지 않고는 어떤 수익도 낳을 수 없다. 아무리 유용한 기계와 작업도구라도 그것들을 사용하는 노동자의 생활수단과 그것들에 의해 가공되는 재료를 제공해주는 유동자본이 없다면 아무것도 생산하지 못할 것이다.(188쪽)

여기에서 앞서 사용된 "수익을 얻는다"라든가 "이윤을 창출한다" 등의 표현이 무엇을 의미하는지가 명확해졌다. 즉 이들 두 자본 부분은 모두 생산물을 만들어내는 데 사용된다는 것이다.

그리하여 스미스는 다음과 같은 사례를 제시한다.

농업경영자의 자본 가운데 농업용구에 사용되는 부분은 고정자본이고 그가 고용한 농업노동자의 임금과 생활수단에 사용되는 부분은 유동자본이다.

(여기에서는 고정자본과 유동자본의 구별이 올바르게 이루어진다. 즉 그 구별은 생산자본의 각 구성 부분들이 취하는 유통과 회전의 차이하고만 관련되어 있다.)

그는 고정자본에서는 그것을 자신의 소유로 유지함으로써, 유동자본에서는 그것을 처분함으로써 이윤을 얻는다. 그의 역축의 가격〔혹은 가치〕은 고정자본이다.

(여기에서도 다시 구별이 올바르게 이루어진다. 즉 양자의 구별은 가치와 관련되어 있고 소재적 요소와는 관련되지 않는다.)

그것은 농업용구의 가치가 고정자본인 것과 마찬가지이다. 한편 그 (역축의) 생활수단은 유동자본인데 그것은 농업노동자의 생활수단이 유동자본인 것과 마찬가지이다. 농업경영자는 역축을 계속 소유함으로써 그리고 그것들의 생활수단을 처분함으로써 이윤을 얻는다.

(농업경영자는 가축사료를 가지고 있고 그것을 팔지는 않는다. 그는 그 M202
것을 가축사료로 소비하는 한편 가축 그 자체는 작업도구로 소비한다. 둘 사이의 차이는 단지 다음과 같은 것뿐이다. 즉 역축을 유지하는 데 사용되는 사료는 전부 소비되어 농산물〔혹은 농산물의 판매〕을 통해 새로운 사료로 끊임없이 보전되어야 하지만 가축 그 자체는 한 마리씩 차례대로 노동 불능 상태가 되어감에 따라 보전된다는 것이다.)

일을 시키기 위해서가 아니라 판매를 위해 구입하여 사육하는 가축의 가격과 그 사료는 모두 유동자본이다. 농업경영자는 그것들을 처분함으로써 이윤을 얻는다.

(모든 상품생산자〔자본주의적 생산자도 포함하여〕는 자신의 생산물〔즉 자신의 생산과정의 결과물〕을 판매하는데, 바로 그런 이유로 이 생산물은 그의 생산자본에서 고정적 부분도 유동적 부분도 이루지 못한다. 오히려 이 생산물은 이제 생산과정에서 빠져나와 상품자본으로 기능해야 하는 형태로 존재한다. 비육 가축은 생산과정에서 역축처럼 작업도구로 사용되는 것이 아니라 원료로 사용된다. 따라서 비육 가축은 실물로서 생산물에 들어가며 보조재료(사료)의 가치와 마찬가지로 그 가치 전체가 생산물에 들어간다. 이것이 생산자본의 유동적 부분인 까닭은 바로 이 때문이지 판매된 생산물—비육 가축—이 원료〔아직 비육되지 않은 가축〕와 같은 현물형태를 취하기 때문은 아니다. 이들이 같은 형태를 취하는 것은 전적으로 우연일 뿐이다. 그러나 동시에 스미스는 이 사례를 통해서 생산요소에 포함된 가치를 고정적인 것이거나 유동적인 것으로 규정하는 것

은 생산요소의 물적 형태가 아니라 그것이 생산과정에서 수행하는 기능이라는 것을 알 수 있었을 것이다.)

> 종자의 전체 가치 또한 고정자본이다. 종자는 토지와 곡물 창고 사이를 왔다 갔다 하지만 결코 주인을 바꾸지 않으며 따라서 그것은 정확한 의미에서 유통되지 않는다. 농업경영자는 종자의 판매를 통해서가 아니라 그것의 증식을 통해서 이윤을 얻는다.

이 점에서 스미스의 구별이 전혀 분별력이 없다는 점이 그대로 드러난다. 스미스의 말대로 주인의 교체가 없다면, 즉 종자가 연간 생산물에서
M203 직접 공제되고 보전된다면 그 종자는 고정자본일 것이다. 반면 만일에 모든 생산물을 판매하여 그 가치의 일부분으로 다른 사람의 종자를 구입했다면 그 종자는 유동자본일 것이다. 전자는 소유주의 교체가 일어나고 후자는 일어나지 않는다. 스미스는 여기에서 또다시 유동자본과 상품자본을 혼동한다. 생산물은 상품자본의 소재적 담지자이다. 그러나 물론 그것은 생산물 가운데 실제로 유통에 들어가고 생산과정 — 자신이 생산물로 만들어져 나온 — 에 직접 다시 들어가지 않는 부분에만 해당된다.

종자가 생산물에서 직접 공제되든, 혹은 모든 생산물이 판매되고 그 가치의 일부분이 다른 사람의 종자를 구입하는 데 쓰이든, 두 경우 모두에서는 단지 보전이 이루어질 뿐이며 이런 보전을 통해서는 어떤 이윤도 만들어지지 않는다. 전자는 종자가 생산물의 나머지 부분과 함께 상품으로 유통에 들어가고 후자는 종자가 단지 장부상으로 선대자본의 한 가치구성부분으로 기록될 뿐이다. 그러나 두 경우 모두 그것이 생산자본 가운데 유동적인 부분이라는 점은 변하지 않는다. 종자는 생산물을 완성하기 위해서 완전히 소비되어야 하고 재생산을 이루기 위해서 생산물로부터 모두 보전되어야 한다.

원료와 보조자재는 그것들이 노동과정에 사용가치로 들어갈 때 지니고 있던 자립적인 모습을 잃어버린다. 그런데 노동수단의 경우는 이들과 다르다. 공구와 기계, 공장 건물 그리고 용기 등이 노동과정에서 사용되는 방식은 그것들이 단지 최초의 모습을 유지하며 내일도 어제와 똑같은 형태로 노동과정에 들어가는 형태를 통해서뿐이다. 그것들은 생존해 있는 동안에도〔즉 노동과정 속에 있는 동안에도〕 생산물에 대하여 자신의 자립적인 모습을 유지하지만, 죽은 뒤에도 여전히 그러하다. 기계, 도구, 작업용 건물 등의 시체는 그것들의 도움을 받아 만들어진 생산물들과는 계속 분리되어 존재한다. (제1권 제6장 192쪽*)

생산수단이 생산물을 만들기 위해 사용되는 방식의 이런 다양한 차이, 즉 그들 가운데 일부는 생산물과 별개로 독립적인 형태를 계속 유지하는 반면 다른 일부는 그 형태를 바꾸거나 완전히 상실하는 그런 차이 — 노동과정 그 자체에 속하는 이런 차이, 따라서 예를 들어 교환도 없고 상품생산도 없는 가부장제 가족에서 자가수요를 충족하기 위해 이루어지는 노동과정에도 똑같이 적용되는 차이 — 를 스미스는 완전히 왜곡했다. 그 이유는 그가 ① 완전히 잘못된 이윤 개념〔즉 생산수단의 일부는 자신의 형태를 유지함으로써 그 소유자에게 이윤을 가져다주는 반면 다른 일부는 그 형태를 잃어버림으로써 그렇게 한다는 개념〕을 도입하기 때문이며 ② 노동과정에서 일부 생산요소에서 일어나는 변화를 생산물의 교환〔상품유 M204
통에 속하는 형태변화(판매와 구매), 즉 유통되는 상품 소유주의 변경〕과 혼동하기 때문이다.

회전은 재생산이 유통〔즉 생산물의 판매, 다시 말해 생산물의 화폐로의 전화 및 화폐에서 생산요소로의 재전화〕에 의해 매개되는 것을 전제로 한다. 그러나 자본주의적 생산자가 자신의 생산물 가운데 일부를 직접 다

* MEW Bd. 23, 217~218쪽 참조.

시 생산수단으로 사용하는 한, 그 생산자는 그 부분을 자신에게 판매한 셈이며 이것은 그의 장부에도 그렇게 기록된다. 그럴 경우 이 부분의 재생산은 유통에 의해 매개되는 것이 아니라 직접적으로 이루어진다. 그러나 생산물 가운데 이처럼 다시 생산수단으로 사용되는 부분은 ① 그 가치가 전부 생산물에 들어갈 경우와 ② 새로운 생산물 가운데 신품에 의해 전부 현물로 보전될 경우, 고정자본이 아니라 유동자본을 보전하게 된다.

스미스는 이제 우리에게 고정자본과 유동자본이 무엇으로 이루어지는지에 대해서 말한다. 그는 마치 이들 개념이 〔자본주의 생산과정 내부에서 각자가 수행하는 기능에서 도출되는 것이 아니라〕 각자의 물적 소재〔천연으로 존재하는〕에서 도출되는 것처럼 고정자본과 유동자본을 구성하는 물적 소재들을 열거한다. 그러면서 그는 또한 같은 장(제2편 제1장)에서 다음과 같이 언급하기도 한다. 즉 특정 물품, 예를 들어 직접적인 소비를 위해 마련된 주택 같은 것은

> 그 소유자에게는 수익을 가져다주고 따라서 그에게 자본의 기능을 제공할 수 있지만 대중들에게는 아무런 수익도 가져다줄 수 없고 자본의 기능을 제공하지도 않는다. 즉 인민 전체의 수익에는 한 푼의 증가도 가져오지 못한다.(186쪽)

즉 여기에서 스미스는 자본의 속성이 언제 어디서나 물품 그 자체에 내재해 있는 것이 아니라 그때그때의 조건에 따라 수행하기도 하고 수행하지 않기도 하는 기능 속에 있다는 것을 분명하게 말한다. 그러나 자본 일반에 대한 이 이야기는 자본의 구성 부분들에 대해서도 똑같이 적용된다.

똑같은 물품이 노동과정에서 어떤 기능을 수행하는가에 따라서 유동자본이 되기도 하고 고정자본이 되기도 한다. 예를 들어 역축(노동수단)으
M205 로 사용되는 가축은 차지농업가의 고정자본의 소재적 존재양식인 반면 비육용으로 사육되는 가축은 그에게 유동자본의 구성 부분을 이룬다. 다

른 한편 똑같은 물품이 생산자본의 구성 부분으로 기능하기도 하고 직접적인 소비재원에 속하는 경우도 있다. 예를 들어 작업장으로 사용되는 가옥은 생산자본의 고정적 구성 부분이지만 주거용으로 사용되는 가옥은 결코 자본의 한 형태(주택이라는)가 아니다. 많은 경우 똑같은 노동수단이 생산수단으로 기능할 수도 있고 소비수단으로 기능할 수도 있다.

고정자본과 유동자본의 성격을 물품 속에 들어 있는 것으로 간주하는 것은 스미스의 견해에서 비롯된 오류 가운데 하나이다. 우리는 앞서 노동과정의 분석(제1권 제5장*)을 통해서 동일한 물품이 노동과정 내에서 수행하는 역할의 차이에 따라 노동수단, 노동재료, 생산물 등으로 그때그때 바뀔 수 있다는 것을 보여준 바 있다. 고정자본과 비고정자본의 개념도 마찬가지로 노동과정〔즉 가치형성과정〕 내에서 이들 요소가 수행하는 각자의 역할에 기초해 있다.

그런데 고정자본과 유동자본을 이루는 물품들을 열거하는 데서 또 한 가지 분명하게 드러나는 것은 다음의 사실이다. 즉 스미스는 단지 생산자본(생산적인 형태로 존재하는 자본)에만 타당하고 의미를 갖는 고정자본과 유동자본의 구별을 생산자본과 유통과정에 속하는 자본형태(상품자본과 화폐자본)의 구별과 혼동한다. 그는 같은 구절(188쪽)에서 다음과 같이 말한다.

> 유동자본은 …… 각 상인의 수중에 있는 각종 생활수단, 재료 및 완제품과 그것들을 유통시켜 분배하는 데 필요한 화폐로 이루어진다.

실제로 좀더 자세히 살펴보면 여기에서는 앞의 서술과 반대로 다시 한 번 유동자본이 상품자본 및 화폐자본—즉 생산과정에는 전혀 속하지 않고 고정자본과 대립하는 유동자본이 아니라 생산자본과 대립하는 유통자

* MEW Bd. 23, 192~200쪽 참조.

본을 이루는 두 자본형태 — 과 동일시된다. 재료(원료 혹은 반제품)에 선대되어 생산과정에 실제로 합체되어 있는 생산자본의 구성 부분들은 단지 이들 자본형태와 나란히 선 형태로만 등장한다. 스미스는 이렇게 말한다.

M206 사회의 총자본이 자연스럽게 나누어지는 세 부분 가운데 마지막 셋째 부분은 유동자본인데, 이것의 특징은 유통을 통해 주인을 바꿈으로써만 수익을 가져다준다는 점이다. 이것은 다시 네 개의 구성 부분으로 이루어진다. 첫째 부분은 화폐인데……

(그러나 화폐는 결코 생산자본, 즉 생산과정에서 기능하는 자본의 형태가 아니다. 그것은 항상 유통과정 속에 있는 자본이 취하는 형태들 가운데 하나에 불과하다.)

둘째 부분은 도축업자, 목축업자, 농업경영자……의 소유이며 그들이 판매를 통해서 이윤을 얻고자 하는 식량의 재고이고 …… 마지막으로 넷째 부분은 제조되어 완성되었으나 아직 상인과 제조업자의 수중에 있는 제품이다. (— 그리고) 셋째 부분은 전연 가공되지 않거나 혹은 조금만 가공된 재료 — 가구, 의류, 건물 등과 같은 것이 아직 완성되지 않은 채 농업경영자, 제조업자, 포목상, 목재상, 목수, 가구 제조업자, 벽돌 제조업자 등의 수중에 아직 머물러 있는 상태인 것 — 인데

둘째 부분과 넷째 부분은 생산물 그 자체로서 생산과정에서 밀려 나와 판매되어야만 하는 생산물 외에는 아무것도 포함하지 않는다. 요컨대 이들 생산물은 이제 상품〔따라서 상품자본〕으로 기능하고 따라서 그것들의 궁극적인 용도가 무엇이든〔즉 그 용도(사용가치)가 최종적으로 개인적 소비에 있든 생산적 소비에 있든〕 이제는 생산자본의 요소가 아닌 형태를 띠고 과정 내에서도 바로 그런 위치에 서 있게 된다. 둘째 부분에서 이런

생산물에 해당하는 것은 식량이고 넷째 부분에서는 그 밖의 모든 완제품〔즉 그 자체도 또한 완성된 노동수단이나 완성된 기호품(제2항에 포함되어 있는 식량 이외의)들로만 이루어진 생산물〕들이 해당된다.

스미스가 여기에서 상인에 대해서도 언급하고 있는 부분은 그의 혼란을 그대로 보여주는 것이다. 생산자가 일단 자신의 생산물을 상인에게 팔고 나면 그것은 이제 그의 자본 가운데 어떤 형태도 아니다. 사회적으로 보면 물론 그것은 비록 생산자의 수중이 아니라 다른 사람의 수중에 있긴 하지만 여전히 상품자본이다. 그러나 그것이 바로 상품자본이라는 점 때 M207 문에 그것은 이제 고정자본도 유동자본도 아니다.

직접적인 자가수요를 겨냥하지 않은 모든 생산에서는 거기에서 만들어진 생산물이 언제나 상품으로 유통되어야〔즉 판매되어야〕 하는데 이는 그것을 통해 이윤을 얻기 위해서가 아니라 생산자가 살아갈 수 있기 위해서이다. 자본주의적 생산에서는 상품의 판매와 함께 상품 속에 포함된 잉여가치도 실현된다는 사실이 여기에 추가된다. 생산물은 상품으로서 생산과정에서 빠져나오며 따라서 생산과정의 고정적 요소도 유동적 요소도 아니다.

덧붙여 말하자면 스미스는 여기에서 자신의 말을 스스로 취소하고 있다. 완성된 생산물은 그 소재적인 형태나 사용가치〔효용〕와 무관하게 여기에서는 모두 상품자본이고 따라서 유통과정에 속하는 형태의 자본이다. 이런 형태로 존재한다는 점에서 그것은 그 소유주의 생산자본 가운데 어떤 구성 부분도 이루지 않는다. 이 점은 생산물이 판매된 후 그것이 구매자의 수중에서 생산자본의 한 구성 부분〔고정 부분이든 유동 부분이든〕을 이룬다 할지라도 전혀 변하지 않는다. 그리하여 여기에서 다음과 같은 사실이 드러난다. 즉 생산자본과 대립하는 상품자본으로서 어떤 시점에 시장에 등장한 물품은 시장에서 빠져나간 후 생산자본의 유동적인 구성 부분이나 고정적인 구성 부분이 될 수도, 되지 않을 수도 있는 것이다.

면사 방적업자의 생산물〔면사〕은 그의 자본의 상품형태이며 그에게는 상품자본이다. 그것은 다시 그의 생산자본의 구성 부분〔즉 노동재료나 노동수단〕으로 기능할 수 없다. 그러나 그것을 구매한 직물업자의 수중에서 면사는 직물업자의 자본의 유동적인 구성 부분의 하나로 그의 생산자본에 합체된다. 그런데 방적업자에게 면사는 그의 유동자본뿐만 아니라 고정자본의 가치(잉여가치는 별개로 하고)의 담지자이다. 마찬가지로 기계는 기계 제조업자의 생산물로서 그의 자본의 상품형태이고 그에게 상품자본이다. 그리고 기계가 이 형태로 머무는 한 그것은 유동자본도 고정자본도 아니다. 그러나 그것을 사용하는 제조업자에게 일단 판매되고 나면 그것은 생산자본의 고정적 구성 부분이 된다. 그 사용가치의 속성에 따라 예를 들어 석탄이 석탄 생산에 투입되는 경우처럼 생산물 가운데 일부가 생산수단으로서 그것이 만들어진 생산과정에 다시 투입될 수 있긴 하지만 석탄 생산물 가운데 판매를 목적으로 한 바로 그 부분은 유동자본도 고정자본도 아닌 상품자본이다.

그러나 다른 한편 그 사용가치의 속성 때문에 생산물이 생산자본의 구성 부분〔노동재료나 노동수단〕이 결코 될 수 없는 경우도 있다. 예를 들어
M208 생활수단과 같은 것이 바로 그렇다. 그렇지만 그것도 역시 그 생산자에게 상품자본이며, 유동자본과 고정자본의 가치의 담지자이기도 하다. 그리고 그것의 생산에 사용된 자본이 일시에 모두 보전되어야 할지 혹은 일부분씩 보전되어야 할지〔즉 그 가치를 생산물에 모두 이전하는지 혹은 조금씩 이전하는지〕에 따라 그것은 고정자본이 되기도 하고 유동자본이 되기도 한다.

스미스가 말한 셋째 부분에서 원료(천연재료, 반제품, 보조재료)는 한편으로는 생산자본에 합체된 구성 부분으로 나타나지 않고 사실상 단지 사회적 생산물을 구성하는 사용가치 가운데 특수한 하나의 종류—둘째 부분과 넷째 부분에서 열거한 다른 소재적 구성 부분(생활수단 등)과 나란히 존재하는—로만 나타난다. 그러나 다른 한편에서 이들 재료는 다시 생산자본에 합체된 것〔따라서 생산자의 수중에 있는 생산자본의 요소〕으

로 언급된다. 원료가 한편에서는 생산자(농업경영자, 제조업자 등)의 수중에서 기능하는 것으로 간주되고 다른 한편에서는 상인(포목상, 목재상 등)의 수중 — 여기에서는 원료가 생산자본의 구성 부분이 아니라 단지 상품자본일 뿐이다 — 에서 기능하는 것으로 간주된다는 점에서 스미스가 일으키는 혼동이 그대로 드러난다.

사실 스미스는 여기에서 유동자본의 요소들을 열거하면서 생산자본에만 적용되는 고정자본과 유동자본의 구별을 까맣게 잊고 있다. 오히려 그는 무의식적으로 상품자본과 화폐자본〔즉 유통과정에 속하는 두 개의 자본형태〕을 생산자본과 대립시킨다.

마지막으로 스미스가 유동자본의 구성 부분을 열거하면서 노동력을 빠뜨린 점을 주목할 필요가 있다. 이것은 두 가지 이유에서 비롯된 것이다.

우리가 지금까지 보았듯이 화폐자본을 제외한다면 유동자본은 단지 상품자본의 다른 이름에 불과하다. 그러나 노동력이 시장에서 유통될 경우 그것은 자본〔즉 상품자본의 형태〕이 아니다. 그것은 어떤 의미에서도 자본이 아니다. 노동자는 분명 상품〔즉 자신의 육체〕을 시장에 가지고 나가긴 하지만 결코 자본가가 아니다. 노동력이 판매되어 생산과정에 합체되기〔즉 그것이 상품으로의 유통을 멈추기〕 전까지는 그것은 생산자본의 구성 부분〔즉 잉여가치의 원천인 가변자본, 다시 말해 노동력에 투하된 자본가치의 회전에서 생산자본의 유동적인 구성 부분〕이 되지 못한다. 스미스는 여기에서 유동자본을 상품자본과 혼동하기 때문에 노동력을 그가 말하는 유동자본의 항목에 포함시킬 수 없었던 것이다. 그러므로 그에게 M209 서 가변자본은 노동자가 자신의 임금으로 구매하는 상품〔즉 생활수단〕의 형태로 나타난다. 이런 형태 때문에 임금에 투하된 자본가치는 유동자본에 속하게 된다. 생산과정에 합체된 것은 노동력〔즉 노동자 자신〕이지 노동자가 살아가는 데 필요한 생활수단이 아니다. 물론 우리가 이미 보았듯이(제1권 제21장) 사회적 관점에서 보면 노동자의 개인적 소비에 의한 노동자의 재생산도 역시 사회적 자본의 재생산과정에 속한다. 그러나 이것은 우리가 여기에서 고찰하는 개별적으로 완결된 생산과정에는 적용되지 않는다. 스미스가 고정자본 항목에서 언급하는 "획득된 유용한 능력"(187쪽)은 바로 임노동자 자신의 능력이며 임노동자가 자신의 노동과 함께 이 능력을 판매하는 순간 곧바로 유동자본과 대립하는 고정자본의 구성 부분을 이루게 된다.

스미스가 사회 전체의 부를 ① 직접적인 소비재원 ② 고정자본 ③ 유동자본으로 분류한 것은 그의 중대한 오류에 해당한다. 이에 따르면 부는 ① 부분적으로는 끊임없이 자본으로 기능할 수 있지만, 기능하고 있는 사회적 자본에서는 어떤 구성 부분도 이루지 않는 소비기금과 ② 자본으로 나누어질 수 있다. 이 분류에 의하면 부 가운데 한 부분은 자본으로 기능하고 다른 한 부분은 비(非)자본(Nichtkapital) 혹은 소비기금으로 기능한다. 그리고 여기에서는 마치 포유동물이 암컷이든 수컷이든 둘 가운데 하나이어야 하는 것과 꼭 마찬가지로 모든 자본 역시 그것이 고정자본이든 유동자본이든 둘 가운데 하나라야만 하는 것은 피할 수 없는 자연적 필연성으로 나타난다. 그러나 우리가 보았듯이 고정적인 것과 유동적인 것 사이의 대립은 단지 생산자본의 요소에만 적용될 수 있기 때문에 이것들 외에 매우 많은 양의 자본—상품자본과 화폐자본—은 고정적인 것도 유동적인 것도 아닌 형태로 존재할 수 있다.

사회적 생산물 가운데 판매나 구매를 거치지 않고 개별 자본주의적 생산자가 직접 현물형태로 다시 생산수단으로 사용하는 부분을 제외하면 자본주의적 토대 위에서는 사회적 생산물의 전량이 시장에서 상품자본으로 유통되기 때문에 생산자본 가운데 고정적인 요소와 유동적인 요소는 물론 소비재원의 모든 요소도 상품자본을 통해 조달되는 것이 분명하다. 실질적으로 이 말의 의미는 바로 자본주의적 생산의 토대 위에서는 생산수단과 소비수단이 나중에 다시 생산수단이나 소비수단으로 사용된다 할
M210 지라도 처음에는 상품자본으로 등장한다는 것이다. 노동력도 이와 마찬가지로 상품자본이 아니면서도 시장에 상품으로 등장한다.

이것 때문에 스미스는 다시 다음과 같은 혼동에 빠진다. 그는 말한다.

이들 네 부분

(유동자본〔즉 유통과정에 속하는 상품자본과 화폐자본이라는 형태의 자본〕의 네 부분이며, 두 부분이 네 부분으로 된 것은 스미스가 상품 자본의 구성 부분을 다시 소재적으로 구분했기 때문이다.)

가운데 세 가지(식량, 재료, 완제품)는 매년 혹은 상당 기간 동안 규칙적으로 유동자본에서 빠져나와 고정자본이나 직접적 소비를 위한 비축재고로 이월된다. 모든 고정자본은 원래 유동자본에서 나온 것이면서 동시에 끊임없이 유동자본에 의해 유지되어야 한다. 모든 유용한 기계와 공구는 원래 그것들을 만들기 위한 재료와 그것들을 만드는 노동자의 생활수단을 공급하는 유동자본에서 나온 것이다. 그것들의 계속적인 손질에도 같은 종류의 자본이 필요하다.(188쪽)

생산물 가운데 생산자가 직접 계속해서 생산수단으로 소비하는 부분을 제외한다면 다음과 같은 일반적인 명제가 자본주의적 생산에 적용된다. 즉 모든 생산물은 상품으로 시장에 등장하고 따라서 자본가에게는 그의 자본의 상품형태〔즉 상품자본〕로 유통된다. 이것은 이들 생산물이 그 현물형태〔즉 그 사용가치의 속성〕에 따라 생산자본(생산과정)의 한 요소〔즉 생산수단, 다시 말해서 생산자본의 고정적 요소나 유동적 요소〕로 기능해야 하거나 기능할 수 있는지와는 상관없다. 또한 그것은 이들 생산물이 생산적 소비가 아닌 개인적 소비의 수단으로밖에 사용될 수 없는 경우에도 마찬가지이다. 모든 생산물은 상품으로 시장에 투하된다. 따라서 모든 생산수단과 소비수단, 생산적 소비와 개인적 소비의 모든 요소들은 상품으로의 구매를 통해서 다시 시장에서 조달되어야 한다. 이것은 너무도 자명

M211 한 이치이다. 그러므로 이것은 생산자본의 유동적 요소뿐만 아니라 고정적 요소〔즉 모든 형태의 노동재료와 노동수단〕에도 똑같이 적용된다(여기에서는 이들 외에도 생산자본의 요소 가운데에는 천연적으로 존재하기 때문에 생산물이 아닌 것도 있다는 사실이 잊혀지고 있다). 기계도 면화와 마찬가지로 시장에서 구입된다. 그러나 이 점 때문에 모든 고정자본이 원래 유동자본에서 유래한다고는 결코 말할 수 없다. 그런 이야기는 단지 유통자본과 유동자본〔즉 비(非)고정자본〕을 혼동한 스미스의 개념에서나 할 수 있을 뿐이다. 게다가 스미스는 여기에서 자신의 말을 스스로 부정하고 있다. 스미스 자신에 따르면 기계는 상품으로서 유동자본의 넷째 부분의 한 요소를 이룬다. 그러므로 기계가 유동자본에서 나온다고 하는 것은 기계가 기계로 사용되기 전에 상품자본의 기능을 수행했다는 사실과 또한 기계가 소재적으로—마치 방적업자에게서 자본의 유동적 요소인 면화가 시장에 있는 면화에서 나온 것과 마찬가지로—그 자체에서 나온다는 사실을 의미할 뿐이다. 그러나 스미스는 계속된 설명에서 기계를 만들기 위해서는 노동과 원료가 필요하기 때문에 유동자본에서 고정자본을 이끌어내고 있지만 사실 이 경우 첫째 기계를 만들기 위해서는 노동수단〔즉 고정자본〕이 필요하며, 둘째 원료를 만들기 위해서도 역시 기계와 같은 고정자본이 필요하다. 왜냐하면 생산자본은 늘 노동수단을 포함하지만 반드시 노동재료도 포함하는 것은 아니기 때문이다. 그는 곧바로 다음과 같이 말한다.

> 토지, 광산, 어장은 모두 그것들을 개발하는 데 고정자본과 유동자본 둘 다 필요하다.

(즉 그는 유동자본뿐만 아니라 고정자본도 원료의 생산을 위해 필요하다는 것을 인정하고 있다.)

> 그리고 (여기에서 새로운 오류가 나온다) 거기에서 나오는 생산물은 이윤과 이들 자본뿐만 아니라 사회의 다른 자본까지도 모두 보전한다.(188쪽)

이는 완전히 잘못된 것이다. 거기에서 만들어진 생산물이 다른 모든 산업부문에 원료와 보조재료 등을 공급하는 것은 사실이다. 그러나 그들 생산물의 가치가 다른 모든 산업부문의 가치를 보전하지는 않는다. 그것들의 가치는 단지 그들 자신의 자본가치(더하기 잉여가치)를 보전할 뿐이다. 스미스는 여기에서 다시 중농학파에 대한 회상에 빠져 있는 것이다.

사회적 관점에서 본다면 상품자본 가운데 노동수단으로만 사용될 수 있는 생산물로 이루어진 부분은 조만간에 — 그것이 어디에도 쓸모가 없 M212
어서 판매될 수 없는 것이 아니라면 — 역시 노동수단으로 기능해야 한다는 것〔즉 만일 그것이 자본주의적 생산의 토대 위에서 상품이기를 중단할 경우에는 그것이 사회적 생산자본 가운데 실질적인 고정적 구성부분(만들어질 때 이미 그렇게 예상되었듯이)을 이루어야만 한다는 것〕이 맞는 말이다.

여기에서 생산물의 현물형태에서 발생하는 하나의 구별이 나타난다.

예를 들어 방적기계는 방적에 사용되지 않을 경우〔즉 생산요소로서, 다시 말해 자본가의 관점에서 볼 때 생산자본의 고정적 구성 부분으로서 기능하지 않을 경우〕 아무런 사용가치도 갖지 않는다. 그러나 방적기계는 이동시킬 수 있다. 그것은 생산된 나라에서 수출될 수도 있고 원료나 샴페인 등과 교환하여 직접 혹은 간접으로 외국에 판매될 수도 있다. 그럴 경우 생산된 나라에서 그것은 단지 상품자본으로만 기능하고 판매된 후에도 결코 고정자본으로 기능하지는 않는다.

이에 반해 공장 건물, 철도, 교량, 터널, 제방, 토지개량 등과 같이 토지에 합체됨으로써 위치가 고정되고 따라서 그 장소에서만 소비될 수 있는 생산물은 실물 그대로는 수출될 수 없다. 그것들은 이동시킬 수 없다. 그것들은 아예 쓸모가 없거나 그렇지 않다면 판매되어 그것들이 생산된 나라에서 고정자본으로 기능할 수밖에 없다. 판매를 목적으로 공장을 짓거나 토지를 개량한 자본주의적 생산자에게 이들 물품은 자신의 상품자본〔스미스의 개념으로는 유동자본〕의 한 형태이다. 그러나 사회적으로 보면 이들 물품은—아예 쓸모가 없게 되지 않는다면—결국 그 나라〔즉 그것들의 소재지〕에 고정되어 있는 생산과정에서 고정자본으로 기능할 수밖에 없다. 이런 점으로 미루어 볼 때 이동이 불가능하다는 사실 하나만으로 곧바로 고정자본이라고 단정 지을 수는 결코 없다. 이들 물품은 주택의 형태로 소비재원에 속할 수도 있으며 따라서 〔물론 이들도 사회적 부(자본도 이것의 한 부분일 뿐이다)의 한 요소를 이루기는 하지만〕 사회적 부에 포함되지 않을 수도 있다. 스미스의 표현에 따른다면 이들 물품의 생산자는 그것들의 판매를 통해서 이윤을 얻는다. 그러므로 그것들은 유동자본이다! 이들 물품의 이용자〔그것들의 최종 구매자〕는 그것들을 단지 생산과정에서 사용함으로써만 그것들을 이용할 수 있다. 그러므로 그것들은 고정자본이다!

소유권, 예를 들어 철도의 소유권은 매일매일 그 주인이 바뀔 수 있고 그것의 소유자는 심지어 그것을 외국에 판매함으로써—즉 철도 그 자체
M213 는 수출할 수 없지만 소유권은 수출할 수 있다—이윤을 얻을 수 있다. 그러나 그럼에도 이들 물품은 그것들이 위치해 있는 바로 그 나라에서 휴면상태에 있든 생산자본의 고정적인 구성 부분으로 기능하든 해야만 한다. 마찬가지로 공장주 A는 자신의 공장을 공장주 B에게 판매하여 이윤을 얻을 수 있지만 그렇다고 해서 이 때문에 그 공장이 예전과 마찬가지로 고정자본으로 기능하지 않는 것은 전혀 아니다.

그러므로 위치가 고정되어 토지에서 분리될 수 없는 노동수단이—비록 그 생산자에게는 그것이 상품자본으로 기능하고 고정자본의 요소를 이루지 않는다 하더라도(그에게 고정자본은 자신이 건물, 철도 등의 건설에 사용하는 노동수단으로 이루어진다)—당연히 그 나라에서 고정자본으로 기능할 수밖에 없을 것으로 예상된다고 해서 고정자본은 반드시 이

동이 불가능한 물건으로 이루어진다고 역으로 추론할 수는 없다. 배와 기관차는 자신들의 운동을 통해서만 사용된다. 그러나 이것들은 그 생산자에게는 아니지만 그 사용자에게는 고정자본으로 기능한다. 다른 한편 생산과정에 가장 확실하게 고정되는 것이어서 일단 거기에 한번 투입되고 나면 결코 그곳을 떠나지 않고 거기에서 수명을 다하는 그런 물품 가운데에도 생산자본의 유동적 구성 부분을 이루는 것이 있다. 예를 들어 생산과정에서 기계의 운전을 위해 소비되는 석탄, 조명을 위해 공장 건물 내에서 소비되는 가스 등이 그런 것들이다. 이들 물품이 유동자본인 까닭은 그것들이 생산물과 함께 현물상태로 생산과정을 떠나 상품으로 유통되기 때문이 아니라, 그것들의 가치가 자신들이 생산하는 상품의 가치 속에 완전히 들어가고 따라서 상품의 판매를 통해 전부 보전되어야 하기 때문이다.

조금 전 스미스로부터 인용한 글에서는 여전히 다음 구절에 주의를 기울일 필요가 있다.

> 그것들(기계 등)을 만드는 노동자의 생활수단을 공급하는 유동자본.

중농학파는 자본 가운데 임금에 선대된 부분을 최초의 선대(avances primitives)와 구별되는 매년 이루어지는 선대(avances annuelles)로 올바르게 표현하고 있다. 한편 중농학파에서 차지농업가가 사용하는 생산자본의 구성 부분으로 나타나는 것은 노동력 그 자체가 아니라 농업노동자에게 제공된 생활수단(스미스가 말하는 노동자의 생활수단)이다. 이것은 이들의 독자적인 이론과 긴밀하게 관련되어 있다. 즉 이들에게 노동이 생산물에 부가한 가치 부분(원료, 노동수단 등과 같이 불변자본의 소재적 구성 부분이 생산물에 부가한 가치 부분과 똑같이)은 단지 노동자들에게 지 M214
급되어 그들의 노동력 기능을 유지하기 위해 반드시 소비되어야 하는 생활수단의 가치와 동일할 뿐이다. 중농학파는 바로 이런 그들의 이론 때문에 가변자본과 불변자본을 구별해낼 수 없었다. 노동이 (자신의 가격을 재생산하는 것 외에) 잉여가치도 함께 생산한다면 그것은 농업에서뿐만 아니라 공업에서도 마찬가지일 것이다. 그러나 이들에 따르면 노동은 단 하나의 생산영역, 즉 농업에서만 잉여가치를 생산하는 것이므로 잉여가치는 노동으로부터가 아니라 농업부문에서 자연의 특수한 활동(도움)으로부터 생기는 것이 된다. 그리고 바로 이런 이유 때문에 이들에게는 농업노동이 다른 모든 종류의 노동과 구별되는 생산적 노동이다.

스미스는 노동자의 생활수단을 고정자본과 대립하는 유동자본으로 규정하는데 그 까닭은

① 그가 고정자본과 대립하는 유동자본을 유통부문에 속하는 자본의 형태〔즉 유통자본〕와 혼동하고 있기 때문인데 이 혼동은 스미스 이후에도 계속 무비판적으로 계승되었다. 따라서 그는 상품자본을 생산자본의 유동적 구성 부분으로 혼동하였다. 그리고 그럴 경우 사회적 생산물이 상품의 형태를 취할 때는 노동자의 생활수단도 비노동자(생산수단 — 옮긴이)의 생활수단인 재료나 노동수단과 함께 모두 상품자본에서 공급되어야 하는 것이 당연하다.

② 그러나 스미스에게는 중농학파의 견해도 — 물론 중농학파의 견해가 스미스 자신의 논의 가운데 심오한(참으로 과학적인) 부분과 모순되기는 하지만 — 일부 섞여 있다.

일반적으로 선대된 자본은 생산자본으로 전화한다. 즉 그것은 그 자체 과거 노동의 산물이기도 한 생산요소(여기에는 노동력도 포함된다)의 형태를 취한다. 선대자본은 단지 이 형태로만 생산과정에서 기능할 수 있다. 이제 만일 자본의 가변 부분이 전환된 노동력을 노동자의 생활수단으로 대체해버린다면 이 생활수단은 가치형성에서 생산자본의 다른 요소〔즉 원료나 역축의 생활수단〕와 전혀 구별되지 않을 것이 분명하다. 바로 이 점에 기초하여 스미스는 위에서 인용한 문장에서 중농학파의 방식을 따라 노동자의 생활수단을 다른 요소들과 같은 범주에 포함시킨 것이다. 생활수단은 스스로 자신의 가치를 증식할 수 없다. 즉 자신의 가치에 잉여

가치를 부가할 수 없다. 생산자본의 다른 요소들의 가치와 마찬가지로 생활수단의 가치도 생산물의 가치 속에 재현될 수 있을 뿐이다. 생활수단은 자신이 가지고 있는 것 이상의 가치를 생산물에 부가할 수 없다. 원료, 반 M215 제품 등과 마찬가지로 생활수단은 노동수단으로 이루어진 고정자본과 다음과 같은 점에서만 구별된다. 즉 생활수단은(적어도 그것을 지불하는 자본가에게는) 생산물을 만드는 데 관여하면서 모두 소비되고 따라서 생산물을 통해서 자신의 가치를 모두 보전해야 하는 반면 고정자본은 이런 소비와 보전이 점차 조금씩만 이루어진다는 점이다. 따라서 이제 생산자본 가운데 노동력(혹은 노동자의 생활수단)에 선대된 부분은 생산자본의 다른 소재적 요소들과 소재적으로만 구별될 뿐이며 노동과정이나 가치증식과정과 관련해서는 전혀 구별되지 않는다. 그것은 생산물을 만드는 객체의 한 부분(스미스가 일반적으로 '재료'라고 부르는 것)과 함께 유동자본의 범주에 들어가는 것으로 고정자본 범주에 들어가는 다른 부분들과 구별될 뿐이다.

자본 가운데 임금에 투하된 부분이 생산자본의 유동적인 부분에 속하고, 이 유동성을 (고정적인 부분과 대립된 형태로) 원료 등과 같은 생산수단의 일부와 공유한다는 사실은 이 가변자본 부분이 불변자본 부분과 대립하여 가치증식과정에서 수행하는 역할과는 아무런 관계도 없다. 그것은 단지 선대된 자본가치 가운데 이 부분이 유통을 매개로 생산물의 가치로부터 어떻게 보전되고, 갱신되고 따라서 재생산되어야 하는지 그 방법과 관련되어 있을 뿐이다. 노동력의 반복적 구매는 유통과정에 속한다. 그러나 노동력에 투하된 가치는 생산과정 내부에서 비로소 (노동자를 위해서가 아니라 자본가를 위해서) 일정한 불변적 크기에서 가변적인 크기로 전화하며 바로 이런 전화를 통해서 비로소 선대된 가치는 자본가치〔즉 자본, 다시 말해 자신을 증식하는 가치〕로 전화한다. 그러나 스미스처럼 노동력에 투하된 가치 대신에 노동자의 생활수단에 투하된 가치를 생산자본의 유동적인 구성 부분으로 규정하게 되면 가변자본과 불변자본의 구별〔즉 자본주의적 생산 일반에 대한 인식〕은 불가능하게 된다. 그리하여 물적 생산요소에 투하된 불변자본과 대립되는 가변자본이라는 이 자본 부분의 개념은 노동력에 투하된 자본 부분이 회전의 관점에서 생산자본의 유동적인 부분에 속한다는 개념에 의해 매몰되어버리고 만다. 이런 매몰작업은 결국 생산자본의 요소로 노동자의 노동력 대신 노동자의 생활수단을 대체해버리는 것으로 완결된다. 노동력의 가치가 화폐로 선대되는가 아니면 직접 생활수단으로 선대되는가 하는 것은 중요한 문제가
M216 아니다. 물론 자본주의적 생산의 토대 위에서 후자는 단지 예외적인 형태일 뿐이다.5)

이처럼 스미스는 노동력에 투하된 자본가치를 유동자본의 개념으로 완전히 고정시켜버림으로써—중농학파의 전제가 결여된 중농학파적 개념—그의 후계자들이 노동력에 투하된 자본 부분을 가변자본으로 인식하는 것을 불가능하게 만들어버렸다. 그가 다른 부분에서 전개한 심오하고 올바른 논의들은 널리 보급되지 못했지만 이 커다란 오류는 널리 보급되었다. 실제로 후대의 저자들은 스미스보다 한 걸음 더 나아가서 유동자본—고정자본과 대립되는—을 노동력에 투하된 자본 부분으로 정의를 내리는 데 만족하지 않았다. 그들은 노동자에게 필요한 생활수단에 투하하는 것을 유동자본의 본질적인 개념으로 규정했던 것이다. 여기에는 당연히 다음과 같은 학설이 결합되었다. 즉 이 학설에 의하면 필요한 생활수단으로 이루어지는 노동기금은 크기가 일정하고* 한편으로는 사회적 생산물 가운데 노동자들에게 배분될 몫의 규모를 결정하고 다른 한편으로는 노동력의 매입에 전액이 지출되어야 하는 것이기도 하다.

---

5) 스미스가 가치증식과정에서 노동력의 역할을 이해할 수 있는 길을 스스로 어떻게 봉쇄하였는지를 다음 문장—이 문장에서는 중농학파의 방식대로 노동자의 노동을 가축의 노동과 동일선상에 놓는다—을 통해서 알 수 있다. "그(차지농업가)의 하인뿐만 아니라 그의 가축도 생산적 노동자이다"(제2권 제5장, 243쪽).

* MEW Bd. 23, 636~639쪽 참조.

제11장

고정자본과 유동자본에 관한 여러 학설: 리카도

리카도는 고정자본과 유동자본의 구별을 단지 가치법칙의 예외적인 경우〔즉 임금률이 가격에 영향을 미치는 경우〕를 설명하기 위한 목적으로만 사용한다. 그것에 대한 논의는 제3권에서 다루기로 한다.* M217

그러나 그의 구별이 기본적으로 불분명하다는 사실은 다음과 같은 대수롭지 않은 글에서 이미 드러난다.

> 고정자본의 수명에서의 이런 차이, 그리고 두 종류의 자본이 결합될 수 있는 비율의 다양성.6)

그러면 두 종류의 자본은 무엇인가? 여기에 대해 그는 이렇게 답하고 있다.

* MEW Bd. 25, 제11장 참조.

6) 리카도, 『경제학 원리』, 25쪽.

> 또한 노동을 유지시키는 자본과 도구, 기계, 건물에 투하된 자본이 결합할 수 있는 다양한 비율.[7]

즉 그에게서 고정자본은 노동수단과 같고 유동자본은 노동에 투하된 자본과 같다. 노동을 유지시키는 자본이란 애덤 스미스를 계승한 잘못된 표현이다. 여기에서는 한편으로 유동자본이 가변자본〔즉 생산자본 가운데 노동에 투하된 부분〕과 혼동되어 있다. 그리고 또 다른 한편 자본의 구별이 가치증식과정에서 도출되는 것 — 불변자본과 가변자본 — 이 아니라 유통과정에서 도출되기 때문에(스미스에게서 비롯된 낡은 혼동) 두 가지 잘못된 개념이 만들어진다.

M218 첫째, 고정자본의 수명 차이가 불변자본과 가변자본의 구성비율 차이와 같은 것으로 간주된다. 그런데 후자는 잉여가치 생산의 차이를 결정하는 반면 전자의 차이는 가치증식과정의 관점에서 볼 때는 단지 어떤 주어진 가치가 생산수단에서 생산물로 이전되는 방식하고만 관계가 있을 뿐이고, 유통과정의 관점에서 볼 때는 투하자본의 갱신 주기 — 달리 말해서 자본이 선대되는 기간 — 와 관계가 있을 뿐이다. 만약 자본주의적 생산과정에 내재된 메커니즘을 깊이 통찰하지 않고 주어진 현상에만 의존하는 시각에서 보면 이들 둘은 사실상 같은 것이다. 사회적 잉여가치를 여러 사업부문에 투하된 자본들 사이에 배분할 때는 각 자본의 선대기간 차이(예를 들어 고정자본의 경우 수명의 차이)와 자본의 유기적 구성의 차이(즉 불변자본과 가변자본의 유통 차이)가 일반이윤율의 균등화와 가치의 생산가격으로의 전화에 똑같이 작용한다.

둘째, 유통과정의 관점에서 보면 한편에는 노동수단〔즉 고정자본〕이 있고 다른 한편에는 노동재료와 임금〔즉 유동자본〕이 있다. 반면 노동과정 내지 가치증식과정의 관점에서 보면 한편에는 생산수단(노동수단과

7) 같은 곳.

노동재료)〔즉 불변자본〕이 있고 다른 한편에는 노동력〔즉 가변자본〕이 있다. 자본의 유기적 구성(제1권 제23장 제2절, 647쪽)*에서는 동일한 가치크기의 불변자본이 많은 노동수단과 적은 노동재료로 구성되어 있든 혹은 많은 노동재료와 적은 노동수단으로 이루어져 있든 전혀 중요하지 않으며 모든 것은 오로지 생산수단에 투하된 자본과 노동력에 투하된 자본의 비율에 좌우된다. 역으로 유통과정의 관점〔즉 고정자본과 유동자본을 구별하는 관점〕에서도 주어진 가치크기를 갖는 유동자본이 어떤 비율에 따라 노동재료와 임금으로 나누어지는지는 전혀 중요하지 않다. 전자 M219
의 관점에서 보면 노동재료는 노동수단과 동일한 범주에 속하며 노동력에 투하된 자본가치와 대립된다. 후자의 관점에서 보면 노동력에 투하된 자본 부분은 노동재료에 투하된 자본 부분과 동일한 범주에 속하며 노동수단에 투하된 자본 부분과 대립된다.

이 때문에 리카도에게서는 자본 가운데 노동재료(원료와 보조재료)에 투하된 가치 부분은 어디에도 나타나지 않는다. 그것은 완전히 사라졌다. 그것은 우선 고정자본으로 분류될 수 없다. 왜냐하면 그것은 자신의 유통방식에서 노동력에 투하된 자본 부분과 완전히 일치하기 때문이다. 반면 그것은 유동자본으로 분류될 수도 없다. 왜냐하면 그럴 경우에는 스미스에게서 물려받아 암묵리에 널리 통용되어버린 개념〔즉 고정자본과 유동자본의 대립을 불변자본과 가변자본의 대립과 같은 것으로 간주하는 개념〕을 스스로 폐기해버리는 것이기 때문이다. 리카도는 논리적 감각이 매우 뛰어난 사람이어서 이것을 느끼지 않을 수 없었으며 따라서 그에게서 이 자본 부분은 완전히 모습을 감추어버린 것이다.

여기에서 지적해두어야 할 점은, 자본가가 임금에 투하하는 자본을 다양한 기간 — 즉 임금을 주급으로, 월급으로, 혹은 분기별로 지불하는 방식으로 — 에 걸쳐 (경제학 용어로 얘기한다면) 선대한다는 부분이다. 실

* MEW Bd. 23, 640쪽 참조.

제 사정은 이와 정반대이다. 노동자는 매주, 매월, 혹은 분기별로 임금을 지불받을 경우 실제로는 자신의 노동을 자본가에게 1주일, 1개월 혹은 3개월 동안 선대한다. 만일 자본가가 노동력의 대가를 후불로 지불하지 않고 선불로 지불한다면〔즉 노동자에게 하루, 1주일, 1개월 혹은 분기별로 임금을 미리 지불한다면〕 그때는 이것을 이들 기간에 대한 선대라고 불러도 될 것이다. 그러나 자본가는 노동을 사서 그것이 지속될 기간에 대하여 미리 임금을 지불하는 것이 아니라 노동이 며칠, 몇 주일 혹은 몇 개월간 지속된 후에야 지불하기 때문에 이 모든 것은 자본가의 착각에 불과한 것으로서 노동자가 자본가에게 노동으로 제공하는 선대는 자본가가 노동자에게 화폐로 지불하는 선대와 뒤바뀌어 있다. 자본가가 생산물 그 자체 혹은 그것의 가치를—각기 그 생산이나 유통에 필요한 기간에 따라서—상당 기간이 경과하고 나서야 비로소(그것에 합체되어 있는 잉여가치와 함께) 유통에서 회수〔혹은 실현〕한다는 사실은 이 점과 아무 상관이 없다. 어떤 상품의 구매자가 그 상품으로 무엇을 하려고 하든 그것은 판매자와 아무 상관이 없다. 기계의 가치는 유통을 거쳐 자본가에게 단지 시간을 두고 조금씩만 환류해 오지만, 자본가는 기계의 모든 가치를 한꺼번에 선대해야 한다고 해서 기계를 그 가치보다 더 저렴하게 손에 넣는 것은 아니
M220 다. 면화의 경우에도, 면화의 가치가 그것으로 만들어지는 생산물의 가치에 모두 들어가고, 따라서 생산물의 판매를 통해 한꺼번에 모두 보전되어야 한다고 해서 자본가가 면화에 대해 그 가치보다 더 많이 지불하는 것은 아니다.

리카도에게로 되돌아가보자.

① 가변자본의 특징은 일정하게 주어진(즉 그 자체 불변인) 자본 부분〔즉 주어진 가치액(물론 여기에서 임금이 노동력의 가치와 같은지 어떤지는 중요한 문제가 아니긴 하지만 그래도 노동력의 가치와 동일하다고 가정된 가치액)〕이 자신을 증식하고 가치를 창출하는 힘—자본가로부터 지불된 자신의 가치를 재생산할 뿐만 아니라 동시에 잉여가치〔즉 예전에

는 존재하지 않던 가치로서 다른 등가물을 통해 매입된 것도 아닌 가치〕를 생산하는 노동력—과 교환된다는 점에 있다. 임금에 투하된 자본 부분의 이런 특별한 속성은 이 자본 부분을 모든 점에서 불변자본과는 완전히 다른 가변자본으로 구별 짓는 것이지만 이 속성도 임금에 투하된 자본 부분이 단지 유통과정의 입장에서만 고찰되어 노동수단에 투하된 고정자본과 대비되는 유동자본이 되는 순간 금방 사라져버린다. 이것은 곧 다음 사실을 통해서 쉽게 알 수 있다. 즉 그렇게 될 경우 이 자본 부분은 불변자본의 한 구성 부분〔노동재료에 투하된 부분〕과 같은 범주(유동자본이라는 범주)에 포함되고 불변자본의 다른 구성 부분〔노동수단에 투하된 부분〕과는 대립하게 된다. 이때 잉여가치〔즉 투하된 가치액을 자본으로 전화시키는 요인〕는 완전히 무시된다. 또한 임금에 투하된 자본이 생산물에 부가하는 가치 부분은 새롭게 생산되는(따라서 실제로 재생산되는) 반면 원료가 생산물에 부가한 가치 부분은 새롭게 생산되거나 실제로 재생산되는 것이 아니라 단지 생산물가치 속에 유지·존속될 뿐이며 따라서 생산물의 가치구성 부분으로 단지 재현될 뿐이라는 사실도 무시된다. 이제 고정자본을 유동자본과 대립시키는 관점에서 말할 수 있는 구별은 단지 다음과 같은 점뿐이다. 상품생산에 사용된 노동수단의 가치는 단지 조금씩만 그 상품의 가치에 들어가고, 따라서 그 상품의 판매를 통해서도 역시 조금씩만 보전된다. 반면 상품생산에 사용된 노동력과 노동대상(원료 등)의 가치는 모두 그 상품 속으로 들어가고 따라서 상품의 판매를 통해서 모두 보전된다. 그런 점에서 유통과정의 관점에서는 자본 가운데 일부가 고 M221
정자본으로, 다른 일부가 유동자본으로 나타난다. 두 자본 모두에 중요한 것은 주어진 선대가치가 생산물에 이전되고 생산물의 판매에 의해 선대가치가 재보전되는 문제이다. 차이가 있다면 그것은 단지 가치이전과 가치보전이 조금씩 천천히 이루어지느냐 아니면 한꺼번에 일어나느냐일 뿐이다. 이리하여 가변자본과 불변자본을 구별하는 것은 모두 사라지고 잉여가치의 형성과 자본주의적 생산의 모든 비밀〔즉 일정한 가치와 그것을 나타내는 물품을 자본으로 전화시키는 조건〕도 사라져버린다. 자본의 모든 구성 부분은 오로지 유통방식에 의해서만 구별될 뿐이다. (그리고 물론 상품의 유통은 이미 주어진 가치하고만 관계가 있을 뿐이다). 그리고 임금에 투하된 자본과 원료, 반제품, 보조재료에 투하된 자본 부분은 하나의 특수한 유통방식을 공동으로 소유하면서 노동수단에 투하된 자본 부분과 대립한다.

이상으로 왜 부르주아 경제학이 스미스가 범한 '불변자본과 가변자본' 범주와 '고정자본과 유동자본' 범주 사이의 혼동을 본능적으로 고집하면서 한 세기에 걸쳐 대를 이어가며 무비판적으로 앵무새처럼 이것을 되뇌고 있는지 그 이유를 이해할 수 있을 것이다. 부르주아 경제학에서는 임금에 투하된 자본 부분이 원료에 투하된 자본 부분과 전혀 구별되지 않고 단지 형식적으로—생산물을 통해서 조금씩 유통되는지 모두 함께 유통되는지에 따라—불변자본하고만 구별될 뿐이다. 그렇게 함으로써 자본주의적 생산〔따라서 자본주의적 착취〕의 실제 운동을 이해하기 위한 기초는 단번에 매몰되어버린다. 그리하여 이제 문제가 되는 것은 단지 선대된 가치의 재현뿐이다.

리카도가 스미스의 혼동을 무비판적으로 수용하는 과정은 후대의 추종자들은 물론 스미스 자신보다 더 혼란스러운 모습을 보이고 있는데 이는 리카도가 스미스에 비해 가치의 분석에서 더욱 철저하고 예리할 뿐만 아니라 사실상 천박한 스미스보다는 심오한 스미스를 고수하였기 때문이다.

중농학파에서는 이런 혼동이 없다. 매년 이루어지는 선대(avances annuelles)와 최초의 선대(avances primitives)의 구별은 단지 자본〔특히
M222 농업자본〕의 각 구성 부분의 재생산기간의 차이하고만 관련된 것이다. 반면 잉여가치의 생산에 관한 그들의 이론은 이런 구별과 무관한 부분으로 그들이 자신들 이론의 핵심을 끌어내는 부분이다. 그들은 잉여가치의 형성이 자본 그 자체로부터 발생하는 것이 아니라 자본의 한 특수한 영역인 농업에서 비롯되는 것으로 설명한다.

② 가변자본의 개념에서—즉 일정 가치액의 자본으로의 전화에서—본질적인 것은 자본가가 일정하게 주어진(그런 의미에서 불변인) 가치량을 가치를 창조하는 힘과 교환한다는 점이다. 즉 어떤 가치량을 가치생산〔가치의 자기증식〕과 교환한다는 점이다. 자본가가 노동자에게 화폐로 지불하든 생활수단으로 지불하든 그것은 이 본질적인 개념에 아무런 영향을 미치지 않는다. 그것은 단지 자본가가 선대하는 가치의 존재양식—즉 전자의 경우 그것은 화폐형태로 존재하고 노동자는 이 화폐를 가지고 시장에서 스스로 생활수단을 구매해야 하고 후자의 경우 그것은 생활수단 형태로 존재하고 노동자는 그것을 직접 소비한다—에 영향을 미칠 뿐이다. 사실 자본주의가 일반적으로 유통과정을 통해 매개되는 생산과정〔즉 화폐경제〕을 전제로 하는 것과 마찬가지로 발전된 자본주의적 생산은 노동자가 화폐로 지불받는다는 것을 전제로 한다. 그러나 잉여가치의 창출—따라서 선대된 가치액의 자본화—은 임금〔즉 노동력의 구입에 투하된 자본〕의 화폐형태나 현물형태에서 발생하지 않는다. 그것은 가치와 가치를 창출하는 힘의 교환〔즉 불변적 크기를 가변적 크기로 전화하는 것〕에서 발생한다.

노동수단이 얼마만큼 고정적 성격을 가지고 있는지는 그것들의 내구력〔즉 일종의 물리적 속성〕에 의해 정해진다. 다른 조건이 동일하다면 노동수단은 그 내구력에 따라 마모의 속도가 결정되고 따라서 고정자본으로 기능하는 기간도 결정된다. 그러나 노동수단이 고정자본으로 기능하는 이유는 단지 이 내구력이라는 물리적 속성 때문이 아니다. 금속공장에서 사용되는 원료는 제조에 사용되는 기계와 마찬가지로 내구적이며 고무, 목재와 같은 기계의 다른 구성 부분들보다 더 내구적이다. 그럼에도 원료로 쓰이는 금속은 유동자본의 한 부분을 이루고, 같은 금속으로 만들어진 노동수단은 고정자본의 한 부분을 이룬다. 즉 동일한 금속이 어떤 때는 고정자본 범주에 들어가고 어떤 때는 유동자본 범주에 들어가는 까닭은 소재적, 물리적 성질 때문도 아니고 그것이 마모되는 속도 때문도 아니다. M223

이 구별은 오히려 생산과정에서 금속이 수행하는 역할이 어떤 때는 노동대상이고 어떤 때는 노동수단인 데서 비롯된 것이다.

노동수단이 생산과정에서 일정한 기능을 수행하기 위해서는 평균적으로 그것이 반복적으로 이루어지는 노동과정에서 상당한 기간 동안 계속해서 사용될 수 있어야만 한다. 따라서 노동수단의 마모 속도는 바로 이런 그것의 기능에 의해 결정된다. 그러나 노동수단을 구성하는 소재의 내구력이 노동수단을 그 자체 고정자본으로 만드는 것은 아니다. 같은 소재라도 원료일 때는 그것은 유동자본이 된다. 상품자본과 생산자본의 구별을 유동자본과 고정자본의 구별과 혼동하는 경제학자들에게는 같은 소재(같은 기계)가 생산물로서는 유동자본이고 노동수단으로는 고정자본이다.

그렇지만 비록 노동수단을 구성하는 내구적인 소재가 노동수단을 고정자본으로 만드는 것은 아니라 할지라도 그것이 노동수단으로 수행하는 역할은 노동수단이 비교적 내구적인 재료로 만들어질 것을 요구한다. 그러므로 노동수단의 소재의 내구성은 그것이 노동수단으로 기능하기 위한 하나의 조건이고, 따라서 그것을 고정자본으로 만드는 유통양식의 물적 토대가 된다. 다른 조건이 동일하다면, 노동수단을 만드는 소재의 내구력이 어느 정도인지에 따라 노동수단이 어느 정도의 고정성을 갖는지가 결정되고 따라서 그것은 고정자본이 될 수 있는지의 여부와 밀접한 관련이 있다.

만일 노동력에 투하된 자본 부분이 전적으로 유동자본의(즉 고정자본과 대립된) 관점에서만 고찰되어 그 결과 불변자본과 가변자본의 구별과 고정자본과 유동자본의 구별이 혼동된다면, 노동수단의 소재적 성격이 그것을 고정자본으로 규정하게 만드는 본질적인 기준이 되고 소재적 성격에서 이것과 대립되는 노동력에 투하된 자본을 유동자본으로 규정하는 것은 당연한 일이며 또한 가변자본의 소재적 성격에 의해 유동자본을 규정하는 것도 당연한 일이다.

임금에 투하된 자본의 실제 소재는 노동 그 자체이다. 이 노동은 가치를 창출하고 움직이는 노동력으로서 자본가가 죽은 물적 노동과 교환하여 자신의 자본에 합체시키고 이를 통해 비로소 자신의 수중에 있던 가치를 스스로 증식하는 가치로 전화시키는 수단이기도 하다. 그러나 자본가는 이런 자기증식력을 판매하지 않는다. 그것은 자본가의 노동수단과 마찬가지로 항상 그의 생산자본의 한 구성 부분을 이루며 예를 들어 완성된 M224 생산물처럼 그가 판매하는 상품자본이 아니다. 노동수단은 생산과정 내부에서 생산자본의 구성 부분으로, 노동재료와 보조재료가 노동력과 함께 유동자본이 아닌 것처럼 노동력에 대해서 고정자본으로 대립하지도 않는다. 노동과정의 관점에서 볼 때 노동력은 인적(人的) 요소로서 물적 요소인 이들 양자와 대립한다. 또한 가치증식과정의 관점에서 보면 이들 양자는 불변자본으로서 가변자본인 노동력과 대립한다. 혹은 여기에서 만일 유통과정에 영향을 미치는 소재적인 차이에 대해서 말해야 한다면 단지 다음과 같이 말할 수 있을 것이다. 대상화된 노동에 지나지 않는 가치〔그리고 스스로를 대상화하는 노동에 지나지 않는 활동 중인 노동력〕의 성질에 따라 노동력은 그 기능이 계속되는 동안 끊임없이 가치와 잉여가치를 창출한다. 또한 노동력의 입장에서는 운동〔가치창출〕으로 나타나는 것이 그 생산물의 입장에서는 정지한 형태〔창출된 가치〕로 나타난다. 노동력이 일단 그 기능을 수행하면 자본은 이제 더는 한편으로는 노동력, 다른 한편으로는 생산수단으로 이루어지지 않게 된다. 노동력에 투하된 자본가치는 이제 (잉여가치와 함께) 생산물에 부가된 가치가 된다. 과정을 반복하기 위해서 생산물은 판매되어 그 대금으로 끊임없이 새로운 노동력을 구매하여 생산자본에 합체해야 한다. 그리하여 이것은 노동력에 투하된 자본 부분에—노동재료 등에 투하된 자본 부분에도 그러했듯이—유동자본의 성격을(노동수단에 고정된 채로 남아 있는 자본에 대립하여) 부여한다.

그러나 만일 유동자본의 이 부차적인 개념—이것은 불변자본 가운데 일부(원료와 보조재료)도 함께 공유하는 개념이기도 하며, 말하자면 유동자본에 투하된 가치는, 고정자본처럼 그 소비를 통해 만들어진 생산물에 천천히 조금씩 이루어지는 것이 아니라, 한꺼번에 모두 이전되고 따라서 그 보전도 생산물의 판매를 통해 한꺼번에 이루어져야 한다는 개념을 가리킨다 — 이 노동력에 투하된 자본 부분의 본질적인 개념이 된다면, 임금에 투하된 자본 부분도 소재적으로 활동 중인 노동력이 아니라, 노동자가 그의 임금으로 구매하는 소재적 요소들로 이루어져야 한다. 즉 사회적 상품자본 가운데 노동자의 소비로 들어가는 부분〔생활수단〕으로 이루어져야 한다. 그렇게 되면 고정자본은 보다 느리게 마모되어, 보다 느리게 보전되는 노동수단으로 이루어지고 노동력에 투하된 자본은 보다 빠르게 보전되는 생활수단으로 이루어진다.

M225 그러나 리카도에게서 마모의 속도를 구분 짓는 이런 기준은 희미해져 버린다.

> 노동자가 소비하는 식량과 의복, 그가 작업하는 건물, 그의 노동을 돕는 도구 등은 모두 마모되는 성질을 가지고 있다. 그러나 이들 각 자본의 수명에는 상당한 차이가 있다. 증기기관은 배보다 오래가고, 배는 노동자의 의복보다, 노동자의 의복은 그가 소비하는 식량보다 오래간다.[8)]

여기서 리카도는 노동자가 사는 집, 그의 가구, 나이프, 포크, 용기 등과 같은 그의 소비용 도구 모두가 노동수단과 같은 내구성을 갖고 있다는 점을 잊고 있다. 그에게서는 같은 물품〔같은 종류의 물품〕이 어떤 곳에서는 소비수단으로 나타나고 어떤 곳에서는 노동수단으로 나타난다.

리카도에 따르면 구별은 다음과 같이 이루어진다.

> 자본은 그것이 급속히 마모되어 자주 재생산되어야 할지 아니면 천천히

8) 리카도, 앞의 책, 26쪽.

소비되는지에 따라 유동자본으로 구분되기도 하고 고정자본으로 구분되기도 한다.[9]

그는 여기에 다음과 같은 주석을 덧붙이고 있다.

이 둘의 경계선을 엄격하게 구분하는 것은 불가능하다.[10]

이리하여 우리는 다행히 다시 중농학파 — 이 학파에서는 매년 이루어지는 선대와 최초의 선대가 사용된 자본의 소비기간과 그 재생산기간의 차이에 의해 구별되었다 — 의 자리로 되돌아왔다. 단지 중농학파가 사회적 생산의 중요한 현상으로 표현하고 경제표 내에서도 유통과정과 관련지어 묘사되고 있던 것이 이제 여기에서는 주관적인(리카도 자신의 말에 M226
따르면 불필요한) 구별이 되어버렸다.

노동에 투하된 자본 부분이 노동수단에 투하된 자본 부분과 단지 그 재생산기간〔유통기간〕을 통해서만 구별된다면, 즉 한 부분은 생활수단으로 이루어지고 다른 한 부분은 노동수단으로 이루어져, 전자가 보다 빠르게 마모된다는 점에 의해서만 후자와 구별되고, 더욱이 전자에 속하는 각 요소들도 마모 속도가 제각기 다르다면, 노동력에 투하된 자본과 생산수단에 투하된 자본 사이의 모든 구별은 당연히 사라져버릴 것이다.

이것은 리카도의 가치론은 물론 사실상 잉여가치론인 그의 이윤론과도 전적으로 모순된다. 전반적으로 고정자본과 유동자본의 구별에 대한 그의 고찰은 다음과 같은 범위에 국한되어 있다. 즉 같은 크기의 자본에서 사업부문에 따라 달라지는 고정자본과 유동자본의 비율이 가치법칙에 어느 정도 영향을 미치는지 그리고 특히 이런 조건의 결과 발생하는 임금의

9) 같은 곳.
10) 같은 곳.

상승 혹은 하락이 가격에 어느 정도 영향을 미치는지에 대한 것으로 국한되어 있다. 그러나 그는 이처럼 국한된 연구 범위 내에서도 고정자본과 유동자본을 불변자본과 가변자본으로 혼동하기 때문에 대단히 심각한 오류를 범하며 사실상 완전히 잘못된 토대 위에서 연구를 시작한다. 즉 ① 자본 가운데 노동력에 투하된 가치 부분이 유동자본의 범주에 속하는 한 유동자본 그 자체의 개념이 잘못 전개된다. 특히 그 오류는 노동력에 투하된 자본 부분을 이 범주에 포함시키는 데 있다. ② 노동에 투하된 자본 부분에 대해서 가변자본이라는 개념과 유동자본〔고정자본에 대립하는〕이라는 개념 사이에서 혼동을 일으킨다.

노동력에 투하된 자본을 유동적이라고 보는 것은 부차적인 개념이며, 이 개념은 명백히 생산과정에서 이것이 갖는 독특한 성격을 소멸시켜버린다. 왜냐하면 이 개념에서는 우선 노동에 투하된 자본이 원료 등에 투하된 자본과 같은 범주 — 이 범주에서는 불변자본의 한 부분이 가변자본과 동일한 것으로 분류됨으로써 불변자본과 구분되는 가변자본의 독특한 성질이 사라져버린다 — 에 포함되어버리기 때문이다. 다음으로 이 개념에서는 또한 노동에 투하된 자본 부분과 노동수단에 투하된 자본 부분이 대립하지만 이런 대립은 이들 두 자본 부분이 가치생산과정에 참여하는 방
M227 식이 완전히 다르다는 점과 관련된 것이 아니고 양자가 자신들의 가치를 생산물에 이전하는 데 소요되는 기간이 다르다는 점과 관련된 것이기 때문이다.

이들 두 경우 모두 관심사는 오로지 임금이든 혹은 원료가격이든 혹은 노동수단의 가격이든 간에 상품의 생산과정에 투하된 일정한 가치가 어떻게 생산물에 이전되는가〔즉 생산물을 통해 유통되고, 생산물의 판매를 통해 출발점으로 회귀하는가, 다시 말해 보전되는가〕에 집중되어 있다. 여기에서 유일한 구별은 '어떻게'〔즉 이 가치의 이전과 유통에서의 특수한 방식〕이다.

두 경우 모두 사전 계약에 의해 정해진 노동력가격이 화폐로 지불되든

생활수단으로 지불되든 그것은 이 노동력가격이 일정하게 주어진 가격이라는 성격과 아무런 관련이 없다. 그런데 화폐로 지불되는 임금의 경우에는 생산수단의 경우—가치뿐만 아니라 소재도 함께 생산과정에 들어가는—와는 달리 화폐 그 자체가 생산과정에 들어가지 않는다는 것이 명백하다. 그러나 노동자가 자신의 임금으로 구매하는 생활수단이 원료 등과 함께 유동자본의 소재적인 형태에 따라 곧바로 같은 범주로 분류되어 노동수단과 대립한다면 사정은 달라진다. 즉 이 물품〔생산수단〕의 가치는 노동과정에서 생산물에 이전되고 다른 물품〔소비수단〕의 가치도 그것을 소비하는 노동력으로 재현되어, 바로 이 노동력의 활동을 통해 똑같이 생산물에 반복적으로 이전되는 것이다. 이들 모든 경우에서 똑같이 중요한 관심사는 생산과정에서 선대된 가치가 생산물을 통해서 단지 재현되고 있다는 사실에 집중되어 있다(중농학파는 진심으로 그렇게 생각했으며, 따라서 공업노동이 잉여가치를 창출한다는 것을 부정했다). 앞서 인용한* 웨일런드(F. Wayland)의 글도 그러하다.

> 어떤 형태로 자본이 재현되는가는 중요하지 않다. …… 인간의 생존과 안락을 위해 필요한 갖가지 의식주 물품들 또한 변화한다. 그것들은 수시로 소비되며 그것들의 가치는 …… 재현된다.(『경제학 요강』, 31, 32쪽)

여기에서는 생산수단과 생활수단의 형태로 생산에 선대된 자본가치가 생산물의 가치 속에 똑같은 크기로 재현된다. 그리하여 자본주의적 생산과정은 완벽하게 신비화되고 생산물 속에 존재하는 잉여가치의 기원은 M228
시야에서 완전히 사라진다.

또한 이것은 부르주아 경제학 특유의 물신숭배—사회적 생산과정을 통해 각 물품들에 각인된 사회적·경제적 성격을 이들 물품의 소재적 성

* MEW Bd. 23, 222쪽 참조.

질에서 비롯된 자연적 성격으로 전화시키는 것—를 완성한다. 모순과 혼란을 유발한 스콜라적인 개념인 '노동수단은 고정자본이다'라는 명제를 예로 들어보자. 노동과정 부분(제1권 제5장)에서 전부 설명한 것처럼 물적 구성 부분이 노동수단으로 기능하는지 노동재료로 기능하는지 혹은 생산물로 기능하는지는 그것이 노동과정에서 수행하는 역할〔그들의 기능〕에 전적으로 의존한다. 마찬가지로 노동수단이 고정자본이 되는 것도 생산과정 일반이 자본주의적 생산과정이고 생산수단 일반이 자본이라는 경제적·사회적 성격을 가질 경우뿐이다. 또한 둘째로 노동수단이 고정자본이 되는 것은 그것이 자신의 가치를 특수한 방식으로 생산물에 이전하는 경우뿐이다. 만일 그렇지 않으면 그것은 고정자본이 아니라 노동수단에 머물러 있다. 마찬가지로 예를 들어 비료와 같은 보조재료가 대부분의 노동수단과 같은 방식으로 가치를 양도할 경우 그것은 노동수단이 아닌데도 고정자본이 된다. 여기에서 중요한 것은 각 물품이 분류되는 범주가 아니라 그런 범주가 나타내는 기능이다.

'임금에 투하된 자본'이라는 개념이 생활수단 그 자체가 항상 가지고 있는 속성으로 간주된다면 "노동을 유지한다"(리카도, 앞의 책, 25쪽)는 개념 또한 이 '유동'자본의 속성이 될 것이다. 따라서 만일 생활수단이 '자본'이 아니라면 그것은 노동력을 유지하지 못할 것이다. 그러나 생활수단이 자본이 되는 순간 그것은 바로 타인의 노동을 통해 자본을 유지하는 속성을 갖게 된다.

만일 생활수단이 그 자체로서 유동자본(유동자본이 임금으로 전화된 후)이라면 임금의 액수는 주어진 유동자본량을 노동자 수로 나눈 값에 의해 결정된다—즐겨 사용되는 경제학적 명제—고 할 수 있겠지만 사실 노동자가 시장에서 구입하는 생활수단의 양과 자본가가 자신의 소비를 위해 처분할 수 있는 생활수단의 양은 노동의 가격에 대한 잉여가치의 비율에 의해 결정된다.

M229 바턴(J. Barton)[10a]과 마찬가지로 리카도도 곳곳에서 불변자본에 대한

가변자본의 비율을 고정자본에 대한 유동자본의 비율과 혼동하고 있다. 우리는 나중에 이런 혼동이 이윤율에 관한 그의 연구를 얼마나 망치게 되는지를 살펴볼 것이다.**

더구나 리카도는 고정자본과 유동자본의 구별이 아닌 다른 원인으로 발생하는 회전의 차이를 고정자본과 유동자본의 구별과 동일시한다.

> 또 한 가지 주의해야 할 점은 유동자본이 유통되는 시간〔또는 그 사용자의 수중으로 환수되는 시간〕은 매우 불균등할 수 있다는 것이다. 농업경영자가 파종을 위해 구매한 밀은 제빵업자가 빵을 만들기 위해 구입한 밀과는 달리 고정자본이다. 전자는 토지에 뿌려져서 1년 동안은 회수될 수 없다. 반면 후자는 그것을 갈아서 밀가루로 만들어 빵으로 고객에게 팔 수 있으며 일주일 안에 그 자본을 회수하여 똑같은 일을 다시 하거나 혹은 다른 일을 시작할 수도 있다.11)

여기에서 특징적인 점은 다음과 같다. 즉 밀이 파종에 사용될 때에는 생활수단이 아니라 원료로 쓰이긴 하지만 첫째 그것은 그것 자체가 생활수단이라는 점에서 유동자본이고, 둘째 그것을 환수하는 데 1년이 걸린다는 점에서 고정자본이라는 점이다. 그러나 생산수단을 고정자본으로 만드는 것은 그것이 환수되는 데 걸리는 기간뿐만 아니라 그것이 자신의 가치를 생산물에 이전하는 독특한 방식 때문이기도 하다.

스미스가 일으킨 혼란은 다음과 같은 결과를 낳았다.

① 고정자본과 유동자본의 구별을 생산자본과 상품자본의 구별과 혼동

10a) 『노동자계급의 상태에 영향을 끼치는 요인에 관한 고찰』, 런던, 1817. 여기에 해당되는 문장은 제1권, 655쪽*에 인용되어 있다.

* MEW Bd. 23, 660쪽, 각주 79 참조.

** MEW Bd. 25, 제1장~제3장 참조.

11) 리카도, 앞의 책, 26~27쪽.

하게 되었다. 예를 들어 똑같은 기계가 상품으로 시장에 있을 때는 유동자본으로 간주되고 생산과정에 합체되었을 때에는 고정자본으로 간주되었
M230 다. 이때 왜 한 종류의 자본이 다른 종류의 자본에 비해 더 고정적이거나 더 유동적인지에 대해서는 전혀 알 수가 없게 되었다.

② 모든 유동자본을 임금에 투하된〔혹은 투하될〕 자본과 동일시하게 되었다. 존 스튜어트 밀†16 등이 바로 그러했다.

③ 이미 바턴, 리카도 등에게서 나타난 혼동〔불변자본과 가변자본의 구별을 고정자본과 유동자본의 구별과 혼동〕이 마침내 완전히 고정자본과 유동자본의 구별로 고착되었다. 예를 들어 램지†17에게는 원료든 노동수단이든 모든 생산수단은 고정자본이고 단지 임금에 투하된 자본만이 유동자본이었다. 그러나 혼동이 이런 형태로 고착화함으로써 불변자본과 가변자본의 실제 구별은 이제 불가능해져버리고 말았다.

④ 매클라우드(H. D. Macleod),†18 패터슨(R. H. Patterson)†19 등과 같이 은행원과 같은 극단적으로 편협한 관점으로 모든 것을 바라보는 최근 영국〔특히 스코틀랜드〕의 경제학자들은 고정자본과 유동자본의 구별을 요구불예금과 통지예금의 구별로 바꾸어버렸다.

제12장

노동기간

노동일이 동일한〔예를 들어 10시간〕 두 사업부문〔예를 들어 면 방적업 M231
과 기관차 제조업〕을 상정해보자. 면 방적업 부문에서는 매일, 매주 일정량의 완제품〔면사〕을 공급한다. 기관차 제조업에서는 하나의 완제품〔즉 한 량의 기관차〕을 제조하는 데 3개월 정도의 노동과정이 소요된다. 전자는 생산물이 소량으로 분리되는 성질이 있어서 매일 혹은 매주 동일한 작업이 새로 시작된다. 후자는 노동과정이 연속적으로 이루어지고 며칠씩 걸리는 노동과정도 많아서 각각의 노동과정이 이어지고 결합되는 데 상당한 기간이 경과되고 나서야 비로소 완제품이 만들어진다. 두 부문에서 하루에 진행되는 노동과정의 길이는 같지만 생산행위의 지속기간〔즉 생산물을 완성하여 상품으로 시장에 내놓는 데 소요되는 반복적인 노동과정의 전체 기간, 다시 말해 생산물을 생산자본에서 상품자본으로 전화시키는 데 필요한 기간〕은 서로 매우 큰 차이가 있다. 고정자본과 유동자본의 구별은 이 차이와 아무런 관련도 없다. 위에서 말한 차이는 두 사업부문에서 사용된 고정자본과 유동자본의 비율이 같을 경우에도 그대로 존재한다.

생산행위 지속기간의 이런 차이는 단지 생산영역 사이에서만 나타나는 것이 아니라 동일한 생산영역 내에서도 생산물의 규모에 따라 발생한다. 보통 주택의 건설에는 대규모 공장의 건설보다 짧은 기간이 소요되고 따라서 연속되는 노동과정의 수도 적다. 한 량의 기관차를 제작하는 데는 3개월이 소요되고 한 척의 군함을 건조하는 데는 1년 이상이 소요된다. 곡물을 생산하는 데는 약 1년이 걸리고 소를 키우는 데는 수년이 걸리며 숲
M232 을 조성하는 데는 약 12년에서 100년이 걸리기도 한다. 시골길을 건설하는 데는 몇 개월로 충분하겠지만 철도를 건설하는 데는 몇 년이 걸린다. 평범한 양탄자를 만드는 데는 대략 1주일이 소요되지만 장식용 고블랭 태피스트리를 만드는 데는 수년이 소요된다. 이처럼 생산행위의 지속기간은 무한히 다양한 차이를 갖는다.

자본투하 규모가 같은 조건에서 생산행위 지속기간의 차이는 당연히 회전속도에서 차이〔즉 일정한 자본이 선대되는 기간의 차이〕를 가져올 수밖에 없다. 이제 면 방적업과 기관차 제조업에서, 각기 사용되는 자본의 양이 같고, 가변자본과 불변자본의 분할비율이 같고, 마찬가지로 고정자본과 유동자본의 분할비율도 같고, 마지막으로 노동일의 길이와 필요노동과 잉여노동의 분할비율도 모두 같다고 가정해보자. 또한 여기에서 가정한 경우 이외에 유통과정에서 발생할 수 있는 다른 모든 조건을 배제하기 위하여 면사와 기관차 둘 모두가 주문에 의해 제조되고 완제품을 인도할 때 대금을 지불받는다고 가정해보자. 1주일 후에 완성된 면사를 양도하면서 방적업자는(여기에서 잉여가치는 고려하지 않는다) 투하된 유동자본을 회수하고 동시에 면사의 가치에 포함된 고정자본의 마모분도 회수한다. 따라서 그는 똑같은 자본으로 똑같은 순환을 새롭게 반복할 수 있다. 그의 자본은 회전을 완성하였다. 그렇지만 기관차 제조업자는 3개월 동안 계속해서 매주 임금과 원료에 새로운 자본을 투하해야 한다. 그에게는 3개월 후 기관차가 양도된 다음에야 비로소 이 기간 동안 똑같은 생산물을 만들기 위해 똑같이 이루어진 생산행위에 순차적으로 투하된 유동

자본이 그 순환을 새롭게 시작할 수 있는 형태로 다시 나타난다. 마찬가지로 그에게는 3개월 동안 그의 기계에서 진행된 마모도 이때가 되어서야 비로소 보전된다. 면 방적업의 자본투하는 1주일 단위로 이루어지는데 기관차 제조업의 자본투하는 그것의 12배 단위로 이루어진다. 다른 모든 조건이 불변이라고 가정한다면 전자는 후자보다 12배의 유동자본을 움직일 수 있어야 한다.

그런데 여기에서 매주 선대된 자본이 똑같다는 것은 중요하지 않다. 선대자본의 크기가 어떻든, 여기에서 중요한 것은 그 자본으로 다시 작업을 시작할 때까지〔그 자본으로 똑같은 작업을 반복하든 다른 작업을 새로 시작하든〕 전자에서는 자본이 단지 1주일 동안만 선대되었고 후자에서는 12주일 동안 선대되었다는 사실이다.

여기에서 회전속도〔즉 동일한 자본가치가 다시 새로운 노동과정(가치증식과정)에 사용될 수 있을 때까지 각 자본이 선대되어야 하는 기간의 길이〕의 차이는 다음과 같은 형태로 발생한다. M233

기관차 혹은 다른 어떤 기계의 제작에 100노동일이 필요하다고 가정해 보자. 방적이나 기관차 제작에 종사하는 노동자의 입장에서는 이 100노동일이 — 우리의 가정에 따른다면 — 똑같은 크기의 불연속적인(소량으로 분절된) 길이〔즉 연달아서 100회에 걸쳐 이루어지는 각기 10시간의 노동과정〕로 이루어진다. 그러나 생산물의 입장에서는 100노동일이 하나의 연속적인 크기〔즉 1,000노동시간을 갖는 하나의 노동일, 다시 말해 단 하나로 결합되어 있는 생산행위〕를 이룬다. 나는 다수의 서로 연결된 노동일이 연속적인 형태를 이루는 이런 노동일을 **노동기간**(Arbeitsperiode)이라고 부르고자 한다. 우리가 노동일이라고 말할 때 그것은 노동자가 매일 자신의 노동력을 지출해야 하는〔즉 노동해야 하는〕 노동시간의 길이를 의미한다. 반면 노동기간이라고 말할 경우 그것은 특정 사업부문에서 하나의 완제품을 만들어내기 위해 필요한 서로 연결된 노동일의 수를 의미한다. 이때 매 노동일 각각의 생산물은 단지 하나의 부분생산물에 지나지 않으며, 이 부분생산물은 매일 작업이 계속되어 상당한 기간이 경과한 다음에야 비로소 완성된 모습〔즉 완성된 사용가치〕을 갖게 된다.

그러므로 예를 들어 공황의 결과 발생하는 사회적 생산과정의 중단이 각기 소량으로 분절된 성질을 가진 노동생산물과 생산에 꽤 오랜 기간이 필요한 노동생산물에 미치는 영향은 상당히 차이가 난다. 전자는 오늘 이루어진 일정량의 면사, 석탄 등의 생산이 내일은 더 이상 이루어지지 않게 된다. 그러나 선박, 건물, 철도 등은 사정이 달라진다. 여기에서는 노동은 물론 관련된 생산행위 전체가 중단된다. 만약 작업이 계속되지 않으면 지금까지 이미 그것의 생산에 소비된 노동과 생산수단은 쓸모가 없게 된다. 그것이 다시 시작된다 하더라도 중단된 기간 동안에는 계속해서 가치가 훼손되는 과정이 진행된다.

노동기간의 전 기간 동안 고정자본이 매일매일 생산물에 이전하는 가치 부분은 생산물이 완성될 때까지 조금씩 누적되어간다. 그리고 이 과정에서 고정자본과 유동자본의 구별은 실질적인 중요성을 드러낸다. 고정자본은 비교적 오랫동안 생산과정에 선대되어 있고 이 기간 동안에는 갱
M234 신될 필요가 없다. 증기기관이 면사〔소량으로 분절된 노동과정의 생산물〕에 매일 조금씩 자신의 가치를 이전하든 혹은 기관차〔연속적인 생산행위의 생산물〕에 3개월에 걸쳐 자신의 가치를 이전하든 그것은 증기기관의 구입을 위해 투하되는 자본과 아무런 상관이 없다. 전자에서 증기기관의 가치는 조금씩〔예를 들어 매주 단위로〕 회수되며, 후자는 좀더 많은 양으로〔예를 들어 3개월마다〕 회수된다. 그러나 어느 경우든 증기기관의 갱신은 아마도 20년이 지난 후에야 이루어질 것이다. 증기기관의 가치가 생산물의 판매를 통해 조금씩 회수되는 각각의 기간이 증기기관 자신의 생존기간보다 짧다면 동일한 증기기관은 생산과정에서 여러 노동기간 동안 계속해서 기능할 것이다.

그러나 선대자본의 유동적 구성 부분은 그렇지 않다. 이번 주에 구매된 노동력은 이번 주에 지출되어 생산물에 대상화된다. 이 노동력은 이번 주

말에 임금을 지불받아야 한다. 그리고 노동력에 대한 이런 자본투하는 3개월 동안 매주 반복된다. 그러나 이때 매주 반복해서 이루어진 자본지출이 자본가에게 그 다음 주의 노동력 구매를 가능하게 해주지는 않는다. 그래서 노동력에 대한 지불을 위해 그는 매주 추가자본을 지출해야만 한다. 그리고 신용관계를 고려하지 않는다면 자본가는 3개월—물론 지불기간은 매주 단위이긴 하지만—에 걸쳐 임금을 투하할 수 있어야 한다. 유동자본 가운데 또 한 부분〔즉 원료와 보조재료〕도 마찬가지이다. 노동은 생산물에 조금씩 누적되어간다. 지출된 노동력의 가치만이 아니라 잉여가치도 또한 노동과정이 계속되는 동안 끊임없이 생산물—그러나 아직 완성된 상품의 형태가 아니기 때문에 유통능력이 없는 미완성된 생산물—에 이전된다. 원료와 보조재료에서 조금씩 생산물에 이전되는 자본가치도 이와 마찬가지라고 말할 수 있다.

생산물〔혹은 목표로 한 사용가치〕의 특수한 성질 때문에 생산에 요구되는 각 노동기간의 길이에 맞추어 유동자본(임금, 원료, 보조재료)은 계속해서 추가로 지출될 필요가 있지만, 이 유동자본 가운데 유통될 수 있는 형태를 가진 것은 하나도 없기 때문에 이것들은 같은 작업을 갱신하는 데 사용될 수는 없을 것이다. 오히려 이들 모두는 생산영역 내에서 생성 중인 생산물의 구성 부분으로 차례대로 고정되면서 생산자본의 형태로 묶이게 된다. 그런데 회전기간은 자본의 생산기간과 유통기간의 합과 같다. 그러 M235
므로 생산기간이 늘어나면 유통기간이 늘어날 때와 마찬가지로 회전속도가 느려진다. 그러나 지금 우리의 경우에는 다음의 두 가지 점을 유의해야만 한다.

첫째, 생산영역에 오랫동안 머문다는 점. 예를 들어 첫째 주에 노동, 원료 등에 선대된 자본은 고정자본에서 생산물로 이전되는 가치 부분과 마찬가지로 3개월이라는 전 기간에 걸쳐 생산영역에 묶인 채로 머물게 된다. 그리고 아직 만들어지는 과정에 있는 미완성 상태의 생산물에 합체되어 있어서 상품이 되어 유통으로 넘어갈 수 없다.

둘째, 생산행위에 필요한 노동기간이 3개월 동안 지속되고 사실상 서로 연결된 단 하나의 노동과정을 이루기 때문에 유동자본의 새로운 부분이 1주일마다 계속해서 이어지면서 앞서의 유동자본에 부가되어야 한다. 따라서 순차적으로 선대되는 추가자본의 양은 노동기간의 길이가 늘어남에 따라 함께 늘어난다.

우리는 방적업과 기관차 제조업에 같은 크기의 자본이 투하되고, 이들 자본에서 불변자본과 가변자본의 비율, 고정자본과 유동자본의 비율, 노동일의 길이가 같다고 가정하였다. 즉 노동기간의 길이를 제외하곤 모든 조건이 똑같다고 가정하였다. 첫째 주에 두 부문에서 투하된 자본크기는 똑같다. 그러나 방적업자는 생산물을 판매할 수 있고 이 판매액으로 새로운 노동력과 새로운 원료 등을 구매할 수 있다. 요컨대 그는 생산을 같은 규모로 지속할 수 있다. 그렇지만 기관차 제조업자는 첫째 주에 지출한 유동자본을 3개월이 지나야〔즉 그의 생산물이 완성된 후에야〕 비로소 화폐로 재전화시켜 작업을 재개할 수 있다. 따라서 첫째, 투하된 같은 양의 자본이 회수되는 데 차이가 나타난다. 그러나 둘째, 두 부문 모두에서 같은 크기의 생산자본이 3개월 동안 사용되는데도 투하자본의 크기는 두 부문에서 완전히 다르다. 왜냐하면 전자는 자본이 빠르게 갱신되고 따라서 작업이 새롭게 반복될 수 있는 반면, 후자는 자본의 갱신이 비교적 느리고 따라서 갱신기한이 될 때까지 계속해서 새로운 자본량이 기존 자본량에 추가되어야 하기 때문이다. 따라서 자본 가운데 일정 부분이 갱신되는 기간의 길이〔즉 자본이 선대되는 기간의 길이〕는 물론 노동과정의 지속기간에 따라 선대되어야 하는 자본량(매일 혹은 매주 사용되는 자본의 크기가
M236 똑같다 하더라도)에서도 두 부문은 서로 차이가 난다. 이런 상황은 우리가 다음 장에서 다루는 여러 경우에서 보게 되는 것처럼, 선대자본이 증가하면서 선대되는 자본의 양이 이 기간에 비례하여 증가하지 않을 수 있다는 점 때문에 주의해야 한다. 자본은 보다 오랫동안 선대되어야 하고 그래서 보다 많은 양의 자본이 생산자본의 형태로 묶이기 때문이다.

자본주의적 생산이 덜 발달된 단계에서는 노동기간이 길고 따라서 장기간에 걸친 대규모 자본투하가 필요한 사업은—특히 그것이 대규모로 이루어져야 하는 도로나 운하의 건설 등과 같은—결코 자본주의적으로 운영되지 않고 예를 들어 공동체나 국가에 의해 운영된다(노동력의 경우 예전에는 대부분 강제노동이었다). 노동기간이 오래 걸리는 생산물은 극히 최소한의 부분만 자본가 자신의 사적인 재력(財力)에 의해 만들어진다. 예를 들어 가옥을 건축할 경우 집주인은 건축업자에게 선대금을 조금씩 나누어 지불한다. 그리하여 그는 사실상 생산과정이 진행되는 정도에 따라 조금씩 가옥 대금을 지불해가게 된다. 그러나 자본주의가 충분히 발전하면 한편으로 거대자본이 개별 자본가의 수중에 집적되고 다른 한편으로 개별 자본가와 더불어 결합 자본가(주식회사)가 나타나며 동시에 신용제도도 발달하는데 이런 시대가 되면 자본주의적 건축업자는 단지 예외적인 경우에만 집주인의 주문을 받아 건축을 한다. 오늘날 건축업자는 주택단지 전체를 상품으로 시장에 내놓기 위해 건축을 한다. 그것은 마치 개별 자본가가 청부업자로 철도건설 사업을 벌이는 것과 마찬가지이다.

자본주의적 생산이 런던의 주택건설을 얼마나 크게 변화시켰는지에 대해서는 1857년 은행위원회에서 한 건축업자가 행한 증언에서 찾아볼 수 있다. 그는 자신이 젊었을 때만 해도 주택이 대개 주문을 받아 건축되었고 대금은 건축이 한 단계씩 완료될 때마다 건축업자에게 차례대로 나누어 지불되었다고 말했다. 투기를 위해 건축이 이루어지는 일은 거의 없었다. 건축업자가 그런 식으로 건축을 하는 경우는 주로 노동자를 계속 고용하여 자신의 수하에 붙잡아두기 위해서였다. 그런데 최근 40년 동안에 이런 상황이 완전히 변하였다. 오늘날에는 가옥이 주문을 받아 건축되는 일이 거의 없다. 새로운 집을 원하는 사람은 누구든지 투기를 위해 건축된 가옥이나 아직 건축과정에 있는 가옥들 가운데에서 고르기만 하면 된다. 건축업자는 이제 주문고객을 위해서 일하는 것이 아니라 시장에 내놓기 위해 일을 한다. 다른 모든 산업자본가와 마찬가지로 그도 완제품을 가지고 시장에 나가야만 하게 되었다. 전에는 건축업자가 투기를 위해 일시에 짓는 M237 가옥의 수가 대개 서너 채 정도였지만 이제 그는 커다란 한 구역의 대지를 구입하여(대륙에서 말하는 방식에 의하면 대개 99년간 토지를 임차하여) 거기에 100~200채의 집을 짓는 사업, 따라서 자신의 재력에 비해 20~50배가 되는 사업을 해야 한다. 자금은 저당 차입을 통해 조달되며 건축업자는 건축이 진행되는 단계에 맞추어 돈을 사용한다. 그러다가 만일 공황이 발발하여 선대금의 지불이 중단되면 대개 사업 전체가 파산한다. 가장 좋은 경우에도 가옥은 경기가 회복될 때까지 완성되지 않은 채로 남아 있고, 최악의 경우에는 경매에 부쳐져서 절반 가격에 처분되어버린다. 투기적인 건축〔특히 대규모의〕 없이는 오늘날 어떤 건축업자도 사업을 꾸려나갈 수 없다. 건축 그 자체에서 얻는 이윤은 매우 적다. 그의 이윤은 주로 지대의 상승과 건축 부지의 선택과 이용에서 나온다. 주택 수요를 예상한 이런 투기적 방식을 통해 벨그라비아와 티부르니아의 거의 전 지역, 그리고 런던 근교의 무수한 교외주택이 건축되었다(『은행법 특별위원회 보고서』, 제1부, 1857, 증언록, 질문 제5413~5418번, 제5435~5436번에서 요약).

노동기간이 상당히 긴 대규모 사업이 비로소 완전히 자본주의적 생산의 기초가 되는 것은 자본의 집적이 이미 상당히 이루어지고, 또 한편 신용제도의 발전 덕분에 자본가가 자신의 자본 대신에 다른 사람의 자본을 편리하게 선대할 수 있게〔따라서 역으로 쉽게 위험해질 수도 있게〕 되었을 때이다. 그러나 물론 생산에 선대된 자본이 그것을 사용하는 사람의 소유인지 아닌지는 회전속도나 회전기간에 아무런 영향을 미치지 않는다.

개별 노동일의 생산물을 증대시키는 협업이나 분업, 기계의 사용 등과 같은 조건들은 또한 관련된 생산행위의 노동기간을 단축하기도 한다. 예를 들어 기계는 주택, 교량 등의 건설기간을 단축한다. 추수용 기계와 탈곡기 등은 여문 곡물을 완성된 상품으로 만드는 데 소요되는 노동기간을 단축한다. 개선된 조선(造船)기술은 배의 속도를 높임으로써 조선에 투하된 자본의 회전기간을 단축한다. 그러나 이처럼 노동기간을 단축하는〔따라서 유동자본이 선대되어야 하는 기간을 단축하는〕 각종 기술개선은 대개 투하된 고정자본을 증가시키는 문제와 결부되어 있다. 또 다른 한편, M238 특정부문의 노동기간은 단지 협업의 확대만으로도 단축될 수 있다. 즉 동원되는 노동자의 수를 늘리고 공사가 이루어지는 지역을 확대하면 그것만으로도 철도의 건설기간은 단축될 수 있다. 이 경우 회전기간은 선대자본의 증대를 통해서 단축된다. 말하자면 보다 많은 생산수단과 노동력이 자본가의 지휘를 받아 결합되어야 하는 것이다.

그러므로 노동기간의 단축은 대부분 단축된 기간에 선대되는 자본이 증대되는 것과 결부되어 있고, 그 결과 선대기간의 단축에 따라 선대되는 자본의 양도 커지지만 이때 다음 사항을 유념해야 한다. 즉 이때 중요한 것은 현재 존재하는 사회적 자본의 양과 상관없이 생산수단과 생활수단〔혹은 그것들을 처분할 수 있는 힘〕이 어느 정도로 분산되어 있는지〔즉 개별 자본가의 수중에 집중되어 있는지, 다시 말해 자본의 집중이 어느 정도 진행되었는지〕의 문제라는 것이다. 신용이 한 사람의 수중으로 자본이 집중되도록 도와주고, 그것을 촉진하고 심화하면 할수록, 그것은 노동기간〔따라서 회전기간〕의 단축을 돕는다.

연속적이든 비연속적이든 노동기간이 특정한 자연조건에 의해 정해지는 생산부문에서는 위에서 언급된 수단들에 의해 노동기간의 단축이 이루어질 수 없다.

> 회전속도를 높인다는 말은 곡물 경작에는 사용할 수 없다. 왜냐하면 곡물 경작에서는 1년에 1회전밖에 가능하지 않기 때문이다. 가축에 대해 간단히 하나만 물어보자. 두 살 난 양과 세 살 난 양 혹은 네 살 난 소와 다섯 살 난 소의 회전을 어떻게 빠르게 할 수 있겠는가.(W. 월터 굿, 『정치, 농업, 상업에 대한 오류』, 런던, 1866, 325쪽)

미리 현금을 마련해야 할 필요성 때문에(예를 들어 조세나 지대 등과 같이 고정적인 지불을 처리하기 위해) 농업에서는 커다란 손실을 감수하면서 예를 들어 경제적으로 아직 적당한 연령에 도달하지도 않은 가축을 팔거나 도살하는 경우가 있다. 이것은 결국 육류 가격의 상승에도 영향을 미친다.

> 이전까지만 해도 여름에는 중부지방의 목초지에서, 겨울에는 동부지방의 축사로 옮겨 다니며 주로 가축을 키우던 사람들이 …… 곡물 가격의 변동과 하락으로 인해 완전히 몰락해버려 이제는 버터와 치즈를 통해 수익을 얻는 것에 겨우 만족하고 있다. 그들은 매주 경상적인 비용을 조달하기 위해 버터를 시장에 가지고 간다. 그리고 치즈는 대개 중간상인들이 선불한 다음 운반할 만한 양이 차면 그때 와서 가져가는데 치즈의 가격은 물론 중
> M239 간상인이 스스로 결정한다. 이런 이유 때문에〔즉 농업이 경제학의 원리에 의해 규제를 받게 되었기 때문에〕, 예전에는 성장을 위해 낙농지대에서 남쪽 방목지로 보내졌던 송아지들이 이제는 대부분 태어난 지 1주일이나 열흘 만에 버밍엄, 맨체스터, 리버풀 그리고 그 밖에 인접한 도시의 도살장에서 도살되어버리고 있다. 그러나 만일 맥아(麥芽)가 면세된다면 농민들은 보다 많은 이윤을 얻게 되어 그들의 가축을 좀더 크고 살이 찔 때까지 계속 데리고 있을 것이고 이들 가운데 젖소를 갖지 못한 사람은 송아지의 사료로 우유 대신 맥아를 사용하기도 할 것이다. 그렇게 된다면 송아지가 지나치게 부족해서 우려스러운 현재와 같은 사태는 대부분 피할 수 있게 될 것이다. 오늘날 만약 이들 영세농들에게 송아지를 사육하라고 권고한다면 그들은 다음과 같이 대답할 것이다: 송아지를 우유로 키우면 이익이 남는다는 것은 우리도 잘 알고 있다. 그러나 그러기 위해서는 우선 현금을 계속 투자해야 하는데 우리는 그럴 현금을 가지고 있지 않다. 게다가 낙농을 통해서는 곧바로 현금을 얻을 수 있지만 송아지를 키울 경우에는 현금을 다시 만질 때까지 오랜 기간을 기다려야만 한다.(앞의 책, 11~12쪽)

회전기간이 늘어남으로써 영국의 소규모 차지농업가들에게까지 이런 영향이 미쳤다면 그것이 대륙의 영세농들에게는 얼마나 극심한 혼란을 불러일으켰을지 쉽게 짐작할 수 있다.

고정자본이 순차적으로 생산물에 이전하는 가치 부분은 노동기간의 길이〔따라서 유통될 수 있는 상태로 상품이 완성될 때까지의 기간〕에 비례하여 계속 누적되고 그 회수가 지연된다. 그러나 이런 지연은 고정자본의 새로운 투하를 불러일으키지 않는다. 기계는 마모의 보전분이 화폐형태로 빨리 환류되든 느리게 환류되든 상관없이 생산과정에서 계속해서 기능한다. 그러나 유동자본은 그렇지 않다. 여기에서는 자본이 노동기간의 길이에 비례하여 오랜 기간 고정되어야 할 뿐만 아니라 끊임없이 새로운 자본이 임금, 원료, 보조재료 등에 선대되어야 한다. 그러므로 회수의 지연은 고정자본과 유동자본에 각기 다르게 작용한다. 자본의 회수가 빠르든 느리든 상관없이 고정자본은 계속해서 기능한다. 반면에 만일 유동자본이 판매되지 않은 채〔혹은 미완성 상태라서 아직 판매가 불가능한〕 생산물의 형태로 묶여 있고 그것을 현물로 갱신하기 위한 추가자본도 존재하지 않는다면 유동자본은 회수가 지연될 경우 기능을 수행할 수 없게 된다.

> 농민은 굶주리고 있지만 그의 가축은 살이 찌고 있다. 비가 충분히 내려 목초는 무성하기 때문이다. 인도 농민은 살찐 소 옆에서 기아로 죽어갈 것이다. 미신의 규범은 개인에게는 잔인하게 보이지만 사회에는 그것을 유지하는 힘으로 작용한다. 역축을 보존하는 것은 농경의 지속을 보장하고 따라서 장래의 생계와 부의 원천을 보장해준다. 잔인하고 슬프게 들릴지 모르지만 인도에서는 소보다 인간을 보전하는 것이 더 쉽다.(『벵골과 오리사 M240
> 의 기근에 관한 하원 보고서』, 제4번, 44쪽)

이것을 『마누 법전』[†20] 제10장 제62절의 다음의 문구와 비교해 보자.

승려나 소를 먹여 살리기 위한 무보수의 헌신은 …… 이들 천하게 태어난 종족의 축복을 보장할 수 있다.

물론 다섯 살짜리 동물을 5년이 되기 전에 공급하는 것은 불가능하다. 그러나 일정한 한계 내에서 가능한 것도 있는데 그것은 동물을 다루는 방법을 변경함으로써 그것을 보다 짧은 기간에 그 용도에 맞게 성숙시키는 것이다. 이것이 바로 베이크웰(R. Bakewell)이 이루어낸 것이었다. 영국의 양은 1855년까지만 해도 프랑스의 양과 마찬가지로 4~5살이 되기 전까지는 도살하기에 적합하지 않았다. 그런데 베이크웰의 방법에 따르면 한 살밖에 안 된 양도 살이 통통하게 사육될 수 있고 어떤 경우에도 2년이 되기 전에 완전히 자라버린다. 디슐리 그레인지의 차지농업가인 베이크웰은 주도면밀한 사육방법을 사용하여 양의 골격을 그것의 생존에 필요한 최소한의 수준으로 축소했다. 그의 양은 뉴 레스터(New Leicesters)라고 불렸다.

이제 목축업자는 예전에 한 마리의 양을 길러냈던 것과 같은 시간에 세 마리의 양을 시장에 공급할 수 있게 되었다. 게다가 이 양들은 가장 살이 많은 부분이 더 커지고 더 토실토실하게 발달해 있다. 이 양들의 체중은 거의 전부가 살코기로 이루어져 있다.(라베르뉴, 『영국·스코틀랜드·아일랜드의 농업경제』, 1855, 20쪽)

노동기간을 단축하는 방법은 산업부문에 따라 각기 다양한 방식으로 사용될 수밖에 없고 노동기간의 다양한 차이는 그것을 통해 균등화되지 않는다. 우리가 앞서 든 예에 따르면 기관차의 제조에 필요한 노동기간은 새로운 공작기계의 사용을 통해 절대적으로 단축될 수 있을 것이다. 그러나 방적부문에서도 동시에 생산공정의 갖가지 개선을 통해 매일 혹은 매주 공급되는 완제품이 비교할 수 없을 정도로 빨리 증대된다면 기관차 제조에 필요한 노동기간의 길이는 방적부문에 비하여 상대적으로 늘어날 것이다.

제13장
생산기간

M241 노동기간은 항상 생산기간〔즉 자본이 생산영역에 묶여 있는 기간〕이다. 그러나 역으로 자본이 생산과정에 관계하는 모든 기간이 반드시 노동기간인 것은 아니다.

여기에서 문제가 되는 것은 노동력 자체의 자연적 한계 때문에 발생하는 노동과정의 중단—물론 공장, 건물, 기계 등의 고정자본이 노동과정이 중단될 경우 함께 논다는 점만으로도 노동과정을 무리하게 연장하고 주야 교대노동을 추진하려 한다는 점이 이미 밝혀지긴 했지만*—이 아니다. 여기에서 문제가 되는 것은 노동과정의 길이와는 상관없이 생산물〔그리고 그것의 생산〕의 성질 그 자체에서 발생하는 중단인데 이 중단 기간 동안 노동대상은 자연과정에 내맡겨져 물리적·화학적·생리적인 변화를 거쳐야 하고 그 기간 동안 노동과정은 전면적으로〔혹은 부분적으로〕 중단된다.

예를 들어 추출된 포도액이 어느 정도 숙성되기 위해서는 일정 기간 발

* MEW Bd. 23, 271~278쪽 참조.

효 상태를 거친 다음 다시 일정 기간 저장되어야만 한다. 요업과 같이 생산물이 건조과정을 거쳐야 하거나 혹은 표백업과 같이 그 화학적 성질을 바꾸기 위하여 특정 상태에 노출되어야 하는 산업부문도 많다. 가을에 파종하는 곡물은 완전히 여물 때까지 대략 9개월 정도 소요된다. 파종과 수확 기간 사이의 노동과정은 거의 완전히 중단된다. 임업에서는 파종과 거기에 필요한 사전 작업이 끝난 후 종자가 완성된 생산물로 전화하는 데 거의 100년이 소요된다. 이 기간 동안 나무는 노동의 투입이 거의 필요하지 않다.

이들 모든 경우에는 생산기간의 대부분 동안 단지 때때로 추가노동이 M242
가해질 뿐이다. 앞 장에서 서술한 바와 같이 자본과 노동이 이미 생산과정에 고정되어 있는 자본에 추가되어야 하는 부분은 여기에서 상당 기간의 노동과정 중단과 함께 이루어진다.

따라서 이들 모든 경우에 선대자본의 생산기간은 두 기간으로 이루어진다. 첫째는 자본이 노동과정 내에 존재하는 기간이고 둘째는 자본의 존재형태—완성되지 못한 생산물의 형태—가 노동과정 내에 있지 않고 자연과정의 지배에 맡겨져 있는 기간이다. 이들 두 기간이 서로 뒤섞이고 순서가 바뀐다고 해도 사정은 전혀 변하지 않는다. 여기에서 노동기간과 생산기간은 일치하지 않는다. 생산기간은 노동기간보다 더 길다. 그러나 생산기간이 완료되어야만 비로소 생산물은 완전히 숙성되어 생산자본의 형태에서 상품자본의 형태로 전화될 수 있는 상태가 된다. 따라서 자본의 회전기간의 길이도 노동기간으로 이루어지지 않은 생산기간의 길이에 비례하여 늘어난다. 노동기간을 초과하는 생산기간이 곡물의 숙성, 참나무의 성장 등과 같이 영구적으로 부여된 자연법칙에 의해 결정되지 않는 한, 회전기간은 종종 생산기간의 인위적인 단축에 의해 다소간 단축되기도 한다. 자연 표백 대신에 화학적 표백방법을 도입하거나 건조과정에 보다 효율적인 건조기를 도입하는 것이 바로 그런 예이다. 또한 피혁업에서 타닌산을 가죽에 스며들게 할 때 옛날 방법대로 하면 6개월에서 18개월까지 걸리지만 공기펌프를 이용하는 새로운 방법을 쓰면 단지 1.5~2개월만 걸린다(J. G. 쿠르셀스뇌유, 『공업·상업·농업 기업의 이론과 실제』, 제2판, 파리, 1857, 49쪽). 자연적 과정과 함께 이루어지던 생산기간이 인위적으로 단축된 가장 뛰어난 실례는 철 생산의 역사〔특히 1780년경 발명된 버틀법으로부터 근대적인 베서머법과 그 이후 도입된 최신 방법에 이르기까지 최근 100년간에 일어난 선철에서 강철로의 전환의 역사〕에서 찾아볼 수 있다. 생산기간은 엄청나게 단축되었지만 그에 비례하여 고정자본의 투하액도 증가하였다.

생산기간과 노동기간이 일치하지 않는 데 대한 좋은 사례로는 미국의 구두골(구두의 형체를 유지하기 위해 구두 속에 넣어두는 금속 혹은 목재로 만든 틀—옮긴이) 제조업을 들 수 있다. 이 업종에서는 비생산적 비용의 상당부분이 구두골이 나중에 뒤틀리지 않게끔 사전에 목재를 최소한 18개월
M243 동안 건조해야 하는 데서 발생한다. 이 기간 동안 목재는 다른 어떤 노동과정도 거치지 않는다. 그러므로 투하자본의 회전기간은 단지 구두골 제조 자체에 필요한 시간뿐만 아니라 그 재료가 목재의 형태로 건조되는 기간도 함께 포함한다. 자본은 본격적인 노동과정에 들어가기 전에 18개월 동안 생산과정 내에 존재한다. 이 사례는 총유동자본의 각 부분의 회전기간이 유통영역 내에서가 아니라 생산과정에서 발생하는 요인에 의해 얼마나 달라질 수 있는가를 보여준다.

생산기간과 노동기간의 차이는 특히 농업에서 분명하게 나타난다. 우리가 사는 온대 기후에서 토지는 1년에 한 번 곡물을 산출한다. 생산기간(가을에 파종하는 곡물의 경우 평균 9개월이다)의 단축이나 연장은 그 자체가 매년의 풍흉에 좌우되기 때문에 공업에서처럼 사전에 정확하게 예정하거나 제어하는 것이 불가능하다. 단지 우유, 치즈 등과 같은 부산물만 비교적 짧은 기간에 연속해서 생산·판매될 수 있다. 반면 노동기간은 다음과 같이 된다.

기후 등과 기타 여러 가지 요인을 적절히 고려할 때 독일 각 지방의 노동일수는 다음과 같이 세 개의 주요 노동기간으로 추정해볼 수 있다. 3월 하순 혹은 4월 초순부터 5월 중순까지 대략 50~60노동일의 봄철 노동기간, 6월 초순부터 8월 하순까지 대략 65~80노동일의 여름철 노동기간, 9월 초순부터 10월 하순 혹은 11월 중순이나 하순까지의 대략 55~75노동일의 가을철 노동기간이 바로 그것이다. 겨울철에는 비료, 목재, 시장상품, 건축재료 등의 운반과 같이 겨울철에도 가능한 몇몇 작업만 이루어질 뿐이다.(F. 키르히호프, 『농업경영학 요강』, 데사우, 1852, 160쪽)

그러므로 기후가 나쁠수록 농업부문의 노동기간〔따라서 자본과 노동의 투하〕은 더욱 짧은 기간 내에 집중된다. 예를 들어 러시아가 그렇다. 러시아의 일부 북부지방에서는 경작노동이 가능한 기간이 1년에 130~150일밖에 안 된다. 모든 야외노동이 중단될 수밖에 없는 겨울의 6~8개월 동안 유럽 쪽 러시아의 6,500만 인구 가운데 5,000만 명이 일을 못 한다면 러시아가 얼마나 큰 피해를 입을지는 누가 보아도 뻔하다. 러시아에 있는 10,500개의 공장에서 일하는 20만 명의 농민을 제외하더라도 농촌에는 어디서든 가내공업이 발달해 있다. 농민 전체가 여러 세대에 걸쳐 직인, 피혁공, 제화공, 자물쇠 제조공, 대장장이 등인 마을도 있는데 이들 마을은 특히 모스크바, 블라디미르, 칼루가, 코스트로마, 페테르부르크 지역에서 쉽게 찾아볼 수 있다. 덧붙여 말하자면 이들 가내공업은 점점 더 자본주의적 생산에 강제로 편입되어가고 있다. 예를 들어 직인은 날줄과 M244
씨줄을 상인에게서 직접 공급받거나 중간상인을 통해서 간접적으로 공급받는다(『주재국의 상공업에 관한 영국 공사관 서기관 보고서』, 1865, 제8번, 86~87쪽의 요약). 여기에서 알 수 있는 것은 생산기간과 노동기간—노동기간은 생산기간의 한 부분에 불과하다—의 불일치가 농업과 농촌부업을 결합시키는 자연적 토대가 되고, 또 다른 한편 이들 부업은 〔처음에는 상인의 형태로 파고들어오는〕 자본가에게 하나의 교두보가 된다는 것이다. 즉 이후에 점차 자본주의적 생산이 농업과 공업을 분리하고 나면 농업노동자는 결국 우연적인 부업에만 의존하게 되어 그의 상태는 점점 더 어려워져간다. 뒤에서 보게 되겠지만 자본에서 회전의 모든 차이는 균등해진다. 그러나 노동자에게는 그렇지 않다.

엄밀한 의미의 공업, 광산업, 운수업 등 대부분의 사업부문에서는 경영에 변화가 없고 노동기간이 매년 동일하고 가격 변동이나 사업 중단 등과 같은 비정상적인 중단의 경우를 제외하고는 매일 유통과정에 들어가는 자본 투하가 균등하게 배분된다. 또한 시장조건이 불변이라면 유동자본의 회수나 갱신도 역시 연간 전체에 걸쳐 균등한 기간들로 배분된다. 그렇지만 노동기간이 생산기간의 일부에 지나지 않는 투자에서는 연중 여러 시기별로 유동자본의 투하가 매우 불균등하게 이루어지고 회수는 자연조건에 의해 고정된 시기에 단 한 번만 이루어질 것이다. 따라서 사업의 규모〔즉 선대된 유동자본의 크기〕는 같아도, 이 경우에는 노동기간이 연속적으로 이루어진 사업에 비해 유동자본이 한 번에 보다 많은 양으로 그리고 보다 오랜 기간에 걸쳐 선대되어야 할 것이다. 또한 이 경우에는 고정자본의 수명과 고정자본이 실제 생산적으로 기능하는 시간 사이에도 상당한 차이가 있을 것이다. 물론 노동기간과 생산기간의 차이 때문에, 사용되는 고정자본의 사용기간도 상당 기간에 걸쳐 끊임없이 중단될 것이다. 예를 들어 농업에서 역축, 노동수단, 기계 등의 사용기간이 그러하다. 이 고정자본이 역축일 경우 사료 등으로 지출되는 금액은 역축이 일하는 기간이나 일하지 않는 기간이나 똑같을 것이다. 생명이 없는 노동수단의 경우에도 그것이 사용되지 않더라도 어느 정도의 가치하락이 발생한다. 따
M245 라서 생산물가격은 전반적으로 상승한다. 왜냐하면 생산물에 대한 가치이전은 고정자본이 기능하는 시간이 아니라 고정자본의 가치가 하락하는 시간에 의해서 계산되기 때문이다. 이런 생산부문에서는 고정자본의 유휴상태가 — 거기에 경상비용이 들어가든 않든 상관없이 — 예를 들어 방적업의 운영에서 일정량의 면화 손실이 항상 고려되는 것과 마찬가지로

고정자본이 정상적으로 사용되는 상태의 한 조건을 이룬다. 마찬가지로 노동과정에서도 정상적인 기술적 조건에서 불가피하게 비생산적으로 지출된 노동력은 언제나 생산적으로 지출된 노동력과 똑같이 함께 계산된다. 그래서 노동수단, 원료, 노동력 등의 비생산적인 지출을 줄이기 위해 이루어지는 모든 개선은 생산물의 가치도 감소시킨다.

농업에서는 노동기간과 생산기간의 큰 차이와 장기간의 노동기간이 함께 결합되어 있다. 토머스 호지스킨은 다음과 같이 올바르게 지적한다.

> 농업생산물을 완성하는 데 필요한 시간과 {비록 그는 여기에서 노동기간과 생산기간을 구별하지 않지만} 다른 생산부문에서 거기에 소요되는 시간의 차이는 농업종사자들이 매우 예속적으로 된 주요 원인이다. 그들은 1년 이내에는 자신의 상품을 시장에 내놓을 수 없다. 이 전체 기간 동안 그들은 재봉사, 제화공, 대장장이, 수레바퀴 제조공 그리고 다른 여러 생산자들에게서 필요한 생산물—이것들은 수일 혹은 수주일 만에 완성되는 것들이다—을 차입하지 않으면 안 된다. 이런 자연적 조건 때문에, 그리고 다른 생산부문의 부의 증가가 농업부문보다 훨씬 더 빨리 진행되기 때문에, 토지를 독점한 토지소유자들은—게다가 이들은 입법권까지도 독점하는데도—그들 자신은 물론 그들이 거느리는 농민들까지 모두 국가 내에서 가장 종속적인 부류가 되는 것을 막을 수가 없다.(호지스킨, 『민중경제학』, 런던, 1827, 147쪽의 주)

작물을 더욱 다양화해서 1년 동안 여러 차례 수확이 가능하게 함으로써, 한편으로 농업에서 임금과 노동수단에 대한 지출을 연중 균등하게 배분하고 다른 한편으로 회전기간을 줄이는 모든 방법은 생산에 선대되는 유동자본〔즉 임금, 비료, 종자 등에 투하되는 자본〕의 증가가 필요하다. 예를 들어 휴경지가 필요한 삼포식 농업에서 휴경지가 필요 없는 윤작식 농업으로의 이행이 그런 경우이다. 플랑드르 지방의 간작(間作, cultures dérobées)체계도 바로 여기에 해당하는 것이다.

간작에서는 근채작물이 재배된다. 똑같은 경지에서 처음에는 사람들에게 필요한 곡물, 아마, 평지식물을 생산하고 그것들이 수확된 후에는 가축사육을 위해 근채작물을 파종한다. 소를 계속해서 축사에 묶어둘 수 있게
M246 하는 이런 방법은 상당량의 비료를 모아줌으로써 윤작농업의 중추가 된다. 모래가 많은 지역에서는 경작지의 $\frac{1}{3}$ 이상이 간작제를 택하고 있다. 그것은 경작지의 면적을 증가시킨 것과 같은 효과를 가져왔다.

근채작물 외에 클로버와 다른 사료작물 역시 이런 목적으로 이용된다.

이렇게 원예로 이행하는 지점에 도달한 농경은 당연히 상당량의 투하자본이 필요하다. 이런 자본은 잉글랜드의 경우 헥타르당 250프랑에 이를 것으로 추정되는데, 플랑드르 지방의 농민들은 헥타르당 500프랑으로도 부족하다고 생각할 것이다.(에밀 드 라벨레, 『벨기에 농촌경제론』, 파리, 1863, 59, 60, 63쪽)

마지막으로 임업에 대해서 살펴보자.

목재 생산은 다음과 같은 점에서 대부분의 다른 생산부문과 본질적으로 차이가 난다. 즉 목재 생산에서는 자연력이 독자적으로 힘을 발휘하고 또한 성장이 자연적으로 이루어지기 때문에 인력이나 자본력이 필요하지 않다는 사실이다. 심지어 삼림이 인위적으로 형성된 곳에서도 인력이나 자본력의 지출은 자연력의 작용에 비하면 무시할 수 있을 정도뿐이다. 뿐만 아니라 곡물이 자랄 수 없거나 경작해도 수지가 맞지 않는 토질이나 지형에서도 삼림은 무성하게 자랄 수 있다. 그러나 임업이 제대로 된 경영 형태를 갖추려면 곡물 경작보다 더 넓은 면적이 필요하다. 왜냐하면 좁은 면적에

서는 벌채를 적절하게 할 수가 없고 토지에서 산출되는 부산물도 대부분 이용할 수 없는 데다 산림의 보호도 어렵기 때문이다. 또한 임업의 생산과정은 너무 오랜 기간이 필요하기 때문에 개인이 계획할 수 있는 기간을 넘어서며 심지어 한 사람의 생애를 넘어서기도 한다. 즉 임야를 취득하기 위해 투하된 자본은

{공동체 생산의 경우에는 이런 자본이 불필요하게 되고 문제는 단지 공동체가 얼마만큼의 토지를 경지나 목초지에서 떼어내어 임야로 만들 수 있을 것인가 하는 것뿐이다.}

오랜 기간이 지나고 나서야 비로소 적절한 수익을 올리고 조금씩 회전하기 시작하는데 많은 종류의 목재들에서는 완전히 한 번 회전하는 데 150년이나 걸리기도 한다. 뿐만 아니라 계속적인 목재 생산을 위해서는 매년 사용량의 10배에서 40배에 달하는 삼림이 필요하다. 그러므로 다른 소득 원천과 광대한 임야가 없는 사람은 제대로 된 임업을 경영할 수가 없다.(키르히호프, 앞의 책, 58쪽)

오랜 생산기간(비교적 짧은 노동기간을 포함한다)〔따라서 오랜 회전기간〕 때문에 임업은 사적 경영〔그리고 자본주의적인 경영—설사 개별 자본가 대신 결합자본가가 이를 경영한다 하더라도 그것은 본질적으로 사적인 경영이다〕에 불리한 사업부문이다. 농업과 공업의 발전은 전반적으로 옛날부터 삼림을 엄청나게 파괴했을 뿐 삼림의 보전과 재생에는 거의 아무런 기여도 하지 않았다. M247

위에서 인용한 키르히호프의 글에서 특히 다음 문장을 주목할 필요가 있다.

뿐만 아니라 계속적인 목재 생산을 위해서는 매년 사용량의 10배에서

40배에 달하는 삼림이 필요하다.

즉 한 번의 회전에는 10년에서 40년 혹은 그 이상의 기간이 소요되는 것이다.

목축도 마찬가지이다. 가축의 무리(보유 가축) 가운데 일부는 다른 부분이 매년 생산물로 판매되는 동안에도 계속 생산과정에 남아 있다. 여기에서는 마치 기계, 역축 등 고정자본의 경우처럼 자본 가운데 일부만이 매년 회전한다. 비록 이 자본이 상당히 오랫동안 생산과정에 고정된 자본이고 그리하여 총자본의 회전을 연장한다고 하더라도 이것은 고정자본의 범주에는 들어가지 않는다.

여기에서 보유분이라고 불리는 것 — 생육 상태에 있는 일정량의 수목이나 가축 — 은 상대적으로 생산과정 속에 존재한다(노동수단이면서 동시에 노동재료로서). 즉 제대로 된 경영이 이루어지고 있을 경우에는 재생산의 자연적 조건에 따라 투하자본 가운데 상당 부분이 항상 이런 보유분의 형태로 존재해야만 한다.

회전에 이것과 똑같은 영향을 주는 또 다른 종류의 보유분이 있다. 그것은 단지 잠재적인 생산자본으로서, 경영의 성질상 실제 생산과정에는 순차적으로 조금씩만 투입되기 때문에 상당한 정도의 분량이 미리 집적되어 있어야 하고 따라서 비교적 장기간에 걸쳐 생산에 선대되어 있어야만 하는 것이다. 이런 범주에 속하는 것으로는 예를 들어 밭에서 사용되기 전의 상태에 있는 비료와 곡물, 건초, 그리고 가축 생산에 사용되는 생활수단 보유분 등을 들 수 있다.

경영자본 가운데 상당히 많은 부분은 보유재고에 포함되어 있다. 그런데 이 보유재고는 좋은 상태를 유지하기 위해 필요한 사전조치들이 적절히 준수되지 않으면 상당 부분 그 가치를 상실할 수 있다. 충분히 주의를 기울이지 않았을 경우 심하면 운영에 필요한 생산물 보유재고의 일부를 통째로

> 잃을 수도 있다. 이런 이유 때문에 무엇보다도 창고와 사료 및 곡물창고,
> 지하실 등을 주의 깊게 감시할 필요가 있으며 저장 장소는 항상 잘 잠그고
> 청결과 통풍을 유지할 필요가 있다. 곡물과 기타 저장된 과일들은 수시로
> 뒤집어주어야 하고 감자와 무는 서리, 물, 부패로부터 보호해줄 필요가 있 M248
> 다.(앞의 책, 292쪽) 생산물과 목적에 따라 배분이 이루어져야 하는 자가수
> 요〔특히 가축 사육에 필요한〕를 계산할 경우에는 일상적인 필요를 충족하
> 는 것은 물론 특별한 경우에도 대비하여 그에 상응하는 보유재고가 남아
> 있도록 배려해야만 한다. 그리하여 자신의 생산물만으로 수요를 모두 충족
> 할 수 없을 때는 우선 첫째로 그 부족분을 다른 생산물(대체물)로 충족할
> 수 있는지 혹은 부족분을 대신하여 보다 싼 다른 물품으로 보충할 수 있는
> 지를 고려해보아야 한다. 예를 들어 건초가 부족하다면 근채류와 밀짚을
> 섞음으로써 부족분을 보충할 수 있다. 일반적으로 이런 경우에는 여러 생
> 산물의 실제 가치와 시장가격을 항상 잘 살펴서 거기에 맞추어 소비를 결
> 정해야 한다. 예를 들어 귀리 값이 비싼 반면 콩과 쌀보리가 상대적으로 값
> 이 싸다면 말에게 주려고 했던 귀리 일부분을 콩과 쌀보리로 대체함으로써
> 남은 귀리를 팔아 수지를 맞출 수 있다.(앞의 책, 300쪽)

앞서 재고형성에 대한 논의 부분에서 이미 언급했던 것처럼* 일정 분량의 잠재적 생산자본〔즉 생산에 사용하기 위한 생산수단〕이 필요한데 이 생산자본은 상당한 양으로 저장되어 있다가 조금씩 순차적으로 생산과정에 투입되어야 한다. 마찬가지로 그때 언급했던 것처럼 주어진 어떤 사업체〔혹은 일정한 규모의 자본경영〕에서 갖추어야 할 이런 생산용 재고의 크기는 그것이 갱신되기 쉬운지 어려운지, 구입시장과의 거리는 얼마나 되는지, 그리고 운송 및 교통수단은 어느 정도 발전해 있는지 등에 의해 결정된다. 이런 모든 요인들은 생산용 재고의 형태로 존재해야 하는 자본

* MEW Bd. 23, 139~145쪽 참조.

의 최소량에 영향을 미치고 따라서 자본이 선대되어야 하는 기간의 길이와 한 번에 선대되어야 하는 자본량의 크기에 영향을 미친다. 회전에도 영향을 미치는 이 자본량의 크기는 유동자본이 생산용 재고〔잠재적인 생산자본〕의 형태로 묶여 있는 기간이 어느 정도인지에 따라 영향을 받는다. 또 다른 한편 이 묶여 있는 기간 그 자체는, 그것이 보전되는 기간이나 시장 상황 등에 영향을 받을 경우, 다시 유통기간〔즉 유통영역에 속하는 요인〕으로부터 발생하는 것이기도 하다.

또한 수작업 도구, 채, 바구니, 줄, 윤활유, 못 등 온갖 종류의 비품이나
M249 부속품은 모두 가까이에서 곧바로 구입하기 어려우면 어려울수록 신속한 보충을 위해 재고로 확보되어 있어야만 한다. 마지막으로 해마다 겨울에는 가지고 있는 모든 도구를 주의 깊게 검사하고 보충이나 수리가 필요하면 즉시 그렇게 해야만 한다. 그러나 일반적으로 비품의 필요에 대응하기 위해 보유해야 하는 재고의 크기는 주로 각 지방의 사정에 의해 결정된다. 수공업 기술자나 상점이 가까이에 없는 곳에서는 그것들이 가까이에 있는 지방에 비해 재고를 더 많이 가지고 있어야만 한다. 다른 사정이 동일하다면 적절한 시기를 선택하여 필요한 재고를 한 번에 대량으로 조달하는 쪽이 일반적으로 싸게 구입할 수 있는 이점이 있다. 그러나 물론 그렇게 할 경우에는 경영에 반드시 필요한 유동자본 가운데 그만큼 큰 금액이 한 번에 지출되어버리는 결과가 되기도 한다.(앞의 책, 301쪽)

생산기간과 노동기간의 차이는 우리가 본 것처럼 매우 다양하다. 유동자본은 엄격한 의미의 노동과정에 들어가기 전에 이미 생산기간 속에 들어가 있을 수 있다(구두골의 제조). 혹은 노동과정을 경과한 후에도 생산기간에 계속 남아 있는 것도 있다(포도주, 곡물의 종자). 혹은 생산기간이 때때로 노동기간에 의해 중단되기도 한다(경작, 임업). 또한 유통될 수 있는 생산물 가운데 많은 부분은 실제 생산과정에 합체된 채로 남아 있고 그

보다 적은 부분만 매년 유통에 들어가는 경우도 있다(임업과 목축). 그리고 유동자본이 잠재적인 생산자본의 형태로 투하되어야 하는 기간의 길이〔따라서 이 자본이 한 번에 투하되어야 하는 양〕는 생산과정의 종류에서 비롯되는 것도 있고(농업), 시장과 거리 등〔즉 유통부문에 속하는 요인〕에 좌우되는 것도 있다.

우리는 뒤에서(제3권) 매컬럭, 제임스 밀 등이 노동기간과 일치하지 않는 생산기간을 노동기간과 동일시하려 함으로써 — 이런 시도는 그 자체가 가치이론의 잘못된 적용에서 비롯된 것이다 — 얼마나 불합리한 이론에 도달했는지에 대해 살펴볼 것이다.

—

우리가 위에서 고찰한 회전순환은 생산과정에 선대된 고정자본의 지속기간에 의해 주어진다. 이 회전순환은 몇 년에 걸쳐 이루어지는 것이기 때문에, 해마다 이루어지는 고정자본의 회전은 물론 1년 동안에 그것이 수행하는 회전도 함께 포함한다.

농업에서는 이런 회전순환이 윤작식 경작방법으로부터 발생한다. M250

차지기간의 길이는 도입된 윤작식 경작방법의 순환기간보다 짧게 결정되어서는 결코 안 된다. 그러므로 삼포식 경영은 항상 3, 6, 9년 등으로 계산된다. 그러나 완전한 휴경을 수반하는 삼포식 경영에서 경지는 6년 동안에 4회만 경작되고 경작되는 해에는 겨울 곡물과 여름 곡물이 윤작되며, 또한 토질이 허용한다면〔혹은 토질상 필요하다면〕 밀과 쌀보리, 보리와 귀리를 윤작한다. 그렇지만 같은 토지라도 곡물의 종류에 따라 생산량과 가치〔따라서 판매되는 가격〕는 제각기 달라진다. 경지의 수익은 경작 연도마다 다르고 또한 순환의 전반부(처음 3년)와 후반부에서도 다르다. 한 번의 순환기간 전체의 평균수익도 그때마다 다르다. 왜냐하면 가격이 수없이 변동하는 요인들에 좌우되는 것처럼 산출량도 토질뿐만 아니라 그해의 기후에 함께 좌우되기 때문이다. 만약 전체 6년의 회전기간에 대한 평균적인 연평균 수확고와 그 평균가격에 따라 경지의 수익을 계산하면 각각의 순환기간에서 1년당 총수입을 알아낼 수 있다. 그러나 만약 단지 순환기간의 절반, 즉 3년에 대해서만 수익을 계산하는 경우에는 그렇게 해서는 안 된다. 왜냐하면 그 경우에는 총수익이 달라질 수 있기 때문이다. 이런 이유 때문에 삼포식 경영에서는 차지기간의 길이가 적어도 6년은 되어야 한다는 것을 알 수 있다. 그러나 차지기간이 차지기간의 배수(倍數)(말 그대로!)로, 즉 삼포식 경작방법에서는 6년이 아니라 12년, 18년 혹은 그 이상의 기간으로, 칠포식 경작방법에서는 7년이 아니라 14년, 28년 등으로 정해지는 것이 차지인에게나 지주에게나 항상 훨씬 더 바람직스럽다.(앞의 책, 117~118쪽)

{초고에는 여기에 다음과 같은 주가 달려 있다: "잉글랜드의 윤작경영, 이곳에 주를 달 것."}

제14장

유통기간

지금까지 살펴본 모든 상황〔즉 각 사업부문에 투하된 각 자본의 유통 M251
기간이 다르고 따라서 자본이 선대되어야 하는 기간도 다른 상황〕은 고정자본과 유동자본의 차이와 노동기간의 차이 등과 같이 생산과정 내부에서 발생하는 것이다. 그러나 자본의 회전기간은 자본의 생산기간과 유통기간의 합과 같다. 그러므로 유통기간의 차이가 회전기간〔회전기간의 길이〕의 차이를 가져오는 것은 당연한 일이다. 회전을 변화시키는 모든 요인이 같고 유통기간만 서로 다른 두 개의 자본투하를 비교하거나 혹은 고정자본과 유동자본의 비율, 그리고 노동기간이 주어져 있고 유통기간만 변화하는 어떤 자본을 고찰해보면 이 점은 명확하게 확인된다.

유통기간 가운데 일부—상대적으로 가장 중요한 부분—는 판매기간〔즉 자본이 상품자본의 상태로 존재하는 기간〕으로 이루어진다. 유통기간〔따라서 회전기간 일반〕은 이 판매기간의 길이에 따라 길어지거나 짧아진다. 또한 보관비용 등으로 말미암아 추가 자본투하가 필요할 수도 있다. 완성된 상품의 판매에 필요한 시간이 같은 산업부문 내에서도 각 자본가별로 현저히 다를 수 있다는 것은 처음부터 분명하다. 이런 판매기간의 차이는 서로 다른 생산부문에 투하된 자본들 사이에서도 나타나며 같은 생산부문에 투하된 총자본 중에서 사실상 별도로 독립되어 있는 자본들
M252 사이에서도 나타날 수 있다. 다른 조건이 동일하다면 판매기간은 동일한 개별 자본에서는 전반적인 시장조건(혹은 특정 사업부문의 시장조건)의 변동에 따라 함께 변동할 것이다. 이와 관련된 문제는 여기에서 더 이상 다루지 않기로 한다. 단지 다음과 같은 간단한 사실만 확인해두기로 하자. 즉 일반적으로 서로 다른 산업부문에 투하된 자본들 사이에 회전기간의 차이를 가져오는 요인은 모두 그것들이 각기 개별적으로 작용할 경우(예를 들어 한 자본가가 그의 경쟁자보다 빨리 판매할 수 있는 기회를 얻었을 경우나 한 자본가가 다른 자본가보다 노동기간을 단축할 수 있는 방법을 더 많이 사용하게 되었을 경우 등) 같은 사업부문에 있는 개별 자본들의 회전에도 차이를 가져온다.

판매기간(따라서 회전기간 일반)의 차이를 끊임없이 유발하는 원인 가운데 하나는 상품이 판매되는 시장과 상품생산지와의 거리이다. 시장으로 운반되는 전체 기간 동안 자본은 상품자본의 상태로 묶여 있다. 상품이 주문을 받아 생산될 경우에는 양도되는 순간까지가 그런 기간이고, 주문생산이 아닐 경우에는 시장으로 운반되는 기간에다 상품이 판매되기 위해 시장에 머무는 기간이 추가된다. 운송·교통기관의 발전은 상품의 이동기간을 절대적으로 단축하긴 하지만, 이런 이동과정에서 발생하는 각 상품자본들 간의 유통기간의 상대적 차이를 해소하거나 혹은 동일한 상품자본 중에서 서로 다른 시장으로 운반되는 각 부분들 간의 유통기간의 상대적 차이를 해소하지는 못한다. 예를 들면 운반기간의 단축을 가져온 개량된 범선이나 증기선은 가까운 항구와 먼 항구로의 운반기간을 모두 함께 단축한다. 상대적인 차이는 줄어들긴 하지만 여전히 남는다. 그러나 상대적인 차이가 운송·교통기관의 발달 덕분에 지리적인 거리와 일치하지 않는 방식으로 바뀔 수도 있다. 예를 들어 생산지에서 국내의 주요 인구 집중지로 향하는 철도는, 지리적으로는 가깝지만 철도로 연결되지 않

은 어떤 국내 지점과의 거리를, 지리적으로는 멀지만 철도로 연결된 다른
지점에 비해 상대적으로나 절대적으로 더 멀게 만들어버릴 수 있다. 마찬
가지로 똑같은 요인 때문에 생산지와 대규모 판매시장 간의 상대적인 거
리가 변화할 수 있으며 이것은 운송·교통기관의 변화에 따라 일어나는 구
생산중심지의 몰락과 신생산중심지의 발흥을 설명해준다(여기에는 장거
리 운송이 단거리 운송보다 상대적으로 싸다는 점도 함께 작용한다). 운 M253
송기관의 발달로 인해 단지 공간적인 이동속도가 빨라지고 공간적인 거
리만 시간이 단축된 것이 아니다. 교통기관의 양이 증가하여, 예를 들어
많은 선박이 동시에 같은 항구를 향해 출발하고 여러 대의 기차가 같은 두
지점을 연결하는 서로 다른 철도 위를 동시에 이동하게 되었을 뿐만 아니
라, 화물선이 같은 주일에 리버풀에서 뉴욕으로 매일 출발할 수도 있고,
화물열차가 맨체스터에서 런던으로 같은 날 서로 다른 시간대에 각기 운
행할 수도 있게 되었다. 이런 변화는 운송기관의 효율이 변하지 않을 경우
절대적인 속도〔따라서 유통기간의 절대적인 속도〕를 변화시키지는 않는
다. 그러나 상품을 연속해서 선적하면 보다 짧은 간격으로 발송이 이루어
질 수 있고 그래서 발송될 때까지 잠재적인 상품자본의 형태로 대량으로
쌓여서 기다리는 일이 없이 연속해서 시장에 도착할 수 있다. 그러면 자본
의 회수도 보다 짧은 연속적인 기간에 걸쳐 배분되고, 그 결과 일부가 상
품자본으로 유통되는 동안에도 다른 일부는 끊임없이 화폐자본으로 전화
할 수 있게 된다. 이처럼 자본의 회수가 여러 연속적인 기간에 나누어지면
총유통기간은 단축되고 따라서 회전도 단축된다. 한편으로 어떤 생산지
의 생산량이 많아서 보다 큰 생산중심지가 되면 될수록 우선 운송수단이
기존의 판매시장〔즉 생산 및 인구의 거대 중심지와 수출항구〕으로 향하는
횟수〔예를 들어 철도의 열차 수〕가 늘어난다. 그러나 다른 한편 이처럼 교
통이 특별히 편리해지고 그로 인해 자본의 회전이(그것이 유통기간에 의
해 결정될 경우) 빨라지면 그것은 생산중심지와 시장 모두에서 집적을 촉
진한다. 이처럼 어떤 지점에서 인구와 자본량의 집적이 촉진될 경우 이들

집적된 자본은 다시 소수의 수중으로 집중된다. 동시에 교통기관의 발달로 인해 생산지와 시장의 상대적인 위치가 변화함에 따라 이로부터 다시 새로운 변화와 이동이 발생한다. 전에는 큰 도로나 운하 옆에 위치한 덕분에 특별한 이점을 안고 있던 생산지가 이제는 비교적 오랜 간격을 두고서 지선(支線)이 통과하는 한 지점으로 전락할 수도 있는 반면, 전에는 교통의 주요 중심선에서 멀리 떨어져 있던 어떤 지점이 이제는 여러 철도의 교차점이 될 수도 있다. 후자의 지점은 번창하지만 전자의 지점은 쇠퇴한다. 이처럼 운송수단의 변화는 상품의 유통기간과 매매의 가능성 등에서 지역적 차이를 만들고 때로는 기존의 지역적 차이를 다르게 변화시키기
M254 도 한다. 자본의 회전에서 이런 요인들이 얼마나 중요한지는 각 지방의 상공업 대표자들이 철도경영자들과 한 논쟁에서 잘 드러난다(예를 들어 위에서 인용한 철도위원회의 청서*를 볼 것).

그러므로 양조장과 같이 생산물의 성질상 주로 지역 내 소비에 의존하는 생산부문은 모두 주요 인구 밀집지역에서 가장 큰 규모로 발달한다. 이들 지역에서는 건축용 부지나 기타 다른 많은 생산조건의 가격은 높지만 자본의 회전속도가 높아서 이런 부담이 상당 부분 해소된다.

일면 자본주의적 생산의 진보와 함께 이루어진 운송·교통기관의 발달이 주어진 상품량의 유통기간을 단축했다면, 운송·교통기관의 발달로 인한 자본주의적 생산의 진보는 필연적으로 더 먼 시장〔즉 세계시장〕을 향하게 만든다. 먼 것을 향해 운송 중인 상품의 양이 엄청나게 늘어나고, 따라서 사회적 자본 가운데 상품자본의 단계에〔즉 유통기간 내에〕 장기간 머물게 되는 부분도 절대적으로나 상대적으로 모두 늘어난다. 그와 동시에 사회적 부 가운데 직접적인 생산수단으로 사용되는 것이 아니라 운송·교통기관〔그리고 운송·교통기관의 경영〕에 소요되는 고정자본과 유동자본에 투하되는 부분도 함께 늘어난다.

* MEW Bd. 23, 152쪽 참조.

생산지에서 판매지로 상품이 운송되는 거리의 차이는 유통기간의 첫 번째 부분인 판매기간뿐만 아니라, 두 번째 부분인 구매기간〔즉 화폐가 생산자본의 요소로 재전화하는 기간〕에도 차이를 불러일으킨다. 예를 들어 어떤 상품이 인도로 운송되는데 그 운송기간이 4개월이라고 하자. 판매기간은 없다고 가정하자. 즉 상품은 주문에 의해 발송되고 생산자의 대리인에게 상품이 인도되면 곧바로 대금이 지불된다고 하자. 화폐의 송금(그 형식이 무엇이든 그것은 여기에서 중요하지 않다)에도 역시 4개월이 걸린다고 하자. 그렇다면 이 자본이 다시 생산자본으로 기능하여 동일한 작업을 새로 시작하기까지는 통틀어 8개월이 걸리게 된다. 이렇게 해서 생긴 회전의 차이는 신용기한의 차이를 만들어내는 물적 토대의 하나를 이루는데, 그것은 예를 들어 베네치아와 제노바에서 해외무역이 본격적인 신용제도의 기원이 된 것과 마찬가지이다. M255

1847년의 공황은 당시의 은행업과 상업이 인도와 중국의 어음 지불기한(인도·중국과 유럽 사이의 어음 유통기한)을 일부후(日付後) 10개월(어음이 발행된 날짜로부터 10개월 후—옮긴이)에서 일람후(一覽後) 6개월(어음이 제시된 날짜로부터 6개월 후—옮긴이)로 단축할 수 있도록 만들었는데, 항해 속도가 빨라지고 전보가 개통된 지 20년이 지난 오늘날에는 일람후 4개월로 가기 위한 첫걸음으로 일람후 6개월을 일부후 4개월로 좀더 단축하는 것이 필요하게 되었다. 캘커타에서 희망봉을 경유하여 런던으로 오는 범선의 항해기간은 평균 90일 이하이다. 일람후 4개월이라는 어음기한은 말하자면 150일간의 유통기간과 같은 것이고 일람후 6개월이라는 현재의 어음기한은 말하자면 210일간의 유통기간과 마찬가지인 것이다.(『이코노미스트』, 런던, 1866년 6월 16일)

반면에,

브라질의 어음 지불기한은 일람후 2~3개월에 머무른다. 안트베르펜에서 (런던으로) 발행된 어음은 일부후 3개월짜리로 발행되고 심지어 맨체스터와 브래드퍼드에서 런던으로 발행되는 어음도 일부후 3개월이나 그 이상으로 발행된다. 이처럼 상인들은 암묵적인 합의에 의하여 자신의 상품에 대해 발행된 어음을 통해 어음의 만기가 도래할 때쯤에는(도래하기 전은 아니지만) 상품가치를 실현할 수 있는 충분한 기회를 갖게 된다. 이런 견지에서 보면 인도의 어음기한은 지나친 것이라고 볼 수 없다. 런던에서 대부분 3개월 만에 판매되는 인도의 생산물은 판매를 위한 시간을 계산에 넣을 경우 5개월 이내에는 그 가치가 실현되는 것이 불가능한데 다른 한편 이 상품이 인도에서 구입되어 영국의 상품창고로 옮겨지는 데에도 다시 평균적으로 5개월이 소요된다. 따라서 전체적으로 소요되는 기간은 10개월인 데 반해 상품에 대해 발행된 어음의 기한은 7개월이 넘지 않는 것이다.(앞의 책, 1866년 6월 30일) 1866년 7월 2일, 주로 인도 · 중국과 거래하는 런던의 5대 은행과 파리의 콩투아르 데스콩트는 1867년 1월 1일부터 동양에 있는 자신들의 지점과 대리점이 매매하는 어음은 일람후 4개월을 넘지 않는 것에 한한다고 통지하였다.(앞의 책, 1866년 7월 7일)

그러나 이런 단축은 실패로 돌아가서 취소되어야만 하였다(그 후 수에즈 운하는 이 모든 것을 근본적으로 바꾸어놓았다).

말할 것도 없이 상품의 유통기간이 늘어나면 가격변화가 일어날 수 있는 기간이 연장되기 때문에 판매시장에서 가격변동 위험은 증대된다.

즉시 현금으로 지불되지 않을 경우 유통기간의 차이는 어음기간의 차이에 따라 때로는 동일한 사업부문의 각 개별 자본들 사이에서 개별적으로, 때로는 각 사업부문들 사이에서, 구입과 판매 사이의 지불기한의 차이
M256 로부터 발생한다. 이 점은 신용제도에서 중요한 부분이지만 여기에서는 더 이상 다루지 않겠다.

상품 공급계약의 크기 — 이것은 자본주의적 생산의 범위와 규모에 따

라 함께 증대한다—로부터도 또한 회전기간의 차이가 발생한다. 판매자와 구매자 사이의 계약인 상품 공급계약은 시장〔즉 유통영역〕에 속하는 행위이다. 따라서 여기에서 발생하는 회전기간의 차이는 유통영역에서 발생하는 것이지만, 그것은 직접 생산영역에—모든 지불기한과 신용관계를 무시할 경우에도, 따라서 현금지불일 때에도—다시 영향을 미친다. 예를 들어 석탄, 면화, 면사 등은 소량으로 분할이 가능한 생산물이다. 이것들은 매일 일정량의 완제품으로 공급된다. 그러나 만일 방적업자나 광산주가 4~6주의 연속적인 노동일이 소요되는 생산량을 공급하기로 계약을 체결하였다면 그것은 자본의 선대기간에서 마치 4~6주에 걸친 하나의 연속적인 노동기간이 이 노동과정에 도입된 것과 똑같다. 물론 여기에서는 주문받은 전량이 한 번에 양도되거나 또는 그것이 전부 양도된 후 지불이 이루어진다는 점이 전제된다. 그런데 이 전량도 하나씩 떼어보면 매일매일 일정량의 완제품으로 조달된다. 물론 이들 완제품의 양은 계약에 의해 공급되어야 할 양 가운데 일부에 지나지 않는다. 따라서 이 경우 주문된 상품 가운데 이미 완성된 부분은 이제 더는 생산과정에 있지 않지만 여전히 잠재적인 자본으로 상품창고에 묶여 있게 된다.

이제 유통기간의 두 번째 부분〔즉 구매기간, 다시 말해 자본이 화폐형태에서 생산자본의 요소로 재전화하는 기간〕을 살펴보자. 이 기간 동안 자본은 상당 기간을 화폐자본의 상태로 머물러 있어야 한다. 즉 선대된 총자본 가운데 어느 부분인가는—비록 이 부분이 끊임없이 변화하는 요소로 이루어져 있기는 하지만—항상 화폐자본의 상태에 있어야만 한다. 예를 들어 특정 사업에 선대된 총자본 가운데 n×100파운드스털링은 화폐자본의 형태로 존재해야 한다. 즉 한편에서는 n×100파운드스털링의 모든 구성 부분이 끊임없이 생산자본으로 전화하고 또 다른 한편에서는 이 액수가 다시 유통에서〔즉 실현된 상품자본에서〕 회수되는 화폐에 의해 끊임없이 보충되어야 하는 것이다. 그리하여 선대된 자본가치 가운데 일정 부분은 끊임없이 화폐자본의 상태〔즉 생산영역이 아니라 유통영역에 속하는 형태〕로 존재하게 된다.

M257 앞에서 이미 살펴보았듯이 시장과 거리가 멀어서 자본이 상품자본의 형태로 묶여 있는 기간이 늘어나면 그로 인해 곧바로 화폐의 회수가 지연되고, 화폐자본의 생산자본으로의 전화도 지연된다.

또한 (제6장에서) 이미 보았듯이 상품 구입에는 구매기간이 존재하고 원료의 주산지와 거리가 상당히 떨어져 있다는 점 때문에 원료를 미리 구매하여 이것을 비교적 오랫동안 생산용 재고〔즉 잠재적 생산자본〕의 형태로 확보해둘 필요가 있다. 그리하여 생산규모가 변하지 않을 경우에도 한 번에 선대되어야 하는 자본량과 이것이 선대되어야 하는 기간은 늘어나게 된다.

비교적 많은 양의 원료가 시장에 출하되는 주기 — 길든 짧든 — 도 각 사업부문에 비슷한 영향을 준다. 예를 들어 런던에서는 3개월마다 한 번씩 대규모 양모 경매가 이루어지는데 양모시장은 그것들에 의해 통제된다. 한편 면화시장에서는 일정하지는 않지만 대체로 수확기마다 연속적으로 갱신이 이루어진다. 이런 주기는 이들 원료를 집중적으로 구매해야 할 시기를 결정하고 또한 이들 생산요소에 대한 투기적인 구매 — 상당 기간의 선대가 수반된다 — 에도 영향을 미친다. 그것은 마치 생산된 상품의 성질이 일정 기간 생산물을 투기적으로〔의도적으로〕 잠재적인 상품자본의 형태로 묶어두도록 만드는 것과 같은 원리이다.

> 농업경영자는 또한 어느 정도 투기꾼이 될 필요가 있고, 그때그때의 상황에 따라 자신의 생산물 판매를 보류해야만 한다……

다음과 같은 몇 가지 일반적인 법칙이 있다.

> 그러나 생산물 판매는 대개 사람, 생산물 그 자체, 장소가 모든 것을 결정한다. 수완이 있고 운이(!) 따르는 데다 충분한 경영자본까지 가지고 있

는 사람이라면, 자신이 수확한 생산물의 가격이 비정상적으로 낮을 경우 일단 그것을 1년간 저장해둔다고 해도 아무도 비난을 하지 못할 것이다. 그렇지만 경영자본이 부족하거나 전혀(!) 투기욕이 없는 사람은 시중의 평균가격을 받으려 할 것이고, 따라서 그런 가격을 받을 기회가 주어지면 곧바로 수확물을 팔아버릴 것이다. 양모를 1년 이상 저장하면 거의 언제나 손해를 보게 되는 반면, 곡물이나 채유용 종자는 품질과 양에서 손실을 보지 않고도 몇 년간 저장할 수 있다. 일반적으로 짧은 기간 동안에 가격변동을 심하게 겪는 생산물〔예를 들어 채유용 종자, 홉 등〕은 시장가격이 생산가격보다 훨씬 낮을 경우 당연히 몇 년씩 팔지 않고 저장하는 것이 낫다. 비육 M258
용 가축처럼 매일매일 유지비용이 많이 들거나, 과일이나 감자처럼 썩을 수 있는 물품은 가능한 한 판매를 망설여서는 안 된다. 지방에 따라서는 특정 생산물의 가격이 평균적으로 가장 높은 계절과 가장 낮은 계절이 있다. 예를 들어 곡물의 가격은 대부분의 지방에서 크리스마스와 부활절 사이의 기간보다 성 마르틴 축제일을 전후한 시기에 평균적으로 더 낮다. 또한 생산물에 따라서는 특정 지방에서 단지 일정 시기에만 잘 팔리는 것이 있다. 예를 들어 평상시에는 양모 거래가 없는 지방에서 양모시장이 설 때에는 양모가 잘 팔리는 경우가 그러하다.(키르히호프, 앞의 책, 302쪽)

유통기간의 후반부〔화폐가 생산자본의 요소로 재전화하는 기간〕에 대한 고찰에서 고려해야 할 점은 이런 전환 그 자체만도 아니고, 또한 화폐의 회수에 소요되는 기간〔생산물이 판매되는 시장과의 거리에 영향을 받는다〕만도 아니다. 거기에 더해 무엇보다도 먼저 고찰해야 하는 것은 선대자본 가운데 항상 화폐형태〔화폐자본의 형태〕로 되어야 하는 부분의 크기이다.

모든 투기를 무시한다면 항상 생산용 재고로 존재해야 하는 상품의 구입량은 이 재고의 갱신기간 — 이것은 시장 상황에 의해 결정된다 — 과 원료의 종류에 좌우된다. 따라서 이 경우 화폐는 때때로 비교적 많은 양이

한 번에 선대되어야 할 경우가 있다. 이 화폐는 자본의 회전에 따라 속도의 차이는 있지만 어쨌든 꾸준히 조금씩 회수된다. 이 화폐 가운데 일부〔즉 임금으로 재전화되는 부분〕는 또한 비교적 짧은 간격으로 계속해서 다시 지출된다. 그러나 또 한 부분〔즉 원료 등으로 재전화되는 부분〕은 구매나 지불을 위한 준비금으로 비교적 오랫동안 적립해두어야 한다. 그러므로 이 부분은 비록 양적인 변동은 있을지라도 계속해서 화폐자본의 형태로 존재한다.

우리는 다음 장에서 선대자본 가운데 일정한 부분이 화폐형태로 존재하도록 만드는 여타의 요인들 — 그것들이 생산과정에서 발생한 것이든 유통과정에서 발생한 것이든 상관없이 — 에 대해서 살펴볼 것이다. 그러나 여기에서 일반적으로 주의해야 할 점이 있다. 즉 경제학자들은 사업에 필요한 자본 가운데 일부가 화폐자본, 생산자본, 상품자본의 세 단계를 차례로 경과할 뿐 아니라 동일한 자본의 각기 다른 부분들이 — 비록 그 상대적 크기는 끊임없이 변화하지만 — 계속해서 나란히 이들 세 가지 형태
M259 를 취한다는 점도 쉽게 잊는 경향이 있다는 사실이다. 특히 경제학자들이 잘 잊는 것은 계속해서 화폐자본으로 존재하는 부분이다. 그렇지만 바로 그 부분이야말로 부르주아 경제를 이해하는 데 결정적으로 필요한 부분이며 현실에서도 또한 중요한 것으로 간주되는 부분이다.

제15장

회전기간이 선대자본 크기에 미치는 영향

이번 장과 다음 제16장에서는 회전기간이 자본의 가치증식에 미치는 영향을 다루기로 한다. M260

예를 들어 노동기간이 9주일인 생산물로 이루어진 상품자본이 있다고 하자. 고정자본의 평균적인 마모에 의해 생산물에 부가되는 가치 부분과 또한 생산과정에서 생산물에 부가된 잉여가치를 잠시 무시하면 이 생산물의 가치는 그것의 생산에 선대된 유동자본의 가치〔즉 생산에 소비된 원료와 보조재료의 가치에 임금의 가치를 더한 것〕와 같다. 만일 이 가치가 900파운드스털링이라면 일주일마다 투하되는 자본은 100파운드스털링이 된다. 따라서 생산기간 — 여기에서는 노동기간과 일치한다 — 의 주기는 9주일이다. 소량으로 분절될 수 있는 생산물을 한 번에 시장에 공급할 양을 만드는 데 9주일이 걸린다면, 여기서 말하는 노동기간이 하나의 연속적인 생산물의 노동기간이든 혹은 소량으로 분절이 가능한 생산물의 연속적인 노동기간이든 아무 상관이 없다. 유통기간은 3주일이라고 하자. 그러면 전체 회전기간은 12주일이 된다. 9주일이 지나면 선대된 생산자본은 상품자본으로 전화된다. 그러나 이제 그것은 유통과정에 3주일간 머문다. 그러므로 새로운 생산은 13주일 초가 되어야만 비로소 다시 시작할 수 있고 생산은 3주일〔전체 회전기간의 $\frac{1}{4}$〕 동안 정지상태에 있다. 이 3주일을 상품이 판매될 때까지 걸리는 기간으로 가정하든, 시장과의 거리 때문에 걸리는 기간으로 가정하든, 혹은 판매된 상품의 지불기간 때문에 발생하는 것으로 가정하든 그것도 여기에서는 아무 상관이 없다. 생산은 3개월마다 3주일씩 혹은 1년을 기준으로 할 경우 4×3=12주일=3개월 동안,
M261 즉 연 회전기간의 $\frac{1}{4}$ 에 해당하는 기간 동안 정지상태에 있다. 그러므로 생산이 연속적으로 매주 동일한 규모로 수행되려면 두 가지 방법이 있을 뿐이다.

첫 번째 방법은 생산규모를 줄여서 900파운드스털링만으로도 첫 번째 회전의 노동기간이나 유통기간 동안 생산이 계속 이루어지도록 하는 것이다. 그럴 경우 두 번째 노동기간〔따라서 두 번째 회전기간도 함께〕은 첫 번째 회전기간이 끝나기 전인 제10주일에 시작된다. 왜냐하면 회전기간은 12주일이고 노동기간은 9주일이기 때문이다. 900파운드스털링은 12주일로 배분되어 1주일당 75파운드스털링이 된다. 첫째 이렇게 사업규모를 줄이는 것은 고정자본의 규모를 변화시킨다는 것〔따라서 전체적으로 사업설비를 축소하는 것〕을 전제로 한다. 둘째 이런 축소가 도대체 일어날 수 있는지가 의심스럽다. 왜냐하면 각 사업부문에는 생산의 발전 수준에 따라 거기에 맞는 최소한의 자본투하 규모 — 이보다 적은 규모로는 독자적인 사업 경쟁력이 없다 — 가 있기 때문이다. 이런 최소 자본규모는 자본주의적 생산의 발전과 함께 꾸준히 증대하며 결코 고정된 것이 아니다. 어떤 특정 시기의 최소 자본규모와 계속 증대되어가는 최소 자본규모 사이에는 무수히 많은 중간 규모들 — 이 때문에 자본투하 규모는 매우 다양할 수 있다 — 이 존재한다. 그래서 이런 중간 규모의 범위 내부에서 사업규모의 축소가 일어날 수도 있는데 이때 그런 축소의 한계는 당시의 최소 자본규모가 될 것이다. 생산에 지장이 있거나, 시장에 과잉공급이 일어나거나, 혹은 원료가격이 등귀하는 등의 경우에는 투하된 고정자본의 크기

를 그대로 둔 채 예를 들어 노동시간을 $\frac{1}{2}$로 줄임으로써 유동자본의 정상적인 투하규모를 줄일 수 있다. 호황기에도 마찬가지로 투하된 고정자본의 크기를 그대로 둔 채 한편으로는 노동시간의 연장을 통해, 다른 한편으로는 노동강도의 강화를 통해 유동자본의 비정상적인 확대가 이루어질 수 있다. 처음부터 그런 변동을 계산에 넣는 사업부문에서는 한편으로는 위에서 언급한 수단들을 통해서, 다른 한편으로는 보다 많은 수의 노동자를 동시에 고용함—이것은 예를 들어 철도의 경우 예비 기관차와 같은 예비 고정자본의 사용과 함께 이루어진다—으로써 이런 변동 상황에 대응한다. 그러나 여기에서는 이런 비정상적인 변동은 배제하고 정상적인 조건만을 가정한다.

그러므로 생산이 연속적으로 이루어지도록 하기 위해 여기에서는 동일한 액수의 유동자본이 보다 오랜 기간〔즉 9주일이 아니라 12주일〕에 걸쳐 배분되어 지출되는 것으로 가정한다. 그 결과 모든 기간에 걸쳐 기능하는 생산자본은 축소된다. 생산자본 가운데 유동적인 부분은 100에서 75로, 즉 $\frac{1}{4}$만큼 감축된다. 9주일의 노동기간 동안 기능하는 생산자본 가운데 M262
감소된 부분은 9×25=225파운드스털링〔혹은 900파운드스털링의 $\frac{1}{4}$〕이다. 그러나 회전기간에 대한 유통기간의 비율은 여전히 $\frac{3}{12}=\frac{1}{4}$이다. 따라서 다음과 같은 결론이 나온다. 만일 상품자본으로 전화한 생산자본의 유통기간 동안에 생산이 중단되지 않고 오히려 매주 연속적으로 생산이 함께 이루어지고 이를 위해 어떤 유동자본도 따로 사용될 수 없다면, 그것은 단지 생산활동을 축소〔즉 기능하는 생산자본의 유동적인 구성 부분을 감축〕해야만 가능한 일이다. 유통기간 중에 이처럼 생산을 위해 풀린 유동자본과 선대된 총유동자본 사이의 비율은 유통기간과 회전기간 사이의 비율과 같다. 이미 서술한 것처럼 이것은 단지 노동과정이 매주 동일한 규모로 수행되는 생산분야—예를 들어 농업처럼 다양한 노동기간 동안에 각기 다른 자본량이 투하되지 않는 생산분야—에만 적용된다.

한편 반대로 사업의 속성 때문에 생산규모의 축소〔매주 선대되는 유동자본의 축소〕가 불가능한 경우를 가정하면 생산의 연속성은 단지 추가 유동자본〔위의 예에서는 300파운드스털링〕에 의해서만 확보될 수 있다. 12주일의 회전기간 동안에 연속적으로 1,200파운드스털링이 투하되는데 300파운드스털링은 이 총액의 $\frac{1}{4}$ 이고 그것은 3주일이 전체 회전기간 12주일의 $\frac{1}{4}$ 인 것과 같다. 9주일의 노동기간이 끝나면 900파운드스털링의 자본가치는 생산자본 형태에서 상품자본 형태로 전화한다. 이 자본의 노동기간은 종결되었지만 그것은 동일한 자본으로 갱신될 수 없다. 이 자본이 상품자본으로 기능하면서 유통영역에 머무르는 3주일 동안은 생산과정에 관한 한 그것은 마치 전혀 존재하지 않는 것과 똑같은 상태에 있는 것이다. 여기에서는 모든 신용관계를 배제하고 자본가는 단지 자신의 화폐만으로 경영을 한다고 가정한다. 그러나 첫 번째 노동기간을 위해 선대된 자본이 생산과정을 모두 마치고 유통과정에 머물러 있는 3주일 동안에는 추가로 투하된 300파운드스털링의 자본이 기능하기 때문에 생산의 연속성은 중단되지 않는다.

이제 여기에서는 다음과 같은 사실에 주의할 필요가 있다.

첫째, 처음에 선대된 자본 900파운드스털링은, 노동기간은 9주일 만에 완료되지만 3주일이 더 지나기 전〔즉 제13주일이 시작하기 전〕까지는 회
M263 수되지 않는다. 그러나 300파운드스털링의 자본이 추가되면 즉시 새로운 노동기간이 시작된다. 바로 이런 방식을 통해서 생산의 연속성은 유지된다.

둘째, 최초의 자본인 900파운드스털링과 첫 번째 9주일의 노동기간이 끝난 후 새롭게 추가되는 300파운드스털링—첫 번째 노동기간이 종료된 후 중단 없이 두 번째 노동기간이 시작되도록 만들어주는—의 기능은 첫 번째 회전기간에는 분명하게 구별될 수 있지만 두 번째 회전기간부터는 서로 교차되면서 섞이게 된다.

이 문제를 좀더 구체적으로 살펴보기로 하자.

12주일의 첫 번째 회전기간: 9주일의 첫 번째 노동기간이 진행된다. 여

기에 선대된 자본의 회전은 제13주일 초에 완료된다. 마지막 3주일 동안에는 300파운드스털링의 추가자본이 9주일의 두 번째 노동기간이 시작되도록 한다.

두 번째 회전기간: 제13주일 초 900파운드스털링이 회수되어 새로운 회전을 시작할 수 있는 상태가 된다. 그러나 두 번째 노동기간은 추가된 300파운드스털링에 의해 이미 제10주일에 개시되었다. 이 때문에 제13주일 초에는 노동기간의 $\frac{1}{3}$ 이 이미 끝났고 300파운드스털링이 생산자본에서 생산물로 전화되었다. 따라서 두 번째 노동기간의 완료를 위해서는 6주일만이 더 필요하기 때문에 회수된 900파운드스털링의 자본 가운데 $\frac{2}{3}$, 즉 600파운드스털링만 두 번째 노동기간의 생산과정에 들어갈 수 있다. 처음에 투하된 900파운드스털링 중 300파운드스털링은 따로 풀려나 추가자본 300파운드스털링이 첫 번째 노동기간에 수행했던 것과 같은 역할을 한다. 두 번째 회전기간의 제6주일 말(末)에는 두 번째 노동기간이 끝난다. 여기에 선대된 900파운드스털링의 자본은 3주일 후〔즉 두 번째 회전기간 12주일 가운데 제9주일 말〕에 회수된다. 3주일의 유통기간 동안에 앞서 풀려난 자본 300파운드스털링이 활동하기 시작한다. 이것은 두 번째 회전기간의 제7주일〔즉 회계연도 기준 제17주일〕에 900파운드스털링 자본의 세 번째 노동기간을 시작한다.

세 번째 회전기간: 두 번째 회전기간의 제9주일이 끝나면 다시 900파운드스털링이 새로 회수된다. 그러나 세 번째 노동기간은 이미 두 번째 회전 기간의 제7주일에 시작되었고 벌써 6주일이 경과하였다. 그리하여 세 번째 노동기간은 이후 3주일 동안만 지속된다. 그래서 회수된 900파운드
스털링 가운데 300파운드스털링만 생산과정에 들어간다. 네 번째 노동기 M264
간은 세 번째 회전기간의 나머지 9주일을 채우고 그 결과 회계연도 기준 제37주일째에는 네 번째 회전기간과 동시에 다섯 번째 노동기간이 시작된다.

여기에서 이제 계산을 간단히 하기 위하여 노동기간이 5주일이고 유통

기간이 5주일, 따라서 회전기간이 10주일이라고 가정하자. 1년을 50주일로 잡고 매주 이루어지는 자본투하를 100파운드스털링이라고 하자. 그러면 한 번의 노동기간에는 500파운드스털링의 유동자본이 필요하고 한 번의 유통기간에는 500파운드스털링의 추가자본이 필요하다. 그러면 노동기간과 회전기간은 다음과 같이 될 것이다.

노동기간	주(週)	상품(파운드스털링)	환류시점
1	1~5	500	제10주일 말
2	6~10	500	제15주일 말
3	11~15	500	제20주일 말
4	16~20	500	제25주일 말
5	21~25	500	제30주일 말

만약 유통기간이 0이어서 회전기간이 노동기간과 같다면 1년 동안의 회전수는 노동기간의 수와 같다. 노동기간이 5주일인 경우 연간 회전수는 $\frac{50}{5}=10$이고 회전한 자본의 가치는 $500\times10=5{,}000$일 것이다. 유통기간을 5주일로 가정한 위의 표에서도 연간 생산된 상품의 총가치가 5,000파운드스털링이지만 그 가운데 $\frac{1}{10}$, 즉 500파운드스털링은 항상 상품자본의 형태로 남아 5주일이 지날 때까지는 회수되지 않을 것이다. 연말에 10번째 노동기간(제46~50번째 노동주일)의 생산물은 그 회전기간을 단지 절반만 완수할 것이고 그 유통기간은 다음 해의 처음 5주일 동안에 이루어질 것이다.

다음으로 이제 세 번째 사례로 노동기간이 6주일, 유통기간이 3주일, 매주 노동과정에 선대되는 자본이 100파운드스털링인 경우를 보기로 하자.

제1노동기간: 제1~6주일, 6주일 말에는 600파운드스털링의 상품자본이 존재하고 이것은 제9주일 말에 회수된다.

제2노동기간: 제7~12주일. 제7~9주일 동안에 추가자본 300파운드스털링이 선대된다. 제9주일 말 600파운드스털링이 회수된다. 이 중 300파운드스털링이 제10~12주일 동안에 선대된다. 따라서 12주일 말에는 300

파운드스털링의 화폐와 600파운드스털링의 상품자본이 존재하는데 이 상품자본은 제15주일 말에 회수된다.

제3노동기간: 제13~18주일. 제13~15주일 동안에 위에서 언급한 300 M265
파운드스털링이 선대되고 600파운드스털링이 회수되는데 그중 300파운드스털링은 제16~18주일 동안에 선대된다. 제18주일 말에는 300파운드스털링의 화폐와 600파운드스털링의 상품자본이 수중에 있게 되는데 이 상품자본은 제21주일 말에 회수된다(여기에 대한 더 상세한 설명은 뒤에 나오는 '제2절 노동기간이 유통기간보다 더 긴 경우'를 볼 것).

다시 말하면 9번의 노동기간(54주일) 동안에 총 600×9=5,400파운드스털링의 상품이 생산된다. 9번째 노동기간이 끝난 후에 자본가는 화폐로 300파운드스털링, 아직 유통기간이 완료되지 않은 상품 600파운드스털링을 갖는다.

이들 3개의 예를 비교해 보면 다음과 같은 사실을 알게 된다. 첫째, 두 번째 예에서만 똑같이 500파운드스털링인 자본 I과 추가자본 II가 연속적으로 방출되고 제각기 따로 움직인다. 그러나 이것은 단지 우리가 노동기간과 유통기간이 똑같이 회전기간의 절반을 차지한다는 매우 예외적인 가정을 했기 때문에 그런 것이다. 회전기간의 두 구성요소가 서로 다르기만 하면 항상 두 자본의 운동은 첫 번째와 세 번째 예에서처럼 두 번째 회전기간 부분부터 서로 교차되어 섞이게 된다. 그리하여 자본 I의 한 부분과 추가된 자본 II가 합쳐져서 두 번째 회전기간의 자본으로 기능하고 자본 I의 나머지 부분은 자본 II의 원래 기능을 수행하기 위해 떨어져 나간다. 이 경우 상품자본의 유통기간 동안에 움직이는 자본은 원래 이 목적을 위해 선대된 자본 II와 동일하지는 않지만 가치에서는 동일하며 선대된 총자본에서 똑같은 구성 부분을 이룬다.

둘째, 노동기간 동안에 기능하는 자본은 유통기간 동안에는 쉰다. 두 번째 예에서 자본은 5주일의 노동기간 동안 기능을 수행하고 5주일의 유통기간 동안 쉰다. 그러므로 여기에서 자본 I이 쉬는 전체 기간은 1년 가운데 반년이다. 우리의 예에서 이 기간 동안 나타나는 것이 추가자본 II인데 이것도 또한 1년 중 반년을 쉰다. 그러나 유통기간 동안에도 생산이 연속되기 위해 필요한 추가자본은 한 해 동안 유통기간의 합계에 의해 결정되는 것이 아니라 회전기간에 대한 유통기간의 비율에 의해서만 결정된다(물론 이때 모든 회전은 똑같은 조건하에서 이루어진다고 전제되어 있
M266 다). 이런 이유 때문에 두 번째 예에서는 추가자본이 2,500파운드스털링 대신 500파운드스털링이 필요하다. 이것은 추가자본이 처음 선대된 자본과 똑같이 회전에 들어가고, 따라서 그 보전도 처음 선대된 자본과 똑같은 회전수에 따라 이루어지기 때문이다.

셋째, 생산기간이 노동기간보다 더 긴지 아닌지는 여기에서 다루는 상황들에 아무런 영향을 미치지 않는다. 물론 그것 때문에 총회전기간이 연장되긴 하지만 그렇다고 해서 노동과정을 위한 추가자본이 필요한 것은 아니다. 추가자본은 단지 유통기간에 의해 발생하는 노동과정의 공백을 메우는 데 쓰일 뿐이다. 즉 그것은 유통과정으로부터 발생하는 생산의 중단을 막기 위한 것이다. 한편 생산의 특수한 조건으로부터 발생하는 중단은 다른 방식으로 해결되어야 하는데 그것은 여기에서 다루지 않을 것이다. 그러나 작업이 단지 간헐적으로 주문에 따라 수행되는 사업이 있는데 그런 경우에는 노동기간과 노동기간 사이에 휴지기가 있을 수 있다. 그런 경우에는 추가자본이 필요 없다. 반면 대부분의 계절적 작업에서는 자본이 회수되는 시기가 제한되어 있다. 같은 작업이 같은 자본으로 다음 해에 새롭게 시작될 수 있으려면 그동안에 이 자본의 유통기간이 완료되어야만 한다. 그런데 이 유통기간은 다음 생산기간과의 간격보다 더 짧을 수도 있다. 그럴 경우 그동안 자본이 다른 곳에 사용되지 않는다면 그 자본은 놀게 된다.

넷째, 한 노동기간 동안에 선대된 자본〔세 번째 예의 경우 600파운드스털링〕은 일부는 원료와 보조재료〔즉 노동기간을 위한 생산용 재고, 다시 말해 불변적 유동자본〕에 투하되고 일부는 가변적 유동자본〔즉 노동력 자

체에 대한 지불〕에 투하된다. 불변적 유동자본에 투하된 부분이 생산용 재고의 형태로 존재하는 기간은 각기 다를 수 있다. 예를 들어 원료는 노동기간 전체에 걸쳐 존재하지 않을 수 있는데, 즉 석탄은 2주일 단위로만 조달될 수도 있다. 그러나 여기에서는 신용을 여전히 고려하지 않기 때문에 이런 부분에 해당하는 자본은, 그것이 생산용 재고의 형태로 이용되지 않을 때에는, 나중에 생산용 재고의 형태로 전화될 수 있도록 화폐형태로 존재해야만 한다. 그러나 그렇다고 해서 이것 때문에 6주일에 걸쳐 선대되는 불변적 유동자본가치의 크기가 변화하지는 않는다. 반면에 — 예기치 못한 지출을 위한 화폐준비금이나 갑작스러운 생산 중단에 대응하기 위한 준비기금을 무시한다면 — 임금은 보다 짧은 간격〔대개 주급〕으로 지불된다. 따라서 자본가가 노동자에게 강제로 그의 노동을 보다 오랫동 M267
안 선대하도록 만들지 않을 경우에는 임금에 필요한 자본이 화폐의 형태로 그의 수중에 있어야만 한다. 따라서 자본이 회수되고 나면 그중 일부는 노동에 대한 지불을 위해 화폐형태로 보유되어야 하고 다른 일부는 생산용 재고로 전화되어야만 한다.

추가자본은 최초의 자본과 똑같은 방식으로 나누어진다. 그러나 추가자본이 자본 I과 구별되는 점은 그것이(신용관계를 배제한다면) 자신의 노동기간 동안 이용될 수 있도록 자본 I의 첫 번째 노동기간 — 추가자본은 여기에 들어가지 않는다 — 내내 선대되어야만 한다는 점이다. 이 기간 동안 추가자본은 (적어도 일부는) 회전기간 전체를 위해 선대된 불변적 유동자본으로 전화될 수 있다. 추가자본이 어느 정도까지 그렇게 전화될 수 있을지〔혹은 이런 전화가 필요할 때까지 추가 화폐자본의 형태로 머물게 될지〕는 한편으로는 해당 사업부문의 특별한 생산조건에, 다른 한편으로는 지리적 사정이나 원료의 가격변동 등에 좌우된다. 사회적 총자본의 입장에서 본다면 이런 추가자본 가운데 상당 부분은 항상 일정한 기간 동안 화폐자본 상태로 있을 것이다. 그러나 자본 II 중에서 임금에 선대되는 부분은 항상 비교적 짧은 노동기간이 끝나고 그 지불이 이루어질 때마다 조금씩 노동력으로 전화한다. 따라서 자본 II 가운데 이 부분은 그것이 노동력으로 전화하여 생산자본의 기능을 수행하기 전까지는 전체 노동기간 동안 화폐자본의 형태로 존재하게 된다.

이처럼 자본 I의 유통기간을 생산기간으로 전화시키기 위해 추가자본이 투입되면 그것은 선대자본의 크기는 물론 총자본이 반드시 선대되어야만 하는 기간까지도 함께 증대시키고 또한 선대자본 가운데 특히 화폐준비금으로 존재하는 부분〔즉 화폐자본 혹은 잠재적인 화폐자본의 형태를 띠는 부분〕도 증대시킨다.

이것은 다음과 같은 경우에도 똑같이—생산용 재고 형태로의 선대 및 화폐준비금 형태로의 선대와 관련하여—발생한다. 즉 유통기간 때문에 자본은 첫 번째 노동기간을 위한 자본과 유통기간을 위한 추가자본이라는 두 부분으로 나누어지는데, 이 분할이 투하자본의 증가가 아니라 생산
M268 규모의 축소에 의해 일어나는 경우가 바로 그것이다. 이런 경우에는 화폐형태로 묶여 있는 자본량이 생산규모에 비하여 훨씬 증가하게 된다.

일반적으로 이렇게 자본이 최초의 생산자본과 추가자본으로 나누어짐으로써 노동기간은 연속적으로 이어지고 선대자본 가운데 일부가 동일한 크기로 계속 생산자본으로 기능하게 된다.

두 번째 예를 살펴보기로 하자. 생산과정에서 계속해서 사용되는 자본은 500파운드스털링이다. 노동기간이 5주일이기 때문에 이것은 50주일(1년을 50주일로 할 경우) 동안에 10번 사용된다. 따라서 잉여가치를 제외한다면 그 생산물은 10×500파운드스털링=5,000파운드스털링이다. 생산과정에서 직접적으로 계속 사용되는 자본〔500파운드스털링의 자본가치〕의 입장에서 보면 유통기간은 0으로 되어버린 것처럼 보인다. 회전기간은 노동기간과 일치하고 유통기간은 0으로 가정된다.

그러나 500파운드스털링의 자본이 5주일의 유통기간 때문에 정기적으로 생산활동을 중단하고 따라서 10주일의 전체 회전기간이 완료되어야만 생산을 다시 시작할 수 있다면 1년 동안에는 10주일 걸리는 회전을 5번 수

행할 수 있을 것이다. 여기에는 5주일이 소요되는 생산기간이 5회〔즉 25주일의 생산기간〕 포함될 것이고 거기에서 생산된 총생산물은 5×500=2,500파운드스털링이 될 것이다. 그리고 5주일이 소요되는 유통기간은 5회, 따라서 총유통기간 25주일이 포함되어 있을 것이다. 여기에서 우리가 500파운드스털링의 자본이 한 해 동안에 5회 회전했다고 말한 것은 각 회전기간의 절반〔모두 합해서 1년의 절반 기간〕을 이 자본이 생산자본으로 기능하지 않았다는 것을 자동적으로 말한 것이다.

위의 예에서는 500파운드스털링의 추가자본이 이들 5회의 회전기간 동안에 등장하고 그 결과 회전은 2,500파운드스털링에서 5,000파운드스털링으로 증가한다. 그리하여 이제 선대자본도 500파운드스털링이 아니라 1,000파운드스털링이다. 5,000을 1,000으로 나누면 5가 되고 따라서 이제 회전은 10회전이 아니라 5회전이 된다. 그리고 이것이 바로 사람들이 실제로 계산하는 방식이다. 그러나 1,000파운드스털링의 자본이 1년 동안에 5회 회전했다고 말함으로써 자본가의 텅 빈 머릿속에서는 유통기간에 대한 기억이 사라지고 이 자본이 5회의 연속적인 회전기간 동안 생산과정에서 계속해서 기능했다는 혼란한 생각이 형성된다. 그러나 우리가 1,000파운드스털링의 자본이 5회 회전했다고 말할 경우 그것은 유통기간과 생산기간을 모두 포함한 것이다. 만일에 1,000파운드스털링이 생산과정에 M269
서 실제로 끊임없이 사용되었다면 생산물은 우리의 가정에 따를 때 5,000파운드스털링이 아니라 10,000파운드스털링이 되어야만 할 것이다. 그러나 1,000파운드스털링이 끊임없이 생산과정에서 사용되기 위해서는 2,000파운드스털링이 선대되어야만 할 것이다. 대개 회전의 메커니즘에 대해서 분명한 이야기를 거의 하지 못하는 경제학자들은 항상 이 중요한 사실, 즉 생산이 중단되지 않고 계속되려면 산업자본 가운데 일부만 실제로 생산과정에 참여할 수 있다는 점을 간과한다. 산업자본 가운데 일부는 생산기간에 있어야 하지만 다른 일부는 항상 유통기간에 있어야만 하기 때문이다. 달리 말해서 자본 가운데 일부가 생산자본으로 기능하기 위해서는 반드시 다른 일부가 상품자본이나 화폐자본의 형태로 생산과정에서 떨어져 나와 있어야 하는 것이다. 이 점을 간과하면 화폐자본의 중요성과 역할이 완전히 무시된다.

우리는 이제 회전기간의 두 부분〔즉 노동기간과 유통기간〕이 같을 경우와 다를 경우 이것이 회전에서 어떤 차이를 만들어내는지, 그리고 그것이 자본을 어떻게 화폐자본의 형태로 묶어두는지에 대해서 고찰해보기로 한다.

모든 경우에서 매주 선대되는 자본은 100파운드스털링이고 회전기간은 9주일이며 따라서 각 회전기간마다 선대되어야 하는 자본은 900파운드스털링이라고 가정한다.

제1절 노동기간이 유통기간과 같은 경우

이런 경우는 실제 현실에서 나타날 가능성은 거의 없지만 단지 각종 관계가 매우 단순하고 이해하기 쉬운 형태로 나타나기 때문에 논의의 출발점으로 사용하는 데는 매우 유용할 것이 분명하다.

두 자본(첫 번째 노동기간을 위해 선대된 자본 I과 자본 I의 유통기간 동안 사용되는 추가자본 II)은 각자의 운동과정을 서로 부딪히지 않으면서 수행한다. 그리하여 첫 번째 기간을 예외로 하면 두 자본의 어느 쪽도 단지 자기 자신의 회전기간에만 선대된다. 아래의 여러 예에서 제시된 바와 같이 회전기간이 9주일이고 노동기간과 유통기간이 각각 $4\frac{1}{2}$주일이라고 가정하자. 그러면 다음과 같은 연간 도표가 얻어진다.

자본 I M270

	회전기간(주일)	노동기간(주일)	선대(파운드스털링)	유통기간(주일)
I	1~9	1 ~4 $\frac{1}{2}$	450	4 $\frac{1}{2}$ ~9
II	10~18	10~13 $\frac{1}{2}$	450	13 $\frac{1}{2}$ ~18
III	19~27	19~22 $\frac{1}{2}$	450	22 $\frac{1}{2}$ ~27
IV	28~36	28~31 $\frac{1}{2}$	450	31 $\frac{1}{2}$ ~36
V	37~45	37~40 $\frac{1}{2}$	450	40 $\frac{1}{2}$ ~45
VI	46~(54)	46~49 $\frac{1}{2}$	450	49 $\frac{1}{2}$ ~(54)12)

자본 II

	회전기간(주일)	노동기간(주일)	선대(파운드스털링)	유통기간(주일)
I	4 $\frac{1}{2}$ ~13 $\frac{1}{2}$	4 $\frac{1}{2}$ ~9	450	10~13 $\frac{1}{2}$
II	13 $\frac{1}{2}$ ~22 $\frac{1}{2}$	13 $\frac{1}{2}$ ~18	450	19~22 $\frac{1}{2}$
III	22 $\frac{1}{2}$ ~31 $\frac{1}{2}$	22 $\frac{1}{2}$ ~27	450	28~31 $\frac{1}{2}$
IV	31 $\frac{1}{2}$ ~40 $\frac{1}{2}$	31 $\frac{1}{2}$ ~36	450	37~40 $\frac{1}{2}$
V	40 $\frac{1}{2}$ ~49 $\frac{1}{2}$	40 $\frac{1}{2}$ ~45	450	46~49 $\frac{1}{2}$
VI	49 $\frac{1}{2}$ ~(58 $\frac{1}{2}$)	49 $\frac{1}{2}$ ~(54)	450	(55~58 $\frac{1}{2}$)

우리가 여기에서 1년이라고 간주하는 51주일 동안 자본 I은 6회의 노동기간을 완전히 마치고 6×450파운드스털링=2,700파운드스털링의 상품을, 자본 II는 5회의 노동기간을 완전히 마치고 5×450파운드스털링=2,250파운드스털링의 상품을 각기 생산한다. 여기에 자본 II는 그해의 마지막 주일(제50주일의 $\frac{1}{2}$ 과 제51주일) 동안에 추가로 150파운드스털링의 상품을 생산한다. 51주일 동안의 총생산물은 5,100파운드스털링이다. 노동기간 동안에만 발생하는 잉여가치의 직접적인 생산과 관련하여 총자본 900파운드스털링은 5 $\frac{2}{3}$ 회(5 $\frac{2}{3}$ ×900파운드스털링=5,100파운드스털링) 회전할 것이다. 그러나 실제의 회전을 살펴보면 자본 I은 제51주일 말에 자신의 6번째 회전기간을 마치려면 아직 3주일이 남아 있기 때문에 5$\frac{2}{3}$ 회를 회전한 셈이고 따라서 그것의 회전은 5$\frac{2}{3}$ ×450파운드스털링=2,550파

12) 회전의 제2차 연도에 속하는 주일은 괄호 안에 표기하였다.

운드스털링이 된다. 그리고 자본 II는 자신의 6번째 회전기간 가운데 아직 $1\frac{1}{2}$ 주일만 완료했기 때문에 $5\frac{1}{6}$ 회를 회전한 셈이고 나머지 $7\frac{1}{2}$ 주일은 다음 해에 계속된다. 따라서 그것의 회전은 $5\frac{1}{6}\times$450파운드스털링=2,325파운드스털링이 된다. 이리하여 실제 이루어진 총회전은 4,875파운드스털링이 된다.

M271 자본 I과 자본 II를 두 개의 서로 다른 독립적인 자본이라고 간주하자. 이들의 운동은 각기 독립적으로 이루어진다. 이들의 운동은 각자의 노동기간과 유통기간이 곧바로 번갈아 가며 이루어진다는 점에서만 서로 보완적이다. 이들은 마치 서로 다른 자본가에게 속하는 완전히 독립적인 두 개의 자본인 것처럼 고찰할 수 있다.

자본 I은 5회의 완전한 회전과 6번째 회전기간의 $\frac{2}{3}$ 를 완료했다. 이 $\frac{2}{3}$ 는 연말에 상품자본의 형태를 띠고 있고 완전히 실현되기 위해서는 아직 3주일이 더 필요하다. 이 기간 동안 그것은 생산과정에 들어갈 수 없다. 그것은 상품자본으로 기능한다. 말하자면 유통과정에 있다. 이것은 마지막 회전기간의 단지 $\frac{2}{3}$ 만 완료했다. 이것은 다음과 같이 표현될 수 있다. 자본 I은 단지 $\frac{2}{3}$ 만 회전했고 그 총가치 가운데 $\frac{2}{3}$ 만 완결된 회전을 수행하였다. 450파운드스털링이 9주일 만에 회전을 마치기 때문에 6주일 동안 회전된 자본은 300파운드스털링이다. 그러나 이런 식으로 표현할 경우 회전기간을 구성하는 서로 다른 두 부분 간의 유기적인 관계는 무시된다. 선대자본 450파운드스털링이 $5\frac{2}{3}$ 회전을 했다는 표현의 정확한 의미는 이 자본이 5회전을 완전히 완료했고 6번째 회전은 $\frac{2}{3}$ 만 완료했다는 것뿐이다. 다른 한편 회전된 자본이 $5\frac{2}{3}\times$선대자본〔따라서 위의 경우에는 $5\frac{2}{3}\times$450파운드스털링=2,550파운드스털링이다〕이라는 표현은 올바른 것이며 다음과 같은 사실을 의미한다. 즉 만일 이 450파운드스털링의 자본이 다른 450파운드스털링의 자본에 의해 보완되지 않는다면 이 자본 가운데 한 부분은 다른 부분이 유통과정에 있는 동안 생산과정에 있어야만 할 것이다. 회전기간이 회전하는 자본의 양으로 표현되기 위해서는 그것은 늘 현존하는 가치(사실상 완성된 생산물)의 양으로만 표현될 수 있다. 선대자본이 생산과정을 다시 시작할 수 있는 상태가 아니라는 말은 자본 가운데 일부만이 생산에 이용될 수 있는 상태에 있다는 것을 의미하고 또한 생산이 중단 없이 계속되기 위해서는 자본 가운데 일부는 생산기간에 다른 일부는 유통기간에 있는 방식으로 자본이 나누어져야 한다는 것을 의미한다. 이것은 생산자본이 계속 기능하기 위해서 필요한 양이 회전기간에 대한 유통기간의 비율에 의해 결정된다는 바로 그 법칙이다.

여기에서 우리가 연말로 간주하는 제51주일 말에 자본 II 가운데 150파운드스털링은 아직 완성되지 않은 상품의 생산에 선대되어 있다. 그것의 또 다른 일부는 원료 등과 같은 유동적 불변자본의 형태〔즉 생산과정에서 M272
생산자본으로 기능할 수 있는 형태〕로 존재한다. 그러나 그것의 세 번째 부분은 남은 노동기간(3주일) 동안 임금으로 지불되기 위한 — 실제 이것의 지불은 매 일주일이 끝나고 나서야 비로소 이루어진다 — 화폐형태로 존재한다. 새해 초〔즉 새로운 회전이 시작하는 시점〕가 되었을 때 이 자본 부분은 아직 생산자본의 형태가 아니라 생산과정에 참가할 수 없는 화폐자본의 형태로 존재하지만 새로운 회전이 시작될 때 유동적 가변자본〔즉 살아 있는 노동력〕은 생산과정에서 활동한다. 그것은 노동력이 노동기간〔예를 들어 1주일〕의 개시 시점에 구매되어 소비되긴 하지만 지불은 주말이 되어야만 이루어지기 때문이다. 이때 화폐는 지불수단의 역할을 수행한다. 바로 이런 이유 때문에 한편으로 이 자본 부분은 자본가의 수중에 여전히 화폐로 머물러 있지만, 다른 한편으로 화폐가 전화되어야 할 상품인 노동력은 이미 생산과정에서 활동하고 있음으로써, 똑같은 자본가치가 여기에서는 이중으로 나타나게 된다.

노동기간만을 살펴본다면,

자본 I의 생산: 6 $\times$450파운드스털링=2,700파운드스털링

자본 II의 생산: $5\frac{1}{3}$ $\times$450파운드스털링=2,400파운드스털링

합계 : $5\frac{2}{3}$ ×900파운드스털링=5,100파운드스털링

그리하여 900파운드스털링의 총선대자본이 1년 동안에 생산자본으로 $5\frac{2}{3}$회 기능을 수행하였다. 450파운드스털링이 항상 생산과정에 있고 또 다른 450파운드스털링이 항상 유통과정에 있든, 아니면 900파운드스털링이 $4\frac{1}{2}$주일 동안은 생산과정에서 기능하고 그 다음 $4\frac{1}{2}$주일 동안은 유통과정에서 기능하든, 그것들은 잉여가치의 생산이란 측면에서 볼 때 모두 중요한 문제가 아니다.

다른 한편 회전기간을 살펴보면,

자본 I : $5\frac{2}{3}$ ×450파운드스털링=2,550파운드스털링
자본 II: $5\frac{1}{6}$ ×450파운드스털링=2,325파운드스털링
총자본: $5\frac{5}{12}$ ×900파운드스털링=4,875파운드스털링

이렇게 되는 것은 총자본의 회전수는 I과 II에 의해 회전된 액수의 합계를 I과 II의 합계로 나눈 것과 같기 때문이다.

M273 자본 I과 II가 서로 독립적이긴 하지만 동일한 생산부문에 선대된 사회적 자본 가운데 각기 다른 부분일 뿐이라는 점에 주의해야 한다. 따라서 만일 이 생산부문 내부의 사회적 자본이 단지 I과 II만으로 구성되어 있다면, 이 부문의 사회적 자본의 회전에서도, I과 II를 개별 자본의 두 구성 부분으로 가정하고 진행했던 위의 계산방식이 똑같이 적용될 수 있을 것이다. 마찬가지로 사회적 총자본 가운데 특정 생산부문에 투하된 모든 자본도 같은 방식으로 계산될 수 있을 것이다. 그러나 결국 사회적 총자본의 회전수는 각 생산부문들에서 회전된 자본의 총액을 이들 부문에 선대된 자본의 총액으로 나눈 것과 같을 것이다.

또 하나 여기에서 주의해야 할 점은 동일한 개인 사업에서 자본 I과 II의 연간 회전수가 (엄밀하게 말해서) 서로 다른 것(자본 II의 회전은 자본 I

의 회전보다 $4\frac{1}{2}$ 주일 늦게 시작되고 따라서 자본 I의 1년 회전은 자본 II의 1년 회전보다 $4\frac{1}{2}$ 주일 일찍 끝난다)과 꼭 마찬가지로 동일한 생산부문에 있는 각 개별 자본들도 서로 전혀 다른 기간에 사업을 시작하고 따라서 연중 서로 다른 시기에 각자의 1년 회전을 완료한다는 것이다. 우리가 위에서 I과 II에 적용한 평균 계산은 이 경우 사회적 자본 가운데 각기 독립적인 개별 자본들의 1년 회전을 하나의 통일된 1년 회전으로 계산하는 데에도 똑같이 사용될 수 있다.

제2절 노동기간이 유통기간보다 긴 경우

이 경우에는 자본 I과 자본 II의 노동기간과 회전기간이 서로 번갈아 자리를 바꾸는 것이 아니라 서로 교차되면서 뒤섞인다. 동시에 자본 가운데 일부가 분리되어 나가는 현상이 나타나는데 이것은 앞에서는 나타나지 않던 일이다.

그러나 이것은 앞서와 마찬가지로 여전히 다음 사실에는 아무런 영향을 미치지 않는다. ① 선대된 총자본의 노동기간 횟수는 선대된 두 자본 부분의 연간 생산물가치의 합계를 선대된 총자본으로 나눈 것과 같다. ② 총자본의 회전수는 회전된 두 자본액의 합계를 선대된 두 자본의 합계로 나눈 것과 같다. 여기에서도 우리는 두 자본 부분을 마치 서로 완전히 독립적인 회전운동을 수행하는 별개의 존재인 것처럼 간주해야만 한다.

—

여기에서도 다시 매주 100파운드스털링이 노동과정에 선대된다고 가 M274
정하자. 노동기간은 6주일간 지속되고 따라서 매번 600파운드스털링의 선대(자본 I)가 필요하다고 하자. 유통기간은 3주일이고 따라서 회전기간은 앞서와 마찬가지로 9주일이라고 하자. 300파운드스털링의 자본 II는 자본 I의 유통기간인 3주일 동안 투입된다고 하자. 두 자본을 각기 독립적인 것으로 간주한다면 연간 회전의 도표는 다음과 같다.

자본 I(600파운드스털링)

	회전기간(주일)	노동기간(주일)	선대(파운드스털링)	유통기간(주일)
I	1~9	1~6	600	7~9
II	10~18	10~15	600	16~18
III	19~27	19~24	600	25~27
IV	28~36	28~33	600	34~36
V	37~45	37~42	600	43~45
VI	46~(54)	46~51	600	(52~54)

추가자본 II(300파운드스털링)

	회전기간(주일)	노동기간(주일)	선대(파운드스털링)	유통기간(주일)
I	7~15	7~9	300	10~15
II	16~24	16~18	300	19~24
III	25~33	25~27	300	28~33
IV	34~42	34~36	300	37~42
V	43~51	43~45	300	46~51

생산과정은 동일한 규모로 1년 내내 중단 없이 계속된다. 자본 I과 자본 II는 서로 완전히 분리된 상태를 유지한다. 그러나 그것들을 분리된 상태로 표시하기 위해서는 실제 현실에서 그것들의 교차와 착종을 분리해내야만 하고 거기에 맞추어 회전수도 바꾸어야만 한다. 즉 위의 표에 따르면 회전은 다음과 같이 이루어진다.

자본 I의 회전: $5\frac{2}{3} \times 600 = 3,400$파운드스털링

자본 II의 회전: $5 \times 300 = 1,500$파운드스털링

총자본의 회전: $5\frac{4}{9} \times 900 = 4{,}900$파운드스털링

그러나 이것은 맞지 않다. 왜냐하면 다음에서 보게 되듯이 실제의 생산 M275
기간과 유통기간은 위의 표 — 여기에서는 주로 자본 I과 자본 II를 각기 독립적인 것으로 표시하는 데 주안점을 둔다 — 와는 절대치에서 일치하지 않기 때문이다.

실제로 자본 II는 자본 I의 노동기간과 분리된 별도의 노동기간과 유통기간을 갖지 않는다. 자본 I의 노동기간은 6주일이고 유통기간은 3주일이다. 자본 II는 단지 300파운드스털링에 불과하기 때문에 이것으로는 노동기간 가운데 단지 일부분만 채울 수 있을 뿐이다. 이것이 바로 지금 이야기되고 있는 것이다. 제6주일 말에 600파운드스털링의 가치를 가진 생산물이 유통으로 넘어가서 제9주일 말에 화폐형태로 회수된다. 그리하여 제7주일 초에 자본 II는 활동을 시작하여 다음번 노동기간, 즉 제7~9주일의 필요를 충족한다. 그러나 우리의 가정에 따르면 제9주일 말에 노동기간은 단지 $\frac{1}{2}$만 완료된다. 따라서 제10주일 초에 지금 막 회수된 600파운드스털링의 자본 I이 다시 활동에 들어가고 그 가운데 300파운드스털링은 제10~12주일에 필요한 선대를 충당한다. 이리하여 두 번째 노동기간이 완료된다. 다시 600파운드스털링의 가치를 가진 생산물이 유통과정에 들어가고 제15주일 말에 회수된다. 동시에 자본 II의 최초의 액수인 300파운드스털링은 따로 풀려나 있다가 그 다음 노동기간의 처음 전반부, 즉 제13~15주일에 기능할 수 있을 것이다. 제15주일이 지나고 나면 다시 600파운드스털링이 회수된다. 그 가운데 300파운드스털링은 나머지 노동기간을 위해 충당되고 300파운드스털링은 다음 노동기간을 위해 남게 된다.

그리하여 전체 과정은 다음과 같이 진행된다.

첫 번째 회전기간: 제1~9주일.

- 첫 번째 노동기간: 제1~6주일, 600파운드스털링의 자본 I이 그 기능

을 수행한다.

- 첫 번째 유통기간: 제7~9주일, 제9주일 말에 600파운드스털링이 회수된다.

두 번째 회전기간: 제7~15주일.

- 두 번째 노동기간: 제7~12주일.

전반기: 제7~9주일. 300파운드스털링의 자본 II가 그 기능을 수행한다. 제9주일 말에 600파운드스털링이 화폐형태로 회수된다(자본 I).

후반기: 제10~12주일. 자본 I의 300파운드스털링이 그 기능을 수행한다. 자본 I의 나머지 300파운드스털링은 따로 풀려난 상태로 남는다.

- 두 번째 유통기간: 제13~15주일.

제15주일 말에 600파운드스털링(절반은 자본 I로, 나머지 절반은 자본 II로 이루어진 것이다)이 화폐형태로 회수된다.

세 번째 회전기간: 제13~21주일.

M276 • 세 번째 노동기간: 제13~18주일.

전반기: 제13~15주일. 따로 풀려나 있던 300파운드스털링이 그 기능을 수행한다. 제15주일 말에 600파운드스털링이 화폐형태로 회수된다.

후반기: 제16~18주일. 회수된 600파운드스털링 가운데 300파운드스털링은 기능하고 다른 300파운드스털링은 다시 따로 풀려난다.

- 세 번째 유통기간: 제19~21주일.

제21주일 말에 600파운드스털링이 다시 화폐형태로 회수된다. 이 600파운드스털링 안에는 자본 I과 자본 II가 구별될 수 없는 상태로 뒤섞여 있다.

이런 방식으로 제51주일 말까지 600파운드스털링의 자본이 8회를 완전히 회전한다(I: 제1~9주일, II: 제7~15주일, III: 제13~21주일, IV: 제19~27주일, V: 제25~33주일, VI: 제31~39주일, VII: 제37~45주일, VIII:

제43~51주일). 그러나 제49~51주일은 8번째 유통기간에 해당하기 때문에 이 기간 동안에는 따로 풀려난 자본 300파운드스털링이 들어와서 생산을 계속해야만 한다. 이리하여 연말이 되었을 때 회전은 다음과 같이 된다. 우선 600파운드스털링이 회전을 8회 완료하여 4,800파운드스털링을 만들어내었다. 거기에 마지막 3주일(제49~51주일)의 생산물이 있지만 그것은 9주일이 걸리는 순환을 단지 $\frac{1}{3}$만 완료했기 때문에 회전된 액수에는 이 액수의 $\frac{1}{3}$, 즉 100파운드스털링만 계산된다. 그리하여 51주일의 연간 생산물은 5,100파운드스털링이지만 회전한 자본은 단지 4,800+100=4,900파운드스털링뿐이다. 따라서 선대된 총자본 900파운드스털링은 $5\frac{4}{9}$회 회전하여 첫 번째 경우보다 약간 더 회전한 셈이다.

지금의 예에서 우리는 노동기간이 회전기간의 $\frac{2}{3}$이고 유통기간이 회전기간의 $\frac{1}{3}$인 경우〔즉 노동기간이 유통기간의 단순 배수인 경우〕를 가정하였다. 이제 이런 가정을 하지 않았을 때도 마찬가지로 위에서 말한 것처럼 자본 가운데 일부가 따로 풀려나는 일이 발생하는지 의문이 발생한다.

노동기간이 5주일, 유통기간이 4주일, 매주 선대되는 자본이 100파운드스털링이라고 가정하자.

첫 번째 회전기간: 제1~9주일.

- 첫 번째 노동기간: 제1~5주일. 500파운드스털링의 자본 I이 그 기능을 수행한다.
- 첫 번째 유통기간: 제6~9주일. 제9주일 말에 500파운드스털링이 화폐형태로 회수된다.

두 번째 회전기간: 제6~14주일.

- 두 번째 노동기간: 제6~10주일.

  첫 번째 부분: 제6~9주일. 400파운드스털링의 자본 II가 그 기능을 수행한다. 제9주일 말에 500파운드스털링의 자본 I이 화폐형태로 회수된다.

두 번째 부분: 제10주일. 회수된 500파운드스털링 중 100파운드스털링이 그 기능을 수행한다. 나머지 400파운드스털링은 다음 노동기간을 위해 자유롭게 풀려난 채로 남게 된다.

M277

- 두 번째 유통기간: 제11~14주일. 제14주일 말에 500파운드스털링이 화폐형태로 회수된다.

제14주일 말까지는(제11~14주일) 따로 풀려난 위의 400파운드스털링이 그 기능을 수행한다. 그리하여 회수된 500파운드스털링 중 100파운드스털링은 세 번째 노동기간(제11~15주일)의 필요를 충족하고 400파운드스털링은 네 번째 노동기간을 위해 또다시 풀려난다. 똑같은 현상이 노동기간마다 반복된다. 매번 노동기간이 시작될 때는 수중에 400파운드스털링이 준비되어 있고 이것으로 처음 4주일의 필요를 충당한다. 제4주일 말이 되면 500파운드스털링이 화폐형태로 회수되는데 그 가운데 100파운드스털링만 마지막 주일을 위해 사용되고 나머지 400파운드스털링은 다음 노동기간을 위해 따로 풀려난 채로 남는다.

다음으로 700파운드스털링의 자본 I이 7주일의 노동기간을 갖고 200파운드스털링의 자본 II가 2주일의 유통기간을 갖는다고 가정해보자.

이 경우 첫 번째 회전기간은 첫 주일부터 제9주일까지 지속된다. 그중 첫 번째 노동기간은 첫 주일부터 제7주일까지 700파운드스털링의 선대를 통해 지속되고 첫 번째 유통기간은 제8~9주일이다. 제9주일 말에 700파운드스털링이 화폐형태로 회수된다.

제8주일부터 제16주일까지의 두 번째 회전기간은 제8주일부터 제14주일까지의 두 번째 노동기간을 포함한다. 그중 제8~9주일 동안 필요한 선대는 자본 II에 의해 충당된다. 제9주일 말이 되면 위의 700파운드스털링이 회수된다. 이 노동기간(제10~14주일)이 끝날 때까지 700파운드스털링 중 500파운드스털링이 사용되고 나머지 200파운드스털링은 다음 노동기간을 위해 따로 풀려난 상태로 남는다. 두 번째 유통기간은 제15주일부터 제16주일까지 지속된다. 제16주일 말에 700파운드스털링이 또다시 회수된다. 이제부터는 똑같은 일이 노동기간마다 매번 반복된다. 처음 2주일 동안 필요한 자본은 먼젓번 노동기간이 끝날 때 풀려난 200파운드스털링으로 충당된다. 제2주일 말에는 700파운드스털링이 회수된다. 그런데 노동기간은 이제 5주일만 남아 있기 때문에 회수된 700파운드스털링 중 단지 500파운드스털링만 소비된다. 따라서 200파운드스털링은 계속해서 다음 노동기간을 위해 따로 풀려난 상태로 남는다.

이리하여 우리는 다음과 같은 사실을 알게 된다. 즉 노동기간이 유통기간보다 길다고 가정한 위의 경우에도 항상 화폐자본이 각 노동기간이 끝날 때마다 따로 풀려나고 그 크기는 유통기간을 위해 선대된 자본 II와 동일하다. 위에서 든 세 개의 예에서 자본 II는 첫 번째 예에서는 300파운드스털링, 두 번째 예에서는 400파운드스털링, 세 번째 예에서는 200파운드스털링이었다. 따라서 각 노동기간이 끝날 때마다 따로 풀려나는 자본은 각각 300파운드스털링, 400파운드스털링, 200파운드스털링이다.

제3절 노동기간이 유통기간보다 짧은 경우

우선 다시 한 번 회전기간이 9주일이고 그 가운데 3주일은 이용 가능한 M278
자본 I＝300파운드스털링의 노동기간이라고 가정하자. 유통기간은 6주일이고 이 6주일에는 600파운드스털링의 추가자본이 필요하다. 그리고 이것들은 다시 각기 300파운드스털링인 두 자본으로 나누어지고 이들 각각은 한 번의 노동기간을 충당하는 데 사용된다. 그리하여 각기 300파운드스털링인 세 개의 자본이 있게 되는데 그중 하나의 300파운드스털링은 항상 생산에 사용되고 나머지 둘〔600파운드스털링〕은 유통된다.

이 표는 제1절의 표를 꼭 닮았는데 단지 제1절에서는 두 개의 자본이 M279
교대하지만 여기에서는 세 개의 자본이 교대한다는 점만 다를 뿐이다. 여

자본 I

	회전기간(주일)	노동기간(주일)	유통기간(주일)
I	1~9	1~3	4~9
II	10~18	10~12	13~18
III	19~27	19~21	22~27
IV	28~36	28~30	31~36
V	37~45	37~39	40~45
VI	46~(54)	46~48	49~(54)

자본 II

	회전기간(주일)	노동기간(주일)	유통기간(주일)
I	4~12	4~6	7~12
II	13~21	13~15	16~21
III	22~30	22~24	25~30
IV	31~39	31~33	34~39
V	40~48	40~42	43~48
VI	49~(57)	49~51	(52~57)

자본 III

	회전기간(주일)	노동기간(주일)	유통기간(주일)
I	7~15	7~9	10~15
II	16~24	16~18	19~24
III	25~33	25~27	28~33
IV	34~42	34~36	37~42
V	43~51	43~45	46~51

기에서는 자본들이 서로 교차하거나 섞이는 일이 일어나지 않는다. 각 자본은 모두 연말에 따로따로 분리해서 찾아낼 수 있다. 제1절의 경우와 마찬가지로 노동기간이 끝날 때 따로 풀려나는 자본도 없다. 자본 I은 제3주일 말에 모두 투하되었다가 제9주일 말에 모두 회수되며 제10주일 초에 그 기능을 다시 시작한다. 자본 II와 자본 III도 마찬가지다. 각 자본은 규칙적으로 완전하게 교대하기 때문에 따로 풀려나는 자본은 전혀 없다.

총회전은 다음과 같다.

자본 I	300파운드스털링 × $5\frac{2}{3}$	= 1,700파운드스털링
자본 II	300파운드스털링 × $5\frac{1}{3}$	= 1,600파운드스털링
자본 III	300파운드스털링 × 5	= 1,500파운드스털링
총자본	900파운드스털링 × $5\frac{1}{3}$	= 4,800파운드스털링

이제 유통기간이 노동기간의 정확한 배수가 아닌 예도 들어보자. 예를 들어 노동기간은 4주일이고 유통기간은 5주일이라고 하자. 그러면 그에 상응하는 자본량은 다음과 같을 것이다. 자본 I = 400파운드스털링, 자본 II = 400파운드스털링, 자본 III = 100파운드스털링. 처음의 3회전만을 보기로 하자.

자본 I

	회전기간(주일)	노동기간(주일)	유통기간(주일)
I	1~9	1~4	5~9
II	9~17	9, 10~12	13~17
III	17~25	17, 18~20	21~25

자본 II

	회전기간(주일)	노동기간(주일)	유통기간(주일)
I	5~13	5~8	9~13
II	13~21	13, 14~16	17~21
III	21~29	21, 22~24	25~29

자본 III M280

	회전기간(주일)	노동기간(주일)	유통기간(주일)
I	9~17	9	10~17
II	17~25	17	18~25
III	25~33	25	26~33

여기에서는 자본 III의 노동기간 — 이 노동기간은 1주일에 불과하기 때문에 독립된 노동기간을 갖지 못한다 — 이 자본 I의 첫 번째 노동기간과

일치할 때 자본들 간의 착종이 발생한다. 그러나 그럴 경우에는 자본 I과 자본 II의 노동기간이 끝날 때 자본 III과 동일한 액수인 100파운드스털링이 따로 풀려난다. 즉 자본 III이 자본 I의 두 번째 노동기간(그리고 그 이후의 모든 노동기간도 함께)의 제1주일을 채워주고 바로 그 제1주일 말에 자본 I의 400파운드스털링이 모두 회수된다면 자본 I의 노동기간은 이제 3주일(금액으로는 300파운드스털링의 자본투하)만 남게 될 것이다. 따라서 여기에서 남겨진 100파운드스털링은 바로 뒤에 이어지는 자본 II의 노동기간의 제1주일을 위해 충당될 것이고 그 주일 말에는 다시 자본 II의 400파운드스털링이 모두 회수된다. 그러나 이미 시작된 노동기간은 단지 300파운드스털링만을 흡수할 수 있기 때문에 100파운드스털링은 노동기간이 끝날 때에 다시 풀려날 것이다. 이후에도 마찬가지 과정이 반복될 것이다. 즉 유통기간이 노동기간의 단순 배수가 아닐 때에는 언제든지 노동기간이 끝날 때 자본이 풀려나는 일이 발생한다. 그리고 이렇게 풀려난 자본의 크기는 노동기간〔혹은 노동기간의 배수〕을 넘는 유통기간의 초과분을 보충해야 하는 자본 부분과 같을 것이다.

지금까지 말한 모든 사례에서는 주어진 사업부문 내에서 노동기간과 유통기간이 1년 내내 똑같은 것으로 가정하였다. 유통기간이 자본의 회전과 선대에 미치는 영향을 알아내기 위해서는 이런 가정이 필요하였다. 실제 현실에서 이런 가정이 얼마나 타당할지는 우리의 논의에 아무런 영향도 미치지 않는다.

이 절 전체에서 우리는 단지 유동자본의 회전만 고찰하고, 고정자본의 회전은 다루지 않았는데 그것은 여기에서 다룬 문제가 고정자본과는 관련이 없다는 간단한 이유 때문이다. 생산과정에 사용된 노동수단 등은 단지 그것들의 사용기간이 유동자본의 회전기간을 초과할 경우에만 고정자
M281 본이 된다. 다시 말해 이들 노동수단은, 그것들이 끊임없이 반복되는 노동과정에서 계속 사용되는 기간이 유동자본의 회전기간보다 긴 경우〔즉 유동자본 회전기간의 n배일 경우〕에만 고정자본이 된다. 그 기간〔유동자본

회전기간의 n배로 표시되는)의 길이가 얼마든 상관없이 생산자본 가운데 이 기간 동안 고정자본에 선대된 부분은 이 기간 내에는 다시 선대되지 않는다. 그것은 처음의 사용형태 그대로 기능을 계속한다. 차이가 있다면 그것은 다음과 같은 점뿐이다. 즉 유동자본의 각 회전기간마다 노동기간의 길이가 그때그때 다르기 때문에 그에 따라 고정자본도 자신의 원래 가치 가운데 생산물에 이전하는 부분의 크기가 달라지며 각 회전기간의 유통기간에 따라 고정자본에서 생산물로 이전된 가치 부분이 화폐형태로 회수되는 기간도 달라진다. 우리가 이 절에서 다루고 있는 주제의 성질—생산자본 가운데 유동적인 부분의 회전—은 바로 이 자본 부분 자체의 성질에서 나온 것이다. 어떤 노동기간에 사용된 유동자본은 그 회전을 완료할〔즉 먼저 상품자본으로 전화하였다가 다시 화폐자본으로 전화한 다음 거기에서 다시 생산자본으로 전화할〕 때까지는 새로운 노동기간에 사용될 수 없다. 따라서 첫 번째 노동기간에 이어 곧바로 두 번째 노동기간이 계속되려면 자본이 새롭게 선대되어 생산자본의 유동적인 요소로 전화되어야만 하는데 그 크기는 첫 번째 노동기간을 위해 선대된 유동자본의 유통기간 때문에 발생한 공백을 메우기에 충분해야 한다. 바로 이런 이유 때문에 유동자본의 노동기간 길이는 노동과정의 규모와 선대자본의 분할〔추가되는 새로운 자본 부분〕에 영향을 미친다. 이것이 바로 우리가 이 절에서 고찰해야 했던 점이다.

제4절 결론

지금까지 살펴본 것으로부터 다음과 같은 결론이 나온다.

① 자본 가운데 일부가 유통과정에 있는 동안 다른 일부가 계속해서 노동기간에 있기 위해서는 자본이 여러 부분으로 나누어져야 하는데 이 부분들이 각기 독립된 개별 자본처럼 서로 교대하는 경우는 다음의 두 가지

이다. (1) 노동기간이 유통기간과 똑같고 따라서 회전기간이 똑같은 두 부
M282 분으로 나누어지는 경우. (2) 유통기간이 노동기간보다 길지만 노동기간의 단순 배수라서 한 번의 유통기간이 n배의 노동기간과 같은 경우. 단, 이때 n은 정수여야 한다. 이들 두 경우에는 차례로 선대되는 자본 가운데 어떤 부분도 따로 풀려나지 않는다.

② 이에 반해 (1) 유통기간이 노동기간의 단순 배수가 아니면서 노동기간보다 더 긴 경우와 (2) 노동기간이 유통기간보다 더 긴 경우에는 총유동자본 가운데 일부가 두 번째 회전 이후부터 매 노동기간이 끝날 때마다 계속 주기적으로 따로 풀려난다. 그리고 이렇게 풀려난 자본은, 노동기간이 유통기간보다 더 긴 경우에는 총자본 중 유통기간을 위해 선대된 부분과 같고, 유통기간이 노동기간보다 더 긴 경우에는 노동기간〔혹은 노동기간의 배수〕을 넘는 유통기간의 초과분을 보충해야만 하는 자본 부분과 같다.

③ 그리하여 다음과 같은 결론이 나온다. 사회적 총자본에서는 그 유동적인 부분에 관한 한 자본 가운데 일부가 따로 풀려나는 경우가 통상적인 일이며 생산과정에서 연속적으로 기능하는 자본 부분들이 단지 교대만 하는 경우는 예외적일 것이 분명하다. 왜냐하면 노동기간과 유통기간이 똑같거나 유통기간이 노동기간의 단순 배수와 똑같다는 것〔즉 회전기간의 두 구성 부분이 규칙적인 비율을 이루고 있다는 것〕은 문제의 본질과 아무 관련도 없고 따라서 그런 경우는 거의 예외적으로만 일어날 수 있는 일이기 때문이다.

그러므로 1년에 여러 번 회전하는 사회적 유동자본 가운데 상당히 큰 부분은 연중 회전순환이 이루어지는 동안 주기적으로 따로 풀려난 자본의 형태로 존재할 것이다.

또 한 가지 분명한 것은 다른 조건이 불변일 경우 이 풀려난 자본의 크기는 노동과정의 규모〔또는 생산의 규모, 달리 말해서 자본주의적 생산 일반의 발전〕와 함께 증대된다는 사실이다. ②의 (2)는 총선대자본이 증

대하기 때문에 발생하고, ②의 (1)은 자본주의적 생산의 발전에 따라 유통기간의 길이가 늘어나기〔따라서 노동기간과 유통기간 사이에 아무런 규칙적인 비례관계 없이 노동기간이 길어져서 회전기간도 길어지기〕 때문에 발생한다.

첫 번째 경우 우리는 예를 들어 매주 100파운드스털링을 투하해야만 한다. 따라서 6주일의 노동기간을 위해 600파운드스털링, 3주일의 유통기 M283
간을 위해 300파운드스털링, 합계 900파운드스털링이 필요하게 된다. 이 경우에는 300파운드스털링이 계속적으로 따로 풀려나게 된다. 반면 매주 300파운드스털링이 투하된다면 노동기간을 위해 1,800파운드스털링, 유통기간을 위해 900파운드스털링이 필요하다. 이 경우에는 따로 풀려나는 자본이 300파운드스털링이 아니라 900파운드스털링이 된다.

④ 예를 들어 900파운드스털링의 총자본은 위에서처럼 노동기간에 600파운드스털링, 유통기간에 300파운드스털링의 두 부분으로 나누어져야 한다. 그럼으로써 노동과정에 실제 투하되는 부분은 $\frac{1}{3}$이 줄어들어 900파운드스털링에서 600파운드스털링이 되고 따라서 생산규모도 $\frac{1}{3}$만큼 줄어든다. 다른 한편 300파운드스털링은 단지 노동과정이 연속될 수 있도록〔즉 연중 계속해서 매주 100파운드스털링이 노동과정에 투하될 수 있도록〕 하는 데만 기능한다.

600파운드스털링이 $6 \times 8 = 48$주일(생산물$=$4,800파운드스털링) 동안 투하되거나 혹은 900파운드스털링의 총자본이 6주일 동안 노동과정에 투하된 다음 3주일 동안의 유통기간 중에는 쉬거나 하는 것은 추상적으로 보면 똑같은 것이다. 후자의 경우 자본은 48주일 동안에 $5\frac{1}{3} \times 6 = 32$주일(생산물은 $5\frac{1}{3} \times 900 =$ 4,800파운드스털링) 동안만 기능하고 16주일 동안은 쉬게 될 것이다. 그러나 쉬고 있는 16주일 동안 고정자본이 상당한 손상을 입는 것과 노동의 가격이 비싸지는 것—노동은 연중 일부만 사용되더라도 지불은 전 기간에 걸쳐 이루어져야 하기 때문에—은 별개로 치더라도, 생산과정이 이렇게 정기적으로 중단된다는 것은 근대적 대공업의 경영에서는 전혀 생각할 수 없는 일이다. 생산과정의 연속성은 그 자체가 노동생산성이기 때문이다.

다음으로, 따로 풀려나서 사실상 쉬고 있는 자본을 좀더 자세히 살펴보면 이 가운데 상당한 부분은 항상 화폐자본 형태를 취해야 한다는 것을 알게 된다. 앞에서 든 예를 계속 사용해보자. 즉 노동기간이 6주일이고 유통기간이 3주일이고 매주 100파운드스털링이 투하된다고 하자. 두 번째 노동기간의 중간〔즉 제9주일 말〕에 600파운드스털링이 회수되는데 이 가운데 단지 300파운드스털링만 나머지 노동기간을 위해 투하되면 된다. 따라서 두 번째 노동기간이 끝나면 그중 300파운드스털링은 따로 풀려난다. 그런데 이 300파운드스털링은 어떤 상태로 존재할까? 여기서 $\frac{1}{3}$은 임금에 투하되고 $\frac{2}{3}$는 원료 및 보조재료에 투하된다고 가정하자. 그러면 회수된 600파운드스털링 중 200파운드스털링은 임금을 위한 화폐형태로 존재하고 400파운드스털링은 생산용 재고〔즉 유동적 불변(생산)자본의 요소〕의 형태로 존재하게 된다. 그러나 두 번째 노동기간의 후반부를 위해서는 이
M284 생산용 재고 가운데 절반만 필요하므로 나머지 절반은 3주일 동안 여분의〔즉 노동기간의 필요를 넘는〕 생산용 재고 형태로 존재한다. 그리고 자본가는 현재의 노동기간을 위해서는 회수된 이 자본 부분(400파운드스털링) 가운데 단지 절반〔200파운드스털링〕만 필요하다는 것을 알고 있다. 그가 이 200파운드스털링을 전부〔혹은 일부〕 그대로 여분의 생산용 재고로 남겨둘 것인지 혹은 시장 상황이 좀더 유리해질 때까지 그것을 전부〔혹은 일부〕 화폐자본의 형태로 가지고 있을 것인지는 시장의 조건에 따라 결정될 것이다. 한편 임금에 투하되어야 할 부분인 200파운드스털링은 당연히 화폐형태로 보유될 것이다. 자본가는 노동력을 구매한 다음 마치 원료처럼 그것을 창고에 저장할 수 없다. 그는 노동력을 생산과정에 합체해야 하고 그런 다음 일주일이 지난 후 그 대가를 지불해야 한다. 따라서 풀려나온 300파운드스털링의 자본 가운데 이 100파운드스털링은 언제나 풀려난〔즉 당장의 노동기간을 위해 필요하지 않은〕 화폐자본의 형태를 취

할 것이다. 따라서 화폐자본 형태로 풀려난 자본은 최소한 가변자본 부분〔즉 임금에 투하된 자본 부분〕과 같아야 한다. 물론 최대치로 본다면 그것은 풀려난 자본 전체를 포괄할 수도 있을 것이다. 현실에서 그것은 이런 최소치와 최대치 사이에서 끊임없이 변동할 것이다.

이렇게 단지 회전운동의 메커니즘을 통해 풀려난 화폐자본(고정자본의 순차적인 회수를 통해서 풀려난 화폐자본과 매번의 노동과정에서 가변자본을 위해 필요한 화폐자본과 함께)은 신용제도의 발전과 함께 중요한 역할을 해야만 하고 동시에 신용제도의 한 기초를 이루어야만 한다.

우리가 든 예에서 유통기간이 3주일에서 2주일로 단축된 경우를 가정해보자. 이것은 정상적인 변화가 아니라 호황, 지불기간의 단축 등에 기인하는 것이다. 노동기간 동안에 투하된 600파운드스털링의 자본은 필요한 것보다 1주일 빨리 회수되고 따라서 그것은 그 1주일 동안 자유로운 상태로 풀려나 있다. 또한 노동기간 중간에는 지금까지와 마찬가지로 300파운드스털링(앞의 600파운드스털링 가운데 한 부분)이 자유로운 상태로 풀려나는데 이제는 그 기간이 3주일이 아니라 4주일 동안이 된다. 그러므로 화폐시장에는 1주일 동안 600파운드스털링이 존재하고 또한 3주일이 아닌 4주일 동안 300파운드스털링이 존재한다. 이런 일은 한 사람의 자본가가 아니라 많은 자본가와 관련되어 여러 사업에서 다양한 기간에 걸쳐 일어나기 때문에 이것을 통해 이용 가능한 화폐자본이 더욱 많이 시장에 모습을 드러낸다. 만일 이런 상태가 일정 기간 지속될 수만 있으면 어디서든 생산은 확장될 것이다. 차입한 자본으로 사업을 경영하는 자본가의 화폐수요는 시장에서 이전보다 감소할 것이고 공급의 증가 때문에 수요는 더욱 충족되기 쉬워질 것이다. 마지막으로 회전운동의 메커니즘을 통해서 M285
여분의 상태로 된 금액은 단연코 화폐시장으로 내보내질 것이다.

유통기간이 3주일에서 2주일로 단축되고 따라서 회전기간이 9주일에서 8주일로 단축되면 선대된 총자본 가운데 $\frac{1}{9}$이 남게 된다. 6주일의 노동기간은 이제 800파운드스털링만으로도 이전에 900파운드스털링으로 했던 것과 꼭 마찬가지로 중단 없이 계속될 수 있다. 따라서 상품자본의 가치 가운데 일부〔100파운드스털링〕는 이제 일단 화폐로 재전화하고 나면 생산과정을 위해 선대되는 자본의 한 부분으로 기능을 수행하지 못하고 계속해서 화폐자본의 상태로 남아 있게 된다. 생산규모와 물가 등의 다른 조건은 불변인 상태에서 선대자본의 가치총액은 900파운드스털링에서 800파운드스털링으로 줄어든다. 처음에 선대된 가치 가운데 남은 100파운드스털링은 화폐자본의 형태로 분리된다. 이것은 화폐자본의 형태로 화폐시장에 들어가서 거기에서 기능하는 자본들의 추가분을 형성한다.

이것으로부터 화폐자본의 과잉이 어떻게 발생하는가를 알 수 있다. 그런데 화폐자본의 과잉은 화폐자본의 공급이 수요보다 더 크다는 의미만은 아니다. 그런 경우는 항상 상대적인 과잉일 뿐이며 그것은 예를 들어 공황이 끝나고 새로운 순환이 시작되는 '우울한 시기'에 발생한다. 그러나 우리가 여기에서 말하는 것은 그런 종류의 과잉이 아니라 사회적 총재생산과정(여기에는 유통과정이 포함된다)의 진행에서 선대된 자본가치 가운데 일정 부분이 과잉상태가 되어 화폐자본의 형태로 분리된다는 의미에서의 과잉이다. 즉 생산규모와 물가가 모두 불변인 상태에서 단지 회전기간의 단축에 의해서만 발생하는 과잉인 것이다. 유통영역에 존재하는 화폐의 양이 얼마이든 그것은 여기에 아무런 영향을 미치지 않는다.

반대로 유통기간이 예를 들어 3주일에서 5주일로 늘어난 경우를 가정해보자. 그러면 다음번 회전에서 선대자본의 회수는 2주일 늦게 일어난다. 이 노동기간의 생산과정 가운데 마지막 부분은 더 이상 선대자본 자신의 회전 메커니즘에 의해서 수행될 수 없다. 이런 상황이 일정 기간 지속된다면 앞의 경우에서 생산과정〔경영규모〕의 확장이 일어났던 것처럼 이제는 생산과정의 축소가 일어날 수 있다. 그러나 과정을 같은 규모로 계속
M286 하기 위해서는 늘어난 전체 유통기간을 위해 선대자본을 $\frac{2}{9}$=200파운드스털링만큼 증대시켜야 할 것이다. 이 추가자본은 화폐시장에서 가져올 수밖에 없다. 그러므로 만약 유통기간의 연장이 한 군데 이상의 대규모 사

업부문에서 발생한다면 그 효과가 반대 요인들에 의해 상쇄되지 않는 한 그것은 화폐시장에 압력으로 작용할 것이다. 이 경우에도 앞에서 언급한 과잉과 마찬가지로 이런 압박은 기존 유통수단의 양이나 상품가격의 변동과 아무런 관련도 없을 것이 분명하다.

{이 장의 출판 준비에는 적지 않은 어려움이 있었다. 마르크스는 대수학(代數學)에는 튼튼한 기초를 갖추고 있었지만 수치의 계산〔특히 상업적 계산〕에는 능란하지 못했다. 마르크스는 온갖 종류의 상업적 계산방식을 수많은 실례를 통해 자신이 직접 계산한 여러 뭉치의 두꺼운 노트를 남겨두기도 했지만 각 계산방법을 이처럼 지식으로 안다는 것과 상인들이 일상적으로 수행하는 실무적인 계산은 전혀 다른 것이다. 그래서 마르크스는 회전의 계산에서 갖가지 혼동을 일으켜 계산을 완전히 끝내지 않은 것은 물론 틀리게 계산하였거나 서로 모순된 계산들을 곳곳에 남겨두었다. 위에서 제시된 표 속에서 나는 가장 확실하고 산술적으로 올바른 것들만 남겨놓았다. 그렇게 한 이유는 주로 다음과 같다.

이런 부정확한 계산 때문에 마르크스는 내가 보기에 사실상 별로 중요하지 않은 요인을 지나치게 중시하였다. 화폐자본이 '자유롭게 풀려나는' 것과 관련된 부분이 바로 그것이다. 위의 가정에 기초해 보면 실제 내용은 다음과 같이 된다.

노동기간과 유통기간의 비율〔따라서 자본 I과 자본 II의 비율〕이 얼마든 간에 첫 번째 회전이 끝나고 나면 그 다음부터는 노동기간의 길이만큼 규칙적인 간격으로 한 번의 노동기간에 필요한 자본〔즉 자본 I과 똑같은 금액〕이 화폐형태로 계속 자본가에게 회수된다.

만일 노동기간이 5주일, 유통기간이 4주일, 자본 I이 500파운드스털링이면 제9, 14, 19, 24, 29주일 말에 매번 500파운드스털링과 똑같은 화폐액이 회수된다.

만일 노동기간이 6주일, 유통기간이 3주일, 자본 I이 600파운드스털링이면 제9, 15, 21, 27, 33주일 말에 매번 600파운드스털링이 회수된다.

마지막으로 만일 노동기간이 4주일, 유통기간이 5주일, 자본 I이 400파운드스털링이면 제9, 13, 17, 21, 25주일 말에 매번 400파운드스털링이 회수된다.

M287 이렇게 회수된 화폐 가운데 얼마만큼이 현재의 노동기간에서 여분의 것으로 자유롭게 풀려날 것인지는 전혀 중요하지 않다. 가정에 따라 생산은 현재의 규모대로 중단 없이 지속될 것이고 따라서 화폐가 '풀려나든' 않든 화폐는 존재해야 하고 회수되어야 한다. 만일 생산이 중단된다면 자본이 풀려나는 일도 마찬가지로 중단될 것이다.

바꿔 말하면 다음과 같다. 물론 화폐가 자유롭게 풀려나는 일〔즉 화폐형태의 잠재적인 자본이 형성되는 일〕은 발생한다. 그러나 그것은 본문에서 말한 특별한 조건하에서만 이루어지는 일이 아니라 모든 상황에서 발생한다. 더구나 그것은 본문에서 가정한 규모보다 더 커다란 규모로 발생한다. 유통자본 I과 관련하여 산업자본가는 매번 회전이 끝날 때마다 처음 사업을 시작할 때와 똑같은 상황에 처한다. 자본가는 그것을 모두 그의 수중에 가지고 있지만 단지 조금씩만 그것을 생산자본으로 전화시킬 수 있다.

본문의 요점은 한편으로는 산업자본 가운데 상당히 큰 부분이 항상 화폐형태로 존재해야 하며 다른 한편으로는 그것보다 더욱 큰 부분이 일시적으로 화폐형태를 띠어야만 한다는 것이다. 내가 여기서 추가로 보충한 부분은 이 요점을 실례로 설명한 부분을 조금 보강한 것에 불과하다.}

제5절 가격변동의 영향

우리는 지금까지 한편으로는 가격과 생산규모가 불변이고 다른 한편으로는 유통기간이 변동하는 것으로 가정하였다. 이제는 이와 달리 회전기간의 길이와 생산규모가 불변이고 가격〔원료, 보조재료, 노동 모두의 가격 혹은 원료와 보조재료만의 가격〕이 변동하는 것으로 가정한다. 먼저 임금, 원료, 보조재료의 가격이 모두 절반으로 하락하는 경우를 가정해보자. 그럴 경우 우리의 예에서 선대되는 자본은 매주 100파운드스털링이 아니라 50파운드스털링이 될 것이고 9주일의 회전기간을 위해 필요한 자본은 900파운드스털링이 아니라 450파운드스털링이 될 것이다. 선대된 자본가치 가운데 450파운드스털링이 우선 먼저 화폐자본의 형태로 분리되지만 생산과정은 생산규모와 회전기간, 그리고 회전기간의 분할까지 모두 이전과 똑같은 방식으로 계속 진행된다. 연간 생산물의 양도 이전과 마찬가지로 동일하지만 그 가치는 이제 절반으로 하락한다. 화폐자본의 M288
수요와 공급을 변동시키는 이런 변동은 화폐 유통속도의 변화에 의해서 일어나는 것도 아니고 유통되는 화폐량의 변동에 의해서 일어나는 것도 아니다. 오히려 그 반대이다. 생산자본요소의 가치〔혹은 가격〕가 절반으로 하락함으로써 가장 먼저 나타나는 현상은 이전과 동일한 규모의 사업 X를 지속하기 위해서는 절반으로 줄어든 자본가치가 선대된다〔즉 사업 X가 시장에 투하하는 화폐가(왜냐하면 사업 X는 이 자본가치를 일단 화폐형태〔즉 화폐자본〕로 선대하기 때문이다) 절반이 된다〕는 사실일 것이다. 생산요소의 가격이 하락했기 때문에 유통에 투하되는 화폐량은 감소할 것이다. 이상이 첫 번째 결과일 것이다.

두 번째 결과로, 처음에 선대된 자본가치 900파운드스털링의 절반〔즉 450파운드스털링〕—이것은 ① 화폐자본, 생산자본, 상품자본의 형태를 차례로 경과하면서, ② 부분적으로는 화폐자본 형태로, 부분적으로는 생산자본 형태로, 부분적으로는 상품자본 형태로 동시에 계속해서 나란히 존재하였다—이 사업 X의 순환에서 분리되고 따라서 화폐시장에 추가 구성 부분으로 영향을 미치는 추가 화폐자본으로 화폐시장에 들어갈 것이다. 따로 풀려난 450파운드스털링은 화폐자본으로 활동하는데 그 이유는 이것이 사업 X의 경영에 여분의 자본이 되었기 때문이 아니라 본래 자본가치의 한 구성 부분이기〔따라서 그냥 유통수단으로 지출되어야 하는 것이 아니라 계속 자본으로 기능해야 하기〕 때문이다. 그것이 자본으로 활동하는 데 가장 좋은 방식은 화폐자본으로 화폐시장에 투하되는 것이다. 한편 생산규모가(고정자본은 무시한다) 두 배로 되는 경우도 있을 것이다. 그런 경우에는 이전에 비해 두 배가 되는 생산과정이 900파운드스털링이라는 동일한 선대자본으로 수행될 것이다.

한편 만일 생산자본 가운데 유동적인 요소들의 가격이 절반만큼 인상될 경우에는 매주 필요한 자본량은 100파운드스털링이 아니라 150파운드스털링이 될 것이고 따라서 회전기간 전체에서는 900파운드스털링이 아니라 1,350파운드스털링이 필요하게 될 것이다. 생산규모를 동일하게 유지하기 위해서는 450파운드스털링의 추가자본이 필요할 것이다. 그리고 이것은 그만큼 (그때그때 화폐시장의 상황에 따라 달라지겠지만) 화폐시장에 압력으로 작용할 것이다. 만일 시장에 존재하는 이용 가능한 자본이 이미 모두 이용되고 있다면 이용 가능한 자본을 얻기 위한 경쟁은 더욱 치열해질 것이다. 만일 이들 자본 가운데 아직 사용되지 않고 있는 자본이 있다면 그것은 그만큼 더 높은 수요에 직면하게 될 것이다.

세 번째 결과로는, 생산규모와 회전속도, 그리고 생산자본 가운데 유동적인 요소들의 가격이 불변일 경우에도 사업 X의 생산물가격이 변동할 수
M289 있다는 것이다. 사업 X가 공급하는 상품의 가격이 하락하면 사업 X가 계속해서 유통에 투입했던 600파운드스털링의 상품자본 가격은 예를 들어 500파운드스털링으로 하락한다. 그러면 선대된 자본가치 가운데 $\frac{1}{6}$은 유통과정에서 회수되지 않는다(여기에서도 상품자본에 포함된 잉여가치는 고려하지 않는다). 그것은 유통과정에서 소멸해버린다. 그러나 생산요소의 가격〔혹은 가치〕이 변하지 않았기 때문에 회수된 이 500파운드스털링만으로도 생산과정에서 끊임없이 사용되는 600파운드스털링의 자본 가운데 $\frac{5}{6}$를 보전하는 것은 충분히 가능하다. 따라서 생산규모를 원래대로 유지하기 위해서는 100파운드스털링의 추가 화폐자본이 지출되어야 할 것이다.

역으로 만약 사업 X의 생산물가격이 오른다면 600파운드스털링의 상품자본 가격은 예를 들어 700파운드스털링이 될 것이다. 그 가격의 $\frac{1}{7}$ = 100파운드스털링은 생산과정에서 나온 것이〔즉 선대된 것이〕 아니라 유통과정에서 흘러들어온 것이다. 그러나 생산요소를 보전하는 데는 단지 600파운드스털링만 필요하다. 따라서 100파운드스털링은 자유롭게 풀려나게 된다.

첫 번째 경우에는 왜 회전기간이 변동하고 두 번째 경우에는 왜 원료와 노동의 가격이 변동하며 세 번째 경우에는 왜 공급되는 생산물의 가격이 변동하는지 그 원인을 밝히는 문제는 지금까지의 연구 범위에 포함되지 않았다.

그러나 이제부터 연구해야 할 것은 다음의 경우들이다.

a. 생산규모가 불변이고, 생산요소와 생산물의 가격도 불변인데 유통기간과 회전기간은 변동하는 경우

우리의 예에서 가정하는 바에 따르면 유통기간이 단축됨으로써 필요한 총선대자본은 $\frac{1}{9}$ 만큼 줄어들게 된다. 따라서 총자본은 900파운드스털링에서 800파운드스털링으로 줄어들고 100파운드스털링의 화폐자본이 분리되어 나간다.

사업 X는 이전과 마찬가지로 600파운드스털링의 가치를 갖는 6주일간의 생산물을 공급한다. 그리고 1년 내내 생산은 중단되지 않고 계속되기 때문에 총 51주일 동안 5,100파운드스털링의 가치를 갖는 생산물이 공급된다. 그러므로 이 사업이 유통에 투입하는 생산물의 양과 가격에는 어떤 변동도 없으며, 또한 이 사업이 생산물을 시장에 내놓는 기간에도 아무런 변동이 없다. 그러나 유통기간이 단축된 덕분에 선대되는 자본은 이전의 900파운드스털링 대신 이제는 단지 800파운드스털링만으로도 충분하게 되었고 따라서 100파운드스털링은 따로 떨어져 나간다. 떨어져 나간 자본 M290 100파운드스털링은 화폐자본의 형태로 존재한다. 그러나 이 100파운드스

털링은 결코 선대자본 가운데 끊임없이 화폐자본의 형태로 기능해야 하는 부분을 나타내는 것이 아니다. 600파운드스털링의 선대된 유동자본 I 가운데 $\frac{4}{5}$〔즉 480파운드스털링〕는 계속 생산재료에 투하되고 나머지 $\frac{1}{5}$〔즉 120파운드스털링〕은 임금에 투하된다고 가정하자. 즉 생산재료에는 매주 80파운드스털링이 투하되고 임금에는 매주 20파운드스털링이 투하되는 것이다. 따라서 300파운드스털링에 달하는 자본 II도 또한 생산재료에 $\frac{4}{5}$〔즉 240파운드스털링〕, 임금에 $\frac{1}{5}$〔즉 60파운드스털링〕로 나누어져야 한다. 임금에 투하된 자본은 항상 화폐형태로 선대되어야 한다. 600파운드스털링의 상품생산물이 화폐형태로 재전화하면〔즉 그것이 판매되면〕 그중 480파운드스털링은 생산재료(생산용 재고)로 변화될 수 있지만 120파운드스털링은 6주일간의 임금 지불에 사용될 수 있도록 화폐형태로 존재한다. 이 120파운드스털링은 회수되는 600파운드스털링의 자본 가운데 항상 화폐자본의 형태로 갱신되고 보전되어야 하는〔따라서 항상 선대자본 가운데 화폐형태로 기능하는〕 최소한의 부분이다.

이제 만일 300파운드스털링—주기적으로 3주일간은 따로 떨어져 나가 있다가 240파운드스털링은 생산용 재고를 위해, 60파운드스털링은 임금을 위해 나누어지는—가운데 100파운드스털링이 유통기간의 단축에 의해 화폐자본의 형태로 분리되어 회전 메커니즘에서 완전히 밀려난다면, 이 100파운드스털링의 화폐자본을 위한 화폐는 어디에서 오는 것일까? 우선 이 액수 가운데 $\frac{1}{5}$은 회전 내부에서 주기적으로 떨어져 나오는 화폐자본으로 이루어진다. 그러나 나머지 $\frac{4}{5}$=80파운드스털링은 이미 같은 가치의 생산용 재고를 추가함으로써 보전된다. 그런데 이 추가되는 생산용 재고는 어떤 방식을 통해 화폐로 전화되고 이 전화를 위한 화폐는 어디에서 오는 것일까?

일단 유통기간이 단축되고 나면 위에서 말한 600파운드스털링 가운데 생산용 재고로 재전화되는 것은 480파운드스털링이 아니라 단지 400파운드스털링뿐이다. 나머지 80파운드스털링은 화폐형태를 유지하다 위에서

말한 20파운드스털링(임금을 위한)과 함께 떨어져 나간 자본 100파운드
스털링을 형성한다. 이 100파운드스털링은 600파운드스털링의 상품자본
매매를 통해 유통부문에서 만들어진 다음, 다시 임금과 생산요소에 재투
자되지 않음으로써 이제 유통에서 빠져나온 것이긴 하지만, 그것이 원래
유통에 투입될 때와 같은 화폐형태를 취하고 있다는 점을 잊어서는 안 된
다. 출발점에서 900파운드스털링의 화폐는 생산용 재고와 임금에 투하되
었다. 이제 동일한 생산과정을 수행하는 데에는 단지 800파운드스털링만
필요하다. 여기에서 화폐형태로 분리된 100파운드스털링은 이제 사용처 M291
를 찾는 새로운 화폐자본〔즉 화폐시장의 새로운 구성 부분〕이 된다. 사실
그것은 이미 이전부터 주기적으로 풀려난 화폐자본과 추가 생산자본의
형태로 존재했지만 그러나 이 잠재적인 상태는 그것 자체가 생산과정의
수행을 위한 필요조건이었다. 왜냐하면 그것이 생산과정의 연속을 위한
조건이었기 때문이다. 이제 이 100파운드스털링은 그런 목적에는 필요가
없게 되었다. 그리고 바로 이런 이유 때문에 그것은 새로운 화폐자본〔즉
화폐시장의 한 구성 부분〕이 되는 것이다. 그럼에도 그것은 결코 사회적
화폐의 현재 잔고에서 추가 요소를 이루지도 않고(왜냐하면 그것들은 사
업의 시작 단계부터 존재했고 이 사업에 의해 유통에 들어갔기 때문이다)
새로 축적된 축장화폐를 이루지도 않는다.

이 100파운드스털링은 이제 선대된 화폐자본 가운데 같은 사업에서 사
용되지 않는 부분으로 사실상 유통에서 떨어져 나오게 된다. 그러나 그것
이 이처럼 떨어져 나올 수 있는 까닭은 오로지 상품자본의 화폐로의 전화
와 이 화폐의 생산자본으로의 전화, 즉 W′—G—W가 1주일 빨라지고
그리하여 이 과정에서 움직이는 화폐의 유통도 빨라졌기 때문이다. 그것
이 유통에서 떨어져 나온 것은 자본 X의 회전에 더는 필요하지 않게 되었
기 때문인 것이다.

여기에서는 선대자본이 그것을 사용하는 사람의 소유인 것으로 가정하
였다. 그러나 설사 그가 이것을 차입했다고 하더라도 아무것도 바뀌지 않

을 것이다. 유통기간이 줄어들면 그는 900파운드스털링이 아니라 800파운드스털링의 차입자금만 필요할 것이다. 100파운드스털링을 빌린 사람에게 돌려주면 그것은 이전과 마찬가지의 새로운 화폐자본 100파운드스털링을 형성하는데 단지 소유주만 X에게서 Y로 바뀌었을 뿐이다. 또한 만일 자본가 X가 480파운드스털링의 생산재료는 외상으로 구입하고 임금을 위한 120파운드스털링만 자신이 직접 선대해야 했다면 이제 그는 이전보다 80파운드스털링만큼 적은 생산재료를 외상으로 조달하게 할 것이다. 따라서 외상을 제공한 자본가에게는 이 80파운드스털링이 여분의 상품자본이 될 것이고, 반면 자본가 X에게는 20파운드스털링이 화폐로 분리되는 결과를 가져올 것이다.

생산을 위한 추가재고는 이제 $\frac{1}{3}$ 만큼 감소된다. 그것은 추가자본 II의 300파운드스털링 가운데 $\frac{4}{5}$ 인 240파운드스털링이었지만 이제는 단지 160파운드스털링, 즉 3주일분이 아니라 2주일분으로 줄어든다. 그것은 이제 3주일이 아니라 2주일 간격으로 갱신되며 또한 3주일분이 아니라 2주일분씩만 갱신된다. 예를 들어 면화시장에서의 매입은 보다 자주 그리고 보다 적은 양으로 반복된다. 생산물의 양은 변하지 않는 것이므로 매입된 것과 같은 양의 면화가 시장에서 빠져나온다. 그러나 이렇게 시장에서 빠져나온 면화는 기간이 다르게〔즉 보다 오랜 기간에 걸쳐〕 배분된다. 예를 들어 2개월과 3개월의 경우를 가정해보고 연간 면화 소비량이 1,200꾸러
M292 미라고 해보자. 먼저 첫 번째 경우는 다음과 같이 될 것이다.

1월 1일	300꾸러미가 판매되고	900꾸러미는 창고에 남는다.
4월 1일	300 〃	600 〃
7월 1일	300 〃	300 〃
10월 1일	300 〃	0 〃

그러나 두 번째 경우는 다음과 같을 것이다.

1월 1일	200 꾸러미가 판매되고		1,000꾸러미는 창고에 남는다.	
3월 1일	200	〃	800	〃
5월 1일	200	〃	600	〃
7월 1일	200	〃	400	〃
9월 1일	200	〃	200	〃
11월 1일	200	〃	0	〃

이처럼 면화에 투하된 화폐는 1개월 늦게, 즉 10월이 아니라 11월이 되어야 완전히 회수된다. 그리하여 선대자본 가운데 $\frac{1}{9}$〔즉 100파운드스털링〕이 유통기간〔그리고 회전기간〕의 단축에 의해 화폐자본의 형태로 분리되고, 이 100파운드스털링은 매주 임금 지불을 위한 화폐자본 가운데 주기적으로 남게 되는 20파운드스털링과 역시 주기적으로 남게 되는 1주일분의 생산용 재고인 80파운드스털링으로 이루어지는데, 이 80파운드스털링 부분 때문에 제조업자 측에서는 여분의 생산용 재고가 감소하고 면화 판매상 측에서는 그만큼 상품재고가 늘어나게 된다. 이 면화가 면화 판매상의 창고에서 상품으로 더 오래 묵게 된다는 것은 그만큼 제조업자의 창고에서 그것이 생산용 재고로 덜 묵게 된다는 것을 의미한다.

지금까지 우리는 사업 X의 유통기간 단축이 X가 자신의 상품을 보다 빨리 판매하였기 때문에〔혹은 지불을 보다 빨리 받았기 때문에, 또한 외상일 경우에는 지불기한이 단축되었기 때문에〕 발생하는 것으로 가정하였다. 즉 이 단축은 상품의 보다 빠른 판매〔상품자본의 화폐자본으로의 전화의 단축, 다시 말해 유통과정의 첫 번째 단계인 W′—G의 단축〕로부터 발생하였다. 그런데 이 단축은 또한 두 번째 단계 G—W〔따라서 자본가 X의 유동자본 가운데 생산요소를 공급하는 자본 Y, Z 등의 노동기간이나 유통기간의 변동〕로부터도 발생할 수 있을 것이다.

예를 들어 만일 석탄, 면화 등이 생산지〔혹은 집산지〕에서 자본가 X의 생산장소까지 운반되는 데 종래의 수송방법으로 3주일이 걸린다면 X의 생산용 재고는 새로운 재고가 도착할 때까지 최소한 3주일은 지속되어야 M293 한다. 면화와 석탄은 운반되는 도중에는 생산수단으로 사용될 수 없다. 운반 중인 면화와 석탄은 오히려 운수업과 거기에 사용되는 자본의 노동대상이고 또한 석탄 생산자나 면화 판매업자에게는 유통과정에 있는 상품자본이다. 운송부문의 개선으로 운반기간이 2주일로 줄었다고 가정하자. 그러면 생산용 재고는 3주일분에서 2주일분으로 변화될 수 있다. 따라서 이 재고를 위해 선대된 추가자본 80파운드스털링이 풀려나게 되고 또한 임금을 위한 20파운드스털링의 추가자본도 풀려나게 된다. 왜냐하면 회전한 자본 600파운드스털링이 1주일만큼 빨리 회수되기 때문이다.

또 다른 한편, 예를 들어 원료를 공급하는 자본의 노동기간이 단축되고 (이에 관한 예는 앞 장에서 제시되었다) 그로 인해 원료를 갱신하는 기간도 단축될 수 있게 된다면 생산용 재고는 감소하고 그것을 갱신하는 기간도 단축될 수 있을 것이다.

반대로 유통기간〔그리고 회전기간〕이 연장된다면, 추가자본이 선대될 필요가 발생한다. 만일 자본가가 그만한 자본을 소유하고 있다면 그는 자신의 주머니에서 그것을 직접 조달할 것이다. 그러나 그렇게 되면 이 자본은 화폐시장의 한 부분으로 투하될 것이다. 예를 들어 주식을 판다든가 예금을 인출하는 것과 같이 그것을 이용 가능한 상태로 만들기 위해 그것을 종래의 형태에서 변화시켜야 한다. 따라서 이런 경우도 화폐시장에 간접적인 영향을 미친다. 그렇지 않다면 자본가는 추가자본을 빌려야만 한다. 추가자본 가운데 임금을 주기 위한 부분은 정상적인 조건에서는 항상 화폐자본으로 선대되어야 하고 그로 인해 자본가 X는 화폐시장에 그만큼의 압박을 가하게 된다. 그러나 생산재료에 투하될 부분은 그가 생산재료를 현금으로 지불해야 하는 경우 외에는 반드시 그래야 할 필요가 없을 것이다. 만일 그가 생산재료를 외상으로 얻을 수 있다면 그것은 화폐시장에 직접적인 영향을 미치지 않을 것이다. 왜냐하면 그럴 경우 추가자본은 화폐자본이 아니라 생산용 재고로 직접 선대될 것이기 때문이다. 그러나 만일 외상을 제공한 사람이 X에게서 받은 어음을 다시 화폐시장에 가지고 가서 할인을 받는다면 이것은 화폐시장에 간접적으로 영향을 미칠 것이다. 그러나 만일 그가 이 어음을, 예를 들어 후일 자신의 채무를 변제하는 데 사용한다면 이 추가 선대자본은 화폐시장에 직접적으로도 간접적으로도 아무 영향을 미치지 않을 것이다.

b. 다른 모든 조건이 불변인 상태에서 생산재료의 가격이 변동하는 경우

우리는 지금까지 900파운드스털링의 총자본 가운데 생산재료에 $\frac{4}{5}$(=720파운드스털링)가 투하되고 임금에 $\frac{1}{5}$(=180파운드스털링)이 투하되었다고 가정하였다.

만일 생산재료의 가격이 $\frac{1}{2}$로 떨어지면 생산재료는 6주일의 노동기간 M294 을 위해 480파운드스털링이 아니라 240파운드스털링만 필요하게 되고 추가자본 II도 240파운드스털링 대신 120파운드스털링만 필요하게 될 것이다. 그리하여 자본 I은 600파운드스털링에서 240파운드스털링+120파운드스털링=360파운드스털링으로, 자본 II는 300파운드스털링에서 120파운드스털링+60파운드스털링=180파운드스털링으로 줄어들 것이다. 따라서 총자본은 900파운드스털링에서 360파운드스털링+180파운드스털링=540파운드스털링이 될 것이다. 즉 360파운드스털링이 자유롭게 풀려날 것이다.

이렇게 풀려나 자유로운 상태로 화폐시장에서 사용처를 찾는 자본〔화폐자본〕은 처음에 화폐자본으로 선대된 900파운드스털링의 자본 가운데 한 부분—즉 자신이 주기적으로 재전화하는 생산요소의 가격하락 때문에 사업을 확장하지 않고 원래 규모대로 계속할 경우에는 남아돌게 되는 부분—일 뿐이다. 만일 이런 가격하락이 우연적인 요인(특별한 풍작이나 과잉공급 등)에 의한 것이 아니라 원료를 제공하는 생산부문의 생산력 증가에 의한 것이라면 이 화폐자본은 화폐시장에 대한 절대적인 추가분〔일

반적으로 화폐자본의 형태로 이용될 수 있는 자본]이 될 것이다. 왜냐하면 그것은 이제 더는 투하된 자본의 구성 부분을 이루지 않기 때문이다.

c. 생산물의 시장가격이 변동하는 경우

생산물가격이 하락하면 자본 가운데 일부가 상실되고 따라서 그 부분만큼이 화폐자본의 새로운 선대를 통해 보충되어야만 한다. 판매자의 이런 손실은 구매자에게 이익으로 회수될 것이다. 이런 회수가 직접적으로 이루어지는 것은 생산물의 시장가격이 단지 우연적인 변동에 의해 떨어졌을 뿐, 나중에 다시 정상적인 수준으로 회복될 경우이다. 또한 그것이 간접적으로 이루어지는 것은 가격변동이 이전의 생산물에도 영향을 미치는 가치변동에서 비롯된 것이고, 이 생산물이 생산요소로 다시 다른 생산부문에 투입되어 거기에서 그만큼의 자본을 분리시킬 경우이다. 어떤 경우든 X가 상실한 자본[또한 그것을 보충하기 위해 그가 화폐시장에 압박을 가하는 자본]은 그의 거래 상대에게 새로운 추가자본으로 공급될 수 있다. 그럴 경우 그것은 단순한 이전에 불과하다.

반대로 만약 생산물가격이 상승하면 선대되지 않았던 자본 부분이 유통으로부터 취득된다. 그것은 생산과정에서 선대된 자본의 유기적인 일부가 아니고 따라서 만일 생산이 확장되지 않으면 자유롭게 풀려난 화폐자본이 된다. 여기에서는 생산물이 상품자본으로 시장에 등장하기 전에 생산물요소의 가격이 이미 주어졌다고 가정했기 때문에 현실의 가치변동이 가격의 상승을 가져오는 것은 단지 그것이 소급해서 작용한 경우 — 예를 들어 원료 가격이 나중에 오르는 경우 — 에만 국한된다. 그렇게 되면
M295 자본가 X는 상품자본으로 유통하는 자신의 생산물과 수중에 있는 자신의 생산용 재고로부터 모두 이득을 얻을 것이다. 이 이득은 생산요소 가격의 상승 때문에 이제 그가 사업을 계속 경영하기 위해서 추가로 필요해진 자본 부분을 공급해줄 것이다.

때로는 가격상승이 단지 일시적일 수도 있다. 그럴 경우 자본가 X의 생

산물이 다른 사업부문의 생산요소를 구성한다면 X가 추가자본으로 필요로 하는 부분은 다른 자본가에게서 풀려난 자본으로 나타날 것이다. 한쪽이 상실한 것을 다른 한쪽이 얻는 것이다.

제16장

가변자본의 회전

제1절 연(年) 잉여가치율

M296 2,500파운드스털링의 유동자본 가운데 $\frac{4}{5}$ =2,000파운드스털링은 불변자본(생산재료)이고 $\frac{1}{5}$ =500파운드스털링은 임금으로 투하되는 가변자본이라고 가정하자.

회전기간은 5주일이고 그중 노동기간이 4주일, 유통기간이 1주일이라고 하자. 그런 다음 자본 I은 2,000파운드스털링이고 그중 1,600파운드스털링은 불변자본이고 400파운드스털링은 가변자본이다. 자본 II는 500파운드스털링이고 그중 400파운드스털링은 불변자본이며 100파운드스털링은 가변자본이다. 노동기간의 1주일마다 500파운드스털링의 자본이 투하된다. 만일 1년이 50주일이라면 연간 생산물은 50×500=25,000파운드스털링이 된다. 따라서 한 번의 노동기간 동안 계속 사용되는 2,000파운드스털링의 자본 I은 $12\frac{1}{2}$ 회를 회전하고 따라서 $12\frac{1}{2}$ ×2,000=25,000파운드스털링이 된다. 이 25,000파운드스털링 가운데 $\frac{4}{5}$ =20,000파운드스털링은 생산수단에 투하된 불변자본이고 $\frac{1}{5}$ =5,000파운드스털링은 임금에 투하된 가변자본이다. 한편 2,500파운드스털링의 총자본은 $\frac{25,000}{2,500}$ =10회를 회전한다.

생산과정에서 지출된 가변적 유동자본은, 자신의 가치가 재생산된 생산물이 판매되어〔즉 상품자본에서 화폐자본으로 전화해서〕 노동력의 지불에 다시 투하되어야만 유통과정에서 다시 기능할 수 있다. 그러나 이 점은 생산과정에 투하된 불변적 유동자본(생산재료)—이 생산재료의 가치는 생산물가치의 한 부분으로 다시 나타난다—도 마찬가지이다. 이 두 부분—유동자본 가운데 가변 부분과 불변 부분—의 공통점〔즉 고정자본과 구별되는 점〕은 생산물에 이전된 이들의 가치가 상품자본에 의해 유통된다는 점〔즉 생산물이 상품으로 유통된다는 점〕에 있는 것이 아니다. M297
생산물의 가치〔즉 상품으로 유통되고 있는 생산물, 다시 말해 상품자본〕 속에는 항상 고정자본의 마모 부분〔즉 생산과정에서 생산물로 이전되는 고정자본의 가치 부분〕도 함께 포함되어 있기 때문이다. 이들과 고정자본 간의 차이점은 오히려 다음과 같다. 즉 고정자본은 유동자본(=불변적 유동자본+가변적 유동자본)의 회전기간이 여러 번 반복되는 동안에도 원래의 사용형태 그대로 생산과정에서 계속해서 기능하지만 유동자본은 매번 회전이 이루어질 때마다 모두 새로 보전된 다음 생산부문에서 유통부문으로(상품자본의 형태를 띠고) 들어가야만 한다는 점이다. 불변적 유동자본과 가변적 유동자본은 모두 W′—G′이라는 유통의 제1단계를 거친다. 이들은 두 번째 단계에서 나누어진다. 상품이 재전화된 화폐 가운데 일부는 생산용 재고(불변적 유동자본)로 전화된다. 이 생산용 재고의 구성요소들의 구매기간이 각기 다르기 때문에 화폐에서 생산재료로 전화되는 속도도 제각기 달라진다. 상품판매에서 얻어진 화폐 가운데 나머지 일부는 화폐준비금의 형태로 보존되어 있다가 생산과정에 합체되는 노동력의 대가를 지불하는 데 조금씩 지출된다. 이 부분이 가변적 유동자본이다. 그러나 두 부분의 완전한 보전은 언제나 자본의 회전〔즉 자본이 생산물로, 그리고 생산물이 상품으로, 그런 다음 다시 상품이 화폐로 전화되는 것〕을 통해서 이루어진다. 이것이 바로 앞 장에서 고정자본을 전혀 고려하지 않고 유동자본〔즉 불변적 유동자본과 가변적 유동자본〕을 한꺼번에 다룬 이유이다.

우리가 이제부터 다루게 될 문제에서는 여기에서 한 걸음 더 나아가 마치 유동자본이 그것의 가변 부분만으로 이루어진 것처럼 간주해야 할 것이다. 즉 그것과 함께 회전하는 유동자본의 불변 부분은 무시하기로 한다.

2,500파운드스털링이 선대되고 연간 생산물가치는 25,000파운드스털링이다. 그러나 유동자본 가운데 가변 부분은 500파운드스털링이다. 따라서 25,000파운드스털링 속에 포함되어 있는 가변자본은 $\frac{25,000}{5}=5,000$파운드스털링이다. 이 5,000파운드스털링을 500파운드스털링으로 나누면 회전수는 총자본 2,500파운드스털링의 경우와 똑같이 10회가 된다.

잉여가치의 생산이라는 관점에서만 볼 경우, 여기에서 연간 생산물의 가치를 선대자본 가운데 일부〔즉 한 번의 노동기간에 계속해서 사용된 부분〕의 가치로 나누지 않고 선대된 총자본가치로 나누는(즉 이 경우에는
M298 400이 아니라 500으로, 자본 I이 아니라 자본 I+자본 II로 나누는) 것은 정확하게 맞는 계산이다. 그러나 일반적인 관점에서 보거나 혹은 다른(즉 잉여가치의 생산이라는 관점과 다른—옮긴이) 관점에서 보면 이런 식의 계산이 완전히 정확하다고 할 수 없는데 그 점에 대해서는 나중에 뒤에서 살펴보게 될 것이다. 즉 이런 식의 계산은 자본가의 실무적인 목적에는 충분하지만 회전에 관한 모든 현실적 상황을 적절하고 정확하게 표현하기에는 부족한 것이다.

우리는 지금까지 상품자본의 가치 가운데 생산과정 동안에 생산되어 생산물에 합쳐진 부분〔즉 상품 속에 포함된 잉여가치〕에 대해서는 논외로 남겨두었다. 이제 이 부분에 눈을 돌려 보자.

매주 투하되는 100파운드스털링의 가변자본이 100%의 잉여가치=100

파운드스털링을 생산한다고 가정하자. 그러면 5주일의 회전기간에 투하된 500파운드스털링의 가변자본은 500파운드스털링의 잉여가치를 생산할 것이다. 즉 노동일 가운데 절반이 잉여노동을 이루고 있는 것이다.

그런데 만일 500파운드스털링의 가변자본이 500파운드스털링의 잉여가치를 생산한다면, 5,000파운드스털링의 가변자본은 500파운드스털링의 10배인 5,000파운드스털링을 잉여가치로 생산할 것이다. 그렇지만 선대된 가변자본은 500파운드스털링이다. 선대된 가변자본가치와 연간 생산된 총잉여가치 사이의 비율을 우리는 연 잉여가치율이라고 부른다. 지금의 예에서 이 연 잉여가치율은 $\frac{5,000}{500}=1,000\%$이다. 이 비율을 좀더 자세히 분석해보면, 연 잉여가치율은 한 번의 회전기간에 선대된 가변자본이 생산한 잉여가치율에 가변자본의 회전수(전체 유동자본의 회전수와 같다)를 곱한 것과 같다는 것을 알 수 있다.

여기에서 한 번의 회전기간에 선대된 가변자본은 500파운드스털링이다. 이 기간에 생산된 잉여가치도 마찬가지로 500파운드스털링이다. 따라서 한 번의 회전기간 동안 잉여가치율은 $\frac{500m}{500v}=100\%$이다. 이 100%에 1년간의 회전수 10을 곱하면 $\frac{5,000m}{500v}=1,000\%$가 된다.

바로 이것이 연 잉여가치율이다. 그러나 일정한 회전기간 동안 얻는 잉여가치량을 살펴보면 그 양은 이 기간 동안에 선대된 가변자본가치〔여기에서는 500파운드스털링〕에 잉여가치율〔여기에서는 $500\times\frac{100}{100}=500\times1$ $=500$파운드스털링〕을 곱한 것과 같다. 만일 잉여가치율이 같을 때 선대 M299
된 가변자본이 1,500파운드스털링이라면 잉여가치량은 $1,500\times\frac{100}{100}=$ 1,500파운드스털링이 될 것이다.

500파운드스털링의 가변자본이 1년에 10번 회전하여 5,000파운드스털링의 잉여가치를 생산함으로써 연 잉여가치율이 1,000%인 경우 이것을 자본 A라고 부르자.

이제 5,000파운드스털링의 또 다른 가변자본 B가 1년 전체 기간(여기에서는 50주일) 동안 선대되고 그것이 1년에 단 한 번만 회전한다고 가정해보자. 또한 연말에 생산물이 완성되면 그날 곧바로 지불이 이루어진다고〔즉 생산물에서 전화한 화폐자본이 그날 곧바로 회수된다고〕 가정하자. 그러면 유통기간은 0이며 회전기간은 노동기간과 같은 1년이 될 것이다. 앞의 예와 같이 노동과정에서는 매주 100파운드스털링〔따라서 50주일에 5,000파운드스털링〕의 가변자본이 존재한다. 거기에다 잉여가치율도 100%로 똑같다. 즉 노동일의 길이도 같고 노동일의 절반은 잉여노동으로 이루어진다. 만일 노동일의 길이가 5주일이면 이때 투하된 가변자본은 500파운드스털링이 될 것이고 잉여가치율이 100%이므로 5주일 동안 생산된 잉여가치량은 500파운드스털링이 될 것이다. 여기에서 착취되는 노동력의 양과 착취도는 가정에 따라 자본 A의 경우와 똑같을 것이다.

매주 투하되는 100파운드스털링의 가변자본은 100파운드스털링의 잉여가치를 생산하며 따라서 50주일 동안 투하된 자본 $50 \times 100 = 5,000$파운드스털링은 5,000파운드스털링의 잉여가치를 생산한다. 연간 생산된 잉여가치량은 앞의 경우와 똑같이 5,000파운드스털링이지만 연 잉여가치율은 전혀 다르다. 자본 B의 연 잉여가치율은 1년에 생산된 잉여가치를 선대된 가변자본으로 나눈 $\frac{5,000m}{5,000v} = 100\%$이다. 반면 자본 A의 경우에는 그것이 1,000%였다.

자본 A와 자본 B 두 경우 모두 1주일에 100파운드스털링의 가변자본이 지출되었고 착취도〔잉여가치율〕도 똑같이 100%이며 가변자본의 크기도 100파운드스털링으로 동일하다. 동일한 양의 노동력이 착취당하고 착취의 양과 정도도 모두 동일하며, 노동일의 길이도 같고 게다가 노동일이 필요노동과 잉여노동으로 나누어지는 비율도 모두 같다. 1년 동안에 사용된 가변자본의 크기도 두 경우 모두 5,000파운드스털링이고 동원하는 노동
M300 량과 운영자본도 같고 사용한 노동력에서 뽑아낸 잉여가치의 양도 똑같이 5,000파운드스털링이다. 그럼에도 자본 A와 자본 B의 연 잉여가치율에서는 900%의 차이가 있다.

이 현상은 잉여가치율이 가변자본에 의해 가동되는 노동력의 양과 착

취도뿐만 아니라, 유통과정에서 발생하는 설명할 수 없는 온갖 요인들에 함께 좌우되는 것처럼 보이게 한다. 그래서 실제로 이 현상은 그런 방식으로 — 여기에서 말한 것처럼 그렇게 순수한 형태가 아니라 좀더 복잡하고 은폐된 형태(연 이윤율의 형태)로 — 설명되어왔고 그 결과 1820년대 초 이후 리카도 학파 내부에 극도의 혼란을 가져오기도 하였다.

그러나 이 현상이 보여주는 기이함은 우리가 자본 A와 자본 B를 외관만이 아니라 실질적으로도 완전히 동일한 조건에 놓는 순간 금방 사라져 버린다. 그 동일한 조건이란 단지 가변자본 B가 가변자본 A와 동일한 기간에 노동력에 지불하기 위해 모두 지출된다고 가정하는 것을 의미할 뿐이다.

그럴 경우 자본 B의 5,000파운드스털링은 5주일 동안 매주 1,000파운드스털링이 투하되고 1년에 50,000파운드스털링이 투하된다. 이제 잉여가치도 역시 우리의 가정에 의해 50,000파운드스털링이다. 회전한 자본 50,000파운드스털링을 선대자본 5,000파운드스털링으로 나누면 회전수는 10이 된다. 잉여가치율 $\frac{5,000m}{5,000v}=100\%$에 회전수 10을 곱하면 연 잉여가치율은 $\frac{50,000m}{5,000v}=\frac{10}{1}=1,000\%$가 된다. 이제 자본 A와 자본 B의 연 잉여가치율은 1,000%로 같지만 잉여가치량은 자본 B의 경우 50,000파운드스털링이고 자본 A의 경우 5,000파운드스털링이다. 생산된 잉여가치량의 비율은 이제 선대된 자본 B와 자본 A의 비율과 같다. 즉 5,000 : 500=10 : 1이다. 이것이 자본 B가 자본 A와 동일한 기간에 자본 A보다 10배의 노동력을 가동할 수 있었던 이유이다.

노동과정에 실제로 투하된 자본만이 잉여가치를 창출하며 단지 이런 자본에 대해서만 잉여가치와 관련된 모든 법칙 — 잉여가치율이 주어져 있을 때 잉여가치량은 가변자본의 상대적인 크기에 의해 결정된다는 법칙*을 포함하는 — 이 적용된다.

* MEW Bd. 23, 321~330쪽 참조.

노동과정 자체는 시간에 의해서 측정된다. 노동일의 길이가 주어져 있다면(여기에서처럼 연 잉여가치율의 차이를 명백히 하기 위해 자본 A와 자본 B의 모든 조건이 같다고 가정한 경우) 노동주(勞動週, Arbeitswoche)
M301 는 일정한 수의 노동일로 이루어져 있다. 또한 우리는 어떤 노동기간〔예를 들어 여기에서는 5주일〕을 하나의 노동일로 볼 수도 있다. 예를 들어 1노동일이 10시간이고 1주일이 6노동일이라면 300시간을 하나의 노동일로 볼 수 있다. 물론 이때 이 숫자에 매일 같은 노동과정에서 함께 고용되어 있는 노동자들의 숫자를 곱해야만 한다. 예를 들어 그 숫자를 10이라고 하면 1주일은 60×10=600시간이 되고 5주일의 노동기간은 600×5=3,000시간이 될 것이다. 그래서 만일 같은 수의 노동력(가격이 같은 노동력을 노동자 수로 곱한 것)이 같은 기간에 사용된다면, 같은 크기의 가변자본이 같은 잉여가치율과 같은 노동일의 길이로 사용되는 셈이다.

이제 우리의 처음 예로 돌아가 보자. A와 B 두 경우 모두 1주일에 100파운드스털링씩 동일한 양의 가변자본이 1년 동안 사용된다. 따라서 노동과정에서 실제로 기능하는 가변자본은 같다. 그러나 선대된 가변자본은 둘 사이에 상당한 차이가 있다. 자본 A의 경우 500파운드스털링이 5주일마다 선대되고 그중에서 1주일마다 100파운드스털링이 사용된다. 자본 B의 경우 처음 5주일 동안에는 5,000파운드스털링이 선대되어야 하고 그중에서 100파운드스털링만 1주일마다 사용되고 따라서 5주일 동안 500파운드스털링〔즉 선대자본의 $\frac{1}{10}$〕만 사용된다. 두 번째 5주일 동안에는 4,500파운드스털링이 선대되어야 하고 여기에서도 마찬가지로 이 가운데 500파운드스털링만 사용된다. 이 같은 과정이 계속해서 반복된다. 일정 기간 선대된 가변자본은 그것이 실제로 노동과정으로 채워진 기간에 투입되는 만큼만〔즉 노동과정에서 실제로 기능하는 만큼만〕 실제 사용되는 가변자본으로 전화한다. 가변자본 가운데 일부가 나중에 사용되기 위해서 미리 선대되어 대기하는 중간기간은 이 가변자본 부분이 사실상 노동과정에 존재하지 않는 것과 마찬가지의 기간(따라서 가치나 잉여가치의 형성에 아무런 영향을 끼치지 못하는 기간)이다. 500파운드스털링의 자본 A를 예로 들어보자. 그것은 5주일에 대해서 선대되지만 매주 100파운드스털링만 계속해서 노동과정에 들어간다. 첫 주일에는 이 선대된 자본 가운데 $\frac{1}{5}$ 이 사용되고 $\frac{4}{5}$ 는 사용되지 않은 채 선대되어 있다. 그러나 이 선대자본은 다음 4주일의 노동과정을 위해 준비되어야 하고, 따라서 반드시 선대되어 있어야만 한다.

잉여가치율이 일정할 때 선대된 가변자본과 사용된 가변자본 간의 비율의 차이는 일정 기간〔예를 들어 1주일이나 5주일〕 동안 실제 사용될 수 M302 있는 가변자본의 양이 달라질 경우에만 잉여가치의 생산에 영향을 미친다. 선대된 가변자본은 그것이 실제로 사용될 경우에만〔즉 실제로 사용되는 기간 동안만〕 가변자본으로 기능하며, 사용되지 않은 채 선대된 상태로 남아 있는 동안에는 가변자본으로 기능하지 않는다. 그러나 선대된 가변자본과 사용된 가변자본 간의 비율 차이는 결국 회전기간의 차이(노동기간이나 유통기간의 차이 혹은 두 가지 모두의 차이에 의해 결정되는)로 요약된다. 잉여가치 생산의 법칙은 잉여가치율이 같을 때 같은 양의 가변자본은 같은 양의 잉여가치를 생산한다는 것을 말한다. 그러므로 자본 A와 자본 B가 잉여가치율이 같고 같은 노동시간 동안 같은 양의 가변자본을 사용한다면, 일정한 시간 동안 사용된 가변자본과 같은 시간 동안 선대된 가변자본 간의 비율〔따라서 실제로 사용된 가변자본이 아니라 선대된 가변자본 총량에 대한 잉여가치 생산량의 비율〕이 어떻든, 그 자본들은 같은 시간 동안 같은 크기의 잉여가치를 창출하는 것임이 틀림없다. 이 비율의 차이는 잉여가치 생산에 대하여 지금까지 서술한 법칙과 모순되는 것이 아니라 오히려 이 법칙들을 확인해주는 것이며 그것의 필연적인 결과이다.

자본 B의 처음 5주일의 생산기간을 살펴보자. 제5주일 말에 500파운드스털링이 사용되어 소비되었다. 가치생산물은 1,000파운드스털링이고 따라서 잉여가치율은 $\frac{500m}{500v}=100\%$이다. 자본 A의 경우와 완전히 똑같다. 자본 A가 잉여가치를 선대자본과 함께 실현하는 데 반해 자본 B는 그렇지 않다는 사실은 여기에서 전혀 중요하지 않다. 왜냐하면 지금 문제가 되는 것은 단지 잉여가치의 생산, 그리고 잉여가치를 생산하는 동안 선대된 가변자본과 잉여가치 간의 비율이기 때문이다. 그런데 만일 자본 B에서, 5,000파운드스털링의 선대자본 가운데 잉여가치를 생산하는 동안 사용되고 소비된 부분이 아니라 선대된 총자본과 잉여가치 간의 비율을 계산한다면 잉여가치율은 $\frac{500m}{5,000v}=\frac{1}{10}=10\%$가 될 것이다. 즉 자본 B의 잉여가치율은 10%이고 자본 A의 잉여가치율은 100%, 즉 B의 10배가 될 것이다. 이때 만일 같은 노동량〔게다가 지불노동과 불불노동의 비율도 동일한 노동〕을 사용하는 같은 양의 자본에서 이처럼 잉여가치율이 달리 나타나는
M303 것을 잉여가치 생산의 법칙과 모순되는 것이라고 말한다면 그것은 다음과 같은 사실을 통해서 간단하게 정리할 수 있을 것이다. 즉 위에서 말한 자본 A의 잉여가치율은 실제의 잉여가치율〔즉 가변자본 500파운드스털링과 그 500파운드스털링이 5주일 동안 생산한 잉여가치 간의 비율〕이다. 반면 자본 B의 잉여가치율은 잉여가치의 생산과 아무 관련이 없는 방식으로 계산된 것일 뿐만 아니라 사실 아무 관련이 없는 개념이기도 하다. 거기에서는 500파운드스털링의 가변자본에 의해 생산된 500파운드스털링의 잉여가치가, 실제로 잉여가치를 생산하는 동안 선대된 500파운드스털링의 가변자본에 대하여 계산된 것이 아니라, 엉뚱한 5,000파운드스털링에 대하여 계산되었다. 그런데 이 5,000파운드스털링 가운데 $\frac{9}{10}$인 4,500파운드스털링은 500파운드스털링의 잉여가치 생산과 전혀 관계가 없고 다음의 45주일을 지나는 동안 점차적으로 기능할 예정이며 여기에서 오로지 문제가 되는 첫 5주일 동안의 생산에서는 전혀 존재하지 않는다. 따라서 A와 B의 잉여가치율의 차이는 이 경우 전혀 문제가 되지 않는다.

이제 자본 A와 자본 B의 연 잉여가치율을 비교해 보자. 자본 B의 경우는 $\frac{5,000m}{5,000v}=100\%$이고 자본 A는 $\frac{5,000m}{500v}=1,000\%$이다. 이 비율은 앞에서 본 것과 똑같다. 앞에서는 $\frac{\text{자본 B의 잉여가치율}}{\text{자본 A의 잉여가치율}}=\frac{10\%}{100\%}$였고 지금은 $\frac{\text{자본 B의 잉여가치율}}{\text{자본 A의 잉여가치율}}$

$=\frac{100\%}{1,000\%}$ 이다.

그러나 $\frac{10\%}{100\%}=\frac{100\%}{1,000\%}$ 이므로 그 비율은 앞의 것과 똑같다.

그러나 이제 문제가 바뀌었다. 자본 B의 연 잉여가치율 $\frac{5,000m}{5,000v}=100\%$는 우리가 잉여가치의 생산과 거기에 맞는 잉여가치율에 대해 알고 있는 법칙과 조금도 다르지 않다(달라 보이지도 않는다). 1년 동안 5,000v가 선대된 다음 생산적으로 소비되어 5,000m을 생산하였다. 따라서 잉여가치율은 앞에서 본 $\frac{5,000m}{5,000v}=100\%$이다. 연 잉여가치율은 실제의 잉여가치율과 일치한다. 지금 앞의 경우와 달리 변칙적인 부분을 드러내는 것은 자본 B가 아니라 자본 A이다.

자본 A의 잉여가치율은 $\frac{5,000m}{500v}=1,000\%$이다. 그러나 앞에서는 5주일 동안의 생산물인 500m이 5,000파운드스털링의 선대자본 — 그중 $\frac{9}{10}$는 이 잉여가치의 생산에 사용되지 않았다 — 에 대해 계산된 반면, 이번에는 M304
5,000m이 500v〔즉 이 5,000m을 생산하는 데 실제로 사용된 가변자본의 $\frac{1}{10}$〕에 대해서 계산된다. 그러나 5,000m은 50주일에 걸쳐서 생산적으로 소비된 가변자본 5,000파운드스털링의 생산물이지 단 한 번의 5주일 동안에 소비된 자본 500파운드스털링의 생산물이 아니다. 앞에서는 5주일 동안에 생산된 잉여가치가 50주일 동안을 위하여 선대된 자본〔즉 5주일 동안 소비된 자본보다 10배가 많은 자본〕에 대해서 계산되었다. 이제는 50주일 동안에 생산된 잉여가치가 5주일을 위하여 선대된 자본〔즉 50주일 동안에 사용된 자본의 $\frac{1}{10}$에 불과한 자본〕에 대하여 계산된다.

500파운드스털링의 자본 A는 결코 5주일을 초과하여 선대되지 않는다. 이 5주일 말에 자본 A는 회수되며 그것은 이런 과정을 1년간 10회 회전함으로써 10회 갱신될 수 있다. 여기에서 두 가지 결론이 나온다.

첫째, A의 경우 선대된 자본은 1주일의 생산과정 동안에 계속적으로 사용되는 자본 부분의 5배에 지나지 않는다. 그러나 50주일 동안 단 한 번 회전하는〔따라서 역시 50주일을 위하여 선대되어야 하는〕 자본 B는 1주일 동안 계속 사용될 수 있는 자본 부분의 50배에 달한다. 이처럼 회전수는 1년 동안 생산과정에 선대된 자본과 일정 기간〔예를 들어 1주일〕 동안 사용된 자본 간의 비율을 변화시킨다. 바로 이것이 첫 번째 경우에서 5주일의 잉여가치가 그 5주일 동안 사용된 자본이 아니라 그것의 10배에 달하는 50주일 동안 사용된 자본에 대해서 계산된 이유이다.

둘째, 자본 A의 회전기간인 5주일은 1년의 $\frac{1}{10}$ 에 불과하며 따라서 1년은 이런 회전기간을 10회 포함한다. 이 회전기간에는 500파운드스털링의 자본 A가 끊임없이 반복 사용된다. 이 경우 사용된 자본은 5주일 동안 선대된 자본을 1년 동안의 회전기간 수로 곱한 것과 같다. 그리하여 1년 동안 사용된 자본은 500×10=5,000파운드스털링이다. 반면 1년 동안 선대된 자본은 $\frac{5,000}{10}$ =500파운드스털링이다. 사실 500파운드스털링은 끊임없이 새롭게 사용되지만 5주일마다 사용되는 자본액은 항상 이 500파운드스털링을 결코 넘지 않는다. 한편 자본 B의 경우에도 5주일 동안 500파운드스털링만 선대되고 사용된다. 그러나 이 경우에는 회전기간이 50주일이기 때문에 1년 동안 사용된 자본은 5주일이 아니라 50주일에 대해 선대한 자
M305 본과 같다. 그러나 잉여가치율이 주어져 있을 때, 매년 생산되는 잉여가치량은 1년 동안 선대되는 자본이 아니라 1년 동안 사용된 자본에 의해서 결정된다. 그렇기 때문에 1년에 한 번 회전하는 5,000파운드스털링의 자본이 1년에 10회 회전하는 500파운드스털링보다 10배 크다고 해서 전자가 생산한 잉여가치량이 후자가 생산한 잉여가치량보다 더 큰 것은 아니다.

1년 동안 회전한 가변자본〔연간 생산물이나 연간 지출 가운데 이 자본 부분과 같은 부분〕이란 1년 동안 실제로 사용된〔즉 생산적으로 소비된〕 가변자본이다. 따라서 다음과 같이 말할 수 있다. 만일 1년간 회전한 가변자본 A와 1년간 회전한 가변자본 B가 같은 크기이고 이들이 동일한 가치증식 조건에서 사용되었다면〔즉 잉여가치율이 같다면〕 이들이 연간 생산한 잉여가치량도 같아야 한다. 또한 이들은 사용된 자본의 양이 똑같기 때문에 잉여가치율을 $\frac{\text{1년 동안 생산된 잉여가치량}}{\text{1년 동안 회전한 가변자본}}$ 으로 표시할 경우, 1년을 기준으로 계산된 잉여가치율도 같아야 한다. 이를 보다 일반적으로 표현하면, 회

전한 두 가변자본의 상대적 크기와 상관없이 이 자본들의 연 잉여가치율은 각 자본이 사용된 평균기간(예를 들면 1주일 평균 또는 1일 평균)의 잉여가치율에 의해서 결정된다.

이것이 잉여가치의 생산 및 잉여가치율의 결정과 관련된 법칙에서 얻을 수 있는 유일한 논리적 귀결이다.

이제 $\frac{\text{1년 동안 회전한 자본}}{\text{선대된 자본}}$ (앞에서도 말했듯이 여기에서는 가변자본만을 고려하고 있다)이라는 비율이 무엇을 나타내는지 살펴보기로 하자. 이 비율은 1년 동안 선대된 자본의 회전수를 표시하고 있다.

자본 A에서는 이 비율이 $\frac{\text{1년 동안 회전한 자본 5,000파운드스털링}}{\text{선대된 자본 500파운드스털링}}$ 이고 자본 B에서는 $\frac{\text{1년 동안 회전한 자본 5,000파운드스털링}}{\text{선대된 자본 5,000파운드스털링}}$ 이 될 것이다.

두 비율 모두에서 분자는 선대자본에 회전수를 곱한 것이다. A의 경우는 500×10이고 B의 경우는 5,000×1이다. 혹은 회전수 대신 1년을 기준으로 계산한 회전기간의 역수를 곱해도 마찬가지가 된다. A의 회전기간은 $\frac{1}{10}$년이고 그 역수는 $\frac{10}{1}$년이기 때문에 500× $\frac{10}{1}$ =5,000이 된다. B의 경우
는 5,000× $\frac{1}{1}$ =5,000이 된다. 분모는 회전한 자본에 회전수의 역수를 곱 M306
한 것이다. A의 경우 5,000× $\frac{1}{10}$ 이고 B의 경우는 5,000× $\frac{1}{1}$ 이다.

1년 동안 회전한 두 가변자본이 움직인 각각의 노동량(지불노동과 불불노동의 합)은 이 경우 동일하다. 왜냐하면 회전한 자본과 그 가치증식률이 모두 동일하기 때문이다.

연간 회전한 가변자본과 선대된 가변자본의 비율은 ① 선대된 자본과 일정 노동기간 동안 사용된 가변자본 간의 비율을 나타낸다. 만일 A의 경우처럼 회전수가 10이고 1년이 50주일이라면 회전기간은 5주일이다. 이 5주일은 가변자본이 선대되어야 하는 기간이며 5주일에 대해 선대된 자본은 1주일 동안 사용된 가변자본보다 5배 많아야 한다. 말하자면 선대자본(여기에서는 500파운드스털링) 가운데 $\frac{1}{5}$만 1주일 동안 사용될 수 있다. 반면 회전수가 $\frac{1}{1}$인 자본 B의 경우 회전기간은 1년=50주일이다. 그러므로 매주 사용되는 자본과 선대자본 간의 비율은 50 : 1이다. 만약 B가 A와

같이 되려면 B는 매주 100파운드스털링이 아니라 1,000파운드스털링을 사용해야 할 것이다. ② 따라서 같은 양의 가변자본〔따라서 잉여가치율이 주어졌을 때 같은 양의 노동(지불노동과 불불노동)〕을 움직이기 위해서〔따라서 1년 동안 같은 양의 잉여가치를 생산하기 위해서는〕 자본 B는 자본 A에 비해 10배의 자본량(5,000파운드스털링)을 사용한 셈이다. 실질 잉여가치율은 일정 기간 동안 생산된 잉여가치〔또는 이 기간 동안 사용된 가변자본이 움직인 불불노동의 양〕와 같은 기간 동안 사용된 가변자본 간의 비율을 나타내는 것이다. 이 불불노동의 양은 선대된 가변자본 가운데 사용되지 않은 부분과는 아무 관계가 없으며 따라서 일정 기간 동안 선대된 자본과 그 기간 동안 사용된 자본 간의 비율〔즉 자본의 회전기간에 의해 변화되고 달라지는 비율〕과도 아무 관계가 없다.

오히려 지금까지 말한 것으로부터 다음과 같은 결론이 나온다. 즉 연 잉여가치율은 오직 한 가지 경우에만 노동착취도를 표시하는 실질 잉여가치율과 일치한다는 것이다. 그 한 가지 경우란 바로 선대자본이 1년에
M307 단 한 번만 회전하고 따라서 선대된 자본이 1년 동안 회전한 자본과 같고, 따라서 1년간 생산된 잉여가치량과 그 생산을 위해 투입된 자본 간의 비율이 1년간 생산된 잉여가치량과 1년간 선대된 자본 간의 비율과 서로 일치하는 경우를 말한다.

(A) 연 잉여가치율은 $\frac{\text{1년 동안 생산된 잉여가치량}}{\text{선대된 가변자본}}$ 과 같다. 그런데 1년 동안 생산된 잉여가치량은 실질 잉여가치율에 잉여가치 생산에 사용된 가변자본을 곱한 것과 같다. 연간 잉여가치량의 생산에 사용된 자본은 선대자본에 우리가 n이라고 부르게 될 선대자본의 회전수를 곱한 것과 같다. 따라서 정식 (A)는 다음과 같이 변형된다.

(B) 연 잉여가치율은 $\frac{\text{실질 잉여가치율} \times \text{선대된 가변자본} \times n}{\text{선대된 가변자본}}$ 과 같다. 예를 들어 자본 B에서는 $\frac{100\% \times 5{,}000 \times 1}{5{,}000} = 100\%$가 된다. n=1인 경우에만, 즉 선대된 가변자본이 1년에 단 한 번만 회전하고 따라서 그것과 1년 동안 사용된 자본, 회전된 자본이 모두 같을 경우에만 연 잉여가치율은 실질 잉여가치율

과 같아진다.

연 잉여가치율을 M′, 실질 잉여가치율을 m′, 선대된 가변자본을 v, 회전수를 n이라고 하자. 그러면 $M' = \frac{m'vn}{v} = m'n$이 된다. 즉 M′이 m′n이고 n=1일 경우에만 M′은 m′과 같게 된다. 즉 $M' = m' \times 1 = m'$이다.

따라서 연 잉여가치율은 항상 m′n이 된다. 즉 한 번의 회전기간 동안 소비된 가변자본이 그 기간 동안 생산한 실질 잉여가치율에 이 가변자본의 1년간 회전수〔또는(같은 뜻이지만) 1년을 기준으로 계산한 회전기간의 역수〕를 곱한 것과 같다(만일 가변자본이 1년에 10회 회전한다면, 그 회전기간은 $\frac{1}{10}$년이며 따라서 이 회전기간의 역수는 $\frac{10}{1} = 10$이다).

또한 만일 n=1일 경우에는 M′=m′이 될 것이다. 그리고 n이 1보다 클 경우〔즉 선대자본이 1년에 한 번 이상 회전할 경우, 다시 말해 회전한 자본이 선대자본보다 클 경우〕에는 M′은 m′보다 클 것이다.

마지막으로 n이 1보다 작을 경우〔즉 1년 동안 회전한 자본이 선대자본 M308
의 일부에 지나지 않을 경우, 따라서 회전기간이 1년 이상 지속될 경우〕에는 M′은 m′보다 작을 것이다.

이 마지막 경우를 잠깐 살펴보기로 하자.

앞의 예에서 가정했던 조건들은 모두 그대로 두고 단지 회전기간만 55주일로 늘어났다고 가정하자. 노동과정은 1주일에 100파운드스털링의 가변자본이 필요하다. 따라서 1회전 기간에는 5,500파운드스털링의 가변자본이 필요하며 이 가변자본은 매주 100m의 잉여가치를 생산한다. 즉 m′은 이전과 같이 100%이다. 이제 회전수 n은 $\frac{50}{55} = \frac{10}{11}$이다. 왜냐하면 회전기간이 $1 + \frac{1}{10}$년(1년을 50주일로 가정할 경우)$= \frac{11}{10}$년이기 때문이다.

$M' = \frac{100\% \times 5{,}500 \times}{5{,}500} = 100 \times \frac{10}{11} = \frac{1{,}000}{11} = 90\frac{10}{11}\%$가 된다. 즉 100%보다 작다. 만일 연 잉여가치율이 100%라면 1년 동안 5,500v는 5,500m을 생산했을 것이지만, 이제는 그것을 생산하는 데 $\frac{11}{10}$년이 필요하다. 5,500v는 1년 동안 단지 5,000m만 생산할 뿐이다. 그래서 연 잉여가치율은 $\frac{5{,}000m}{5{,}500v} = \frac{10}{11} = 90\frac{10}{11}\%$이 되는 것이다.

그러므로 연 잉여가치율〔1년간 생산된 잉여가치와 선대된 총가변자본(1년간 회전하는 가변자본과는 다른) 간의 비율〕은 단순히 주관적인 것이 아니라 현실의 자본운동 자체로부터 만들어지는 비율이다. 자본 A의 소유자는 연말에 500파운드스털링의 선대된 가변자본을 회수하면서 5,000파운드스털링의 잉여가치도 함께 얻는다. 그가 선대한 자본의 크기를 나타내는 것은 1년 동안 그가 사용한 자본량이 아니라 주기적으로 그에게 회수되는 자본의 양이다. 연말에 자본 가운데 일부가 생산재고나 화폐자본, 상품자본 등으로 나누어져 존재하든 않든 그리고 이렇게 여러 부분으로 나누어지는 비율이 얼마가 되든 그것은 지금 이 문제와 아무런 관련이 없다. 자본 B의 소유자는 자신의 선대자본 5,000파운드스털링을 회수하면서 5,000파운드스털링의 잉여가치도 함께 얻는다. 자본 C(마지막에 고찰한 5,500파운드스털링)의 소유자는 1년 동안 5,000파운드스털링의 잉여가치를 생산하였지만(5,000파운드스털링이 투하되고 잉여가치율이 100%일 경우) 그의 선대자본은 아직 회수되지 않았고 선대자본이 생산한 잉여가치도 역시 아직 손에 넣지 못하였다.

M′=m′n이 나타내는 것은, 한 번의 회전기간 동안 사용된 가변자본에
M309 적용되는 잉여가치율 $\frac{\text{한 번의 회전기간 동안 생산된 잉여가치량}}{\text{한 번의 회전기간 동안 사용된 가변자본}}$ 에 선대된 가변자본의 회전기간〔재생산기간, 즉 가변자본이 순환을 갱신하는 기간〕 수를 곱한 것이다.

이미 제1권 제4장 '화폐의 자본으로의 전화'와 제1권 제21장 '단순재생산'에서 보았듯이 자본가치는 순환의 여러 국면을 통과한 다음 출발점으로 되돌아온다〔그것도 잉여가치로 증식되어〕는 점에서 선대되는 것이지 지출되는 것이 아니다. 이것이 선대된 자본가치의 특징이다. 자본가치가 출발한 때로부터 다시 돌아올 때까지의 기간은 그것의 선대기간이다. 자본가치가 통과하는〔선대된 시점에서 되돌아오는 시점까지〕 전체 순환은 자본의 회전을 이루며 그 회전의 지속기간이 회전기간이다. 이 기간이 모두 지나면 순환은 종결되고 동일한 자본가치는 동일한 순환을 새로 시작

〔즉 자신을 증식하고 잉여가치를 생산〕할 수 있다. 자본 A의 경우와 같이 가변자본이 1년에 10회 회전한다면, 동일한 가변자본을 1년 동안 선대하여 생산할 수 있는 총잉여가치량은 한 번의 회전 기간에 생산할 수 있는 양의 10배가 될 것이다.

선대의 본질은 자본주의 사회의 관점에서 해명되어야 한다.

1년에 10회 회전하는 자본 A는 1년 동안 10회 선대된다. 그것은 매번 새로운 회전기간마다 새롭게 선대된다. 그러나 동시에 자본가 A는 1년 동안 500파운드스털링 이상의 자본가치를 결코 선대하지 않으며, 실제로 우리가 고찰하고 있는 생산과정을 위해서 500파운드스털링 이상의 자본가치를 사용하지도 않는다. 이 500파운드스털링이 한 번의 순환을 완료하고 나면 그는 같은 순환을 다시 시작한다. 자본이 본질적으로 자본의 성격을 유지하는 것은 그것이 반복되는 생산과정에서 끊임없이 자본으로 기능하기 때문이다. 그것은 또한 결코 5주일 이상 선대되지도 않는다. 회전기간이 길어지면 500파운드스털링의 자본으로는 부족하게 되고 회전기간이 짧아지면 그중 일부가 남아돌게 된다. 500파운드스털링의 자본 10개가 선대되는 것이 아니라 500파운드스털링의 자본 하나가 각 기간마다 연속으로 10번 선대되는 것이다. 따라서 연 잉여가치율은 10번 선대된 500파운드스털링의 자본〔즉 5,000파운드스털링〕을 기초로 계산되는 것이 아니라 한 번 선대된 500파운드스털링의 자본을 기초로 계산된다. 그것은 마치 1실링이 10회를 순환할 때, 비록 그것이 10실링의 기능을 수행하긴 하지만 실제 유통과정에는 언제나 1실링만 존재하는 것과 마찬가지이다. 그것이 누구의 손에 들어가든 그것은 여전히 1실링의 가치만 갖는다. M310

마찬가지로 자본 A도 그것이 매번〔혹은 연말에〕 회수될 때마다 그 소유주에게는 언제나 단지 500파운드스털링의 동일한 자본가치로 사용된다. 따라서 매번 그가 회수한 자본의 총량은 500파운드스털링이다. 따라서 그가 선대한 자본도 500파운드스털링을 넘지 않는다. 선대된 500파운드스털링의 자본은 연 잉여가치율을 표시하는 분수의 분모를 이룬다. 이 분수를 나타내는 공식은 $M' = \frac{m'vn}{v}$ $= m'n$이었다. 실질 잉여가치율 $m' = \frac{m}{v}$은 잉여가치량을 그 잉여가치를 생산한 가변자본으로 나눈 것이므로 $m'n$에 있는 m' 대신 $\frac{m}{v}$을 대입하면 $M' = \frac{mn}{v}$이라는 다른 식을 얻을 수 있다.

그러나 10회의 회전〔그리고 그 선대의 10회의 갱신〕에 의해서 500파운드스털링의 자본은, 마치 1년에 10번 유통하는 500실링이 1년에 한 번만 유통하는 5,000실링과 동일한 기능을 수행하는 것처럼, 그 10배에 해당하는 자본〔즉 5,000파운드스털링의 자본〕과 같은 기능을 수행한다.

제2절 개별 가변자본의 회전

> 생산과정은 그 사회적 형태와 상관없이 연속적이어야 한다. 즉 주기적으로 똑같은 과정을 계속해서 통과해야만 한다. …… 그러므로 모든 사회적 생산과정을 하나의 연속적인 관련 속에서 그리고 끊임없이 갱신되어가는 흐름 속에서 바라본다면 그것은 곧 재생산과정이기도 하다. …… 자본가치의 주기적 증가분〔또는 운동하고 있는 자본의 주기적 과실(果實)〕으로서 잉여가치는 자본에서 발생한 수입의 형태를 취한다.(『자본』 제1권 제21장, 588, 589쪽)*

자본 A의 경우는 5주일의 회전기간이 10회이다. 첫 번째 회전기간에는 500파운드스털링의 가변자본이 선대된다. 즉 100파운드스털링이 매주 노동력으로 전화되고 그 결과 첫 회전기간이 끝나면 모두 500파운드스털링이 노동력의 구매에 지출된 셈이 된다. 처음에 선대된 총자본의 일부였던
M311 이 500파운드스털링은 이제 자본이 아니다. 그것은 임금으로 지불되었다.

* MEW Bd. 23, 591~592쪽 참조.

노동자들은 이 임금으로 생활수단을 구입하여 500파운드스털링 가치의 생활수단을 소비한다. 따라서 그만한 가치의 상품량이 없어진다(노동자가 화폐 등의 형태로 저축하는 부분도 역시 자본은 아니다). 이 상품량은 노동력〔자본가에게 반드시 필요한 도구〕의 활동능력을 유지시킨다는 점을 제외하고는 노동자들에게 비생산적으로 소비된 것이다. 그러나 둘째로 자본가의 입장에서 보면 이 500파운드스털링은 동일한 가치(또는 가격)의 노동력으로 전화되었다. 자본가는 노동과정에서 노동력을 생산적으로 소비한다. 5주일 말에는 1,000파운드스털링의 가치생산물이 생겨난다. 이 가치생산물의 절반인 500파운드스털링은 노동력의 구매에 지출된 가변자본이 재생산된 것이다. 나머지 절반인 500파운드스털링은 새롭게 생산된 잉여가치이다. 그러나 5주일 동안의 노동력〔자본의 일부인 가변자본이 전화된 형태〕은 비록 생산적으로 소비된 것이긴 하지만 마찬가지로 지출되어 소비되었다. 어제 활동했던 노동은 오늘 활동하는 노동과 같은 노동이 아니다. 노동이 창출한 잉여가치와 함께 노동의 가치는 이제 노동력과는 구별되는 물건〔즉 생산물〕의 가치로 존재한다. 그러나 생산물이 화폐로 전화함으로써 생산물의 가치 가운데 선대된 가변자본의 가치와 같은 부분은 다시 한 번 노동력으로 전화될 수 있고 따라서 다시 가변자본으로 기능하게 된다. 재생산되어 화폐형태로 재전화하는 자본가치가 동일한 노동자〔즉 똑같은 노동력의 담지자〕를 계속 고용하는지 않는지는 중요하지 않다. 자본가는 두 번째 회전기간에 기존의 노동자 대신 다른 노동자를 고용할 수도 있다.

따라서 사실상 5주일의 회전기간이 10회 진행되는 동안 500파운드스털링이 아니라 5,000파운드스털링의 자본이 임금으로 연속해서 지출되고 이 임금은 노동자들이 생활수단을 구입하는 데 다시 지출된다. 이렇게 선대된 5,000파운드스털링의 자본은 소비된다. 그것은 더 이상 존재하지 않는다. 반면 500파운드스털링이 아니라 5,000파운드스털링의 가치를 갖는 노동력은 연속적으로 생산과정에 합체되어 자신의 가치 5,000파운드스털링을 재생산할 뿐만 아니라 5,000파운드스털링의 잉여가치도 함께 생산한다. 두 번째 회전기간에 선대되는 500파운드스털링의 가변자본은 첫 번째 회전기간에 선대된 500파운드스털링의 자본과 같은 것이 아니다. 먼저 선대된 자본은 임금으로 지출되어 소비되어버렸다. 그러나 그것은 첫 번째 회전기간에 상품의 형태로 생산되어 화폐형태로 재전화한 500파운드 M312 스털링의 새로운 가변자본에 의해 보전된다. 따라서 이 500파운드스털링의 새로운 화폐자본은 첫 번째 회전기간에 새롭게 생산된 상품량의 화폐형태이다. 500파운드스털링이라는 동일한 화폐액이 다시 자본가의 손에 존재한다는 사실—즉 잉여가치를 무시한다면 그가 처음에 선대한 화폐자본과 같은 양의 화폐자본이 존재한다는 사실—은 그가 새로 생산된 자본으로 운영한다는 사실을 은폐한다(상품자본의 다른 가치구성 부분〔즉 불변자본 부분〕을 보전하는 자본은 그 가치가 새로 생산되는 것이 아니라 단지 그 가치가 존재하는 형태만 바뀐다). 세 번째 회전기간을 보자. 세 번째로 선대된 500파운드스털링의 가변자본이 이전의 자본이 아니라 새롭게 생산된 자본이라는 것은 분명하다. 왜냐하면 그것은 첫 번째가 아니라 두 번째 회전기간에 생산된 상품량〔즉 이 상품량 가운데 선대된 가변자본의 가치와 같은 부분〕의 화폐형태이기 때문이다. 첫 번째 회전기간 동안 생산된 상품량은 판매되었다. 이 상품량 가운데 선대된 자본의 가변 부분과 같은 가치를 갖는 부분은 두 번째 회전기간을 위한 새로운 노동력으로 전화되어 새로운 상품량을 생산하였다. 이것은 다시 판매되고 그 가치 가운데 일부가 세 번째 회전기간에 선대된 500파운드스털링의 자본을 형성한 것이다.

똑같은 일이 10회의 모든 회전기간 동안 일어난다. 5주일마다 새롭게 생산된 상품량(이것의 가치가 가변자본을 보전하는 한, 그것은 언제나 새롭게 생산된다. 그것은 불변적 유동자본의 경우처럼 단순히 재현되기만 하는 것이 아니다)은 시장에 나가 끊임없이 새로운 노동력을 생산과정에 합체한다.

따라서 선대된 가변자본의 10회 회전에 의해서 얻어지는 사실은 이 500파운드스털링의 자본이 10회에 걸쳐 생산적으로 소비될 수 있다거나 5주일 동안만 사용될 수 있는 가변자본이 50주일 동안 사용될 수 있다는 점이 아니다. 물론 500파운드스털링의 10배에 해당하는 가변자본이 50주일 동안 사용되고 500파운드스털링의 자본은 단지 5주일 동안만 사용될 수 있기 때문에 5주일 말에 반드시 새로 생산된 500파운드스털링의 자본에 의해 보전되어야 한다는 것은 분명 사실이다. 여기까지는 자본 A와 자본 B가 똑같다. 차이점은 그 다음부터 시작된다.

5주일의 첫 회전기간이 끝났을 때 A와 B는 모두 500파운드스털링의 가변자본을 선대하였다. B와 마찬가지로 A도 가변자본의 가치를 노동력으로 전화하며, 이 노동력이 새로 생산한 생산물의 가치 가운데 일부〔500파운드스털링의 선대된 가변자본과 같은 크기〕에 의해 보전된다. A와 B 모두에서 노동력은 지출된 500파운드스털링의 가변자본을 같은 크기의 새로운 가치에 의해 보전할 뿐만 아니라, 여기에 (우리의 가정에 따르면) 같은 크기의 잉여가치도 추가한다. M313

그러나 B는 가치생산물—선대된 가변자본을 보전하고 여기에 잉여가치를 추가한—이 생산자본〔즉 가변자본〕으로 다시 기능할 수 있는 형태를 띠지 않는다. 반면 A는 그런 형태를 취한다. 그리고 B는 연말이 될 때까지 계속 첫 5주일과 이후의 5주일마다 지출된 가변자본이—새로 생산된 가치와 잉여가치에 의해 보전되긴 하지만—새로 생산자본〔가변자본〕으로 기능할 수 있는 형태를 취하지 않는다. 그것의 가치는 분명 새로운 가치로 보전되지만 그 가치형태(이 경우에는 절대적 가치형태, 즉 화폐형태)는 갱신되지 않는다.

따라서 두 번째 5주일(그리고 계속해서 1년 동안 5주일마다)에서도 첫 번째 회전기간과 마찬가지로 500파운드스털링이 따로 준비되어 있어야만 한다. 즉 신용관계를 고려하지 않는다면 연초에 5,000파운드스털링이 준비되어 잠재적으로 선대된 화폐자본—비록 그것들이 1년 전체에 걸쳐 조금씩 실제로 지출되어 노동력으로 전화되긴 하지만—으로 존재해야 한다.

반면 A는 선대자본의 순환(혹은 회전)이 완료되었기 때문에 가치보전이 첫 5주일만 지나고 나면 이미 새로운 노동력을 5주일 동안 가동할 수 있는 형태(즉 처음의 화폐 형태)로 이루어져 있다.

A와 B 모두 새로운 노동력이 두 번째 5주일 동안 소비되고 500파운드스털링의 새로운 자본이 이 노동력의 대가로 지출된다. 처음의 500파운드스털링으로 구매된 노동자들의 생활수단은 이미 없어졌고, 두 경우 모두 그만큼의 가치가 자본가들의 수중에서 사라졌다. 두 번째 500파운드스털링은 새로운 노동력을 구매하는 데 사용되고 새로운 생활수단을 시장에서 끌어낸다. 요컨대 새로운 500파운드스털링의 자본이 지출되는 것이고 이전의 자본이 지출되는 것은 아니다. 그러나 A의 경우 이 500파운드스털링의 새로운 자본은 이전에 지출된 500파운드스털링을 새로 생산된 가치가 보전한 화폐형태를 취하고 있다. 그러나 B의 경우에는 보전된 가치가 가변자본으로 기능할 수 없는 형태로 존재한다. 그것은 존재하긴 하지만 가변자본의 형태로 존재하는 것은 아니다. 따라서 여기에서는 다음 5주일
M314 의 생산과정을 계속하기 위해서 어쩔 수 없이 500파운드스털링의 추가자본을 따로 마련하여 선대해야만 한다. 이런 방식으로 50주일 동안 A와 B에서는 모두 같은 양의 가변자본이 지출되고 같은 양의 노동력이 대가를 지불받고 사용된다. 그러나 B의 경우에는 이 노동력의 대가가 총가치=5,000파운드스털링과 같은 양의 선대자본으로 지불되어야 한다. 반면 A는 이 노동력의 대가가, 5주일마다 선대된 500파운드스털링의 자본이 5주일마다 생산한 가치의 보전을 통해 항상 새로운 화폐형태에 의해 계속해서 지불된다. 그러므로 이 경우에는 선대되는 화폐자본의 양이 결코 5주일의 분량(즉 첫 번째 5주일에 선대된 자본)을 넘지 않는다. 이 500파운드스털링만으로 1년 동안 충분한 것이다. 따라서 노동착취도(즉 실질 잉여가치율)가 같을 경우 A와 B의 연 잉여가치율은 1년 동안 같은 양의 노동

력을 사용하기 위해 선대되어야 하는 (화폐자본의 형태를 띤) 가변자본의 크기에 반비례해야 한다. 즉 A : $\frac{5,000m}{500v}$ =1,000%, B : $\frac{5,000m}{5,000v}$ =100%이다. 그러나 500v : 5,000v = 1 : 10 = 100% : 1,000%인 것이다.

이 차이는 회전기간〔즉 일정기간 동안 사용된 가변자본의 가치를 보전한 부분이 자본(즉 새로운 자본)으로 기능할 수 있는 기간〕의 차이에서 비롯된 것이다. A와 B 모두 같은 기간 동안 사용된 가변자본에 대하여 같은 양의 가치가 보전된다. 또한 잉여가치도 같은 기간 동안 동일한 양이 증식된다. 그러나 B의 경우 5주일마다 500파운드스털링의 가치보전과 500파운드스털링의 잉여가치가 얻어지지만 이들 가치는 화폐형태로 존재하지 않기 때문에 이 가치보전은 아직 어떤 새로운 자본도 형성하지 못한다. 반면 A의 경우에는 이전의 자본가치가 새로운 자본가치에 의해 보전되면서 그것의 화폐형태도 함께 회복하기 때문에 그것은 기능을 수행할 수 있는 새로운 자본으로 보전된다.

가치보전이 화폐〔즉 가변자본이 선대되는 형태〕로 전화하는 데 소요되는 기간은 잉여가치의 생산 그 자체에는 거의 아무런 관련이 없다. 잉여가치의 생산은 사용된 가변자본의 크기와 노동착취도에 달려 있다. 그러나 위에서 말한 요인(가치보전이 화폐로 전화하는 데 소요되는 기간 — 옮긴이)은 1년 동안에 일정량의 노동력을 사용하기 위해 선대되어야 하는 가변자본의 크기를 변화시키고 그럼으로써 연 잉여가치율에 영향을 미친다.

제3절 사회적 관점에서 본 가변자본의 회전

이 문제를 사회적 관점에서 잠깐 살펴보기로 하자. 예를 들어 노동자 1 M315
명에게 주급 1파운드스털링의 임금이 지불되고 노동일은 10시간이라고 하자. A와 B 모두 1년 동안 100명의 노동자가 고용되고(1주일에 100명의 노동자에게 100파운드스털링이 지급되기 때문에 5주일 동안에는 500파운드스털링, 50주 동안에는 5,000파운드스털링이 지급된다) 각 노동자는 매주 6노동일〔즉 60시간〕을 노동한다. 그러면 100명의 노동자는 매주 6,000시간을 노동하고 50주일 동안에는 300,000시간을 노동하게 된다. 이 노동력은 A와 B에 의해 장악되어 있으며 따라서 사회는 그것들을 다른 곳에 지출할 수 없다. 이 점에서 A와 B는 사회적인 관점에서 동일하다. 또한 A와 B는 모두 각자 고용한 100명의 노동자에게 1년에 5,000파운드스털링(따라서 합산하면 200명의 노동자에게 10,000파운드스털링)의 임금을 지급하고 따라서 그만한 액수의 생활수단을 사회에서 뽑아낸다. 이 점에서도 또한 A와 B는 사회적 관점에서 동일하다. 두 경우 모두 노동자들은 1주일 단위로 임금을 지불받기 때문에, 생활수단도 1주일 단위로 사회에서 끌어내고 그 대가로 등가의 화폐를 유통에 투입한다. 그러나 여기에서부터 차이가 나타나기 시작한다.

첫째, 자본 A의 노동자가 유통에 투입하는 화폐는 B의 노동자와 마찬가지로 단지 자신의 노동력 가치에 대한 화폐형태(사실상 이미 이루어진 노동에 대한 지불수단)인 것에만 그치지 않는다. 그것은 사업 개시 후의 두 번째 회전기간부터는 이미 첫 번째 회전기간에 만들어진 자기 자신의 가치생산물(=노동력가격+잉여가치)의 화폐 형태이며 그는 이것을 가지고 두 번째 회전기간에 그가 사용한 노동에 지불한다. 그러나 자본 B의 경우에는 사정이 다르다. 여기에서도 역시 화폐는 노동자가 이미 수행한 노동에 대한 지불수단임이 틀림없지만 이 노동에 대해 지불되는 것은 화폐로 전화된 노동자들 자신의 가치생산물(그들 자신이 생산한 가치의 화폐형태)이 아니다. 그 지불은 다음 해가 되어야만 가능하고 그제야 비로소 자본 B의 노동자는 자신이 전년도에 생산하여 화폐로 전화된 가치생산물로 지불받는다.

자본의 회전기간이 짧을수록—따라서 1년 동안에 자신의 재생산기간이 반복되는 간격이 짧을수록—자본가가 처음에 화폐형태로 선대한 가변자본 부분은 노동자가 이 가변자본의 보전을 위해 창출한 가치생산물

(이 생산물에는 잉여가치도 함께 포함되어 있다)의 화폐형태로 보다 빨리 전화한다. 또한 그에 따라 자본가가 자신의 주머니에서 화폐를 선대해야 M316 할 기간은 더 짧아지고 그가 선대하는 총자본은 주어진 생산규모에 비해서 더 작아진다. 그리고 잉여가치율이 주어져 있다면 1년 동안 그가 뽑아낸 잉여가치의 양은 그만큼 더 상대적으로 커진다. 왜냐하면 자본가는 노동자들 자신이 만들어낸 가치생산물의 화폐형태를 가지고 그만큼 더 자주 노동자를 구매해서 노동자들의 노동을 움직일 수 있을 것이기 때문이다.

생산규모가 일정하다면 선대된 화폐형태 가변자본의(따라서 유동자본 일반의) 절대적 크기는 회전기간의 단축에 비례하여 감소하고 연 잉여가치율은 그에 비례하여 증가한다. 재생산기간의 단축에 의해서 연 잉여가치율이 증가하면 선대자본의 크기가 주어져 있을 때 생산규모는 증대되고 따라서 (잉여가치율이 일정하다면) 한 번의 회전기간에 생산되는 잉여가치의 절대량도 마찬가지로 증가한다. 그리하여 지금까지 분석한 것으로 대체로 다음과 같은 결론을 내릴 수 있다. 즉 회전기간의 길이가 달라지면 그에 따라 같은 양의 생산적 유동자본과 같은 양의 노동을 동일한 노동착취도로 움직이기 위해 선대되어야 할 화폐자본의 규모도 매우 달라지게 된다.

둘째 — 이는 첫 번째 차이와도 관련된 것이다 — 자본 A와 B 모두 노동자는 자신이 구매한 생활수단에 대한 대가를 자신들의 손에서 유통수단으로 전화된 가변자본으로 지불한다. 예를 들어 그는 시장에서 밀을 사면서 동시에 밀을 등가의 화폐로 대체한다. 그러나 자본 B에 고용된 노동자가 생활수단의 대가를 지불하기 위해 시장에서 사용한 화폐는 자본 A에 고용된 노동자의 경우처럼 그들이 1년 동안에 시장에 투하한 가치생산물의 화폐가 아니기 때문에 다음과 같은 결론이 나온다. 즉 노동자들은 생활수단의 판매자에게 화폐를 공급하긴 하지만 그 화폐로 판매자가 구매할 수 있는 상품 — 생산수단이든 또는 생활수단이든 — 을 공급하는 것은 아니다. 그러나 A의 경우에는 그렇지 않다. 그리하여 노동력과 이 노동력을 위한 생활수단, 그리고 B에서 사용된 노동수단의 형태를 갖는 고정자본과 생산원료 등이 모두 시장에서 사들여지고 이를 보전하기 위해서 등가의 화폐가 시장에 투입된다. 그러나 그 1년 동안 시장에서 빠져나온 생산자본의 소재적 요소들을 보전하기 위한 어떤 생산물도 시장에 투입되지 않는다. 만일 자본주의가 아닌 공산주의 사회라고 한다면 화폐자본은 모두 사라지고 또 화폐자본 때문에 거래를 통해 발생하는 온갖 가면들도 사라질 것이다. 그런 사회에서는 모든 문제가 다음과 같이 단순하게 집약될 것
M317 이다. 즉 예를 들어 철도 부설과 같이 분명히 연간 총생산물에서 노동, 생산수단, 생활수단 등을 끌어 쓰면서도 상당 기간 동안〔1년 혹은 그 이상〕 어떤 생산수단이나 생활수단 그리고 사용가치도 공급하지 않는 산업부문에 대하여 사회는 아무런 중단 없이 얼마만큼의 노동, 생산수단, 생활수단 등을 조달할 수 있을지를 미리 계산해야 한다. 그러나 사회적 오성이 오로지 사후 약방문으로만 발현되는 자본주의 사회에서는 대혼란이 끊임없이 일어날 수밖에 없다. 첫째, 화폐시장에 대해 압력이 발생한다. 일시적으로 화폐시장의 압력이 완화될 수도 있지만 그럴 경우에는 이런 기업들이 대량으로 생겨나고 그것은 다시 나중에 화폐시장에 대한 압력으로 작용한다. 자본주의 사회에서는 끊임없이 대규모 화폐자본의 장기간 선대가 필요하기 때문에 화폐시장이 항상 압박을 받는다. 이것은 산업자본가나 상인이 화폐자본을 철도 투기와 같은 곳에 투자하고 정작 사업에 필요한 화폐자본은 화폐시장에서 차입하는 그런 행위와는 전혀 별개의 문제이다. 둘째, 사회 전체적으로 이용 가능한 생산자본에 대해 압박이 일어난다. 생산자본의 요소들이 끊임없이 시장에서 빠져나오고 그에 해당하는 화폐 등가만이 화폐로 시장에 투입되기 때문에 아무런 공급요소도 제공하지 않는 유효수요만 증가한다. 따라서 생활수단뿐만 아니라 생산재료의 가격도 함께 상승한다. 거기에다 이런 시기에는 또 사기가 일상적으로 일어나고 자본이 대규모로 이동하는 일이 발생한다. 투기꾼, 청부업자, 기술자, 변호사 등 일군의 무리가 부유해진다. 이들은 시장에서 강력한 소비수

요를 발휘하고 그로 인해 임금도 상승한다. 그럼으로써 식료품과 관련하여 농업도 자극을 받는다. 그러나 식료품은 1년의 기간 내에 갑자기 증가할 수 없으므로 외국에서 식품(커피, 설탕, 포도주 등)과 사치품의 수입이 함께 증가한다. 그리하여 이런 수입업 부문에서 과잉수입과 투기가 발생한다. 반면 생산을 급속하게 증대할 수 있는 산업부문(엄밀한 의미의 제조업, 광산업 등)에서는 가격상승으로 급격한 생산의 확대가 발생하고 그런 다음 곧바로 붕괴가 뒤따른다. 노동시장에서도 똑같은 상황이 벌어진다. 즉 잠재적인 상대적 과잉인구와 심지어 이미 고용되어 있는 노동자들 가운데에서도 상당수가 새로운 사업부문으로 흡수된다. 철도와 같은 대기업부문은 일반적으로 노동시장에서 일정량의 노동력을 흡수해 가는데 이런 노동력은 오직 건장한 젊은이만 필요한 농업 등과 같은 부문에서만 M318 공급될 수 있다. 이는 심지어 새로운 기업이 이미 확정된 사업부문을 형성하고 거기에 필요한 이주 노동자계급이 이미 형성된 후에도 일어난다. 예를 들어 철도 건설이 일시적으로 평균 규모 이상으로 운영될 경우가 그러하다. 노동자의 임금을 낮은 수준에서 묶어두던 산업예비군 가운데 일부가 거기에 흡수된다. 따라서 임금은 지금까지 노동시장에서 고용사정이 양호하던 부분에서도 전반적으로 상승한다. 이 경향은 불가피한 붕괴와 더불어 산업예비군이 다시 떨어져 나감으로써 임금이 다시 최저 수준 또는 그 이하로 낮아질 때까지 계속된다.[13)]

회전기간의 길이가 엄밀한 의미의 노동기간〔즉 생산물을 시장에 내놓

13) 초고에는 나중에 자세히 설명하기 위해 다음과 같은 주석이 달려 있다. "자본주의 생산양식의 모순: 노동자들은 상품구매자로서 시장에서 중요한 위치를 차지한다. 그러나 그가 판매하는 상품〔즉 노동력〕에 대해서 자본주의 사회는 그것을 최저 가격으로 낮추려는 경향이 있다." "또 하나의 보다 심각한 모순: 자본주의 생산이 자신의 모든 잠재력을 정상적으로 발휘하는 시기는 곧 과잉생산의 시기라는 것이 규칙적으로 드러난다. 왜냐하면 생산의 잠재력은 더 많은 가치를 생산하고 동시에 실현할 수 있을 만큼은 결코 사용될 수 없기 때문이다. 그러나 상품의 판매〔상품자본의 실현, 즉 잉여가치의 실현〕는 사회 전체의 총소비 수요규모에 의해 제약을 받는 것이 아니라 한 사회의 총소비 가운데 대다수의 빈곤계층〔또한 언제나 빈곤할 수밖에 없는 계층〕의 수요규모에 의해 제약을 받는다. 그러나 이 문제는 다음 장에서 다룰 문제이다."

기 위해 필요한 기간)에 달려 있는 한, 회전기간은 각 자본투하 영역에서 그때그때 주어진 물적 생산조건에 달려 있다. 농업에서는 이런 생산조건이 생산의 자연적 조건의 특성을 보다 많이 지니며, 제조업이나 대부분의 채취산업에서는 그것이 생산과정 자체의 사회적 발전과 함께 변화한다.

노동기간의 길이가 공급의 크기(생산물이 대개 상품으로 시장에 투입되는 양적 규모)에 달려 있는 한 이것은 관습적인 성격을 지닌다. 그러나 관습 자체는 생산규모에 물적 토대를 두고 있으며 따라서 단지 개별적으로 고찰할 수밖에 없는 우연적인 것이다.

마지막으로 회전기간의 길이가 유통기간의 길이에 달려 있는 한 그것은 부분적으로 시장조건의 끊임없는 변동, 판매상의 어려움 그리고 생산물을 어느 정도 거리의 시장에 보내야 할 것인지의 불가피성(판매의 어려
M319 움과 관련이 있는) 등에 의존한다. 총수요의 크기와는 별도로 여기에서는 가격변동이 주요한 역할을 한다. 가격이 떨어지면 생산은 계속되더라도 판매는 의도적으로 제한된다. 정반대로 가격이 오르면 생산과 판매가 동시에 확대되거나 선불을 받고 판매되는 일도 일어난다. 그러나 엄밀한 의미에서 물적 토대로 간주해야 할 것은 판매시장에서 생산지까지의 현실적인 거리이다.

예를 들어 영국의 면직물이나 면사는 인도로 판매된다. 수출 상인은 영국의 면제품 제조업자에게 지불을 해야 한다(수출 상인은 오직 화폐시장의 상황이 좋을 때만 그렇게 한다. 제조업자 자신이 신용조작에 의해 그의 화폐자본을 보전하는 순간 상황은 나빠지기 시작한다). 그 후 수출업자는 자신의 면제품을 인도 시장에 판매하고 그로부터 자신의 선대자본을 회수한다. 이렇게 회수될 때까지의 상황은 노동기간의 길이가 동일한 규모의 생산과정을 유지하기 위해 새로운 화폐자본의 선대가 필요한 상황과 같다. 제조업자가 자신의 노동자들에게 지불하고 나머지 유동자본요소들을 보전하는 데 이용하는 화폐자본은 그가 생산한 면사의 화폐형태가 아니다. 그의 면사가 화폐형태로 되는 것은 이 면사의 가치가 화폐나 생산물

의 형태로 영국에 회수되고 난 이후에야 가능하다. 그 화폐자본은 이전과 마찬가지로 추가된 화폐자본이다. 차이점은 단지 이 추가된 화폐자본을 선대하는 사람이 제조업자가 아니라 신용조작을 통해 그것을 획득할 수 있는 상인이라는 점에 있다. 마찬가지로 이 화폐가 시장에 투입되기 전에는 그것으로 구입할 수 있는 어떤 추가생산물(생산적 소비나 개인적 소비에 투입될 수 있는)도 영국 시장에 투입되지 않는다. 만일 이러한 상황이 장기간에 걸쳐서 그리고 대규모로 일어난다면 그것은 틀림없이 앞서 언급한 노동기간의 연장이 가져오는 것과 같은 결과를 낳게 될 것이다.

인도에서도 역시 면사가 신용으로 판매되는 것이 가능하다. 동시에 이런 신용으로 인도에서 생산물이 구매되어 영국으로 발송되거나 그에 상당하는 어음이 송금될 수도 있다. 만일 이런 과정이 늦춰진다면 인도의 화폐시장은 압박을 받고 그것은 다시 영국에 영향을 미쳐서 영국에서 공황을 일으킬 수도 있다. 이 공황이 이번에는—설사 그것이 인도로 수출되는 귀금속과 관련된 것이라 할지라도—영국 모기업을 파산시키고 인도은행에서 신용을 제공받는 그의 자회사까지도 파산시킴으로써 인도에서 새로운 공황을 일으킨다. 따라서 무역수지가 적자인 시장뿐만 아니라 흑자인 시장에서도 동시에 공황이 발생한다. 이 현상은 여기에서 말한 것보다 M320
훨씬 더 복잡한 양상으로 진행될 수도 있다. 즉 예를 들어 영국이 인도로 은괴를 보낸다 하더라도 인도의 영국인 채권자가 인도에서 자신의 채권을 모은다면 인도는 곧바로 그 은괴를 영국으로 다시 보낼 것이다.

수입무역(면화 가격의 상승 등과 같은 특수한 상황은 제외하고)의 규모는 수출무역에 의해 결정되고 영향을 받긴 하지만 인도에 대한 수출무역과 인도로부터의 수입무역이 균형을 이룰 수도 있다. 영국과 인도 사이의 무역수지는 균형을 이루는 것처럼 보일 수도 있고 어느 한쪽이 약간 기울어진 형태를 보일 수도 있다. 그러나 영국에서 공황이 발생하면 인도에는 즉각 팔리지 않는 면제품이 쌓이게 되며(즉 상품자본에서 화폐자본으로의 전화가 실현되지 않게 되고—그런 점에서 과잉생산이 이루어지고)

반면 영국에는 팔리지 않는 인도 생산물의 재고가 쌓여 있을 뿐만 아니라 이미 판매되고 소비된 생산물의 대부분이 제대로 지불되지 않은 채로 남게 된다. 따라서 화폐시장에서 공황으로 나타나는 것은 사실상 생산과정과 재생산과정 자체가 비정상 상태임을 의미한다.

셋째, 사용되는 유동자본(불변자본과 가변자본을 모두 포함)의 경우 회전기간의 길이는 그것이 노동기간의 길이에서 비롯되는 한 다음과 같은 차이점을 낳는다. 즉 1년에 여러 차례 회전이 이루어지는 경우 유동자본 가운데 어떤 요소는 석탄 생산이나 의복 제조 등의 경우처럼 자신의 생산물을 통해서 공급될 수 있다. 다른 경우에는(회전이 1년에 여러 차례 이루어지지 않는 경우—옮긴이) (적어도 1년 동안에는) 그런 일이 있을 수 없다.

제17장

잉여가치의 유통

우리는 지금까지 연간 생산되는 잉여가치의 크기가 같을 경우에도 회 M321
전기간의 차이로 인해 연 잉여가치율이 달라지는 문제에 대하여 살펴보았다.

그런데 그뿐만 아니라 잉여가치의 자본화〔즉 축적〕는 물론 (잉여가치율이 같은 조건에서) 1년 동안 생산된 잉여가치량에서도 또한 반드시 차이가 발생한다.

우선 다음과 같은 점을 지적해두고자 한다. 즉 자본가 A(앞 장의 예에서 가정한)는 주기적인 경상수입을 가지고 있고, 사업을 시작할 당시의 회전기간을 제외한다면 1년 동안 자신의 소비를 잉여가치 생산으로 충족할 수 있어서 소비를 위해 자신의 기금에 손을 댈 필요가 전혀 없다. 그러나 B는 그렇지 않다. 자본가 B는 같은 기간 동안 A와 같은 양의 잉여가치를 생산하지만 그 잉여가치는 실현되지 않으며 따라서 생산적으로든 개인적으로든 소비될 수 없다. 개인적인 소비일 경우 잉여가치는 미리 지출된다. 그것을 위해서는 자신의 기금이 지출되어야 한다.

생산자본 가운데 분류하기 어려운 부분〔즉 고정자본의 수리나 유지를 위해 필요한 추가자본〕도 이제 새로운 빛을 발하며 모습을 드러낸다.

A의 경우 이런 자본 부분은 생산이 시작될 당시에는 전혀(혹은 대부분) 선대되지 않는다. 이들 자본 부분은 쓰임새도 없고 존재할 필요도 없다. 그것은 잉여가치의 자본으로의 직접적인 전화〔즉 잉여가치가 자본으로 직접 사용되는 것〕에 의해 사업 그 자체로부터 발생한다. 잉여가치 가운데 1년 동안 주기적으로 생산될 뿐만 아니라 실현도 되는 부분이 수리 등에 필요한 지출로 사용될 수 있다. 자본 가운데 사업을 원래 규모대로 계
M322 속 운영하는 데 필요한 부분은 이런 방식으로 잉여가치 가운데서 자본화되는 부분에 의해 사업기간 동안 사업 그 자체로부터 생산된다. 자본가 B에게는 이것이 불가능하다. 문제의 자본 부분은 B의 경우 처음에 선대된 자본의 일부분을 구성하고 있지 않으면 안 된다. 두 경우 모두 이 자본 부분은 자본가들의 장부에 선대자본으로 기록되며, 우리는 이 자본이 주어진 규모의 사업을 유지하는 데 필요한 생산자본의 일부를 구성한다고 가정하였기 때문에 그것은 실제로도 선대자본이다. 그러나 그것이 어떤 기금에서 선대될 것인가에서 두 경우는 결정적인 차이점을 드러낸다. B에게서 그것은 사실상 처음에 선대된〔언제든지 이용 가능한 형태를 유지하고 있는〕 자본의 일부분이다. 반면 A에게서 그것은 자본으로 사용되는 잉여가치의 일부분이다. 이 후자의 경우는 축적된 자본뿐만 아니라 처음에 선대된 자본의 일부분도 역시 자본화된 잉여가치일 수밖에 없다는 것을 보여준다.

신용이 발달해가면서 처음 선대된 자본과 자본화된 잉여가치 사이의 관계는 훨씬 더 복잡해진다. 예를 들어 A는 생산자본 가운데 일부—처음 자본가가 사업을 시작한 밑천 혹은 그가 사업을 1년 동안 계속하는 데 필요한 자본—를 은행가 C에게서 차입한다. 처음부터 그는 사업을 운영하는 데 충분한 자본을 갖고 있지 못한 것이다. 은행가 C는 D, E, F 등의 기업들이 자신에게 예금한 잉여가치들로만 이루어진 일정액의 화폐를 A에게 대부한다. A의 입장에서 볼 때 그것은 축적된 자본이 아니다. 그러나

D, E, F 등의 입장에서 볼 때 A는 사실상 이들이 획득한 잉여가치를 자본화하는 대리인에 불과하다.

우리는 『자본』 제1권 제22장에서 축적〔즉 잉여가치의 자본으로의 전화〕의 실질적인 내용이 확장된 규모로의 재생산과정—이 확장이 기존의 공장에 새로운 공장들을 추가로 세우는 외연적인 형태이든, 혹은 기존의 작업규모를 내포적으로 확대하는 것이든 상관없이—이라는 것을 이미 보았다.

생산규모의 확대는 잉여가치의 일부를 노동의 생산력을 증가시키거나 그것의 내포적인 착취를 심화하는 갖가지 개량에 사용함으로써 비교적 작은 규모로 진행할 수 있다. 또한 노동일이 법적으로 제한되어 있지 않을 경우에는 고정자본을 전혀 증가시키지 않고도 유동자본의 추가 지출(생산재료와 임금에 대한)만으로도 생산규모를 확장할 수 있다. 왜냐하면 그럴 경우에는 고정자본의 사용시간이 연장됨에 따라서 고정자본의 회전기간이 단축되기 때문이다. 한편 또 시장조건이 유리할 경우에는 자본화된 잉여가치를 이용하여 원료에 대한 투기를 행하거나 처음의 선대자본으로는 충분히 수행할 수 없던 일들을 할 수도 있을 것이다.

그러나 회전기간의 수가 늘어나서 잉여가치가 1년 동안에 실현되는 횟 M323
수가 늘어날 경우에는 노동일을 연장하거나 개별적인 개선을 이루는 것이 불가능한 기간이 나타날 것이 분명하다. 반면에 부분적으로는 전체 설비〔예컨대 건물〕를 확장함으로써, 부분적으로는 농업에서처럼 노동기금을 확대함으로써, 전체 사업을 균형 잡힌 규모로 확장하는 것이 일정한 한계 내에서만 가능하고, 더구나 그러기 위해서는 수년 동안 잉여가치를 축적해서만 조달할 수 있는 자본량이 추가로 필요하다는 것도 분명하다.

현실적 축적〔또는 잉여가치의 생산자본으로의 전화(그리고 이에 상응하는 확대된 규모로의 재생산)〕과 함께 화폐축적〔즉 잉여가치 가운데 일부를 잠재적 화폐자본(이것은 일정한 규모에 도달해야만 비로소 추가 활동자본으로 기능한다)으로 모으는 것〕이 진행된다.

개별 자본가의 입장에서 보면 상황은 지금까지 말한 것처럼 나타난다. 그러나 자본주의적 생산이 발달하면 신용제도도 함께 발달한다. 자본가가 아직 자신의 사업에 사용할 수 없는 화폐자본은 다른 자본가들에 의해 사용되고 이들은 그에게 이자를 지불한다. 이 자본은 그에게 특별한 의미가 있는 화폐자본〔즉 생산자본과는 구별되는 종류의 자본〕으로 기능한다. 그러나 그것이 자본으로 기능하는 것은 다른 사람의 수중에서이다. 잉여가치의 실현 횟수와 잉여가치의 생산규모가 증가하면 분명 그만큼 새로운 화폐자본〔또는 자본으로서의 화폐〕이 화폐시장에 투입되고 그중 대부분이 생산의 확대를 위해 화폐시장에서 다시 흡수되는 비율도 함께 증가한다.

이 잠재적인 추가 화폐자본이 모습을 드러내는 가장 단순한 형태는 축장화폐이다. 축장화폐가 될 수 있는 것으로는 먼저 귀금속 생산 국가들과의 교환을 통해 직간접적으로 추가로 획득한 금이나 은이다. 사실 일국 내의 축장화폐가 절대적으로 증가할 수 있는 것은 단지 이런 방법뿐이다. 그 다음으로 축장화폐가 될 수 있는 것은(대부분은 이 경우에 해당한다) 국내의 유통에서 빠져나와 개별 자본가들의 수중에서 축장의 형태를 취하는 화폐이다. 또 하나 축장화폐가 될 수 있는 것은 단순한 가치 표지나—여기에서는 아직 신용화폐는 고려 대상에 넣지 않는다—또는 합법적 문서에 의해 부여받는 자본가들의 제3자에 대한 청구권(권리증서)이다. 이
M324 들 모든 경우에서 이 추가 화폐자본의 존재 형태가 무엇이든 간에 그것이 미래의 자본인 한 그것은 미래에 추가될 사회적 생산에 대해 자본가들이 가지고 있는 추가적인 합법적 청구권일 뿐이다.

> 실제로 축적된 부의 양은, 그 크기에 있어서 …… 문명화의 상태가 어떻든 그 부가 속한 사회의 생산력에 비해 전혀 보잘것없으며, 그 사회의 실제 소비와 비교해(단지 몇 년간만) 보더라도 역시 그러하다. 그래서 입법자들이나 경제학자들의 주된 관심도, 생산력과 그것의 미래의 자유로운 발전에

맞추어질 수밖에 없으며, 지금까지처럼 우리 눈에 금방 들어오는 축적된 부에 맞추어지지는 않는다. 우리가 축적된 부라고 부르는 것의 대부분은 단지 명목적인 것일 뿐이고, 실제의 물건들 즉 선박, 주택, 면화, 토지개량 등으로 구성되는 것이 아니라, 불확실한 계획이나 제도에 의해 만들어지고 유지되는 미래 사회의 연간 생산력에 대한 법적 권한이나 청구권으로 구성되어 있다. …… 그런 물건들(축적된 유형물 혹은 실제적 부)의 소유자가 그것들을 단지 미래의 사회적 생산력이 창출할 부를 차지하는 수단으로만 사용하는 것, 바로 이런 행위는 분배의 자연법칙을 통하여 폭력 없이도 점차 사라지게 될 것이다. 만일 협업적 노동의 도움을 받는다면 불과 수년 만에 사라져버릴 수도 있을 것이다.(톰프슨, 『부의 분배원리에 대한 연구』, 런던, 1850, 453쪽. 이 책은 1824년에 처음 출간되었다.)

대부분의 사람들이 아무런 의심도 하지 않고 거의 생각하지 못하는 것은, 사회의 실질적인 축적이, 그 크기나 영향력에서, 인간의 생산력에 비해 〔심지어 한 세대의 단 몇 년간의 일상적 소비와 비교하더라도〕 극히 보잘것없다는 사실이다. 그 이유는 명백한 반면 그 영향은 매우 해롭다. 매년 소비되는 부(富)는 소비와 함께 사라져버리기 때문에 단지 잠깐 동안만 눈에 보이고 그것들을 사용하거나 즐기는 동안을 제외하면 흔적조차 느끼지 못한다. 그러나 부 가운데 가구, 기계, 건물처럼 서서히 소비되는 부분은 어린 시절부터 노년 시절까지 우리의 눈앞에 인간 노력의 영구적인 기념비처럼 서 있다. 사회적 부 가운데 이처럼 고정되어 있고 영속적이며 서서히 소비되는 부분〔즉 노동이 이루어지는 토지와 원료, 노동을 수행하는 데 사용되는 도구, 노동이 이루어지는 건물〕을 소유한 덕택에 이들 물건의 소유자는 사회에 실제로 유용한 모든 생산노동자들의 연간 생산력을 ― 그들이 소유한 물건이, 이들 노동자들이 생산한 생산물에 비하면 극히 보잘것없음에도 불구하고 ― 자신의 이익을 위해 마음대로 사용한다. 영국과 아일랜드의 인구는 2,000만 명이고 남자, 여자, 어린이의 1인당 평균소비는 대략

20파운드스털링이므로 연간 소비되는 노동생산물은 약 4억 파운드스털링
M325 이라는 부를 이룬다. 이들 나라에서 축적된 자본의 총량을 추정해보면 약 12억 파운드스털링, 즉 그 사회의 연간 노동생산물의 세 배〔다시 말해 1인당 60파운드스털링〕에 조금 못 미친다. 여기에서 우리의 관심은 이 추정된 총량의 정확한 절대량보다는 그 비율에 있다. 이 총자본의 이자는 전체 인구를 현재와 같은 생활수준으로 2개월을 먹여 살릴 수 있는 금액이다. 그리고 축적된 총자본으로는 그들을 3년 동안 놀고먹게 할 수 있을 것이다(구매자를 찾기만 하면)! 물론 3년 후에는 집도, 옷도, 음식도 없기 때문에 그들은 굶어 죽거나, 또는 그들을 3년 동안 놀고먹을 수 있게 해준 사람의 노예가 되어야만 할 것이다. 3년과 한 건강한 세대의 수명〔즉 40년〕을 비교해보는 것은 가장 부유한 나라의 실제 부〔즉 자본〕의 크기나 중요성을 한 세대의 생산력과 비교해보는 것과 같다. 더구나 이 비교되는 생산력은 골고루 안정되고 질서가 잡힌 상태에서의 협업적 노동과 같은 그런 생산력이 아니라 결함투성이에다 절망적이고 불안정한 편법들이 난무하는 상태에서의 생산력이다! …… 이처럼 겉으로 보기에 거대해 보이는 현존 자본량〔혹은 이것을 통해 얻어지는 연간 노동생산물의 독점과 처분권〕을 현재와 같이 강제로 분할된 상태로 유지하고 영속화하기 위해서는 온갖 끔찍스러운 장치와 악습, 그리고 범죄와 참혹한 불안정이 영구화되어야 한다. 모든 축적은 일단 필수적인 생활욕구가 충족되고 나서야 가능하고 인간의 주된 성향은 항상 향락을 지향하기 때문에 어떤 특정 시점의 실질적인 사회적 부의 양은 비교적 매우 적을 수밖에 없다. 이것이 생산과 소비의 영원한 순환이다. 이처럼 거대한 규모로 이루어지는 연간 생산과 소비에서 한 줌밖에 되지 않는 실질적인 축적이란 거의 아무런 의미도 없는 보잘것없는 것에 지나지 않는다. 그럼에도 주로 관심이 집중되는 것은 거대한 생산력이 아니라 바로 이 한 줌밖에 되지 않는 축적이다. 더구나 이 한 줌밖에 되지 않는 축적은 소수의 수중에 장악되어 있으며 그것은 또한 대다수 노동자가 끊임없이 반복하여 생산하는 연간 생산물을 자신들의 소유로 바꾸는 도구

> 가 되어버렸다. 그러므로 이들 극소수에게는 이런 도구가 매우 중요하게
> 되었다. …… 이들 나라들의 연간 노동생산물 가운데 약 $\frac{1}{3}$은 오늘날 공과
> 금이란 명목하에 생산자에게서 강탈되어 아무런 등가도 제공하지 않는〔즉
> 생산자들에게 아무것도 제공하지 않는〕 사람들에 의해 비생산적으로 소비
> 된다. …… 다수 대중의 눈에는 이 축적된 양이—특히 그것들이 소수 개인
> 의 수중에 집중되어 있을 경우에는—놀라운 것으로 비친다. 마치 커다란
> 강에서 물결이 끊임없이 이어지는 것처럼 매년 엄청난 양이 생산되어 밀려
> 왔다가 소비라는 망각의 바다에서 사라져간다. 그러나 전체 인류의 온갖
> 향락은 물론 생존까지도 바로 이 끝없는 소비에 달려 있다. 따라서 이들 연
> 간 생산물의 크기와 분배가 무엇보다 중요한 일차적인 관심 대상이 되어야
> 만 한다. 실질적인 축적은 전적으로 부차적인 중요성밖에 없으며 그것도
> 거의 대부분 그것이 연간 생산물의 분배에 미치는 영향 때문이다. …… 실 M326
> 질적인 축적과 분배는 (톰프슨의 저작에서는) 항상 생산력과 관련된 것으
> 로만〔생산력에 종속된 것으로만〕 간주된다. 거의 대부분의 다른 저작들에
> 서는 생산력을 축적〔그리고 현존하는 분배양식의 영속화〕과 관련된 것으
> 로〔거기에 종속된 것으로〕 간주해왔다. 계속 반복되는 전체 인류의 빈곤이
> 나 행복은 이런 분배양식을 유지하는 문제에 비해서 전혀 고려할 만한 가
> 치가 없는 것으로 간주되었다. 폭력, 기만, 우연의 결과들을 영속화하는 것
> 이 안정이라고 불려왔다. 그리고 이러한 사이비 안정을 유지하기 위해 인
> 류의 모든 생산력이 무자비하게 희생되어왔다.(앞의 책, 440~443쪽)

—

주어진 규모의 재생산조차 방해하는 교란요인을 무시한다면, 재생산에서는 단지 두 가지의 전형적인 경우만 가능하다.

하나는 단순재생산이며 다른 하나는 잉여가치의 자본화, 즉 축적이다.

제1절 단순재생산

단순재생산의 경우, 연간〔혹은 1년 동안 여러 번의 회전을 통해서 주기적으로〕 생산되고 실현되는 잉여가치는 그 소유자인 자본가에 의해 개별적으로〔즉 비생산적으로〕 소비된다.

생산물가치 가운데 일부는 잉여가치로 구성되고, 다른 일부는 생산물로 재생산된 가변자본과 소비된 불변자본의 가치로 구성되어 있다는 사실은, 총생산물의 가치 — 이 총생산물의 가치는 생산적 또는 개별적으로 소비되기 위해서〔즉 생산수단 혹은 소비수단으로 기능하기 위해서〕 상품자본으로 끊임없이 유통에 들어갔다가 또한 끊임없이 유통에서 빠져나온다 — 와 양에는 아무런 영향을 미치지 않는다. 불변자본을 무시한다면, 그것이 영향을 미치는 것은 단지 노동자와 자본가 사이의 연간 생산물의 분배뿐이다.

따라서 단순재생산을 가정한다 하더라도 잉여가치 가운데 일부는 생산물이 아니라 화폐의 형태로 항상 존재해야만 한다. 왜냐하면 만약 그렇지 않다면, 그것은 소비를 위해 화폐에서 생산물로 전화할 수 없을 것이기 때문이다. 여기에서는 이제 이 잉여가치가 최초의 상품형태에서 이렇게 화
M327 폐로 전화되는 것에 대해 좀더 자세히 살펴보기로 한다. 단순화를 위해 우리는 가장 단순한 형태〔즉 화폐가 실질적인 등가물인 주화로만 유통되는 것〕를 가정한다.

단순상품유통에서 논의한 법칙들에 의하면(『자본』 제1권 제3장)* 한 나라 안에 존재하는 주화의 양은 상품을 유통시키기에 충분해야 할 뿐만 아니라 또한 화폐유통의 변동을 감당해내기에도 충분해야 한다. 이 변동은 유통속도의 변동이나 상품가격의 변동, 혹은 지불수단으로 기능하는

* MEW Bd. 23, 153~156쪽 참조.

화폐와 원래의 유통수단으로 기능하는 화폐 사이의 비율 등의 변화에서 발생한다. 현존하는 화폐량이 축장화폐와 유통화폐로 분할되는 비율은 끊임없이 변동하지만 총화폐량은 항상 축장화폐와 유통화폐의 합과 같다. 이 화폐량(귀금속의 양)은 조금씩 축적되어 만들어진 사회적 축장물이다. 이 축장화폐 가운데 일부는 마모를 통해 소모되기 때문에 다른 상품의 경우와 마찬가지로 매년 보전되어야만 한다. 이 보전은 현실적으로 그 나라의 연간 생산물 가운데 일부를 금은(金銀) 생산국의 생산물과 직간접적으로 교환함으로써 이루어진다. 그런데 이 거래의 이런 국제적 성격은 이 과정이 지닌 단순한 성격을 은폐한다. 그렇기 때문에 문제를 단순하고도 명확하게 나타내기 위해서는 금은의 생산이 그 나라 안에서 이루어진다고〔즉 금은의 생산이 그 나라의 사회적 총생산의 일부를 구성한다고〕 가정해야만 한다.

사치품용으로 생산된 금은을 무시한다면, 연간 금 생산량의 최소한도는 연간 화폐유통으로 인해 생기는 주화의 마모분과 같아야 한다. 게다가 연간 생산되어 유통되는 상품의 가치총액이 증가한다면 — 이때 유통되는 상품의 가치증가분과 이 유통(그리고 이에 상응하는 화폐축장)에 필요한 화폐량이 화폐 유통속도의 증가와 지불수단으로서의 화폐 기능을 통해서〔즉 현행 화폐의 개입 없이 구매와 판매의 상쇄가 증가함으로써〕 보전되지 않는다면 — 마찬가지로 연간 금은 생산도 증가해야만 한다.

따라서 사회적 노동력과 사회적 생산수단 가운데 일부는 반드시 금은의 생산에 매년 지출되어야 한다.

금은의 생산에 종사하는 — 단순재생산을 가정할 때, 금은의 연평균 마 M328
모와 그로 인한 소모량의 범위 내에서만 — 자본가들은 그들의 잉여가치(가정에 따르면 이들은 이 잉여가치 중 어느 부분도 자본화하지 않고 매년 모두 소비한다)를 본래의 형태인 화폐형태로(다른 생산부문의 경우처럼 생산물의 전화된 형태가 아니라) 직접 유통에 투입한다.

게다가 임금의 경우에도 — 가변자본이 선대될 때의 화폐형태 — 생산물의 판매〔즉 생산물의 화폐로의 전화〕를 통해 보전되는 것이 아니라, 생산물 그 자체(처음부터 그 자연적 형태가 화폐형태이다)에 의해 보전된다.

마지막으로 귀금속 생산물 가운데 주기적으로 소비되는 불변자본〔즉 한 해 동안 소비되는 불변적 유동자본과 불변적 고정자본 모두를 포함하는 불변자본〕의 가치와 같은 부분도 이런 방식으로 보전된다.

귀금속 생산에 투하된 자본의 순환〔또는 회전〕을 먼저 G—W……P……G′이라는 형태로 생각해보자. G—W에서 W가 노동력과 생산수단은 물론 고정자본(그 가치 가운데 일부분만 P에서 소비되는)으로도 함께 구성되어 있다면, G′(생산물)은 분명 임금에 투하된 가변자본에다 생산수단에 투하된 유동적 불변자본, 마모된 고정자본의 가치, 그리고 잉여가치를 모두 합한 것과 같은 화폐총액일 것이다. 금의 일반적 가치가 불변인 상태에서 이 총액이 감소한다면 그 광산의 생산성은 하락한 것이다. 또는 만약 이것이 일반적인 경우라면, 금의 가치는 가치가 불변인 다른 상품에 비해 올라갈 것이다. 즉 다른 상품의 가격은 떨어지고 따라서 장차 G—W에 투하될 화폐총액은 감소할 것이다.

G—W……P……G′의 출발점인 G에서 선대된 자본 가운데 유동자본 부분만 살펴본다면, 노동력에 대한 지불과 생산재료의 구매를 위해 일정량의 화폐액이 선대되어 유통에 투하되는 것을 볼 수 있다. 그러나 이 화폐액은 이 자본의 순환에 의해 다시 유통에서 빠져나오지 않으며 따라서 새로 유통에 투하되어야만 한다. 생산물은 그 현물형태에서 이미 화폐이기 때문에 교환〔즉 유통과정〕에 의해 다시 화폐로 전화될 필요가 없다. 그
M329 것은 생산과정에서 유통영역으로 이동하면서, 화폐자본으로 재전화되어야 하는 상품자본의 형태가 아니라 생산자본으로 재전화되어야 하는〔즉 새로운 노동력과 생산원료를 구매해야 하는〕 화폐자본의 형태를 취한다. 노동력과 생산수단으로 소비된 유동자본의 화폐형태는 생산물을 판매함으로써가 아니라 생산물의 현물형태 그 자체에 의해서 보전되는 것이다. 즉 자신의 가치를 유통에서 화폐형태로 다시 빼내는 것이 아니라 새롭게

생산된 화폐를 추가함으로써 보전하는 것이다.

이 유동자본을 500파운드스털링, 회전기간을 5주일, 회전기간은 다시 노동기간 4주일, 유통기간 1주일로 이루어진다고 가정해보자. 처음부터 5주일간의 화폐는, 일부는 생산용 재고를 위해, 다른 일부는 임금으로 차례대로 지출될 준비가 되어 있어야만 한다. 6주일 초에는 400파운드스털링이 회수되고 100파운드스털링이 풀려난다. 이것이 계속 반복된다. 앞의 경우와 마찬가지로 100파운드스털링은 일정한 회전기간 동안 항상 방출된 형태로 있을 것이다 그러나 그것은 나머지 400파운드스털링과 꼭 마찬가지로 새로 생산된 추가 화폐로 구성된다. 이렇게 하여 연간 10회전이 이루어진다면 연간 생산물은 5,000파운드스털링의 금이 될 것이다(여기에서 유통기간은 상품이 화폐로 전화하는 데 소요되는 시간이 아니라 화폐가 생산요소로 전화하는 데 소요되는 시간에 의해서 발생한다).

같은 조건에서 회전하는 또 다른 500파운드스털링의 자본의 경우에는 끊임없이 갱신되는 화폐형태가 생산된 상품자본의 전화된 형태 — 4주일마다 유통에 투입되어 판매됨으로써, 즉 처음 과정에 들어갈 때의 화폐액을 주기적으로 뽑아냄으로써 계속 새롭게 취하는 화폐형태 — 이다. 반면 여기에서는 회전기간마다 새롭게 화폐로 추가되는 500파운드스털링이 끊임없이 생산원료와 노동력을 끌어내기 위해서 생산과정에서 유통으로 투하된다. 이렇게 유통영역에 투하된 화폐는 이 자본의 순환에 의해 다시 유통에서 빠져나오는 것이 아니라 오히려 끊임없이 새로 생산되는 금에 의해 빠져나오게 된다.

이 유동자본의 가변 부분을 위와 동일하게 100파운드스털링으로 가정하고 살펴보자. 이 100파운드스털링은 보통의 상품생산에서는 10회의 회전기간 동안 충분히 계속해서 노동력의 대가를 지불할 수 있을 것이다. 여기에서 말하는 화폐생산의 경우에도 같은 금액으로 충분할 것이다. 그러나 5주일마다 회수되어 노동력의 대가를 지불하는 데 사용되는 100파운드스털링은 그 생산물이 전화한 형태가 아니라 계속해서 새로 생산되는 생산물 그 자체의 일부분이다. 금 생산자는 자신의 노동자들에게 노동자 M330 들 자신이 생산한 금 가운데 일부를 직접 지불한다. 그러므로 이처럼 매년 노동력에 지출되어 노동자들이 유통에 투입하는 1,000파운드스털링은 유통에 의해 원래의 출발점으로 복귀하는 것이 아니다.

게다가 고정자본의 경우에는 처음 사업을 시작할 때 상대적으로 많은 화폐자본의 투자〔즉 유통영역으로의 투하〕가 필요하다. 모든 고정자본과 마찬가지로 이것은 몇 년에 걸쳐 단지 조금씩만 회수된다. 그러나 그것은 금〔생산물〕의 직접적인 한 부분으로 회수되는 것이지, 생산물의 판매와 그것을 통한 화폐형태로의 전화에 의해 회수되는 것은 아니다. 즉 그것은 유통에서 화폐가 빠져나가는 방식이 아니라 그만큼의 생산물이 축적되는 방식에 의해서 조금씩 화폐형태를 취한다. 이렇게 회수된 화폐자본은, 처음 고정자본용으로 유통에 투입되었던 화폐액을 보전하기 위해서 조금씩 유통에서 끌어낸 화폐액이 아니다. 그것은 추가 화폐량이다.

마지막으로 잉여가치에 관해 말하자면, 이것도 역시 새로운 회전기간마다 유통에 투입된 새로운 금 생산물 가운데 일부이며, 그것은 우리의 가정에 따르면 비생산적인 부분에〔즉 생활수단과 사치품에〕 지출된다.

그러나 가정에 따르면, 이 전체 연간 금 생산 — 이를 통해 화폐가 끊임없이 추가로 공급됨으로써 시장에서 화폐를 전혀 건드리지 않은 채 노동력과 생산재료만 끊임없이 빼내게 된다 — 은 단지 1년 동안 마모된 화폐만 보전하고, 따라서 비율은 차이가 있겠지만 항상 축장화폐와 유통되는 화폐의 두 가지 형태로 존재하는 사회적 화폐량을 그대로 유지시킨다.

상품유통법칙에 따르면 화폐 총량은 유통에 필요한 화폐량에 축장의 형태로 묶여 있는 화폐량 — 이 화폐량은 유통이 축소되거나 확장됨에 따라 증가하거나 감소하고, 특히 지불수단에 필요한 준비금으로도 사용된다 — 을 더한 것과 반드시 같아야만 한다. 대차(貸借)를 서로 상쇄하지 않는 한 상품가치는 반드시 화폐로 지불되어야만 한다. 이 상품가치 가운데 일부가 잉여가치를 구성한다는 사실〔즉 상품판매자에게 아무런 비용도 들지 않는다는 사실]은 여기에 아무런 영향을 미치지 않는다. 만일 생산자들이 생산수단을 스스로 소유한다면, 그때는 직접적 생산자들 사이에서 유통이 발생할 것이다. 그들의 자본 가운데 불변 부분을 무시한다면, 그들의 연간 잉여생산물은 자본주의적 상황과 비슷하게 두 부분으로 나누어질 것이다. 즉 필요생활수단만 보전하는 부분인 a 부분과, 사치품의 M331
소비와 생산의 확장에 사용되는 부분인 b 부분이 바로 그것이다. 그렇다면 a 부분은 가변자본을 나타내고 b 부분은 잉여가치를 나타낼 것이다. 그러나 이런 구분은 그들의 총생산물이 유통되기 위해 필요한 화폐량에는 여전히 아무런 영향도 끼치지 않을 것이다. 다른 조건이 동일하다면 유통되는 상품량의 가치도 동일하고, 따라서 여기에 필요한 화폐량도 같을 것이다. 또한 회전기간의 길이가 균등할 경우에는 화폐 준비량도 역시 동일해야만[즉 자본 가운데 화폐형태를 취하는 부분이 항상 똑같아야만] 할 것이다. 따라서 상품가치 가운데 일부가 잉여가치로 이루어지는 것과 사업을 운영하는 데 필요한 화폐량 사이에는 아무런 관련이 없다.

투크의 반대론자 가운데 G—W—G′ 정식을 고집하는 한 사람이 투크에게 다음과 같은 질문을 던지고 있다. 즉 자본가들은 어째서 항상 자신이 유통에 투입하는 것보다 더 많은 양의 화폐를 유통에서 끌어내는가? 그러나 오해해서는 안 된다. 여기에서 문제로 삼는 것은 잉여가치의 형성이 아니다. 이 물음에 대한 유일한 비밀의 열쇠인 이 부분(잉여가치의 형성—옮긴이)은 자본가의 입장에서 볼 때는 너무도 당연한 것이다. 투하된 가치총액은 잉여가치로 자신을 증식시키지 않고는 자본이 될 수 없다. 그런데 이미 가정에 따라 그 가치총액이 자본이라고 했으므로 잉여가치의 존재도 당연한 것이 된다.

따라서 이 질문은 '잉여가치는 어디에서 나오는가?'가 아니라, '잉여가치를 화폐화하기 위한 화폐는 어디에서 나오는가?'이다.

그러나 부르주아 경제학에서 잉여가치의 존재는 자명하다. 따라서 잉여가치의 존재는 이미 전제된 것이며 또한 그와 함께 다음과 같은 것도 전제되어 있다. 즉 유통에 투입된 상품량 가운데 일부는 잉여생산물로 구성되어 있고, 따라서 그것은 자본가가 자신의 자본으로 유통에 투입하지 않은 가치를 표현하며, 자본가는 자신의 생산물로 자신의 자본 이상의 초과분을 유통에 투입하고, 이 초과분을 유통에서 다시 끌어내 온다는 것이다.

자본가가 유통에 투하하는 상품자본은 그가 노동력과 생산수단의 형태로 유통부문에서 끌어낸 생산자본보다 더 큰 가치를 갖고 있다(왜 그렇게 되는지는 자본가의 입장에서 보면 설명도 이해도 되지 않지만, 그냥 분명한 하나의 사실이다). 이런 가정하에서 보면, 자본가 A뿐만 아니라 B, C, D 등의 자본가들이 끊임없이 자신들의 상품을 교환하는 것만으로 어떻게 자신들이 처음에 선대한〔그리고 계속 새롭게 선대할〕 자본의 가치보다 더 많은 가치를 유통에서 끌어낼 수 있는가 하는 것이 분명해질 것이다. A, B, C, D 등등의 자본가들은 생산자본의 형태로 유통에서 끌어낸 것보다
M332 더 많은 상품가치를 상품자본의 형태로 계속 투입한다(이런 행위는 독립적으로 기능하는 무수히 많은 자본들만큼이나 갖가지 다양한 방식으로 이루어진다). 따라서 그들은 각자가 선대했던 생산자본의 가치액만큼을 자신들 사이에서 끊임없이 나누어야만(즉 각자가 생산자본을 유통에서 끌어내야만) 한다. 또한 그들은 각자가 상품형태 — 자신의 생산요소 가치를 넘는 초과 상품가치액 — 로 유통에 투입한 가치액도 마찬가지로 그들 사이에서 끊임없이 나누어야만 한다.

그러나 상품자본은 그것이 생산자본으로 재전화하기 전에, 그리고 그 속에 포함된 잉여가치가 지출되기 전에 먼저 화폐로 전화해야만 한다. 이 화폐는 어디에서 오는 것인가? 이 문제는 얼핏 보기에도 어려운 문제이며, 아직까지 투크나 다른 어느 누구도 대답하지 못한 문제이다.

화폐자본 형태로 선대된 유동자본 500파운드스털링이 (회전기간이 얼마이든) 사회〔즉 자본가계급〕의 총유동자본이고 그 잉여가치는 100파운드스털링이라고 가정하자. 전체 자본가계급은 어떻게 해서 단지 500파운드스털링만 계속 유통에 투입하면서 계속해서 600파운드스털링을 유통영

역에서 끌어내 올 수 있는가?

일단 500파운드스털링의 화폐자본이 생산자본으로 전화하고 나면, 이 생산자본은 생산과정 내에서 600파운드스털링의 상품가치로 전화한다. 그리고 이제 유통영역 내에는 처음에 선대된 화폐자본과 같은 500파운드스털링의 상품가치뿐만 아니라 새로 생산된 100파운드스털링의 잉여가치가 함께 존재한다.

100파운드스털링의 이 추가 잉여가치는 상품형태로 유통에 투입된다. 그 점에는 아무런 의심의 여지가 없다. 그러나 이 행위로는 이 추가 상품가치의 유통에 필요한 추가 화폐가 결코 만들어지지 않는다.

그럴듯한 변명으로 이 문제를 회피하려고 해서는 안 된다.

예를 들어 불변적 유동자본은 그 전체가 한꺼번에 투하되지 않는 것이 분명하다. 자본가 A는 자신의 상품을 판매하고〔즉 거기에 선대한 자본을 화폐형태로 전화시키고〕 반면 구매자 B는 화폐형태로 가지고 있던 자본을 자신의 생산수단(A가 생산한 바로 그것) 형태로 전화시킨다. A가 자신이 생산한 상품자본에 다시 화폐형태를 부여하는 이런 행위에 의해, B는 자신의 자본에 다시 생산적 형태를 부여하고 그것을 화폐형태로부터 생산수단과 노동력으로 전화시킨다. 즉 같은 양의 화폐가 모든 판매 W—G에서 그렇듯이 두 과정 모두에서 기능을 수행한다. 한편 A가 자신의 화폐 M333 를 생산수단으로 전화시킬 때는, 그가 C로부터 그것을 구매하고 또 C는 그것을 B에게 지불하는 등등의 과정이 진행될 것이다. 교환행위는 이런 방식으로 설명될 수 있을 것이다.

그러나 상품유통을 위해 필요한 화폐의 유통량을 논의하면서(『자본』 제1권 제3장) 정립된 모든 법칙들은 생산과정의 자본주의적 성격에 의해 어떤 식으로든 변하지 않는다.

따라서 사회적 유통자본이 500파운드스털링에 상당하는 화폐형태로 선대되어야 한다고 말하는 것은 한편으로는 그것이 한꺼번에 선대된 금액이라는 점과 다른 한편으로는 그것이 500파운드스털링보다 더 많은 생산자본을 움직인다는 점 — 왜냐하면 이 500파운드스털링은 여러 생산자본의 화폐기금으로 번갈아 가면서 사용되기 때문이다 — 을 미리 고려하고 있는 것이다. 결국 이런 설명방식은 화폐를 이미 주어진 것으로 전제하는 것인데 사실은 바로 그 화폐야말로 설명되어야 할 대상이다.

나아가 다음과 같이 말할 수도 있을 것이다. 즉 자본가 A는 자본가 B가 개인적으로〔그리고 비생산적으로〕 소비하는 물품들을 생산한다. 따라서 B의 화폐는 A의 상품자본을 화폐화한다. 그리하여 동일한 금액의 화폐가 B의 잉여가치는 물론 A의 유동적 불변자본까지 모두 화폐화하는 데 사용된다. 그러나 여기에는 여전히 해결되어야 할 문제가 더욱 직접적으로 전제되어 있다. 즉 B는 자신의 소득을 이루는 이 화폐를 어디에서 얻는 것인가? 그리고 B는 자신의 생산물 가운데 이 잉여가치 부분을 어떻게 화폐화했는가?

또는 다음과 같이 말할 수도 있을 것이다. A가 자신의 노동자들에게 계속 선대하는 유동적 가변자본 부분은 유통영역으로부터 그에게 끊임없이 회수된다. 그리고 이 회수되는 부분 가운데 일부분은 항상 임금지불을 위해 그의 수중에 묶여 있을 것이다. 그러나 지출과 회수 사이에는 어느 정도 기간이 있어서 이 기간 동안 임금으로 지불된 화폐가 무엇보다도 잉여가치를 화폐화하는 데 사용될 수도 있다. 그러나 우리는 첫째, 이 기간이 길수록 자본가 A가 항상 자신의 수중에 지녀야만 하는 화폐 보유량도 더욱 커져야 한다는 사실을 알고 있다. 둘째, 노동자들이 화폐를 지출해서 그것으로 상품을 구입한다면 이들 상품 속에 포함된 잉여가치도 함께 화폐로 전화할 것이다. 따라서 가변자본의 형태로 선대된 바로 그 화폐가 잉여가치를 화폐로 전화시키는 역할도 함께 수행한다. 여기에서는 이 문제를 더 깊이 파고들어가지 않고 단지 다음과 같은 사실까지만 얘기해두고자 한다. 즉 전체 자본가계급과 그들에게 의존하는 비생산적인 사람들의 소비는 노동자계급의 소비와 함께 병행해서 이루어지며 따라서 노동자들이 유통에 투입하는 화폐와 함께 자본가들도 역시 자신들의 잉여가치를

소득으로서 지출하려면 화폐를 유통에 투입하여야 하는 것이다. 따라서 M334
그러기 위해서는 화폐가 유통에서 빠져나와야 한다. 방금 위에서 설명한 부분은 바로 이 필요량을 감소시키는 설명은 될 수 있겠지만 그 필요량 자체를 없애는 설명은 되지 못한다.

마지막으로 다음과 같이 말할 수도 있다. 고정자본이 처음 투하될 때에는 많은 양의 화폐가 계속 유통에 투하되고, 그것은 몇 년간에 걸쳐 단지 조금씩만 유통에서 회수된다. 이 화폐액만으로도 잉여가치를 화폐로 전화시키기에 충분하지 않을까? 여기에 대해서는 다음과 같이 답할 수 있을 것이다. 500파운드스털링이라는 금액(여기에는 필수적인 준비금의 축장도 포함된다)에는 그것이 고정자본으로 사용된다는—이 금액을 유통에 투입한 사람이 아니라 다른 누군가에 의해서—점이 이미 포함되어 있다. 게다가 고정자본으로 사용되는 생산물을 획득하기 위해 지출된 금액에는 이들 상품 속에 들어 있는 잉여가치도 함께 지불된다는 것이 이미 전제되어 있다. 따라서 곧바로 의문이 제기된다. 즉 이 화폐는 어디에서 오는가?

일반적인 답은 이미 주어져 있는 셈이다. 즉 x×1,000파운드스털링의 상품량이 유통되어야 한다면 이 상품량의 가치가 잉여가치를 포함하든 하지 않든〔즉 이 상품량이 자본주의적으로 생산되었든 아니든〕 이 유통에 필요한 절대적인 화폐량에는 변함이 없다는 점이다. 따라서 이 문제는 그 자체 존재하지 않는 것이다. 화폐유통 속도 등과 같은 다른 조건들이 주어져 있다면 x×1,000파운드스털링이라는 상품가치를 유통시키기 위해서는 일정량의 화폐가 필요하고 그것은 이 가치 가운데 얼마만큼이 이들 상품의 직접적 생산자의 몫으로 돌아갈 것인지와 아무 상관이 없다. 여기에 어떤 문제가 존재한다면 그것은 곧 일반적인 문제, 즉 한 나라 안에서 상품유통에 필요한 화폐액은 어디에서 나오느냐는 문제와 관련된 것이다.

그러나 물론 자본주의적 생산의 관점에서 보면 어떤 특정 문제의 겉모습(Schein)이란 것이 분명 존재한다. 여기에서는 자본가〔즉 화폐를 유통에 투하하는 사람〕가 출발점으로 나타난다. 노동자가 자신의 생활수단에

지출하는 화폐는 이미 가변자본이라는 화폐형태로 존재하고, 따라서 그
것은 처음부터 자본가에 의해 노동력의 구매나 지불 수단으로 유통에 투
하되어 있다. 게다가 자본가가 유통에 투하한 화폐는 처음부터 불변적 고
정자본과 불변적 유동자본이라는 화폐형태를 이룬다. 즉 자본가는 노동
수단과 생산재료의 구매〔혹은 지불〕수단으로 그 화폐를 지출한다. 그러
나 그것을 넘어서게 되면 자본가는 유통되는 화폐량의 출발점이 더는 아
M335 니다. 이제는 자본가와 노동자라는 두 개의 출발점만 존재한다. 제3의 부
류에 속하는 사람들은 이미 그들이 수행한 봉사의 대가로 이들 두 계급에
게서 화폐를 받거나, 혹은 그런 대가를 받지 않을 경우에는 지대, 이자 등
의 형태로 잉여가치를 공유하는 사람들이다. 잉여가치가 산업자본가들의
호주머니 속에 모두 머물러 있지 않고 그들에 의해 다른 사람들에게 배분
되어야 한다는 사실은 지금 말하는 문제와 아무 상관이 없다. 지금 우리의
문제는 그가 어떻게 자신의 잉여가치를 화폐화하느냐는 것이지, 잉여가
치로 획득된 화폐가 나중에 어떻게 분배되느냐는 것이 아니다. 따라서 우
리는 자본가를 여전히 잉여가치의 유일한 소유자로 간주해야 한다. 노동
자와 관련해서는 이미 언급했듯이 그들은 두 번째 출발점에 불과하고 이
들이 유통에 투입하는 화폐의 일차적인 출발점은 바로 자본가이다. 처음
에 가변자본으로 선대된 화폐는 노동자가 그것을 생활수단에 지출할 때
에는 이미 두 번째 유통을 수행하고 있는 것이다.

그리하여 자본가계급은 화폐유통의 유일한 출발점으로 남게 된다. 만약 그들이 생산수단의 지불에 400파운드스털링, 노동력의 지불에 100파운드스털링이 필요하다면, 그들은 500파운드스털링을 유통에 투입할 것이다. 그러나 생산물 속에 포함된 잉여가치는, 잉여가치율이 100%일 경우, 100파운드스털링의 가치를 생성한다. 그들이 계속해서 500파운드스털링만 투하하는데도 어떻게 해서 유통에서 계속 600파운드스털링을 끌어낼 수 있을까? 무(無)에서는 아무것도 생겨나지 않는다. 자본가계급 전체는 그들이 이전에 유통에 투입하지 않았던 것을 유통에서 끌어낼 수는

없다.

따라서 이제 회전이 10번 이루어질 경우 400파운드스털링이라는 화폐액이 4,000파운드스털링의 생산수단과 1,000파운드스털링의 노동력을 유통시키기에 충분하고 나머지 100파운드스털링도 1,000파운드스털링의 잉여가치를 유통시키기에 충분하다는 것은 무시된다. 화폐총액과 그것으로 유통되는 상품가치의 비율은 이것과 아무 상관이 없다. 문제는 여전히 그대로이다. 동일한 화폐량이 여러 번 회전하지 않는다면, 5,000파운드스털링은 자본으로 유통에 투입되어야 하고 1,000파운드스털링은 잉여가치를 화폐로 전화시키기 위해 필요할 것이다. 문제는, 이 후자의 화폐가 1,000파운드스털링이든 100파운드스털링이든 도대체 어디에서 올 것인가에 있다. 어떤 경우에도 그것은 유통에 투하된 화폐자본을 넘어선 부분이다.

얼핏 모순된 것처럼 보이지만 사실 상품 속에 포함된 잉여가치를 실현하는 데 사용될 화폐를 유통에 투입하는 것은 바로 자본가계급 자신이다. 그러나 주의해야 할 점은 자본가계급이 이 화폐를 선대 화폐〔즉 자본〕로 투하하지 않는다는 것이다. 자본가계급은 이 화폐를 자신의 개인적 소비를 위한 구매수단으로 지출한다. 따라서 이 화폐는, 그 출발점이 자본가계급인 것은 맞지만 그들에 의해 선대되는 것은 아니다.

사업에 착수한 어떤 자본가〔예를 들어 차지농〕를 예로 들어보자. 첫 1 M336
년 동안 그는 5,000파운드스털링의 화폐자본을 선대하여 4,000파운드스털링은 생산수단에 그리고 1,000파운드스털링은 노동력에 지불한다. 잉여가치율이 100%라면 그가 획득하는 잉여가치는 1,000파운드스털링이다. 위에서 말한 5,000파운드스털링은 그가 화폐자본으로 선대한 화폐를 모두 포함한다. 그러나 이 사람도 역시 생활해나가야 하는데 그는 그해 말까지는 어떤 화폐도 얻지 못한다. 그의 소비분이 1,000파운드스털링에 해당한다고 해보자. 그는 이 금액을 반드시 가지고 있어야 한다. 그는 첫 1년 동안 이 1,000파운드스털링을 선대해야 한다고 말한다. 그러나 그가 말하는 이 선대(그것은 주관적인 명칭일 뿐이다)란 것은 처음 1년 동안 그가 자신의 개인적인 소비분을, 자신이 고용한 노동자들이 무상으로 생산한 생산물로부터 조달하는 대신, 자신의 호주머니에서 직접 지불해야 한다는 것을 의미할 뿐이다. 그는 이 화폐를 자본으로 선대하는 것이 아니다. 그는 그가 소비하는 생활수단의 등가로 이 화폐를 지출한다. 이 가치는 그에 의해서 화폐로 지출되어 유통에 투입되고 상품가치의 형태로 유통에서 빠져나온다. 그는 이 상품가치를 소비한다. 따라서 그는 이 상품가치와는 아무런 관계도 없다. 그가 이 상품가치를 지불하는 데 사용하는 화폐는 유통화폐의 한 부분으로 존재한다. 그러나 그는 이 화폐의 가치를 생산물의 형태로 유통에서 끌어내 오고 그 가치는 그것이 들어 있던 생산물과 함께 없어져버린다. 그것으로 모든 것이 끝났다. 이제 연말에 그는 6,000파운드스털링의 상품가치를 유통에 투입하여 그것을 판매한다. 그럼으로써 그는 ① 자신이 선대한 화폐자본 5,000파운드스털링과 ② 화폐로 전화된 잉여가치 1,000파운드스털링을 회수한다. 그는 5,000파운드스털링을 자본으로서 선대하여 유통에 투입했고, 유통에서 6,000파운드스털링—이 가운데 5,000파운드스털링은 자본으로, 그리고 1,000파운드스털링은 잉여가치로—을 끌어내었다. 뒷부분의 1,000파운드스털링은 그가 자본가로서가 아니라 소비자로서 유통에 투입했던〔즉 선대한 것이 아니라 지출했던〕 화폐를 통해 화폐로 전화되었다. 이 1,000파운드스털링은 이제 그가 생산한 잉여가치의 화폐형태로 그에게 되돌아왔다. 그리고 이제부터는 이런 과정이 매년 반복된다. 그러나 2년째부터 그가 지출하는 1,000파운드스털링은 항상 그가 생산한 잉여가치의 전화된 형태〔즉 잉여가치의 화폐형태〕이다. 그는 그것을 매년 지출하고, 그것은 또한 매년 그에게 되돌아온다.

혹시 그의 자본의 회전수가 증가하면 그것은 그가 선대한 화폐자본을 초과하여 개인적 소비를 위해 유통에 투입해야 했던 기간이나 그 화폐액에는 영향을 미치겠지만 우리가 말한 이 문제에는 아무런 영향을 미치지 못할 것이다.

이 화폐는 자본가가 자본으로 유통에 투입하는 것이 아니다. 그러나 잉여가치를 회수할 때까지 자신이 소유한 생활수단으로 살아갈 수 있어야 한다는 그 점도 바로 자본가의 주요한 특성이라고 할 수 있다. M337

여기에서 우리는 자본가가 자신의 자본이 최초로 회수될 때까지 자신의 개인적 소비를 위해 유통에 투입한 화폐액이 그가 생산한〔따라서 화폐로 전화되어야 할〕 잉여가치와 정확히 일치한다고 가정하였다. 이것은 명백히 개별 자본가들에게는 자의적인 가정이다. 그러나 단순재생산의 조건에서 자본가계급 전체에 대한 가정으로는 분명 올바른 가정이다. 그것은 이 조건이 말하는 것을 그대로 표현하고 있다. 즉 전체 잉여가치는 비생산적으로 소비되고 최초의 자본은 그중 어떤 부분도 비생산적으로 소비되지 않는다고 가정하는 것이다.

지금까지 우리는 귀금속의 총생산량(500파운드스털링으로 가정된)이 화폐의 마모분만을 보전하는 것으로 가정하였다.

금을 생산하는 자본가들은 그들의 전 생산물을 금으로 소유하고 있다. 그중에는 불변자본을 보전하는 부분과 가변자본을 보전하는 부분 그리고 잉여가치를 구성하는 부분도 모두 포함되어 있다. 따라서 사회적 잉여가치 가운데 일부는 금으로 이루어져 있고 생산물(유통과정에서 비로소 화폐로 전화하는)로 이루어져 있지 않다. 그것은 처음부터 금으로 이루어져 있으며 유통에서 생산물을 끌어내기 위해 유통에 투하된다. 이것은 임금에 대해서도, 가변자본에 대해서도, 선대된 불변자본의 보전 부분에 대해서도 똑같이 적용된다. 따라서 자본가계급 가운데 일부는 그들이 선대한 화폐자본보다 더 큰(잉여가치만큼) 상품가치를 유통에 투하하고 또 다른 일부는 그들이 금 생산을 위해 유통에서 끊임없이 끌어내는 상품가치보다 더 큰(잉여가치만큼) 화폐가치를 유통에 투하한다. 자본가들 가운데 일부는 자신이 유통에 투입하는 것보다 더 많은 화폐를 유통에서 끌어내는 반면, 금을 생산하는 자본가들은 그들이 생산수단의 형태로 유통에서 끌어내는 것보다 더 많은 화폐를 끊임없이 유통에 투입하는 것이다.

이 500파운드스털링의 금 생산물 가운데 일부는 금 생산자들의 잉여가치이지만 그 전체 액수는 단지 상품들을 유통시키는 데 필요한 화폐를 보전하기 위한 목적만 갖는다. 그중에서 얼마만큼의 금이 상품의 잉여가치를 화폐로 전화시키고 또 얼마만큼이 다른 가치구성요소들인지 그 비율은 여기에서 전혀 중요하지 않다.

어떤 나라에서 다른 나라로 금 생산을 옮기는 경우에도 상황은 마찬가지이다. A국의 사회적 노동력과 사회적 생산수단 가운데 일부가 생산물〔예를 들어 500파운드스털링의 아마포〕로 전화하고, 이것이 B국에서 생
M338 산되는 금을 구매하기 위해 B국으로 수출된다고 하자. 이 경우에는 A국에서 사용된 생산자본이 상품〔화폐가 아닌〕을 A국 시장에 투입하지 않은 것이 되는데 이것은 그 생산자본이 금 생산에 직접 사용된 경우와 마찬가지 결과를 가져올 것이다. A국의 이 생산물은 500파운드스털링의 금으로 나타나고 자국의 유통에는 오직 화폐로만 투입된다. 이 생산물에 포함된 사회적 잉여가치 부분은 곧바로 화폐형태를 취하고, A국에서 화폐 이외의 다른 형태로는 결코 존재하지 않는다. 금을 생산하는 자본가들에게 잉여가치는 그들의 생산물 가운데 단지 일부일 뿐이고 다른 부분은 자본의 보전분을 표시하는 것이긴 하지만 이 금 가운데 얼마만큼이―유동적 불변자본은 제외하고―가변자본을 보전하고 얼마만큼이 잉여가치를 나타내는지는 오로지 유통하는 상품들의 가치 가운데 임금과 잉여가치가 각기 차지하는 비율에 달려 있다. 잉여가치를 형성하는 부분은 자본가계급의 여러 구성원들 사이에 배분된다. 비록 그것이 그들의 개인적 소비를 위해 끊임없이 지출되고 새로운 생산물의 판매에 의해 회복된다고 할지라도―그리고 바로 이 구매와 판매가 그들 사이에서 잉여가치의 전화에 필요한 화폐를 유통시킨다―사회적 잉여가치 가운데 일부는 (그 비율은 변하더라도) 여전히 화폐형태로 자본가의 호주머니 속에 존재한다. 그것은 마치 노동자의 임금 가운데 일부가 적어도 1주일 동안의 며칠간은 노동자

들의 호주머니 속에 화폐형태로 남아 있는 것과 마찬가지이다. 그리고 이 부분은 금 생산물* 가운데 그것을 생산하는 자본가들의 잉여가치를 이루는 부분에 의해 제한을 받는 것이 아니라, 이미 말했듯이 위에서 말한 500파운드스털링의 생산물이 자본가와 노동자 사이에서 일반적으로 배분되는 비율에 의해, 그리고 유통되는 상품가치**가 잉여가치와 다른 가치구성부분으로 나누어지는 비율에 의해 제한을 받는다.

그러나 잉여가치 가운데 다른 상품들 속에 존재하는 것이 아니라 다른 상품들과 나란히 화폐형태로 존재하는 부분은, 단지 연간 생산된 금 가운데 일부가 잉여가치의 실현을 위해 유통될 경우에만 연간 생산된 금 가운데 일부로 이루어진다. 화폐 가운데 다른 부분〔즉 그 비율은 변화하더라도 끊임없이 자본가계급의 수중에서 잉여가치의 화폐형태로 존재하는 부분〕은 그해에 생산된 금의 일부라기보다는 이전에 국내에 축적되어 있던 화폐량의 일부이다.

우리의 가정에 따르면, 연간 금 생산 500파운드스털링은 매년 마모되는 화폐를 보전할 수 있을 뿐이다. 따라서 만일 우리가 이 500파운드스털 M339
링만을 염두에 두고, 연간 생산되는 상품량 중에서 이전에 축적된 화폐에 의해 유통되는 부분을 무시한다면, 상품형태로 생산된 잉여가치는 이미 유통과정에서 자신의 전화에 필요한 화폐를 발견한다. 왜냐하면 다른 한편에서 잉여가치가 매년 금의 형태로 생산되고 있기 때문이다. 500파운드스털링의 금 생산물 가운데 다른 부분〔즉 선대된 화폐자본을 보전하는 부분〕도 이와 마찬가지이다.

이제 여기에서 다음의 두 가지 점을 언급할 필요가 있다.

첫째, 자본가들이 화폐로 선대한 가변자본과 다른 생산자본, 그리고 자본가들이 화폐로 소비한 잉여가치도 모두 사실상 노동자들〔특히 금 생산

* 초판과 제2판에는 '화폐 생산물'로 되어 있지만 엥겔스의 인쇄용 원고에 따라 수정하였다.
** 초판과 제2판에는 '상품재고'로 되어 있지만 엥겔스의 인쇄용 원고에 따라 수정하였다.

에 종사한 노동자들〕의 생산물이다. 이 노동자들은 금 생산물 가운데 자신들에게 임금으로 '선대된' 부분뿐만 아니라 자본주의적 금 생산자의 잉여가치를 직접적으로 표현하는 부분도 새롭게 생산한다. 마지막으로 금 생산물 가운데 단지 금 생산만을 위해 선대된 불변자본의 보전 부분은 노동자들의 연간 노동을 통해서 금의 형태*(또는 생산물 일반의 형태)로만 재현된다. 그것은 사업이 시작될 때 원래 화폐형태로 자본가에 의해 지출되었는데, 이것은 새로 생산된 것이 아니라 유통되고 있는 사회적 화폐량 가운데 일부를 이루고 있던 것이다. 그러나 그것이 새로운 생산물〔즉 추가되는 금〕에 의해 보전되는 한, 그것은 노동자의 연간 생산물이다. 자본가가 행하는 선대도 여기에서는, 노동자가 자신의 생산수단의 소유자도 아니고 생산기간 동안 다른 노동자들이 생산한 생활수단을 마음대로 이용할 수도 없는 그런 형태로만 나타난다.

그러나 둘째, 이 500파운드스털링의 연간 보전과 별개로 존재하는 화폐량—일부는 축장화폐의 형태로 다른 일부는 유통 중인 화폐량의 형태로 존재하는—의 경우도 이 500파운드스털링에서 매년 이루어지는 일이 똑같이 이루어져야만 한다. 이 점에 대해서는 이 소절의 결론에서 다시 살펴보게 될 것이다. 그 전에 몇 가지 더 언급해두어야 할 부분이 있다.

—

자본의 회전을 분석하면서 우리는 이미 다음과 같은 사실을 보았다. 즉 다른 조건이 동일할 때 회전기간의 길이가 변하면 동일한 규모로 생산
M340 을 계속하기 위해 필요한 화폐자본의 양도 변해야 한다는 것이다. 따라서 화폐유통의 탄력성은 반드시 이 변동에 대응할 수 있을 정도가 되어야만 한다.

* 초판과 제2판에는 '화폐형태'로 되어 있지만 엥겔스의 인쇄용 원고에 따라 수정하였다.

또한 다른 조건—노동일의 길이, 강도, 생산성 등—이 불변이고 가치생산물이 임금과 잉여가치로 배분되는 비율만 변동한다고 가정할 경우〔그래서 전자가 증가하고 후자가 감소하든가 혹은 그 반대의 경우〕 그로 인해 화폐 유통량은 영향을 받지 않는다. 이런 변동은 유통되는 화폐량의 증가나 감소와 상관없이 일어날 수 있다. 예를 들어 다음과 같은 경우를 생각해보자. 즉 임금이 전반적으로 상승하고 따라서 주어진 전제조건 아래서 잉여가치율이 전반적으로 하락한다면, 우리의 가정하에서는 유통되는 상품량의 가치에 아무런 변동도 없을 것이다. 물론 이 경우 가변자본으로 선대되어야 하는 화폐자본은 증가할 것이고, 따라서 이 기능을 수행하는 화폐량도 늘어날 것이다. 그러나 이때 가변자본의 기능을 위해 필요한 화폐량이 증가하는 만큼 잉여가치는 감소하고, 따라서 잉여가치의 실현을 위해 필요한 화폐량도 감소할 것이다. 그러나 그렇다고 해도 이로 인해 상품가치를 실현하는 데 필요한 화폐량은 이 상품가치 자체와 마찬가지로 영향을 받지 않을 것이다. 개별 자본가들에게는 상품의 비용가격이 상승하겠지만 이 상품의 사회적 생산가격은 변하지 않을 것이다. 불변자본을 무시한다면, 변화되는 것은 상품의 생산가격이 임금과 이윤으로 분할되는 비율일 것이다.

그러나 이렇게 말하는 사람도 있을 것이다. 즉 가변적 화폐자본(물론 여기에서 화폐의 가치는 불변이라고 전제된다)의 지출이 더 커진다는 것은 그만큼 노동자들의 손에 더 많은 화폐가 존재하게 된다는 것을 의미한다. 그 결과 노동자들의 상품에 대한 수요가 더 커진다. 이는 다시 상품가격의 상승을 초래한다. 혹은 달리 이렇게 말하는 사람도 있을 것이다. 즉 임금이 상승하면, 자본가들은 그들의 상품가격을 올릴 것이다.—이 모든 경우에서 임금의 전반적 상승은 상품가격의 상승을 초래한다. 따라서 가격상승을 어떤 식으로 설명하든 상품을 유통시키기 위해서는 더 많은 양의 화폐가 필요하게 된다.

위의 첫 번째 이야기에 답을 해보자. 즉 임금이 상승하면 생활필수품에 대한 노동자들의 수요가 특히 증대할 것이다. 그리고 그보다는 작지만 사치품에 대한 노동자들의 수요도 증가할 것이고, 이전에는 그들의 소비영역에 포함되지 않았던 물건들에 대한 수요도 나타나게 될 것이다. 필수적
M341 인 생활수단에 대한 수요가 갑자기 대규모로 증가하면 반드시 그 상품들의 가격은 일시적으로 올라갈 것이다. 그 결과 사회적 자본 가운데 더 큰 부분이 생활필수품의 생산에 투하될 것이며, 사치품 생산에는 (잉여가치의 감소와 그로 인한 자본가들의 사치품에 대한 수요도 감소할 것이기 때문에) 더 적은 부분이 투하될 것이다. 반면 노동자들도 사치품을 구매하기 때문에 그들의 임금 상승은(상승 범위 내에서는) 생활필수품의 가격을 상승시키기보다는 사치품의 구매자만 대체하게 될 것이다. 이전보다 많은 사치품이 노동자들에 의해 소비되고, 자본가들은 상대적으로 이전보다 적게 소비하게 된다. 그것이 전부이다. 몇 차례의 변동이 지나고 나면 유통되는 상품량의 가치는 이전과 같아진다. — 이런 일시적인 변동은, 그때까지 증권거래소에서 투기를 노리거나 외국에서 투자처를 물색하면서 놀고 있던 화폐자본을 국내 유통에 투하하도록 만드는 결과를 가져올 것이다.

위의 두 번째 이야기에 답을 해보자. 만약 자본주의적 생산자들이 자신들의 상품가격을 마음대로 올릴 수 있다고 한다면, 그들은 임금상승이 없더라도 그렇게 할 수 있을 것이고 또한 그렇게 할 것이다. 상품가격이 떨어질 경우에는 임금은 결코 오르지 않을 것이다. 자본가계급은 노동조합에 대해서도 결코 반대하지 않을 것이다. 왜냐하면 지금은 그들이 예외적으로 특수한〔매우 국지적인〕 조건하에서만 실행할 수 있는 행동 — 즉 임금이 조금이라도 상승하면 그것을 이용하여 그보다 더 높게 상품가격을 올리고 그리하여 더 많은 이윤을 집어삼키는 행동 — 을 언제 어떤 상황에서나 마음대로 할 수 있을 것이기 때문이다.

사치품에 대한 수요가 감소(사치품에 대한 구매수단이 감소하여 자본가들의 수요가 감소한 결과로)했기 때문에 자본가들이 사치품의 가격을

올릴 수 있다는 주장은 수요·공급의 법칙을 매우 독창적으로 적용한 것이다. 단지 구매자를 교체〔자본가 대신 노동자로〕하는 것이 아닌 한 — 이런 교체가 일어나면 노동자들의 수요는 생활필수품의 가격상승에는 영향을 미치지 않는데 그것은 노동자들이 임금상승분 가운데 사치품에 지출하는 만큼은 생활필수품에 지출하지 않을 것이기 때문이다 — 사치품의 가격은 수요 감소 때문에 하락한다. 그로 인해 자본은 사치품 생산에서 (사치품의 공급이 감소하여 사회적 생산에서 사치품 생산이 차지하는 비중이 변할 때까지) 빠져나올 것이다. 이러한 생산이 감소함에 따라 사치품은 그 M342
가치에 변동이 없다면 다시 정상적인 가격으로 오를 것이다. 이렇게 진행되는 축소와 회복 과정은 생활필수품에도 마찬가지로 적용되어 생활필수품의 가격이 상승하면 다른 부문의 생산에서 빠져나온 자본이 끊임없이 이 생활필수품의 생산에 공급되어 늘어난 수요를 모두 충족할 때까지 이어질 것이다. 그런 다음에는 다시 균형이 이루어지는데 이런 모든 과정의 결과는 사회적 자본이〔따라서 화폐자본도〕 생활필수품과 사치품의 생산 사이에 배분되는 비율을 변화시킬 것이다.

지금까지 이야기한 답변과 다른 이야기는 모두 자본가들과 그들을 추종하는 경제학자들이 만들어낸 거짓말이다.

이런 거짓말의 구실로 이용되는 사실에는 다음 세 가지가 있다.

① 유통되는 상품의 가격총액이 증가하면 — 이런 증가가 총상품량이 불변인 상태에서 이루어지든 증가한 상태에서 이루어지든 상관없다 — 다른 조건이 불변일 경우 유통되는 화폐량도 증가한다는 것은 화폐유통의 일반법칙이다. 그런데 이제 원인과 결과가 뒤바뀐다. 즉 임금은 생활필수품의 가격상승과 더불어 상승한다(비록 임금상승은 매우 드물고 더구나 물가상승과 함께 상승하는 것은 예외적인 경우일 뿐이지만). 임금상승이 상품가격 상승의 원인이 아니라 결과가 되는 것이다.

② 임금이 부분적으로 혹은 국지적으로 상승하는 경우 — 즉 몇몇 생산부문에서만 상승하는 경우 — 이들 부문의 생산물가격이 그로 인해 국지

적으로 상승할 수 있다. 그러나 이것도 다음과 같은 많은 조건들에 달려 있다. 예를 들어 이때 임금이 비정상적으로 억제되지 않고 이윤율도 비정상적으로 높지 않아야 하고, 또한 이들 상품의 시장이 가격상승으로 위축되지 않아야 하는(따라서 가격을 인상하기 위해 미리 공급을 축소해야 할 필요가 없는) 등등의 조건이 바로 그것이다.

③ 임금이 전반적으로 상승하는 경우, 생산된 상품들의 가격은 가변자본의 비중이 큰 산업부문에서는 상승하지만 불변자본이나 고정자본의 비중이 큰 산업부문에서는 하락한다.

—

우리는 단순상품유통을 분석하면서(『자본』 제1권 제3장 제2절) 다음과 같은 사실을 보았다. 즉 상품의 형태변화가 진행되는 동안 한 사람의 수중에 일시적으로 머물던 화폐는—일정한 상품량의 화폐형태는 유통영역 내에서 단지 일시적으로만 존재한다—필연적으로 다른 사람의 수중으로
M343 옮겨 가고, 따라서 일차적으로는 상품들이 전면적으로 교환〔혹은 교체〕되고 그런 다음 이런 교환과 함께 화폐의 전면적인 교체도 이루어진다. "상품에 의한 상품의 교체는 동시에 제3자의 손에 화폐상품을 쥐여준다. 유통은 끊임없이 화폐를 분주하게 만든다."(『자본』 제1권, 92쪽)* 이와 똑같은 사실이 자본주의적 상품생산에서는 다음과 같이 표현된다. 즉 자본 가운데 일부는 끊임없이 화폐자본의 형태로 존재하며 또한 잉여가치의 일부도 항상 화폐형태로 그 소유자의 손에 존재한다.

이와는 별도로, 화폐의 순환〔즉 화폐가 그 출발점으로 복귀하는 것〕은 자본회전의 한 국면이므로 화폐의 유통[14]〔즉 화폐가 여러 사람의 손을 거

* MEW Bd. 23, 127쪽 참조.

14) 중농학파는, 이들 두 현상을 여전히 혼동하긴 하지만, 그래도 화폐가 출발점으로 되돌아오는 것을 자본유통의 본질적인 형태〔즉 재생산을 매개하는 유통형태〕로 지적한 최초의 사람들

치면서 출발점에서 계속 멀어지는 것〕(『자본』 제1권, 94쪽)**과는 전혀 다른 정반대의 현상이다. 그럼에도 회전이 빨라지는 것은 유통이 빨라지는 것을 포함한다.

우선 가변자본에 대해서 살펴보면, 예를 들어 500파운드스털링의 화폐자본이 가변자본의 형태로 1년에 10회전한다면, 유통되는 화폐량 가운데 이만큼의 부분이 그 10배의 가치 즉 5,000파운드스털링을 유통시킨다는 것은 명백하다. 그것은 1년에 10회 자본가와 노동자 사이에서 유통된다. 노동자는 유통화폐량 가운데 이만큼의 부분을 1년에 10회 지불받고 또 지불한다. 만일 동일한 생산규모에서 이 가변자본이 1년에 한 번만 회전한 M344 다면, 5,000파운드스털링의 회전이 단 한 번 이루어질 것이다.

또한 유동자본의 불변 부분이 1,000파운드스털링이라고 하자. 만일 이 자본이 10회전한다면, 자본가는 그의 상품을 1년에 10회 판매하고 따라서 그 가치 가운데 불변적 유동 부분도 1년에 10회 판매하게 된다. 유통화폐량 가운데 이만큼의 부분(1,000파운드스털링)은 그 소유자의 손에서 다른 자본가의 손으로 매년 10회씩 이동한다. 이 화폐는 10회에 걸쳐 주인을 바꾸는 것이다. 둘째, 자본가는 1년에 10회 생산수단을 구매한다. 이것은 다시 어떤 사람의 수중에서 다른 사람의 수중으로 화폐를 10회 유통시킨다. 산업자본가는 1,000파운드스털링의 화폐액으로 10,000파운드스털링

이다. "『경제표』를 보면, 여러분은 생산적 계급이 화폐〔다른 계급이 생산적 계급에게서 생산물을 구매하는 수단〕를 일단 다른 계급들에게 공급한 다음 다른 계급들이 다음 해에 생산적 계급에게서 생산물을 구매하면서 그 화폐를 다시 돌려준다는 것을 알게 될 것이다. …… 따라서 여기에서 순환은 바로 지출〔재생산의 뒤를 잇는〕과 재생산〔지출의 뒤를 잇는〕을 의미한다. 즉 그것은 지출과 재생산의 균형을 맞추는 화폐유통에 의해 진행되는 순환이다" (케네, 『상업 및 수공업자의 노동에 관한 대화』*), 데르 엮음, 『중농학파』, 제1부, 208~209쪽). "자본의 이런 끊임없는 선대와 회수를 우리는 화폐유통이라고 부르는데 이것은 매우 유익한 유통으로서 모든 사회적 노동에 활기를 불어넣고 국가의 활력과 생명을 유지시켜준다. 그것은 마치 살아 있는 동물에서 이루어지는 혈액순환과 꼭 마찬가지의 기능을 수행한다" (튀르고, 『부의 형성과 분배에 관한 고찰』, 데르 엮음, 제1부, 45쪽).

* 초판과 제2판에는 『경제문제』로 되어 있다.

** MEW Bd. 23, 128~129쪽 참조.

의 상품을 판매하고 다시 10,000파운드스털링의 상품을 구매한다. 1,000파운드스털링이 20회 유통됨으로써 20,000파운드스털링의 상품량이 유통되는 것이다.

마지막으로 회전속도가 증가하면 화폐 가운데 잉여가치를 실현하는 부분도 역시 보다 빨리 유통된다.

그러나 반대로 화폐유통이 빨라진다고 해서 반드시 자본회전이〔따라서 화폐유통도〕 빨라지는 것은 아니다. 즉 그렇다고 해서 반드시 재생산과정이 단축되고 더 빨리 갱신되는 것은 아니다.

같은 양의 화폐로 더 많은 거래를 할 수 있으면 항상 화폐유통은 더 빨라진다. 이것은 또한 자본의 재생산기간이 같더라도 화폐유통을 위한 기술적 조건이 변화함으로써 그렇게 될 수 있다. 게다가 화폐가 현실적인 상품교환을 나타내지 않고 유통되는 거래(증권거래에서의 차액거래 등)에서는 유통 횟수가 증가할 수 있다. 또 다른 한편 화폐유통이 아예 사라져버리는 경우도 있을 수 있다. 예를 들어 농업자본가 자신이 지주일 경우 농업자본가와 지주 간의 화폐유통은 발생하지 않는다. 또 산업자본가 자신이 자본의 소유자인 경우에도 산업자본가와 신용대부자 사이의 화폐유통이 발생하지 않는다.

—

한 나라에서 최초의 화폐축장이 어떻게 형성되는지, 그리고 그것이 어떻게 해서 소수의 수중에 들어가는지를 여기에서 상세하게 다룰 필요는 없다.

자본주의적 생산양식 — 그것의 토대는 임금노동, 즉 노동자에 대한 화폐지불, 보다 일반적으로 말하자면 현물지불의 화폐지불로의 전화이
M345 다 — 은 유통과 거기에 필요한 축장화폐(준비기금 등)에 충분할 정도의 화폐량이 국내에 존재하는 곳에서만 외연적으로나 내포적으로 더욱 발전

할 수 있다. 이것은 역사적 전제조건이다. 그러나 그렇다고 해서 이 말을 축장화폐가 먼저 충분히 형성된 다음 자본주의적 생산이 시작된다고 이해해서는 안 된다. 자본주의적 생산은 자신에게 필요한 조건의 발전과 함께 발전하며, 이런 조건 가운데 하나가 바로 귀금속의 충분한 공급이다. 따라서 16세기 이후 귀금속의 공급 증가는 자본주의적 생산의 발전사에서 하나의 본질적인 계기가 되었다. 그러나 자본주의적 생산양식의 토대가 이미 확립된 곳에서 화폐재료의 공급이 늘어나야 할 필요가 있을 경우에는 한편으로는 생산물에 포함된 잉여가치가 그것을 화폐화하는 데 필요한 화폐 없이 그대로 유통에 투입되고, 다른 한편으로는 금의 형태로 존재하는 잉여가치가 사전에 생산물에서 화폐로 전화되는 과정 없이 그대로 유통에 투입된다.

화폐로 전화되어야 할 추가 상품들은 필요한 화폐량을 손쉽게 발견한다. 왜냐하면 다른 한쪽에서 상품으로 전화하려는 추가적인 금(그리고 은)이 교환을 통해서가 아니라 생산(금과 은의 생산을 가리킴—옮긴이)을 통해서 곧바로 유통에 투입되기 때문이다.

제2절 축적과 확대재생산

축적은 확대재생산의 형태로 이루어지기 때문에 축적이라고 해서 화폐유통과 관련하여 특별히 새로운 문제가 발생하는 것은 분명 아니다.

우선 증가한 생산자본이 기능하기 위해 필요한 추가 화폐자본의 경우, 그것은 실현된 잉여가치 가운데 자본가가 화폐수입이 아니라 화폐자본으로 유통에 투입하는 부분에 의해 공급된다. 화폐는 이미 자본가의 수중에 있다. 단지 그 용도만 다른 것이다.

그러나 이제 생산자본이 추가됨으로써 그 생산물인 추가 상품량이 유통에 투입된다. 이 추가 상품량과 더불어 그것을 실현하는 데 필요한 추가 화폐 부분도 이미 유통에 투입되었다. 왜냐하면 이 상품량의 가치는 그것들을 생산하는 데 소비된 생산자본의 가치와 동일하기 때문이다. 이 추가 화폐량은 바로 추가 화폐자본으로 선대되었던 것이고 따라서 자신의 자
M346 본회전을 통하여 자본가에게로 회귀한다. 여기에서 다시 위에서와 똑같은 질문이 제기된다. 이제 상품형태 속에 담긴 추가 잉여가치를 실현하는 데 쓰일 추가 화폐는 어디에서 올 것인가?

이에 대한 일반적인 대답은 똑같다. 유통되는 상품의 가격총액이 증가했는데 그것은 주어진 상품량의 가격이 올랐기 때문이 아니라 현재 유통되는 상품량이 (가격하락을 발생시키지 않으면서) 이전에 유통되던 상품량보다 더 커졌기 때문이다. 이처럼 가치액이 증가한 상품량의 유통에 필요한 추가 화폐는 유통화폐량을 절약—즉 여러 지불을 서로 대차 결제해 버리든가 혹은 동일한 화폐유통의 속도를 높이든가 함으로써—하든가 아니면 축장화폐를 유통화폐로 전화시키든가 하는 방식으로 조달되어야 할 것이다. 후자가 의미하는 것은 단지 유휴 화폐자본이 구매수단이나 지불수단으로 기능을 시작한다는 것, 혹은 이미 준비기금으로 기능하는 화폐자본이 이중의 기능—즉 소유주에게는 준비기금의 기능을 수행하면서 사회적으로는 실제로 유통되고 있는(계속 대출 상태에 있는 은행예금이 그러하다)—을 수행한다는 것만이 아니다. 그것은 또한 정체되는 화폐준비금을 절약한다는 것도 함께 의미한다.

화폐가 계속 주화로 유통되기 위해서는 주화가 계속해서 화폐의 역할을 수행해야만 한다. 주화가 계속 유통되기 위해서는 주화 가운데 상당 부분이 유통에 필요한 준비금으로 끊임없이 정체되었다가 또 유통 내부의 곳곳에서 흘러나와야만 한다. 이 주화준비금은 형성, 분배, 해체, 그리고 재형성을 반복하고 그 존재가 부단히 소멸되었다가 다시 존재하게 된다. 애덤 스미스는 주화가 화폐로 되고, 또 화폐가 주화로 되는 이런 끊임없는 전화과정을 다음과 같이 표현하였다. 즉 모든 상품소유자는 자신이 판매하는

특정 상품 외에 그가 구매하는 데 사용하는 일정량의 보편적 상품을 항상 재고로 유지해야만 한다. 우리가 이미 보았듯이 유통 W—G—W에서 두 번째 부분 G—W는 끊임없이 일련의 구매로 나누어지는데 이 구매는 단번에 이루어지는 것이 아니라 시간적으로 연속해서 이루어지며 그 결과 G의 일부가 주화로 유통하고 있으면 다른 부분은 화폐로 쉬게 된다. 여기에서 화폐는 사실상 일시적으로 정지 상태에 있는 주화이며 유통하고 있는 주화량의 각 구성 부분들은 끊임없이 서로 자리를 바꾸어 가면서 어떤 때는 주화의 형태를 유지하다가 어떤 때는 화폐의 형태를 취하게 된다. 따라서 이 같은 유통수단의 화폐로의 첫 번째 전화는 화폐유통 자체의 한 기술적 측면에 불과하다.(카를 마르크스, 『경제학 비판』, 1859, 105~106쪽* — 여기에서 '주화'를 화폐와 구별한 것은 화폐의 기능을 단순한 유통수단의 기능만으로(다른 기능과 대비하여) 표시하기 위해서 사용되었다.) M347

이런 모든 수단으로도 부족할 경우에는 금의 추가 생산이 이루어지거나 혹은 (같은 얘기지만) 추가 생산물 가운데 일부가 직접 또는 간접적으로 금(귀금속을 생산하는 나라의 생산물)과 교환되어야만 한다.

유통수단을 위한 금·은의 연간 생산에 지출되는 노동력과 사회적 생산수단의 총량은 자본주의 생산양식〔일반적으로 상품생산에 기초한 생산양식〕의 부대비용(faux frais) 가운데 중요한 항목을 이룬다. 그것은 사회적으로 이용될 수 있는 추가 생산 및 소비 수단〔즉 실질적 부〕에서 그만큼을 공제해버린다. 생산규모가 불변〔혹은 확장되는 비율이 일정〕일 경우 이 값비싼 유통기구의 비용은 그것이 감소하는 만큼 사회적 노동생산성을 높이게 된다. 따라서 신용제도와 함께 발달하는 보조수단들이 이런 효과를 발휘한다면, 그것들은 직접적으로 자본주의적 부를—사회적 생산과정과 노동과정 가운데 보다 많은 부분이 사실상 아무런 화폐의 개입 없이

* MEW Bd. 13, 104쪽 참조.

이루어지게 함으로써, 혹은 현실에서 사용되는 화폐의 유통능력을 향상 시킴으로써 — 증가시키게 된다.

이것은 또한 현재 규모의 자본주의적 생산이 신용제도(단지 이 관점에서만 보더라도) 없이도〔즉 금속화폐만의 유통에 의해서〕 가능할 것인가 하는 어리석은 질문을 해결해준다. 그것은 명백히 불가능하다. 신용제도가 없으면 자본주의적 생산은 그 대신 귀금속의 생산량에서 한계를 느꼈을 것이다. 반면 신용제도가 화폐자본을 공급하고 유통시킨다면, 우리는 신용제도의 생산력에 대한 환상에 빠지지 않아야 한다. 이 문제에 대해서는 여기에서 더 깊이 다루지 않기로 한다.

—

이제 실질적인 축적〔즉 생산규모의 직접적인 확대〕은 이루어지지 않고 실현된 잉여가치 가운데 일부가 나중에 생산자본으로 전화하기 위해 얼마간의 시간을 두고 화폐준비금으로 적립되는 경우를 살펴보기로 하자.

M348 그렇게 적립되는 화폐가 추가 화폐일 경우 문제는 자명하다. 이 화폐는 금 생산국에서 추가로 공급된 금의 일부일 뿐이다. 여기에서 주의해야 할 점은 이 금의 수입과 교환된 국내 생산물이 더 이상 국내에 존재하지 않는다는 것이다. 그것은 금과 교환하기 위해서 외국으로 수출되었다.

반면 국내의 화폐량이 불변이라면, 적립되었거나 적립 중인 화폐는 유통에서 빠져나온 것으로 이들은 이제 그 기능만 바뀌었을 뿐이다. 그것들은 유통되는 화폐에서 조금씩 형성되고 있는 잠재적 화폐자본으로 전화된 것이다.

여기에서 적립된 화폐는 판매된 상품들의 화폐형태이고, 특히 그 상품가치 가운데 상품소유자의 잉여가치를 구성하는 부분의 화폐형태이다(여기에서 신용제도는 존재하지 않는다고 가정한다). 이 화폐를 적립하는 자본가는 그만큼을 구매하지 않고 판매한 것이다.

이 과정을 각각의 개별적인 현상으로 살펴보면 별로 설명할 것이 없다. 일부 자본가들은 자신의 생산물을 판매하여 획득한 화폐 가운데 일부를, 시장에서 다시 생산물을 구입하는 데 사용하지 않고 그대로 간직할 수 있다. 한편 또 다른 일부의 자본가는 끊임없이 회수되는 화폐자본 가운데 사업경영에 필요한 부분을 제외하고는 자신의 화폐를 전부 생산물로 전화시킬 수도 있다. 생산물 가운데 잉여가치의 담지자로서 시장에 투입되는 부분은 생산수단 또는 가변자본의 현물요소〔즉 필요생활수단〕로 구성되어 있다. 따라서 그것은 직접적으로 생산의 확장에 기여한다. 왜냐하면 우리가 가정한 것은, 자본가 가운데 일부는 화폐자본을 적립하고 또 다른 일부는 자신의 잉여가치를 전부 소비해버린다는 것이 아니라, 일부의 자본가들은 자신의 축적을 화폐형태로 수행함으로써 잠재적 화폐자본을 형성하고 다른 일부는 실질적으로 축적을 한다〔즉 생산규모를 확장한다, 다시 말해서 그의 생산자본을 실제로 확장한다〕는 것이었기 때문이다. 설사 자본가들이 번갈아 가며 일부는 화폐를 적립하고 다른 일부는 생산규모를 확장하는 경우에도 현존하는 화폐량은 유통에 충분하다. 게다가 화폐의 적립 가운데 일부는 현금화폐 없이 단지 채권을 적립하는 것만으로 이루어질 수도 있다.

그러나 개별적인 것이 아니라 자본가계급 전체의 화폐자본 축적이라는 측면에서 살펴보게 되면 어려움이 발생한다. 우리의 가정〔자본주의적 생산의 일반적이고 배타적인 지배〕에 따르면 이 계급을 제외하고는 노동자계급 이외의 다른 계급은 존재하지 않는다. 노동자계급이 구매하는 모든 것은 그의 임금총액〔자본가계급 전체가 선대한 가변자본 총액〕과 같다. M349
이 화폐는 자본가계급이 자신들의 상품을 노동자계급에게 판매함으로써 다시 회수된다. 그리하여 가변자본은 다시 화폐형태를 취한다. 가변자본 총액이 x×100파운드스털링이라면 이 총액은 1년 동안 선대된 것이 아니라 사용된 가변자본의 총액이 된다. 이 가변자본의 가치총액이 1년 동안 얼마의 화폐로 선대되어야 할지(이것은 회전속도에 따라 변한다)는 여기에서 고찰하는 문제와 아무 상관이 없다. 자본가계급은 이 x×100파운드스털링의 자본으로 일정량의 노동력을 구매〔즉 일정한 수의 노동자 임금을 지불〕한다. — 이것이 첫 번째 거래이다. 노동자들은 이 화폐액으로 일정량의 상품을 자본가들에게서 구매하고 그럼으로써 x×100파운드스털링은 자본가들에게로 다시 회수된다. — 이것이 두 번째 거래이다. 그리고 이런 과정은 계속해서 반복된다. 따라서 노동자계급은 이 x×100파운드스털링의 크기로는 생산물 가운데 자본가계급의 불변자본(잉여가치는 말할 것도 없고)을 나타내는 부분을 결코 구매할 수 없다. 노동자들은 이 x×100파운드스털링으로 사회적 생산물의 가치 가운데 선대된 가변자본의 가치를 나타내는 부분만 구매할 수 있다.

그렇다면 이런 전면적인 화폐축적이 추가로 도입된 귀금속의 배분(다양한 비율로 개별 자본가들 사이에)을 통해서 이루어지는 경우를 제외한다면, 자본가계급 전체의 화폐축적은 어떻게 이루어져야 할 것인가?

그들은 모두 자신의 생산물 가운데 일부를 판매한 다음 그것을 다시 다른 것을 구매하는 데 사용하지 않아야 할 것이다. 그들 모두가 자신들의 소비를 위한 유통수단으로 유통에 투입해야 할 일정량의 화폐기금을 가지고 있고, 그중 일부가 유통에서 다시 그들에게 회수된다는 점에는 전혀 이상한 부분이 없다. 그런데 이때 이 화폐기금은 바로 잉여가치가 화폐로 전화함으로써 얻어진 유통기금이지 결코 잠재적 화폐자본이 아니다.

현실에서 실제로 진행되는 사실에 근거해서 본다면 미래의 사용을 위해 적립되는 잠재적 화폐자본은 다음과 같은 것들로 구성된다.

① 은행의 예금. 여기에서 은행이 실제로 이용할 수 있는 금액은 비교적 매우 적은 금액이다. 여기에서 화폐자본은 단지 명목상으로만 적립된다. 실제로 적립되는 것은 화폐청구권이며 이것이 화폐화될 수 있는 것은(언젠가 화폐화된다면) 단지 인출한 화폐와 예금한 화폐가 균형을 이루고 있을 때뿐이다. 그래서 은행의 수중에 화폐로 존재하는 것은 비교적 적은
M350 양뿐이다.

② 국채. 이것은 자본이 아니라 국가의 연간 생산물에 대한 단순한 청구권일 뿐이다.

③ 주식. 위조가 아닌 한 이것은 한 회사가 소유하고 있는 실제 자본에 대한 소유증서이자 동시에 매년 이 자본으로부터 발생하는 잉여가치에 대한 지불요구증서이기도 하다.

이상의 어떤 경우에도 화폐의 적립은 존재하지 않는다. 한쪽에서 화폐자본의 적립으로 나타나는 것이 다른 쪽에서는 지속적으로 화폐의 실질적인 지출로 나타난다. 화폐가 그것을 소유한 사람에 의해 지출되는지 아니면 그의 채권자인 다른 사람에 의해 소비되는지는 여기에서 전혀 중요하지 않다.

자본주의적 생산의 기초 위에서 화폐축장은 그 자체가 목적이 아니라 화폐의 유통이 정체 — 보통 때보다 더 많은 화폐량이 축장화폐의 형태를 취하는 경우 — 되었거나 회전을 위해 화폐가 적립되었거나 혹은 생산자본으로 기능할 화폐가 잠깐 잠재적인 형태의 화폐자본을 이루고 있는 것일 뿐이다.

따라서 만일 한편에서 화폐로 실현된 잉여가치의 일부가 유통에서 빠져나와 축장화폐로 적립된다면 잉여가치의 다른 부분은 그와 동시에 계속해서 생산자본으로 전화한다. 자본가계급 사이에서 추가로 귀금속이 배분되는 상황을 제외한다면 모든 곳에서 동시에 이루어지는 화폐 적립은 결코 발생하지 않는다.

연간 생산물 가운데 잉여가치를 상품형태로 표현한 부분에 대한 위의 이야기는 연간 생산물의 다른 부분에 대해서도 그대로 적용된다. 그것을 유통시키기 위해서는 일정량의 화폐액이 필요하다. 이 화폐액은 연간 생산물 가운데 잉여가치를 나타내는 부분과 꼭 마찬가지로 역시 자본가계급에 속한다. 이 화폐는 처음에 자본가계급 자신에 의해서 유통에 투입된다. 그리고 바로 그 유통을 통해서 다시 자본가들 사이에 끊임없이 배분된다. 일반적인 주화유통에서와 마찬가지로 이 화폐액도 계속 번갈아 가며 일부는 정체되고 일부는 유통된다. 이렇게 적립되는 부분이 의도적으로 화폐자본을 형성하기 위해 이루어지는지 그렇지 않은지는 여기에서 전혀 중요하지 않다.

여기에서는 유통영역에서 종종 벌어지는 사건, 즉 한 자본가가 다른 자본가의 잉여가치나 자본 가운데 일부를 탈취하여 화폐자본과 생산자본 모두에서 일방적인 축적과 집중을 일으키는 경우는 고려하지 않았다. 그럴 경우에는 예를 들어 A가 탈취한 잉여가치 가운데 화폐자본으로 적립된 부분이 B가 회수하지 못한 잉여가치의 일부일 수도 있다.

제3편

사회적 총자본의 재생산과 유통

제18장

서론[1)]

제1절 연구대상

자본의 직접적 생산과정은 노동과정과 가치증식과정이다. 그 과정의 M351 결과는 상품생산물이며 그 과정의 결정적인 동기는 잉여가치 생산이다.

자본의 재생산과정은 이 직접적 생산과정뿐만 아니라 진정한 의미의 유통과정 두 국면을 모두 포괄한다. 즉 그것은 자본회전이 주기적으로 이루어지는 과정(일정한 기간을 두고 계속 반복되는 과정), 다시 말해서 총순환을 포괄한다.

이제 우리가 그 순환을 G……G′의 형태로 연구하든 혹은 P……P의 형태로 연구하든 직접적 생산과정 P 자체는 항상 이 순환의 오직 한 고리를 이룰 뿐이다. 전자의 형태에서 그것은 유통과정을 매개하는 것으로 나타나고 후자의 형태에서는 유통과정이 그것을 매개하는 것으로 나타난다. 그것의 끊임없는 갱신〔즉 자본이 생산자본으로 끊임없이 재현되는 것〕은

1) 제2고에서.

두 경우 모두 유통과정에서 자본의 전화를 통해 이루어진다. 한편 생산과정의 끊임없는 갱신은 자본이 유통영역에서 겪는 갖가지 전화〔즉 자본이 화폐자본과 상품자본으로 번갈아 가며 나타나는 것〕의 조건을 이룬다.

하지만 모든 개별 자본은 사회적 총자본 가운데 이른바 개별적인 삶이 부여된 하나의 독립된 부분일 뿐이다. 그것은 마치 모든 개별 자본가가 자
M352 본가계급 전체의 한 개별 요소에 불과한 것과 마찬가지이다. 사회적 자본의 운동은 각기 독립된 그것의 개별 부분들의 운동〔즉 개별 자본들의 회전〕의 총체로 구성된다. 개별 상품의 형태변화가 상품세계 전체의 형태변화〔상품유통〕 가운데 하나의 고리인 것과 마찬가지로 개별 자본의 형태변화〔즉 그것의 회전〕는 사회적 자본의 순환 가운데 하나의 고리이다.

이 총과정은 생산적 소비(직접적 생산과정)와 그것을 매개하는 형태변화(소재적으로 볼 때 그것은 교환이다)는 물론 개인적 소비와 그것을 매개하는 형태변화〔즉 교환〕까지를 모두 포괄한다. 이 형태변화는 일면 가변자본의 노동력으로의 전화, 따라서 노동력의 자본주의적 생산과정으로의 통합을 포함한다. 이 과정에서 노동자는 자신의 상품〔즉 노동력〕의 판매자로 그리고 자본가는 그것의 구매자로 행동한다. 그러나 다른 한편 상품판매는 동시에 노동자계급의 구매〔즉 그들의 개인적 소비〕를 포함한다. 이때 노동자계급은 구매자로 그리고 자본가는 노동자들에 대한 상품 판매자로 나타난다.

상품자본의 유통은 잉여가치의 유통을 포함하며, 또한 자본가들의 개인적 소비〔즉 잉여가치의 소비〕를 매개하는 매매도 포함한다.

사회적 자본으로 총괄되는 개별 자본의 순환〔즉 총체적으로 고찰되는 순환〕은 자본유통뿐만 아니라 일반적인 상품유통도 포함한다. 후자는 원래 두 가지 요소로만 구성될 수 있다. 즉 첫째 자본의 고유한 순환과 둘째 개인적 소비에 사용되는 상품들〔즉 노동자는 자신의 임금을, 자본가는 자신의 잉여가치(혹은 그 가운데 일부)를 지출하여 구매하는 상품들〕의 순환으로 구성된다. 물론 자본의 순환은, 잉여가치가 상품자본의 일부라는

점에서, 잉여가치의 유통도 포함하며 동시에 가변자본의 노동력으로의 전화〔즉 임금지불〕도 포함한다. 그러나 상품구매를 위한 이들 잉여가치와 임금의 지출은 자본유통에서 하나의 고리를 — 이 자본유통은 적어도 임금의 지출이 필요한 것이긴 하지만 — 이루지는 않는다.

제1권에서 자본주의적 생산과정은 개별적인 과정이자 동시에 재생산과정〔즉 잉여가치와 자본 그 자체의 생산〕으로 분석되었다. 거기에서는 자본이 유통영역 내에서 겪게 되는 형태 및 소재의 변환이 별다른 설명 없이 곧바로 전제되어 있었다. 즉 한편에서는 자본가가 생산물을 그 가치대 M353
로 판매하고 다른 한편에서는 그 과정을 다시 시작하거나 계속하는 데 필요한 물적 생산수단이 유통영역 내에 존재한다는 것이 전제되어 있었다. 우리가 제1권에서 관심을 둔 유통영역 내에서의 유일한 행위는 자본주의적 생산의 기본 조건인 노동력의 구매와 판매였다.

이 제2권의 제1편에서는 자본이 그 순환과정에서 취하는 갖가지 형태와 이 순환 그 자체의 다양한 형태를 고찰하였다. 그리하여 제1권에서 논의된 노동기간에 이제 유통기간이 추가되었다.

제2편에서는 순환을 주기적인 것〔즉 회전〕으로 고찰하였다. 한편으로는 자본의 여러 구성요소들(고정자본과 유통자본)이 각기 다른 시기에 다른 방식으로 각 형태순환을 어떻게 수행하는지 설명하였으며, 다른 한편으로는 노동기간과 유통기간의 길이를 변동시키는 요인들을 검토하였다. 각 구성 부분들의 순환기간과 구성비율의 차이가 생산과정의 규모와 연잉여가치율에 미치는 영향도 설명하였다. 사실 제1편에서 주로 다룬 것이, 자본이 자신의 순환과정에서 끊임없이 취했다가 다시 벗어던지는 연속적인 형태들이었다면, 제2편에서 다룬 것은, 이들 형태의 연속적인 흐름 내부에서 일정 크기의 한 자본이 — 비록 그 크기는 변하더라도 — 어떻게 해서 동시에 생산자본, 화폐자본 그리고 상품자본이라는 다양한 형태로 나누어지고, 그리하여 이것들이 어떻게 서로 번갈아 가며 각기 다른 상태로 존재하고 기능하게 되는가였다. 특히 화폐자본은 제1권에서 설명

되지 않았던 특성을 가지고 나타났다. 또한 여기에서는 몇 가지 법칙도 발견되었는데, 이들 법칙에 따르면 주어진 자본의 각 (크기가 서로 다른) 구성 부분들이, 주어진 크기의 생산자본이 끊임없이 기능할 수 있도록 (그때그때의 회전조건에 맞추어) 화폐자본의 형태로 끊임없이 선대되고 갱신되어야 한다는 것이다.

그러나 제1편과 제2편에서 다루어진 것은 아직 여전히 개별 자본, 즉 사회적 자본 가운데 독립된 한 부분의 운동일 뿐이었다.

M354 하지만 개별 자본들의 순환은 서로 얽히고 맞물리면서 (바로 이런 관계를 통해서) 사회적 총자본의 운동을 형성한다. 단순상품유통에서 한 상품의 전체적인 형태변화가 상품세계 전체의 총형태변화 가운데 하나의 고리로 나타나는 것과 마찬가지로 이제 여기에서는 개별 자본의 형태변화가 사회적 자본의 총형태변화 가운데 하나의 고리로 나타난다. 그러나 단순상품유통이 반드시 자본유통을 포함하는 것은 아니듯이(왜냐하면 그것은 비자본주의적 생산의 토대 위에서도 일어날 수 있기 때문이다) 이미 언급한 바와 같이 사회적 총자본의 순환도 개별 자본의 순환에 포함되지 않는 상품유통〔즉 자본을 형성하지 않는 상품유통〕을 포함한다.

이제 사회적 총자본의 구성 부분으로서 개별 자본의 유통과정(총체적으로는 재생산과정의 형태)〔즉 이 사회적 총자본의 유통과정〕을 살펴보기로 하자.

제2절 화폐자본의 역할

{지금부터 기술하는 것은 원래 제2편의 뒷부분에 속하는 것이지만, 우리는 그것을 지금 논의하고자 한다. 그 내용은 화폐자본을 사회적 총자본의 구성 부분으로 고찰하는 데 관한 것이다.}

개별 자본의 회전을 연구하는 경우, 화폐자본은 두 가지 측면에서 고찰된다.

첫째, 화폐자본은 모든 개별 자본이 무대에 등장하여 자본으로서 그 과정을 시작하는 형태를 띤다. 그러므로 그것은 과정 전체에 시동을 거는 동력으로 나타난다.

둘째, 회전기간의 길이와 그것의 두 구성 부분(노동기간과 유통기간)의 비율이 변하면, 끊임없이 화폐형태로 선대되고 갱신되어야 하는 선대된 자본가치의 구성 부분과 그것이 움직이는 생산자본〔즉 연속적인 생산규모〕 간의 비율도 달라진다. 그러나 이 비율과 무관하게 과정 중에 있는 자본가치 가운데 끊임없이 생산자본으로 기능할 수 있는 부분은, 선대된 자본가치 가운데 항상 생산자본과 함께 화폐형태로 존재해야 하는 부분으로 제한된다. 여기서 중요한 것은 단지 정상적인 회전〔즉 추상적 평균〕일 뿐이다. 이때 유통의 정체(停滯)를 해소하기 위한 추가 화폐자본은 고려되 M355
지 않는다.

첫째 측면에 관하여. 상품생산은 상품유통을 전제로 하고 상품유통은 상품이 화폐로 표현되는 것〔즉 화폐유통〕을 전제로 한다. 상품이 상품과 화폐로 이중화하는 것은 생산물이 상품으로 표현되는 법칙이다. 마찬가지로 자본주의적 상품생산은(사회적인 측면에서 보든, 개별적인 측면에서 보든) 새로 시작하는 모든 사업에 시동을 거는 동력이면서 동시에 지속적인 동력이기도 한 화폐형태의 사본〔즉 화폐자본〕을 전제로 한다. 특히 유동자본은 화폐자본이 비교적 짧은 간격으로 끊임없이 반복해서 동력으로 나타날 것을 전제로 한다. 선대된 자본가치 전체〔즉 노동력, 노동수단, 생산재료 등의 여러 상품으로 이루어진 자본〕는 끊임없이 반복해서 화폐로 구매되어야 한다. 여기에서 말한 개별 자본에 대한 내용들은 사회적 자본(단지 많은 수의 개별 자본이라는 형태일 뿐인)에 대해서도 그대로 적용된다. 그러나 이미 제1권에서 보았듯이 그렇다고 해서 자본의 기능범위〔즉 생산규모의 절대적 크기〕가 — 자본주의적 토대 위에서도 — 현재 기능하고 있는 화폐자본의 크기에 절대적으로 좌우되는 것이라고 할 수는 없다.

자본에는 여러 생산요소가 합체되어 있는데, 이들 요소의 팽창은 일정한 한계 내에서는 선대된 화폐자본의 크기와 관계가 없다. 노동력에 대한 지불이 변하지 않더라도 노동력의 착취는 외연적으로나 내포적으로나 더욱 심화될 수 있다. 또한 이런 착취가 강화되면서 화폐자본이 증가(즉 임금이 인상)하는 경우에도 그것은 결코 비례적으로 이루어지지는 않는다.

생산적으로 이용되는 자연소재(자본가치의 요소를 이루지 않는), 즉 토지·해양·광석·삼림 등은 화폐자본의 선대를 증가시키지 않고서도 같은 수의 노동력에 노동강도를 높임으로써 외연적으로나 내포적으로 더 많이 이용될 수 있다. 따라서 생산자본의 여러 물적 요소는 반드시 화폐자본이 추가되지 않더라도 증가될 수 있다. 또한 추가되는 보조재료 때문에 화폐자본의 추가가 필요할 경우에도 자본가치를 선대하는 화폐자본은 생산자본의 능률이 증가하는 것에 반드시 비례해서 증가하지는 않는다.

동일한 노동수단〔따라서 동일한 고정자본〕은 고정자본에 추가로 화폐를 지출하지 않고도 매일 사용시간을 연장하거나 사용밀도를 높임으로써 더욱 효율적으로 이용할 수 있다. 이럴 경우에는 고정자본의 회전만 빨라지고 따라서 고정자본의 재생산을 위한 요소들도 보다 빨리 공급된다.

M356 자연소재 외에 아무런 비용을 들이지 않고도 생산과정에 합체하여 어느 정도 효율을 얻을 수 있는 요소로 자연력을 들 수 있다. 이 효율의 크기는 자본가에게는 아무런 비용도 유발하지 않는 갖가지 과학적 진보와 방법에 좌우된다.

이것은 생산과정에서 노동력을 사회적으로 결합하거나 개별 노동자들의 숙련이 누적되는 경우에도 마찬가지로 해당된다. 케리(H. C. Carey)의 계산에 따르면 토지소유자는 지금의 토지생산력을 얻기 위해서 유사 이래 지금까지 토지에 투하된 모든 자본과 노동을 아직 전부 지불받지 않았기 때문에 그는 여전히 충분한 보상을 받지 못한 상태이다(토지소유자가 토지에서 강탈한 생산력에 관해서는 물론 일언반구도 없다). 이런 식의 논리라면 개별 노동자는 야만인을 근대적인 직공으로 만들어내기 위하여 인류 전체가 쏟아부은 노동에 대한 대가를 지불받아야 할 것이다. 이 논리는 거꾸로 뒤집어야만 한다. 즉 토지에 투하된 노동 가운데 노동자에게는 지불되지 않고 지주와 자본가에게 지불된 부분을 전부 계산해보면, 토지에 투하된 총자본의 몇 배에 달하는 이자가 지불되었고 따라서 사회는 이미 오래전에 그 토지의 소유권을 몇 번이나 다시 사들이고도 남았다는 것이다.

자본가치의 추가 투하 없이 이루어지는 노동생산력의 향상은 분명 일차적으로는 단지 생산물의 양을 증가시킬 뿐이지 그 가치를 증가시키는 것은 아니다. 단, 그것이 동일한 노동으로 보다 많은 불변자본을 재생산하고 따라서 그 가치를 유지할 수 있는 경우에는 예외이다. 그러나 그럴 경우 그것은 그와 함께 새로운 자본소재를 형성하고 따라서 자본축적 증가의 토대를 형성한다.

사회적 노동 그 자체의 조직화〔따라서 노동의 사회적 생산력의 향상〕가 생산규모의 증가〔따라서 개별 자본가가 선대하는 화폐자본의 크기가 증가〕를 필요로 할 경우, 이미 제1권에서 보았듯이* 그것은 기능하는 자본가치〔따라서 그것을 선대하는 화폐자본〕의 크기가 절대적으로 증가하지 않더라도 다수의 자본이 소수의 손에 집중됨으로써 부분적으로 이루어질 수 있다. 개별 자본의 크기는 그것들의 사회적 총량이 증가하지 않더라도 소수의 손에 그것들이 집중됨으로써 증가할 수 있다. 그것은 단지 개별 자본들 간의 배분의 변화일 뿐이다.

마지막으로 우리가 이미 전편에서 본 바와 같이 회전기간이 단축되면 보다 적은 화폐자본으로 동일한 생산자본을 움직이거나 동일한 화폐자본 M357
으로 더 많은 생산자본을 움직일 수 있다.

그러나 이 모든 것은 분명 화폐자본의 고유한 문제와는 아무 관계가 없

* MEW Bd. 23, 652~657, 790쪽 참조.

다. 그것은 오직 선대자본〔자유로운 가치형태를 취하면서 일정 화폐액으로 이루어진 가치총액〕이 생산자본으로 전화한 후에는 자신의 가치액에 국한되지 않고 일정 한도 내에서 외연적으로나 내포적으로 다양하게 작용할 수 있는 생산 잠재력을 포함한다는 것을 보여줄 뿐이다. 생산요소〔즉 생산수단과 노동력〕의 가격이 주어지면 상품으로 존재하는 이들 생산요소의 일정량을 구입하는 데 필요한 화폐자본의 크기〔즉 선대자본의 가치크기〕도 정해진다. 그러나 이 자본이 가치와 생산물의 형성에서 발휘하게 될 효율의 크기는 탄력적이고 가변적이다.

둘째 측면에 관하여. 사회적 노동과 생산수단 가운데 마모된 주화를 보전하기 위하여 매년 화폐의 생산이나 구입에 지출되어야 하는 부분은 당연히 그만큼 사회적 생산의 규모를 축소시킬 것이다. 그러나 일부는 유통수단으로, 일부는 축장화폐로 기능하는 화폐가치에 관한 한, 그것은 이미 과거에 획득되었고 지금은 노동력, 생산된 생산수단, 부의 자연적 원천 등과 함께 존재한다. 따라서 화폐가치가 생산규모를 제약하는 것으로 간주할 수는 없다. 화폐가치는 생산요소로 전화하거나 다른 나라와의 교환을 통해서 생산규모를 확대할 수도 있다. 물론 이것은 화폐가 계속해서 세계화폐 역할을 수행한다는 것을 전제로 한다.

회전기간의 길이에 따라 생산자본을 움직이는 데 필요한 화폐자본의 양은 달라질 수 있다. 또한 우리가 이미 본 것처럼 회전기간이 노동기간과 유통기간으로 분할되는 것은 (화폐형태로) 잠재적이거나 유휴상태인 자본의 증가를 가져온다.

회전기간이 노동기간의 길이에 의해 결정될 경우, 그것은 (다른 조건이 불변이라면) 생산과정의 물적 성격에 의하여 그렇게 되는 것이지 이 생산과정의 특수한 사회적 성격에 의해서 그렇게 되는 것은 아니다. 그렇지만 자본주의적 생산의 기초 위에서 비교적 규모가 크고 긴 기간이 소요되는 작업은 역시 장기간에 걸친 보다 많은 화폐자본의 선대가 필요하다. 그러므로 이런 부문들의 생산은 개별 자본가가 이용할 수 있는 화폐자본의 양에 제약을 받는다. 이 제약은 신용제도나 그것과 연관된 조직체들(예를 M358 들어 주식회사)에 의해 돌파된다. 따라서 화폐시장의 교란은 이들 조직체의 사업을 정지시키기도 하지만, 다른 한편 이들 조직체의 사업 그 자체가 화폐시장의 교란을 일으키는 원인이 되기도 한다.

사회적 생산의 토대 위에서 이런 작업(비교적 장기간에 걸쳐 아무런 생산물도 공급하지 못하면서 단지 노동력과 생산수단을 계속 끌어다 쓰기만 하는)이 수행될 수 있는 생산규모는 다른 생산부문(1년의 단기간 동안에도 여러 차례 연속적으로 노동력과 생산수단을 끌어다 쓰고 동시에 생활수단과 생산수단을 공급하기도 하는)에 손해를 입히지 않는 범위 내에서 결정되어야 한다. 자본주의적 생산이나 사회적 생산이나 마찬가지로 노동기간이 비교적 짧은 사업부문의 노동자는 생산물을 제공하지 않은 채 끌어다 쓰기만 하는 기간도 언제나 비교적 짧을 것이다. 반면 노동기간이 비교적 긴 사업부문에서는 이 기간도 비교적 길 것이다. 그러므로 이 문제는 노동과정의 사회적 형태가 아니라 노동과정의 물적 조건에서 비롯된 것이다. 사회적 생산일 경우에는 화폐자본이 폐기된다. 사회는 여러 사업부문에 노동력과 생산수단을 배분한다. 생산자들은 어떤 증서를 받아서, 그것을 주고 사회의 소비용 재고에서 자신의 노동시간에 해당하는 양을 인출하게 될 것이다. 이때 이 증서는 화폐가 아니다. 그것은 유통되지 않는다.

화폐자본에 대한 수요가 노동기간이 길어짐으로써 발생할 경우 그것은 다음의 두 가지 조건 때문이다. 첫째, 일반적으로 화폐는 모든 개별 자본이(신용을 무시한다면) 생산자본으로 전화하기 위해 반드시 갖추어야만 하는 형태이다. 이것은 자본주의적 생산과 상품생산 일반의 본질에서 비롯된 것이다. 둘째, 필요한 화폐 선대액의 규모가 커지는 것은 비교적 오랫동안 화폐로 전화될 수 있는 생산물을 사회에 공급하지 않은 채로 노동력과 생산수단을 사회에서 계속 끌어다 쓰기만 해야 하는 상황 때문이다. 첫 번째 조건, 즉 선대되는 자본이 화폐형태를 취해야 한다는 사실은 화폐 그 자체의 형태 — 즉 그것이 금속화폐, 신용화폐, 지폐 가운데 무엇이든 — 를 통해서는 해소되지 않는다. 두 번째 조건은 등가물을 유통에 투입하는 방법 외에는 어떤 화폐수단이나 생산형태를 통해서 노동, 생활수단, 생산수단 등을 끌어다 쓴다고 하더라도 결코 해소되지 않는다.

제19장

연구대상에 대한 기존의 논의[2)]

제1절 중농학파

케네의 경제표는, 다른 조건이 불변일 때, 일정 가치의 연간 국민총생 M359
산이 유통을 통해 어떻게 배분되어 단순재생산〔즉 동일한 규모의 재생산〕을 반복할 수 있는지를 대략적으로 보여준다. 생산기간의 출발점은 편의상 전년도의 수확으로 되어 있다. 숱한 개별적 유통행위는 각기 그 특성에 따른 사회적 운동〔기능적으로 각기 다른 커다란 사회계급들 사이의 유통〕으로 총괄된다. 여기에서 우리의 관심을 끄는 것은 다음과 같은 점이다. 총생산물 가운데 일부는 ― 그것은 동일한 총생산물의 다른 부분들과 마찬가지로 유용한 사용대상이며 지나간 연간 노동의 새로운 결과물이다 ― 원래의 자본가치(동일한 현물형태로 재현된)의 담지자이다. 이 부분은 다시 자본의 기능을 재개하기 위하여 유통되지 않고 그대로 자신의 생산자〔차지농업가 계급〕 수중에 남아 있게 된다. 연간 생산물의 이런 불

2) 여기서부터 제8고가 시작된다.

변자본 부분에 케네는 부적절한 여러 요소들을 포함시키지만, 농업이야말로 인간의 노동이 투하되어 잉여가치를 생산해내는 유일한 부문이며, 따라서 자본주의적 입장에서 보면 유일하게 생산적인 부문이라는 자신의 시각의 한계 덕분에 오히려 그는 중요한 것을 발견하였다. 이 영역(농업)에서는 경제적 재생산과정이, 그것의 특수한 사회적 성격과 상관없이, 항상 자연적 재생산과정과 서로 얽혀 있다. 자연적 재생산과정의 명백한 조건들은 경제적 재생산과정의 조건도 함께 명백하게 밝혀주고 유통의 신기루로 인해 야기된 혼란들을 떨쳐버려준다.

M360 학설의 상표(명칭을 가리킴—옮긴이)가 다른 물품의 상표와 구별되는 점은 전자의 경우 구매자뿐만 아니라 종종 판매자까지도 속인다는 데 있다. 케네 자신과 그의 후계자들은 자신들의 봉건적인 간판(중농주의의 명칭에 포함된 농업을 가리킴—옮긴이)을 그대로 믿었고 그것은 오늘날의 학자들에게까지 그대로 계승되고 있다. 그러나 사실 중농학파의 학설은 자본주의적 생산에 대한 최초의 체계적인 이론이다. 산업자본의 대표자〔차지농업가 계급〕가 경제의 전체 흐름을 주도한다. 농업은 자본주의적 방식으로〔즉 대규모의 자본주의적 차지농의 기업형태로〕 경영된다. 토지의 직접적인 경작자는 임금노동자이다. 생산은 단지 유용한 물품뿐만 아니라 그 가치도 만들어낸다. 생산의 동기는 잉여가치의 획득이며, 이 잉여가치가 생겨나는 장소는 유통영역이 아니라 생산영역이다. 유통을 매개로 이루어지는 사회적 재생산과정의 담당자 역할을 맡은 세 계급 가운데 '생산적' 노동의 직접적인 착취자〔즉 잉여가치의 생산자인 자본가적 차지농〕는 잉여가치를 그냥 취득하는 사람들과 구별된다.†21

중농학파 이론의 자본주의적 성격은, 이미 그 전성기에도, 한편에서는 랭게(Linguet)와 마블리(Mably)로부터 다른 한편에서는 자유로운 소토지 소유를 옹호하는 사람들로부터 반론을 불러일으켰다.

—

재생산과정의 분석에서 애덤 스미스의 퇴보가[3] 특별히 눈에 띄는 부분은 그가 케네의 올바른 분석을 잘못 가공함으로써 예를 들어 케네의 '최초의 선대'(avances primitives)와 '매년 이루어지는 선대'(avances annuelles)를 각각 '고정'자본과 '유동'자본[4]으로 일반화해버린 부분과 곳곳에서 중농주의의 오류를 그대로 반복한 부분이다. 예를 들어 차지농업가가 다른 종류의 자본가보다 더 큰 가치를 생산한다고 논증하기 위하여 그는 다음과 같이 말한다.

동일한 크기의 어떤 자본도 차지농업가의 그것보다 더 많은 양의 생산적 노동을 움직이지는 못한다. 생산적 노동에는 차지농업가의 농업노동자들뿐만 아니라 그의 역축도 함께 포함된다. {농업노동자들이 들으면 얼마나 기분 좋을 소리인가!} M361

농경에서는 자연도 사람과 함께 노동한다. 그리고 자연의 노동에는 아무런 비용이 들지 않지만, 자연의 생산물은 가장 비용이 많이 드는 노동자의 생산물과 마찬가지로 가치를 갖는다. 농경에서 가장 중요한 일은 자연의 산출능력을 증대시키는 것보다는—그것도 하지 않는 것은 아니지만—자연이 인간에게 가장 유용한 식물을 생산하도록 만드는 데 있는 것 같아 보인다. 가시와 넝쿨이 무성한 들판도 매우 잘 경작된 포도밭이나 논밭 못지않게

3) 『자본』 제1권, 제2판, 612쪽, 각주 32.*

* MEW Bd. 23, 617쪽 참조.

4) 여기에서도 몇몇 중농학파 사람들〔특히 튀르고〕이 그를 위해서 길을 닦았다. 튀르고는 케네와 다른 중농학파 사람들보다 더 빈번하게 선대(avances)라는 용어 대신에 자본(capital)이라는 용어를 사용했고, 더 나아가 제조업자들의 선대〔혹은 자본〕를 차지농업가의 선대와 동일시했다. 예를 들어 그는 다음과 같이 말하였다. "이들(제조업자)과 마찬가지로 그들(자본주의적 차지농업가)은 자신이 투하한 자본 이상의 것을 회수해야만 한다"(튀르고, 『저작집』 제1권, 파리, 1844, 40쪽).

많은 양의 식물을 생산해내는 일이 종종 있다. 재배와 경작은 자연의 능동적인 산출능력을 활성화하기보다는 오히려 그것을 조절하기 위한 경우가 더 많다. 그리고 인간의 노동이 모두 끝난 뒤에도 늘 자연이 해야만 하는 큰 작업이 남아 있게 마련이다. 그러므로 농경에 종사하는 노동자들과 역축(!)은 제조업에 종사하는 노동자들과 마찬가지로 그들 자신이 소비하는 만큼의 가치〔혹은* 그들을 고용한 자본과 동등한 가치〕를 자본가의 이윤과 함께 재생산할 뿐만 아니라 그보다 훨씬 더 많은 가치를 재생산한다. 차지농업가의 자본과 그의 모든 이윤 이상으로 그것들은 규칙적으로 토지소유자의 지대도 재생산한다. 이 지대는 토지소유자가 차지농업가에게 빌려주는 자연력(自然力)의 산물로 간주할 수 있다. 지대는 이런 자연력의 크기를 추정하여〔즉 자연적으로 혹은 인공적으로 생겨난 토지의 비옥도를 추정하여〕 산정된다. 지대는 인간의 작업이라고 볼 수 있는 것을 모두 공제하고 보전한 뒤에도 여전히 남는 자연의 작업물이다. 그것이 총생산물의 $\frac{1}{4}$ 이하인 경우는 좀처럼 드물고 대개는 $\frac{1}{3}$ 이상이다. 제조업에 고용된 같은 크기의 생산적 노동이 이만한 정도의 재생산을 할 수 있는 경우는 결코 없다. 제조업에서는 자연이 아무것도 하지 않으며 인간이 모든 것을 수행한다. 그리고 제조업에서의 재생산은 그것을 수행하는 노동자들이 얼마나 열심히 일을 하느냐에 비례할 수밖에 없다. 그러므로 농경에 투하되는 자본은 제조업에 사용되는 같은 크기의 어떤 자본에 비해서도 더 많은 양의 생산적 노동을 움직이며 또한 그것이 사용하는 생산적 노동의 양에 비례하여, 제조업에 사용된 자본이 한 나라의 토지와 노동의 연간 생산물〔즉 그 나라 국민들의 현실적 부와 수입〕에 부가하는 것보다 훨씬 더 많은 가치를 부가한다.(『국부론』 제2권 제5장, 242~243쪽)

스미스는 제2권 제1장에서 다음과 같이 말한다.

* 초판과 제2판에는 '그리고'(und)로 되어 있다.

종자의 총가치도 정확한 의미에서 일종의 고정자본이다.

즉 여기에서 자본=자본가치이다. 자본가치는 '고정된' 형태로 존재한다.

종자는 토지와 곡물창고 사이를 오락가락하지만 결코 주인을 바꾸지는 않는다. 그러므로 그것은 사실상 유통되지 않는다. 차지농업가는 종자의 판매가 아니라 종자의 증가를 통해서 자신의 이윤을 얻는다.(186쪽)

여기에서 스미스의 편협성은, 그가 불변자본의 가치가 갱신된 형태로 M362
재현되는 것을, 이미 케네가 정확하게 보았던 것처럼 재생산과정의 중요한 계기로 보지 못하고 단지 유동자본과 고정자본의 구별에 관한 설명으로만(그것도 잘못된 설명으로) 사용한다는 점에서 드러난다. 스미스가 '최초의 선대'와 '매년 이루어지는 선대'를 '고정자본'과 '유동자본'으로 번역하면서 진전을 이룬 것이 있다면 그것은 '자본'이라는 용어의 개념을 중농학파에서처럼 '농업부문'에만 특별히 사용한 것이 아니라 훨씬 일반화하여 사용하고 있다는 점이며, 반면 퇴보해버린 부분은 '고정'과 '유동'을 결정적인 구별로 고착화하여 이해하고 있다는 점이다.

제2절 애덤 스미스

ㄱ. 스미스의 일반적 관점

스미스는 제1권 제6장 42쪽에서 다음과 같이 말한다.

모든 사회에서 각 상품의 가격은 결국 이들 세 가지 부분(임금, 이윤, 지

> 대) 가운데 어느 하나 혹은 세 가지 모두로 분해된다. 발전된 모든 사회에서는 세 부분이 모두, 양적인 차이는 있더라도, 대부분의 상품가격에 구성 부분으로 들어간다.[5)]

계속해서 그는 43쪽에서 다음과 같이 말한다.

> 임금, 이윤 그리고 지대는 모든 수입과 모든 교환가치의 세 가지 원천이다.

이제부터 우리는 스미스의 '상품가격의 구성 부분' 혹은 '모든 교환가치의 구성 부분'에 관한 이론을 보다 상세하게 논의할 것이다. 계속해서 그는 다음과 같이 말한다.

> 이것은 각각의 개별 상품에 적용되는 이야기이므로 그것은 각 나라의 토지와 노동의 연간 생산물 전체를 포괄하는 모든 상품에도 그대로 적용되어야 한다. 이 연간 생산물의 총가격 혹은 총교환가치도 똑같이 이들 세 부분
> M363 으로 분해되고 그 나라의 여러 국민들에게 — 즉 그 국민들의 노동에 대한 임금, 자본에 대한 이윤, 토지소유에 대한 지대로 — 분배되어야 한다.(제2권 제2장, 190쪽)

따라서 스미스는 개별적으로 파악된 모든 상품의 가격은 물론 "각 나라의 토지와 노동의 연간 생산물의 …… 총가격 혹은 총교환가치"까지도

5) 독자들이 '대부분의 상품가격'이라는 문구를 오해하지 않도록 하기 위하여 스미스 자신이 이 말의 의미를 어떻게 설명하는지 다음 인용문을 살펴볼 필요가 있다. 예를 들어 생선 가격에는 지대가 들어가지 않고 임금과 이윤만 들어간다. 스코틀랜드 조약돌(Scotch pebbles)에는 임금만 들어간다. 즉, "스코틀랜드의 몇몇 지방에서는 빈민들이 스코틀랜드 조약돌이라는 이름으로 잘 알려진 알록달록한 색깔의 조약돌을 해안에서 줍는 일을 한다. 석공이 그 대가로 그들에게 지불하는 가격은 오로지 그들의 임금만으로 이루어진다. 즉 이 가격에는 지대나 이윤이 포함되지 않는다."

함께 임노동자, 자본가, 토지소유자의 세 가지 수입원천〔임금, 이윤, 지대〕으로 분해한 다음, 우회로를 통해서 제4의 요소〔즉 자본〕를 몰래 끌어들여야만 하였다. 그는 이것을 총수입과 순수입을 구별하는 방식으로 수행하였다.

> 한 나라 모든 주민들의 총소득은 그들의 토지와 노동의 연간 **총생산물**로 파악된다. **순소득**은 이 연간 총생산물에서 첫째 그들의 **고정자본**과 둘째 그들의 **유동자본**의 **유지비를 공제한 다음** 그들에게 남겨진 나머지 **부분**으로 이루어진다. 즉 그것은 그들이 자신의 자본을 잠식하지 않고 소비재원에 넣을 수 있는 부분〔즉 자신의 생계, 편익, 오락 등에 지출할 수 있는 부분〕으로 이루어진다. 그들의 실질적인 부도 그들의 총소득이 아니라 순소득에 비례한다.(같은 책, 190쪽)

여기에 대해서 우리는 다음과 같이 지적할 수 있다.

① 스미스는 여기에서 명시적으로 확대된 규모의 생산〔즉 축적〕이 아니라 단순재생산만 다루고 있다. 그는 기능하는 자본의 유지를 위한 지출에 대해서만 말한다. '순'수입은 사회의 것이든 자본가 개인의 것이든 연간 생산물 가운데 '소비재원'에 들어갈 수 있는 부분과 같은데, 이 재원의 크기는 기능하는 자본을 잠식할 정도여서는 안 된다. 결국 개인적 생산물과 사회적 생산물 모두의 가치 가운데 일부는 임금, 이윤, 지대로 분해되는 것이 아니라 바로 자본으로 분해되는 것이다.

② 스미스는 총소득과 순소득의 구별이라는 말장난으로 자신의 이론에서 이탈하고 있다. 개별 자본가나 전체 자본가계급 혹은 한 나라도 모두 생산에서 소비된 자본 대신에 상품생산물을 받는다. 이 상품생산물의 가치는 — 생산물에서 차지하는 구성 비율로 나타낼 수도 있다 — 한편으로는 소비된 자본가치를 보전하고〔따라서 소득, 혹은 문자 그대로 수입(Revenue, 되돌아온다는 뜻의 프랑스어 revenir의 과거분사형 revenue에

서 파생된 말), 특히 자본수입 또는 자본소득을 형성하고] 다른 한편으로는 "그 나라의 다양한 주민들에게 그들의 노동에 대한 임금, 자본에 대한 이윤, 토지소유에 대한 지대로 분배되는" 가치 부분(일상생활에서 소득으
M364 로 간주되는 것)을 형성한다. 따라서 모든 생산물의 가치는, 개별 자본가든 한 나라 전체에서든, 누군가의 소득을 이루고 그 소득은 다시 한편으로는 자본소득을, 다른 한편에서는 그것과 구별되는 '수입'을 이룬다. 이리하여 상품의 가치를 각 구성 부분으로 분석하면서 제거되었던 것이 뒷문[즉 '수입'(Revenue)이라는 애매모호한 말]을 통해서 슬며시 다시 들어온다. 그러나 이 수입에는 이미 생산물 속에 들어가 있는 가치구성 부분만 '포함될' 수 있다. 자본이 수입으로 들어가기 위해서는 이미 그 전에 지출되었어야만 한다.

게다가 스미스는 다음과 같이 말한다.

통상적인 최저 이윤율은 모든 자본지출에서 언제나 가끔씩 발생하는 손실을 충분히 보상할 수 있는 수준을 넘어야 한다. 순수한 의미에서 이윤[순이윤]은 바로 이 초과분뿐이다.

{도대체 어떤 자본가가 이윤을 반드시 지출해야 하는 자본 부분이라고 생각할까?}

이른바 총이윤이란 것은 때로는 이 초과분에다 이런 우연적인 손실을 보전하기 위해 남겨진 부분까지를 모두 포함한다.(제1권 제9장, 72쪽)

그러나 이것은 잉여가치 가운데 일부(스미스는 이것을 총이윤 가운데 일부로 간주한 것임)가 생산을 위한 보험재원(保險財源, Assekuranzfonds)을 이루어야 한다는 의미 외에는 아무것도 아니다. 이 보험재원을 만드는 것은 잉여노동 가운데 일부이며 그런 점에서 잉여노동은 자본(즉 재생산

용으로 정해진 기금)을 직접 생산한다. 고정자본 등을 '유지하기' 위한 지출일 경우(앞의 인용문을 보라), 소비된 고정자본을 새로운 고정자본으로 보전하는 것은 새로운 자본투하를 통해서 이루어지는 것이 아니라 낡은 자본가치를 새로운 형태로 갱신하는 것일 뿐이다. 그러나 스미스도 역시 유지비용으로 계산한 고정자본 수리는, 그 비용이 선대자본의 가격에 속한다. 자본가는 이를 한꺼번에 투하할 필요 없이 자본이 기능하는 동안 필요할 때마다 조금씩 투하하며, 그것도 이미 호주머니 속에 들어와 있는 이윤으로 투하한다. 그러나 그렇다고 해서 이 이윤의 원천이 바뀌는 것은 결코 아니다. 이윤을 창출하는 가치구성 부분은 단지 노동자가 보험재원뿐만 아니라 수리재원에도 잉여노동을 제공한다는 사실을 보여줄 뿐이다.

이제 스미스는 이렇게 설명한다. 순수입〔즉 특수한 의미에서의 수입〕에서는 총고정자본뿐만 아니라, 유동자본 가운데 고정자본의 유지와 수리 및 갱신에 필요한 부분도 모두 제외되어야 하고 따라서 사실상 소비재원 용도의 현물형태가 아닌 모든 자본은 거기에서 제외되어야 한다는 것이다. M365

> 고정자본의 유지를 위한 모든 지출은 사회의 순수입에서 제외되어야 한다. 유용한 기계와 공구를 정비하는 데 필요한 원료는 물론 …… 이 원료를 필요한 형태로 전환하는 데 소요되는 노동의 생산물도 모두 이 수입의 일부를 이룰 수는 없다. 물론 이 노동의 가격은 그 수입의 일부를 이룰 수 있다. 왜냐하면 거기에 고용된 노동자들은 그들 임금의 모든 가치를 직접적인 소비재원으로 투하할 수 있기 때문이다. 그러나 다른 종류의 노동에서는 가격 {즉 이 노동에 지불된 임금} 은 물론 생산물 {이 노동이 체화된 생산물} 도 모두 이 소비재원에 들어간다. 가격은 노동자의 소비재원에 들어가고 생산물은 이 노동자의 노동을 통해 생계와 안락함을 늘리는 다른 사람들의 소비재원에 들어간다.(제2권 제2장, 190, 191쪽)

여기에서 스미스는 생산수단의 생산에 종사하는 노동자들과 직접적인 소비수단의 생산에 종사하는 노동자들 간의 매우 중요한 구별에 직면한다. 전자의 상품생산물 가치는 임금총액〔즉 노동력의 구매에 투하된 자본 부분의 가치〕에 해당하는 구성 부분을 포함한다. 이 가치 부분은 이들 노동자가 생산한 일정량의 생산수단이라는 물적 형태로 존재한다. 그들이 임금으로 받은 화폐는 그들의 수입을 이룬다. 그러나 그들의 노동이 생산한 생산물은 그들 자신은 물론 다른 사람들에게도 소비될 수 있는 것이 아니다. 따라서 이들 생산물 그 자체는 연간 생산물 가운데, '순수입'만으로 실현되는 사회적 소비재원 부분 속에 전혀 포함되어 있지 않다. 여기에서 스미스는 다음 사실을 덧붙이는 것을 잊었다. 임금에 대한 이런 설명은 생산수단의 가치 가운데 잉여가치로서 이윤과 지대라는 범주로 (일차적으로) 산업자본가의 수입을 이루는 구성 부분에 대해서도 그대로 적용된다는 사실 말이다. 이 가치구성 부분도 생산수단의 형태〔즉 소비될 수 없는 형태〕로 존재한다. 그것은 화폐화되고 나서야 비로소 두 번째 부문의 노동자들이 생산한 소비수단에서 그 가격에 따라 일정한 양을 획득하여 그 소유자의 개인적 소비재원으로 이전할 수 있다. 그럴 경우 스미스는 더 나아가 다음을 인정해야만 했을 것이다. 즉 매년 생산되는 생산수단의 가치 중에서 이 생산영역 내에서 기능하는 생산수단〔즉 생산수단을 만드는 생산수단〕의 가치에 해당하는 부분〔즉 이 영역에서 사용되는 불변자본의 가치
M366 에 해당하는 부분〕은, 그것이 취하는 현물형태뿐만 아니라 그 자본기능에 의해서도, 수입을 형성하는 어떤 가치구성 부분에서도 절대적으로 제외된다는 것이다.

두 번째 부문의 노동자〔직접적인 소비수단을 생산하는 노동자〕에 관한 스미스의 개념은 전혀 정확하지 않다. 즉 그는 이런 종류의 노동에서는 노동의 가격과 생산물이 모두 직접적인 소비재원에 들어간다고 말한다.

> 가격(즉 임금으로 받은 화폐)은 노동자의 소비재원에 들어가며 생산물은

이 노동자의 노동을 통해 생계와 안락함을 늘리는 다른 사람들의 소비재원에 들어간다.

그러나 노동자는 자신의 노동의 '가격'〔즉 자신의 임금으로 지불되는 화폐〕으로 먹고살 수는 없다. 그는 그것으로 소비재를 구입함으로써 이 화폐를 실현한다. 어떤 경우 이 소비수단 가운데 일부는 그가 직접 생산한 상품 종류로 이루어질 수 있다. 그러나 또 다른 경우 그의 생산물은 노동 착취자의 소비에만 들어가는 것일 수도 있다.

스미스는 고정자본을 국가의 '순수입'에서 완전히 제외하고 나서 계속해서 다음과 같이 말한다.

> 고정자본을 유지하기 위한 모든 지출은 반드시 사회의 순수입에서 제외되지만 유동자본의 유지를 위한 지출은 그렇지 않다. 유동자본을 구성하는 네 가지 부분〔즉 화폐, 생활수단, 원료, 완제품〕 중에서 뒤의 세 가지는 이미 앞에서 보았듯이 규칙적으로 유동자본에서 회수되어 사회의 고정자본으로 옮겨지거나 직접적 소비를 위한 재원으로 옮겨진다. 소비될 수 있는 물품 중에서 전자{고정자본}의 유지에 사용되지 않는 부분은 모두 후자{직접적 소비를 위한 재원}로 편입되어 사회의 순수입 가운데 일부를 이룬다. 그러므로 유동자본 가운데 이들 세 가지 부분의 유지는, 연간 생산물 가운데 고정자본의 유지에 필요한 부분을 제외하고는, 어떤 부분도 사회의 순수입을 감소시키지 않는다.(제2권 제2장, 191, 192쪽)

유동자본 중에서 생산수단의 생산에 사용되지 않는 부분은 소비수단〔즉 연간 생산물 중에서 사회의 소비재원 용도로 정해진 부분〕의 생산에 들어간다고 말하는 것은 동어반복에 불과하다. 하지만 곧바로 중요한 이야기가 이어진다.

> 한 사회의 유동자본은 이 점에서 한 개인의 유동자본과 다르다. 개인의
> 그것은 그의 순수입에서 완전히 제외되고 그 가운데 어떤 부분도 이룰 수
> 없다. 개인의 순수입은 오로지 그의 이윤으로만 구성될 수 있기 때문이다.
> M367 그런데 각 개인의 유동자본은 그가 속한 사회의 유동자본 가운데 일부를
> 이루는 것이긴 하지만 그렇다고 해서 무조건 사회의 순수입에서 제외되지
> 않고 그중 일부를 이룰 수도 있다. 소매상인의 가게에 있는 모든 상품은 그
> 상인의 직접적 소비재원으로는 결코 들어가서는 안 되지만 다른 사람의 소
> 비재원에 들어갈 수는 있다. 이들 다른 사람은 다른 재원으로부터 얻은 수
> 입을 이용하여 소매상인과 자신들의 자본을 조금도 감소시키지 않으면서
> 소매상인의 상품가치와 이윤을 모두 규칙적으로 보전해준다.(앞의 책)

따라서 스미스의 논의는 이렇게 정리된다.

① 각 개별 자본가의 고정자본과 그 고정자본의 재생산(그는 이 기능을 잊고 있다) 및 유지에 필요한 유동자본이 그러하듯이 소비수단의 생산에 사용되는 그의 유동자본도 모두 그의 순수입에서 제외되며, 그의 순수입은 오로지 그의 이윤으로만 이루어진다. 따라서 그의 상품생산물 가운데 그의 자본을 보전하는 부분은 그의 수입을 구성하는 가치 부분들로 분해될 수 없다.

② 각 개별 자본가의 고정자본과 꼭 마찬가지로 그의 유동자본도 사회적 유동자본의 일부를 이룬다.

③ 사회적 유동자본은 그것이 비록 개별 유동자본의 총합이긴 하지만, 각 개별 자본가의 유동자본과는 성격이 다르다. 개별 자본가의 유동자본은 결코 자본가 자신의 수입의 한 부분을 이룰 수 없다. 반면 사회적 유동자본의 일부분(즉 소비수단으로 이루어지는 부분)은 사회적 수입의 일부를 이룰 수 있다. 혹은 스미스의 말을 빌리면, 그것은 반드시 사회의 순수입에서, 연간 생산물 가운데 그 부분만큼을 감소시키는 것은 아니다. 사실 스미스가 여기에서 유동자본이라고 부르는 것은 매년 생산되는 상품자본

〔즉 소비수단을 생산하는 자본가가 매년 유통에 투입하는 상품자본〕이다. 이들 자본가의 연간 총상품생산물은 소비될 수 있는 물품으로 이루어져 있고, 따라서 사회의 순수입(임금을 포함하여)이 실현되거나 지출되는 재원을 이룬다. 스미스는 실례를 들면서 소매상인의 가게에 있는 상품 대신에, 산업자본가들의 창고에 대량으로 쌓여 있는 상품들을 선택했어야만 했다.

만일 스미스가, 앞에서 그가 고정자본이라고 부른 것의 재생산을 고찰하고 지금 그가 유동자본이라고 부른 것의 재생산을 고찰하면서 머리에 떠올린 갖가지 단상들을 모두 연결했더라면 그는 다음과 같은 결론에 도달했을 것이다.

I. 사회의 연간 생산물은 두 부문으로 이루어진다. 첫 번째 부문은 생산 M368
수단, 두 번째 부문은 소비수단을 포괄한다. 두 부문은 분리해서 다루어야만 한다.

II. 연간 생산물 중에서 생산수단으로 이루어진 부분의 총가치는 다음과 같이 나누어진다. 첫 번째 부분은 이들 생산수단의 생산에 소비된 생산수단의 가치〔즉 갱신된 형태로 재현되는 자본가치〕이다. 두 번째 부분은 노동력에 투하된 자본의 가치〔혹은 이 생산영역의 자본가가 지불한 임금의 합계〕이다. 마지막으로 세 번째 부분은 이 생산영역에 속하는 산업자본가들의 지대를 포함한 이윤의 원천을 이루는 부분이다.

첫 번째 구성 부분—스미스에 따르면 이 부문에 사용된 개별 자본 전체의 고정자본 가운데 재생산되는 부분—은 개별 자본가와 사회 모두에서 "순수입에서 분명히 제외되고 결코 순수입의 일부를 이루지 않는다." 그것은 항상 자본으로 기능하며 결코 수입으로 기능하지 않는다. 그런 의미에서 개별 자본가의 '고정자본'은 사회적 고정자본과 조금도 다르지 않다. 그러나 사회의 연간 생산물 중에서 생산수단으로 이루어지는 부분 가운데 다른 가치 부분〔즉 이 생산수단의 총량 가운데 일부로 존재하는 가치 부분〕은 동시에 이 생산에 참가하는 모든 당사자들의 수입〔즉 노동자들의 임금, 자본가들의 이윤과 지대)을 이룬다. 그러나 이 가치부분은—사회의 연간 생산물이 비록 그 사회에 속하는 개별 자본가들의 생산물의 합계로만 이루어지는 것이긴 하지만—사회 전체의 관점에서 수입이 아니라 자본을 이룬다. 이 가치 부분은 대개 그 성질상 생산수단으로만 기능할 수 있고 설사 필요하다면 소비수단으로 기능할 수 있을 경우에도 새로운 생산의 원료나 보조재료로 사용하는 것들이다. 그러나 그것들이 그것(즉 자본)으로 기능하는 것은 그 생산자의 수중에서가 아니라 그 사용자들의 수중에서이다. 즉

III. 두 번째 부문의 자본가들(즉 직접적인 소비수단을 생산하는 자본가)의 수중에서이다. 이 가치 부분은 두 번째 부문의 자본가들에게 그들이 소비수단의 생산을 위해 소비한 자본을(이 자본이 노동력으로 전환되지 않는 한, 즉 이 두 번째 부문 노동자들의 임금의 합계가 아닌 한) 보전해준다. 반면 이 소비된 자본(즉 이제는 소비수단을 생산하는 자본가들의 수중에 소비수단의 형태로 존재하는 자본)은 그 자체로는(즉 사회적 관점에서는) 첫 번째 부문의 자본가들과 노동자들이 자신들의 수입을 실현하는 소비재원을 이룬다.

M369 만일 스미스가 여기까지 분석을 계속했더라면 그는 전체 문제를 거의 완전히 해결할 수 있었을 것이다. 그는 사실 거의 그럴 뻔했다. 왜냐하면 그는 이미 다음과 같이 지적했기 때문이다. 즉 사회의 연간 총생산물을 이루는 상품자본 가운데 한 종류(생산수단)의 일정 가치 부분은 그 생산에 종사하는 개별 노동자와 자본가에게는 수입을 이루지만, 사회적 수입에는 포함되지 않는다. 반면 다른 종류(소비수단)의 가치 부분은 그것의 개별 소유자들(즉 이 투자부문에 종사하는 자본가들)의 자본가치를 이루지만 그럼에도 오직 사회적 수입의 일부를 구성한다.

여기까지의 논의만으로도 이미 다음과 같은 점이 드러난다.

첫째, 사회적 자본은 오직 개별 자본의 합계와 같을 뿐이고 따라서 사회의 연간 상품생산물(혹은 상품자본)도 이들 개별 자본의 상품생산물의 합

계와 같다. 따라서 모든 개별적인 상품자본들에서 상품가치를 그 구성 부분들로 분해한 것은 모든 사회적 상품자본에 대해서도 똑같이 적용되어야 하는 것이긴 하지만(그리고 최종적으로는 실제로 그렇게 된다) 그럼에도 이들 구성 부분이 사회적 재생산의 총과정에서 보여주는 현상형태는 다른 형태이다.

둘째, 단순재생산의 기초 위에서도 임금(가변자본)과 잉여가치의 생산은 물론 새로운 고정자본 가치의 직접적 생산도 함께 이루어진다. 이것은 노동일이 두 부분으로만 이루어지고 한 부분은 가변자본을 보전하고〔사실상 노동력의 구매를 위한 등가 부분을 생산하고〕 다른 한 부분은 잉여가치(이윤, 지대 등)를 생산하는 것인데도 그러하다. 즉 생산수단의 재생산에 지출되는 매일매일의 노동—그것의 가치는 임금과 잉여가치로 나누어진다—은 소비수단의 생산에 지출된 불변자본 부분을 보전하는 새로운 생산수단으로 실현된다.

지금까지의 논의를 통해 중요한 문제들은 거의 해결되었는데 이는 축적의 고찰과 관련된 것이기보다는 단순재생산의 고찰과 관련된 것이다. 그렇기 때문에 스미스(제2권)나 그 이전의 케네(경제표)나 모두 사회의 연간 생산물의 운동과 그것의 재생산(유통을 통해서 매개되는)을 논의할 경우에는 언제나 단순재생산을 출발점으로 한다.

ㄴ. 스미스에 의한 교환가치의 v+m으로의 분해

스미스의 도그마, 즉 모든 개별 상품〔따라서 사회의 연간 생산물을 구 M370
성하는 모든 상품의 합계(그는 언제나 자본주의적 생산을 당연한 것으로 전제한다)〕의 가격〔혹은 교환가치〕은 세 가지 구성성분으로 이루어진다〔혹은 임금, 이윤, 지대로 분해된다〕는 그 도그마는, 결국 상품가치가 v+m〔즉 선대된 가변자본가치에 잉여가치를 합한 것〕과 같다는 것으로 환원할 수 있다. 더욱이 이처럼 이윤과 지대를 우리가 m이라고 부르는 하나의 공통단위로 환원하는 것은 다음 인용문에서 나타나듯이 스미스가 명시적으로 승인한 부분이다. 이하의 인용문에서 우리는 사소한 점들을 모두 무시할 것이다. 즉 상품가치는 우리가 v+m이라고 나타내는 요소로만 이루어진다는 도그마에서 (외관상으로든 실질적으로든) 벗어나는 부분들은 모두 무시할 것이다.

제조업에서

노동자가 재료에 부가하는 가치는 …… 임금으로 지불되는 부분과 고용주가 재료와 임금으로 선대한 자본 전체의 이윤으로 지불되는 부분의 두 부분으로 …… 분해된다.(제1권 제6장, 40, 41쪽) 제조업 노동자는 자신의 고용주에게서 임금을 선대받지만, 보통 이 임금의 가치는 그의 노동이 투하된 대상물의 증가한 가치 속에 이윤과 함께 들어가 있기 때문에 고용주는 사실상 그에게 아무런 비용도 들이지 않게 된다.(제2권 제3장, 221쪽)

자본(stock) 가운데

생산적 노동의 유지에 투하된 부분은, 그{고용주}를 위해 자본의 기능을 수행하고 나면 …… 그들{노동자들}의 수입이 된다.(제2권 제3장, 223쪽)

스미스는 방금 인용한 부분에서 다음과 같이 분명히 말한다.

각 나라의 토지와 노동의 연간 총생산물은 …… 자연스럽게 두 부분으로 나누어진다. 그중 한 부분〔즉 종종 대부분을 차지하는 부분〕은 우선 자본의 보전과 자본에서 떨어져 나온 생활수단, 원료, 완제품 등을 갱신하는 데 사용된다. 다른 한 부분은 수입을 이루는데 자본소유자에게는 **자본이윤**으로 또 다른 한 사람에게는 **토지소유**의 지대로 돌아간다.(222쪽)

우리가 이미 스미스에게서 들은 바와 같이, 자본 가운데 누군가의 수입으로 되는 것은 단 한 부분, 즉 생산적 노동의 구입에 투하되는 부분뿐이다. 이 부분〔가변자본〕은 우선 고용주의 수중에서 그를 위하여 '자본의 기능'을 수행하고, 그런 다음에는 생산적 노동자 자신의 '수입이 된다'. M371 자본가는 자신의 자본가치 가운데 일부를 노동력으로 전화시키고, 그럼으로써 그것을 가변자본으로 전화시킨다. 바로 이 전화를 통해서만 이 부분뿐만 아니라 그의 자본 전체가 산업자본으로 기능하게 된다. 노동자〔노동력의 판매자〕는 임금이라는 형태로 노동력의 가치를 얻는다. 그의 수중에서 노동력은 단지 판매 가능한 상품〔즉 그것을 팔아서 그가 살아가는 상품, 따라서 그의 유일한 소득원이 되는 상품〕일 뿐이다. 노동력은 그 구매자〔즉 자본가〕의 수중에서야 비로소 가변자본으로 기능한다. 그리고 자본가가 노동력의 구입가격을 선대하는 것은 단지 외관상으로만 나타나는 현상일 뿐이다. 왜냐하면 그 구입가격은 이전에 이미 노동자가 그에게 넘겨준 것이기 때문이다.

스미스는 제조업의 생산물 가치는 v+m(여기에서 m=자본가의 이윤)과 같다는 것을 보여주고 나서 다음과 같이 말한다. 농업에서 노동자는

> 그들 자신의 소비〔혹은* 그들을 고용하는 (가변)자본〕와 자본가의 이윤을 합친 것과 같은 가치의 재생산(을 하는 것은 물론 거기에다) 차지농업가의 자본과 모든 이윤을 넘어서 토지소유자의 지대까지도 함께 규칙적으로 재생산해낸다.(제2권 제5장, 243쪽)

지대가 토지소유자 수중으로 들어간다는 사실은 우리의 논의에서 전혀 중요하지 않다. 그것은 그의 수중으로 들어가기 전에 차지농업가〔즉 산업자본가〕의 수중에 존재해야만 한다. 지대는 어떤 사람의 수입이 되기 전

* 초판과 제2판에는 '그리고'(und)로 되어 있다.

에 먼저 생산물의 가치구성 부분을 이루어야 한다. 그러므로 스미스에게 이윤은 물론 지대도 생산적 노동자가 자신의 임금〔즉 가변자본의 가치〕과 함께 끊임없이 재생산하는 잉여가치의 구성 부분일 뿐이다. 결국 지대도 이윤도 잉여가치 m의 구성 부분들이며, 따라서 스미스에게 모든 상품의 가격은 v+m으로 분해된다.

모든 상품(따라서 연간 상품생산물)의 가격이 임금+이윤+지대로 분해된다는 도그마는, 스미스 자신의 저작 곳곳에 숨어 있는 심오한 부분들에서, 각 상품〔따라서 사회의 연간 상품생산물〕의 가치가 v+m〔즉 노동력에 투하되어 노동자가 끊임없이 재생산하는 자본가치+노동자들이 자신의 노동으로 부가한 잉여가치〕과 같다는 형태를 취한다.

스미스의 이런 최종적인 결론은 동시에 (아래의 내용을 보라) 상품가치의 구성성분에 대한 그의 일면적인 분석의 근원을 우리들에게 보여준
M372 다. 이들 구성성분이 생산에 참여하는 각 계급의 수입의 원천을 이룬다는 사실은 그것들의 크기 결정이나 가치총액 규모와는 아무 관련이 없다.

스미스가 다음과 같이 말할 때

> 임금, 이윤, 그리고 지대는 모든 수입과 교환가치의 세 가지 원천이다. 다른 모든 수입은 궁극적으로 이들 원천 가운데 어떤 것에서 파생된 것이다.(제1권 제6장, 43쪽)

여기에는 온갖 착각이 포개져 있다.

① 노동을 하든 않든 직접 재생산에 종사하지 않는 사회의 모든 구성원들은 연간 상품생산물 가운데 자신들의 몫〔즉 그들의 소비수단〕을 일단은 생산물을 처음 할당받는 계급〔생산적 노동자와 산업자본가와 토지소유자〕의 수중으로부터만 얻을 수 있다. 그런 점에서 그들의 수입은 실질적으로 (생산적 노동자의) 임금, 이윤 및 지대에서 파생되며, 따라서 이들 본원적 수입에 대응하는 파생적 수입으로 나타난다. 그러나 다른 한편 이런

의미의 파생적 수입을 얻는 사람들은 왕, 성직자, 교수, 창녀, 병사 등 자신들의 사회적 기능을 통해서 이 수입을 얻는 것이며, 따라서 그들은 이런 기능을 자신의 수입의 원천으로 간주할 수 있다.

② 바로 여기에서 스미스의 우스꽝스러운 오류는 그 절정에 이른다. 상품의 각 가치구성 부분들과 그것들 속에 구체화된 가치생산물의 총액을 정확하게 결정하고 그런 다음 이들 구성 부분들이 그만큼의 다양한 수입원을 이룬다는 것을 논증하는 것에서 시작한 다음[6] 〔즉 이렇게 가치로부터 수입을 파생시키고 난 다음〕 그는 정반대로 방향을 틀어 — 이것은 언제나 그의 머리를 지배하는 생각이다 — 수입을 '모든 교환가치의 구성 부분'에서 '모든 교환가치의 원천'으로 만들어버림으로써 속류경제학을 향해 문을 활짝 열어젖혔던 것이다(우리들의 로셔〔Roscher〕를 보라).

ㄷ. 불변자본 부분

이제 우리는 어떻게 하여 스미스가 상품가치에서 자본의 불변가치 부분을 쫓아내버렸는지를 살펴보기로 한다.

> 예를 들어 곡물 가격 가운데 일부는 토지소유자의 지대로 지불된다. M373

이 가치구성 부분의 원천은, 이 부분이 토지소유자에게 지불되어 지대 형태로 그의 수입을 이룬다는 사실과는 관계가 없으며, 이는 다른 가치구성 부분들의 원천에서도, 그 구성 부분들이 이윤과 임금으로 수입원천을 이루는 것과 그것들의 원천이 아무 관련이 없는 것과 마찬가지이다.

6) {이 문장은 전후 문맥과 연관시켜 보았을 때 모순된 것처럼 보이는데, 나는 이것을 마르크스의 초고에 쓰인 그대로 여기에 옮겨놓았다. 이 외형적인 모순은 뒤에 'ㄹ. 스미스의 자본과 수입' 부분에서 해결된다.}

또 다른 일부는 곡물 생산에 사용된 노동자{그리고 역축! 이라고 그는 덧붙인다}의 임금과 생계에 지불되고, 세 번째 부분은 차지농업가의 이윤으로 지불된다. 이들 세 부분은 직접적으로, 혹은 궁극적으로 곡물의 전체 가격을 구성하는 것처럼 보인다.[7] {정말 그렇게 보일 뿐이다.}

이 전체 가격〔즉 그것의 양적 규정〕은 세 종류의 사람들 사이에서 이루어지는 이 가격의 분배와는 절대적으로 무관하다.

차지농업가의 자본을 보전하거나 혹은 역축과 기타 농기구의 마모를 보전하기 위하여 네 번째 부분이 필요하다고 생각할 수도 있다. 그러나 농기구나 역축 가운데 어떤 것(예를 들어 말)의 가격도 모두 앞에서 말한 세 부분〔즉 말이 사육된 토지의 지대, 말을 사육하는 노동, 그리고 이 토지의 지대와 이 노동의 임금 모두를 선대하는 차지농업가의 이윤〕으로 구성되어 있다는 것을 염두에 두어야만 한다. 그러므로 곡물의 가격은 말의 가격과 유지비를 보전하겠지만, 그럼에도 그 전체 가격은 언제나 직접적으로〔혹은 궁극적으로〕 똑같은 세 부분〔즉 지대, 노동{임금을 의미한다}, 이윤〕으로 분해된다.(제1권 제6장, 42쪽)

이상이 스미스가 자신의 놀라운 도그마를 증명하기 위해서 제시하는 (말 그대로) 모든 것이다. 그의 논증은 단지 동일한 주장을 반복할 뿐이다. 예를 들어 그는 곡물의 가격이 v+m뿐만 아니라, 곡물생산에 소비된 생산수단의 가격〔즉 차지농업가가 노동력에 투하하지 않은 자본가치〕도 함께 포함한다는 것을 인정한다. 그러나 그는 이 모든 생산수단 그 자체의

7) 이런 예를 들었다는 점이 스미스로서는 매우 불운한 일이지만, 여기에서는 그 점을 무시하기로 한다. 곡물의 가치가 임금, 이윤, 지대로 분해되기 위해서는, 노역에 사용된 가축이 소비하는 식량을 그 가축의 임금으로, 그리고 노역에 사용된 가축을 임노동자로 표현하고 따라서 임노동자도 역시 가축으로 표현해야만 한다(제2고에 첨가된 부분).

가격도 곡물 가격과 마찬가지로 v+m으로 분해된다고 말한다. 스미스는 여기에서 단지 다음과 같은 말을 덧붙이는 것을 잊고 있다. 즉 이 생산수단의 가격은 그들의 생산에 소비된 생산수단의 가격으로도 분해된다는 점이다. 그는 한 생산부문에서 다른 생산부문으로, 그리고 다시 제3의 생산부문으로 옮겨 간다. 상품의 총가격이 '직접적으로'〔혹은 궁극적으로〕 M374 v+m으로 분해된다는 주장은 다음과 같은 점이 논증되는 경우에만 공허한 핑계가 되지 않을 것이다. 즉 가격이 직접적으로 c(소비된 생산수단의 가격)+v+m으로 분해되는 상품생산물도 궁극적으로는 이 '소비된 생산수단'을 완전히 보전해주는 다른 상품생산물에 의해 보상되고, 반면 이 다른 상품생산물은 가변자본〔즉 노동력에 투하되는 자본〕을 통해서만 생산된다는 것이다. 만약 이것이 논증된다면 이 후자의 상품생산물 가격은 직접적으로 v+m이 될 것이다. 따라서 전자의 상품생산물 가격 c+v+m(여기에서 c는 불변자본 부분을 나타낸다)도 궁극적으로는 v+m으로 분해될 것이다. 스미스 자신도, 그가 사례로 들었던 스코틀랜드산 조약돌 수집가들을 통해 이런 논증이 이루어졌다고는 믿지 않았지만 그에 따르면 이 수집가들은 ① 어떤 종류의 잉여가치도 제공하지 않고 단지 그들 자신의 임금만 생산하며 ② 어떤 생산수단도 사용하지 않는다(하지만 그들은 조약돌을 운반하기 위해 바구니, 자루 그리고 기타 용기와 같은 형태의 생산수단을 사용한다).

우리가 이미 앞에서 보았듯이 스미스는, 자신의 모순을 의식하지 못한 채 나중에 자신의 이론을 뒤집었다. 그런데 그의 모순의 원천은 바로 그의 이론적 출발점에서 찾아야만 한다. 노동으로 전환된 자본은 자신의 가치보다 더 큰 가치를 생산한다. 어떻게? 스미스는 다음과 같이 말한다. 생산과정에서 노동자들은 자신들이 가공하는 사물에, 자신의 매입가격의 등가 외에 그들의 사용자의(그들이 아니라) 몫이 되는 잉여가치(이윤과 지대)만큼의 가치를 새겨넣기 때문이다. 그러나 이것이 노동자들이 하고 있는(또한 할 수 있는) 모든 것이다. 하루 동안의 산업노동에 관한 이야기는

1년 동안 자본가계급 전체가 움직이는 노동에 대해서도 똑같이 적용된다. 따라서 사회적 연간 가치생산물의 총량도 단지 v+m〔즉 노동자가 그들 자신의 구매가격으로 지출된 자본가치의 보전 부분과 그들의 사용자에게 양도해야 하는 추가가치〕으로만 분해된다. 그러나 상품의 이들 두 가지 가치요소는 동시에 재생산에 참가하는 각 계급의 수입원을 이루기도 한다. 첫째 요소는 노동자들의 수입인 임금을 이룬다. 둘째 요소는 잉여가치를 이루는데, 그 가운데 일부는 산업자본가가 이윤의 형태로 보유하고 또 다른 일부는 토지소유자의 수입인 지대로 떨어져 나간다. 연간 가치생산물이 v+m 이외의 다른 어떤 요소도 포함하지 않는다면 가치의 나머지 한 부분은 어디에서 생기는 것일까? 여기에서 우리는 단순재생산을 가정하고 있다. 연간 노동의 총량이 노동력에 투하된 자본가치의 재생산을 위
M375 해 필요한 노동과, 잉여가치의 창출을 위해 필요한 노동으로 분해된다면, 노동력에 투하되지 않는 자본가치의 생산에 필요한 노동은 어디에서 생겨나는 것일까?

문제는 다음과 같은 점에 있다.

① 스미스는 상품의 가치를 임노동자가 노동대상에 부가하는 노동량에 의하여 규정한다. 그의 말을 빌리자면 '재료에' 부가하는 노동량에 의한 것인데, 이는 그가 노동생산물을 가공하는 제조업을 고찰하기 때문이다. 그러나 이것은 문제의 본질과 아무 관련이 없다. 노동자가 어떤 사물에 부가하는(이 '부가한다'〔add〕는 표현은 스미스의 것이다) 가치는, 가치가 부가되기 전에 이미 이 대상이 자신의 가치를 가지고 있었는지의 여부와는 전적으로 무관하다. 결국 노동자는 상품형태로 가치생산물을 만들어 낸다. 스미스에 의하면 이 가치생산물의 일부는 그의 임금의 등가이며, 따라서 이 부분의 크기는 그 임금의 가치액에 의해 결정된다. 이 임금가치의 크기에 따라서, 노동자가 자신의 임금가치와 동등한 가치를 생산하거나 재생산하기 위해 부가해야 하는 노동의 크기도 변화한다. 그러나 다른 한편 노동자는 이런 범위 이상의 노동을 부가하는데, 그것은 그를 고용한 자

본가를 위하여 잉여가치를 형성한다. 이 잉여가치가 자본가의 수중에 모두 남아 있을 것인지 아니면 그 일부가 제3자에게 양도될 것인지의 문제는 임노동자가 부가하는 잉여가치의 질적인 성격(그것이 일반적으로 잉여가치라는)이나 양적인 성격(크기) 어디에도 영향을 미치지 않는다. 그것은 생산물의 다른 모든 가치 부분과 마찬가지로 똑같이 가치이긴 하지만, 노동자가 그 등가를 받지 못하고 나중에도 역시 받지 못한다는 점에서, 그리고 오히려 이 가치가 아무런 등가도 없이 자본가에 의해서 취득된다는 점에서 다른 가치 부분과 구별된다. 상품의 총가치는 노동자가 그것의 생산에 지출한 노동량에 의해서 정해진다. 이 총가치 가운데 일부는 임금의 가치〔즉 임금의 등가〕와 같은 크기로 결정된다. 그에 따라 둘째 부분〔즉 잉여가치〕도 필연적으로 다음과 같이 정해진다. 즉 그것은 생산물의 총가치에서 임금의 등가인 가치 부분을 공제한 것과 같으며 따라서 상품생산과정에서 만들어진 가치생산물 중에서 거기에 포함된 임금의 등가 부분을 초과하는 부분과 같다.

② 개별 산업부문에서 각각의 개별 노동자가 생산한 상품과 관련된 논의는, 모든 산업부문의 연간 총생산물에 대해서도 똑같이 적용된다. 한 개별 생산노동자의 하루 동안의 노동과 관련된 논의도 역시 생산노동자 계급 전체가 수행하는 연간 노동에 대해서 똑같이 적용된다. 이 연간 노동은 M376
지출된 연간 노동량에 의해 정해지는 총가치를 연간 생산물 속에 '고정시킨다'(스미스의 표현). 그리고 이 총가치는 두 부분으로 나누어진다. 한 부분은 연간 노동 중에서 노동자계급이 자신의 연간 임금의 등가〔사실상 이 임금 그 자체〕를 창출하는 부분에 의해 결정되고, 다른 한 부분은 노동자가 자본가계급을 위하여 잉여가치를 창출하는 추가 연간 노동에 의해 결정된다. 따라서 연간 생산물 속에 포함된 연간 가치생산물은 오직 두 가지 요소로만 이루어진다. 즉 노동자계급이 수취하는 연간 임금의 등가와 1년간 자본가계급에게 제공되는 잉여가치로 이루어진다. 그러나 연간 임금은 노동자계급의 수입을 형성하고, 잉여가치의 연간 총액은 자본가계

급의 수입을 형성한다. 따라서 이 둘은(이 관점은 단순재생산을 설명하는 경우에는 맞다) 연간 소비재원에 대한 상대적인 비율을 나타내며, 또한 이 재원을 통해 실현된다. 그렇다면 불변자본가치를 위한〔즉 생산수단의 형태로 기능하는 자본의 재생산을 위한〕 여지는 어디에도 없다. 그러나 스미스는 자신의 저작 서론에서, 상품가치 가운데 수입으로 기능하는 모든 부분이 사회적 소비재원의 용도로 정해진 연간 노동생산물과 일치한다고 분명히 말한다.

> 도대체 한 나라 국민의 수입은 무엇으로 이루어지는지 혹은 …… 국민의 연간 소비를 조달하는 재원의 본질은 무엇인지 그것을 설명하는 것이 이들 네 권의 목적이다.(12쪽)

그리고 서론의 첫 문장에서 그는 곧바로 다음과 같이 말한다.

> 각 나라의 연간 노동은, 그 나라가 1년 동안 소비하는 모든 생활수단을 각 국민들에게 공급해주는 일차적인 재원이다. 그리고 이 생활수단은 항상 이 노동의 직접적 생산물로 이루어져 있거나, 혹은 이 생산물을 가지고 다른 나라에서 사들인 물건들로 이루어져 있다.(11쪽)

스미스의 첫 번째 오류는 연간 **생산물가치**를 연간 **가치생산물**과 동일시하는 점이다. 후자는 단지 전년도의 노동생산물일 뿐이다. 전자는 거기에다 연간 생산물의 생산에 소비된 가치요소 — 그런데 이것은 전전 연도나 혹은 부분적으로 그보다 더 이전의 연도에 생산된 가치요소도 모두 포함한다 — 도 함께 포함한다. 즉 그것은 단지 그 가치가 재현될 뿐인 생산수단 — 그 가치로 보면 그해에 지출된 노동으로 생산되거나 재생산된 것이 아닌 — 의 가치를 포함한다. 이런 혼동 때문에 스미스는 연간 생산물 가운데 불변가치 부분을 쫓아내버렸다. 이 혼동은 그의 근본적인 견해 속에 내재한 또 다른 오류에서 비롯된 것이다. 그는 노동 그 자체의 이중적 성격, 즉 노동력을 지출함으로써 가치를 만드는 노동과 구체적인 유용노동으로 사용대상(사용가치)을 만드는 노동이라는 이중적 성격을 구별하지 않는다. 연중 생산되는 상품의 총액〔즉 연간 총생산물〕은 전년도에 사용된 유용노동의 생산물이다. 이들 상품이 존재할 수 있는 까닭은 오로지 사회적으로 사용되는 노동이 다양한 유용노동 부문들에 나누어 지출되었기 때문이다. 또한 이들 상품의 생산에 소비된 생산수단의 가치가 새로운 현물형태로 재현되는 방식을 통해서 이들 상품의 총가치 속에 보존될 수 있는 것도 오로지 바로 이 점(사회적 노동이 다양한 유용노동부문에 나누어 지출되는 사실—옮긴이) 때문이다. 따라서 연간 총생산물은 그해에 지출된 유용노동의 결과물이다. 그러나 연간 생산물가치 가운데 단지 일부분만 그해에 만들어진 것이다. 바로 이 부분이 그해에 사용된 노동 총량을 나타내는 연간 가치생산물이다. M377

따라서 스미스는 방금 인용한 곳에서

> 각 나라의 연간 노동은, 그 나라가 1년 동안 소비하는 모든 생활수단을 각 국민들에게 공급해주는 일차적인 재원이다.

라고 말하면서, 단지 유용노동—물론 이 유용노동이 이들 모든 생활수단에 소비형태를 부여한다—의 관점에만 서 있는 것이다. 그러나 여기에서 그가 잊고 있는 것은, 바로 이 유용노동이 이미 수년 전부터 사용되어오던 노동수단과 노동대상의 도움이 없었더라면 불가능한 것이며, 따라서 가치를 형성하는 '연간노동'은 결코 그 노동이 완성한 생산물의 모든 가치를 만들지 않는다는 사실〔즉 가치생산물은 생산물가치보다 더 적다는 사실〕이다.

이 분석에서 스미스가 그의 후계자들보다 별로 나을 점이 없다는(이미 올바른 방향에 대한 단서가 중농학파에 존재하고 있었는데도) 점을 비난할 수는 없을지 모르지만, 그가 더 깊은 혼란에 빠져버렸다는 점은 부인하기 어렵다. 특히 그의 이런 혼란은 주로 상품가치 일반에 관한 그의 '심오한' 견해가 끊임없이 피상적인 견해와 충돌하고, 그의 과학적 본능이 때때로 심오한 견해를 다시 부각하다가도 피상적인 견해가 그것을 다시 희석해버리는 데서 비롯되고 있다.

ㄹ. 스미스의 자본과 수입

각 상품(따라서 연간 생산물)의 가치 가운데 임금의 등가를 이루는 부분은 자본가가 임금으로 선대한 자본〔즉 그의 총선대자본 중 가변적인 구
M378 성 부분〕과 같다. 자본가는 선대자본가치의 이 구성 부분을 임노동자가 새로 생산하여 공급한 상품의 가치구성 부분을 통해서 회수한다. 아직 판매할 준비가 되어 있지 않거나 혹은 준비가 되어 있다고 하더라도 아직 판매하지 않은 생산물 속에 포함된 노동자의 몫을 자본가가 화폐로 지불한다는 의미에서 가변자본이 선대되든 혹은 노동자가 만든 상품의 판매를 통해서 이미 획득한 화폐로 자본가가 노동자에게 지불하든 그렇지 않으면 신용을 통해서 자본가가 그것을 지불하든, 이들 세 경우 모두 자본가는 가변자본 — 노동자들의 수중에 화폐형태로 흘러들어간다 — 을 지출하고, 다른 한편 이 자본가치의 등가를 자신의 상품가치 가운데 일부 — 즉 노동자가 자신의 몫(상품의 총가치 속에 포함된)으로 새로 생산한 부분, 다시 말해 노동자가 자신의 임금가치를 생산한 부분 — 로 갖게 된다. 자본가는 노동자에게 이 가치 부분을 노동자 자신의 생산물인 현물형태로 주는 대신 화폐로 지불한다. 따라서 자본가에게는 그의 선대자본가치 가운데 가변적 구성 부분이 이제 상품형태로 존재하게 되는 반면, 노동자는 그가 판매한 노동력의 등가를 화폐형태로 받는다.

이리하여 자본가가 선대한 자본 가운데 노동력의 구매에 의해 가변자본으로 전환된 부분은, 생산과정 내부에서 활동하는 노동력으로 기능하

고 이 노동력의 지출을 통해서 자신을 상품형태의 새로운 가치로 반복해서 생산〔즉 재생산〕한다(그것은 선대된 자본가치의 새로운 생산이라는 의미를 갖는 재생산이다!). 한편 노동자는 자신이 판매한 노동력의 가치〔혹은 가격〕를 생활수단〔즉 자신의 노동력을 재생산하는 수단〕에 지출한다. 가변자본과 동일한 화폐액이 그의 수취분〔즉 수입〕을 이루고, 이 수입은 그가 자본가에게 자신의 노동력을 팔 수 있는 동안만 지속된다.

임노동자의 상품〔그의 노동력 그 자체〕은 단지 그것이 자본가의 자본에 합체되어 자본으로서 기능하는 한에서만 상품으로 기능한다. 다른 한편 자본가가 화폐자본으로 노동력의 구입에 지출하는 자본은 노동력의 판매자〔즉 임노동자〕에게 수입으로서 기능한다.

여기에는 스미스가 구별하지 못한 다양한 유통과정과 생산과정이 서로 얽혀 있다.

첫째, 유통과정에 속하는 행위. 노동자는 자신의 상품〔노동력〕을 자본가에게 판매한다. 자본가가 노동력을 구입하는 화폐는, 그의 관점에서는 가치증식을 위해 투하된 화폐〔즉 화폐자본〕이다. 그것은 지출된 것이 아니라 선대된 것이다(이것이 '선대'(Vorschuß) — 중농학파의 avance — 의 참된 의미이며, 이때 자본가가 이 화폐를 어디에서 가져오는지는 전혀 중 M379
요하지 않다. 자본가가 생산과정의 목적을 위해 지불하는 모든 가치는 이 지불이 언제 이루어졌든 상관없이, 그의 관점에서는 선대된 것이다. 그 가치는 생산과정 그 자체에 선대된 것이다). 여기에서 일어나는 일은 단지 모든 상품판매에서 일어나는 것과 똑같은 것일 뿐이다. 판매자는 사용가치(여기에서는 노동력)를 주고 화폐로 그 가치를 받는다(가격을 실현한다). 구매자는 자신의 화폐를 주고 그 대신 상품 그 자체(여기에서는 노동력)를 얻는다.

둘째, 이제 생산과정에서는 구입된 노동력이 기능자본의 일부를 이룬다. 그리고 노동자 자신은 여기에서 단지 이 자본 가운데 생산수단의 현물형태로 존재하는 요소와 구별되는 하나의 특수한 현물형태로만 기능한다. 이 과정에서 노동자는 자신의 노동력을 지출함으로써 자신이 생산물로 전화시킨 생산수단에, 자신의 노동력 가치와 같은 크기의 가치를(잉여가치는 무시한다) 부가한다. 그러므로 노동자는 자본가가 자신에게 임금으로 이미 선대하였거나 혹은 선대할 자본 부분을 자본가를 위하여 상품형태로 재생산〔즉 이 자본 부분의 등가를 생산〕한다. 따라서 그는 자본가를 위하여 자본가가 다시 노동력 구입에 '선대'할 수 있는 바로 그 자본을 생산한다.

셋째, 상품이 판매될 때 그 판매가격의 일부는 자본가에게 그가 선대한 가변자본을 보전해주고, 그리하여 한편으로 자본가는 다시 노동력을 구입할 수 있고 다른 한편으로 노동자는 다시 노동력을 판매할 수 있게 된다.

모든 상품의 구매와 판매에서 — 거래 그 자체만 볼 경우 — 판매자가 자신의 상품을 판매하여 얻은 화폐가 그의 수중에서 어떻게 되는지, 또 구매자가 사들인 유용물품이 그의 수중에서 어떻게 되는지는 전혀 중요한 문제가 아니다. 따라서 단지 유통과정만 고찰할 경우, 자본가가 구매한 노동력이 그를 위하여 자본가치를 재생산하는 것이나, 다른 한편 노동력의 구입가격으로 얻은 화폐가 노동자에게 수입을 이룬다는 것도 모두 똑같이 전혀 중요하지 않다. 노동자가 거래하는 물품〔즉 그의 노동력〕의 가치량은 그것이 노동자의 '수입'을 이룬다는 사실이나 구매자가 그의 거래물품을 사용하여 구매자를 위한 자본가치를 재생산한다는 사실로부터는 아무 영향을 받지 않는다.

노동력의 가치〔즉 이 상품의 적절한 판매가격〕는 그것의 재생산에 필요한 노동량에 의해서 결정되며, 이 노동량은 노동자에게 필요한 생활수단을 생산하는 데 소요되는〔즉 그의 생활을 유지하는 데 필요한〕 노동량
M380 에 의해 결정되기 때문에, 임금은 노동자가 살아가는 데 필요한 수입이 된다.

스미스의 다음과 같은 말은 전적으로 잘못된 것이다(223쪽).

자본 가운데 생산적 노동의 유지를 위하여 투하되는 부분은 …… 그것이 그(자본가)를 위해 자본의 기능을 수행하고 나면 …… 그들(노동자들)의 수입을 이룬다.

자신이 구입한 노동력의 대가로 자본가가 지불하는 화폐가 '그를 위해 자본의 기능을 수행하는' 것은 그것을 통해 그가 노동력을 자신의 자본 가운데 물적인 구성 부분들과 합체하고, 그럼으로써 자신의 자본을 비로소 생산자본으로 기능할 수 있도록 하기 때문이다. 다음의 내용을 구별하자. 노동력은 노동자의 수중에서는 자본이 아니라 상품이다. 그리고 노동력이 노동자에게서 수입을 이루는 것은, 그가 끊임없이 노동력을 반복해서 판매할 수 있기 때문이다. 노동력은 판매되고 나면 자본가의 수중에서 생산과정 동안 자본으로 기능한다. 여기에서 노동력은 두 번의 기능을 수행한다. 즉 노동자의 수중에서는 가치대로 판매되는 상품으로, 그리고 또 그것을 구매한 자본가의 수중에서는 가치와 사용가치를 생산하는 힘으로 기능을 수행한다. 그러나 노동자가 자본가에게 화폐를 받는 것은, 그가 자본가에게 자신의 노동력을 사용하게 한 다음〔즉 노동력이 이미 노동생산물의 가치 속에 실현된 후〕에야 비로소 이루어진다. 자본가는 그것을 지불하기 전에 이미 이 가치를 자신의 수중에 갖고 있다. 따라서 두 번의 기능을 수행하는 것은 화폐〔처음에는 가변자본의 화폐형태로, 그 다음에는 임금으로〕가 아니다. 두 번의 기능을 수행하는 것은 바로 노동력이다. 즉 그것은 처음에 노동력이 판매될 때 상품으로 기능한다(지불될 임금의 계약이 이루어질 때 화폐는 단지 관념적인 가치량에 지나지 않으며 아직 자본가의 수중에 있어야 할 필요가 없다). 그런 다음 두 번째로 그것은 생산과정에서 기능하는데 이때 노동력은 자본가의 수중에서 자본〔즉 사용가치와 가치를 만들어내는 요소〕으로 기능한다. 노동력은 노동자에게 지불할 등가를, 자본가가 그것을 노동자에게 화폐형태로 지불하기 전에, 이미 상품형태로 공급한다. 즉 노동자는 자본가가 자신에게 지불할 지불재원을 자신이 직접 만드는 것이다. 그런데 그것이 전부가 아니다.

노동자는 자신이 받은 화폐를 자신의 노동력〔즉 (자본가계급과 노동자계급의 총체적인 관점에서) 자본가가 자본가로 머물 수 있게 만드는 도구〕을 유지하기 위하여 지출한다.

따라서 노동력의 끊임없는 구매와 판매는 한편으로 노동력을 자본의 요소로 영속화한다. 이를 통해서 자본은 상품〔즉 가치를 갖는 유용물품〕
M381 의 창조자로 나타나고 또한 노동력을 구매하는 자본 부분은 노동력 자신의 생산물에 의해 끊임없이 생산됨으로써 결국 노동자는 자신에게 지불되는 자본재원을 스스로 끊임없이 만들어내는 셈이 된다. 또 다른 한편 노동력의 끊임없는 판매는 계속 갱신되는 노동자의 생계 원천이 되며, 따라서 그의 노동력은 그가 살아가기 위한 수입을 얻는 능력으로 나타난다. 여기에서 수입은 단지 어떤 한 상품(노동력)의 끊임없이 반복되는 판매로 이루어지는 가치의 취득을 의미할 뿐이고 이때 이 가치는 오로지 판매되어야 할 상품의 끊임없는 재생산을 위해서만 사용된다. 그런 점에서 스미스가, 노동자 자신이 만들어낸 생산물의 가치 중에서 자본가가 그에게 임금의 등가형태로 지불하는 부분이 노동자에게 수입의 원천이 된다고 말한 부분은 옳다. 그러나 그렇다고 해서 상품가치 가운데 이 부분의 성질이나 크기가 바뀌는 것은 아니다. 그것은 생산수단이 자본가치로 기능한다고 해서 생산수단의 가치가 변하지 않는 것이나 혹은 직선이 어떤 삼각형의 밑변이나 타원형의 지름으로 기능한다고 해서 그 직선의 성질이나 길이가 변하지 않는 것과 마찬가지 원리이다. 노동력의 가치는 이 생산수단의 가치처럼 독립적으로 결정된다. 상품의 이 가치 부분은, 그것을 구성하는 별도의 요소인 수입으로 이루어지는 것도 아니고, 스스로 수입으로 분해되는 것도 아니다. 노동자가 끊임없이 재생산하는 이 새로운 가치가 노동자에게 수입의 원천을 이룬다고 해서 역으로 그의 수입이 그가 생산하는 새로운 가치의 구성 부분이 되는 것은 아니다. 그가 만들어낸 새로운 가치 가운데 그에게 지불되는 몫의 크기가 그의 수입의 크기를 결정하는 것이

지 그 반대는 아니다. 새로운 가치의 이 부분이 그의 수입을 이룬다는 사실은 단지 그것이 무엇이 되는지〔즉 그것이 어떻게 사용되는 것인지〕를 보여줄 뿐이며 이 가치 부분의 형성은 물론 다른 어떤 가치 부분의 형성과도 관계가 없다. 내가 매주 10탈러(Taler)의 수입을 얻는다는 사실은 이 10탈러 가치의 성질은 물론 그 크기에도 아무런 영향을 미치지 않는다. 다른 모든 상품과 마찬가지로 노동력의 경우에도 그 가치는 그것의 재생산에 필요한 노동량에 의해 결정된다. 이 노동량이 노동자의 생활필수품의 가치에 의해 결정되고, 따라서 그의 생활조건을 재생산하는 데 필요한 노동과 같은 크기라는 사실은, 이 상품(노동력)이 갖는 독특한 성질이긴 하지만, 그것이 독특하다는 의미는 단지 역축의 가치가 그것을 유지하는 데 필요한 생활수단의 가치〔즉 이 생활수단을 생산하는 데 필요한 인간의 노동량〕에 의해 결정된다는 정도의 의미일 뿐이다.

그러나 여기에서 스미스를 혼란에 빠뜨린 주범은 '수입'이라는 범주다. 그에게 온갖 종류의 수입은 1년 동안 생산되어 새로 만들어진 상품가 M382
치의 '구성 부분'을 이룬다. 반면 역으로 이 상품가치가 자본가에게서 분할된 두 부분—하나는 노동을 구매할 때 화폐형태로 선대된 그의 가변자본의 등가이며 다른 하나는 그가 아무런 비용도 들이지 않고 소유하게 된 잉여가치 부분이다—은 그의 수입원을 이룬다. 가변자본의 등가는 새롭게 노동력에 선대되고 그런 점에서 그것은 노동자에게 임금이라는 형태의 수입을 이룬다. 다른 한 부분〔잉여가치〕은 어떤 자본선대도 보전할 필요가 없기 때문에 자본가는 이것으로 어떤 종류의 자본가치를 형성하는 대신 그것을 소비수단(필수품과 사치품)으로 지출〔수입으로 소비〕할 수 있다. 이 수입의 전제는 상품가치 그 자체이며, 이 상품가치의 구성 부분은, 단지 그것들이 그가 선대한 가변자본가치에 상당하는 등가를 이루는가, 그렇지 않으면 이 가변자본가치를 넘어서는 초과분을 이루는가에 따라서만 구별된다. 이들 둘은 모두 상품생산이 이루어지는 동안 지출되면서 노동을 창출해낸 노동력으로만 이루어져 있다. 그것들은 소득이나 수입이 아니라 지출〔노동의 지출〕로 이루어져 있다.

상품가치가 수입의 원천이 되는 것이 아니라 수입이 상품가치의 원천이 된다는 이 오류에 따르면, 상품가치는 이제 각종 수입으로 '합성된' 것으로 나타난다. 이들 수입은 각기 독립적으로 결정되고 이들 수입의 가치량을 모두 합하면 상품의 총가치가 결정된다. 그러나 만일 그렇다면 이제 상품가치의 원천이 되는 이들 수입 각각의 가치는 어떻게 결정되는 것인지 의문이 제기된다. 임금의 경우에는 이것이 문제가 되지 않는다. 왜냐하면 임금은 자신의 상품인 노동력의 가치이며, 이 가치는 (다른 모든 상품의 가치와 마찬가지로) 그 상품의 재생산에 필요한 노동에 의해 결정되기 때문이다. 그러나 잉여가치〔혹은 스미스에게서는 그 두 가지 형태인 이윤과 지대〕는 어떻게 결정되는가? 여기에는 단지 공허한 헛소리만 있을 뿐이다. 스미스는 어떨 때는 임금과 잉여가치(혹은 임금과 이윤)를 상품가치〔즉 가격〕의 구성 부분이라고 설명하다가 또 어떨 때는(때로는 앞의 설명과 거의 동시에) 그것들을 상품가격에서 '분해되는'(resolves itself) 요소들이라고 설명한다. 즉 앞의 설명과는 반대로 상품가치가 먼저 주어진 것이고 이 주어진 가치의 각기 다른 부분들이 생산과정에 참여하는 각기 다른 사람들의 손에 다양한 수입의 형태로 배분된다고 설명한 것이다. 이것은 가치가 이들 세 '구성 부분'으로 이루어진다는 것과 결코 같지 않다. 가령 내가 서로 다른 세 개의 직선 길이를 따로따로 정하고 나서 이 세 개의 직선을 '구성 부분'으로 삼아 그것들의 길이의 합과 같은 제4의 직선
M383 을 만든다면, 그것은, 나에게 주어진 어떤 직선을 어떤 목적에서 각기 다른 세 부분으로 나누는〔즉 '분해하는'〕 과정과 결코 같은 것이 아니다. 전자에서 직선의 길이는 합해지는 세 직선의 길이에 따라 항상 변동한다. 그러나 후자에서 세 선분의 길이는 그것들이 주어진 길이의 한 직선의 부분들이라는 사실 때문에 처음부터 제한되어 있다.

그러나 사실 스미스의 설명 가운데 옳은 부분—즉 사회의 연간 상품생산물(각각의 개별 상품 혹은 하루나 일주일간의 생산물일 경우에도 마

찬가지이다)에 포함된 가치(연간 노동에 의해 새롭게 만들어진)는 선대된 가변자본의 가치(노동력을 새로 구입하는 데 사용될 가치 부분)와 잉여가치(다른 조건이 불변이고 단순재생산의 조건이 유지될 경우 자본가가 자신의 개인적 소비수단을 통해 실현할 수 있는)의 합과 같다는 것 — 을 우리가 잊지 않고, 또한 스미스가 가치를 만드는〔즉 노동력이 지출되는〕 노동과 사용가치를 만드는〔즉 합목적적인 유용한 형태로 지출되는〕 노동을 혼동한다는 것도 우리가 잊지 않는다면, 우리는 스미스의 전체적인 생각을 다음과 같이 정리할 수 있다. 모든 상품의 가치는 노동의 생산물이다. 따라서 연간 노동생산물의 가치 혹은 연간 사회적 상품생산물의 가치도 역시 그러하다. 그러나 모든 노동은 ① 노동자가 자신의 노동력을 구입하는 데 선대된 자본의 등가를 재생산하는 부분에 해당하는 필요노동시간, ② 자본가에게서 아무런 등가도 지불받지 않고 노동자가 자본가에게 제공하는 가치〔잉여가치〕에 해당하는 잉여노동의 두 부분으로 나누어진다. 따라서 모든 상품가치는 단지 이 두 구성 부분으로만 분해될 수 있고, 이것들은 궁극적으로 노동자계급에게는 임금의 형태로, 자본가계급에게는 잉여가치의 형태로 각자의 수입을 이룬다. 그러나 불변자본가치〔즉 연간 생산물의 생산에 소비되는 생산수단의 가치〕와 관련하여, 이 가치가 어떻게 해서 새로운 생산물의 가치에 들어가게 되는지는(자본가가 자신의 상품을 판매하면서 그것을 구매자에게 부담시킨다는 말 외에는) 말할 수 없다. 그러나 궁극적으로 이 가치 부분도 생산수단 그 자체가 노동의 생산물이기 때문에 역시 가변자본의 등가와 잉여가치〔즉 필요노동의 생산물과 잉여노동의 생산물〕로만 이루어질 수밖에 없다. 이 생산수단의 가치가 그 사용자들의 수중에서 자본가치로 기능한다고 해서, 이 가치도 '처음에는'(그 근원을 따라 올라가보면 다른 사람의 수중에서) — 비록 과거이기는 하지만 — 역시 이들 두 가치 부분〔즉 서로 다른 두 소득원천〕으로 나누어진다는 것을 부인할 수는 없다.

여기에서 한 가지 옳은 점은, 사회적 자본〔즉 개별 자본들의 총체〕의 M384

운동에서는 개별 자본을 따로따로 고찰하는 경우〔즉 개별 자본가의 관점에서 볼 경우〕와는 모든 것이 다르게 나타난다는 점이다. 후자의 경우 상품가치는 ① 어떤 불변의 요소(스미스가 말하는 제4의 요소)와 ② 임금 및 잉여가치의 합계〔즉 임금, 이윤, 지대의 합계〕로 분해된다. 그러나 사회적 관점에서는 스미스가 말하는 제4의 요소〔즉 불변자본가치〕는 사라져 버린다.

ㅁ. 요약

세 가지 수입〔즉 임금, 이윤 및 지대〕이 상품가치의 세 가지 '구성 부분'을 이룬다는 터무니없는 정식은 스미스에게서 좀더 그럴듯한 정식, 즉 상품가치가 이들 세 가지 구성 부분으로 저절로 분해된다는 견해에서 생겨난다. 이 정식도 역시 틀린 것인데 그것은 설사 상품가치가 오직 소비된 노동력의 등가와 노동력에 의해 만들어진 잉여가치로만 나누어진다고 가정하더라도 틀린 것이다. 그러나 여기에서 오류는 다시 좀더 깊고 근본적인 문제와 연결되어 있다. 자본주의적 생산은 생산적 노동자가 자신의 노동력을 상품으로 자본가에게 팔고, 그런 다음 이 노동력이 자본가의 수중에서 단지 그의 생산자본의 한 요소로만 기능한다는 사실에 기초한다. 유통에 속하는 이 거래〔노동력의 판매와 구매〕는 생산과정을 준비할 뿐만 아니라, 암묵적으로 생산과정의 특수한 성격을 규정한다. 사용가치의 생산과 심지어 상품의 생산까지도(상품생산은 독립된 생산적 노동자들에 의해서도 수행될 수 있기 때문이다) 여기에서는 오로지 자본가를 위하여 절대적 잉여가치와 상대적 잉여가치를 생산하는 수단일 뿐이다. 이런 이유로 우리는 생산과정의 분석에서 절대적 잉여가치와 상대적 잉여가치의 생산이 어떻게 ① 하루의 노동과정의 길이를 결정하고, ② 자본주의적 생산과정의 사회적·기술적인 전체 모습을 결정하는지를 보았다. 이 생산과정 내부에서 가치(불변자본가치)의 단순한 유지, 선대된 가치(노동력의 등가)의 현실적인 재생산, 그리고 자본가가 과거에 등가를 지불한 적도 없고, 앞으로 지불하지도 않을 가치〔즉 잉여가치〕의 생산 사이의 구별이 이루어진다.

잉여가치〔자본가가 선대한 가치의 등가를 초과하는 가치〕의 획득은 노동력의 구매와 판매를 통해서 시작되긴 하지만 사실상 생산과정 내부에서 이루어지는 행위이고 또한 그 생산과정의 본질적인 계기를 이루는 것이기도 하다. M385

하나의 유통행위를 이루는 예비적 행위〔즉 노동력의 구매와 판매〕는 그 자신 또한 생산요소의 분배(사회적 생산물의 분배에 선행하면서 동시에 그것의 전제가 되는)—즉 노동자의 상품인 노동자의 노동력과 비노동자의 소유물인 생산수단의 분리—에 기초한다.

그러나 동시에 이런 잉여가치의 획득〔즉 가치생산이 선대가치의 재생산과 아무런 등가도 보전하지 않는 새로운 가치(잉여가치)의 생산으로 나누어지는 것〕이 가치 그 자체의 실체나 가치생산의 성질을 변화시키는 것은 결코 아니다. 가치의 실체는 여전히 지출된 노동력—이 노동이 갖는 특수한 유용성과는 무관한 노동—일 뿐이며 가치생산도 이런 지출의 과정일 뿐이다. 예를 들어 어떤 농노가 6일 동안 자신의 노동력을 지출〔즉 6일 동안 노동〕한다고 하자. 그리고 가령 그가 이 노동일 가운데 3일은 자신을 위하여 자신의 논밭에서 일하고 3일은 영주를 위하여 영주의 논밭에서 일한다 하더라도, 그것이 이 노동력의 지출이라는 사실 자체를 변화시키지는 않는다. 자신을 위한 자발적인 노동이나 영주를 위한 강제노동이나 모두 똑같은 노동이다. 이 노동이 그것에 의해 만들어진 가치〔혹은 유용생산물〕와 관련된 노동으로 간주되는 한, 6일간의 노동에는 아무런 차이도 없다. 차이는 그의 6일간의 노동시간이 절반씩 나뉘어서 지출되는 조건과 관련되어 있을 뿐이다. 임노동자의 필요노동과 잉여노동도 마찬가지이다.

상품에서는 생산과정이 보이지 않는다. 그 상품의 생산에 노동력이 지출되었다는 사실은 이제 그 상품이 가치를 지닌다는 물적 속성으로 나타난다. 이 가치의 크기는 지출된 노동의 크기에 의해 측정된다. 따라서 상품가치는 그것 이외의 어떤 것으로도 분해되지 않고 그것 이외의 어떤 것으로도 이루어져 있지 않다. 내가 일정한 길이의 직선을 그었다면, 나는 우선 나와 독립된 몇 가지의 규칙(법칙)에 따라 이루어지는 작도법에 의하여, 하나의 직선을 '생산한' 것이다(물론 내가 이미 이전부터 알고 있던 것이어서 단지 상징적인 것에 불과하지만). 내가 이 직선을 세 부분으로 나누더라도(이것은 다시 어떤 다른 문제 때문일 수 있다), 이들 각각의 세
M386 부분은 여전히 직선이며 그것들을 합한 전체 직선은 이 분할로 인해 직선이 아닌 다른 어떤 것〔예를 들어 어떤 종류의 곡선〕으로 분해되지 않는다. 마찬가지로 나는 주어진 길이의 선을 분할한 다음 분할된 각 부분을 다시 합하여 분할 이전보다 더 긴 선을 만들 수도 없다. 즉 분할되지 않은 선의 길이가 자의적으로 분할된 각 부분들의 길이에 의해 결정되지는 않는다. 오히려 반대로 이들 부분들의 상대적인 길이는 분할되기 전의 선의 길이에 의해 처음부터 한정되어 있다.

그런 점에서 자본가가 생산한 상품은 독립 노동자나 노동자 공동체, 혹은 노예가 생산한 상품과 조금도 다르지 않다. 그렇지만 우리의 경우에는 노동생산물과 가치 전체가 자본가의 것이다. 다른 모든 생산자와 마찬가지로 자본가도 우선 상품을 판매하여 화폐로 전화시켜야만 생산활동을 계속할 수 있다. 즉 그는 상품을 일반적 등가의 형태로 바꾸어야만 한다.

화폐로 전화되기 전의 상품생산물을 살펴보자. 그것은 모두 자본가의 것이다. 다른 한편 그것은 또한 유용한 노동생산물〔사용가치〕로서 전적으로 과거 노동과정의 생산물이다. 하지만 그 가치는 그렇지 않다. 이 가치 가운데 일부는 상품의 생산에 지출된 생산수단의 가치가 새로운 형태로 재현된 것일 뿐이다. 이 가치는 이 상품의 생산과정에서 생산된 것이 아니다. 왜냐하면 생산수단은 생산과정 이전에 이미 그것과 무관하게 이 가치를 가지고 있었기 때문이다. 생산수단은 이 가치의 담지자로서 생산

과정에 들어간 것이다. 새롭게 변한 것은 단지 이 가치의 현상형태일 뿐이다. 상품가치에서 이 부분은 자본가의 입장에서는 자신이 선대한 불변자본가치 가운데 상품생산과정에서 소비된 부분의 등가를 이루는 것이다. 그것은 이전에는 생산수단의 형태로 존재하였다. 이제 그것은 새로 생산된 상품가치의 구성 부분으로 존재한다. 이 상품이 판매되면, 이제 화폐로 존재하게 된 이 가치는 다시 생산수단〔즉 생산과정과 거기에서의 기능에 의해 규정되는 본래 형태〕으로 전화되어야 한다. 이 가치가 수행하는 자본기능 때문에 상품의 가치성격이 변하는 것은 아니다.

상품의 두 번째 가치 부분은 임노동자가 자본가에게 판매하는 노동력의 가치이다. 그것은 생산수단의 가치와 마찬가지로 노동력이 투입되는 생산과정과는 무관하게 결정된다. 그것은 노동력이 생산과정에 들어가기 전에 노동력의 구매와 판매라는 유통행위 속에서 확정된다. 임노동자는 자신의 기능〔노동력의 지출〕에 의하여 자본가가 자신의 노동력을 사용하는 대가로 지불하는 가치와 같은 크기의 상품가치를 생산한다. 그는 자본 M387
가에게 이 가치를 상품으로 주며, 자본가는 그에게 이 가치를 화폐로 지불한다. 상품가치 가운데 이 부분이 자본가의 입장에서는 자신이 임금으로 선대해야 하는 가변자본의 등가일 뿐이라고 해서, 그것 때문에 이 가치 부분이 생산과정에서 새로 만들어진 상품가치이고, 이 상품가치 속에 바로 잉여가치〔즉 이미 지출된 노동력〕가 포함되어 있다는 사실이 변하는 것은 결코 아니다. 또한 이 사실은 자본가가 임금의 형태로 노동자에게 지불하는 노동력의 가치가 노동자의 입장에서는 수입의 형태를 취하고 그럼으로써 노동력과 임노동자계급, 따라서 자본주의적 생산 전체의 토대가 끊임없이 재생산된다는 점에 의해서도 전혀 영향을 받지 않는다.

그러나 이들 두 가치 부분의 합계가 상품가치 전체를 이루는 것은 아니다. 이 양자를 초과하는 부분, 즉 잉여가치가 남아 있다. 임금으로 선대된 가변자본을 보전하는 가치 부분과 마찬가지로, 이 잉여가치도 생산과정에서 노동자가 새로 만든 가치〔응결된 노동〕이다. 단지 이것은 생산물 전체의 소유자인 자본가가 아무런 비용도 들이지 않은 것일 뿐이다. 바로 이런 성격 때문에 자본가는 이것을 사실상 모두 자신의 수입으로—그가 이중 일부를 다른 관계자에게 양도할 필요가 없을 경우(즉 예를 들어 토지소유자에게 지대로 지불하는 등의 필요가 없을 경우인데 혹시 그가 이를 지불해야 한다면 그 부분은 이 제3자의 수입을 이루게 된다)—소비할 수 있다. 또한 바로 이 성격은 우리들의 자본가가 상품생산에 몰입하게 된 동기이기도 하였다. 그러나 잉여가치를 획득하려는 자본가의 원래의 그 좋은 의도도 그리고 그 잉여가치를 자신과 다른 사람들의 수입으로 나중에 지출하는 것도 모두 잉여가치 그 자체에는 영향을 미치지 않는다. 즉 그것들은 잉여가치가 응결된 불불노동이라는 사실이나 잉여가치의 크기에(이 크기는 전혀 다른 조건에 의해서 결정된다) 아무런 영향을 미치지 않는다.

하지만 만약 스미스가(그는 실제로 그렇게 했다) 이미 상품가치를 고찰하면서 전체 재생산과정에서 상품가치의 각 부분들이 수행하는 역할을 살펴보려고 하였다면, 그는 다음 사실을 분명히 알게 되었을 것이다. 즉 만일 이들 각 부분이 수입으로 기능한다면 그것들은 마찬가지로 자본으로도 끊임없이 기능할 것이라는 점이다. 따라서 그는 자신의 논리에 따라 이들 부분을 상품가치의 구성 부분〔혹은 상품가치가 분해되는 부분〕으로 표시할 수밖에 없었을 것이다.

스미스는 상품생산 일반을 자본주의적 상품생산과 동일시한다. 생산수단은 처음부터 '자본'이며 노동은 처음부터 임노동인 것이다. 그러므로

M388 유용한 생산적 노동자의 수는 …… 항상 그들에게 일을 시키기 위하여 사용되는 자본의 양에 비례한다.(서론, 12쪽)

요컨대 노동과정의 각 요소(물적 요소와 인적 요소 모두)는 처음부터 자본주의적 생산시기라는 외피를 뒤집어쓰고 나타나는 것이다. 따라서

상품가치의 분석도 이 가치가 한편으로는 투하자본의 단순한 등가와 또 다른 한편으로 선대자본가치를 보전하지 '않는' 가치〔즉 잉여가치〕로 얼마만큼 구성되는지에만 직접적인 관심이 몰려 있다. 그리하여 이런 관점에서 비교된 상품가치의 각 부분들은 은연중에 상품가치의 독립적인 '구성 부분'으로 전화하고 결국은 '모든 가치의 원천'으로 전화한다. 거기에 덧붙여 상품가치는 다양한 종류의 수입으로 구성〔혹은 '분해'〕되기 때문에 수입이 상품가치로 구성되는 것이 아니라 상품가치가 '수입'으로 구성된다. 그러나 상품가치〔혹은 화폐〕가 자본가치로 기능한다고 해서 상품가치와 화폐 그 자체의 성질이 변하지 않는 것과 마찬가지로, 상품가치가 나중에 누군가의 수입으로 기능한다고 해서 그것 때문에 상품가치가 변하지는 않는다. 스미스가 문제로 삼는 상품은 처음부터 상품자본(그것은 상품의 생산에 소비된 자본가치 외에 잉여가치를 함께 포함한다)이다. 즉 그것은 자본주의적으로 생산된 상품이자 자본주의적 생산과정의 결과물이다. 그러므로 이 과정〔그리고 여기에 포함된 가치증식 및 가치형성 과정〕이 먼저 분석되었어야만 했다. 이 과정의 전제도 역시 상품유통이기 때문에 이 과정을 설명하기 위해서는 그것과 독립된, 그리고 그것에 선행하는 상품의 분석이 필요하였다. 그러나 스미스는 가끔 '심오한 길을 거쳐' 올바른 방향으로 접어들었을 때조차도 상품 분석〔즉 상품자본의 분석〕을 하면서 항상 가치생산을 단지 참조사항으로만 간주하였다.

제3절 애덤 스미스 이후의 경제학자들[8)]

리카도는 스미스의 이론을 거의 말 그대로 재생산한다.

8) 여기서부터 이 장 끝부분까지는 제2고에서 추가된 부분임.

일국의 모든 생산물이 소비된다는 것에는 누구도 동의할 수밖에 없지만, M389 그것이 다른 가치를 재생산하는 사람들에 의해 소비되는 경우와 그렇지 않은 사람들에 의해 소비되는 경우 사이에는 엄청난 차이가 있다. 우리가 수입을 저축하여 자본에 부가한다고 말할 때 그것이 의미하는 것은 수입 가운데 자본에 부가되는 부분은 비생산적인 노동자가 아니라 생산적인 노동자들에 의해 소비된다는 것이다.(『경제학 원리』, 163쪽)

사실상 리카도는 상품가격이 임금과 잉여가치(혹은 가변자본과 잉여가치)로 분해된다는 스미스의 이론을 그대로 수용한다. 스미스와 그가 다른 점은 다음과 같다.

① 잉여가치의 구성 부분과 관련된 견해에서 그는 지대를 잉여가치의 필수 요소로 인정하지 않는다.

② 리카도는 상품가격을 이들 성분으로 쪼갠다. 즉 가치의 크기는 이미 주어져 있다. 말하자면 각 구성 부분들의 합이 주어진 크기로 전제되고 그것이 출발점이 되는데 이것은 스미스가 종종 자신의 심오한 견해를 거슬러 가면서 정반대 방향으로 말했던 내용, 즉 상품가치의 크기는 나중에 구성 부분들을 합해서 만들어진다고 하는 것과는 다른 것이다. 램지는 리카도에 대해 다음과 같은 반론을 편다.

리카도는 생산물 전체가 단지 임금과 이윤으로 나누어질 뿐만 아니라, 그중 일부가 고정자본의 보전을 위해서도 필요하다는 것을 망각하고 있다.(『부의 분배에 관한 고찰』, 에든버러, 1836, 174쪽)

램지가 고정자본이라고 말하는 것은 내가 말하는 불변자본과 같은 것이다.

고정자본은 노동이 들어간 상품의 생산에는 기여하지만 노동자의 생계

에는 기여하지 않는 형태로 존재한다.(59쪽)

스미스는, 상품가치는 물론 사회적 연간 생산물의 가치도 임금과 잉여가치〔즉 단순한 수입〕로 분해된다는 자신의 견해가 필연적으로 도달하는 결론, 즉 연간 생산물은 결국 모두 소비될 수 있다는 결론은 받아들이지 않는다. 그런 불합리한 결론을 이끌어낸 사람들은 따로 있다. 그것은 장 바티스트 세이나 매컬럭 들에 의해 이루어진 일이다.

실로 세이는 이 문제를 매우 간단하게 해결한다. 어떤 사람에게 자본선대인 것이 다른 사람에게는 수입과 순생산물이다(혹은 순생산물이었다). 총생산물과 순생산물의 구별은 순전히 주관적인 것이며,

> 이처럼 사회적 생산물의 총가치는 수입으로 배분되어왔다.(세이, 『경제학 개론』 제2권, 1817, 64쪽) 모든 생산물의 총가치는, 그것의 생산에 기여한 토지소유자, 자본가, 근로자의 이윤으로 구성된다.{임금이 여기에서는 근로자의 이윤으로 표기된다!} 이렇기 때문에 사회의 수입은 **생산된 총가치**와 같으며, 경제학자들의 일파{중농학파}가 말하는 것처럼 토지의 순생산물과 같은 것이 아니다.(63쪽) M390

이런 세이의 발견은 누구보다도 먼저 프루동에게 수용되었다.

슈토르흐(H. Storch)는, 원칙적으로 스미스의 교의는 수용했지만, 세이의 응용은 받아들이지 않았다.

> 만약 한 나라의 수입이 그 총생산물과 같다는 것, 즉 어떤 자본{불변자본이라고 해야 맞다}도 거기에서 공제되지 않는다는 것을 인정한다면, 이 나라는 자신의 미래 수입에 어떤 손해도 끼치지 않으면서 연간 생산물의 총가치를 비생산적으로 소비할 수 있다는 것도 역시 인정해야 한다. …… 한 나라의 자본{불변자본}을 이루는 생산물은 소비할 수 없는 것이다.(슈토르흐

흐, 『국민소득의 성질에 관한 고찰』, 파리, 1824, 147, 150쪽)

그러나 슈토르흐는 이 불변자본 부분의 존재가 자신이 받아들인 스미스의 가격 분석〔즉 상품가치는 임금과 잉여가치를 포함할 뿐, 불변자본 부분은 포함하지 않는다는 분석〕과 어떻게 일치하는 것인지를 말해야 한다는 것을 잊었다. 이 가격 분석이 터무니없는 결론으로 가게 된다는 것을 그는 세이를 통해서야 비로소 알게 되었고 이 점에 대한 그의 마지막 말은 다음과 같다.

필요가격을 가장 단순한 요소들로 분해하는 것은 불가능하다.(『경제학 강의』 제2권, 상트페테르부르크, 1815, 141쪽)

시스몽디는 별도로 자본과 수입의 관계를 다루면서 사실상 이 관계의 특수한 측면을 파악하고 이를 자신의 『신경제학 원리』의 특징적인 부분으로 삼고 있지만, 과학적인 말은 단 한마디도 하지 않았고 문제의 규명에 조금도 기여하지 못하였다.

바턴, 램지 그리고 셰르뷜리에는 스미스의 견해를 넘어서고자 시도하였다. 그러나 그들은 불변자본가치와 가변자본가치의 구별을 고정자본과 유동자본의 구별에서 명확히 분리하지 못하고 처음부터 문제를 일면적으로 제기함으로써 실패하였다.

존 스튜어트 밀 역시 몸에 밴 점잔을 떨면서 스미스가 그 추종자들에게 물려준 교리를 그대로 재생산한다.

결론: 스미스의 사상적 혼란은 지금까지도 계속되고 있으며 그의 교의는 경제학의 정통 교리를 이루고 있다.

제20장

단순재생산

제1절 문제 제기

사회적 자본[9] — 개별 자본이 구성 부분을 이루는 총자본으로 이들 개별 자본의 운동은 바로 이 총자본의 운동이면서 동시에 그 운동의 한 고리를 이룬다 — 이 1년 동안 기능한 결과〔즉 사회가 1년 동안 공급하는 상품생산물〕를 살펴보면 사회적 자본의 재생산과정이 어떻게 이루어지며 이 재생산과정이 개별 자본의 재생산과정과 구별되는 성격은 무엇인지, 그리고 두 재생산과정에 공통된 성격은 무엇인지가 드러나게 되어 있다. 연간 생산물은 사회적 생산물 가운데 자본을 보전하는 부분〔즉 사회적 재생산〕을 포함하는 동시에, 소비재원으로 노동자와 자본가가 소비하는 부분도 함께 포함한다. 다시 말해서 그것은 생산적 소비와 개인적 소비 모두를 포함한다. 그것은 또한 자본가계급과 노동자계급의 재생산(즉 유지)을 포함하며, 따라서 총생산과정의 자본주의적 성격의 재생산도 포함한다. M391

9) 제2고에서.

우리가 분석하여야 할 것은 분명히 유통정식 $W' - \begin{cases} G - W \cdots\cdots P \cdots\cdots W' \\ g - w \end{cases}$ 이며, 여기에서는 반드시 소비가 일정한 역할을 수행한다. 왜냐하면 출발점인 W′=W+w라는 상품자본은 불변자본가치와 가변자본가치 그리고 잉여가치를 포함하기 때문이다. 그러므로 상품자본의 운동은 개인적 소비와 생산적 소비를 모두 포함한다. G—W……P……W′—G′과 P……W′—G′—W……P의 순환에서는 자본의 운동이 출발점이면서 종점이
M392 다. 거기에는 물론 소비도 포함된다. 왜냐하면 이 상품[즉 생산물]은 판매되어야 하기 때문이다. 그러나 이 판매가 이루어졌다고 전제하면, 개별 자본의 운동에서는 이 상품이 앞으로 무엇이 되느냐는 중요하지 않다. 반면 W′……W′의 운동에서는 바로 이 총생산물 W′의 각 가치 부분이 무엇이 될지가 논증되어야만 사회적 재생산의 조건이 인식될 수 있다. 이 경우 총재생산과정은 자본 자신의 재생산과정과 유통에 의해 매개되는 소비과정을 모두 포함한다.

우리의 당면 목적을 위하여 재생산과정은 W′의 개별 구성 부분의 가치보전과 소재보전이라는 관점에서 고찰되어야 한다. 우리는 이제 개별 자본의 생산물가치를 분석할 때처럼 개별 자본가가 자신의 상품생산물의 판매를 통해 자신의 각 자본구성 부분을 먼저 화폐로 전환한 다음 상품시장에서 생산요소의 재구매를 통해 생산자본으로 재전화할 수 있다는 전제만으로는 만족할 수 없다. 그들 생산요소는, 물적인 성질을 가졌다는 점에서 그것과 교환되고 그것에 의해 보전되는 개별적인 완성생산물과 마찬가지로, 사회적 자본의 한 구성 부분을 이룬다. 다른 한편 사회적 상품생산물 가운데 노동자가 자신의 임금을 지출하고 자본가가 자신의 잉여가치를 지출함으로써 소비하는 부분의 운동은 총생산물의 운동을 구성하는 한 고리를 이룰 뿐만 아니라 개별 자본의 운동과도 얽혀 있어서 그 과정은 단지 그것을 전제하는 것만으로는 설명할 수가 없다.

눈앞에 놓여 있는 문제는 다음과 같다. 생산과정에서 소비되는 자본은 어떻게 해서 그 가치가 연간 생산물에 의해 보전되는가, 그리고 이 보전의

운동은 자본가에 의한 잉여가치의 소비 및 노동자에 의한 임금의 소비와 어떻게 얽혀 있는가이다. 그래서 우선 단순재생산의 경우를 살펴보기로 한다. 또한 생산물들은 가치대로 교환되고 생산자본의 구성 부분들에서는 어떤 가치혁명도 일어나지 않는다고 가정한다. 가격이 가치와 일치하지 않는다고 해도 그것은 사회적 자본의 운동에 아무런 영향을 미치지 않는다. 즉 개별 자본가들이 얻는 각자의 몫이 각자가 선대한 자본이나 각자가 생산한 잉여가치와 비례하지 않는다 하더라도 교환되는 총생산물의 M393
양에는 변화가 없다. 가치혁명의 경우에는, 먼저 그것이 사회 전체에 걸쳐 고루 발생한다면, 연간 총생산물의 가치구성 부분들 사이의 비율에 아무런 변화가 없을 것이다. 그러나 가치혁명이 부분적이고 불균등하게 일어난다면 갖가지 교란이 발생할 것이다. 이 교란은 첫째 그것이 원래의 가치비율로부터의 편차로 간주될 경우에만 교란으로 이해될 수 있다. 그러나 둘째 연간 생산물의 가치 가운데 일부는 불변자본을 보전하고 다른 일부는 가변자본을 보전한다는 법칙이 입증된다면, 불변자본이나 가변자본의 가치에 혁명이 일어나더라도, 그것은 이 법칙 그 자체에는 아무런 변화를 가져오지 않는다. 그것은 단지 불변자본이나 가변자본으로 기능하는 가치 부분들의 상대적인 크기만 변화시킬 것이다. 왜냐하면 원래의 가치를 다른 가치가 대신할 것이기 때문이다.

우리가 자본의 가치생산과 생산물가치를 개별적으로 고찰할 동안에는 상품생산물의 현물형태가 무엇이든〔예를 들어 기계의 형태이든, 곡물이나 거울의 형태이든〕 분석에 전혀 중요하지 않았다. 그것은 언제나 하나의 예증에 불과한 것이었고 따라서 어떤 생산부문을 예로 들더라도 아무 문제가 없었다. 우리가 다룬 문제는 직접적 생산과정 그 자체였고 그것은 항상 한 개별 자본의 과정으로 나타났다. 자본의 재생산을 고찰하는 데는 상품생산물 가운데 자본가치를 나타내는 부분이 유통영역 내부에서 자신의 생산요소〔따라서 생산자본의 모습〕로 재전화할 수 있다는 가정만으로도 충분하였다. 마찬가지로 노동자와 자본가가 자신들의 임금과 잉여가치를 지출할 상품들을 시장에서 발견한다는 가정도 그것으로 충분했다. 그러나 사회적 총자본과 그 생산물가치를 고찰하는 데는 이제 이처럼 단지 형식적이기만 한 설명방식으로는 충분하지 않다. 생산물가치 가운데 일부가 자본으로 재전화하고 다른 일부가 자본가계급과 노동자계급의 개인적 소비로 들어가는 것은 총자본의 결과물인 생산물가치 내부의 운동이다. 그리고 이 운동은 단지 가치보전일 뿐만 아니라 소재보전이기도 하며, 따라서 사회적 생산물의 가치구성 부분들 상호 간의 비율은 물론 그것들의 사용가치〔즉 소재적인 형상〕에 의해서도 제약된다.

M394 규모가[10] 불변인 단순재생산은 하나의 추상일 뿐이다. 왜냐하면 자본주의적 토대 위에서는 축적이나 확대재생산이 이루어지지 않는다는 것이 현실과 동떨어진 가정이며 그런 생산조건이 여러 해가 지나도록 절대로 변하지 않는 법도(단순재생산에서는 바로 이것을 가정하고 있다) 없기 때문이다. 단순재생산에서는 상품의 형태가 재생산과정에서 변할 수 있는 것인데도, 주어진 가치의 사회적 자본이 올해도 지난해와 똑같이 동일한 양의 상품가치를 공급하고 동일한 양의 수요를 충족한다고 가정한다. 하지만 축적이 이루어질 경우에도 단순재생산은 항상 그것의 일부를 이루며, 따라서 그 자체로 고찰될 수 있으며 축적의 실질적인 한 요소이기도 하다. 사용가치의 양이 변하지 않더라도 연간 생산물의 가치가 감소하거나, 혹은 사용가치의 양이 감소하더라도 그 가치가 불변인 경우도 있을 수 있으며, 때로는 가치량과 재생산되는 사용가치의 양이 함께 감소하는 경우도 있을 수 있다. 이들 모든 경우는 결국 재생산이 이전보다 더 유리한 조건에서 이루어지는지 혹은 더 불리한 조건에서 이루어지는지의 문제로 귀결되는데 후자는 불완전한〔부족한〕 재생산으로 끝나버릴 수도 있다. 그러나 이들 모든 경우는 재생산의 각 요소들에 단지 양적인 측면에서만 영향을 미칠 수 있을 뿐, 이들 요소가 재생산을 하는 자본〔혹은 재생산되

10) 제8고에서.

는 수입〕으로 총과정에서 수행하는 역할에는 영향을 미칠 수 없다.

제2절 사회적 생산의 두 부문[11]

사회적 총생산물〔따라서 총생산〕은 크게 두 부문으로 나누어진다.

I. **생산수단.** 즉 생산적 소비에 투입되어야 할〔혹은 적어도 투입될 수 있는〕 형태를 가진 상품들.

II. **소비수단.** 즉 자본가계급과 노동자계급의 개인적 소비에 투입될 수 있는 형태를 가진 상품들.

이들 두 부문 각각에 속하는 다양한 생산부문 전체는 하나의 거대한 생산부문〔즉 한편으로는 생산수단의 생산부문, 다른 한편으로는 소비수단의 생산부문〕을 이룬다. 이들 두 생산부문 각각에서 사용되는 총자본은 사회적 자본에서 각기 커다란 특수한 부문을 이룬다.

각 부문에서 자본은 두 가지 구성 부분으로 나누어진다. M395

① **가변자본.** 이것은 가치의 측면에서 보면 이 생산부문에서 사용된 사회적 노동력의 가치와 같다. 따라서 그것은 이 노동력의 대가로 지불된 임금의 합계와 같다. 소재의 측면에서 보면, 그것은 활동 중인 노동력, 즉 이 자본가치가 움직이는 살아 있는 노동으로 이루어진다.

② **불변자본.** 이 부문에서 생산에 사용된 모든 생산수단의 가치. 이 생산수단은 다시 기계, 공구류, 건물, 역축 등과 같은 고정자본과 원료, 보조재료, 반제품 등과 같은 생산재료로 이루어진 **유동적** 불변자본으로 나누어진다.

두 부문 각각에서 이 자본의 도움에 의해 생산된 연간 총생산물의 가치는 생산과정에서 소비되면서 자신의 가치를 생산물에 이전하기만 하는

11) 본문은 주로 제2고에서 발췌된 것이며 표식들은 제8고에서 발췌된 것들임.

불변자본 c를 나타내는 가치 부분과 연간 총노동에 의해 부가된 가치 부분으로 나누어진다. 이 두 번째 부분은 다시 선대된 가변자본 v의 보전분과 그것을 넘어서서 잉여가치 m을 형성하는 초과분으로 나누어진다. 개별상품의 가치와 마찬가지로 각 부문의 연간 총생산물의 가치도 c+v+m으로 나누어진다.

생산과정에서 소비된 불변자본을 나타내는 가치 부분 c는 생산에 사용된 불변자본의 가치와 일치하지 않는다. 생산재료는 완전히 소비되고, 따라서 그 가치도 완전히 생산물에 이전된다. 그러나 사용된 고정자본은 단지 그 일부분만이 완전히 소비되고, 따라서 그 가치만큼만 생산물로 이전될 뿐이다. 기계, 건물 등과 같은 고정자본의 나머지 부분은 1년 동안의 마모에 의해 가치가 감소되긴 하지만 여전히 존재하면서 계속 기능한다. 고정자본 가운데 이처럼 계속해서 기능하는 부분은, 생산물가치를 고찰할 경우에는 논의에서 제외된다. 이 부분은 자본가치 중에서 새로 생산된 상품가치와는 별도로(그리고 그것과 나란히) 존재하는 부분이다. 이것은 이미 개별 자본의 생산물가치를 고찰할 때 밝혀진 부분이다(제1권 제6장, 192쪽).* 그러나 여기에서는 그때 사용한 고찰방식을 잠시 무시해야만 한다. 우리는 개별 자본의 생산물가치를 고찰하면서 마모에 의해 고정자본에서 소멸된 가치가 마모되는 기간 동안 — 이 고정자본 부분이 이 기간
M396 동안 자신이 이전한 가치로부터 현물로 보전되는지의 여부와는 상관없이 — 생산된 상품생산물에 이전된다는 것을 보았다. 그러나 사회적 총생산물과 그 가치를 고찰하는 여기에서는, 이 고정자본이 1년 동안에 다시 현물로 보전되지 않는 한, 마모에 의해 1년 동안 고정자본에서 연간 생산물로 이전되는 가치 부분은 (적어도 잠정적으로) 제외해야만 한다. 우리는 이 장의 뒷부분 절에서 이 점을 따로 설명하게 될 것이다.

* MEW Bd. 23, 217, 218쪽 참조.

—

우리는 단순재생산 연구의 기초를 다음의 표식에 두고자 한다. 이 표식에서 c=불변자본, v=가변자본, m=잉여가치이고 가치증식률 $\frac{m}{v}$=100%로 가정한다. 수치의 단위는 100만 마르크나 100만 프랑, 혹은 100만 파운드스털링 등 어떤 것이든 상관없다.

I. 생산수단의 생산:

자본…………4,000c+1,000v=5,000

상품생산물…4,000c+1,000v+1,000m=6,000은 생산수단으로 존재한다.

II. 소비수단의 생산:

자본…………2,000c+500v=2,500

상품생산물…2,000c+500v+500m=3,000은 소비수단으로 존재한다.

요약하면, 연간 총상품생산물:

I. 4,000c+1,000v+1,000m=6,000의 생산수단

II. 2,000c+ 500v+ 500m=3,000의 소비수단

우리의 가정에 따라 계속해서 현물형태로 기능하는 고정자본을 제외하면 총가치=9,000이다.

이제 우리가 만일 잉여가치가 모두 비생산적으로 소비되는 단순재생산을 기초로 하여, 거기에 반드시 필요한 갖가지 교환을 연구한다면(그리고 이때 이들 교환을 매개하는 화폐유통을 일단 무시한다면), 곧바로 다음과 같은 세 가지 단서를 얻을 수 있다.

① II부문에 속한 노동자의 임금 500v와 자본가의 잉여가치 500m은 소비수단에 지출되어야 한다. 그러나 그 가치는 II부문 자본가들의 수중에서 선대된 500v를 보전하고 이와 함께 500m을 나타내는 가치 1,000의 소

M397 비수단으로 존재한다. 결과적으로 II부문의 임금과 잉여가치는 이 부문 내에서 바로 이 부문의 생산물과 교환된다. 그리하여 (500v+500m)II=1,000이 소비수단으로 총생산물에서 사라진다.

② I부문의 1,000v+1,000m도 역시 소비수단〔즉 II부문의 생산물〕으로 지출되어야 한다. 따라서 그것은 이 부문의 생산물 나머지 부분 가운데 그만한 액수의 불변자본 부분인 2,000c와 교환되어야 한다. 이 교환을 통해서 II부문은, 그만한 액수의 생산수단〔즉 I의 1,000v+1,000m의 가치가 체화되어 있는 I의 생산물〕을 받는다. 그러므로 2,000IIc와 (1,000v+1,000m)I이 계산에서 사라진다.

③ 아직 4,000Ic가 남아 있다. 이것은 오직 I부문에서만 사용될 수 있는 생산수단으로 이루어져 있고, 그 용도는 소비된 불변자본을 보전하기 위한 것이다. 따라서 그것은 I부문의 개별 자본가들 상호 간의 교환에 의해 청산될 수 있다. 그것은 (500v+500m)II가 노동자들과 자본가들 사이에서 혹은 II부문의 개별 자본가들 상호 간의 교환에 의해 청산될 수 있는 것과 마찬가지이다.

이것은 아래의 서술 내용을 보다 잘 이해하도록 하기 위해 일단 얘기해 두는 것일 뿐이다.

제3절 두 부문 간의 교환: I(v+m)과 IIc의 교환[12)]

우리는 두 부문 사이의 커다란 교환에서 시작하기로 한다. (1,000v+1,000m)I — 이 가치는 생산수단의 현물형태로 그 생산자의 수중에 있으며 2,000IIc〔즉 소비수단의 현물형태로 존재하는 가치〕와 교환된다. 이를 통해서 자본가계급 II는 자신의 불변자본 2,000을 소비수단의 형태에서 다

12) 여기에서부터 다시 제8고가 시작된다.

시 소비수단의 생산수단 형태〔즉 다시 노동과정의 요소가 되어 가치증식을 위한 불변자본가치로 기능할 수 있는 형태〕로 전환시킨다. 또 다른 한편 이를 통해서 노동력 I의 등가(1,000Iv)와 자본가 I의 잉여가치(1,000Im)는 소비수단으로 실현된다. 즉 그 양자는 생산수단의 현물형태에서, 수입의 형태로 소비될 수 있는 현물형태로 전환된다.

그런데 이 상호 간의 교환은 화폐유통에 의해 성립되는데, 이 화폐유통은 그것을 매개하기도 하지만 동시에 그것을 이해하기 어렵게 만들기도 한다. 그러나 그것은 결정적으로 중요하다. 왜냐하면 가변자본 부분은 끊임없이 반복해서 화폐형태로〔즉 화폐형태에서 노동력으로 전환되는 화폐자본으로〕 나타나야 하기 때문이다. 사회 전반에 걸쳐서 상호 간에 동시적으로 운영되는 모든 사업부문에서 (그 사업부문이 I부문에 속하든 II부문에 속하든 상관없이) 가변자본은 화폐형태로 선대되어야 한다. 자본가가 노동력을 구입하는 것은 그것이 생산과정에 들어가기 전이지만, 그가 노동력에 대해 지불하는 것은 약정된 시간에, 즉 노동력이 이미 사용가치의 생산에 지출된 후이다. 생산물가치의 다른 부분과 마찬가지로 생산물가치 가운데 노동력의 지불에 지출된 화폐의 등가 부분〔즉 가변자본가치를 대표하는 부분〕도 역시 자본가의 것이다. 이 가치 부분을 통해서 노동자는 이미 자본가에게 자신의 임금에 대한 등가를 인도하였다. 그러나 자본가를 위해서 그의 가변자본을 다시 화폐자본(노동력의 매입에 다시 선대될 수 있는)으로 회복시켜주는 것은 상품의 화폐로의 재전화〔즉 상품의 판매〕이다.

M398

그래서 총자본가는 I부문에서 생산물 I〔즉 노동자가 생산한 생산수단〕의 가치 가운데 v로 이미 존재하는 부분에 대하여 1,000파운드스털링(내가 여기에서 말하는 파운드스털링은 단지 화폐형태로 존재하는 가치를 가리키기 위한 것일 뿐이다)=1,000v를 노동자에게 지불하였다. 노동자는 이 1,000파운드스털링을 가지고 자본가 II에게서 동일한 가치액의 소비수단을 구입함으로써 불변자본 II 가운데 절반을 화폐로 전화시킨다. 자본가 II는 다시 이 1,000파운드스털링으로 자본가 I에게서 가치가 1,000인 생산수단을 구입한다. 그럼으로써 자본가 I의 입장에서는 자신의 생산물 가운데 일부로 생산수단의 현물형태를 취하던 가변자본가치=1,000v가 다시 화폐로 전화되어 이제 자본가 I의 수중에서 새롭게 화폐자본으로 기능할 수 있게 된다. 그리고 이 화폐자본은 노동력〔즉 생산자본의 가장 중요한 요소〕으로 전환하게 된다. 이런 방식으로 자본가 I의 가변자본은, 그들의 상품자본 가운데 일부가 실현됨에 따라 자신들의 손에 화폐형태로 되돌아오게 된다.

그러나 상품자본 I의 m부분과 불변자본 II의 나머지 절반의 교환에 필요한 화폐는 다양한 방식으로 선대될 수 있다. 현실적으로 이 유통은 두 부문의 개별 자본가들 간에 이루어지는 숱한 개별적 구매와 판매를 포함하지만, 이들의 어떤 경우에도 화폐는 이들 자본가의 손에서 나와야만 한다. 왜냐하면 노동자들이 유통에 투입한 화폐량은 이미 계산을 끝냈기 때
M399 문이다. II부문의 한 자본가가 생산자본 외에 자신이 가지고 있는 화폐자본으로 I부문의 자본가들에게서 생산수단을 구입할 수도 있고, 반대로 I부문의 한 자본가가 자본지출이 아닌 개인적 지출을 위한 화폐재원을 가지고 II부문의 자본가들에게서 소비수단을 구입할 수도 있다. 이미 제1편과 제2편에서 보았듯이, 일정한 화폐준비(Geldvorräte)—자본선대를 위한 것이든 수입의 지출을 위한 것이든—는 어떤 경우에도 생산자본과 함께 자본가의 수중에 존재한다고 가정해야만 한다. 화폐 가운데 절반은(여기에서 비율이 얼마가 되든 그것은 우리의 목적과 관련하여 전혀 중요하지 않다) 자본가 II가 자신의 불변자본을 보전하기 위하여 생산수단의 구입에 선대하고, 나머지 절반은 자본가 I이 소비를 위하여 지출한다고 가정하자. 그러면 II부문은 500파운드스털링을 선대하여 그것으로 I부문에서 생산수단을 구입함으로써(앞서 말한 노동자 I에게서 나온 1,000파운드스털링을 포함하여) 자신의 불변자본 가운데 $\frac{3}{4}$을 현물형태로 보전한다. I부문은 거기에서 얻은 500파운드스털링을 가지고 II부문에서 소비수단을 구

입하고 그럼으로써 I부문의 상품자본 가운데 m 부분의 절반을 위한 유통〔즉 w—g—w〕을 완성하여 자신의 이 생산물을 소비재원으로 실현하게 된다. 이 두 번째 과정에 의해 500파운드스털링은 화폐자본으로 II부문의 수중으로 돌아오고, II부문은 자신의 생산자본 외에 이 화폐자본을 갖게 된다. 다른 한편 I부문은 자신의 상품자본 중에서 아직 생산물로 수중에 남아 있는 m 부분의 절반이 판매될 것으로 기대하고 (그것이 판매되기 전에) II부문의 소비수단을 구입하기 위해 500파운드스털링의 화폐를 지출한다. 이 500파운드스털링으로 II부문은 I부문에서 생산수단을 구입하여 자신의 불변자본 전부(1,000+500+500=2,000)를 현물로 보전하게 되고, 한편 I부문은 자신의 잉여가치 전부를 소비수단으로 실현하게 된다. 전체적으로 4,000파운드스털링의 상품교환이 2,000파운드스털링의 화폐유통으로 이루어졌는데 이 2,000파운드스털링이라는 금액은 순전히 연간 생산물 전체가 몇 개의 큰 부분으로 나누어져 한 번에 교환되는 것으로 계산하였기 때문이다. 여기에서 중요한 것은 단지 다음과 같은 점뿐이다. 즉 II부문이 소비수단의 형태로 재생산된 자신의 불변자본을 다시 생산수단의 형태로 전환시켰다는 점과, 또한 II부문이 생산수단을 구입하기 위하여 유통에 선대한 500파운드스털링도 II부문으로 돌아왔다는 점, 그리고 I부문도 마찬가지로 생산수단의 형태로 재생산한 자신의 가변자본을 다시 화폐형태〔즉 노동력으로 다시 곧바로 전환될 수 있는 화폐자본〕로 갖게 되었고, 또한 I부문이 자신의 자본 중에서 잉여가치 부분이 판매될 것을 기대하고 소비수단의 구입에 지출한 500파운드스털링도 역시 I부문으로 돌아왔다는 점뿐이다. 그러나 그것이 I부문으로 돌아온 것은 이 지출 때문이 M400
아니라 I부문의 상품생산물 가운데 잉여가치의 절반에 해당하는 부분이 나중에 판매되었기 때문이다.

두 경우 모두에서 이루어진 일은 단지 II부문의 불변자본이 생산물형태에서 다시 생산수단이라는 현물형태〔즉 자본으로 기능할 수 있는 유일한 형태〕로 전환된 것과 I부문의 가변자본 부분이 화폐형태로 전환되고 생산수단 I의 잉여가치 부분이 소비할 수 있는 형태의 수입으로 전환된 것만이 아니다. 그 밖에도 II부문에는 500파운드스털링의 화폐자본이 돌아오는데, 이 500파운드스털링은 II부문이 불변자본의 가치 가운데 그만한 액수에 해당하는 부분(이것은 소비수단의 형태로 존재한다)을 판매하기 전에, 생산수단의 구입에 선대한 것이다. 또한 I부문에서도 I부문이 소비수단의 구입을 위해 미리 지출했던 500파운드스털링이 돌아온다. II부문에서는 상품생산물 가운데 불변자본 부분의 비용으로, 그리고 I부문에서는 자신의 상품생산물 가운데 잉여가치 부분의 비용으로 선대되었던 화폐가 이처럼 두 부문으로 모두 돌아오는 것은, 오로지 전자의 자본가가 상품형태 II로 존재하는 불변자본 외에 따로 500파운드스털링을 유통시키고 후자의 자본가도 상품형태 I로 존재하는 잉여가치 외에 별도의 500파운드스털링을 유통에 투입하였기 때문이다. 그들은 결국 각자의 상품등가를 교환함으로써 서로 완전히 지불을 끝낸 것이다. 그들이 자신들의 상품가치액 외에 이 상품교환의 수단으로 유통에 투입한 화폐는 그들 각자가 유통에 투입한 비율에 따라 유통에서 각자의 부문으로 되돌아간다. 그리하여 그들 가운데 어느 누구도 한 푼도 더 번 것이 없다. II부문은 소비수단의 형태로 불변자본=2,000과 화폐형태로 500을 가지고 있었다. 이제 그것은 2,000을 생산수단의 형태로, 그리고 500은 여전히 화폐형태로 가지고 있다. 마찬가지로 I부문도 1,000의 잉여가치(상품〔즉 생산수단〕에서 이제는 소비재원으로 전화되었다)와 화폐형태로 500을 가지고 있다. ―이를 일반적으로 말해보면 다음과 같이 정리된다. 산업자본가들이 자신들의 상품유통을 매개하기 위하여 유통에 투입하는 화폐는, 그것이 상품의 불변적 가치를 염두에 둔 것이든, 혹은 상품에 포함된 잉여가치 가운데 수입으로 지출될 부분을 염두에 둔 것이든, 언제나 그들이 화폐유통을 위해 선대했던 액수만큼 각자의 수중으로 되돌아간다.

I부문의 가변자본이 화폐형태로 재전화하는 부분과 관련하여, 이 가변자본은 자본가 I에게서 그들이 그것을 임금으로 투하한 뒤에는 일단 상품

형태(노동자들이 그들에게 인도한)로 존재한다. 자본가들은 이 자본을 화폐형태로 노동자들에게 노동력의 가격으로 이미 지불하였다. 그런 점에서 자본가들은 그들의 상품생산물 가치 가운데 화폐형태로 투하된 가변 M401 자본과 같은 크기의 가치구성 부분을 이미 지불하였다. 바로 이 때문에 그들은 상품생산물에서 이 부분의 소유자들이기도 하다. 그러나 노동자계급 가운데 자본가 I에게 고용된 부류는 자신이 생산한 생산수단을 구입하는 것이 아니라, II부문에서 생산된 소비수단을 구입한다. 따라서 노동력의 대가를 지불하면서 화폐로 선대된 가변자본은 자본가 I에게 곧바로 되돌아가지 않는다. 그것은 노동자들의 구매행위를 통해서 노동대중이 필요로 하고 일반적으로 구입하는 상품의 자본주의적 생산자〔즉 자본가 II〕의 수중으로 넘어간 다음, 이 자본가 II가 그 화폐를 생산수단의 구입에 다시 지출함으로써〔즉 이런 우회로를 거쳐서〕 비로소 자본가 I의 수중으로 되돌아간다.

따라서 단순재생산의 경우 상품자본 I의 가치액 v+m은(따라서 총상품생산물 I 가운데 여기에 해당하는 비율 부분도) 역시 II부문의 총상품생산물 가운데 일정한 비율로 구분된 불변자본 IIc와 같아야 한다〔즉 I(v+m)=IIc이어야 한다〕는 것을 알 수 있다.

제4절 II부문 내에서의 교환: 생활필수품과 사치품

II부문의 상품생산물 가치 가운데 이제부터 살펴볼 부분은 v+m이다. 이 부분을 살펴보는 것은 우리가 여기에서 몰두하고 있는 가장 중요한 문제 ― 즉 각 개별 자본가의 상품생산물 가치가 c+v+m으로 분해되는 것이, 비록 현상형태는 다양하더라도, 연간 총생산물가치에도 어느 정도까지 적용되느냐는 문제 ― 와는 아무 관련이 없다. 이 문제는 한편으로는 I(v+m)과 IIc의 교환에 의해 해결되고 다른 한편으로는 (나중에 연구될 부분인) Ic가 연간 상품생산물 I로 재생산되는 것에 의해 해결된다. II(v+m)이 소비재의 현물형태로 존재하고, 노동자들에게 노동력의 대가로 선대된 가변자본이 모두 그들의 소비수단으로 지출되어야 하며, 또한 단순재생산의 조건에서 상품의 가치부분 m이 사실상 수입으로 소비수단에 지출되기 때문에, 노동자 II가 자본가 II에게 받은 임금으로 자신들의 생산물 가운데 일부분(임금으로 받은 화폐가치액의 크기만큼)을 도로 구입한다
M402 는 것은 한눈에 금방 알 수 있는 사실이다. 그것을 통해 자본가계급 II는 노동력의 지불에 선대한 자신의 화폐자본을 화폐형태로 재전화시킨다. 이것은 그들이 노동자들에게 단순한 가치징표(Wertmarken)로 지불한 것과 꼭 마찬가지이다. 노동자들이 자신이 생산한 (그리고 자본가의 소유인) 상품생산물의 일부를 구입함으로써 이 가치징표를 실현하는 순간, 이 가치징표는 자본가들의 수중으로 되돌아갈 것이다. 한 가지 특이한 점이 있다면 여기에서 이 징표는 단지 가치만 표시하는 것이 아니라 금이나 은으로 된 자신의 실체 속에 가치를 가지고 있다는 점이다. 이처럼 화폐형태로 선대된 가변자본이, 노동자계급이 구매자로 자본가계급이 판매자로 나타나는 과정을 통해서 되돌아오는 방식에 대해서는 뒤에서 좀더 자세히 다루게 될 것이다. 여기에서는 단지 이처럼 가변자본이 그 출발점으로 되돌아오는 것과 관련하여 한 가지 다른 점을 해명해보고자 한다.

II부문의 연간 상품생산은 매우 다양한 산업부문들에서 이루어지지만, 이들 부문도 (그 생산물을 기준으로) 크게 두 부문으로 나눌 수 있다.

a. 소비수단. 이것은 노동자계급의 소비에 들어가는 것으로서, 생활필수품일 경우에는 품질이나 가치에서 노동자들의 것과 차이가 나긴 하지만 자본가계급의 소비 가운데 일부를 이루기도 한다. 우리는 이 부문 모두를 우리의 목적을 위해 필요소비수단이라는 항목으로 묶어버릴 수 있다. 이 경우 예를 들어 담배와 같은 생산물이 생리학적 관점에서 필요소비수단이 되느냐 안 되느냐는 별로 중요하지 않다. 이런 것은 그냥 관습상 필요소비수단으로 간주하면 된다.

b. 사치적 소비수단. 이것은 오로지 자본가계급의 소비에만 들어간다. 즉 노동자의 수중에는 결코 들어가지 않는 잉여가치의 지출을 통해서만 교환된다. a의 경우에는, 그 부문에 속하는 상품 종류의 생산에 선대된 가변자본은 자본가계급 II 가운데 이 생활필수품을 생산하는 부류(즉 자본가 IIa)에게 화폐형태로 직접 회수되어야 한다는 것이 분명하다. 그들은 자신의 노동자들에게 임금으로 지불된 가변자본의 액수만큼 이 생활필수품을 판매한다. 자본가계급 II 가운데 a부문에 속하는 전체 자본가들에게 이 회수는 직접적으로—이 부문에 속한 각 산업부문의 자본가들 사이에서 이루어지는 거래가 무수히 많고 따라서 이 회수된 가변자본이 배분되는 비율도 그만큼 복잡하긴 하지만—이루어진다. 이들 유통과정의 유통수단은 노동자들이 지출하는 화폐에 의해 직접적으로 공급된다. 그러나 IIb부문에서는 그렇게 되지 않는다. 가치생산물 가운데 우리가 여기에서 M403 문제로 삼는 전체 부분〔즉 IIb(v+m)〕은 사치품이라는 현물형태로 존재한다. 즉 그것은 생산수단의 형태로 존재하는 상품가치 Iv와 마찬가지로 노동자계급이 구입할 수 없는(이 사치품이나 생산수단 모두 이 노동자들의 생산물인데도) 물품의 형태로 존재한다. 따라서 이 부문에서 선대된 가변자본이 화폐형태로 자본가의 수중으로 들어가는 회수는 직접적으로 이루어질 수 없고 Iv의 경우처럼 간접적으로 이루어질 수밖에 없다.

예를 들어 앞의 경우와 같이 II부문 전체의 v=500, m=500이고 가변자본과 잉여가치는 다음과 같이 나누어진다고 가정하자.

a부문: 생활필수품. v=400, m=400, 따라서 400v+400m=800의 가치를 가진 필요소비수단, 즉 IIa(400v+400m).

b부문: 100v+100m=200의 가치를 가진 사치품, 즉 IIb(100v+100m).

IIb부문의 노동자들은 자신들의 노동력에 대한 지불로 100의 화폐〔예를 들어 100파운드스털링〕를 받았다. 그들은 이 화폐를 가지고 자본가 IIa에게서 100만큼의 소비수단을 구입한다. 자본가 IIa는 다시 이 화폐를 가지고 상품 IIb를 100만큼 구입하는데 이를 통해서 자본가 IIb는 자신의 가변자본을 화폐형태로 회수한다.

IIa부문에는 자신의 노동자들과 교환을 통해 이미 자본가들의 수중에 400v가 화폐형태로 존재한다. 그 외에 그들의 생산물 가운데 잉여가치를 나타내는 부분의 $\frac{1}{4}$ 이 IIb부문의 노동자들에게 인도되고, 그 대신 IIb(100v)가 사치품의 형태로 구입된다.

이제 자본가 IIa와 IIb가 생활필수품과 사치품에 동일한 비율로 수입을 나누어 지출한다고〔예를 들어 양자 모두 생활필수품에 $\frac{3}{5}$, 사치품에 $\frac{2}{5}$ 를 지출한다고〕 가정하면, IIa부문의 자본가는 자신들의 잉여가치 수입 400m 가운데 $\frac{3}{5}$〔=240〕을 자신들의 생산물인 생활필수품에 지출하고 사치품에 $\frac{2}{5}$〔=160〕를 지출할 것이다. IIb부문의 자본가도 자신들의 잉여가치 100m을 같은 방식으로 분할할 것이다. 즉 그는 생활필수품에 $\frac{3}{5}$〔=60〕을, 사치품에 $\frac{2}{5}$〔=40〕를 지출할 것인데 후자는 자신의 부문에서 생산되어 교환될 것이다.

(IIa)m이 획득한 사치품 160은 다음과 같은 방식으로 자본가 IIa의 수중으로 흘러간다. 우리가 이미 본 바와 같이 (IIa)400m 가운데 생활필수품의 형태로 존재하는 100은 사치품으로 존재하는 (IIb)v의 동일한 액수와 교
M404 환되며, 또한 생활필수품인 60은 사치품인 (IIb)60m과 교환된다. 그래서 총계산은 다음과 같다.

IIa: 400v+400m

IIb: 100v+100m

① 400v(a)는 노동자 IIa에 의해 소비되고 이 노동자들의 생산물(생활필수품) 가운데 일부를 이룬다. 노동자들은 그들 자신이 속한 부문의 자본가 생산자에게서 그것을 구입한다. 그럼으로써 이들 자본가의 수중으로 400파운드스털링의 화폐가 돌아온다. 즉 그들이 이 노동자들에게 임금으로 지불한 가변자본가치 400이 돌아온다. 그들은 이것을 가지고 새로

노동력을 구입할 수 있게 되었다.

② 400m(a) 중에서 100v(b)와 같은 부분〔즉 잉여가치 a의 $\frac{1}{4}$〕은 다음과 같이 사치품으로 실현된다. 노동자 b는 동일한 b부문 자본가에게서 임금으로 100파운드스털링을 받는다. 그들은 이것을 가지고 m(a)의 $\frac{1}{4}$〔즉 생활필수품〕을 구입한다. a부문의 자본가는 이 화폐를 가지고 동일한 가치액의 사치품=100v(b)〔즉 사치품 총생산의 절반〕를 구입한다. 이렇게 하여 자본가 b의 수중에 그들의 가변자본이 화폐형태로 돌아오고 그들은 새로 노동력을 구입함으로써 그들의 재생산을 재개할 수 있다. 왜냐하면 II부문 전체의 불변자본은 이미 I(v+m)과 IIc의 교환에 의해 보전되었기 때문이다. 그러므로 사치품 생산부문 노동자들의 노동력이 새로 판매될 수 있는 까닭은 오로지 그들 자신의 생산물 가운데 임금의 등가로 만들어진 부분을 자본가 IIa가 자신들의 소비재원으로 구입하여 소비하였기 때문이다(I부문의 노동력 판매에도 이것은 똑같이 적용된다. 왜냐하면 I(v+m)과 교환되는 IIc는 사치품과 생활필수품 양자로 이루어지고, I(v+m)에 의해 갱신된 것도 사치품과 생활필수품 양자의 생산수단을 이루기 때문이다).

③ 이제 a부문과 b부문 간의 교환이 두 부문 자본가들만의 교환인 경우를 보자. 지금까지의 논의로 a부문의 가변자본(400v)과 잉여가치의 일부분(100m), 그리고 b부문의 가변자본(100v)은 해결되었다. 그리고 우리는 두 부문의 자본가가 각자의 수입을 지출할 때, 평균적으로 사치품에 $\frac{2}{5}$, 생활필수품에 $\frac{3}{5}$의 비율로 지출한다고 가정하였다. 따라서 a부문 전체에서는 이미 사치품에 지출된 100 외에 사치품에 지출될 60이 아직 남아 있고, b에도 같은 비율에 따라 40이 남아 있다.

그러므로 (IIa)m은 생활필수품에 240, 사치품에 160으로 나누어져 240+160=400m(IIa)가 된다.

(IIb)m은 생활필수품에 60, 사치품에 40으로 나누어져 60+40=100m(IIb)가 된다. 이 마지막 40은 이 부문의 생산물 중에서 소비된다(그

M405 잉여가치의 $\frac{2}{5}$). 생활필수품에 지출할 60은 자신들의 잉여생산물 가운데 60을 60m(a)와 교환함으로써 손에 넣는다.

그리하여 자본가계급 II 전체로 보면 다음과 같이 된다(여기에서 v+m은 a부문에서는 생활필수품으로, b부문에서는 사치품으로 존재한다).

IIa(400v+400m)+IIb(100v+100m)=1,000. 이것은 운동을 통해서 다음과 같이 실현된다. 500v(a+b){400v(a)와 100m(a)으로 실현}+500m(a+b) {300m(a)+100v(b)+100m(b)으로 실현}=1,000.

a와 b를 각자 따로따로 고찰하면, 다음과 같이 실현된다.

$$\text{a)}\ \frac{\text{v}}{400\text{v(a)}} + \frac{\text{m}}{240\text{m(a)}+100\text{v(b)}+60\text{m(b)}} = 800$$

$$\text{b)}\ \frac{\text{v}}{100\text{m(a)}} + \frac{\text{m}}{60\text{m(a)}+40\text{m(b)}} \cdots\cdots\cdots = 200$$

$$1{,}000$$

단순화하기 위해서 가변자본과 불변자본 사이의 비율이 그대로라고 한다면(반드시 그럴 필요는 없다), 400v(a)에 대한 불변자본은 1,600이며, 100v(b)에 대한 불변자본은 400이고, II의 두 부문 a와 b는 다음과 같이 된다.

IIa) 1,600c+400v+400m=2,400

IIb) 400c+100v+100m= 600

합계: 2,000c+500v+ 50m=3,000

이에 따라 2,000I(v+m)과 교환되는 소비수단 2,000IIc 가운데 1,600은 생활필수품의 생산수단으로 교환되고, 400은 사치품의 생산수단으로 교환된다.

그러므로 2,000I(v+m)은 다시 a부문을 위한 (800v+800m)I=1,600, 즉 생활필수품의 생산수단 1,600과, b부문을 위한 (200v+200m)I=400,

즉 사치품의 생산수단 400으로 나누어지게 된다.

본래의 노동수단뿐만 아니라 원료와 보조재료 등에서도 두 부문은 상당 부분이 거의 비슷하다. 그러나 총생산물 I(v+m)의 각 가치 부분의 교환을 말할 때는 이런 내용이 별로 중요하지 않다. 앞서 말한 800Iv와 200Iv는 다음과 같이 실현된다. 즉 임금이 소비수단 1,000IIc에 지출되어, 임금으로 선대된 화폐자본이 회수되면서 I부문의 자본가들 사이에 균등하게 배분되고, 각자가 선대한 가변자본에 비례하여 그것을 화폐형태로 M406
보전한다. 다른 한편 1,000Im의 실현과 관련하여 자본가들은 이 경우에도 역시 IIc의 나머지 절반 전체=1,000에서 균등하게(m의 크기에 비례하여) 600IIa와 400IIb를 소비수단으로 끌어낼 것이다. 따라서 IIa부문의 불변자본을 보전하는 것은,

600c(IIa)에서 480(= $\frac{3}{5}$), 그리고 400c(IIb)에서 320(= $\frac{2}{5}$)=합계 800이고,

IIb부문의 불변자본을 보전하는 것은,

600c(IIa)에서 120(= $\frac{3}{5}$), 그리고 400c(IIb)에서 80(= $\frac{2}{5}$)=합계 200으로

총계=1,000이다.

여기에서 I부문과 II부문의 가변자본과 불변자본의 비율은 자의적인 것이고, 이 비율을 다시 II부문의 a부문과 b부문에 그대로 적용한 것도 자의적인 것이다. 이렇게 모든 부문의 비율을 동일하게 가정한 것은 단지 논의를 단순하게 하기 위한 것일 뿐이고 따라서 이 비율을 다르게 가정하더라도 문제의 조건이나 해결에는 아무런 변화가 없을 것이다. 그러나 어쨌든 단순재생산의 조건에서는 필연적으로 다음과 같은 결론을 얻게 된다.

① 생산수단의 현물형태로 만들어진 연간 노동의 새로운 가치생산물(v+m으로 분해될 수 있는 것)은 연간 노동의 다른 부분에 의해 소비수단의 형태로 재생산되는 생산물가치 중에서 불변자본가치 c와 동일하다. 이 새로운 가치가 IIc보다 작다면 II부문은 자신의 불변자본을 모두 보전할 수 없게 될 것이고, IIc보다 크다면 초과분이 이용되지 않은 채로 남게 될

것이다. 두 경우 모두 단순재생산이라는 전제를 위반하게 될 것이다.

② 소비수단의 형태로 재생산되는 연간 생산물에서, 화폐형태로 선대된 가변자본 v는 그것을 수령하는 사람들이 사치품을 생산하는 노동자들일 경우, 생활필수품 중에서 우선 일차적으로 그 부문의 자본가들을 위한 잉여가치를 구현하는 부분만 이 노동자들에 의해 실현된다. 따라서 사치품생산에 투하된 v는 생활필수품의 형태로 생산되는 m 중에서, 이 v의 크기에 해당하는 부분과 동일하며, 따라서 이 m 전체〔즉 (IIa)m〕보다는 작아야 한다. 그리고 그 v가 m의 이 부분을 통해 실현되어야만 사치품을 생산하는 자본가들은 자신들이 선대한 가변자본을 화폐형태로 회수할 수 있다. 이것은 I(v+m)이 IIc를 통해 실현되는 것과 전적으로 동일한 현상이다. 단지 다른 점이 있다면 두 번째 경우에는 (IIb)v가 (IIa)m 중에서 자 M407 신의 가치량과 동일한 부분으로 실현된다는 점뿐이다. 이런 비율들은 연간 총생산물이 유통에 의해 매개되는 재생산과정에 실제로 들어갈 경우에는 그 연간 총생산물의 모든 분배에서 질적으로 결정적인 의미를 갖게 된다. I(v+m)은 오직 IIc를 통해서만 실현될 수 있고 또한 IIc는 단지 이 실현을 통해서만 생산자본의 구성 부분으로 자신의 기능을 갱신할 수 있다. 마찬가지로 (IIb)v는 단지 (IIa)m의 일부를 통해서만 실현될 수 있고 단지 이 실현을 통해서만 (IIb)v는 화폐자본으로 자신의 형태를 재전화할 수 있다. 그러나 물론 이렇게 되기 위해서는 이 모든 것이 실제로 재생산과정 그 자체의 결과여야만 한다. 즉 예를 들어 IIb부문의 자본가들이 v를 위한 화폐자본을 다른 사람에게서 신용에 의해 차입하는 일이 없어야만 한다. 한편 양적인 측면에서 연간 생산물의 각 부분의 교환이 앞에서 말한 것처럼 비례적으로 이루어지기 위해서는 생산규모와 가치비율이 불변으로 유지되고 이 엄격한 비율들이 대외무역에 의해 변하지 않아야만 한다.

그런데 누군가가 애덤 스미스의 방식을 따라서, I(v+m)은 IIc로 분해되고 IIc는 I(v+m)으로 분해된다고 말하거나, 혹은 〔그가 보다 자주, 보다 어리석게 말한 것처럼〕 I(v+m)은 IIc의 가격(또는 가치: 그는 교환가치라고 말한다)의 구성 부분을 이루고 IIc는 I(v+m)의 가치의 전체 구성 부분을 이룬다고 말한다면, 그 사람은 또한 (IIb)v가 (IIa)m으로 분해되고 (IIa)m도 (IIb)v로 분해된다거나 혹은 (IIb)v가 IIa부문 잉여가치의 한 구성 부분을 이루고 그 역도 성립한다고 말할 수 있을 것이다(또한 그렇게 말하지 않을 수 없을 것이다). 만일 그렇게 되면 또한 잉여가치는 임금이나 가변자본으로 분해되고 가변자본은 잉여가치의 한 '구성 부분'을 이루게 될 것이다. 이런 어리석은 일은 스미스에게서 실제로 일어나고 있는데, 그 이유는 그에게 임금은 생활필수품의 가치에 의해 결정되고 이들 상품가치는 반대로 다시 그것들 속에 포함된 임금(가변자본)의 가치와 잉여가치에 의해 결정되기 때문이다. 그는 자본주의적 토대 위에서 1노동일의 가치생산물이 분할되는 각 부분〔즉 v+m〕에 지나치게 열중한 나머지 다음 사실을 완전히 잊어버렸다. 즉 단순상품교환에서는 다양한 현물형태로 존재하는 등가물이 지불노동으로 이루어져 있는지 혹은 불불노동으로 이루어져 있는지가 전혀 중요하지 않다는 점이다. 왜냐하면 그것을 생산하는 데 들어가는 노동이 두 경우 모두 동일하기 때문이다. 그리고 누구의 상품이 생산수단이고 누구의 상품이 소비수단인지의 문제나, 판매된 뒤에 어떤 상품이 자본의 구성 부분으로 기능하고 어떤 상품이 소비재원으로 들어가서 (스미스의 말처럼) 수입으로 소비될 것인지의 문제도 역시 별로 중요하지 않다. 각 개별 구매자가 자신의 상품을 어떻게 사용할 것인지의 문제는 상품교환〔즉 유통영역〕에 속하는 문제가 아니고 상품의 가치에도 M408
아무런 영향을 미치지 않는다. 물론 연간 사회적 총생산물의 유통을 분석할 경우에는 이 생산물의 각 구성 부분들의 특정한 용도나 소비의 계기가 고려되어야만 하지만 그것도 지금 이 문제에는 아무런 영향을 미치지 않는다.

위에서 말한 (IIb)v와 같은 가치의 (IIa)m 부분 사이의 교환이나 (IIa)m과 (IIb)m 사이의 교환에서는, IIa부문과 IIb부문의 개별 자본가나 각 부문의 전체 자본가가 자신들의 잉여가치를 생활필수품과 사치품으로 나누는 비율을 같은 것으로 가정하지 않았다. 어떤 사람은 생활필수품에, 어떤 사람은 사치품에 더 많이 지출할 수도 있다. 단순재생산의 토대 위에서는 단지 총잉여가치와 같은 크기의 가치가 소비재원으로 실현된다는 것만 전제될 뿐이다. 따라서 가치총량의 한계는 주어져 있다. 각 부문 내부에서 어떤 사람은 a에 더 많이, 또 어떤 사람은 b에 더 많이 지출할 수도 있다. 그러나 이것은 서로 상쇄될 수 있어서 전체적으로는 a부문의 자본가와 b부문의 자본가가 각기 동일한 비율로 두 부문의 생산물을 소비하게 된다. 그러나 가치비율〔생산물 II의 총가치에서 두 부문 a와 b의 자본가들이 각자 차지하는 몫의 비율〕은—따라서 이들 생산물을 공급하는 생산부문 간의 일정한 양적 비율도—모든 구체적인 경우에 반드시 주어져 있다. 우리가 예로 들고 있는 비율은 하나의 가정일 뿐이다. 다른 비율을 가정한다 하더라도 질적인 계기는 전혀 변하지 않을 것이다. 그럴 경우에는 오로지 양적인 규정만 변할 것이다. 그러나 어떤 사정 때문에 a와 b 사이의 비율에 현실적인 변화가 발생한다면 그에 따라 단순재생산의 조건도 변할 것이다.

—

(IIb)v는 (IIa)m 중에서 그 등가 부분만큼을 통해 실현되기 때문에 거기에서 다음과 같은 결론을 얻을 수 있다. 즉 연간 생산물 가운데 사치품 부분이 증가〔따라서 사치품 생산에 흡수되는 노동력의 비율도 증가〕하게 되면, (IIb)v에 선대된 가변자본은 그만큼 더 화폐자본〔즉 새로운 가변자본의 화폐형태로 기능하게 될〕으로 재전화하고 따라서 노동자계급 가운데 IIb부문에 종사하는 부류의 존재와 재생산〔즉 이 부류에 대한 생활필수품의 공급〕은 그만큼 더 자본가계급의 소비〔즉 그들의 잉여가치 가운데 사치품과 교환되는 부분〕에 의존하게 된다.

M409 모든 공황은 일시적으로 사치품의 소비를 감소시킨다. 그것은 (IIb)v가

화폐자본으로 재전화하는 것을 늦추거나 정체시키고, 부분적으로만 재전화하도록 만들며 따라서 사치품 생산부문의 노동자 가운데 일부를 실업상태로 빠뜨린다. 그와 함께 다른 한편에서는 필요소비수단의 판매도 정체되고 감소한다. 여기에서 함께 해고된 비생산적 노동자들은 모두 배제되었는데 이들 노동자는 봉사의 대가로 자본가들의 사치적 지출 가운데 일부를 받고(그런 점에서 이들 노동자 그 자체가 사치품이기도 하다) 생활필수품의 소비에도 대거 참여하는 사람들이다. 호황기 특히 투기의 전성기에는 그 반대 현상이 일어난다. 이런 시기에는 이미 갖가지 다른 이유로 상품으로 표현되는 화폐의 상대적 가치가(실질적인 가치혁명이 일어나지 않는다면) 하락하며, 따라서 상품가격은 자신의 가치와는 무관하게 상승한다. 생활필수품의 소비가 증가할 뿐만 아니라 일시적으로 노동자계급(여기에는 이제 모든 산업예비군도 현역으로 참가하고 있다)도 평소에는 누릴 수 없던 사치품〔즉 평소에는 대개 자본가계급에게만 '필요'소비수단인 품목〕을 함께 소비하게 되고 이것도 또한 물가의 상승을 초래한다.

공황은 지불능력이 있는 소비〔혹은 소비자〕의 부족으로 인해 생겨난다고 말하는 것은 순전히 동어반복에 불과하다. 자본주의 체제에는, 가난한 사람과 '도둑놈'의 소비를 제외하면, 어떤 다른 지불하는 소비도 알려져 있지 않다. 상품이 판매되지 않는다는 것은 곧 상품에 대한 지불능력이 있는 구매자〔즉 소비자〕를 발견할 수 없다(상품의 구입이 궁극적으로 생산적 소비를 위한 것이든, 개인적 소비를 위한 것이든)는 것을 의미한다. 만약 누군가가 노동자계급이 자신이 생산한 것 가운데 너무 적은 부분만 받고 있고 이들의 몫을 늘려주면〔결과적으로 임금이 상승하면〕 이 해악을 제거할 수 있을 것이라고 말함으로써 이 동어반복에 보다 그럴듯한 근거를 제공하려고 한다면 그에게는 단지 다음과 같이 말해주는 것만으로도 충분한 답변이 될 것이다. 즉 공황은 임금이 전반적으로 상승하고, 노동자계급이 연간 생산물 가운데 소비용 부분에 대한 자신들의 몫을 보다 많이 받게 되는 바로 그 시기에 준비된다는 것이다. 그러나 이 건전하고 '단순한'(!) 상식을 가진 흑기사의 관점에서는 거꾸로 바로 그런 시기야말로 공황이 더욱 멀어지는 시기가 될 것이 틀림없다. 따라서 자본주의적 생산은
M410 선의나 악의와는 상관없는 조건〔즉 노동자계급의 그런 호황기를 오직 잠깐 동안만, 그나마도 언제나 공황의 전조로만 허용하는〕을 포함한다.[13]

앞에서 본 것처럼, 필요소비수단의 생산과 사치품의 생산 사이의 비율은 II(v+m)이 IIa부문과 IIb부문으로〔따라서 IIc도 (IIa)c와 (IIb)c로〕 어떻게 분할되느냐에 의존한다. 그러므로 이 분할은 생산의 성격과 양적인 비율에 대해 근본적으로 영향을 미치고 생산의 전모를 본질적으로 규정하는 하나의 계기이다.

잉여가치의 획득이 개별 자본가의 유인으로 나타나긴 하지만 단순재생산은 사실상 소비를 목적으로 한다. 즉 잉여가치는(그 비율이 얼마든 상관없이) 이 경우 궁극적으로 단지 자본가의 개인적 소비에만 사용된다.

단순재생산이 확대된 규모의 모든 연간 재생산 가운데 일부이고, 또한 중요한 부분이라는 점에서 이 유인은 항상 자기증식 동기를 동반하면서 또한 그것과 대립하기도 한다. 현실에서는 약탈물〔자본가의 잉여가치〕을 나누어 갖는 동업자들이 자본가로부터 독립된 소비자로 나타나기 때문에 더욱 문제가 복잡하게 얽히게 된다.

제5절 화폐유통에 의한 교환의 매개

지금까지의 논의에서는 각 부문의 생산자들 사이의 유통이 다음과 같은 표식에 따라 이루어졌다.

① I부문과 II부문 사이에서,

13) {로드베르투스의 공황론을 신봉하는 사람들이 특히 유념해야 할 부분이다.}

I. 4,000c+1,000v+1,000m

II. ·············· 2,000c·················+500v+500m

즉 IIc=2,000의 유통은 I(1,000v+1,000m)과 교환되면서 종료되었다.

아직 남아 있는 것은—4,000Ic는 당분간 배제하기 때문에—II부문 내부의 v+m의 유통이다. 이제 II(v+m)은 다음과 같은 방식으로 IIa부문과 IIb부문 사이에 배분된다.

② II. 500v+500m=a(400a+400m)+b(100v+100m)

400v(a)는 자신의 부문 내에서 유통된다. 이것을 지불받은 노동자는 자신의 고용주인 자본가 IIa에게서 자신이 생산한 생활필수품을 구입한다.

두 부문의 자본가들은 자신들의 잉여가치 가운데 $\frac{3}{5}$을 IIa의 생산물(필 M411
요생활수단)에 지출하고, $\frac{2}{5}$를 IIb의 생산물(사치품)에 지출하기 때문에, 잉여가치 a의 $\frac{3}{5}$〔=240〕은 IIa부문 내부에서 소비된다. 마찬가지로 잉여가치 b(사치품의 형태로 생산되어 존재하는)의 $\frac{2}{5}$는 IIb부문 내부에서 소비된다.

따라서 IIa부문과 IIb부문 사이에 아직 교환되어야 할 것으로 남아 있는 것은 IIa 측의 160m과 IIb 측의 100v+60m이다. 이 둘은 서로 상쇄된다. 노동자 IIb는 화폐임금으로 받은 100으로 IIa부문에서 100만큼의 생활필수품을 구입한다. 마찬가지로 자본가 IIb는 자신의 잉여가치 가운데 $\frac{3}{5}$〔=60〕만큼의 생활필수품을 IIa부문으로부터 구입한다. 따라서 자본가 IIa는 IIb부문에서 생산된 사치품의 구입에 지출할(지불된 임금을 보전할 생산물로 자본가 IIb의 수중에 있는 100v와 그 밖에 60m) 화폐〔즉 위의 가정에 따라 자신의 잉여가치 가운데 $\frac{2}{5}$(=160m)〕를 입수하게 된다. 따라서 이것을 나타내는 표식은 다음과 같다.

③ II a.(400v)+(240m) +160m

b.····················· 100v+60m +(40m)

여기에서 괄호 속의 금액은 자신의 부문 내부에서만 유통되고 소비되는 것이다.

가변자본으로 선대된 화폐자본이 직접 회수되는 것은 생활필수품을 생산하는 자본가 IIa의 경우뿐이고 이런 회수는 앞에서 이미 언급한 일반적 법칙〔즉 상품유통이 정상적으로 이루어질 경우에는 유통에 선대한 화폐가 상품생산자의 수중으로 되돌아온다는 법칙〕이 특수한 조건에 의해 약간 수정되어 나타난 것에 불과하다. 덧붙여서 얘기하자면, 만일 상품생산자의 배후에 화폐자본가가 있어서 산업자본가에게 다시 화폐자본(엄격한 의미에서의 화폐자본, 즉 화폐형태의 자본가치)을 선대해 주는 경우라면 이 화폐가 회수되는 정확한 지점은 이 화폐자본가의 주머니가 될 것이다. 이런 방식으로 화폐는 많은 사람의 손을 거치며 유통되지만, 유통되는 화폐 가운데 많은 양은 화폐자본 가운데 은행 등의 형태로 조직되고 집적된 부문이 소유하고 있다. 이 부문들에서 그 자본을 선대하는 방식은 최종적으로 그것들이 끊임없이 화폐형태로 이들에게 다시 회수되도록—물론 이 회수는 다시 산업자본의 화폐자본으로의 재전화에 의해 매개되는 것이지만—만든다.

M412 상품유통에는 항상 두 가지가 필요하다. 유통에 투하되는 상품과 유통에 투하되는 화폐가 바로 그것이다. "유통과정은 직접적인 생산물 교환의 경우와는 달리 사용가치의 위치나 소유자가 변경되어도 소멸해버리지 않는다. 화폐는 한 상품의 형태변화 과정에서 탈락하더라도 사라지지 않는다. 그것은 늘 상품이 비워주는 유통의 빈 자리를 찾아가 자리를 잡는다" 등등(제1권 제3장, 92쪽*).

예를 들어, IIc와 I(v+m) 사이의 유통에서 우리는 이 유통을 위하여 II부문에서 화폐 500파운드스털링이 선대되었다고 가정하였다. 사회적 생산자들의 대규모 집단 사이의 유통을 구성하는 수없이 많은 유통과정에

* MEW Bd. 23, 126, 127쪽 참조.

서는, 어떤 때는 이 집단의 한 사람이, 또 어떤 때는 저 집단의 한 사람이 최초의 구매자로 나타나서 화폐를 유통에 투하할 것이다. 개별적인 상황을 무시하더라도, 이것은 이미 각 상품자본의 생산기간〔따라서 그것의 회전〕의 차이 때문에라도 불가피한 일이다. 이리하여 II부문은 500파운드스털링으로 그만한 가치액의 생산수단을 I부문에서 구입하고, I부문은 또 II부문에서 500파운드스털링의 소비수단을 구입한다. 따라서 화폐는 II부문으로 되돌아오지만, 그렇다고 이로 인해 II부문이 부유해지는 것은 아니다. II부문은 먼저 500파운드스털링의 화폐를 유통에 투하하여 그것에서 동일한 가치액의 상품을 끌어냈고 그런 다음 500파운드스털링의 상품을 판매하여 그만한 가치액의 화폐를 유통에서 끌어냈다. 500파운드스털링은 이렇게 회수된 것이다. 이리하여 II부문은 사실상 500파운드스털링의 화폐와 500파운드스털링의 상품, 합계 1000파운드스털링을 유통에 투하하였고 500파운드스털링의 상품과 500파운드스털링의 화폐를 유통에서 끌어냈다. 500파운드스털링의 상품(I)과 500파운드스털링의 상품(II)의 교환을 위해서 유통에 필요한 화폐는 단지 500파운드스털링뿐이다. 따라서 다른 사람의 상품을 구입하는 데 화폐를 선대했던 사람은 자신의 상품을 판매함으로써 다시 화폐를 손에 넣는다. 그러므로 만약 I부문이 먼저 II부문에서 500파운드스털링의 상품을 구입한 다음 다시 II부문에 500파운드스털링의 상품을 판매한다면, 500파운드스털링의 화폐는 II부문이 아니라 I부문으로 되돌아갈 것이다.

I부문에서는 임금에 투하된 화폐〔즉 화폐형태로 선대된 가변자본〕가 화폐형태로 직접 돌아오는 것이 아니라 간접적으로〔즉 우회로를 통해서〕 돌아온다. 반면 II부문에서는 500파운드스털링의 임금이 직접 노동자에게서 자본가에게 되돌아온다. 왜냐하면 구매와 판매가 같은 사람들 사이에서 반복됨으로써 이들이 번갈아 가며 상품의 구매자와 판매자로 계속 만나는 경우에는 이런 회수가 항상 직접 이루어지기 때문이다. 자본가 II는 M413
노동력의 대가로 화폐를 지불한다. 그렇게 함으로써 그는 자신의 자본에 노동력을 합체하고, 바로 이 유통과정—그에게는 단지 화폐자본의 생산자본으로의 전화일 뿐인—을 통해서만 비로소 산업자본가로서 자신의 임노동자인 노동자와 마주 서게 된다. 그러나 그 다음에는 원래 판매자〔자신의 노동력의 상인〕였던 노동자가 이제 구매자〔즉 화폐소지자〕로서 상품판매자인 자본가와 마주 선다. 그리하여 임금에 투하되었던 화폐는 자본가의 수중으로 다시 들어온다. 이 상품들의 판매가 사기 등을 포함하지 않고 상품과 화폐를 등가대로 교환하는 것인 한, 이 판매를 통해 자본가는 부유해지지 않는다. 자본가는 노동자에게 두 번〔처음에는 화폐로, 다음에는 상품으로〕 지불하는 것이 아니다. 그의 화폐는 노동자가 자신의 화폐를 상품과 교환하는 순간 곧바로 자본가에게 복귀한다.

그러나 가변자본으로 전화한 화폐자본〔즉 임금으로 선대된 화폐〕은 화폐유통 그 자체에서 매우 중요한 역할을 수행한다. 왜냐하면 (노동자계급은 그날 벌어 그날 먹고살아가야 하기 때문에 산업자본가들에게 장기간 신용을 제공할 수 없으므로) 각 산업부문의 자본들이 제각기 회전기간이 다르다고 하더라도, 사회에서는 각기 다른 수많은 장소에서 동시에 비교적 짧은 기간〔예를 들어 일주일〕마다—비교적 빨리 반복되는 기간마다 (이 기간이 짧을수록 이 통로를 거쳐 한 번에 유통에 투하되는 화폐총액은 상대적으로 그만큼 적어진다)—가변자본이 화폐로 선대되어야 하기 때문이다. 자본주의적 생산이 이루어지는 모든 나라에서는 이렇게 선대되는 화폐자본이 총유통에서 차지하는 비율이 매우 큰데, 이 비율은 그 화폐가 (그 출발점으로 돌아오기 전에) 더 다양한 통로를 거쳐서 더 많은 다른 사업들에서 유통수단으로 기능할 경우에는 그만큼 더 높아진다.

—

이제는 다른 관점에서 I(v+m)과 IIc 사이의 유통을 살펴보기로 보자.

자본가 I은 임금지불을 위하여 1,000파운드스털링을 선대한다. 이 화폐를 가지고 노동자는 자본가 II에게서 1,000파운드스털링의 생활수단을 구입한다. 자본가 II는 다시 그 화폐를 가지고 자본가 I에게서 생산수단을 구입한다. 자본가 II는 자신의 불변자본 가운데 절반을 상품자본의 형태에서 생산자본으로 재전화시켰고 반면에 자본가 I은 화폐형태로 자신의 가변자본을 회수하였다. 자본가 II는 또 다른 500파운드스털링의 화폐를 선대하여 I부문에서 생산수단을 구입한다. 자본가 I은 이 화폐를 II부문의 소 M414
비수단에 지출한다. 따라서 이 500파운드스털링은 자본가 II의 수중으로 회수된다. 자본가 II는 다시 이 화폐를 새롭게 선대하여, 상품으로 전화한 자신의 불변자본 가운데 마지막 $\frac{1}{4}$을 생산적인 현물형태(생산수단—옮긴이)로 재전화시킨다. 이 화폐는 다시 I부문으로 회수되어, 다시 한 번 II부문에서 같은 액수의 소비수단을 끌어낸다. 그리하여 이 500파운드스털링은 II부문으로 회수된다. II부문의 자본가는 이제 과거와 다름없이 500파운드스털링의 화폐와 2,000파운드스털링의 불변자본을 갖게 되지만, 이 불변자본은 상품자본의 형태에서 생산자본으로 새롭게 전화된 것이다. 결국 1,500파운드스털링의 화폐로 5,000파운드스털링의 상품량이 유통되었다. 즉 ① I부문은 노동자들에게 노동력의 대가로 1,000파운드스털링을 지불한다. ② 이 1,000파운드스털링을 가지고 노동자들은 II부문에서 생활수단을 구입한다. ③ II부문은 다시 그 화폐를 가지고 I부문에서 생산수단을 구입하고, 그에 따라 I부문은 1,000파운드스털링의 가변자본을 화폐형태로 회수한다. ④ II부문은 500파운드스털링을 가지고 I부문에서 생산수단을 구입한다. ⑤ I부문은 그 500파운드스털링으로 II부문에서 소비수단을 구입한다. ⑥ II부문은 다시 이 500파운드스털링을 가지고 I부문에서 생산수단을 구입한다. ⑦ I부문은 역시 같은 500파운드스털링을 가지고 II부문에서 생활수단을 구입한다. II부문은 500파운드스털링을 회수하지만, 이것은 II부문이 상품으로 존재하는 자신의 2,000파운드스털링 외에 따로 유통에 투하한 것이고, 유통에서 500파운드스털링의 상품을 끌어낸 것은 아니다.[14)]

그러므로 교환은 다음과 같이 진행된다.

① I부문은 1,000파운드스털링의 화폐를 노동력〔즉 상품=1,000파운드스털링〕에 대해 지불한다.

② 노동자는 자신의 임금을 가지고 II부문에서 1,000파운드스털링만큼의 소비수단〔즉 상품=1,000파운드스털링〕을 구입한다.

③ 노동자에게서 얻은 1,000파운드스털링을 가지고 II부문은 I부문에서 같은 가치의 생산수단〔즉 상품=1,000파운드스털링〕을 구입한다.

이런 방식으로 1,000파운드스털링의 화폐가 가변자본의 화폐형태로 I부문으로 돌아온다.

④ II부문은 500파운드스털링으로 I부문에서 생산수단〔즉 상품=500파운드스털링〕을 구입한다.

⑤ 이 500파운드스털링을 가지고 I부문은 II부문에서 소비수단〔즉 상품
M415 =500파운드스털링〕을 구입한다.

⑥ 같은 500파운드스털링을 가지고 II부문은 I부문에서 생산수단〔즉 상품=500파운드스털링〕을 구입한다.

⑦ 역시 같은 500파운드스털링을 가지고 I부문은 II부문에서 소비수단〔즉 상품=500파운드스털링〕을 구입한다.

교환된 상품가치의 총계=5,000파운드스털링이다.

II부문이 구매를 위해 선대하였던 500파운드스털링은 II부문으로 돌아왔다.

그 결과는 다음과 같다.

① I부문은 가변자본을 화폐형태로 가지고 있는데, 그 액수는 자신이 최초의 유통에 선대했던 1,000파운드스털링이다. 그 외에 I부문은 개인적

14) {이 설명은 앞의 설명*과는 약간 다르다. 앞에서는 I부문도 500이라는 별도의 금액을 유통에 투하하였다. 그런데 여기에서는 II부문만 유통을 위하여 추가로 화폐재료를 공급하고 있다. 그러나 그렇다고 해서 이로 인해 마지막 결과가 바뀌는 것은 아니다.}

* MEW Bd. 24, 339쪽.

소비를 위하여 자신의 생산물로 1,000파운드스털링을 지출하였다. 즉 I부문은 1,000파운드스털링의 가치액에 달하는 생산수단을 판매하여 취득한 화폐를 지출하였다.

다른 한편 화폐형태로 존재하는 가변자본이 교환되어야 할 현물형태〔즉 노동력〕는 소비에 의해 유지·재생산되며 그것을 소지한 노동자가 생존하기 위해서는 반드시 판매해야 하는 유일한 상품으로 다시 존재한다. 따라서 임노동자와 자본가의 관계도 재생산된다.

② II부문의 불변자본은 현물로 보전되고 II부문이 유통에 선대한 500파운드스털링은 II부문으로 돌아왔다.

노동자 I에게 유통은 W—G—W라는 단순한 유통이다. 즉 W_1(노동력)—G_2(1,000파운드스털링, 가변자본 I의 화폐형태)—W_2(1,000파운드스털링의 생활필수품)이다. 이 1,000파운드스털링은 상품〔생활수단〕의 형태로 존재하는 불변자본 II를 이 가치액만큼의 화폐로 전화시킨다.

자본가 II에게 과정 W—G는, 자신의 상품생산물 가운데 일부가 화폐형태로 전화하는 것이며, 이 화폐형태로부터 생산물은 생산자본의 구성부분들로〔즉 그들에게 필요한 생산수단의 일부로〕 재전화한다.

생산수단의 다른 부분들을 구매하기 위해 자본가 II가 선대한 G(500파운드스털링)에서는, IIc 중에서 아직 상품형태(소비수단)로 존재하는 부분이 앞으로 화폐형태로 전화할 것으로 예상된다. II부문이 G를 가지고 구매하고 I부문이 상품을 판매하는 G—W의 행위에서는 화폐(II)가 생산자본의 일부로 전화하고, 다른 한편 W(I)이 W—G의 행위를 거쳐서 화폐로 전화한다. 그러나 이 화폐는 I부문에서 자본가치의 구성 부분을 나타내는 것이 아니라 단지 소비수단에만 지출되는 화폐화한 잉여가치를 나타낸다.

유통 G—W……P……W′—G′에서 한쪽 자본가의 첫 번째 행위 G— M416
W는 다른 쪽 자본가의 마지막 행위 W′—G′(혹은 그것의 일부)이다. G를 생산자본으로 전환시키는 이 W가 그것의 판매자(즉 이 W를 화폐로 전환하는 사람)에게 불변자본의 구성 부분을 나타내는가, 가변자본의 구성

부분을 나타내는가, 혹은 잉여가치를 나타내는가는 상품유통 그 자체에서는 별로 중요하지 않다.

I부문은 자신의 상품생산물 가운데 v+m의 구성 부분과 관련하여 자신이 투하한 것보다 더 많은 화폐를 유통에서 거두어들인다. 일차적으로 1,000파운드스털링의 가변자본이 I부문으로 돌아온다. 둘째로 I부문은(앞에서 말한 교환 ④를 보라) 500파운드스털링분의 생산수단을 판매한다. 이를 통해 I부문의 잉여가치 절반이 화폐화한다. 그런 다음(교환 ⑥) I부문은 다시 한 번 500파운드스털링분의 생산수단〔즉 잉여가치의 나머지 절반〕을 판매하고 이를 통해 잉여가치 전부를 유통으로부터 화폐형태로 회수한다. 따라서 차례대로 ① 가변자본이 화폐로 재전화한 것=1,000파운드스털링, ② 잉여가치의 절반이 화폐화한 것=500파운드스털링, ③ 잉여가치의 나머지 절반=500파운드스털링, 따라서 합계 1,000v+1,000m이 화폐화한 것=2,000파운드스털링이 회수되었다. I부문은(뒤에서 살펴볼 Ic의 재생산을 매개하는 교환을 제외하면), 1,000파운드스털링만 유통에 투하하지만, 유통에서 그 두 배의 금액을 거두어들였다. 물론 화폐화한(G로 전화한) m은, 이 화폐가 소비수단으로 사용됨으로써 곧 다른 사람의 수중(II)으로 사라진다. I부문의 자본가는 자신들이 상품으로 투입한 만큼의 가치를 화폐로 거두어들였다. 이 가치가 잉여가치라는〔즉 자본가들에게 아무런 비용도 들지 않는다는〕 점은 이 상품들의 가치 그 자체에 아무런 영향을 미치지 않는다. 즉 그것은 상품유통에서 가치의 교환과 아무런 관련이 없다. 물론 잉여가치의 화폐화는 선대자본이 그 전환과정에서 취하는 다른 모든 형태와 마찬가지로 순간적이다. 그것이 화폐로 머무는 기간은 상품 I의 화폐로의 전화와 그 뒤를 이어 화폐 I이 상품 II로 전화하는 것 사이의 잠깐 동안에 지나지 않는다.

회전기간이 짧아지면〔혹은 단순상품유통의 관점에서, 유통되는 화폐의 유통 횟수가 증가하면〕 교환되는 상품가치를 유통시키는 데 필요한 화폐량은 줄어들 것이다. 이 화폐량은 (연속적인 교환의 횟수가 주어질 경우) 항상 유통되는 상품들의 가격총액〔혹은 가치총액〕에 의해 결정된다. 이때 이 가치총액에서 잉여가치와 자본가치가 어떤 비율로 이루어져 있는지는 전혀 중요하지 않다.

우리의 예에서 I부문의 경우 임금이 1년에 네 차례 지불된다면 250×4 =1,000이 될 것이다. 따라서 Iv와 $\frac{1}{2}$IIc 사이의 유통과 가변자본 Iv와 노 M417
동력 I 사이의 유통을 위해서는 250파운드스털링의 화폐만으로도 충분할 것이다. 마찬가지로 Im과 IIc 사이의 유통이 네 차례의 회전으로 이루어진다면, 여기에는 250파운드스털링만 필요할 것이다. 따라서 전체적으로 5,000파운드스털링의 상품이 유통되기 위해서 500파운드스털링의 화폐액〔혹은 화폐자본〕만 필요할 것이다. 그렇게 되면, 잉여가치는 차례대로 절반씩 두 번에 걸쳐 화폐화하는 것이 아니라, 차례대로 $\frac{1}{4}$씩 네 번에 걸쳐 화폐화할 것이다.

만일 앞에서 말한 교환 ④에서 II부문 대신 I부문이 구매자로 나타나서, 500파운드스털링의 화폐를 그만한 액수의 소비수단에 지출한다면, 교환 ⑤에서는 II부문이 그 500파운드스털링으로 생산수단을 구입할 것이고, 교환 ⑥에서는 I부문이 다시 그 500파운드스털링으로 소비수단을 구입할 것이고, 교환 ⑦에서는 II부문이 그 500파운드스털링으로 생산수단을 구입할 것이다. 결국 500파운드스털링은 I부문으로(앞에서는 II부문으로 돌아갔던 것처럼) 돌아간다. 이 경우 잉여가치는 그 자본가 생산자들 자신이 개인적 소비에 지출하는 화폐에 의해 화폐화하는데, 이 화폐는 예상소득〔즉 앞으로 판매될 상품들 속에 포함되어 있는 잉여가치〕을 나타낸다. 이 잉여가치의 화폐화는 500파운드스털링의 회수를 통해 이루어지는 것이 아니다. 왜냐하면 I부문은 상품형태의 Iv 1,000파운드스털링 외에, 교환 ④의 끝부분에서 500파운드스털링의 화폐를 유통에 투하하는데, 이 화폐는 판매된 상품의 대금이 아니라(우리가 아는 한도 내에서는) 별도로 추가되는 것이기 때문이다. 이 화폐가 I부문으로 회수되더라도, I부문은 단지 추가된 화폐를 회수한 것일 뿐이고 자신의 잉여가치를 화폐화한 것은 아니다. I부문 잉여가치의 화폐화는 오로지 이 잉여가치가 포함된 상품 Im의 판매에 의해서만 이루어지는 것이고, 그것이 화폐로 머무는 기간은 항상 이 상품의 판매를 통해 얻은 화폐가 다시 소비수단에 지출될 때까지만이다.

I부문은 추가 화폐(500파운드스털링)로 II부문에서 소비수단을 구입한다. 이 화폐는 I부문에 의해 지출된 것이며, I부문은 그 대가로 상품 II를 등가로 갖는다. 이 화폐는 II부문이 I부문에서 500파운드스털링의 상품을 구입함으로써 비로소 회수된다. 즉 그것은 I부문이 판매한 상품의 등가로 회수된다. 그러나 이 상품에 대해 I부문은 아무런 비용도 들이지 않았다. 즉 그것은 I부문에서 잉여가치를 이룬다. 이렇게 하여 I부문은 자신이 유통에 투하한 화폐로 자신의 잉여가치를 화폐화한다. 또한 I부문은 자신의 두 번째 구매(교환 ⑥)에서 자신의 등가로 상품 II를 손에 넣었다. 이제 II부문이 I부문에서 생산수단을 구매하지 않는다고(교환 ⑦) 가정해보자. 그러면 I부문은 사실상 1,000파운드스털링을 소비수단에 지불하게〔자신의 잉여가치를 전부 수입으로 소비하게〕 될 것이다. 즉 500을 자신의 상품 I(생산수단)로 지불하고, 500을 화폐로 지불하게 될 것이다. 그 대신 I은 500파운드스털링에 해당하는 자신의 상품 I(생산수단)을 그대로 가지고 있고 500파운드스털링을 화폐로 풀어놓게 될 것이다.

M418 반면에 II부문은 자신의 불변자본 가운데 $\frac{3}{4}$을 상품자본의 형태에서 생산자본으로 재전화시켰을 것이다. 그러나 $\frac{1}{4}$은 화폐자본(500파운드스털링)의 형태로 존재하고, 사실상 쉬고 있는〔즉 기능을 중지하고 대기상태에 있는〕 화폐로 존재하게 될 것이다. 만일 이런 상태가 얼마간 지속된다면, II부문은 재생산의 규모를 $\frac{1}{4}$만큼 축소해야만 할 것이다. 그런데 I부문이 고민스럽게 끌어안고 있는 500파운드스털링의 생산수단은 상품형태로 존재하는 잉여가치가 아니다. 그것은 화폐로 선대된 500파운드스털링 대신에 거기에 있는 것이며, 그 500파운드스털링은 I부문이 상품형태로 있는 자신의 잉여가치 1,000파운드스털링 이외에 별도로 가지고 있는

것이다. 화폐로 존재한다면 그것은 언제든지 실현될 수 있지만 상품으로 존재한다면 그것은 당분간 판매되지 않을 수 있다. 따라서 적어도 다음과 같은 점은 분명하다. 즉 여기에서 단순재생산—이 경우에는 생산자본의 모든 요소가 I부문과 II부문 모두에서 보전되어야 한다—이 계속 이루어질 수 있으려면 오로지 I부문이 처음에 날려 보낸 500의 황금새가 I부문으로 되돌아와야 하는 방법밖에는 없다는 것이다.

어떤 자본가가(여기에서 우리는 여전히 산업자본가만 다루는데, 이들은 다른 모든 자본가들의 대표자이기도 하다) 화폐를 소비수단에 지출한다면, 그 화폐는 그에게서 없어져버린다. 모든 육신이 가는 소멸의 길을 간 것이다. 그가 그것을 상품과 교환하여〔즉 자신의 상품자본을 통해〕 유통에서 끌어낼 경우에만, 그것은 다시 그에게 회수된다. 그의 연간 총상품생산물(그에게는 상품자본)의 가치와 마찬가지로, 그 각 요소〔즉 개별상품〕의 가치도 그에게는 불변자본가치, 가변자본가치, 그리고 잉여가치로 분해될 수 있다. 따라서 각 상품(상품생산물의 요소를 구성하는)의 화폐화는 동시에 총상품생산물에 포함된 일정량의 잉여가치의 화폐화이기도 하다. 따라서 위의 경우에, 자본가가 스스로 화폐를 유통에 투하해서〔더욱이 소비수단에 화폐를 지출하여〕 이 화폐로 자신의 잉여가치를 화폐화한다〔즉 실현한다〕는 말은 맞는 말이다. 물론 여기에서 말하는 화폐는 자본가가 개인적 필요를 충족하기 위해 유통에 투하한 바로 그 화폐의 실체를 가리키는 것이 아니고 단지 그것과 같은 액수라는 의미일 뿐이다.

실제에서 이것은 두 가지 방식으로 일어난다. 만약 이 사업이 그해에 처음 시작된 것이라면 자본가가 사업소득에서 자신의 개인적 소비를 위해 지출할 수 있는 화폐가 생기기까지는 적어도 몇 달 이상의 상당한 시간이 걸릴 것이다. 그러나 그렇다고 해서 그가 한순간이라도 자신의 소비를 중단하지는 않는다. 그는 우선 앞으로 얻게 될 잉여가치를 예상하면서 스스로 화폐를 선대한다(그것을 자신의 호주머니에서 직접 조달하든, 다른 사람에게서 신용으로 차입하여 조달하든 그것은 여기에서 별로 중요한

문제가 아니다). 그러나 그렇게 함으로써 그는 나중에 이루어질 잉여가치
M419 의 실현을 위한 유통수단을 선대하는 셈이다. 그러나 사업이 진행된 지 이미 오래된 경우에는 각종 지불이나 소득이 1년 전체에 걸쳐 여러 시기에 나누어져 있을 것이다. 그런데 자본가의 소비는 끊임없이 계속되고 이 소비는 통상적인 수입이나 예상된 수입의 일정 비율을 기준으로 거기에 맞추어 미리 이루어진다. 상품이 판매될 때마다 거기에 비례하여 연간 잉여가치 가운데 일부도 함께 실현된다. 그러나 만일 생산된 상품 가운데 1년 전체 동안 판매된 것이 이들 상품 속에 포함된 불변자본가치와 가변자본가치를 보전할 정도밖에 되지 않는다면〔혹은 가격이 하락하여 연간 상품생산물을 모두 판매하더라도 거기에 포함된 선대자본가치밖에 실현되지 않는다면〕, 그 화폐가 장래의 잉여가치를 예상하여 지출되었다는 것이 분명하게 드러날 것이다. 만일 우리들의 자본가가 파산하게 되면, 그의 채권자와 재판소는 그의 예상된 개인적 지출이 그의 사업규모와 거기에 상응하는 통상적인〔혹은 정상적인〕 잉여가치 수입에 비해 올바른 비율로 이루어졌는지 아닌지를 알게 될 것이다.

그러나 자본가계급 전체의 관점에서 보면, 자본가계급이 자신의 잉여가치 실현을 위하여(또는 자신의 불변자본과 가변자본의 유통을 위해서) 스스로 화폐를 유통시켜야 한다는 명제는 전혀 역설적인 것이 아닐 뿐만 아니라 전체 메커니즘의 필요조건이기도 하다. 왜냐하면 여기에서는 단 두 계급, 즉 자신의 노동력밖에 처분할 것이 없는 노동자계급과 사회적 생산수단과 화폐를 독점하는 자본가계급만 있기 때문이다. 상품 속에 포함된 잉여가치의 실현에 필요한 화폐를 맨 처음에 노동자계급이 자신의 재원으로 선대한다고 하는 것은 이치에 맞지 않는다. 그러나 개별 자본가는 단지 구매자로 행동하는〔즉 소비수단의 구입에 화폐를 지출하거나 자신의 생산자본요소(노동력과 생산수단)를 구입하면서 화폐를 선대하는〕 형태로만 이 선대를 수행한다. 그는 항상 등가와 교환할 때만 화폐를 양도한다. 그는 자신의 상품을 선대하는 것과 같은 방식으로만 화폐를 유통에 선

대한다. 두 경우 모두 그는 이들 유통의 출발점으로 행동한다.

현실의 과정은 다음의 두 가지 사정 때문에 모호해진다.

① 산업자본의 유통과정에서는 **상업자본**(그 일차적인 형태는 항상 화폐이다. 왜냐하면 상인은 '생산물'이나 '상품'을 생산하지 않기 때문이다)과 **화폐자본**이 특수한 부류의 자본가들이 다루는 대상으로 나타난다.

② 잉여가치(이것은 처음에는 항상 산업자본가의 수중에 있어야만 한다)는 다양한 범주로 나누어지고, 이들 각 범주의 담지자로 산업자본가 외 M420
에 토지소유자(지대의 경우), 고리대금업자(이자의 경우), 거기에다 정부와 그 관료, 각종 금리생활자 등이 나타난다. 이들은 산업자본가에 대하여 구매자로 나타나고, 그런 점에서 그들의 상품을 화폐화해주는 사람(Versilbrer)으로 나타난다. 이들도 각기 '화폐'를 유통에 투하하고, 산업자본가는 이들에게서 그 화폐를 손에 넣는다. 그러나 이때 그들이 어디에서 처음 화폐를 얻었고 또한 끊임없이 반복해서 얻는지는 언제나 잊힌다.

제6절 I부문의 불변자본[15)]

아직 검토해야 할 것으로 I부문의 불변자본=4,000Ic가 남아 있다. 이 가치는 이 상품량을 생산하는 데 소비된 생산수단의 가치(상품생산물 I 속에 재현되는)와 같다. 이 재현되는 가치는 생산과정 I에서 생산된 것이 아니라 지난해에 불변가치〔즉 생산과정 I의 생산수단의 주어진 가치〕로 이 과정에 들어갔던 것으로, 이제 상품량 I 가운데 II부문에 의해 흡수되지 않은 나머지 전 부분 속에 존재한다. 그리고 이렇게 자본가 I의 수중에 남아 있는 이 상품량의 가치는 그의 연간 상품생산물 총가치의 $\frac{2}{3}$와 같다. 어떤 특수한 생산수단을 생산하는 개별 자본가의 경우, 우리는 다음과 같

15) 여기서부터는 제2고에서.

이 말할 수 있다. 그는 자신의 상품생산물을 판매함으로써 그것을 화폐로 전화시킨다. 그것을 화폐로 전화시킴으로써 그는 또한 자신의 생산물 가운데 불변가치 부분도 화폐로 재전화시켰다. 화폐로 전화된 이 가치 부분을 가지고 그는 다른 상품판매자들에게서 다시 자신의 생산수단을 구입한다. 즉 그는 자신의 생산물 가운데 불변가치 부분을 현물형태〔다시 새롭게 생산적 불변자본으로 기능할 수 있는〕로 전화시킨다. 그러나 이제 이런 가정은 불가능해진다. 자본가계급 I은 생산수단을 생산하는 자본가들 전체를 포괄한다. 게다가 그들의 수중에 남아 있는 4,000의 상품생산물은 사회적 생산물 가운데 다른 어떤 부분과도 교환될 수 없는 부분이다. 왜냐하면 연간 생산물에는 이런 부분이 이미 존재하지 않기 때문이다. 이 4,000을 제외한 나머지 모든 부분은 이미 처분되었다. 즉 일부는 사회적
M421 소비재원으로 흡수되었고, 다른 일부는 II부문의 불변자본을 보전해야 했는데, 이 과정에서 II부문은 자신이 처분할 수 있는 것을 모두 I부문과의 교환에 사용해버렸다.

이 문제는 상품생산물 I이 모두 생산수단〔즉 불변자본의 소재적 요소〕이라는 현물형태로 이루어져 있다는 점을 생각하면 매우 쉽게 해결된다. 단지 여기에서는 앞의 II부문에서 나타난 것과 똑같은 현상이 단지 조금 다른 측면으로 나타날 뿐이다. II부문에서는 상품생산물이 모두 소비수단이었다. 따라서 이 상품생산물 중에서 거기에 포함된 임금+잉여가치에 상당하는 부분은, 생산자 자신에 의해 소비될 수 있었다. 이제 여기 I부문에서는 모든 상품생산물이 생산수단〔즉 건물, 기계, 용기, 원료와 보조재료 등〕으로 이루어져 있다. 그러므로 그 일부분〔즉 이 부문에서 사용된 불변자본을 보전하는 부분〕은 그 현물형태 그대로 곧바로 새롭게 생산자본의 구성성분으로 기능할 수 있다. 이 부분이 유통에 들어갈 경우 그것은 I부문 내에서 유통된다. II부문에서는 상품생산물 가운데 일부가 현물상태로 생산자 자신에 의해 개인적으로(individuell) 소비되지만, I부문에서는 생산물 가운데 일부가 현물상태로 그 자본가적 생산자 자신에 의해 생산

적으로(produktiv) 소비된다.

상품생산물 I의 일부분=4,000c에는, 이 부문에서 소비된 불변자본가치가 곧바로 생산적 불변자본으로 기능할 수 있는 현물형태로 재현되어 있다. II부문에서는 3,000의 상품생산물 가운데 임금+잉여가치(=1,000)에 해당하는 가치 부분이 직접 II부문의 자본가와 노동자의 개인적 소비로 들어간다. 반면 이 상품생산물 가운데 불변자본가치 부분(=2,000)은 다시 자본가 II의 생산적 소비에 들어갈 수 없고, I부문과의 교환에 의해 보전되어야만 한다.

그러나 I부문은 6,000의 상품생산물 가운데 임금+잉여가치(=2,000)에 해당하는 가치 부분이 그 생산자의 개인적 소비로 들어가지 않는다(그 현물형태를 보아서도 들어갈 수 없다). 그것은 일단 II부문과 교환되어야 한다. 반대로 이 생산물의 불변자본가치 부분=4,000은 (자본가계급 I 전체의 입장에서 볼 때) 그대로 다시 자본가계급 I의 불변자본으로 기능할 수 있는 현물형태로 존재한다. 바꾸어 말해서 I부문의 모든 생산물은 그 현물형태에서—자본주의적 생산양식하에서는—단지 불변자본요소로만 사용될 수 있는 사용가치로 이루어져 있다. 따라서 6,000의 가치가 있는 이 생산물 중에서 $\frac{1}{3}$(2,000)은 II부문의 불변자본을 보전하고, 나머지 $\frac{2}{3}$는 I부문의 불변자본을 보전하게 된다.

불변자본 I은 제철소에 얼마, 탄광에 얼마 하는 식으로 다양한 생산수 M422
단 생산부문에 투하된 여러 자본집단의 총량으로 이루어져 있다. 이들 각 자본집단〔혹은 이들 각 사회적 자본집단〕은 다시 다양한 크기의 독립적으로 기능하는 개별 자본들로 이루어져 있다. 먼저 사회적 자본〔예를 들어 7,500(백만 등등의 단위일 수 있다)〕은 여러 자본집단으로 나누어진다. 즉 7,500의 사회적 자본은 각기 특수한 생산부문에 투하되는 특수한 부분들로 나누어진다. 사회적 자본가치 가운데 이들 특수한 생산부문에 투하되는 부분은, 현물형태로 보면, 일부는 각 특수한 생산부문의 생산수단으로 이루어져 있고, 일부는 각 부문의 운영에 필요한 제각각의 숙련된 노동력

〔즉 각 개별 생산부문에서 수행해야 할 특수한 작업종류*에 맞추어 분업적 방식으로 다양하게 변형된 형태의〕으로 이루어져 있다. 사회적 자본 가운데 이들 특수한 생산부문에 투하된 부분은 다시 그 부문에 투하되어 독립적으로 기능하는 개별 자본들의 합계로 이루어져 있다. 이것은 물론 I부문과 II부문 모두에 똑같이 적용된다.

그런데 I부문에서 상품생산물의 형태로 재현되는 불변자본가치의 경우, 그중 일부는 자신이 생산된 바로 그 특수한 생산영역(혹은 심지어 개별 사업체)에 다시 생산수단으로 들어간다. 예를 들어 곡물이 곡물 생산에, 석탄이 석탄 생산에, 철이 기계의 형태로 철 생산에 다시 들어가는 것이 바로 그런 경우이다.

그러나 I부문의 불변자본가치를 구성하는 것들 가운데 다른 일부〔즉 부분생산물들〕는 자신이 생산된 특수한〔혹은 개별적인〕 생산부문에 곧바로 다시 들어가지 않는데, 그럴 경우에도 그것들은 단지 자리만 바꿀 뿐이다. 즉 그것들은 현물형태로 I부문의 다른 생산영역으로 들어가고, 대신 I부문의 다른 생산영역의 생산물이 그것들을 현물로 보전하게 된다. 그것은 이들 생산물의 단순한 장소변환에 지나지 않는다. 그것들은 모두 I부문의 불변자본을 보전하는 요소로 다시 들어가는 것이며, 단지 I부문 내에서 같은 자본집단이 아니라 다른 자본집단의 불변자본을 보전하는 것일 뿐이다. 여기에서 이 교환이 I부문의 개별 자본가들 사이에서만 이루어질 경우, 그것은 하나의 불변자본 현물형태와 다른 하나의 불변자본 현물형태의 교환이며, 한 종류의 생산수단과 다른 종류의 생산수단 간의 교환이다.
M423 그것은 I부문의 서로 다른 개별적 불변자본 부분들 간의 교환이다. 생산물들은 자신의 생산부문에서 직접 생산수단으로 사용되지 않을 경우, 자신의 생산장소에서 다른 생산장소로 옮겨져서 서로 대체된다. 바꾸어 말해서(II부문의 잉여가치에서 일어나는 것과 비슷하게) I부문의 각 자본가는

* 제2판에는 '노동력'(Arbeitskraft)으로 되어 있지만, 초판에 맞추어 '작업종류'(Arbeitsart)로 수정하였다.

스스로 이 4,000의 불변자본에 대한 공동소유자이기 때문에 각각의 자본비율에 따라 이 상품량 가운데 자신에게 필요한 만큼의 생산수단을 끌어낸다. 생산이 자본주의적 생산이 아니라 사회적 생산일 경우에도, I부문의 이들 생산물은 이 부문의 각 생산부문들 사이에 재생산을 위해서 다시 끊임없이 생산수단으로 분배될 것이 틀림없다. 즉 일부는 자신이 만들어진 생산영역에 직접 머물고, 다른 일부는 다른 생산장소로 옮겨져서 이 부문의 각기 다른 생산장소들 사이를 끊임없이 오고 갈 것이다.

제7절 두 부문의 가변자본과 잉여가치

1년 동안 생산되는 소비수단의 총가치는 1년 동안 재생산되는 가변자본가치 II와 새로 생산되는 잉여가치 II(즉 1년 동안 II부문에서 생산되는 가치)에 1년 동안 재생산되는 가변자본가치 I과 새로 생산되는 잉여가치 I(즉 I부문에서 1년 동안 생산되는 가치)을 더한 것과 같다.

그러므로 단순재생산을 가정하면, 1년 동안 생산되는 소비수단의 총가치는 연간 가치생산물〔즉 사회적 노동에 의해 1년 동안 생산된 총가치〕과 같다(또한 같을 수밖에 없다). 왜냐하면 단순재생산에서는 이 모든 가치가 소비되기 때문이다.

사회적 총노동일은 두 부분으로 나누어진다. ① 필요노동: 이것은 1년 동안 1,500v의 가치를 만든다. ② 잉여노동: 이것은 1,500m의 추가가치〔혹은 잉여가치〕를 만든다. 이들 가치의 합계=3,000은 1년 동안 생산되는 소비수단의 가치 3,000과 같다. 그러므로 1년 동안 생산되는 소비수단의 총가치는 사회적 총노동일이 1년 동안 생산하는 총가치〔사회적 가변자본가치+사회적 잉여가치〕와 같고, 또한 1년 동안의 새로운 생산물 전체와 같다.

그러나 우리가 알고 있는 것처럼 이들 두 가치량이 일치한다고 해서 결

M424 코 상품 II〔소비수단〕의 모든 가치가 사회적 생산의 II부문에서 생산되는 것은 아니다. 두 가치량이 일치하는 것은 II부문에서 재현되는 불변자본가치가 I부문에서 새롭게 생산되는 가치(가변자본가치＋잉여가치)와 같기 때문이다. 그렇기 때문에 I(v+m)은 II부문의 생산물 가운데 그 생산자(II부문의)에게 불변자본가치를 나타내는 부분을 구입할 수 있다. 따라서 II부문의 자본가들에게 그들의 생산물가치는 c+v+m으로 나누어지지만, 사회적으로 보면 이 생산물의 가치가 v+m으로 나누어지는 이유를 알 수 있게 된다. 즉 이것은 단지 IIc가 이 경우에는 I(v+m)과 같으며, 사회적 생산물에서 이들 두 구성 부분이 그들의 현물형태를 서로 교환하고, 따라서 이 교환이 끝나고 나면 IIc는 다시 생산수단으로, I(v+m)은 반대로 소비수단으로 존재하기 때문이다.

바로 이런 상황 때문에 스미스는 연간 생산물의 가치가 v+m으로 분해된다고 주장하게 되었던 것이다. 그러나 스미스의 이 주장은 ① 연간 생산물 가운데 단지 소비수단으로 이루어진 부분에 대해서만 타당성이 있고 ② 이 부분의 총가치가 II부문에서 생산되고, 따라서 II부문의 생산물가치는 II부문에서 선대되는 가변자본가치와 II부문에서 생산되는 잉여가치의 합계와 같다는 부분은 타당성이 없다. 그의 주장이 타당한 것은 단지 II(c+v+m)=II(v+m)+I(v+m)이라는 의미에서만〔혹은 IIc=I(v+m)이라는 이유에서만〕 가능하다.

이상에서 논의한 것을 토대로 다음과 같이 말할 수 있다. 사회적 노동일(즉 1년 전체에 걸쳐 전체 노동자계급이 지출한 노동)은 각각의 개별적 노동일과 마찬가지로 단 두 부분〔즉 필요노동과 잉여노동〕으로만 나누어진다. 따라서 이 노동일에 의해 생산되는 가치도 항상 두 부분〔즉 가변자본가치(즉 노동자가 자신의 재생산수단을 구입하기 위한 가치 부분)와 잉여가치(자본가가 자신의 개인적 소비를 위해 지출할 수 있는 부분)〕으로 나누어진다. 그럼에도 사회적으로 보면 사회적 노동일의 일부는 단지 새로운 불변자본〔즉 노동과정에서 생산수단(즉 노동과정에서 함께 이루어지는 가치증식과정에서 불변자본)으로만 기능하도록 되어 있는 생산물]의 생산에만 지출된다. 우리의 가정에 따르면, 사회적 노동일 전체는 3,000의 화폐가치로 나타나고 그중 $\frac{1}{3}$ [=1,000]만 소비수단[사회적 총가변자본가치와 총잉여가치가 궁극적으로 실현되는 상품]을 생산하는 II부문에서 생산된다. 따라서 이 가정에 따르면 사회적 노동일 가운데 $\frac{2}{3}$는 새로운 불변자본의 생산에 사용된다. I부문의 개별 자본가와 노동자의 입장에서 M425
보면, 사회적 노동일 가운데 이 $\frac{2}{3}$는 사회적 노동일 가운데 II부문에 속한 $\frac{1}{3}$과 꼭 마찬가지로 오로지 가변자본가치+잉여가치의 생산에만 사용되지만 그럼에도 사회적 노동일 가운데 이 $\frac{2}{3}$는 사회적으로 보면(또 생산물의 사용가치 측면에서 보더라도) 단지 생산적 소비의 과정에 들어가거나 혹은 거기에서 소비된 불변자본의 보전분만을 생산한다. 개별적으로 보더라도, 노동일 가운데 이 $\frac{2}{3}$는 확실히 그 생산자에게 가변자본가치와 잉여가치의 합인 총가치를 생산하긴 하지만 임금이나 잉여가치가 지출될 수 있는 그런 종류의 사용가치는 전혀 생산하지 않는다. 그것의 생산물은 생산수단이다.

우선 지적해두어야 할 점은, 사회적 노동일 가운데 어떤 부분도 (I부문이든 II부문이든) 이들 두 부문에서 사용되는[즉 거기에서 기능하는] 불변자본의 가치를 생산하는 데 사용되지 않는다는 것이다. 이들 두 부문에서 생산되는 것은, 단지 불변자본가치=4,000Ic+2,000IIc에 부가되는 추가가치 2,000I(v+m)+1,000II(v+m)뿐이다. 생산수단의 형태로 생산된 새로운 가치는 아직 불변자본이 아니다. 그것은 단지 장래에 불변자본으로 기능하기로 정해져 있을 뿐이다.

II부문의 총생산물[소비수단]은, 그 사용가치에 비추어[구체적으로 말해서 그 현물형태에 따라 살펴보면], 사회적 노동일 가운데 $\frac{1}{3}$ [II부문에서 수행된]의 생산물이다. 그것은 이 부문에서 사용된 방직노동이라든가 제빵노동 등 구체적 형태의 노동[즉 노동과정에서 주체적 요소로 기능하는 노동]의 생산물이다. 그러나 이 생산물 II의 불변자본가치 부분을 들여 다보면, 이 가치 부분은 이전에 생산수단의 형태로 존재하던 것이, 이제 새로운 사용가치〔소비수단이라는 새로운 현물형태〕로 재현된 것일 뿐이다. 그 가치는 노동과정을 통하여 자신의 낡은 현물형태에서 새로운 현물형태로 이전되었다. 그러나 생산물가치 가운데 이 $\frac{2}{3}$의 가치=2,000은 II부문의 올해 가치증식과정에서 생산된 것이 아니다.

전적으로 노동과정의 관점에서만 보면, 생산물 II는 새로 기능하는 살아 있는 노동과 이 노동의 전제로 주어진 생산수단〔즉 이 노동이 실현되기 위한 대상적 조건〕과의 결과물이며, 마찬가지로 가치증식과정의 관점에서 보면, 생산물가치 II=3,000은 사회적 노동일 가운데 새로 부가된 $\frac{1}{3}$
M426 이 생산한 새로운 가치(500v+500m=1,000)와, 불변자본가치 — 여기에서 고찰하는 생산과정 II 이전에 이미 끝난 과거의 사회적 노동일 가운데 $\frac{2}{3}$가 대상화된 — 로 이루어져 있다. 생산물 II의 이 가치 부분은 이 생산물의 일부로 나타난다. 그것은 사회적 노동일의 $\frac{2}{3}$〔=2,000〕의 가치를 갖는 소비수단의 양으로 존재한다. 이 소비수단은 이 가치 부분이 재현되는 새로운 사용형태이다. 따라서 소비수단의 일부〔=2,000IIc〕와 생산수단 I〔=I(1,000v+1,000m)〕 간의 교환은, 사실상 올해의 노동이 아니라 올해 이전에 이미 끝난 총노동일의 $\frac{2}{3}$와, 올해에 새로 부가된 노동일의 $\frac{2}{3}$와의 교환이다. 올해의 사회적 노동일 가운데 $\frac{2}{3}$는, 만일 그것이 1년 동안 소비되는 소비수단의 가치 중에서 올해가 아니라 올해 이전에 지출되어 실현된 노동일의 $\frac{2}{3}$를 포함하는 부분과 교환되지 못하면, 불변자본의 생산에 사용될〔동시에 가변자본가치와 잉여가치를 형성할〕 수 없게 될 것이다. 그것은 올해의 노동일 가운데 $\frac{2}{3}$를 올해 이전에 지출된 노동일 가운데 $\frac{2}{3}$와 교환하는 것이며, 올해의 노동시간을 작년의 노동시간과 교환하는 것이다. 따라서 이것은 전체 사회적 노동일 가운데 $\frac{2}{3}$가 가변자본이나 잉여가치를 실현할 수 있는 대상물의 생산에 지출되지 않고 오히려 그해에 소비된 자본을 보전하기 위한 생산수단의 생산에 지출된 것인데도, 왜 사회적 노동일의 총가치생산물이 '가변자본가치+잉여가치'로 분해될 수 있

는지 그 수수께끼를 설명해준다. 이 수수께끼는, I부문의 자본가와 노동자가 자신들이 생산한 '가변자본가치+잉여가치'를 실현하는 생산물가치 II의 $\frac{2}{3}$(이것은 연간 총생산물가치의 $\frac{2}{9}$를 이룬다)가, 가치의 측면에서 보면 올해 이전에 이미 끝난 사회적 노동일의 $\frac{2}{3}$의 생산물이라는 점을 통해서 간단히 풀린다.

사회적 생산물 I과 II의 합계〔즉 생산수단과 소비수단의 합계〕는, 사용가치〔구체적으로는 그 현물형태〕의 측면에서 보면, 올해 노동의 생산물이지만, 그것은 단지 이 노동이 노동력의 지출〔즉 가치를 형성하는 노동〕이 아니라 구체적 유용노동으로 간주될 경우에만 그렇다. 그러나 그것도 단지 생산수단이 살아 있는 노동(생산수단에 부가되어 그것을 움직이는)에 의해서만 새로운 생산물〔즉 올해의 생산물〕로 전화한다는 의미에서만 그러하다. 그렇지만 거꾸로 올해의 노동도 독립된 생산수단〔노동수단과 생산재료〕이 없이는 생산물로 전화할 수 없었을 것이다. M427

제8절 두 부문의 불변자본

총생산물의 가치 9,000과 그것이 나누어지는 각 범주에 대한 분석은 개별 자본의 생산물가치에 대한 분석에 비해 결코 더 어려운 것이 아니고, 오히려 그것과 동일한 것이다.

사회적 연간 총생산물에는, 세 가지의 사회적 연간 노동일이 포함되어 있다. 이들 각 노동일의 가치표현=3,000이다. 따라서 총생산물의 가치표현=3×3,000=9,000이다.

또한 이 노동시간 중에서, 우리가 분석하고자 하는 생산물의 1년간 생산과정 이전에 지출된 노동시간은 I부문에서 $\frac{4}{3}$노동일(가치생산물 4,000), II부문에서 $\frac{2}{3}$노동일(가치생산물 2,000)이다. 두 사회적 노동일을 합하면 가치생산물은 6,000이 된다. 따라서 4,000Ic+2,000IIc=6,000c는 사회적 총생산물가치로 재현되는 생산수단〔불변자본〕의 가치를 나타낸다.

그리고 I부문에서 새로 부가된 사회적 연간 노동일 가운데 $\frac{1}{3}$은 필요노동〔즉 가변자본가치 1,000Iv를 보전하고 I부문에서 사용된 노동의 가격을 지불하는 노동〕이다. 마찬가지로 II부문에서도 사회적 노동일 가운데 $\frac{1}{6}$은 500의 가치액을 갖는 필요노동이다. 따라서 사회적 노동일 절반의 가치표현 1,000Iv+500IIv=1,500v는 올해에 부가된 총노동일 중에서 필요노동으로 이루어지는 절반의 가치표현이다.

마지막으로 I부문에서 총노동일의 $\frac{1}{3}$〔가치생산물=1,000〕은 잉여노동이다. II부문에서는 $\frac{1}{6}$의 노동일〔가치생산물=500〕이 잉여노동이다. 이것들을 합하면 부가된 총노동일의 나머지 절반이 된다. 따라서 생산된 총잉여가치=1,000Im+500IIm=1,500m이다. 따라서,

사회적 생산물가치 가운데 불변자본 부분(c):
　이 생산과정 이전에 지출된 2노동일, 가치표현=6,000
1년 동안 지출된 필요노동(v):
M428 　연간 생산에 지출된 노동일의 절반, 가치표현=1,500
1년 동안 지출된 잉여노동(m):
　연간 생산에 지출된 노동일의 절반, 가치표현=1,500
연간 노동의 가치생산물(v+m)=3,000
총생산물가치(c+v+m)=9,000

그러므로 어려움은 사회적 생산물가치 그 자체의 분석에 있는 것이 아니라, 사회적 생산물의 가치구성 부분들을 그 물적(sachlich) 구성 부분들과 비교하는 데서 발생한다.

불변적〔단지 재현될 뿐인〕 가치 부분은 이 생산물 가운데 생산수단으로 이루어진 부분의 가치와 같으며 이 부분을 통해 구체화된다.

그해의 새로운 가치생산물 v+m은, 이 생산물 가운데 소비수단으로 이

루어진 부분의 가치와 같으며 이 부분을 통해 구체화된다.

그러나 (여기에는 중요하지 않은 예외들이 있긴 하지만) 생산수단과 소비수단은 완전히 다른 종류의 상품〔즉 완전히 다른 현물형태 혹은 사용형태를 갖고 있으며, 따라서 완전히 다른 종류의 구체적 노동의 산물〕이다. 생활수단의 생산에 기계를 사용하는 노동은 기계를 만드는 노동과 완전히 다르다. 가치표현=3,000인 연간 총노동일은 소비수단=3,000의 생산에 지출되고, 이 3,000에는 불변가치 부분이 전혀 재현되지 않는 것처럼 보인다. 왜냐하면 이 3,000=1,500v+1,500m은 단지 가변자본가치+잉여가치로만 분해되기 때문이다. 다른 한편 불변자본가치=6,000은 소비수단과 완전히 다른 종류의 생산물인 생산수단에 재현되고, 이 새로운 생산물의 생산에는 사회적 노동일 가운데 어떤 부분도 지출되지 않는 것처럼 보인다. 전체 사회적 노동일은 생산수단이 아니라 소비수단을 결과물로 만들어내는 노동양식으로만 이루어져 있는 것처럼 보인다. 비밀은 이미 해명되었다. 연간 노동의 가치생산물은 II부문의 생산물가치〔즉 새로 생산된 소비수단의 총가치〕와 같다. 그러나 이 생산물가치는 연간 노동 가운데 소비수단의 생산(II부문)에 지출된 부분보다 $\frac{2}{3}$만큼 더 크다. 연간 노동 가운데 단지 $\frac{1}{3}$만 소비수단의 생산에 지출되었다. 이 연간 노동 가운데 나머지 $\frac{2}{3}$는 생산수단의 생산〔즉 I부문〕에 지출되었다. 이 기간 동안 I부문에서 생산되는 가치생산물〔즉 I부문에서 생산되는 가변자본가치+잉여가치〕은 II부문에서 소비수단으로 재현되는 II부문의 불변자본가치와 같다. 따라서 그것들은 서로 교환되어 현물로 보전될 수 있다. 그러 M429
므로 소비수단 II의 총가치는 I부문과 II부문의 새로운 가치생산물의 합계와 같다. 혹은 II(c+v+m)=I(v+m)+II(v+m)이다. 즉 소비수단의 총가치는 연간 노동에 의해 v+m의 형태로 생산된 새로운 가치의 합계와 같다.

다른 한편 생산수단(I)의 총가치는 생산수단(I)과 소비수단(II)의 형태로 재현되는 불변자본가치의 합계와 같으며, 따라서 사회의 총생산물 가운데 재현되는 불변자본가치의 합계와 같다. 이 총가치는 I부문의 생산과정 이전에 지출된 $\frac{4}{3}$노동일과 II부문의 생산과정 이전에 지출된 $\frac{2}{3}$노동일의 가치표현과 같으며, 따라서 합계 2노동일의 가치표현과 같다.

따라서 어려움은 사회적 연간 생산물에서, 불변가치 부분이 여기에 부가되는 새로운 가치 v+m〔소비수단의 형태로 나타나는〕과는 완전히 다른 종류의 생산물〔생산수단의 형태로 나타나는〕이라는 점에서 발생한다. 그리하여 (가치의 측면에서 볼 때) 소비된 생산물량의 $\frac{2}{3}$가, 사회적으로 그것의 생산에 어떤 노동도 지출되지 않은 채, 새로운 형태〔즉 새로운 생산물〕로 재현되는 것처럼 보인다. 개별 자본의 경우에는 그렇지 않다. 각 개별 자본가는 특정한 종류의 구체적 노동을 고용하고, 이 노동은 자신이 사용하는 특수한 생산수단을 생산물로 전화시킨다. 예를 들어 자본가가 기계제조업자이고, 1년 동안 지출되는 불변자본=6,000c, 가변자본=1,500v, 잉여가치=1,500m이라고 하자. 생산물=9,000이고 그 생산물이 18대의 기계라면 1대=500이다. 여기에서는 모든 생산물이 모두 기계라는 같은 형태로 존재한다(만약 그가 여러 종류를 생산하고 있다면 각 종류별로 이렇게 계산할 수 있다). 총상품생산물은 1년 동안 기계제조에 지출된 노동의 생산물〔즉 같은 종류의 구체적 노동과 생산수단의 결합물〕이다. 그러므로 생산물가치의 각 부분은 똑같은 현물형태로 나타난다. 즉 기계 12대에는 6,000c가, 3대에는 1,500v가, 3대에는 1,500m의 가치가 포함된다. 여기에서 분명한 사실은 기계 12대의 가치=6,000c인 것은 이 12대에 구체화된 노동이 단지 기계제조 이전의 과거의 노동일 뿐이고, 기계제조 과정에서 지출된 노동이 아니기 때문은 아니라는 것이다. 18대의 기계를 만들기 위한 생산수단의 가치가 저절로 12대의 기계로 전화한 것은 아니지만 이 기계 12대의 가치(4,000c+1,000v+1,000m으로 이루어져 있는)는 18대의 기계에 포함된 불변자본가치의 총계와 같다. 그러므로 기계
M430 제조업자는 자신이 지출한 불변자본〔18대의 새로운 기계를 재생산하는데 필요한 불변자본〕을 보전하기 위하여 18대 가운데 12대를 판매해야만 한다. 반면에 다음과 같이 생각하게 되면 상황은 설명하기 어렵게 된다.

즉 고용된 노동은 단지 기계제조에만 사용되지만, 이 노동의 결과물은 한편으로는 6대의 기계〔=1,500c+1,500m〕와 다른 한편으로는 6,000c의 가치를 가진 생산수단〔즉 철, 구리, 나사, 벨트 등과 같이 기계를 생산하는 데 필요한 현물형태의 생산수단(우리가 잘 알고 있는 바와 같이 기계를 만드는 개별 자본가는 이것을 스스로 생산하는 것이 아니라 유통과정을 통해서 조달해야만 한다)〕이라는 사실이다. 그런데도 얼핏 보면 연간 사회적 생산물의 재생산은 이런 불합리한 방식으로 이루어지는 것처럼 보인다.

사회적 자본 가운데 각기 독립적으로 기능하는〔또한 독자적인 생명을 부여받는〕 부분의 개별 자본들의 생산물은 제각기 임의의 현물형태를 가지고 있다. 이들 생산물의 유일한 조건은 그것들이 현실적으로 하나의 사용형태〔하나의 사용가치〕—이 사용가치 때문에 그 생산물은 상품세계에서 유통될 수 있는 하나의 고리가 된다—를 갖는다는 것이다. 이 생산물이 생산수단으로 자신이 생산된 바로 그 생산과정에 다시 들어갈 수 있을지〔즉 그 생산물가치 중에서 불변자본을 나타내는 부분이 실제로 다시 불변자본으로 기능할 수 있는 현물형태를 가지고 있는지〕 없을지는 별로 중요하지 않고 우연적인 것이다. 만일 그것이 그렇지 못할 경우에도 생산물가치 가운데 이 부분은 매매를 통해서 다시 그 물적 생산요소의 형태로 전화하고 그럼으로써 불변자본의 기능을 수행할 수 있는 현물형태로 재생산된다.

그러나 사회적 총자본의 생산물에서는 이렇게 되지 않는다. 재생산의 모든 물적 요소는 현물형태로 이 생산물의 각 부분을 이루어야만 한다. 소비된 불변자본 부분이 총생산에 의해 보전될 수 있는 경우는, 단지 재현되는 불변자본 부분의 총체가 실제로 불변자본으로 기능할 수 있는 새로운 생산수단의 현물형태로 생산물을 통해 재현될 경우뿐이다. 따라서 단순재생산을 가정할 때, 생산물 가운데 생산수단으로 이루어지는 부분의 가치는 사회적 자본의 불변가치 부분과 같아야만 한다.

또한 개별적으로 보면, 자본가가 새로 부가된 노동에 의해 자신의 생산물가치로 생산하는 것은 단지 '가변자본+잉여가치'뿐이며, 불변가치 부분은 새로 부가된 노동의 구체적인 성격에 의해 생산물로 이전된다.

사회적으로 보면, 사회적 노동일 가운데 생산수단을 생산하는 부분〔따
M431 라서 생산수단에 새로운 가치를 부가할 뿐만 아니라 그 생산에 소비된 생산수단의 가치를 그것에 이전하는 부분〕은 새로운 불변자본〔낡은 생산수단의 형태로 I부문과 II부문에서 소비된 불변자본을 보전해야 하는〕 이외는 아무것도 생산하지 않는다. 이 부분은 단지 생산적 소비에 들어가는 생산물만 생산한다. 그러므로 이 생산물의 모든 가치는 오로지 불변자본으로 새롭게 기능할 수 있는〔즉 현물형태의 불변자본만을 다시 구입할 수 있는〕 가치일 뿐이며, 따라서 사회적으로 보면 가변자본이나 잉여가치로 분해되지 않는 가치이다. 다른 한편, 사회적 노동일 가운데 소비수단을 생산하는 부분은 사회적 자본에서 어떤 보전 부분도 생산하지 않는다. 이 부분은 I부문과 II부문의 가변자본가치와 잉여가치를 실현할 현물형태를 갖춘 생산물만 생산한다.

사회적 고찰방식에 대해서 말할 때〔즉 사회적 자본의 재생산과 개인적 소비를 모두 포함하는 사회적 총생산물을 고찰할 때〕, 우리는 프루동이 부르주아 경제학을 모방하면서 저지른 오류처럼, 자본주의적 생산양식을 토대로 한 사회도, 하나의 전체로 고찰할 경우에는, 마치 그것이 갖는 특유의 역사적·경제적 성격을 상실하는 것처럼 고찰해서는 안 된다. 오히려 그 반대이다. 그럴 경우 우리는 총자본가를 대상으로 해야만 한다. 총자본은 모든 개별 자본가들을 합친 주식자본으로 나타난다. 이 주식회사에서는 다른 많은 주식회사들과 마찬가지로 누구나 자신이 투입한 것은 알지만 자신이 얼마를 끌어낼 수 있는지는 알지 못한다.

제9절 애덤 스미스, 슈토르흐와 램지에 대한 회고

사회적 생산물의 총가치는 9,000=6,000c+1,500v+1,500m이다. 달리 말해서 6,000은 생산수단의 가치를 재생산하고 3,000은 소비수단의 가치를 재생산한다. 그러므로 사회적 수입의 가치(v+m)는 총생산물가치의 $\frac{1}{3}$ 에 지나지 않는다. 그리고 전체 소비자〔노동자와 자본가〕는 단지 이 $\frac{1}{3}$ 의 가치액만큼의 상품〔생산물〕만 사회적 총생산물에서 끌어내어 자신들의 소비재원에 합체할 수 있다. 반면에 6,000〔=생산물가치의 $\frac{2}{3}$〕은 현물로 보전되어야 하는 불변자본의 가치이다. 따라서 이만한 액수의 생산수단이 다시 생산재원에 합체되어야 한다. 슈토르흐는 이 필요성을 잘 이해하고 있었지만 그것을 증명할 수는 없었다.

> 연간 생산물의 가치가 자본과 이윤으로 나누어지고, 또한 연간 생산물의 M432
> 가치에서 이들 부분을 가지고 국가가 그 자본을 유지하고 그 소비재원을 갱신하는 데 필요한 생산물을 규칙적으로 구입한다는 것은 분명하다. …… 한 나라의 자본을 이루는 생산물은 결코 소비될 수 없다.(슈토르흐, 『국민소득의 성질에 관한 고찰』, 파리, 1824, 134, 135, 150쪽)

그러나 스미스는 이 터무니없는 교의를 이미 앞에서 언급한 형태 — 사회적 생산물의 총가치가 수입〔임금+잉여가치〕으로, 혹은 (그의 표현에 따르면) 임금+이윤(이자)+지대로 분해된다는 — 로 제기하였고 그것은 오늘날까지도 계속 신봉되고 있다. 뿐만 아니라 그는 이 교의를 훨씬 통속적인 형태로, 즉 소비자는 궁극적으로 총생산물가치를 생산자에게 지불해야 한다고 표현하기도 하였다. 이것은 지금까지도 이른바 경제학이란 것에서 가장 널리 승인된 상투어〔혹은 영원한 진리〕 가운데 하나이다. 이것은 다음과 같이 그럴듯한 방식으로 설명된다. 어떤 물품〔예를 들어 아마

포〕으로 만든 옷옷을 예로 들어보자. 우선 아마 방적업자는 아마 재배업자에게 아마의 총가치―즉 아마 종자, 비료, 역축의 사료 등의 가치에다 건물, 농기구 등과 같은 아마 재배업자의 고정자본이 생산물에 이전하는 가치 부분, 그리고 아마가 생산되는 동안 지불된 임금과 아마에 포함된 잉여가치(이윤과 지대), 마지막으로 아마를 생산지에서 방적공장까지 운반하는 데 든 비용―를 지불해야 한다. 다음에 직물업자는 아마 방적업자에게 이 아마의 가격에다, 아마에 이전되는 기계·건물 등의 고정자본가치 부분과 방적과정에서 소비된 모든 보조재료, 방적공의 임금, 잉여가치 등도 함께 보상해주어야 한다. 여기에 다시 표백업자의 비용과 아마포 완제품의 운송비가 부가되고 마지막으로 옷옷 제조업자는, 그에게 원료만 공급해주었을 뿐인 그 이전의 모든 생산자의 가격들을 모두 지불한다. 그리고 이제 그의 수중에서도 한 차례 더 가치가 부가된다. 즉 한편으로는 노동수단이나 보조재료 등의 형태로 옷옷 제조에 소비된 불변자본의 가치가 부가되고 또 다른 한편으로는 옷옷 제조에 지출된 노동〔옷옷 제조공의
M433 임금가치+옷옷 제조업자의 잉여가치〕이 부가된다. 그런데 이 옷옷이라는 생산물 전체에 들어간 비용이 최종적으로 100파운드스털링이고 이것이 사회적 연간 총생산물가치 가운데 옷옷의 생산에 지출된 부분이라고 하자. 옷옷의 소비자는 100파운드스털링을 지불한다. 즉 옷옷에 포함된 (아마 재배업자, 방적업자, 직물업자, 표백업자, 옷옷 제조업자, 운송업자 등의) 모든 생산수단의 가치+임금+잉여가치를 지불한다. 이것은 조금도 틀림이 없다. 그것은 사실 삼척동자도 쉽게 알 수 있는 것이다. 그런데 그는 계속해서 이것이 다른 모든 상품의 가치에도 그대로 적용된다고 말한다. 그러나 그것은 모든 소비수단〔사회적 생산물 가운데 소비재원으로 들어가는 부분, 다시 말해서 사회적 생산물가치 가운데 수입으로 지출될 수 있는 부분〕의 가치에 그대로 적용된다고 말해야만 옳다. 물론 이들 모든 상품의 가치총액은, 이들 상품에 소비된 모든 생산수단의 가치(불변자본 부분)+나중에 부가된 노동이 만든 가치(임금+잉여가치)와 같다. 따

라서 전체 소비자들은 이 가치액 모두를 지불할 수 있다. 왜냐하면 각 개별 상품의 가치는 c+v+m으로 이루어져 있기 때문이다. 그러나 소비재원으로 들어가는 모든 상품의 가치총액은 (최대로 잡아도) 단지 사회적 생산물가치 가운데 v+m으로 분해되는 부분〔즉 연간 지출된 노동이 주어진 생활수단(불변자본가치)에 부가한 가치〕뿐이다. 그러나 불변자본가치와 관련하여 우리가 이미 본 것처럼, 그것은 사회적 생산물량으로부터 이중의 방식으로 보전된다. 첫째, 소비수단을 생산하는 자본가 II와 그들을 위해 생산수단을 생산하는 자본가 I의 교환에 의해 보전된다. 그리고 바로 여기에 한쪽에서 자본인 것이 다른 한쪽에서는 수입이 된다는 진부한 문구의 원천이 있다. 그러나 사실은 그렇지 않다. 2,000IIc〔소비수단으로 존재하는 2,000의 가치〕는 자본가계급 II에게 불변자본가치를 이룬다. 그러므로 그 생산물은 현물형태라는 측면에서는 소비되어야 하는 것이지만 자본가계급 II가 그것을 소비할 수는 없다. 다른 한편 2,000I(v+m)은 I부문의 자본가계급과 노동자계급이 생산한 '임금+잉여가치'이다. 그것들은 생산수단이라는 현물형태로 존재한다. 즉 그대로는 자신의 가치를 소비할 수 없는 현물형태로 존재한다. 그래서 우리는 여기에서 4,000의 가치를 갖는데 그중 절반은 교환 이전이나 이후 모두 항상 불변자본만 보전하고, 다른 절반은 수입만 이루고 있을 뿐이다. 둘째, I부문의 불변자본은 일부는 I부문 자본가들 사이의 교환에 의해, 또 다른 일부는 각 개별 사업 내에서 이루어지는 현물보전에 의해, 현물로 보전된다.

연간 총생산물가치가 궁극적으로 소비자에 의해 지불되어야 한다는 문구는 오직 이 소비자 속에 개인적 소비자와 생산적 소비자라는 전혀 다른 두 부류가 모두 포함될 경우에만 맞을 것이다. 그러나 생산물 가운데 일부가 생산적으로 소비되어야 한다는 것은 곧 이 부분이 자본으로 기능해야 하고 소득으로 소비될 수는 없다는 것을 의미한다. M434

만일 우리가 총생산물의 가치〔=9,000〕를 6,000c+1,500v+1,500m으로 분할하고 3,000(v+m)을 수입으로만 간주한다면, 거꾸로 가변자본이 사라지고 (사회적으로 볼 때) 자본은 불변자본으로만 이루어진 것처럼 보일 것이다. 왜냐하면 처음에 1,500v로 나타났던 것이 사회적 수입의 일부〔임금, 즉 노동자계급의 수입〕로 분해됨으로써 자본으로서의 성격을 잃었기 때문이다. 실제로 램지는 이런 결론을 끌어낸다. 그에 따르면 사회적으로 볼 때 자본은 오직 고정자본으로만 이루어져 있다. 그러나 그가 고정자본이라고 말하는 것은 불변자본〔즉 생산수단으로 존재하는 가치량〕이며, 이 생산수단은 노동수단이나 노동재료〔원료, 반제품, 보조재료 등〕를 가리킨다. 그는 가변자본을 유동자본이라고 부른다.

> 유동자본은 노동생산물이 완성되기 전에 노동자들에게 선대되는 생활수단과 기타 필수품으로만 이루어져 있다. …… 유동자본이 아니라 오직 고정자본만이 본래의 의미에서 국민적 부의 원천이다. …… 유동자본은 생산에 곧바로 사용되는 것도 아니고 생산에 필수적인 것도 아니다. 그것은 단지 개탄스러운 민중의 빈곤 때문에 필요하게 된 하나의 방편일 뿐이다. …… 오로지 고정자본만이 국가적 관점에서 생산비의 한 요소를 이룬다.(램지, 『부의 분배에 관한 고찰』, 23~26쪽의 여러 곳)

램지는 그가 불변자본의 의미로 이해하는 고정자본을 다음과 같이 보다 자세히 설명한다.

> 이 노동(즉 어떤 상품의 생산에 사용된 노동)의 생산물 가운데 일부가 고정자본〔즉 장래의 상품생산을 돕긴 하지만 노동자들의 생활을 유지시키는 것은 아닌 형태〕으로 존재해온 기간(59쪽)

M435 여기에서 우리는 다시 한 번 스미스가 불변자본과 가변자본의 구별을 고정자본과 유동자본의 구별과 혼동함으로써 초래한 해악을 보게 된다. 램지의 불변자본은 노동수단으로 이루어져 있고, 그의 유동자본은 생활

수단으로 이루어져 있다. 양자는 모두 가치가 주어진 상품들이며 어느 쪽도 잉여가치를 생산할 수 없다.

제10절 자본과 수입: 가변자본과 임금[16)]

연간 총재생산〔즉 올해의 총생산물〕은 올해 유용노동의 생산물이다. 그러나 이 총생산물의 가치는 거기에서 연간 노동〔즉 올해에 지출된 노동력〕이 구체화한 부분보다 더 크다. 올해의 **가치생산물**〔즉 올해에 상품형태로 새로 만들어진 가치〕은 **생산물가치**〔즉 1년 동안 생산된 상품량의 총가치〕보다 작다. 연간 생산물의 총가치에서 올해의 연간 노동에 의해 그것에 부가된 가치를 뺀 나머지는 실제로 재생산된 가치가 아니라 단지 새로운 존재형태로 재현된 가치에 지나지 않는다. 그것은 연간 생산물보다 먼저 존재하던 가치에서 연간 생산물로 이전된 가치이며, 올해의 사회적 노동과정에 함께 참여했던 불변자본 구성 부분들의 내구기간에 따라 보다 오래전에 생산된 것일 수도 있고 보다 최근에 생산된 것일 수도 있다. 즉 그것은 올해 만들어진 생산수단의 가치에서 이전된 것일 수도 있고 몇 년 전에 만들어진 생산수단의 가치에서 이전된 것일 수도 있다. 어쨌든 그것은 과거의 생산수단에서 현재의 생산물로 이전된 가치이다.

우리의 표식을 사용할 경우, 지금까지 살펴본 각 요소들이 I부문과 II부문 사이에서, 혹은 II부문 내에서 교환되고 나면 그 결과는 다음과 같이 된다.

I. 4,000c+1,000v+1,000m(뒷부분의 2,000은 소비수단 IIc로 실현된다)=6,000

16) 여기서부터는 제8고에서.

II. 2,000c(I(v+m)과의 교환에 의해 재생산된다)+500v+500m=3,000

가치총액=9,000

M436 1년 동안 새로 생산된 가치는 단지 v+m에만 포함되어 있다. 그러므로 올해의 가치생산물 총액은 v+m의 합계=2,000I(v+m)+1,000II(v+m)=3,000이다. 올해의 생산물가치 가운데 나머지 가치 부분은 단지 과거의 가치에서 올해의 생산에 소비된 생산수단으로 이전된 가치일 뿐이다. 올해의 연간 노동은 3,000의 가치 외에는 어떤 가치도 생산하지 않았다. 이것이 이 노동의 연간 총가치생산물이다.

그런데 우리가 본 것처럼, 2000I(v+m)은 II부문을 위하여 그 2000IIc를 생산수단의 현물형태로 보전한다. 그러므로 연간 노동 가운데 I부문에 지출된 $\frac{2}{3}$는 불변자본 II를 (그 총가치와 현물형태에서) 새롭게 생산한 것이다. 즉 사회적 관점에서 보면 1년 동안 지출된 노동의 $\frac{2}{3}$는 새로운 불변자본가치〔II부문에 적합한 현물형태로 실현된〕를 만들었다. 따라서 사회적 연간 노동의 대부분은 소비수단의 생산에 지출된 불변자본의 가치를 보전하기 위한 새로운 불변자본(생산수단으로 존재하는 자본가치)의 생산에 지출되었다. 여기에서 자본주의 사회와 미개 사회의 차이점은 시니어(N. W. Senior)[17)]가 생각하듯이, 수입〔즉 소비수단〕으로 분해될 수 있는(교환될 수 있는) 과실을 전혀 얻을 수 없는 노동을 일정한 시간 동안 지출할 수 있는 것이 미개인의 특권과 특성이라는 점이 아니라 다음과 같은 점에 있다.

ⓐ 자본주의 사회는 자신이 사용할 수 있는 연간 노동 가운데 보다 많은 부분을 생산수단(즉 불변자본)의 생산에 사용하는데, 이 부분은 임금

17) "원시인이 활을 만든다면, 그도 일종의 노동에 종사하는 셈이지만, 그러나 그들은 절제하면서 노동하지는 않는다"(시니어, 『경제학의 근본원리』, 파리, 1836, 342~343쪽), "사회가 진보할수록, 사회는 점점 더 절제를 요구한다"(앞의 책, 42쪽) — 『자본』 제1권, 제22장 제3절, 619쪽.*

* MEW Bd. 23, 623쪽 참조.

이나 잉여가치의 형태를 통해 수입으로는 분해될 수 없고 단지 자본으로서만 기능할 수 있을 뿐이다.

ⓑ 미개인은 활, 화살, 돌망치, 도끼, 바구니 등을 만들면서 자신이 여기에 사용한 시간을 소비수단의 생산에 지출하지 않았고, 단지 생산수단에 대한 자신의 필요만 충족했다는 사실을 잘 알고 있다. 거기에다 미개인은 M437
시간 낭비에 대해 완전히 무관심함으로써 심각한 경제적인 죄악을 저지르고, 예컨대 타일러(E. B. Tyler)의 설명처럼 때때로 화살 한 개를 완성하는 데 한 달을 모두 소진하기도 한다.[18)]

일부 경제학자들은 이론적 난점〔즉 현실적 연관의 이해〕을 벗어나기 위해 기존의 통설〔한쪽에서는 자본인 것이 다른 쪽에서는 수입이 된다 혹은 그 반대도 성립한다고 하는〕에 의존하는 경향이 있는데 이런 견해는 부분적으로는 옳지만, 만일 일반적으로 제기되면 완전히 틀린 것이다(그러므로 그것은 연간 재생산과 함께 이루어지는 교환과정 전체에 대한 완전한 오해를 포함하며, 따라서 부분적으로 옳은 것의 사실적 기초에 대한 오해도 함께 포함한다).

이제 우리는 이 견해에서 부분적으로 옳은 측면의 토대를 이루는 사실적 관계를 요약하면서 이들 관계에 관한 잘못된 이해도 함께 밝히고자 한다.

① 가변자본은 자본가의 수중에서는 자본으로 기능하고, 임노동자의 수중에서는 수입으로 기능한다.

가변자본은 처음에 화폐자본으로 자본가의 수중에 존재한다. 그것이 화폐자본으로 기능하는 것은 자본가가 그것을 가지고 노동력을 구입하기 때문이다. 그것이 화폐형태로 자본가의 수중에 남아 있는 한, 그것은 화폐형태로 존재하는 주어진 가치〔즉 가변적인 크기가 아닌 불변적인 크기〕 외에는 아무것도 아니다. 그것은 단지 잠재적으로만 (바로 그 노동력으로의

18) 타일러, 『인류의 상고사 연구』, H. 뮐러 옮김, 라이프치히, 연도 미상, 240쪽.

전환 가능성 때문에) 가변자본일 뿐이다. 그것은 오직 그 화폐형태를 벗어버린 뒤에야(즉 노동력으로 전환하여 이 노동력이 자본주의적 과정에서 생산자본의 구성 부분으로서 기능하게 된 뒤에야) 비로소 현실적인 가변자본이 된다.

처음에 자본가를 위하여 가변자본의 화폐형태로서 기능하던 화폐는 이제 노동자의 수중에서 그가 생활수단으로 전환시키는 임금(즉 그가 자신의 노동력을 끊임없이 반복적으로 판매함으로써 얻게 되는 수입)의 화폐형태로 기능한다.

우리는 구매자(여기에서는 자본가)의 화폐가 그의 수중에서 판매자(여기에서는 노동력의 판매자, 즉 노동자)의 수중으로 옮겨 간다는 단순한 사실만 여기에서 보고 있다. 여기에서는 가변자본이 이중으로(즉 자본가에게는 자본으로, 노동자에게는 수입으로) 기능하는 것이 아니라, 동일한 화폐가 처음에는 자본가의 수중에서 그의 가변자본의 화폐형태(따라서 잠재적인 가변자본)로 존재하다가, 자본가가 그것을 노동력으로 전환시
M438 키면 노동자의 수중에서 판매된 노동력의 등가로 기능한다. 그러나 동일한 화폐가 판매자의 수중에서는 구매자의 수중에 있을 때와 다른 용도로 기능한다는 사실은 모든 상품의 판매와 구매에서 공통된 현상이다.

변호론적인 경제학자들이 이 문제를 잘못 설명한다는 것은 다음을 통해서 잘 알 수 있다. 우리는 이제 자본가인 구매자 측에서의 유통행위 G—A(=G—W)(화폐의 노동력으로의 전환)와 판매자인 노동자 측에서의 A—G(=W—G)(노동력상품의 화폐로의 전환)만을 주목하고 그 이후에 일어나는 일은 당분간 모두 무시하기로 하자. 그들은 이렇게 말한다. 여기에서는 동일한 화폐가 두 개의 자본을 실현한다. 즉 구매자(자본가)는 자신의 화폐자본을 살아 있는 노동력으로 전환시키고, 이 노동력을 자신의 생산자본에 합체한다. 다른 한편 판매자(노동자)는 자신의 상품(노동력)을 화폐로 전환시키고, 이 화폐를 수입으로 지출함으로써 자신의 노동력을 계속 새롭게 판매할 수 있도록 유지하게 된다. 따라서 노동자의

노동력은 그 자체 상품형태로 존재하는 노동자의 자본〔끊임없이 그의 수입을 만들어주는〕이다. 그러나 실상 노동력은 그의 자산(끊임없이 갱신되고 재생산되는)이지 그의 자본이 아니다. 노동력은 그가 살아가기 위해서 끊임없이 판매할 수 있고, 또 판매해야만 하는 유일한 상품이며, 단지 그 구매자〔자본가〕의 수중에 들어가고 나서야 비로소 자본(가변)으로 행동한다. 어떤 사람이 자신의 노동력〔즉 자기 자신〕을 끊임없이 반복적으로 다른 사람에게 판매하도록 강요당하고 있다는 사실을, 저 경제학자들은, 그가 자본가라는 것을 입증하는 사실로 주장한다. 왜냐하면 그가 항상 판매할 '상품'(자기 자신)을 가지고 있기 때문이라는 것이다. 만일 그런 의미라면 노예도, 그가 상품으로 다른 사람에 의해서 영구히 판매되는데도 역시 자본가가 된다. 왜냐하면 이 상품〔노동노예〕은, 그 구매자가 매일 반복하여 노동을 시킬 뿐만 아니라, 그것이 계속 반복해서 노동할 수 있도록 생활수단도 함께 준다는 성질이 있기 때문이다(이 점에 관해서는 시스몽디와 장 바티스트 세이가 맬서스와 주고받은 편지들을 참고하라).

② 1000Iv+1000Im과 2000IIc의 교환에서는 한쪽에서는 불변자본인 것(2000IIc)이 다른 한쪽에서는 가변자본과 잉여가치〔즉 수입〕가 되고, 또한 한쪽에서는 가변자본과 잉여가치(2000I(v+m))〔즉 수입〕인 것이 다른 한쪽에서는 불변자본이 된다.

우리는 우선 Iv와 IIc의 교환을 고찰하기로 하고 거기에서도 먼저 노동자의 관점에서 시작하기로 하자.

I부문의 총노동자는 자신의 노동력을 I부문의 총자본가에게 1,000을 받고 판매한다. 노동자 I은 이 가치를 임금형태로 지불되는 화폐로 받는다. M439
이 화폐를 가지고 노동자 I은 II부문에서 동일한 가치액의 소비수단을 구입한다. 노동자 I은 자본가 II를 단지 상품판매자로만 상대하는데, 이것은 노동자가 자신의 자본가에게서 구입하는 경우〔즉 예를 들어 앞에서(380쪽*) 서술한 500IIv의 교환〕에도 마찬가지이다. 그의 상품〔즉 노동력〕이 통과하는 유통형태는 욕구 충족〔소비〕을 위한 단순한 상품유통, 즉 W(노동력)—G—W(소비수단, 상품 II)라는 형태이다. 이 유통과정의 결과는 노동자가 자신을 자본가 I을 위한 노동력으로 유지하는 데 있으며, 노동자는 자신을 계속 이렇게 유지하기 위하여 끊임없이 새롭게 A(W)—G—W라는 과정을 반복해야만 한다. 그의 임금은 소비수단으로 실현되고, 그것은 수입으로 지출되는데, 노동자계급 전체로 보면 끊임없이 반복해서 수입으로 지출된다.

이제 똑같은 Iv와 IIc의 교환을 자본가의 관점에서 살펴보자. II부문의 총상품생산물은 소비수단〔즉 1년 동안의 소비에 들어가도록, 다시 말해서 누군가(여기에서는 총노동자 I)를 위해 수입을 실현하도록 되어 있는 물건〕으로 이루어져 있다. 그러나 총자본가 II에게 이 상품생산물 가운데 일부〔=2,000〕는 이제 그의 생산자본의 불변자본가치가 상품으로 전화한 형태이며, 그것은 이 상품형태에서 다시 생산자본의 불변 부분으로 활동할 수 있는 현물형태로 재전화하여야만 한다. 이제까지 자본가 II가 성취한 것은 상품형태(소비수단)로 재생산된 자신의 불변자본가치 가운데 절반(=1,000)을 노동자 I에게 판매함으로써 화폐형태로 재전화시킨 것이다. 따라서 불변자본가치 IIc의 이 첫 번째 절반과 직접 교환된 것도 가변자본 Iv가 아니라 화폐이다. 이 화폐는 I부문에서 노동력과의 교환을 통해 화폐자본으로 기능하였고 그리하여 노동력 판매자의 소유가 되었으며 이 노동력 판매자에게는 자본이 아니라 화폐형태의 수입을 나타내는 것이었다. 즉 그 화폐는 소비수단의 구매수단으로 지출된 것이었다. 다른 한편 노동자 I에게서 자본가 II에게 흘러들어간 화폐〔=1,000〕는 생산자본 II의 불변요소로 기능할 수 없다. 그것은 아직 II부문 상품자본의 화폐형태일 뿐이며, 앞으로 불변자본의 고정적 구성 부분이나 유동적 구성 부분으로 전화되어야만 한다. 따라서 II부문은 자신의 상품 구매자인 노동자 I에게서 얻은 화폐를 가지고 I부문에서 1,000의 생산수단을 구입한다. 그럼으

* MEW Bd. 24, 404쪽 참조.

로써 불변자본가치 II는 그 총액 가운데 절반이 다시 생산자본 II의 요소로 M440
기능할 수 있는 현물형태로 갱신된다. 여기에서 유통형태는 W—G—W, 즉 (가치 1,000의 소비수단)—(화폐)=(1,000)—(가치 1,000의 생산수단)이었다.

그러나 이때의 W—G—W는 자본운동이다. W는 노동자들에게 판매되어 G로 전화하고, 이 G는 생산수단으로 전환된다. 그것은 상품에서 이 상품의 소재적 요소로의 재전화이다. 다른 한편 자본가 II가 자본가 I에 대하여 단지 상품의 구매자로만 기능하는 것처럼, 자본가 I은 여기에서 자본가 II에 대하여 단지 상품의 판매자로만 기능한다. 처음에 I부문은 가변자본으로 기능하도록 되어 있는 화폐 1,000으로 1,000의 가치를 가진 노동력을 구입하였다. 그리하여 I부문은 화폐형태로 양도한 자신의 1,000v에 대한 등가를 손에 넣었다. 그 화폐는 이제 노동자의 것이며, 노동자는 그것을 II부문에서의 구매에 지출한다. 이렇게 II부문의 금고 속으로 흘러들어간 이 화폐를 다시 손에 넣기 위해서는 오로지 동일한 가치액의 상품을 판매함으로써 그것을 다시 끌어내는 방법밖에 없다.

처음에 I부문은 가변자본 부분으로 기능하도록 되어 있는 일정량의 화폐액〔=1,000〕을 가지고 있었다. 그것은 동일한 가치액의 노동력으로 전환함으로써 가변자본 부분으로 기능한다. 그러나 노동자는 생산과정의 결과물로 6,000의 가치를 갖는 상품량(생산수단)을 공급하였다. 그 가운데 $\frac{1}{6}$〔=1,000〕은 (가치의 관점에서 보면) 화폐로 선대된 가변자본 부분의 등가이다. 이 가변자본가치는 이전에 화폐형태로 있을 때와 마찬가지로 이제 상품형태로 있으면서도 가변자본으로 기능하지 않는다. 그것은 살아 있는 노동력으로 교환된 후에야, 그래서 이 노동력이 생산과정에서 기능을 수행할 경우에만 비로소 가변자본으로 기능할 수 있다. 화폐로서의 가변자본가치는 단지 잠재적인 가변자본일 뿐이다. 그러나 그것은 곧바로 노동력으로 전환될 수 있는 형태를 취한다. 상품으로서의 이 동일한 가변자본가치는 단지 잠재적인 화폐가치일 뿐이다. 그것은 상품을 판매함으로써〔즉 여기에서는 II부문이 1,000의 상품을 I부문에서 구입함으로써〕 비로소 다시 원래의 화폐형태로 갱신된다. 여기에서의 유통운동은 (1000v〔화폐〕)—(가치 1,000의 노동력)—(상품 1,000〔가변자본의 등가〕)—(1,000v〔화폐〕)이다. 즉 G—W……W—G(=G—A……W—G)이다. W……W 사이에 개입하는 생산과정 그 자체는 유통영역에 속하지 않는다. 그것은 연간 재생산의 각 요소들 간의 교환에—이 교환이 모든 생산자본의 요소들〔불변자본과 가변자본(노동력)〕을 포함하는 것인데도—나타나지 않는다. 이 교환의 모든 당사자들은 단지 구매자나 판매자 혹은 양자 모두로만 나타난다. 노동자는 여기에서 단지 상품의 구매자로
M441 만 나타난다. 자본가는 구매자와 판매자로 번갈아 가며 (그리고 일정 범위 내에서는 상품구매자로만 혹은 상품판매자로만) 나타난다.

결과는 다음과 같다. I부문은 자신의 자본 가운데 가변가치 부분을 다시 화폐형태〔곧바로 노동력으로 전화될 수 있는 유일한 형태〕로 갖게 되었다. 즉 I부문은 그가 현실에서 자신의 생산자본 가운데 가변적인 요소로 선대할 수 있는 유일한 형태로 그것을 다시 소유하게 되었다. 다른 한편 노동자는 다시 상품구매자로 나타날 수 있기 위하여 여전히 계속해서 상품〔자신의 노동력〕의 판매자로 나타나야만 한다.

II부문의 가변자본(500IIv)과 관련하여, 같은 생산부문의 자본가와 노동자 사이의 유통과정은, 우리가 그것을 총자본가 II와 총노동자 II 사이에 있는 것으로 고찰할 경우, 아무런 매개 없이 직접적인 형태로 나타난다.

총자본가 II는 500v를 같은 가치액의 노동력 구입에 선대한다. 이 경우 총자본가는 구매자이며 총노동자는 판매자이다. 그런 다음 노동자는 자신의 노동력을 판매하여 얻은 화폐를 가지고, 자신이 생산한 상품의 일부를 구매하는 사람으로 나타난다. 따라서 이 경우에는 자본가가 판매자이다. 노동자는 자본가가 자신의 노동력을 구입할 때 지불한 화폐를, 생산된 상품자본 II 가운데 일부〔즉 상품의 형태를 취하는 500v〕로 대체하였다. 자본가는 이 v를 노동력을 구입하기 전에는 화폐형태로 가지고 있다가 이

제는 상품형태로 가지고 있다. 다른 한편 노동자는 자신의 노동력가치를 화폐로 실현하였고 이제 이 화폐를 다시 자신의 소비를 충족하기 위하여 수입으로 지출〔즉 자신이 생산한 소비수단 가운데 일부를 매입하기 위해 지출〕함으로써 실현한다. 이것은 화폐형태를 취하는 노동자의 수입과 노동자 자신이 상품형태로 재생산한 자본가의 상품구성 부분 500v의 교환이다. 이렇게 하여 이 화폐는 자본가 II의 수중에 그의 가변자본의 화폐형태로 되돌아온다. 여기에서는 화폐형태를 취하는 수입의 등가가 상품형태를 취하는 가변자본가치를 보전한다.

자본가는 자신이 노동력을 구입할 때 노동자에게 지불한 화폐를 그것과 동일한 가치의 상품량을 노동자에게 판매함으로써 다시 노동자에게서 빼앗긴 하지만 그것을 통해 부를 늘리는 것은 아니다. 만일 자본가가 노동력을 구입할 때 먼저 500을 노동자에게 지불하고, 거기에다 다시 자신이 노동자를 시켜 생산한 500의 가치를 가진 상품량을 무상으로 노동자에게 준다면 그는 사실상 노동자에게 두 번 지불하는 셈이 될 것이다. 반대로 만일 노동자가 자본가에게 자신의 노동력가격 500의 대가로 500의 상품 외에는 아무것도 더 생산해주지 않는다면, 자본가는 모든 과정이 끝난 뒤에도 처음과 똑같은 상태로 되돌아와 있을 것이다. 그러나 노동자는 3,000 M442
의 생산물을 재생산하였다. 그는 생산물의 불변가치 부분〔즉 생산물에 소비된 생산수단의 가치=2,000〕을, 생산수단을 새로운 생산물로 전화시킴으로써 그대로 유지시켰다. 그 밖에 그는 이 주어진 가치에 1,000(v+m)의 가치를 부가하였다(자본가가 부를 늘린다는 의미를, 그가 잉여가치를 500의 화폐형태로 회수한다는 의미로 해석하는 개념은 데스튀트 드 트라시〔Destutt de Tracy〕가 발전시킨 개념인데 여기에 대해서는 이 장의 제13절에서 자세히 서술할 것이다).

노동자 II가 500의 가치를 가진 소비수단을 구입함으로써 자본가 II가 이제까지 상품으로 가지고 있던 500IIv의 가치는 자본가 II에게 다시 화폐〔즉 그가 처음 선대할 때의 형태〕로 돌아온다. 이 거래의 직접적인 결과는, 다른 모든 상품판매와 마찬가지로, 주어진 가치가 상품형태에서 화폐형태로 전환했다는 점이다. 이 거래를 통해 화폐가 그 출발점으로 복귀하였다는 것도 전혀 특별한 것이 아니다. 만일 자본가 II가 먼저 화폐 500을 가지고 자본가 I에게서 상품을 구입하고 그런 다음 그가 500만큼의 상품을 I부문에 판매하였을 경우에도 마찬가지로 그에게는 500의 화폐가 회수되었을 것이다. 이 500의 화폐는 단지 1,000의 상품량을 교환하는 데 사용되었을 뿐이고, 앞에서 말한 일반법칙에 따라 이 상품량의 교환을 위하여 화폐를 유통에 투하한 사람의 수중으로 돌아왔을 것이다.

그러나 자본가 II에게 돌아온 화폐 500은 동시에 화폐형태로 갱신된 잠재적인 가변자본이기도 하다. 이것은 왜 그런가? 화폐〔즉 화폐자본〕는 그것이 노동력으로 전환될 수 있기 때문에, 그리고 그런 한에서만 잠재적인 가변자본이다. 화폐 500파운드스털링이 자본가 II에게 돌아오는 것은 노동력 II가 시장으로 돌아오는 것을 수반한다. 양자가 서로 마주 보는 극(極, Pol)으로 돌아가는—따라서 화폐 500이 화폐로는 물론 화폐형태의 가변자본으로도 재현된다는—것은 하나의 동일한 과정에 의해서 이루어진다. 화폐=500이 자본가 II의 수중으로 돌아가는 것은 그가 노동자 II에게 500의 소비수단을 판매하였기〔즉 노동자가 자신의 임금을 지출하여 자신과 가족(그리하여 노동력)의 노동력을 유지하였기〕 때문이다. 노동자는 계속 살아가기 위하여, 그리고 계속 상품구매자로 나타날 수 있기 위하여, 자신의 노동력을 반복해서 판매해야만 한다. 그러므로 화폐 500이 자본가 II에게 돌아오는 것은 동시에 노동력이 500의 화폐로 구입할 수 있는 상품으로 돌아온다는 것을 의미하고 따라서 500의 화폐가 잠재적인 가변자본으로 돌아온다는 것을 의미한다.

사치품을 생산하는 IIb부문과 관련하여, 이 부문의 v〔(IIb)v〕도 Iv의 경우와 마찬가지이다. 자본가 IIb를 위하여 가변자본을 화폐형태로 갱신하는 화폐는, 자본가 IIa의 수중을 거쳐 우회적인 방식으로 자본가 IIb의 수
M443 중으로 들어간다. 그러나 그럼에도 노동자가 자신의 노동력을 판매하는

자본가 생산자에게서 자신의 생활수단을 직접 구입하는 경우와, 그렇지 않고 다른 부문의 자본가에게서 구입하는 경우(이 다른 부문의 자본가를 통하는 우회적인 방식으로 자본가 IIb는 화폐를 회수한다) 사이에는 차이가 발생한다. 노동자계급은 그날그날 벌어먹고 살기 때문에 그들이 구입할 화폐가 있을 때만 구입한다. 그러나 자본가는〔예를 들어 1,000IIc 대 1,000Iv의 교환의 경우〕 그렇지 않다. 자본가는 그날그날 벌어먹고 살지 않는다. 그들의 활동 동기는 자신들의 자본을 최대한 증식하는 데 있다. 그러므로 어떤 사정이 생겨서 자본가 II에게 불변자본을 곧바로 갱신하는 것보다 적어도 일부분을 화폐형태로 계속 가지고 있는 것이 유리하게 되면, 1,000IIc의 I부문으로의(화폐로의) 회수는 늦어진다. 따라서 1,000v의 화폐형태로의 복귀도 함께 늦어지며, 자본가 I은 준비금을 이용할 수 있을 경우에만 동일한 규모의 생산을 계속할 수 있게 된다. 즉 일반적으로 가변자본가치가 화폐로 회수되는 속도가 변하더라도 중단 없이 생산을 계속하기 위해서는 화폐형태의 예비자본이 필요한 것이다.

올해의 재생산을 구성하는 각 요소들 간의 교환을 연구하려면, 과거의〔즉 이미 종료된 해의〕 연간 노동의 결과도 함께 연구해야만 한다. 이 연간 생산물을 남겨준 생산과정은 우리의 등 뒤로〔그 생산물을 남기고〕 사라져버렸다. 이 생산과정에 선행하거나 병행하는 유통과정〔즉 잠재적인 가변자본의 현실적인 가변자본으로의 전환, 다시 말해 노동력의 매매〕의 경우에는 더더욱 그렇다. 노동시장은 이미 현재 상품시장의 일부가 아니다. 노동자는 이제 자신의 노동력을 이미 판매해버렸을 뿐만 아니라 잉여가치와 자신의 노동력의 등가도 상품형태로 공급하였다. 한편 그는 자신의 임금을 주머니에 가지고 있으며, 교환과정에서 단지 상품(소비수단)의 구매자로만 나타난다. 그러나 또 다른 한편 연간 생산물은 재생산의 모든 요소를 포함해야만 하고, 따라서 생산자본의 모든 요소, 특히 가장 중요한 요소인 가변자본을 회복시켜야 한다. 그리고 사실 우리가 이미 본 것처럼, 가변자본과 관련해서 보면 교환의 결과는 다음과 같이 된다. 즉 상품구매자로서 자신의 임금을 지출하고 구입한 상품을 소비함으로써, 노동자는 자신이 판매할 수 있는 유일한 상품인 노동력을 유지하고 재생산한다. 이
M444 노동력을 구입할 때 자본가가 선대하였던 화폐가 그 자본가의 수중으로 돌아오는 것과 마찬가지로, 노동력도 화폐로 전환될 수 있는 상품이 되어 다시 노동시장으로 돌아온다. 그리하여 우리는 (여기에서는 특히 1,000Iv와 관련하여) 다음과 같은 결과를 얻게 된다. 즉 자본가 I에게는 1,000v의 화폐가 있고, 반면 노동자 I에게는 1,000의 가치가 있는 노동력이 있어서, 결국 재생산과정 I 전체가 새로 시작할 수 있게 된 것이다. 이것은 교환과정의 한 결과물이다.

다른 한편, 노동자 I의 임금지출은 1,000c에 달하는 소비수단을 II부문에서 끌어냄으로써 그것을 상품형태에서 화폐형태로 전화시켰다. II부문은 I부문에서 상품〔=1,000c〕을 구입함으로써 그 소비수단을 이 화폐형태로부터 II부문의 불변자본의 현물형태로 재전화시키고, 이를 통해서 I부문에는 그 가변자본의 가치가 다시 화폐형태로 회수된다.

가변자본 I은 세 번의 형태변화를 거치는데 이들 형태변화는 연간 생산물의 교환에서는 전혀 나타나지 않거나 다만 암시적인 것으로만 나타난다.

① 첫 번째 형태. 즉 화폐 1,000Iv인데 이 화폐는 동일한 가치액의 노동력으로 전환된다. 이 전환 그 자체는 I부문과 II부문 사이의 상품교환에는 나타나지 않는다. 그러나 그 결과는 노동자계급 I이 1,000의 화폐를 가지고 상품판매자 II를 만나는 것으로 나타나며, 이것은 노동자계급 II가 500의 화폐를 가지고 상품형태를 취한 500v의 상품판매자를 만나는 것과 전적으로 동일하다.

② 두 번째 형태. 가변자본이 실제로 변동하는〔즉 가변자본으로 기능하는〕 유일한 형태. 여기에서는 가치를 창출하는 힘이 그것과 교환된 일정한 가치를 대신해서 나타나고, 이 형태는 우리의 등 뒤로 이미 지나간 생산과정에만 속한다.

③ 세 번째 형태. 이 형태는, 가변자본이 그것을 통해 생산과정의 결과물 속에서 자신이 가변자본임을 증명하는 것으로서, 연간 가치생산물이며 따라서 I부문의 경우 1,000v+1,000m=2,000I(v+m)이다. 가변자본의 원래 가치〔=화폐 1,000〕를 대신하여 그 두 배의 가치〔=상품 2,000〕가 나타난다. 따라서 상품형태의 가변자본가치〔=1,000〕는 생산자본요소로서의 가변자본에 의해 만들어진 가치생산물의 절반에 지나지 않는다. 상품형태의 1,000Iv는 총자본에서 가변자본으로 사용하도록 정해진 부분(처음에 I부문에 의해 1,000v의 화폐로 선대되는 부분)의 정확한 등가이다. 그러나 상품형태를 취하는 한 그것은 단지 잠재적인 화폐일 뿐이며(그것은 판매됨으로써 비로소 현실적인 화폐가 된다), 따라서 직접 가변적인 화폐자본이 될 수 없다. 그것이 마침내 화폐자본으로 되는 것은, 상품1,000Iv가 IIc로 판매되고 노동력이 구매될 수 있는 상품〔즉 화폐 1,000v와 교환될 수 있는 대상〕으로 재현되고 나서이다.

이 모든 형태변화가 진행되는 동안 자본가 I은 계속 가변자본을 자신의 M445
수중에 가지고 있다. 즉 ① 처음에는 화폐자본으로, ② 다음에는 자신의 생산자본요소로, ③ 그 뒤에는 자신의 상품자본의 가치 부분〔즉 상품가치〕으로, ④ 마지막에는 다시 화폐—이 화폐는 그것과 교환될 수 있는 노동력을 다시 만나게 된다—로 가지고 있다. 노동과정 동안에 자본가는 가변자본을 주어진 크기의 가치로 가지고 있는 것이 아니라 스스로 활동하며 가치를 창출하는 노동력으로 수중에 가지고 있다. 그러나 자본가는 항상 노동력이 일정 기간 동안 활동하고 나서야 비로소 노동자에게 지불하기 때문에, 그는 '노동력이 창출하는 자신의 보전가치+잉여가치'를 그가 노동자에게 지불하기 전에 이미 수중에 가지고 있다.

가변자본은 어떤 형태로든 항상 자본가의 수중에 머물러 있기 때문에 누군가의 수입으로 전환된다고 결코 말할 수 없다. 오히려 상품인 1,000Iv는 II부문에 판매됨으로써 화폐로 전환하며, 그것은 II부문을 위하여 불변자본의 절반을 현물로 보전한다.

수입으로 분해되는 것은 가변자본 I〔즉 화폐 1,000v〕이 아니다. 이 화폐는 노동력으로 전환되는 순간 이미 가변자본 I의 화폐형태로 기능하지 않는다. 이는 다른 모든 상품판매자의 화폐가 일단 다른 판매자의 상품과 교환되는 순간, 더 이상 원래 상품판매자의 소유물이 되지 못하는 것과 마찬가지다. 임금으로 수취된 화폐가 노동자계급의 수중에서 겪는 여러 번의 형태변화는 가변자본의 형태변화가 아니라, 화폐로 전화된 이 계급의 노동력가치의 형태변화이다. 그것은 마치 노동자가 만든 가치생산물 2,000I(v+m)의 전환이 단지 자본가가 소유하는 상품의 전환일 뿐 노동자와는 아무런 관계도 없는 것과 마찬가지이다. 그러나 자본가〔그리고 그의 이론적 해설자인 경제학자〕는 노동자에게 지불한 화폐가 여전히 자신〔자본가〕의 것이라는 망상에서 벗어나기 어렵다. 만일 자본가가 금 생산자라면, 가변가치 부분〔즉 그를 위하여 노동의 구매가격을 보전하는 상품의 등가〕은 직접 화폐형태로 나타날 것이며, 따라서 회수라는 우회로를 거치지 않고 곧바로 다시 가변적 화폐자본으로 기능할 수 있을 것이다. 그러나 II부문의 노동자에게는 (사치품 생산 노동자를 무시할 경우) 500v 그 자체가 노동자가 소비하도록 되어 있는 상품으로 존재하고, 노동자는(그를 총노동자로 간주할 경우) 이 상품을 자신이 노동력을 판매한 바로 그 총자본가에게서 직접 다시 구입한다. 자본 II의 가변가치 부분은 그 현물형태 대
M446 부분이 노동자계급의 소비를 위한 소비수단으로 이루어져 있다. 그러나 노동자가 이 소비수단에 지출하는 것은 가변자본이 아니다. 그가 지출하는 것은 임금〔즉 노동자의 화폐〕이며, 그것이 바로 이 소비수단을 실현함으로써 가변자본 500IIv를 자본가를 위해 다시 그 화폐형태로 복원한다. 전자와 후자는 모두 수입으로 분해되지 않는다. 두 경우 모두에서 수입으로 분해되는 것은 임금이다.

그러나 임금이 수입으로 지출됨으로써 한편으로는 1,000IIc와 우회로를 거친 1,000Iv가, 또 다른 한편으로는 500IIv가〔즉 불변자본과 가변자본이(가변자본의 경우에는 일부는 직접적인, 또 다른 일부는 간접적인 회수

에 의해)〕 다시 화폐자본으로 회복된다는 것은 연간 생산물의 교환에서 하나의 중요한 사실이다.

제11절 고정자본의 보전

연간 재생산의 교환을 설명하는 데 한 가지 큰 어려움은 다음과 같은 것이다. 문제를 극히 단순한 형태로 표현하면 다음과 같이 된다.

(I) 4,000c+1,000v+1,000m+
(II) 2,000c+ 500v+ 500m=9,000

이것은 결국 4,000Ic+2,000IIc+1,000Iv+500IIv+1,000Im+500IIm=6,000c+1,500v+1,500m=9,000으로 분해된다. 불변자본가치 가운데 일부〔즉 엄밀한 의미의 노동수단(생산수단의 특수한 부류)〕는 노동수단에서 노동생산물(상품)로 이전된다. 이 노동수단은 생산자본의 요소로(그것도 원래의 현물형태 그대로) 계속해서 기능한다. 이 노동수단이 일정 기간에 걸쳐 그 기능을 계속해나가는 과정에서 점차로 겪게 되는 마모〔가치상실〕는, 이 노동수단을 사용하여 생산된 상품의 가치요소로 재현되는 것으로, 노동용구에서 노동생산물로 이전된다. 그러므로 여기에서 연간 재생산과 관련하여 문제가 되는 것은 단지 고정자본 가운데 수명이 1년 이상인 구성 부분뿐이다. 만약 이 구성 부분들이 1년 이내에 완전히 소멸해 버린다면, 그것들은 연간 재생산에 의해 전부 보전되어 갱신되어야 할 것이며, 따라서 여기에서 살펴볼 문제와는 아무런 관계가 없게 될 것이다. 기계나 비교적 내구연한이 긴 다른 고정자본 형태들에서 일어날 수 있는(실제로 자주 일어난다) 문제로 건물이나 기계가 전체로서는 수명이 길지만, 그 가운데 일부는 1년 만에 전부 보전해야만 하는 경우가 있다. 이런 M447

부품들은 고정자본 가운데 1년 만에 보전되어야 하는 요소들과 같은 범주에 속한다.

상품의 이 가치요소는 결코 수리비용과 혼동되어서는 안 된다. 상품이 판매되면 이 가치요소도 다른 가치요소와 마찬가지로 화폐로 전환된다. 그러나 그것이 화폐로 전환되고 나면 그것과 다른 가치요소와의 차이점이 드러난다. 상품생산에 소비된 원료와 보조재료는 상품의 재생산이 시작되기 위해서는(일반적으로 상품의 생산과정이 연속적으로 이루어지기 위해서는) 현물로 보전되어야 한다. 상품에 지출된 노동력도 마찬가지로 새로운 노동력에 의해서 보전되어야 한다. 그러므로 상품을 판매하여 얻은 화폐는 끊임없이 이들 생산자본요소로〔즉 화폐형태에서 상품형태로〕 다시 전환되어야 한다. 이것은, 예를 들어 원료와 보조재료가 일정 기간마다 대량으로〔생산용 재고를 이룰 정도로〕 구매되고, 따라서 일정 기간 동안 이들 생산수단이 새로 구매될 필요가 없게 되어 (그들 생산수단이 계속 남아 있는 동안에는) 상품판매를 통해서 들어오는 화폐(생산수단의 구매에 사용되는 화폐)도 적립될 수 있고, 따라서 불변자본 가운데 이 부분이 얼마 동안 그 능동적 기능이 정지된 화폐자본으로 나타난다 하더라도, 전혀 바뀌지 않는다. 그것은 수입자본(收入資本, Revenuekapital)이 아니다. 그것은 화폐형태로 묶여 있는 생산자본이다. 생산수단의 갱신은, 그 형태는 (유통과 관련하여) 다양할 수 있지만, 끊임없이 계속되어야 한다. 생산수단을 갱신하거나 보전하기 위한 새로운 구매〔즉 유통활동〕는 상당히 긴 기간의 간격으로 이루어지고, 그때마다 대량의 화폐지출이 이루어져서 그만큼의 생산용 재고가 채워진다. 혹은 그것이 짧은 기간을 두고 순차적으로 이루어질 수도 있는데 그럴 경우에는 차례대로 계속해서 조금씩 화폐가 지출되고 생산용 재고도 소량씩 채워진다. 그러나 그럴 경우에도 사정은 전혀 바뀌지 않는다. 노동력의 경우도 마찬가지이다. 생산이 1년 동안 동일한 규모로 연속해서 이루어질 경우, 소비된 노동력은 끊임없이 새로운 노동력에 의해 보전된다. 농업처럼 노동이 계절적으로〔혹은 시기별로 불균등하게〕 사용되는 경우에는, 거기에 맞추어 구입되는 노동력의 양도 함께 변동한다. 반면 상품판매를 통해 얻은 화폐 가운데 고정자본의 마모분에 상응하는 상품가치를 화폐화하는 부분은 마모된 그 부분(생산자본)의 가치를 보전하기 위해 재전화하지 않는다. 그것은 생산자본 곁에서 화폐형태로 묶인 채 머무른다. 화폐의 이런 잔류는 몇 년간의 재생산기간 — 불변자본의 고정요소가 원래의 현물형태를 유지한 채 생산과정에서 기능을 계속하는 — 이 끝날 때까지 반복된다. 건물, 기계 등과 같은 고정요소의 수명이 다하여 이제 더는 생산과정에서 기능할 수 없게 되면, 고정요소 곁에 잔류해 있던 그것의 가치〔고정자본에서 상품(고정자본의 도움을 받아 생산된)으로 조금씩 이전된 다음, 그 상품의 판매를 통해 화폐형태로 이전된 가치총액〕는 완전히 화폐로 보전된다. 그런 다음 이 화폐는 고정자본(혹은 고정자본의 여러 요소들, 왜냐하면 이들 요소들은 제각기 수명이 다르기 때문이다)을 현물로 보전하기 위하여〔따라서 생산자본 가운데 이들 구성 부분을 실제로 갱신하기 위하여〕 사용된다. 그러므로 이 화폐는 불변자본가치 가운데 일부〔즉 그 고정부분〕의 화폐형태이다. 따라서 이 화폐축장은 그 자체가 자본주의적 재생산과정의 한 요소이다. 즉 고정자본의 수명이 다하여, 결과적으로 그것이 모든 가치를 생산된 상품에 이전해버려서, 새로이 현물로 보전되어야만 할 때까지의 고정자본〔혹은 그것의 각 요소들〕가치의 재생산이며 적립〔화폐형태의〕이다. 그러나 이 화폐는 고정자본의 죽어버린 요소를 보전하기 위하여 새로운 요소로 재전화할 때 비로소 그 축장화폐의 형태를 상실하고, 따라서 그때에야 비로소 다시 능동적으로 유통에 의해 매개되는 자본의 재생산과정에 들어간다. M448

단순상품유통이 곧바로 생산물 교환과 동일하지 않은 것처럼, 연간 상품생산물의 교환도 곧바로 다양한 구성 부분들의 직접적인 상호교환으로 분해할 수 없다. 화폐는 거기에서 하나의 특수한 역할〔특히 고정자본가치의 재생산양식에서도 나타나는〕을 수행한다(생산이 공동으로 이루어지고 상품생산의 형태를 띠지 않는다고 가정하면 얼마나 다른 상황이 벌어지는지에 대해서는 뒤에서 자세히 고찰하게 될 것이다).

이제 기본 표식으로 돌아가보면, II부문은 2,000c+500v+500m이었다. 1년 동안 생산되는 소비수단의 총액은 여기에서 3,000의 가치에 해당한다. 그리고 상품총액을 구성하는 각 요소는, 가치에 있어서 $\frac{2}{3}$c+$\frac{1}{6}$v+$\frac{1}{6}$m, 혹은 백분율로는 66$\frac{2}{3}$c+16$\frac{2}{3}$v+16$\frac{2}{3}$m으로 나누어진다. II부문의 각 상품 종류마다 불변자본의 비율은 모두 다를 것이다. 또한 불변자
M449 본의 고정 부분과 고정자본 부분의 수명, 따라서 연간 마모의 정도〔즉 고정자본 부분에서 생산되는 상품으로 이전되는 가치 부분〕도 각 상품 종류마다 제각기 다를 것이다. 그러나 이것들은 여기에서 별로 중요하지 않다. 사회적 재생산과정에 관한 한, 중요한 것은 단지 II부문과 I부문 사이의 교환뿐이다. 여기에서 II부문과 I부문은 사회적인 양적 비율로만 서로 관계하고 따라서 상품생산물 II 가운데 가치 부분 c의 상대적인 크기(여기에서 다루는 문제에서는 이것만이 결정적인 것이다)는 II부문에 포괄되는 모든 생산부문을 총괄한 평균비율이다.

이처럼 총가치가 2,000c+500v+500m으로 나누어지는 모든 상품 종류(대부분이 같은 상품 종류이다)는 그 가치를 백분율로 나타내면 똑같이 66$\frac{2}{3}$%c+16$\frac{2}{3}$%v+16$\frac{2}{3}$%m이 된다. 이것은 c, v, m으로 표시되는 상품 100에 해당하는 구성이다.

2,000c가 구현된 상품은 가치에서 다시 다음과 같이 나누어진다.

① 1,333$\frac{1}{3}$c+333$\frac{1}{3}$v+333$\frac{1}{3}$m=2,000c

마찬가지로 500v의 경우:

② 333$\frac{1}{3}$c+83$\frac{1}{3}$v+83$\frac{1}{3}$m=500v

마지막으로 500m의 경우:

③ 333$\frac{1}{3}$c+83$\frac{1}{3}$v+83$\frac{1}{3}$m=500m

① ② ③의 c를 합하면 1,333$\frac{1}{3}$c+333$\frac{1}{3}$c+333$\frac{1}{3}$c=2,000을 얻는다. 마찬가지로 333$\frac{1}{3}$v+83$\frac{1}{3}$v+83$\frac{1}{3}$v=500이 되며 m의 경우에도 동일하

다. 이를 모두 합하면 앞에서 말한 3,000의 총가치가 된다.

따라서 3,000의 가치를 갖는 상품량 II에 포함된 불변자본의 총가치는 2,000c에 포함되어 있으며 500v나 500m에는 하나도 포함되어 있지 않다. 이것은 v와 m의 경우에도 똑같이 적용된다.

바꾸어 말하면 상품량 II 가운데 불변자본가치를 나타내는〔따라서 현물형태나 화폐형태로 다시 교환될 수 있는〕 모든 것은 2,000c 속에 존재한다. 그러므로 상품 II의 불변가치의 교환과 관련된 모든 것은 오로지 2000IIc의 운동에만 국한된다. 그리고 이 교환은 오로지 I(1,000v+1,000m)과의 사이에서만 이루어질 수 있다.

마찬가지로 I부문에서도, 이 부문에 속하는 불변자본가치의 교환과 관련된 모든 것은 4000Ic의 고찰에만 국한되어야 한다.

ㄱ. 마모된 가치 부분의 화폐형태로의 보전

먼저 M450

I. 4,000c+1,000v+1,000m

II.………… 2,000c + 500v + 500m

에서, 상품 2,000IIc와 (같은 가치의) 상품 I(1,000v+1,000m)의 교환은, 2000IIc의 현물 전부가 I부문이 생산한 불변자본 II의 현물구성 부분으로 다시 교환된다는 것을 전제로 할 것이다. 그러나 불변자본 II로 존재하는 2,000의 상품가치는 고정자본 가운데 상실된 가치 부분을 포함한다. 이 부분은 즉각 현물로 보전되지 않고 일단 화폐로 전환되는데, 이 화폐는 고정자본이 현물형태로 갱신될 기한이 도래할 때까지 조금씩 적립되어 결국 총액에 도달하게 된다. 매년 각 개별 사업들〔혹은 산업부문들〕에서는 폐기연한에 도달하여 보전되지 않으면 안 되는 고정자본들이 발생한다. 하나의 개별 자본 내에서도 고정자본의 각 부분 가운데 (각 부품별로 수명이 다르기 때문에) 보전되어야 할 것들이 발생한다. 연간 재생산을 고찰하는 경우 — 단순재생산의 경우에도, 즉 축적을 배제하더라도 — 우리는 그것의 맨 처음부터 시작하는 것이 아니다. 우리가 보게 되는 것은 이미 지나간 여러 해 가운데 한 해의 것이지 자본주의 생산이 탄생한 그해가 아니다. 그러므로 II부문의 갖가지 생산부문에 투하되는 다양한 자본들은 제각기 연령이 다르다. 이들 각 생산부문에서 기능하는 사람들이 매년 죽는 것과 마찬가지로, 매년 대량의 고정자본이 그해에 폐기연한에 도달하여 축적된 화폐재원으로부터 현물로 보전되어야만 한다. 그런 점에서 2,000IIc와 2,000I(v+m)의 교환 속에는 2,000IIc의 상품형태(소비수단)와 현물요소의 교환이 포함되어 있으며, 이 현물요소는 원료와 보조재료뿐만 아니라 고정자본의 현물요소인 기계, 도구, 건물 등으로도 이루어져 있다. 그러므로 2000IIc의 가치 가운데 화폐로 보전되어야 하는 마모분은 기능하는 고정자본의 크기와 결코 일치하지 않는다. 왜냐하면 매년 고정자본 가운데 일부는 현물로 보전되어야 하기 때문이다. 그러나 이것은 이 보전에 필요한 화폐가 그 이전의 몇 년 동안 II부문 자본가의 수중에 적립되고 있었음을 전제한다. 그런데 바로 이 전제는 과거의 몇 년에 대해서만 적용되는 것이 아니라 올해에도 똑같이 적용된다.

I(1,000v+1,000m)과 2,000IIc의 교환에서 가장 먼저 주의해야 할 부분은 가치액 I(v+m)에는 불변가치요소〔따라서 보전해야 할 마모분의 가치
M451 요소, 즉 불변자본의 고정 부분에서 v+m의 현물형태인 상품으로 이전된 가치요소〕가 포함되어 있지 않다는 점이다. 반면 IIc에는 이 요소가 포함되어 있는데 고정자본과 관련된 이 가치요소는 화폐형태에서 곧바로 현물형태로 전환하는 것이 아니라 일단 화폐형태로 머물러 있게 된다. 그러므로 I(1,000v+1,000m)과 2,000IIc의 교환에서는 당장 다음과 같은 어려움이 발생한다. 즉 2,000(v+m)의 현물형태인 생산수단 I은 자신의 총가치액 2,000이 소비수단 II의 등가와 교환되어야 하는 반면 소비수단

2,000IIc는 그 가치액 전부가 생산수단 I(1,000v+1,000m)로 전화될 수 없다는 점이다. 왜냐하면 그 가치액 가운데 일부분〔고정자본 가운데 보전되어야 할 마모분(혹은 가치상실분)〕은 일단 화폐로 머물러 있어야 하고 그것은 올해(여기에서의 고찰대상)의 재생산기간 동안에는 다시 유통수단으로 기능하지 않기 때문이다. 그러나 상품가치 2,000IIc에 포함된 마모분을 화폐화하기 위한 화폐는 오직 I부문에서만 나올 수 있다. 왜냐하면 II부문은 스스로에게 지불할 수는 없고 자신의 상품을 판매함으로써만 지불받을 수 있기 — 우리의 가정에 따르면 I(v+m)이 2,000IIc의 총상품액을 구입하기 때문에 — 때문이다. 따라서 I부문은 바로 이 구입을 통해서 II부문의 마모분을 화폐화해주어야만 한다. 그러나 앞서 말한 법칙에 따르면, 유통에 선대된 화폐는 나중에 동일한 액수의 상품을 유통에 투하하는 자본가 생산자의 수중으로 돌아온다. I부문이 IIc를 구입할 때 2,000의 상품 이외에 여분의 화폐액을 완전히(그것이 교환행위에 의해 I부문으로 되돌아오지 않고) II부문에게 줄 수 없다는 것은 분명한 사실이다. 만일 그렇게 된다면 I부문은 상품량 IIc를 그 가치보다 비싸게 구입한 셈이 될 것이다. II부문이 자신의 2,000c와 교환하여 I(1,000v+1,000m)을 사실상 손에 넣기만 한다면, II부문은 I부문에 더 요구할 것이 없으며, 이 교환과정에서 유통되는 화폐는 I부문과 II부문 가운데 누가 그 화폐를 유통에 투하했는지〔즉 누가 먼저 구매자로 나타났는지〕에 따라 누구에게 회수될 것인지 결정될 것이다. 동시에 이 경우 II부문은 자신의 상품자본 가치총액을 모두 생산수단의 현물형태로 재전화시킬 것이지만, 한편 또 우리의 가정에 의하면 II부문은 자신의 상품자본을 판매하고 나서 그중 일부분은 올해의 재생산기간 중에 화폐로부터 자신의 불변자본 가운데 고정부분의 현물형태로 재전환시키지 않을 것이다. 따라서 이 차액이 II부문에 화폐로 들어오는 것은 오로지 II부문이 I부문에 2,000을 판매하면서 I부문에서 2,000보다 적은 액수〔즉 예를 들어 1,800〕를 구매했을 경우에만 가능하다. 그럴 경우 I부문은 차액에 해당하는 200을 화폐로 결제해야 할 것이고, 이 화폐 M452

는 I부문으로 돌아오지 않을 것이다. 왜냐하면 I부문은 유통에 선대한 이 화폐를 유통으로 끌어내기 위해서 그만큼의 상품〔=200〕을 유통에 투하하지 않았기 때문이다. 이때 II부문에서는 일정 액수의 화폐재원이 고정자본의 마모분을 위한 계정으로 설치될 것이다. 그러나 다른 한편 I부문에서는 200만큼 생산수단의 과잉생산이 발생하고, 따라서 표식의 토대〔단순재생산, 즉 각 생산부문 간의 완전한 비율을 전제로 하는 재생산〕는 통째로 무너져버릴 것이다. 한 가지 어려움이 제거되는 대신 다른 수많은 어려움이 다시 생겨난 것이다.

이 문제에는 고유의 어려움이 있으며, 지금까지 경제학자들이 전혀 다루지 않았기 때문에, 우리는 가능한(적어도 가능하다고 생각되는) 모든 문제의 해결방안〔혹은 아예 문제 그 자체의 제기〕에 대해서 하나씩 살펴보고자 한다.

우리는 방금 II부문이 I부문에 2,000의 상품을 판매하고, I부문에서 1,800의 상품만 구입한다고 가정하였다. 상품가치 2,000IIc 속에는 화폐로 적립되어야 하는 마모 보전분 200이 포함되어 있다. 따라서 가치 2,000IIc는 I부문의 생산수단과 교환되는 1,800과 화폐 상태로(I부문에 2,000c를 판매한 후에) 보존되어야 하는 마모 보전분 200으로 나누어진다. 이것을 가치로 나타내면 2,000IIc=1,800c+200c(d)가 될 것이고 여기에서 d는 마모분(déchet)이다.

그렇다면 이제 우리는 다음의 교환을 고찰해야 할 것이다.

I. 1,000v+1,000m

II. 1,800c +200c(d).

I부문은 노동력에 지불되는 임금으로 노동자의 수중에 들어간 1,000파운드스털링을 가지고 1,000IIc만큼의 소비수단을 구입한다. II부문은 그 1,000파운드스털링으로 생산수단 1,000Iv를 구입한다. 따라서 자본가 I에

게는 화폐형태로 자신의 가변자본이 회수되고, 그는 이것을 가지고 다음 해에 동일한 가치액의 노동력을 구입〔즉 그들의 생산자본 가운데 가변 부분을 현물로 보전〕할 수 있다. 또한 II부문은 선대한 400파운드스털링으로 생산수단 Im을 구입하고, Im은 그 400파운드스털링으로 소비수단 IIc를 구입한다. 그리하여 II부문이 유통에 선대한 400파운드스털링은 자본가 II의 수중으로 돌아오지만 그것은 단지 판매한 상품의 등가일 뿐이다. I부문은 선대한 400파운드스털링만큼의 소비수단을 구입하고 II부문은 I부문에서 400파운드스털링의 생산수단을 구입한다. 그리하여 이 400파운드스털링은 I부문으로 돌아온다. 지금까지의 계산은 다음과 같다.

I부문은 상품으로 1,000v+800m을 유통에 투하하고 거기에다 화폐로 1,000파운드스털링을 임금으로, 400파운드스털링을 II부문과 교환하기 위해 추가로 유통에 투하한다. 교환이 끝난 후 I부문은 화폐로 1,000v와 M453
800IIc(소비수단)로 전환된 800m, 그리고 화폐 400파운드스털링을 갖게 된다.

II부문은 상품(소비수단) 1,800c와 화폐 400파운드스털링을 유통에 투하한다. 교환이 끝난 후 II부문은 상품 I(생산수단) 1,800과 화폐 400파운드스털링을 가지게 된다.

이제 아직 남은 것은 I부문에 200m(생산수단의 형태로), II부문에 200c(d)(소비수단의 형태로)이다.

우리의 가정에 따르면, I부문은 200파운드스털링으로 가치액 200의 소비수단 IIc(d)를 구입한다. 그러나 II부문은 이 200파운드스털링을 그대로 쥐고 있다. 왜냐하면 200c(d)는 마모분을 나타내고, 따라서 곧바로 다시 생산수단으로 전환될 수 없기 때문이다. 그러므로 200Im은 판매될 수 없다. 보전되어야 할 잉여가치 I 가운데 $\frac{1}{5}$*은 실현될 수 없다. 즉 그것은 생산수단의 현물형태에서 소비수단의 현물형태로 전환될 수 없다.

* 초판과 제2판에는 $\frac{1}{10}$로 되어 있다.

이것은 단순재생산의 가정과 모순될 뿐만 아니라 그 자체 200c(d)의 화폐화를 설명하기 위한 가정도 아니다. 오히려 그것은 이 화폐화가 설명될 수 없다는 것을 의미한다. 200c(d)가 어떻게 화폐화될 수 있는지를 논증할 수 없기 때문에 여기에서는 I부문이 친절하게도 그것을 화폐화해준다고 (그렇게 하지 않으면 I부문은 자신의 나머지 잉여가치 200m을 화폐화할 수 없기 때문이다) 가정한다. 그러나 이것을 교환 메커니즘의 정상적인 작동이라고 생각하는 것은 마치 200c(d)를 규칙적으로 화폐화하기 위하여 매년 200파운드스털링이 하늘에서 떨어진다고 상정하는 것과 마찬가지이다.

그런데도 다음과 같은 경우에는 이런 가정이 얼마나 잘못된 것인지 곧바로 눈에 들어오지 않게 된다. 즉 Im이 여기에서처럼 본래의 존재양식〔즉 생산수단의 가치구성 부분, 다시 말해 자본가 생산자가 판매를 통해 화폐로 실현해야 하는 상품의 가치구성 부분〕으로 나타나지 않고 자본가가 획득한 잉여가치를 나누어 갖는 사람들의 수중에〔예를 들어 토지소유자의 수중에 지대로, 혹은 대부업자의 수중에 이자로〕 나타나는 경우이다. 그러나 만일 상품에 포함된 잉여가치 가운데, 산업자본가가 자신 이외 잉여가치의 공동소유자들에게 지대와 이자로 인도해야 하는 부분이 상당 기간 동안 상품판매를 통해 실현될 수 없다면, 지대와 이자의 지불도 이루어질 수 없고, 따라서 토지소유자와 이자소득자도 (지대와 이자를 지출함으로써) 연간 재생산 가운데 일정 부분을 화폐화하는 데 구원의 신(deus ex machina)[†22]으로 기여할 수 없을 것이다. 이른바 비생산적인 노동자들
M454 〔관리, 의사, 변호사 등과 '일반대중'(경제학자들이 설명하기 어려운 것을 설명할 때 이용하는 개념)〕의 지출도 이와 마찬가지이다.

I부문과 II부문〔자본가 생산자의 양대 부문〕 사이에 직접적 교환 대신 상인을 매개자로 끌어들여 그의 '화폐'를 개입시켜 모든 문제를 해결하려고 하는 방법도 역시 마찬가지로 별로 도움이 되지 않는다. 위에서 200Im은 어쨌든 결국 마지막에는 II부문의 산업자본가에게 인도되어야 한다.

따라서 아무리 많은 상인들의 손을 거친다 하더라도 결국 마지막 상인은 (가정에 따라) II부문에 대하여 I부문의 자본가 생산자가 처음에 처했던 것과 같은 상태에 처하게 될 것이다. 즉 그는 200Im을 II부문에 판매할 수 없을 것이다. 그리고 이 구입액이 판매되지 않았기 때문에 그 상인은 I부문과 같은 과정을 더는 반복할 수 없을 것이다.

여기에서 알 수 있듯이 사회적 재생산과정을 복잡하게 뒤얽힌 구체적인 형태로부터 곧장 분석할 경우 겉으로만 그럴듯한 과학적 설명을 제공하는 오류를 벗어나기 위해서는—우리의 본래 목적이 아니더라도—재생산과정을 그 기본형태(거기에서는 모든 것을 모호하게 만드는 조건들이 제거된다) 속에서 고찰하는 것이 반드시 필요하다.

이리하여 재생산(단순재생산이든, 확대재생산이든)과정이 정상일 경우에는 자본가 생산자가 유통에 선대한 화폐가 그 출발점으로 되돌아와야만 한다(여기에서 이 화폐가 자본가 자신의 것인지, 차입한 것인지는 중요하지 않다)는 법칙은 200IIc(d)가 I부문이 선대한 화폐에 의해 화폐화한다는 가정을 결정적으로 배제해버린다.

ㄴ. 고정자본의 현물로의 보전

지금까지 고찰한 가정을 배제하고 나면 이제 마모분을 화폐로 보전하는 것 외에 완전히 소멸해버린 고정자본을 현물로 보전할 수 있는지의 문제만 남는다.

우리가 이제까지 가정했던 것은 다음과 같다.

ⓐ I부문이 임금으로 지불한 1,000파운드스털링은 노동자들에 의해 동일한 가치액으로 IIc에 지출된다. 즉 그들은 그것을 가지고 소비수단을 구입한다.

여기에서 I부문이 1,000파운드스털링을 화폐로 선대한다는 것은 단지 사실을 확인한 것에 지나지 않는다. 임금은 각 자본가 생산자들에 의해 화

폐로 지불되어야 한다. 그런 다음 이 화폐는 노동자에 의해 생활수단에 지
M455 출되고, 생활수단의 판매자들은 자신들의 불변자본을 상품자본에서 생산자본으로 전환할 때 이 화폐를 다시 유통수단으로 사용한다. 게다가 그것은 많은 통로(소매상인, 주택소유주, 세금징수인, 그리고 의사 등과 같이 노동자에게도 필요한 비생산적 노동자)를 통해 흘러가고, 따라서 단지 일부분만 노동자 I의 수중에서 직접 자본가계급 II의 수중으로 흘러들어간다. 이 흐름은 다소 정체될 수도 있고, 따라서 그만큼 자본가 쪽에서 새로운 화폐준비가 필요할 수도 있다. 이런 모든 것은 기본형태에서는 고찰되지 않는다.

ⓑ 가정에 의하면, 어떤 경우에는 I부문이 II부문에서 구매하기 위해 추가로 400파운드스털링을 화폐로 선대하여 이 화폐가 I부문으로 환류하고, 또 어떤 경우에는 II부문이 I부문에서 구매하기 위해 400파운드스털링을 선대하여 그것이 II부문으로 회수되었다. 이런 가정이 필요한 이유는, 이와 반대로 자본가계급 I이나 자본가계급 II가 일방적으로 상품교환에 필요한 화폐를 유통에 선대한다고 마음대로 가정할 수도 있기 때문이다. 그런데 앞 소절 '1. 마모된 가치 부분의 화폐형태로의 보전'에서 밝힌 바와 같이 200IIc(d)를 화폐화하기 위하여 I부문이 화폐를 추가로 유통에 투하한다는 가정은 이미 틀린 것으로 폐기되었기 때문에, 이제 남은 것은 더욱더 모순된 다음 가설뿐이다. 즉 상품가치 가운데 고정자본의 마모분을 보전할 구성 부분을 화폐화하기 위한 화폐가 II부문 자신에 의하여 유통에 투하된다는 가설이다. 예를 들어 X씨의 방적기계가 생산과정에서 상실한 가치 부분은 완제품 방적사의 가치 부분으로 재현된다. 한편에서는 그의 방적기계가 가치〔혹은 마모분〕를 상실하고 다른 한편에서는 그것이 화폐로 그의 수중에 적립된다. 이제 X가 가령 Y에게서 200파운드스털링의 면화를 구입함으로써 화폐 200파운드스털링을 유통에 선대한다고 하자. Y는 이 200파운드스털링으로 X에게서 실을 구입하고, X는 이 200파운드스털링을 방적기계의 마모를 보전하기 위한 재원으로 사용한다. 이것은 결

국 X가, 자신의 생산과 생산물, 판매 등과 별도로, 방적기계의 가치상실분을 스스로 지불하기 위하여 200파운드스털링을 은밀하게 보관한다는 것을 의미한다. 즉 그는 최종적으로 새로운 방적기계를 구입할 수 있도록 방적기계의 가치상실분 200파운드스털링 이외에 별도의 200파운드스털링을 화폐로 매년 자신의 주머니에서 꺼내어 적립해야 하는 것이다.

그러나 이것은 겉으로만 그럴듯해 보일 뿐 실제로는 그렇게 되지 않는다. II부문에 속하는 자본가들의 고정자본은 재생산기간이 모두 서로 다르다. 어떤 자본가들에게는 고정자본이 전부 현물로 보전되어야 할 시기에 도달해 있고 또 어떤 자본가들에게는 고정자본이 아직 거기에 도달하기까지 상당한 기간이 남아 있다. 이들 후자의 부류에 속하는 모든 자본가들의 공통점은, 이들이 자신들의 고정자본을 실제로 재생산하지 않고〔즉 현물로 갱신하지 않고, 다시 말해 같은 종류의 새로운 물품으로 교체하지 M456 않고〕 그 가치를 계속해서 화폐로 적립해나간다는 것이다. 전자의 부류에 속하는 자본가들은 사업을 처음 시작할 때 화폐자본을 가지고 시장에 나타나서, 그것을 일부는 불변자본(고정 및 유동)으로 전화시키고 다른 일부는 노동력〔즉 가변자본〕으로 전화시킬 때와 완전히(혹은 여기에서는 어느 쪽이라도 별로 중요하지 않지만, 부분적으로) 똑같은 상태에 처해 있다. 그때와 마찬가지로 이제 그들은 이 화폐자본〔즉 불변적 고정자본과 유동자본, 그리고 가변자본의 가치〕을 유통에 다시 선대하여야 한다.

따라서 자본가계급 II가 I부문과의 교환을 위하여 유통에 투하한 400파운드스털링의 절반은 II부문의 자본가 중에서 자신의 상품에 의해 유동자본에 해당하는 자신의 생산수단 부분을 갱신해야 할 뿐만 아니라, 자신의 화폐에 의해 자신의 고정자본도 현물로 보전해야 하는 자본가의 수중에서 나오는 것으로 가정하는 한편, 자본가 II의 나머지 절반은, 자신의 화폐로 단지 자신의 불변자본 가운데 유동 부분만 현물로 보전하고 고정자본은 현물로 갱신하지 않는다고 가정한다면, 회수되는 400파운드스털링(I부문이 소비수단을 구입하는 순간 곧바로 회수된다)이 II부문의 이들 두 부류의 자본가들에게 각기 다르게 분배된다는 것에 아무런 모순도 없다. 이 400파운드스털링은 II부문으로 되돌아오지만 같은 사람들의 수중으로 돌아오는 것이 아니라 이 부문 내에서 각기 다르게 분배된다. 즉 이 부문 내부에서 한 부분으로부터 다른 부분으로 이전된다.

II부문의 한 부류는 생산수단 가운데 자신의 상품에 의해 지불된 부분 이외에 별도로 화폐 200파운드스털링을 현물형태의 새로운 고정자본요소로 전환시켰다. II부문의 이 부류가 이렇게〔마치 창업 당시처럼〕 지출한 화폐는, 몇 년간에 걸쳐서 순차적으로 이 고정자본으로 생산된 상품가치 가운데 마모분의 구성 부분으로 유통에서 II부문의 이 부류에게로 다시 회수된 것이다.

반면 II부문의 또 다른 부류는 I부문으로부터 200파운드스털링으로 상품을 구입하지 않았다. 그러나 I부문이 II부문의 이 부류에게 지불한 화폐는, II부문의 첫 번째 부류가 고정자본요소를 구입하기 위하여 투하한 바로 그 화폐이다. II부문의 한 부류는 다시 자신의 고정자본가치를 갱신된 현물형태로 가지고 있으며, 다른 한 부류는 장래에 자신의 고정자본을 현물로 보전하기 위하여 아직 그 가치를 화폐형태로 적립하는 것에 전념하고 있는 것이다.

지금까지의 교환이 모두 이루어진 다음 우리가 출발점으로 삼아야 할 것은, 두 부문이 서로 교환해야 할 상품 가운데 나머지 부분, 즉 I부문의 400m과 II부문의 400c이다.[19] 800의 금액에 해당하는 이들 상품의 교환을
M457 위해서 II부문이 400을 화폐로 선대한다고 가정하자. 400의 절반(=200)은 어떤 경우에도 IIc 중의 일부분〔즉 마모된 가치분으로 200의 화폐로 적립되었다가 이제 이 화폐를 다시 자신의 고정자본의 현물형태로 재전화시켜야 할 부분〕에 의해 지출되어야 한다.

19) {이들 수치는 앞에서 가정했던 것과 일치하지 않는다. 그러나 여기에서는 비율만 문제로 삼기 때문에 이 불일치는 별로 중요하지 않다.}

불변자본가치, 가변자본가치, 그리고 잉여가치 ― 상품자본의 가치는 I부문과 II부문 모두 이들 세 부분으로 나누어진다 ― 를 I부문이나 II부문의 상품구성 부분으로 나타낼 수 있는 것과 마찬가지로, 불변자본가치 내부의 가치 부분〔고정자본의 현물형태로 아직 전환되지 않고 당분간 화폐형태로 조금씩 적립되어가는〕도 다시 그렇게 나타낼 수 있다. 일정량의 상품 II(즉 지금의 경우 나머지 절반=200)는 여기에서 아직 이 마모된 가치〔교환에 의해 화폐로 머물러 있어야 하는〕의 담지자일 뿐이다. (자본가 II 가운데 고정자본을 현물로 갱신하는 첫 번째 부류는 마모분의 상품량〔여기에서는 아직 나머지 부분만 나타내는〕을 가지고 고정자본의 마모가치 일부를 이미 실현했을 수도 있다. 그러나 그들도 아직 200을 화폐로 더 실현해야만 한다.)

그런데 나머지 상품의 교환을 위해 II부문이 유통에 투하하는 400파운드스털링 가운데 다른 절반(=200)과 관련하여, II부문은 이것을 가지고 I부문에서 불변자본의 유동적 구성 부분을 구매한다. 이 200파운드스털링의 일부는 II부문의 두 부류에 의해서〔혹은 고정적 가치구성 부분을 현물로 갱신하지 않는 부류에 의해서만〕 유통에 투하될 수 있다.

따라서 이 400파운드스털링으로 I부문에서 인출되는 것은 ① 고정자본의 요소들로만 이루어지는 200파운드스털링의 상품들과 ② II부문 불변자본 가운데 유동 부분의 현물요소만 보전하는 200파운드스털링의 상품들이다. 이제 I부문은 자신의 연간 총상품생산물 가운데 II부문에 판매해야 할 부분을 모두 판매하였다. 그러나 그 $\frac{1}{5}$의 가치〔즉 400파운드스털링〕는 이제 화폐형태로 I부문의 수중에 있다. 그러나 이 화폐는 잉여가치가 화폐로 실현된 것이고 수입으로 소비수단에 지출되어야만 한다. 따라서 I부문은 이 400으로 II부문의 상품가치=400을 구입한다. 이리하여 이 화폐는 II부문의 상품을 끌어냄으로써 II부문으로 되돌아온다.

이제 세 가지 경우를 가정해보자. 그리고 자본가 II 가운데 고정자본을 현물로 보전하는 부류를 '1부분', 고정자본의 마모가치를 화폐형태로 적립하는 부류를 '2부분'으로 부르기로 하자. 세 가지 경우는 다음과 같다. ⓐ II부문의 상품으로 아직 남아 있는 400 가운데 일정량이 1부분과 2부분을 위하여 불변자본의 유동 부분 가운데 일정 부분(가령 절반씩)을 보전해야 하는 경우 ⓑ 1부분은 이미 자신의 모든 상품을 판매하였고, 따라서 2부분이 400을 판매해야 하는 경우 ⓒ 2부분이 마모분의 가치를 가진 200을 제외한 나머지를 모두 판매하였을 경우.

M458 그러면 상품의 분배는 다음과 같이 이루어진다.

ⓐ 아직 II부문의 수중에 있는 상품가치〔=400c〕 가운데 100은 1부분이, 300은 2부분이 각각 가지고 있다. 이 300 중에서 200은 마모분을 나타낸다. 이 경우 이제 I부문이 상품 II를 얻기 위해 반환하는 400파운드스털링의 화폐 가운데 300은 처음에 1부분이 지출한 것이다. 즉 200은 고정자본요소를 현물로 I부문에서 구입하면서 투하한 화폐이며, 100은 I부문과의 상품교환을 매개하기 위해 투하한 화폐이다. 반면 2부분은 400의 $\frac{1}{4}$〔즉 100〕만 선대하였는데 이것도 역시 I부문과의 상품교환을 매개하기 위한 것이었다. 따라서 400의 화폐 가운데 300은 1부분이, 100은 2부분이 선대한 것이다.

그런데 이 400은 다음과 같이 회수된다.

1부분에는 100〔즉 1부분이 선대했던 화폐의 $\frac{1}{3}$〕만 회수된다. 그러나 1부분은 나머지 $\frac{2}{3}$ 대신 200의 가치를 가진 갱신된 고정자본을 가지고 있다. 1부분은 이 200의 가치를 가진 고정자본요소와 교환하여 I부문에 화폐를 주었고 그 뒤에 상품을 주지는 않았다. 이 200과 관련하여 1부분은 I부문에 대하여 단지 구매자로만 나타나고 나중에 다시 판매자로 나타나지 않는다. 그러므로 이 화폐는 1부분으로 회수될 수 없다. 만일 그것이 회수된다면 1부분은 I부문에서 고정자본요소를 공짜로 받은 셈이 될 것이다. 자신이 선대한 화폐 가운데 이 $\frac{1}{3}$과 관련하여 1부분은 처음에 자신의 불변자본의 유동적 구성 부분에 대한 구매자로 나타났다. 바로 그 화폐로 I부문은 1부분에서 100의 가치를 가진 1부분의 나머지 상품을 구입한다.

따라서 이 화폐는 II부문의 1부분으로 다시 흘러들어간다. 왜냐하면 1부분은 구매자로 나타났다가 곧바로 다시 상품판매자로 나타났기 때문이다. 만일 이 화폐가 다시 돌아오지 않았다면, II부문(1부분)은 I부문에게 100만큼의 상품과 교환하여 처음에는 화폐로 100을 주고, 다음에는 상품으로 100을 줌으로써 자신의 상품을 I부문에게 공짜로 준 셈이 될 것이다.

반면 화폐 100을 투하한 2부분에는 300이 화폐로 회수된다. 그중에서 100은 2부분이 구매자로서 처음에 화폐 100을 유통에 투하했다가 판매자로서 그것을 다시 회수한 것이며, 200은 2부분이 200의 가치를 가진 상품의 판매자로만 기능하고 구매자로는 기능하지 않았기 때문에 그의 수중에 남은 것이다. 따라서 이 화폐는 I부문으로 되돌아갈 수 없다. 그리하여 고정자본의 마모분은 II부문(1부분)이 고정자본요소를 구입하면서 유통에 투하한 화폐에 의해 모두 정산된다. 그러나 이 화폐는 1부분의 화폐가 아니라 I부문의 화폐로 2부분의 수중에 들어간다.

ⓑ 가정에 따라서 IIc의 나머지는 1부분이 화폐 200을, 2부분이 상품 400을 갖는 방식으로 배분된다.

1부분은 자신의 상품을 모두 판매하였지만, 화폐 200은 자신의 불변자본 가운데 고정적 구성 부분이 전화한 형태이며 1부분은 이 구성 부분을 현물로 보전하여야 한다. 따라서 1부분은 여기에서 단지 구매자로만 나타나고 자신의 화폐 대신에 같은 가치액의 상품 I을 고정자본의 현물요소로 손에 넣는다. 2부분은 최대(I부문과 II부문 사이의 상품교환을 위해 I부문 M459
에서 화폐가 선대되지 않는 경우) 200파운드스털링만 유통에 투하하면 된다. 왜냐하면 2부분은 자신의 상품가치 가운데 절반에 관해서는 단지 I부문에 대한 판매자일 뿐, I부문으로부터의 구매자가 아니기 때문이다.

2부분은 유통에서 400파운드스털링을 회수한다. 그중 200은 2부분이 구매자로 그것을 선대한 다음 상품 200의 판매자로 그것을 회수하기 때문이며, 나머지 200은 2부분이 가치 200의 상품을 I부문에 판매만 하고 그만큼의 상품을 다시 I부문에서 가져오지 않기 때문이다.

ⓒ 1부분은 화폐 200과 상품 200c를 가지고 있고, 2부분은 상품 200c(d)를 가지고 있다. 이런 가정하에서는 2부분은 화폐를 선대할 필요가 없다. 왜냐하면 2부분은 I부문에 대해서 더 이상 구매자로 기능하지 않고 단지 판매자로만 기능할 뿐이며, 따라서 I부문이 구매할 때까지 기다려야 하기 때문이다.

1부분은 화폐 400파운드스털링을 선대하는데, 200은 I부문과의 상호 상품교환을 위하여, 나머지 200은 I부문에서의 단순한 구매자로 선대한다. 그리고 이 후자의 화폐 200파운드스털링을 가지고 1부분은 고정자본 요소를 구입한다.

I부문은 200파운드스털링의 화폐로 1부분에서 200의 상품을 구입하고, 그럼으로써 1부분은 이 상품교환을 위해 선대했던 화폐 200파운드스털링을 회수한다. 그리고 I부문은 또 다른 200파운드스털링(역시 1부분에서 받은)으로 2부분에서 200의 상품을 구입하고 그럼으로써 2부분에는 고정자본의 마모분이 화폐로 머물게 된다.

이 ⓒ의 경우 II부문(1부분) 대신에 I부문이 기존 상품의 교환을 위해 화폐 200을 선대한다고 가정하더라도 상황은 전혀 달라지지 않는다. 그럴 경우에는 I부문이 먼저 200의 상품을 II부문의 2부분에서 구입할 것이고—가정에 의하면 2부분이 판매해야 할 나머지 상품은 이미 이것뿐이지만—이 200파운드스털링은 I부문으로 돌아가지 않을 것이다. 왜냐하면 II부문의 2부분은 다시 구매자로 나타나지 않을 것이기 때문이다. 그러나 그럴 경우 II부문의 1부분은 구매를 위한 200파운드스털링의 화폐와 교환되어야 할 200의 상품을 가지고 있고, 따라서 전체적으로는 I부문과 400을 교환해야 한다. 그럴 경우 200파운드스털링의 화폐는 II부문의 1부분에서 I부문으로 회수된다. 이 200파운드스털링을 I부문이 II부문의 1부분에서 상품 200을 구입하기 위하여 다시 지출한다 하더라도, II부문의 1부분이 400의 상품 가운데 나머지 절반을 I부문에서 구입하는 순간 이 200파운드스털링은 다시 I부문으로 되돌아간다. 1부분(II부문)은 단지 고정자본요소의 구매자로 화폐 200파운드스털링을 지출하였다. 그러므로 이 200파운드스털링은 1부분으로 다시 돌아가지 않고 2부분(II부문)의 나머지 상품 200c를 화폐화하는 데 사용된다. 한편 상품교환을 위해 투하된 화폐 200파운드스털링은 2부분(II부문)의 손이 아니라 1부분(II부문)의 손을 거쳐 I부문으로 회수된다. I부문의 상품 400 대신에 400에 상당하는 등가의 상품이 I부문으로 돌아왔다. 상품 800의 교환을 위해서 I부문이 선대한 화폐 200파운드스털링도 마찬가지로 I부문으로 다시 돌아왔다 — 그리하여 모든 것이 해결되었다. M460

I. 1,000v+1,000m

II. 2,000c

의 교환에서 발생한 어려움은 다음과 같은 잔여분들의 교환에서의 어려움으로 압축되었다.

I. ·········400m

II. (1) 화폐 200+상품 200c+(2) 상품 200c

혹은 내용을 좀더 분명히 하자면

I. 200m+200m

II. (1) 화폐 200+상품 200c+(2) 상품 200c

II부문의 1부분에서 상품 200c는 200Im(상품)과 교환되고, 이처럼 I부문과 II부문 사이에서 상품 400이 교환되면서 유통되는 모든 화폐는, 그것을 선대한 I부문이나 II부문으로 도로 돌아오기 때문에, I부문과 II부문 사이의 교환요소인 이 화폐는 사실상 우리가 여기에서 다루고 있는 문제의 요소가 아니다. 혹은 달리 표현해서, 200Im(상품)과 200IIc(II부문의 1부분 상품) 사이의 교환에서 화폐가 구매수단〔즉 엄밀한 의미에서 '유통수단'〕이 아니라 지불수단으로 기능한다고 가정할 경우, 상품 200Im과 200IIc(1부분)는 가치액이 같기 때문에, 200의 가치를 가진 생산수단은 200의 가치를 가진 소비수단과 교환되는 것이고, 이때 화폐는 단지 관념적으로만 기능하기 때문에 어느 쪽도 차액 지불을 위해서 실제로 화폐를 유통시킬 필요가 없다는 것이 분명하다. 따라서 상품 200Im과 그 등가인 상품 200IIc(1부분)를 I부문과 II부문 양쪽 모두에서 소거해버려야만 문제는 비로소 순수한 형태로 드러나게 된다.

이처럼 서로 상쇄되는 동일한 가치의 두 상품액(I부문과 II부문)을 소거하고 나면 문제를 순수한 형태로 드러내는 교환 잔액이 남게 된다.

I. 상품 200m

II. (1) 화폐 200c+(2) 상품 200c

여기에서 II부문의 1부분은 화폐 200을 가지고 자신의 고정자본 200Im의 구성 부분들을 구입함으로써, 1부분(II부문)의 고정자본은 현물로 갱신되고 가치액이 200인 I부문의 잉여가치는 상품형태(생산수단, 즉 고정자본요소)에서 화폐형태로 전화한다. 이 화폐를 가지고 I부문은 II부문의 2부분에서 소비수단을 구입하는데, 그 결과 II부문의 1부분은 자신의 불변자본 가운데 고정적 구성 부분을 현물로 갱신하고 2부분은 다른 구성 부분(고정자본의 마모를 보전하는 부분)을 화폐로 묶어둔다. 그리고 이렇게 묶인 화폐는 이 구성 부분도 현물로 갱신될 때까지 매년 계속해서 적립된다.

M461 여기에서는 분명히 다음과 같은 것이 전제되어 있다. 즉 불변자본 II 가운데 이 고정적 구성 부분(1부분)〔즉 가치 전체가 화폐로 재전화하고 따라서 매년 현물로 갱신되어야 하는 부분〕은 불변자본 II 가운데 다른 구성

부분〔즉 아직 원래의 현물형태로 기능을 계속하면서 그 마모분(생산되는 상품에 이전되는 가치상실분)을 일단 화폐로 보전하는 부분〕의 연간 마모분과 같다는 것이다. 따라서 이런 균형은 단순재생산의 법칙으로 나타날 것이다. 달리 말해서, 생산수단을 생산하는 I부문에서는, 그것이 II부문의 불변자본 가운데 한편으로는 유동적 구성 부분을 공급하고 다른 한편으로는 고정적 구성 부분을 공급하는 한, 분업의 비율이 불변으로 유지되어야 한다는 것이다.

이것을 좀더 자세히 검토하기 전에 먼저 IIc(1)의 잔액이 IIc(2)의 잔액과 같지 않을 경우에는 사정이 어떻게 되는지 살펴보자. 즉 전자가 후자보다 클 경우도 있고 작을 경우도 있으므로 이 두 경우를 하나씩 차례대로 살펴보기로 하자.

첫 번째 경우:

I. 200m

II. (1) 220c(화폐) + (2) 200c(상품)

이 경우 IIc(1)은 화폐 200파운드스털링을 가지고 상품 200Im을 구입하고 I부문은 그 화폐를 가지고 다시 상품 200IIc(2)〔즉 화폐로 묶어두어야 하는 고정자본 구성 부분〕를 구입한다. 즉 이 구성 부분은 화폐화된다. 그러나 화폐형태인 20IIc(1)은 고정자본의 현물로 재전화할 수 없다.

이 문제는 Im의 잔여분을 200이 아니라 220으로 정함으로써, 즉 2,000I 가운데 1,800 대신 1,780만 교환된 것으로 하면 해결될 수 있을 것처럼 보인다. 그렇게 되면 다음과 같이 될 것이다.

I. 220m

II. (1) 220c(화폐) + (2) 200c(상품)

IIc(1)은 화폐 220파운드스털링을 가지고 220Im을 구입하고 그런 다음 I부문은 200파운드스털링을 가지고 상품 200IIc(2)를 구입한다. 그러나 그렇게 되면 I부문 쪽에 화폐 20파운드스털링〔즉 I부문이 화폐형태로만 간직하고 소비수단에 지출할 수 없는 일부의 잉여가치〕이 남게 된다. 따라서 어려움은 단지 IIc(1)로부터 Im으로 이전되었을 뿐이다.

이제 IIc(1)이 IIc(2)보다 작은 경우를 가정해보자.

두 번째 경우:

I. 200m(상품)

II. (1) 180c(화폐)+(2) 200c(상품)

M462 화폐 180파운드스털링을 가지고 II부문(1부분)은 상품 180Im을 구입한다. I부문은 이 화폐를 가지고 II부문(2부분)에서 같은 가치의 상품, 180IIc(2)를 구입한다. 한쪽에는 판매될 수 없는 20Im이, 그리고 다른 한쪽에는 20IIc(2)가 남는다. 40의 가치만큼의 상품이 화폐로 전화할 수 없게 되었다.

I부문의 잔여분을 180으로 한다 하더라도 아무런 도움이 되지 않을 것이다. 그럴 경우 I부문에는 남아 있는 것이 없게 되겠지만, IIc(2)에서 잔여분인 20은 결국 판매되지 않고 남게 되며 화폐로 전화될 수 없을 것이다.

첫 번째 경우, 즉 II부문(1부분)이 II부문(2부분)보다 큰 경우에는 IIc(1) 쪽에 화폐형태의 잔여분이 남으며, 이 부분은 고정자본으로 재전화할 수 없다. 혹은 Im의 잔여분을 IIc(1)과 같다고 놓을 경우에는 Im 쪽에 소비수단으로 전화할 수 없는 화폐형태의 동일한 잔여분이 남는다.

두 번째 경우, 즉 IIc(1)이 IIc(2)보다 작은 경우에는 200Im과 IIc(2) 쪽에 화폐 부족이 발생하고 양쪽 모두에 같은 액수의 상품 잉여분이 남는다. 혹은 Im의 잔여분을 IIc(1)*과 같다고 놓은 경우에는 IIc(2) 쪽에 화폐 부족과 함께 상품 잉여분이 남는다.

우리가 Im의 잔여분을 항상 IIc(1)과 같다고 가정하면—왜냐하면 생산은 주문에 의해 이루어지고, I부문이 생산하는 불변자본 가운데 올해는 고정자본 구성 부분이 많이 생산되고 내년에는 유동자본 구성 부분이 많이 생산되더라도 재생산에는 아무런 변화가 없을 것이기 때문이다—첫 번째 경우 Im이 소비수단으로 재전화될 수 있는 것은 단지 I부문이 이 Im으로 II부문의 잉여가치 일부를 구입하는 경우〔따라서 이 일부가 소비되지 않고 II부문**에 의해 화폐로 적립되는 경우〕뿐일 것이다. 두 번째 경우에는 I부문이 스스로 화폐를 지출하는 경우〔즉 우리가 이미 배제했던 가정〕에만 문제가 해결될 수 있다.

IIc(1)이 IIc(2)보다 더 크다면 Im의 과잉화폐를 실현하기 위해서 외국 상품의 수입이 필요하다. 반대로 IIc(1)이 IIc(2)보다 더 작다면 IIc의 마모분을 생산수단으로 실현하기 위해서 상품 II(소비수단)의 수출이 필요하다. 결국 두 경우 모두 대외무역이 필요하다.

단순재생산을 고찰하기 위해서 모든 산업부문의 생산성〔따라서 각 부문의 상품생산물의 가치비율〕을 불변으로 가정하긴 했지만, 마지막에 말한 두 경우〔즉 IIc(1)이 IIc(2)보다 더 큰 경우와 더 작은 경우〕는 확대재생산〔이들 두 경우가 반드시 나타나게 되는〕에서는 상당한 흥밋거리를 제공해줄 것이다.

ㄷ. 결론

고정자본의 보전과 관련하여 일반적으로 주의해야 할 점은 다음과 같다. M463

* 초판과 제2판에는 IIc(2)로 되어 있다.
** 초판과 제2판에는 I부문으로 되어 있다.

만일 — 다른 모든 조건〔즉 생산규모는 물론 특히 노동생산성도〕이 불변이라고 가정한다면 — IIc의 고정요소가 작년보다 더 많이 소멸되고, 따라서 더 많은 부분이 현물로 갱신되어야 한다면, 고정자본 가운데 아직 소멸과정에 있으면서 완전히 소멸될 때까지 일단 화폐로 보전되어야 하는 부분은 같은 비율로 감소해야 할 것이다. 왜냐하면 가정에 따라서 II부문에서 기능하는 고정자본 부분의 총액(그리고 가치총액)은 변하지 않기 때문이다. 그러나 이것은 다음 조건을 수반한다. 첫째, 만일 상품자본 I 가운데 IIc의 고정자본요소로 이루어진 부분이 더 커지면 그만큼 IIc의 유동적 구성 부분으로 이루어진 부분은 더 작아질 것이다. 왜냐하면 IIc를 위한 I부문의 총생산은 변함이 없기 때문이다. 따라서 한 부분이 증가하면 다른 부분은 당연히 감소할 것이며 그 반대도 마찬가지일 것이다. 그러나 다른 한편 가정에 따라 II부문의 총생산량도 역시 변함이 없어야 한다. 그런데 그것의 원료, 반제품, 보조재료 등(즉 불변자본 II의 유동적 요소)이 감소할 경우 그것이 어떻게 가능할 것인가? 둘째, 화폐형태로 회복된 고정자본 IIc가 화폐형태에서 현물형태로 재전화하는 데 필요한 부분보다 더 많이 I부문으로 유입된다. 그리하여 I부문과 II부문 사이에 단지 상품교환만을 위해 유통되는 화폐보다 더 많은 화폐가 I부문에 유입된다. 이 과잉화폐는 상호 간의 상품교환을 매개하는 것이 아니라, 일방적으로 구매수단으로만 기능한다. 그러나 그와 함께 IIc 가운데 마모된 가치보전분에 해당하는 상품량〔즉 I부문의 상품이 아니라 I부문의 화폐와 교환되어야 할 상품량 II〕은 거기에 비례하여 감소할 것이다. II부문에서 I부문으로 유입되는 화폐〔단순한 구매수단〕는 더 늘어날 것이고, 구매자인 I부문을 상대할 II부문의 상품은 더 줄어들 것이다. 그러므로 Im 가운데 더 많은 부분이 — 왜냐하면 Iv는 이미 II부문의 상품들로 전환되었기 때문이다 — II부문의 상품으로 전환될 수 없어서 화폐형태로 계속 남게 될 것이다.

이와 반대의 경우, 즉 II부문의 고정자본 가운데 소멸된 부분의 재생산이 줄어들고 반면 마모분이 늘어나는 경우에 대해서는 여기에서 더 논의할 필요가 없다.

이리하여 단순재생산인데도 공황〔생산공황〕이 발생할 것이다.

요컨대 다른 조건〔특히 생산력과 총노동량, 노동강도〕이 불변인 단순재생산에서 소멸해가는(갱신되어야 하는) 고정자본과 낡은 현물형태로 M464 여전히 계속해서 기능하는(자신의 마모분을 보전하는 가치만을 생산물에 부가하는) 고정자본 사이의 비율이 불변이라고 가정하지 않는다면, 한편으로는, 재생산되어야 할 유동적 구성 부분의 양은 불변인데 재생산되어야 할 고정 부분의 양은 증가할 것이다. 따라서 이 경우에는 I부문의 총생산이 증가해야만 하거나 아니면 화폐 관계를 무시하더라도 재생산의 부족이 발생할 것이다.

또 다른 한편, 즉 현물로 재생산되어야 할 II부문 고정자본의 상대적인 양이 감소할 경우에는〔따라서 II부문의 고정자본 가운데 화폐로만 보전되어야 할 부분은 그만큼 증가할 경우에는〕 I부문에 의해 재생산된 II부문의 불변자본 중 유동적 구성 부분의 양은 변하지 않는데 재생산되어야 할 고정 부분의 양은 감소하게 될 것이다. 따라서 이 경우에는 I부문의 총생산이 감소하거나 혹은 과잉〔화폐화될 수 없는 과잉〕(앞서 부족분의 발생과 마찬가지로) 상태가 될 것이다.

사실 첫 번째 경우에는 똑같은 노동으로 생산성을 증대〔노동의 외연적 확대나 노동강도의 증대〕해야만 더 많은 생산물을 생산할 수 있어서 그것으로 첫 번째 경우에서 발생한 재생산의 부족분을 보충할 수 있다. 그러나 그런 변화는 I부문에서 자본과 노동이 한 생산부문에서 다른 생산부문으로 이동하지 않고는 발생할 수 없고 그런 이동은 언제나 일시적인 혼란을 초래할 것이다. 게다가 (노동의 외연적 확대와 노동강도가 증가할 경우) I부문은 자신의 보다 많은 가치를 II부문의 보다 적은 가치와 교환하게 될 것이다. 즉 I부문의 생산물은 가치가 저하할 것이다.

두 번째 경우에는 그 반대의 일이 발생할 것이다. 이 경우에는 I부문이 자신의 생산을 감축해야 하거나〔이 부문에 고용된 노동자와 자본가에게는 공황을 의미한다〕 혹은 과잉분을 공급〔이것도 역시 공황을 의미한다〕 하게 된다. 이런 과잉분 그 자체는 원래 해로운 것이 아니라 이로운 것이다. 하지만 자본주의적 생산에서는 그것은 해로운 것이다.

두 경우 모두에 대외무역은 도움이 될 것이다. 첫 번째 경우에는 화폐 형태로 묶여 있는 I부문의 상품들을 소비수단으로 전화시키는 데, 그리고 두 번째 경우에는 상품 과잉분을 처분하는 데 도움이 될 것이다. 그러나 대외무역은 그것이 단순히 자본요소(그리고 그 가치)만 보전하는 것이 아닐 경우, 단지 모순을 보다 넓은 지역으로 이전하는〔모순의 범위를 보다 넓히는〕 것에 지나지 않을 것이다.

일단 자본주의적인 재생산 형태가 폐지되면, 고정자본〔여기에서는 소비수단의 생산에 기능하는 고정자본〕 가운데 소멸해가는〔따라서 현물로 M465 보전되어야 하는〕 부분의 크기가 매년 달라진다는 문제만 남는다. 만일 어느 해에 그것이 매우 컸다면(인간의 경우와 마찬가지로 평균 사망률을 초과한다면) 그 다음 해에는 분명히 그만큼 적어질 것이다. 그러나 그것 때문에 연간 소비수단 생산에 필요한 원료, 반제품, 보조재료 등의 양이 (다른 조건이 불변이라면) 감소하지는 않을 것이므로 결국 생산수단의 총생산은 어떤 경우에는 증가하고 어떤 경우에는 감소할 수밖에 없을 것이다. 이것은 오직 상대적인 과잉생산이 지속됨으로써만 해결될 수가 있다. 한편으로는 고정자본이 당장 필요한 것보다 더 많이 생산될 것이고 다른 한편으로는 (그리고 특히) 원료 등의 재고가 그해에 당장 수요를 초과하게 될 것이다(이것은 특히 생활수단의 경우에 그대로 적용된다). 이런 종류의 과잉생산은 사회가 자신의 재생산에 필요한 물적 수단들을 사회적으로 통제하는 것이나 마찬가지이다. 그러나 자본주의 사회 내에서는 그것은 무정부 상태의 한 요소이다.

고정자본에 대한 이런 사례(단순재생산의 조건하에서)는 매우 중요한 의미가 있다. 고정자본과 유동자본 생산의 불비례*는 경제학자들이 공황을 설명할 때 즐겨 사용하는 근거의 하나이다. 그러나 고정자본이 단순히 유지만 되는 경우〔그리고 이미 기능하고 있는 사회적 자본의 단순재생산의 조건에서 생산이 매우 정상적으로 이루어지고 있다고 가정할 경우〕에도 그런 불비례가 발생할 수 있다는〔또 발생할 수밖에 없다는〕 사실은 그들 경제학자들에게는 생소한 이야기일 것이다.

제12절 화폐재료의 재생산

지금까지의 논의에서는 한 가지 계기〔즉 금·은의 연간 재생산〕가 전혀 고려되지 않았다. 사치품이나 도금 등의 단순한 재료로서 금은은 다른 상품들과 마찬가지로 특별히 언급될 여지가 없을 것이다. 그러나 화폐재료〔따라서 잠재적 화폐〕로서 금은은 중요한 역할을 수행한다. 논의의 단순화를 위해서 여기에서는 화폐재료로 금만 사용되는 것으로 가정한다.

약간 오래된 자료에 따르면, 금의 연간 총생산은 무게로 800,000~900,000파운드, 금액으로는 대략 11억~12억 5천만 마르크에 달한다. 그러나 죄트베어[20]의 자료에 따르면 그것은 1871~75년 동안 연평균 무게로는 170,675킬로그램, 가치로는 대략 4억 7,600만 마르크에 불과하였다. M466
그중 오스트레일리아가 대략 1억 6,700만 마르크, 미국이 1억 6,600만 마르크, 그리고 러시아가 9,300만 마르크를 공급하였고 나머지는 1천만 마르크 미만의 여러 나라들에 분산되었다. 같은 기간 은의 연간 생산은 무게로는 200만 킬로그램에 약간 못 미치고 가치로는 3억 5,450만 마르크에 달하였다. 이 가운데 멕시코가 대략 1억 800만 마르크, 미국이 1억 200만 마르크, 남미가 6,700만 마르크, 독일이 2,600만 마르크 등을 공급하였다.

자본주의적 생산이 지배적인 나라들 가운데 오직 미국만 금은의 생산

* 제2판에는 '오해'(誤解, Mißverständnis)로 되어 있지만 초판에 맞추어 수정하였다.

20) 죄트베어(Ad. Soetbeer), 『귀금속 생산』, 고타, 1879, 112쪽.

국이다. 유럽의 자본주의 국가들은 금의 거의 모두를 그리고 은의 대부분을 오스트레일리아, 미국, 멕시코, 남미, 그리고 러시아에서 얻고 있다.

그러나 우리는 금광을 자본주의적 생산이 이루어지는 나라 — 여기에서 우리가 연간 재생산 분석의 대상으로 삼는 — 로 옮기고자 하는데 그렇게 하려는 이유는 다음과 같다.

자본주의적 생산은 일반적으로 대외무역 없이는 존재하지 않는다. 그러나 우리가 주어진 규모의 정상적인 연간 재생산을 가정한다면 그것은 또한 대외무역에 대해서도 그것이 국내의 물품을 다른 사용형태나 현물형태의 물품들로 대체하기만 할 뿐 가치관계〔생산수단과 소비수단의 두 범주 간에 이루어지는 교환의 가치비율과 이들 각 범주의 생산물가치를 구성하는 불변자본, 가변자본, 잉여가치 간의 비율〕에는 아무런 영향을 미치지 않는다고 가정하는 것이기도 하다. 그러므로 생산물의 연간 재생산 가치를 분석하는 데 대외무역을 개입시키는 것은 문제 해결에 아무런 도움도 주지 않고 단지 혼란만 불러일으킬 뿐이다. 따라서 대외무역은 완전히 배제되어야 한다. 즉 여기에서는 금도 교환을 통해 해외에서 수입한 상품요소가 아니라 연간 재생산을 통해 직접 획득하는 요소로 간주한다.

금의 생산은 일반적으로 다른 금속들의 생산과 마찬가지로 I부문〔생산수단의 생산을 포괄하는 범주〕에 속한다. 금의 연간 생산을 30으로 가정하자(편의상 이렇게 정할 뿐 실제로는 우리가 표식에서 사용하는 숫자보다 훨씬 크다). 그리고 이 가치는 다시 20c+5v+5m으로 분할된다고 하자. 20c는 Ic의 다른 요소들과 교환되어야 하는데 이것은 나중에 살펴보게 될 것이다.* 그러나 5v+5m(I)은 IIc의 요소들〔소비수단〕과 교환되어야 한다.

M467 5v와 관련하여, 금을 생산하는 모든 사업체는 먼저 노동력을 구입함으로써 사업을 시작한다. 이 노동력의 구입은 사업체 자신이 생산한 금이 아

* MEW Bd. 24, 469쪽, 각주 55 참조.

니라 국내의 화폐량 가운데 일부로 이루어진다. 노동자들은 이 5v를 가지고 II부문에서 소비수단을 구입하고 II부문은 다시 이 화폐를 가지고 I부문에서 생산수단을 구입한다. 만일 II부문이 I부문에서 금 2를 주고 상품재료 등(II부문의 불변자본 구성 부분)을 구입한다면 2v는 이미 앞서 유통에 투입되었던 바로 그 화폐형태로 I부문의 금 생산업자에게 되돌아올 것이다. II부문이 I부문에서 더 이상 재료를 구매하지 않으면 I부문은 자신의 금을 화폐로 유통에 투하하여 II부문에서 상품을 구입할 것이다. 왜냐하면 금은 어떤 상품이라도 구입할 수 있기 때문이다. 차이점은 단지 후자의 경우 I부문이 판매자가 아니라 구매자로만 나타난다는 것뿐이다. I부문의 금광업자는 자신의 상품을 항상 팔아치울 수 있다. 왜냐하면 그것은 항상 곧바로 교환될 수 있는 형태이기 때문이다.

한 방적업자가 자신의 노동자들에게 5v를 지불하고 그 노동자들은 그를 위해서 (잉여가치는 무시하기로 한다) 5만큼의 실을 생산한다고 가정하자. 5를 가지고 노동자들은 IIc에서 구매하고 IIc는 화폐 5를 주고 I부문에서 실을 구입한다. 따라서 5v는 방적업자에게 다시 화폐로 돌아온다. 그런데 위에서 가정한 경우에는 Ig(우리는 금 생산업자를 이렇게 표시하고자 한다)가 자신의 노동자에게 이미 유통되고 있던 화폐로 5v를 선대하였다. 그리고 노동자들은 그 화폐를 소비수단에 지출하였지만 그 5 가운데 II부문에서 Ig로 되돌아온 것은 2뿐이었다. 하지만 Ig는 방적업자와 마찬가지로 재생산과정을 재개할 수 있다. 왜냐하면 그의 노동자들이 그에게 금 5를 공급해주었고, 그는 그 가운데 2를 판매하고 3을 여전히 금〔주화로 제조되거나[21] 은행권과 교환할 수 있는 형태〕으로 가지고 있기 때문에, II부문의 도움을 받지 않고도 자신의 총가변자본을 다시 화폐형태로 직접 자신의 수중에 가지고 있기 때문이다.

그러나 이 첫 번째 연간 재생산과정에서도 이미 실제로(혹은 잠재적으

21) "상당량의 금괴가 …… 금 채굴업자들에 의해 직접 샌프란시스코의 화폐주조소로 운송된다" (『주재국의 상공업에 관한 영국 공사관 서기관 보고서』, 제3부, 1879, 337쪽).

로) 유통과정에 있던 화폐량에 변동이 발생하였다. 우리는 IIc가 2v(Ig)를 재료로 구매하였고 Ig가 3을 다시 가변자본의 화폐형태로 II부문 내에 투하했다고 가정하였다. 따라서 새로운 금 생산*에 의해 공급된 화폐량 가운데 3은 II부문 내에 그대로 남아서 I부문으로 회수되지 않았다. 가정에 따르면 II부문은 재료로서의 금에 대한 자신의 수요를 모두 충족했다. 그
M468 3은 축장된 금으로 II부문의 수중에 남았다. 이 3은 자신의 어떤 불변자본 요소도 구성할 수 없기 때문에, 그리고 II부문은 이미 노동력 구입에 필요한 화폐를 충분히 가지고 있기 때문에, 또한 (마모분을 배제한다면) 추가되는 이 3은 IIc의 일부와 교환되긴 했지만 IIc 내에서 아무 기능도 수행할 필요가 없기 때문에(그것은 다만 우연히 IIc(1)이 IIc(2)보다 작을 경우 마모분을 그만큼 보전하는 데 사용될 수 있을 뿐이다), 그리고 또 다른 한편 (역시 마모분을 배제할 경우) 총상품생산물 IIc는 생산수단 I(v+m)과 교환되어야 하기 때문에 — 이런 모든 이유 때문에 이 화폐는 (그것이 생필품으로 존재하든 사치품으로 존재하든 상관없이) 모두 IIc에서 IIm으로 이전되어야 하고, 그 대신 그만큼의 상품가치가 IIm에서 IIc로 이전되어야 한다. 그 결과 잉여가치 가운데 일부는 축장화폐로 적립된다.

재생산의 두 번째 해에도 연간 금 생산량 가운데 똑같은 비율이 재료로 계속 사용된다면 2는 다시 Ig로 회수될 것이고 3은 현물로 보전될〔즉 다시 II부문의 축장화폐로 풀려나 있을〕 것이다.

가변자본 일반과 관련해서 이야기하자면, 다른 모든 자본가와 마찬가지로 Ig의 자본가도 노동력을 구입하기 위해 계속 화폐형태로 이 자본을 선대해야만 한다. 그러나 이 v와 관련하여 II부문에서 구매하는 사람은 그가 아니라 그의 노동자들이다. 따라서 그가 구매자로 등장하는 일〔즉 II부문의 도움 없이 스스로 금을 유통시키는 일〕은 결코 일어날 수 없다. 그러나 II부문이 그에게서 재료를 사서 불변자본 IIc를 금 재료로 전화시켜야

* 초판과 제2판에는 '화폐생산'(Geldproduktion)으로 되어 있지만 엥겔스의 인쇄용 원고에 의거하여 수정하였다.

한다면, (Ig)v 가운데 일부는 I부문의 다른 자본가들과 마찬가지 방식으로 II부문에서 그에게로 되돌아올 것이다. 그러나 그렇지 않을 경우 그는 자신의 v를 자신의 생산물로부터 직접 금으로 보전한다. 그러나 화폐로 선대된 v 가운데 II부문에서 그에게 회수되지 않는 것과 같은 비율로, II부문에서는 이미 유통되고 있던 금 가운데 일부(I부문에서 II부문으로 흘러왔다가 I부문으로 아직 돌아가지 않은 금)가 축장화폐로 전환되고 그 대신 그의 잉여가치 가운데 일부가 소비수단에 지출되지 않을 것이다. 새로운 금광이 속속 발굴되고 혹은 폐광이었던 것도 다시 채굴을 시작하기도 하기 때문에 Ig에 의해서 v로 지출될 수 있는 화폐 가운데 일정 부분은 항상 새로운 금 생산이 이루어지기 전의 화폐량 가운데 일부를 이루는데 이 부분은 Ig에 의해서 Ig의 노동자들을 경유하여 II부문으로 흘러가고 그것이 II부문에서 Ig로 돌아오지 않을 경우에는 II부문에서 축장화폐의 한 요소를 이루게 된다.

그러나 (Ig)m을 보게 되면, Ig는 여기에서 항상 구매자로 나타난다. 그는 금의 형태로 자신의 m을 유통에 투입하고 그 대신 유통에서 소비수단 IIc를 끌어낸다. II부문에서 금 가운데 일부는 재료로 사용되어 생산자본 II 가운데 불변자본 부분 c의 실질적인 요소로 기능한다. 그렇지 않을 경우 그것은 IIm 가운데 화폐형태로 묶여 있는 부분으로 다시 화폐축장의 M469
한 요소가 된다. 여기에서 우리는 (나중에 살펴볼 Ic[22]는 무시하기로 한다) 진정한 의미에서의 축적〔즉 확대재생산〕이 아닌 단순재생산에서도 필연적으로 화폐의 적립〔혹은 화폐축장〕이 나타난다는 것을 보게 된다. 그리고 이것은 매년 반복되기 때문에 우리가 자본주의적 생산의 고찰을 시작하면서 상정한 가정〔즉 재생산이 시작될 때 상품교환에 상당하는 화폐량이 자본가 I과 자본가 II의 수중에 있다는 가정〕이 그것을 통해 해명된다. 이런 화폐축장은 유통되는 화폐의 마모에 의해 유실되는 금을 공제

22) {I부문 불변자본 내에서의 (새로 생산된) 금의 교환에 관한 연구는 초고에서는 보이지 않는다.}

하더라도 역시 이루어질 것이다.

자본주의적 생산의 연륜이 쌓여갈수록 곳곳에서 축적되는 화폐량은 늘어날 것이고 이 화폐량 가운데 새로운 금 생산이 부가하는 금은 (비록 절대량은 증가할 수 있겠지만) 상대적인 비중으로는 점차 감소할 것이 당연하다. 여기에서 투크에 대해 제기된 다음의 반론*을 일반적인 관점에서 한 번만 더 살펴보기로 하자. 즉 궁극적으로 유통에 투입되는 모든 화폐의 원천은 자본가계급 자신일 수밖에 없는데 도대체 모든 자본가가 연간 생산물에서 잉여가치를 화폐형태로 끌어내는 것〔즉 그가 유통에 투입한 것보다 더 많은 화폐를 유통에서 끌어내는 것〕이 어떻게 해서 가능하단 말인가?

우리는 앞에서(제17장) 이미 서술한 내용을 요약함으로써 이 물음에 답하고자 한다.

① 여기에서 필요한 유일한 가정〔즉 일반적으로 연간 재생산량의 각 요소들을 교환하는 데 필요한 화폐가 충분히 존재한다〕은 상품가치 가운데 일부가 잉여가치로 구성되어 있다는 사실과 아무런 상관이 없다. 총생산이 노동자들 자신의 것이고 따라서 그들의 잉여노동이 자본가들을 위한 것이 아니라 오직 자신들만을 위한 것이라 하더라도, 유통되는 상품가치의 양은 변하지 않을 것이고 (다른 조건이 불변이라면) 이들 상품의 유통에 필요한 화폐량도 똑같을 것이다. 그러므로 두 경우 모두 문제는 결국 이들 상품가치의 총량을 교환하는 데 필요한 화폐가 어디에서 오느냐는 것일 뿐 잉여가치를 화폐화할 화폐가 어디에서 오느냐는 것은 아니다.

M470 물론 다시 한 번 거슬러 올라가서 말하자면, 개별 상품은 모두 c+v+m으로 구성되어 있고, 따라서 총상품량의 유통을 위해서는 한편으로는 자본 c+v의 유통을 위한 일정량의 화폐가, 다른 한편으로는 자본가들의 수입〔잉여가치〕 m의 유통을 위한 또 다른 화폐량이 필요하다. 개별 자본가

* MEW Bd. 24, 331쪽 참조.

와 마찬가지로 자본가계급 전체의 경우에도 그들이 자본으로 선대하는 화폐는 그들이 수입으로 지출하는 화폐와 다르다. 후자의 화폐는 어디에서 오는가? 간단히 말해서 그것은 자본가계급의 수중에 있는 화폐량〔사회 내에 전반적으로 존재하는 화폐총량〕 가운데 일부가 자본가의 수입으로 유통되는 것이다. 우리가 이미 위에서 보았듯이, 새로운 사업체를 설립하는 모든 자본가는 과거에 자신의 생계를 위해 소비수단에 지출했던 화폐를 일단 사업체가 제대로 돌아가기 시작하면 자신의 잉여가치를 화폐화하는 데 사용되는 화폐로 도로 낚아 올린다. 그러나 일반적으로 말해서 전체적인 어려움은 다음의 두 가지 원천에서 비롯된다.

첫째, 우리가 단지 자본의 유통과 회전만 분석한다면〔즉 자본가를 자본주의적 소비자이자 향락가로서가 아니라, 단지 인격화된 자본으로만 생각한다면〕 우리는 자본가가 끊임없이 잉여가치를 자신의 상품자본 구성요소로서 유통에 투하하는 것은 알 수 있지만 그의 수중에서 수입의 형태를 취하는 화폐에 대해서는 아무것도 알 수 없다. 즉 우리는 자본가가 잉여가치를 소비하기 위해 유통에 투하하는 화폐에 대해서는 아무것도 알 수 없다.

둘째, 자본가계급이 수입의 형태로 일정량의 화폐를 유통에 투하하면, 그것은 마치 그가 연간 총생산물 가운데 그만한 부분에 대한 등가를 지불하는 것처럼 보이고 따라서 이 부분이 잉여가치를 나타내지 않는 것처럼 보인다. 그러나 잉여가치를 나타내는 잉여생산물은 자본가계급에게 아무런 비용도 발생시키지 않는다. 자본가들은 계급적으로 그것을 공짜로 소유하고 향유하는데 화폐유통은 여기에 아무런 영향을 미치지 않는다. 화폐유통이 매개하는 변화는 단지 각 자본가가 자신의 잉여가치를 현물로 소비하는 대신(대부분 현물로 소비하지 않는다) 사회의 연간 총잉여생산물 가운데에서 자기 몫의 잉여가치에 해당하는 액수만큼 온갖 종류의 상품을 끌어내어 갖는다는 것뿐이다. 그러나 유통 메커니즘은 자본가계급이 수입을 지출하기 위해 화폐를 유통에 투하하기도 하지만 동시에 바로 그 화폐를 유통에서 다시 끌어냄으로써 동일한 과정을 반복할 수 있다는 것〔즉 자본가계급이 (계급적 관점에서 볼 때) 여전히 잉여가치의 화폐화
M471 에 필요한 화폐액을 소유하고 있다는 것〕을 보여주었다. 따라서 만일 자본가가 자신의 소비재원으로 상품형태의 잉여가치를 상품시장에서 구입할 뿐만 아니라 동시에 이 상품의 구입에 사용된 화폐를 도로 회수하기도 하였다면 그는 명백히 그 상품들을 아무런 등가도 지불하지 않고 유통에서 끌어낸 것이다. 자본가는 이들 상품에 화폐를 지불했지만 그 상품은 그에게 아무런 비용도 물리지 않은 것이다. 만일 내가 1파운드스털링을 주고 어떤 상품을 사는데 그 상품의 판매자가 다시 나에게 1파운드스털링을 잉여생산물〔나에게 아무런 비용도 물리지 않는〕로 도로 돌려준다면 나는 분명히 공짜로 그 상품들을 얻은 것이다. 이런 행위가 끊임없이 반복된다고 해도 내가 계속해서 상품을 끌어내고 1파운드스털링을 소유한다 ― 내가 상품 구입을 위해 그 1파운드스털링을 일시적으로 타인에게 양도하면서도 ― 는 사실에는 아무런 변화도 발생하지 않는다. 자본가는 끊임없이 자신에게 아무런 비용도 물리지 않았던 잉여가치를 화폐화하여 그 화폐를 다시 손에 넣는다.

우리가 앞서 보았듯이 애덤 스미스는 사회적 생산물의 총가치를 수입〔즉 v+m〕으로 분해하고 불변자본가치를 0으로 간주한다. 그러므로 당연히 연간 수입의 유통에 필요한 화폐도 연간 총생산물의 유통에 충분하고, 따라서 우리의 경우 가치 3,000인 소비수단의 유통에 필요한 화폐도 가치 9,000인 연간 총생산물의 유통에 충분하게 된다. 이것이 사실상 스미스의 견해인데 그것은 투크에 의해서 다시 반복된다. 이처럼 사회적 총생산물을 유통시키는 데 필요한 화폐량과 수입을 화폐화하는 데 필요한 화폐량 사이의 관계에 대한 잘못된 생각은, 연간 총생산물의 다양한 소재적 요소와 가치요소들이 어떻게 해서 매년 재생산되고 보전되는지를 제대로 이해하지 못한 데서 비롯된 필연적인 결과이다. 그 점에 관한 논박은 이미 앞에서 모두 이루어졌다.

이제 스미스와 투크에게서 직접 그들의 얘기를 들어보기로 하자.

스미스는 제2권 제2장에서 다음과 같이 말한다.

모든 나라의 유통은 두 부문으로 나누어진다. 즉 상인들 상호 간의 유통 및 상인과 소비자 간의 유통이 그것이다. 지폐든 금속화폐든 동일한 화폐가 때로는 전자의 유통에 때로는 후자의 유통에 사용될 수도 있긴 하겠지만 두 유통은 동시에 지속적으로 나란히 진행되고 따라서 이들 유통이 계속 진행되기 위해서 각각의 유통은 모두 일정량의 화폐가 필요하다. 개별 상인들 사이에서 유통되는 상품의 가치는 상인과 소비자 사이에서 유통되는 재화의 가치를 결코 초과할 수 없다. 왜냐하면 상인들이 구매한 것은 그것이 무엇이든 결국은 소비자들에게 판매되어야 할 것이기 때문이다. 상인들 간의 유통은 도매로 이루어지기 때문에 일반적으로 단위 판매량이 상당히 클 필요가 있다. 반대로 상인과 소비자 사이의 유통은 일반적으로 소매 M472
로 이루어지기 때문에, 단위 판매량으로 매우 적은 금액〔즉 1실링이나 심지어 반 페니 정도〕만이 필요하다. 그러나 유통속도에서는 소량이 대량보다 훨씬 더 빠르다. …… 그러므로 모든 소비자들의 연간 구매는 상인들의 연간 구매에 비하여 적어도{이 '적어도' 란 표현이 절묘하다!} 가치에서는 같을지 몰라도 대개 훨씬 더 적은 화폐량으로 거래될 수 있다.

투크는 스미스의 이 구절에 대해 다음과 같이 논평한다(『통화원리에 관한 연구』, 런던, 1844, 34~36쪽의 여러 곳).

여기에서 양자를 이처럼 구별한 것이 옳다는 것에는 의문의 여지가 없다. …… 상인과 소비자 사이의 교환에는 소비자의 주된 소득을 이루는 임금의 지불도 포함된다. …… 상인과 상인 사이의 모든 거래, 즉 생산자나 수입업자로부터 시작하여 제조업 등의 중간과정을 거쳐서 최종적으로 소매상인이나 수출상인에 이르기까지의 모든 판매는, 자본의 이전(移轉) 운동으로 분해할 수 있다. 그러나 자본의 이전은 대량 거래의 경우 이전되는 시점에서 은행권이나 주화의 현실적 양도 — 이는 실질적인 양도를 의미하는 것으로 관념적인 양도를 의미하는 것이 아니다 — 를 반드시 전제하지 않을 뿐만 아니라 또한 실제로도 그것을 수반하지 않는다. …… 상인과 상인 사이의 거래총액은 궁극적으로 상인과 소비자 사이의 거래액에 의해 결정되고 제한된다.

이 마지막 문장만 따로 떼어놓고 본다면 투크가 단지 상인들 간의 교환과 상인과 소비자 간의 교환 사이〔달리 말해서 연간 총수입의 가치와 그것을 생산하는 자본의 가치 사이〕에 어떤 비율이 있다는 것을 말했을 뿐이라고 생각할 수도 있다. 그러나 그것은 그렇지 않다. 투크는 명시적으로 스미스의 견해를 지지하고 있다. 그러므로 그의 유통이론을 따로 비판하는 것은 쓸모없는 일이다.

② 모든 산업자본은 사업을 시작할 때 고정적 구성 부분 모두에 대해 한꺼번에 화폐를 유통에 투하하고 그런 다음 이 고정적 구성 부분을 수년간에 걸쳐 매년 연간 생산물의 판매를 통해 조금씩 유통에서 회수해나간다. 따라서 처음에는 유통에서 회수되는 화폐보다 더 많은 화폐가 유통에 투하된다. 이런 과정은 총자본을 현물로 갱신할 때마다〔그리고 수리가 있을 때마다, 즉 고정자본을 조금씩 갱신해나갈 때마다〕 반복된다. 그리하여 어떨 때는 유통된 것보다 더 많은 화폐가 유통에서 회수되고 또 어떨 때는 그와 정반대의 일이 진행된다.

생산기간이(노동기간과는 구별되는) 긴 모든 산업부문에서 자본가 생
M473 산자들은 그 기간 동안 일부는 고용된 노동력에 대한 지불을 위해, 또 일부는 소비된 생산수단의 구입을 위해 끊임없이 화폐를 유통에 투하한다. 따라서 생산수단은 직접적으로, 소비수단은 간접적으로〔일부는 그가 지불한 임금을 지출하는 노동자들에 의해, 일부는 자본가 자신의 소비(중단없이 이루어지는)에 의해〕 상품시장에서 (자본가들이 등가의 상품을 시장

에 투입하지 않은 채) 회수된다. 이 기간 동안 그들이 유통에 투하한 화폐는 상품가치〔그 속에 포함된 잉여가치도 함께〕를 화폐화하는 데 기여한다. 이것은 자본주의적 생산이 발전된 곳에서 주식회사 등이 수행하는 장기간의 사업들〔예를 들어 철도, 운하, 부두, 대규모 도시건축, 철선 건조, 대규모 토지간척사업〕의 경우 매우 중요한 역할을 수행한다.

③ 다른 자본가들이 (고정자본에 대한 투자를 무시할 경우) 노동력과 유동요소의 구입에 투하한 화폐보다 더 많은 화폐를 유통에서 끌어내는 동안, 금은 생산업자들은 (원료로 사용되는 귀금속을 무시할 경우) 단지 화폐를 유통에 투하하고 그만큼의 상품만 유통에서 끌어낸다. 마모분을 제외한 고정자본과 가변자본의 대부분, 그리고 잉여가치 전체는 (그들의 수중에 적립되는 축장화폐를 제외한다면) 모두 화폐로 유통에 투입된다.

④ 한편으로 보면 온갖 종류의 물건〔즉 그해에 생산된 것이 아닌 토지, 주택 등과 생산기간이 1년 이상인 가축, 목재, 술 등과 같은 생산물〕이 상품으로 유통된다. 이들 현상을 이해하는 데 중요한 것은 직접적인 유통에 필요한 화폐량 외에 일정량의 화폐가 잠재적인〔기능하지 않는〕 상태〔즉 어떤 유인이 주어지면 곧바로 기능할 수 있는 상태〕로 항상 존재한다는 것을 명심하는 일이다. 게다가 수년에 걸쳐서 임대된 주택의 가치처럼 그런 생산물의 가치는 종종 조금씩 부분적으로만 유통된다.

그런데 또 다른 한편으로 보면 재생산과정의 모든 운동이 화폐유통을 통해서 야기되는 것은 아니다. 총생산과정은 일단 그 요소들이 모두 구매되고 나면 곧바로 화폐유통에서 배제된다. 또한 생산업자 자신이 직접 소비하는(개인적 소비든 생산적 소비든) 모든 생산물(여기에는 농업노동자들에게 지불되는 현물도 포함된다)도 역시 거기에서 배제된다.

그러므로 연간 생산물을 유통시키는 화폐량은 사회 내에 이미 존재하던 것이고 계속해서 축적되어온 것이다. 그것은 마모된 주화의 보전을 위 M474
해 충당된 금을 제외하고는 그해의 가치생산물에 속하지 않는다.

이 설명에서는 귀금속만 화폐로 유통되고 유통은 다시 가장 단순한 형태인 현금구매와 현금판매를 가정하고 있다. 그러나 물론 금속주화만 유통될 경우에도 화폐는 지불수단으로 기능할 수 있고 또 역사적으로 실제 그렇게 기능했으며 이런 조건 위에서 신용제도와 그 메커니즘의 일정한 측면들이 발전해온 것이 사실이다.

이 가정은 단지 방법론적인 필요성 때문이기도 했지만 다른 한편 투크와 그의 추종자들, 그리고 그들의 반대파들까지 모두가 은행권의 유통에 관한 논쟁을 하면서 끊임없이 순수한 금속화폐의 유통을 어쩔 수 없이 가정할 수밖에 없었던 점과 관련하여 매우 중요한 의미가 있다. 그러나 그들은 어쩔 수 없이 사후적으로 그렇게 했으면서도 여전히 이 가정을 단지 피상적인 것으로만 간주하였는데 이는 출발점부터 그 가정이 그들의 분석에서는 단지 부수적인 역할만 했기 때문에 그럴 수밖에 없었다.

그러나 이처럼 자연발생적인 형태로 가정한 화폐유통 — 그리고 이것은 여기에서 연간 재생산과정의 내재적인 계기이다 — 을 극히 단순한 형태로 분석한 결과로부터 우리는 다음과 같은 사실을 알 수 있다.

ⓐ 자본주의적 생산이 발전된〔즉 임노동제도가 지배적인〕 조건에서는 화폐자본이 분명 주된 역할을 수행한다. 왜냐하면 그것이 가변자본을 선대하는 형태이기 때문이다. 임노동제도가 발전함에 따라 모든 생산물은 상품으로 전화하고, 따라서 (몇 개의 중요한 예외가 있긴 하지만) 그것들 전체는 화폐로의 전화를 자신의 운동 가운데 하나의 국면으로 거쳐야만 한다. 유통되는 화폐량은 이들 상품을 화폐로 전화시키기에 충분해야 하고 이 화폐량 가운데 대부분은 임금〔즉 산업자본가가 노동력에 대한 지불을 위해 가변자본의 화폐형태로 선대한 화폐, 그리고 노동자들의 수중에서 대부분 유통수단(구매수단)으로만 기능하는 화폐〕의 형태로 공급된다. 이것은 현물경제〔모든 예농제(농노제를 포함해서)에서 지배적인 형태이며 어느 정도 원시공동체에 가까운 경우(노예제나 예농제의 경제적 관계가 들어 있든 않든 상관없이)에는 훨씬 더 지배적인〕와 정반대의 것이다.

노예제하에서는 노동력을 구입하기 위해 지출된 화폐자본이 고정자본의 화폐형태 역할을 수행하고 그것은 노예가 활동하는 생존기간 동안 조금씩만 보전된다. 그렇기 때문에 아테네 사람들은 노예로부터의 수익〔노예 소유주가 자신의 노예를 직접 산업에 이용하여 벌어들이거나 혹은 노 M475
예를 다른 산업가에게 이용하게 함으로써(예를 들어 광산노동) 간접적으로 벌어들이는〕을 단지 선대된 화폐자본에 대한 이자(및 감가상각액)로만 간주하였는데 이는 마치 자본주의적 생산에서 산업자본가가 잉여가치와 자신의 고정자본 마모분을 이자와 고정자본 보전액으로 산정하는 것과 똑같다〔고정자본(주택, 기계류 등)을 임대해주는 자본가들도 역시 같은 경우에 해당할 것이다〕. 단순한 가사노예들은 (그들이 필수적인 업무를 수행하든, 장식용 사치품으로 이용되든 상관없이) 여기에서 제외한다. 그들은 오늘날의 하인계급에 해당한다. 그러나 노예제도 역시 — 발전된 그리스 도시국가들과 로마에서처럼 노예제가 농업, 제조업, 항해 등에서 생산적 노동의 지배적인 형태를 이룰 경우 — 현물경제의 요소를 그대로 간직하고 있었다. 노예시장은 전쟁, 해적행위 등을 통해 노동력상품의 공급을 유지했는데 이런 약탈은 유통과정에 의해서 매개된 것이 아니라, 직접적인 물리적 강제를 통해 타인의 노동력을 현물로 취득하는 방식으로 이루어졌다. 심지어 미국에서는 임노동을 사용하는 북부 주(州)들과 노예를 사용하는 남부 주들 사이의 중간지역이 남부를 위한 노예양육지역 — 따라서 이 지역에서는 노예시장에 내보내는 노예 그 자체가 바로 그 지역의 연간 재생산의 한 요소가 되었다 — 으로 전화한 뒤에도 그것만으로는 수요를 모두 충당할 수 없어서 꽤 오랫동안 아프리카 노예무역이 지속되었다.

ⓑ 자본주의적 생산의 토대 위에서는 연간 생산물의 교환에서 화폐의 유출과 회수가 자연발생적으로 이루어진다는 것; 고정자본은 그 가치량 전액이 일시에 선대되었다가 수년에 걸쳐 조금씩 유통에서 회수되며, 따라서 고정자본은 매년 화폐축장을 통해 순차적으로 화폐형태로 재형성된

다는 것; 그리고 이때의 화폐축장은 매년 새로운 금 생산에 기초하여 그것과 나란히 이루어지는 화폐축장과는 본질적으로 전혀 다르다는 것; 각 상품의 생산기간에 따라 화폐가 선대되어야 할 기간이 다르고, 따라서 상품판매를 통해 유통에서 화폐를 회수하기 전에 미리 계속해서 반복적으로 화폐를 적립해두어야 하는 기간의 길이도 다르다는 것; 생산지와 판매시장 간의 거리 차이만으로도 이미 선대기간이 달라진다는 것; 마찬가지로 각 산업부문마다〔그리고 한 산업부문 내에서 개별 자본가마다〕 생산용 재고의 상태나 상대적인 크기에 따라 화폐가 회수되는 기간과 규모가 다르
M476 고 따라서 불변자본요소들을 구입하는 기한도 다르다는 것—이 모든 것들은 1년의 재생산기간 동안에 일어난다. 그리고 자연발생적 운동이 일으키는 이들 모든 계기는 단순히 경험적으로만 보더라도, 신용제도의 기계적인 보조수단을 계획적으로 이용하고 기존의 대부자본을 최대한 활용하는 데 특히 주목하고 유의해야 할 필요가 있는 사항들이다.

여기에 한 가지를 더 추가한다면, 모든 조건이 정상일 경우에는 연속적으로 동일한 규모의 생산이 이루어지는 사업과 농업처럼 계절에 따라 노동력의 사용규모가 각기 달라지는 사업을 구별할 필요도 있다는 점이다.

제13절 데스튀트 드 트라시의 재생산이론[23)]

사회적 재생산의 고찰에서 혼란과 터무니없는 몰이해를 보여준 대표적인 경제학자로 대논리학자인 데스튀트 드 트라시(제1권, 147쪽의 주 30* 참조)—리카도까지도 진지한 태도를 취하면서 매우 뛰어난 저술가라고 일컬었던(『경제학 원리』, 333쪽)—를 들 수 있다.

23) 제2고에서.
* MEW Bd. 23, 177쪽 참조.

이 뛰어난 저술가는 사회적 재생산과 유통에 대해서 다음과 같이 설명한다.

> 이들 산업자본가들이 어떻게 그렇게 많은 이윤을 획득할 수 있고 그 이윤을 누구에게서 벌어들이는지 누군가 나에게 묻는다면, 나는 그들이 스스로 생산하는 것을 모두 생산비용보다 더 비싸게 판매하기 때문이며 그 판매는 다음과 같은 부분으로 이루어져 있다고 대답할 것이다.
>
> ① 그들 상호 간의 판매. 이것은 전체 소비 가운데 자신들의 욕구를 충족하기 위한 부분에 해당하고 이때 그들은 자신들의 이윤 가운데 일부로 그것을 지불한다.
>
> ② 임노동자들에 대한 판매. 이 임노동자에는 그들이 산업에 고용한 노동자와 놀고먹는 자본가에게 고용된 노동자가 모두 포함된다. 그들은 이 판매를 통해서 이들 임노동자에게서 그들의 임금 가운데 약간의 저축을 제외한 모두를 회수한다.
>
> ③ 놀고먹는 자본가들에 대한 판매. 이들 놀고먹는 자본가는 자신의 수입 가운데 자신이 직접 고용한 노동자에게 이미 지출한 부분을 제외한 나머지 부분으로 산업자본가들에게 지불한다. 그리하여 산업자본가들이 놀고먹는 자본가들에게 매년 지불하는 임대료(Rente: 지대와 이자를 모두 포괄하는 의미에서 임대료로 표기한 것으로 생각된다—옮긴이)가 모두 갖가지 경로를 통해 산업자본가들에게 회수된다.(데스튀트 드 트라시, 『이데올로기 요론』, 파리, 1826, 239쪽)

① 따라서 자본가들은 일차적으로 그들의 잉여가치 가운데 개인적 소비에 충당하는 부분〔즉 수입으로 소비하는 부분〕의 교환을 통해서 상호 간에 수익을 남김으로써 부를 늘린다. 즉 예를 들어 그들의 잉여가치〔혹은 이윤〕 가운데 이 부분이 400파운드스털링이라면, 이 400파운드스털링을 나누어 갖는 사람들이 모두 자신의 지분을 다른 사람에게 25% 비싸게 M477

판매함으로써 이 400파운드스털링을 500파운드스털링으로 만드는 것이다. 그러나 사실은 모든 지분보유자들이 똑같이 행동했기 때문에 그 결과는 그들이 실제의 가치 그대로〔400파운드스털링〕 판매했을 경우와 마찬가지가 될 것이다. 단지 다른 점은 400파운드스털링의 상품가치를 유통시키는 데 500파운드스털링의 화폐가 필요하게 된 것밖에 없는데 이것은 부를 늘리는 방법이기보다는 오히려 빈곤을 늘리는 방법으로 생각된다. 왜냐하면 그들은 자신들의 총재산 가운데 대부분을 유통수단이라는 쓸모없는 형태로 비생산적으로 보존해야 하게 되었기 때문이다. 전체적으로 이 문제는 결국 다음과 같이 귀착된다. 즉 상품가격이 명목상 전반적으로 상승했는데도 자본가계급은 각자의 개인적 소비를 위해 그들 사이에 분배할 상품으로 단지 400파운드스털링어치밖에 가지고 있지 않다. 그리고 그들은 500파운드스털링의 상품가치를 유통시키는 데 필요한 화폐량을 가지고 바로 이 400파운드스털링의 상품가치를 유통시켜 서로의 필요를 충족하게 되었다.

여기에서는 '그들의 이윤 가운데 일부'〔즉 일반적으로 이윤을 나타내는 상품재고〕가 전제되어 있다는 점이 완전히 무시되고 있다. 그러나 데스튀트는 이 이윤이 어디에서 오는 것인지를 우리들에게 설명해주려고 하였다. 그 이윤을 유통시키는 데 필요한 화폐량은 전적으로 부차적인 문제이다. 그 이윤을 나타내는 상품량은 자본가들이 이들 상품을 서로 판매할 뿐만 아니라(이것만으로도 매우 훌륭하고 심오한 생각이다) 그들 모두가 그것들을 더 비싸게 판매하는 데서 유래하는 것처럼 보인다. 그래서 우리는 이제 자본가들이 부를 늘리는 하나의 원천을 알게 되었다. 그 원천은 결국 저 '감독관 브레지히(Bräsig)' †23의 비밀〔즉 큰 빈곤은 큰 빈곤에서 나온다〕로 귀결된다.

② 다음으로 이 자본가들은

임노동자들에게 판매한다. 이 임노동자에는 그들이 산업에 고용한 노동자와 놀고먹는 자본가에게 고용된 노동자가 모두 포함된다. 그들은 이 판매를 통해서 이들 임노동자에게서 그들의 임금 가운데 약간의 저축을 제외한 모두를 회수한다.

데스튀트에 따르면, 화폐자본〔자본가들이 노동자들에게 임금을 선대할 때의 형태〕의 회수가 자본가들이 부를 늘리는 두 번째 원천이다.

즉 예를 들어 자본가계급이 자신의 노동자들에게 임금으로 100파운드스털링을 지불하고 그런 다음 이 노동자들이 같은 자본가들에게서 그만 M478 한 가치〔100파운드스털링〕의 상품을 구입한다면, 그리하여 자본가들이 노동력의 구매자로서 선대했던 100파운드스털링의 금액을 노동자들에게 100파운드스털링의 상품을 판매함으로써 도로 회수한다면, 자본가들은 바로 그것을 통해서 부를 늘린다는 것이다. 보통의 상식을 가진 사람이라면 누구나, 자본가들이 이 과정을 시작하기 전에 이미 100파운드스털링을 가지고 있었고 그것을 이 과정을 통해서 다시 자신들의 수중으로 회수했다는 것을 알 수 있을 것이다. 이 과정이 시작될 때 자본가들은 100파운드스털링의 화폐를 가지고 있고, 그 화폐로 노동력을 구입한다. 판매된 노동은 이 100파운드스털링 화폐의 대가로 일정한 가치를 갖는 상품을 생산하는데, 이 가치는 우리가 지금까지 알고 있는 바로는 100파운드스털링이다. 100파운드스털링의 상품을 노동자들에게 판매함으로써 자본가들은 화폐 100파운드스털링을 다시 취득한다. 그리하여 자본가들은 다시 화폐 100파운드스털링을 갖게 되고 노동자들은 자신이 생산한 100파운드스털링의 상품을 갖게 된다. 그런데 이 과정에서 자본가들이 어떻게 수익을 얻는지는 알 수가 없다. 만일 화폐 100파운드스털링이 그들에게 회수되지 않는다면 그들은 첫째 노동자들에게 그들 노동의 대가로 화폐 100파운드스털링을 지불해야 할 것이고, 둘째 그들에게 이 노동의 생산물〔즉 100파운드스털링의 소비수단〕을 공짜로 주어야만 할 것이다. 그러므로 이 화폐의 회수는 기껏해야 왜 자본가들이 이 거래를 통해서 더 빈곤해지지 않는지를 설명해줄 수는 있지만, 왜 그들이 그 거래를 통해서 부를 늘릴 수 있는지는 설명해줄 수가 없다.

또 하나의 문제는 물론 어떻게 해서 자본가들이 100파운드스털링을 소유하게 되었고 왜 노동자들은 자신을 위해서 상품을 생산하지 못하고 자신의 노동력을 이 100파운드스털링과 교환할 수밖에 없는가 하는 것이다. 그러나 데스튀트 정도의 사상가에게는 이것이 자명한 일로 간주된다.

데스튀트 자신도 이런 해결책에 완전히 만족한 것은 아니었다. 데스튀트는 사람들이 100파운드스털링의 화폐액을 지출하고 그런 다음 다시 100파운드스털링의 화폐액을 손에 넣음으로써〔즉 100파운드스털링의 화폐를 회수함으로써〕 부를 늘린다고 말한 것이 아니라 단지 화폐 100파운드스털링이 왜 사라지지 않는지를 보여주었을 뿐이다. 그는 자본가들이

> 스스로 생산하는 것을 모두 생산비용보다 더 비싸게 판매하기 때문에

부를 늘린다고 말하였다.

따라서 자본가들은 노동자와의 거래에서도 노동자들에게 그들이 생산한 것을 더 비싸게 판매함으로써 부를 늘려야 하는 것이다. 훌륭하다!

> 그들은 임금을 지불한다. …… 그리고 이 모든 임금은 그들(자본가들)이 임금으로 지불한 비용보다 (생산물)을 더 비싸게 사가는 이 모든 사람들(노동자들—옮긴이)의 지출을 통해서 그들에게 회수된다.(앞의 책, 240쪽)

M479 즉 자본가는 노동자에게 임금으로 100파운드스털링을 지불한 다음 이 노동자에게 자신의 생산물을 120파운드스털링에 판매함으로써 그들의 100파운드스털링을 회수할 뿐만 아니라 동시에 20파운드스털링을 획득한다? 그것은 불가능하다. 노동자는 자신이 임금형태로 받았던 화폐만 지불할 수 있을 뿐이다. 그가 자본가에게서 100파운드스털링의 임금을 받는

다면 그는 120파운드스털링이 아니라 100파운드스털링어치만 구입할 수 있다. 그래서 이것은 잘못된 설명방식이다. 그런데 아직 또 한 가지 방법이 있다. 노동자는 자본가에게서 100파운드스털링어치의 상품을 구입하는데 실제로 그가 손에 넣는 상품은 80파운드스털링어치뿐인 것이다. 이 경우 노동자는 20파운드스털링을 사기당한 것이 틀림없다. 그리고 자본가는 노동력에 대해서 사실상 그 가치보다 20% 적게 지불했거나 혹은 우회적인 방법으로 명목임금을 20% 공제함으로써 20파운드스털링을 번 것이 틀림없다.

자본가계급이 노동자에게 처음부터 임금을 80파운드스털링만 지불한 연후에 이 80파운드스털링의 화폐에 대해서 실제로 80파운드스털링어치의 상품을 그에게 주었을 경우에도 자본가는 똑같은 목적을 달성했을 것이다. 자본가계급 전체의 관점에서 보면 이것은 정상적인 방법으로 보인다. 데스튀트에 따르면 노동자계급의 임금은 적어도 그들의 생존과 노동능력을 유지하기에, 즉 "최소한의 생계를 조달하기에"(180쪽) 충분해야 하므로 그들은 "충분한 임금을"(219쪽) 받아야 하기 때문이다. 노동자들이 이런 충분한 임금을 받지 못한다면 그것은 바로 데스튀트가 말했던 "산업의 죽음"(208쪽)을 의미하고 따라서 그것은 자본가들이 부를 늘리는 방법은 아닌 것으로 여겨진다. 그러나 자본가계급이 노동자계급에게 지불하는 임금의 액수가 얼마든 이 임금은 일정한 가치〔예를 들어 80파운드스털링〕를 갖는다. 따라서 자본가계급이 노동자들에게 80파운드스털링을 지불한다면 자본가계급은 노동자들에게 이 금액에 해당하는 만큼의 상품가치를 제공해야 할 것이고 이 80파운드스털링을 회수한다고 해서 자본가계급의 부가 증가하지는 않을 것이다. 자본가계급이 노동자들에게 100파운드스털링의 화폐를 지불하고 그들에게 100파운드스털링을 받고 80파운드스털링의 상품가치를 판매한다면 자본가계급은 노동자들에게 명목임금보다 25% 더 많은 화폐를 지불하고, 25% 더 적은 상품을 준 셈이다.

달리 말해서 자본가계급이 그들의 이윤을 벌어들이는 원천은 정상 임금의 공제분을 통해서〔즉 노동력을 그 가치보다 더 적게 지불함으로써, 다시 말해 임노동자의 정상적인 재생산에 필요한 생활수단의 가치보다 더 적게 지불함으로써〕 만들어질 것이다. 그러므로 정상 임금이 지불된다면(데스튀트에 따르면 당연히 그래야만 한다) 산업자본가들은 물론 놀고먹는 자본가들에게도 이윤을 벌어들일 어떤 원천도 존재하지 않게 될 것이다.

이처럼 데스튀트는 자본가계급이 부를 늘리는 모든 비밀을 임금을 공
M480 제하는 것에서 찾을 수밖에 없었을 것이다. 그렇게 되면 그가 ①과 ③에서 언급하는 잉여가치의 다른 원천은 존재하지 않게 될 것이다.

따라서 노동자들의 화폐임금이 그들의 생존에 필요한(계급적 수준에서) 소비수단의 가치로 환원되는 모든 나라에서는 자본가들을 위한 어떤 소비재원이나 축적기금도 존재하지 않을 것이고 따라서 자본가계급을 위한 생존기금은 물론 자본가계급 자체도 존재하지 않을 것이다. 그리고 데스튀트에 따르면 오랜 문명을 가진 부유하고 발전된 나라들에서는 실제로 그럴 것이다. 왜냐하면

> 우리처럼 역사가 오랜 사회에서는 임금으로 책정된 재원은 …… 크기가 거의 변하지 않기 때문이다.(앞의 책, 202쪽)

임금을 공제할 경우에도 자본가가 부를 늘리는 것은, 그가 먼저 노동자에게 100파운드스털링의 화폐를 지불한 다음 이 100파운드스털링의 화폐를 받고 80파운드스털링어치의 상품을 주기〔사실상 80파운드스털링어치의 상품을 그보다 25% 더 많은 100파운드스털링의 화폐액을 통해서 유통시키기〕 때문이 아니라 그가 노동자의 생산물 가운데 잉여가치〔생산물 가운데 잉여가치를 나타내는 부분〕 외에 노동자가 마땅히 임금형태로 받았어야 할 생산물의 25%까지도 모두 가져가기 때문이다. 데스튀트가 생각

했던 어떤 방식으로도 자본가계급은 수익을 얻을 수 없다. 자본가계급은 임금으로 100파운드스털링을 지불한 다음 이 100파운드스털링을 다시 받고 그 대신 노동자에게 자신의 생산물 가운데 80파운드스털링의 상품가치를 돌려준다. 그러나 다음 거래에서도 자본가계급은 다시 똑같은 과정에 대하여 100파운드스털링을 선대해야만 한다. 따라서 자본가계급은 80파운드스털링의 화폐를 선대하고 거기에 대해 80파운드스털링의 상품을 주는 대신, 100파운드스털링의 화폐를 선대하고 거기에 대해 80파운드스털링의 상품을 주는 쓸모없는 장난을 하는 것일 뿐이다. 말하자면 자본가계급은 아무런 쓸모 없이 자신의 가변자본의 유통을 위해 끊임없이 25% 더 많은 화폐자본을 계속 선대하는 셈인데 그것이 바로 부를 늘리는 독특한 방법인 것이다.

③ 마지막으로 산업자본가 계급이 판매하는 것은 다음과 같다. 즉

> 놀고먹는 자본가들에 대한 판매. 이들 놀고먹는 자본가는 자신의 수입 가운데 자신이 직접 고용한 노동자에게 이미 지출한 부분을 제외한 나머지 부분으로 산업자본가들에게 지불한다. 그리하여 산업자본가들이 놀고먹는 자본가들에게 매년 지불하는 임대료가 모두 갖가지 경로를 통해 산업자본가들에게 회수된다.

우리가 앞에서 본 것처럼 산업자본가는

> 자신들의 이윤 가운데 일부로 전체 소비 가운데 자신들의 욕구를 충족하기 위한 부분을 지불한다.

그러면 그들의 이윤이 200파운드스털링이라고 가정해보자. 예를 들어 M481
그들은 이 가운데 100파운드스털링을 개인적 소비에 쓴다. 그러나 나머지 절반〔100파운드스털링〕은 그들의 것이 아니라 놀고먹는 자본가들〔즉 지

대를 받는 사람과 이자를 받고 화폐를 빌려주는 자본가들〕의 것이다. 따라서 그들은 이들 놀고먹는 자본가들에게 100파운드스털링의 화폐를 지불해야 한다. 이들 놀고먹는 자본가들은 이 100파운드스털링의 화폐 가운데 80파운드스털링을 자신들의 개인적 소비에, 그리고 20파운드스털링을 하인들의 고용 등에 충당한다고 하자. 그들은 이 80파운드스털링을 가지고 산업자본가들에게서 소비수단을 구입한다. 그리하여 산업자본가들은 80파운드스털링의 상품을 양도하고 80파운드스털링의 화폐〔즉 그들이 놀고먹는 자본가들에게 지대, 이자 등의 명목으로 지불한 100파운드스털링 가운데 $\frac{4}{5}$〕를 회수한다. 또한 하인계급〔즉 놀고먹는 자본가들에게 직접 고용된 임노동자들〕은 그들의 주인에게서 20파운드스털링을 받았다. 이 하인들도 역시 산업자본가들에게서 20파운드스털링의 소비수단을 구입한다. 그리하여 산업자본가들은 20파운드스털링의 상품을 양도하고, 20파운드스털링의 화폐〔즉 그들이 놀고먹는 자본가들에게 지대, 이자 등으로 지불했던 100파운드스털링의 마지막 $\frac{1}{5}$〕를 회수한다.

거래가 끝났을 때 산업가들에게는 그들이 지대, 이자 등의 지불을 위해 놀고먹는 자본가들에게 양도했던 100파운드스털링의 화폐가 모두 회수되었다. 반면 그들의 잉여생산물 가운데 절반〔100파운드스털링〕이 그들의 수중에서 놀고먹는 자본가들의 소비재원으로 넘어갔다.

그러므로 놀고먹는 자본가와 그들이 직접 고용한 임노동자 사이에 100파운드스털링이 분할되는 문제를 여기에서 끌어들이는 것은 지금 우리의 논의에서는 전혀 쓸모없는 일이라는 것이 분명하다. 문제는 단순하다. 즉 그들의 지대, 이자〔요컨대 200파운드스털링의 잉여가치 가운데 그들의 몫〕는 산업자본가들에 의해서 100파운드스털링의 화폐로 그들에게 지불된다. 이 100파운드스털링을 가지고 그들은 소비수단을 직접〔혹은 간접〕적으로 산업자본가들에게서 구입한다. 즉 그들은 산업자본가들에게 다시 100파운드스털링의 화폐를 지불하고 그들로부터 100파운드스털링어치의 소비수단을 끌어낸다.

산업자본가들이 놀고먹는 자본가들에게 지불한 100파운드스털링의 화폐는 이렇게 하여 모두 회수되었다. 이런 화폐의 회수가 데스튀트가 생각했듯이 산업자본가들의 부를 늘리는 수단인 것일까? 거래를 하기 전에 그들은 200파운드스털링에 달하는 가치액〔100파운드스털링의 화폐와 100파운드스털링의 소비재〕을 가지고 있었다. 거래가 끝난 후 그들은 원래의 가치액 가운데 절반만 가지고 있다. 그들은 100파운드스털링의 화폐를 다시 갖게 되었지만 100파운드스털링의 소비수단을 상실하였고 이 소비수단은 놀고먹는 자본가들의 수중으로 넘어갔다. 따라서 그들은 100파운드 M482 스털링만큼 부를 늘린 것이 아니라 그만큼 부를 잃었다. 만일 그들이 100파운드스털링의 화폐를 먼저 지불한 다음 이 화폐를 100파운드스털링어치의 소비수단에 대한 대가로 다시 회수하는 우회적인 방식 대신에 지대, 이자 등을 현물형태의 자신의 생산물로 직접 지불했다면, 유통에서 그들에게 회수되는 화폐 100파운드스털링은 결코 존재하지 않았을 것이다. 왜냐하면 그들은 100파운드스털링의 화폐를 유통에 투하한 적이 없기 때문이다. 현물로 지불하는 방식을 택하게 되면 사정은 매우 단순하게 정리될 것이다. 즉 그들은 200파운드스털링의 잉여생산물 가운데 절반을 자신이 가지고 나머지 절반을 놀고먹는 자본가들에게 아무 등가도 받지 않고 주었을 것이다. 데스튀트도 이 방식을 부를 늘리는 수단이라고 설명하려 하지는 않았을 것이다.

토지와 자본—산업자본가가 놀고먹는 자본가들에게서 빌리고, 그 대신에 잉여가치의 일부를 지대와 이윤 등의 형태로 지불하는—은 물론 그에게 수익을 가져다준다. 왜냐하면 이 토지와 자본은 생산물 일반은 물론 생산물 가운데 잉여생산물〔잉여가치를 나타내는〕을 이루는 부분의 생산조건 가운데 하나이기도 하기 때문이다. 이 이윤은 빌린 토지와 자본에 대해 지불된 가격에서 나오는 것이 아니라 그것들을 사용함으로써 발생한다. 이 가격은 오히려 이윤에서의 공제분을 이룬다. 만일 그렇지 않다면, 산업자본가들이 잉여가치의 나머지 절반을 양도하지 않고 스스로 가져버릴 수 있을 때 산업자본가들이 부를 늘리는 것이 아니라 오히려 부를 잃게 된다고 주장해야 할 것이다. 이런 혼란은 화폐의 회수와 같은 유통현상을 단지 이런 유통현상에 의해 매개될 뿐인 생산물의 분배와 혼동함으로써 생겨난 것이다.

그럼에도 데스튀트는 교활하게도 다음과 같이 말한다.

> 이들 놀고먹는 무리의 수입은 어디에서 생겨나는가? 그 수입은 이들 놀고먹는 부류의 자본을 운동시키는 사람들〔즉 놀고먹는 부류가 제공한 재원을 가지고 노동을 고용하여 이 노동으로 하여금 투입된 비용보다 더 많은 것을 생산하게 하는 사람들〕, 즉 산업자본가들이 자신들의 이윤에서 지불하는 지대에서 생겨나는 것이 아닌가? 모든 부의 원천을 알아내기 위해서는 언제나 산업자본가에게로 돌아가야만 한다. 산업자본가야말로 놀고먹는 자본가들이 고용한 임노동자들을 사실상 먹여 살리는 사람이다.(246쪽)

그래서 이제 여기에서는 이런 지대 등의 지불이 산업자본가의 이윤에서 공제된 것으로 된다. 그런데 앞에서는 그것이 산업자본가들의 부를 늘리는 수단이었다.

그러나 우리의 데스튀트에게 위로가 될 수 있는 방법이 아직 한 가지 남아 있다. 이 훌륭한 산업자본가들은, 그들이 서로에게나 노동자들에게 대하는 방식과 똑같은 방식으로 놀고먹는 자본가들을 대한다. 즉 그들은
M483 모든 상품을 보다 비싸게〔예를 들어 20% 비싸게〕 판매한다. 여기에는 두 가지 경우가 있을 수 있다. 놀고먹는 자본가들이 매년 산업자본가에게서 받는 100파운드스털링 이외의 또 다른 화폐수단을 가지고 있는 경우와 그렇지 못한 경우이다. 첫 번째 경우 산업자본가들은 그들에게 100파운드스털링의 상품가치를, 말하자면 120파운드스털링의 가격에 판매한다. 그리하여 상품을 판매했을 때 그들은 놀고먹는 자본가들에게 지불한 100파운드스털링뿐만 아니라, 사실상 그들에게 새로운 가치를 이루는 20파운드

스털링도 함께 회수한다. 이제 계산이 어떻게 될까? 그들이 자신들의 상품에 대해서 부분적으로 지불받은 화폐 100파운드스털링은 그들 자신의 화폐이기 때문에 그들은 상품 100파운드스털링을 공짜로 넘겨주었다. 즉 그들 자신의 상품이 그들 자신의 화폐로 지불되었다. 따라서 그들은 100파운드스털링을 상실했다. 그런데 그들은 그 밖에 다시 가치를 넘어서는 초과분의 가격 20파운드스털링을 받았다. 즉 20파운드스털링의 수익을 얻었다. 그 결과 손실은 100파운드스털링에서 80파운드스털링으로 줄어들긴 하지만 그래도 여전히 80파운드스털링의 손실이 남아 있다. 결코 이익이 아니라 손해인 것이다. 놀고먹는 자본가들에게 써먹은 사기는 산업자본가들의 손해를 줄이긴 했지만 그렇다고 해서 그것을 통해 그들의 부의 감소가 부의 증가로 바뀐 것은 아니다. 그나마 이런 방법은 오래 계속될 수도 없다. 왜냐하면 놀고먹는 자본가들이 매년 화폐를 100파운드스털링만 획득한다면 그들은 매년 120파운드스털링의 화폐를 결코 지불할 수 없을 것이기 때문이다.

그리하여 또 다른 방법이 등장한다. 즉 산업자본가들은 자신들이 놀고먹는 자본가들에게 지불했던 100파운드스털링의 화폐와 교환하여 80파운드스털링의 가치만 가진 상품을 판매한다. 이 경우에도 앞에서와 마찬가지로 그들은 아무런 대가 없이 지대, 이자 등의 형태로 80파운드스털링을 양도한다. 이런 사기를 통해 산업자본가들은 놀고먹는 자본가들에 대한 자신들의 공물을 줄였다. 그러나 그런데도 그것은 여전히 없어지지 않고 남아 있을 뿐만 아니라 놀고먹는 자본가는, 가격이 판매자의 의지에 따라 정해진다는 바로 그 논리에 따라, 자신의 토지와 자본에 대해 지금까지의 100파운드스털링 대신에 앞으로는 120파운드스털링의 지대와 이윤을 요구할 수 있게 될 것이다.

이 훌륭한 분석은 바로 다음과 같이 말했던 그 심오한 사상가에게 전적으로 걸맞은 것이다. 즉 그 사상가는 한편으로는 스미스의

노동은 모든 부의 원천이다(242쪽)

라는 말과 산업자본가들이

자본과 함께 이윤을 재생산하는 노동자들에게 지불하기 위하여 자신들의 자본을 사용한다(246쪽)

라는 말을 그대로 따랐으며 다른 한편으로는 산업자본가들이야말로

다른 모든 사람들을 먹여 살리고 공공의 부를 증가시키며 우리들의 모든 향락수단을 만들어내는 유일한 사람들(242쪽)

이며 또한 노동자들이 자본가들을 먹여 살리는 것이 아니라 노동자들을 자본가들이 먹여 살린다고 결론을 내렸다. 특히 그는 그에 대해 노동자들
M484 에게 지불되는 화폐는 그들의 수중에 남아 있는 것이 아니라 노동자들이 생산한 상품의 지불을 통해 자본가들에게 끊임없이 회수되기 때문이라는 기막힌 이유를 갖다 대었다.

노동자들은 단지 한 손으로 받아서 다른 손으로 반환할 뿐이다. 따라서 그들의 소비는 그들을 고용한 사람들에 의해 만들어진 것으로 간주되어야 한다.(235쪽)

화폐유통에 의해서 매개된 사회적 재생산과 소비에 대해서 이처럼 철저하게 해부한 다음 데스튀트는 다음과 같이 계속한다.

이것이 곧 부의 영원한 운동〔즉 잘 이해된 것은 아니지만(mal connu, 확실히 그렇다!) 유통이라고 부르는 것이 맞는 운동〕을 완성하는 것이다. 왜

냐하면 그것은 사실상 하나의 순환으로서 항상 출발점으로 되돌아오는 것이기 때문이다. 그 출발점이 바로 생산이 완료되는 지점이다.(239, 240쪽)

대단히 뛰어난 문필가이자 프랑스학술원[†24]과 필라델피아철학협회의 회원이며 어느 정도까지는 사실상 속류경제학자들 가운데 군계일학이기도 했던 데스튀트는 마침내 사회적 과정의 진행을 서술하면서 그가 보여준 놀랄 만한 명석함〔즉 연구대상을 환하게 비추어준 명석함〕에 대해서 독자들이 경탄하도록 만들면서, 친절하게도 이 환한 빛들이 모두 어디에서 나온 것인지도 독자들에게 알려주고 있다. 이것은 원문으로 직접 읽어보아야만 한다.

부의 소비에 관한 이런 고찰방식이 부의 생산과 분배에 관하여 우리가 말한 것들과 모두 어떻게 일치하는지, 그리고 동시에 그것이 사회 전체의 운동을 얼마나 명료하게 밝혀주는지에 대해서 주목할 필요가 있다고 나는 생각한다. 이런 일치와 이런 명료함은 어디에서 유래하는 것인가? 그것은 우리가 진리를 찾았다는 데서 유래한다. 이것은 거울의 작용을 생각나게 하는데, 즉 거울 앞에서 올바른 위치에 서게 되면 사물이 명료하고 올바른 모양으로 보이지만, 거울에 지나치게 가까이 다가서거나 너무 멀리 떨어지게 되면 모든 것이 거울 속에서 헝클어지고 비틀어진 모습으로 나타나게 되는 것과 마찬가지이다.(242, 243쪽)

우리는 여기에서 완전한 행복에 빠진 부르주아의 백치증을 목도한다.

제21장

축적과 확대재생산[24)]

M485 우리는 이미 제1권에서 개별 자본가에게 축적이 어떻게 이루어지는지를 보았다. 상품자본의 화폐로의 전화를 통해 잉여가치를 나타내는 잉여생산물도 화폐로 전화한다. 자본가는 이렇게 화폐로 전화한 잉여가치를 자신의 생산자본에 추가되는 현물요소로 재전화시킨다. 그 다음의 생산순환에서 증대된 자본은 증대된 생산물을 공급한다. 그러나 개별 자본에서 일어난 일들은 연간 총재생산에서도 나타날 수밖에 없는데, 그것은 이미 우리가 단순재생산을 고찰하면서 보았던 바 그대로이다. 즉 개별 자본에서 소비된 고정적 구성 부분이 적립된 화폐로 차례차례 쌓여가는 현상은 사회적 연간 재생산에서도 그대로 나타났다.

어떤 개별 자본이 400c+100v이고 연간 잉여가치가 100이라면 상품생산물은 400c+100v+100m이다. 이 600은 화폐로 전화한다. 이 600의 화폐 가운데 400c는 불변자본의 현물형태로, 100v는 노동력으로, 그리고 (잉여가치가 모두 축적된다면) 그 밖에 100m이 생산자본의 현물요소로

24) 여기서부터 끝까지는 제8고에서.

전환함으로써 추가 불변자본으로 전화한다. 여기에서는 다음과 같은 조건을 가정하고 있었다. ① 기술적 조건이 주어져 있다면 이 금액은 기능하고 있는 불변자본을 확장하거나 새로운 사업체를 설립하기에 충분하다. 그러나 이런 과정〔즉 실질적인 축적, 다시 말해 생산의 확대〕이 이루어지기 전까지는 상당히 오랫동안 잉여가치의 화폐로의 전화와 이 화폐의 적립이 미리 이루어져야만 한다. ② 사실상 확대재생산이 이미 이전부터 진행되고 있는 것으로 가정하고 있다. 왜냐하면 화폐(화폐형태로 적립된 잉여가치)가 생산자본요소로 전화할 수 있으려면 이들 요소를 시장에서 상 M486
품으로 구입할 수 있어야 하기 때문이다. 이때 이들 요소가 완제품으로 구입되지 않고 주문 생산되는 것이라 하더라도 사정은 마찬가지이다. 이들 요소에 대한 지불이 이루어진다는 것은 이미 그것들이 존재하고 있기 때문이며, 어쨌든 이들 요소와 관련된 확대재생산〔기존의 정상적인 생산규모의 확대〕이 실제로 이미 이루어지고 있기 때문이다. 이들 요소는 잠재적인 형태로〔즉 생산요소의 형태로〕 이미 존재해 있어야만 한다. 왜냐하면 상품의 생산이 실제로 이루어지기 위해서는 단지 주문이라는 방아쇠〔즉 상품의 존재에 앞서 이루어지는 상품의 구매와 예상된 판매〕만 필요할 뿐이기 때문이다. 그런 다음 한쪽에서 화폐가 다른 쪽의 재생산을 불러일으킨다. 왜냐하면 확대재생산은 화폐 없이도 가능하기 때문인데 이는 다시 화폐 그 자체가 실질적인 재생산의 요소가 아니기 때문이다.

예를 들어 자본가 A는 1년〔혹은 수년〕 동안 자신이 계속해서 생산한 일정량의 상품생산물을 판매함으로써 상품생산물 가운데 잉여가치를 포함하는 부분〔잉여생산물, 즉 자신이 상품형태로 생산한 잉여가치〕도 계속해서 화폐로 전화시켜 그것을 조금씩 적립하여 잠재적인 새로운 화폐자본을 형성한다(그것이 잠재적인 이유는 생산자본요소로 전화될 수 있는 능력과 목적이 있기 때문이다). 그러나 실제로 그는 단순한 화폐축장을 수행하는 것일 뿐이고 그것은 현실적인 재생산의 요소가 아니다. 그의 행동은 처음에는 유통에서 유통화폐를 계속 회수하는 것으로만 이루어져 있다. 물론 이때 그가 그렇게 잘 간수하는 유통화폐도 그것이 유통되기 전에는 다른 축장화폐의 일부분이었을 수도 있다. A의 이 축장화폐는 잠재적으로 새로운 화폐자본이긴 하지만 사회적인 부의 추가 부분은 아니다(마치 그것이 소비수단에 지출되었을 경우와 마찬가지이다). 유통에서 회수된〔즉 이전에 이미 유통되고 있던〕 화폐는 이전에 축장화폐의 구성 부분으로서 한때 저장되었을 수도 있고, 임금의 화폐형태였을 수도 있으며, 생산수단이나 다른 상품들이 화폐화한 것일 수도 있고, 불변자본 부분이나 자본가의 수입이 유통에 투하된 것일 수도 있다. 그것이 새로운 부가 아니라는 것은 (단순상품유통의 관점에서 볼 때) 화폐가 하루에 10회 회전하여 10개의 서로 다른 상품가치를 실현한다고 해서, 현재 가치의 담지자이자 그 10배의 가치의 담지자가 되는 것은 아닌 것과 마찬가지이다. 상품은 화폐가 없어도 존재하는 것이며 화폐 그 자체는 1번 회전하든 10번 회전
M487 하든 원래 상태 그대로이다(혹은 마모에 의해 약간 줄어든다). 단지 금의 생산에서만(금 생산물이 잉여가치의 담지자인 잉여생산물을 포함하는 한) 새로운 부(잠재적인 화폐)가 창조되는 것이며 새로운 금 생산물* 전체가 유통에 들어가는 경우에만, 그것은 잠재적인 새로운 화폐자본의 화폐재료를 증가시킨다.

이렇게 화폐형태로 적립된 잉여가치는, 그것이 결코 새로 추가되는 사회적 부는 아닌데도, 적립된 목적 때문에 새로운 잠재적인 화폐자본을 나타낸다(우리는 뒤에서 새로운 화폐자본이 잉여가치의 순차적인 화폐화와는 다른 방식으로도 생겨날 수 있음을 보게 될 것이다).

상품을 판매한 다음 곧바로 구매를 하지 않음으로써 화폐는 유통에서 회수되어 축장화폐로 저장된다. 그러므로 이런 행위가 일반적인 형태로 (사회 전반에 걸쳐—옮긴이) 이루어진다고 생각하면, 구매자들이 어디에서

* 초판과 제2판에는 '화폐생산물'(Geldprodukt)로 되어 있지만 엥겔스의 인쇄용 원고에 의거해 수정하였다.

나와야 하는지 알 수 없게 되는 것처럼 보인다. 왜냐하면 이 과정에서는—모든 개별 자본이 축적과정에 있을 수 있기 때문에 이 과정은 일반적이라고 생각해야 한다—모두가 화폐를 축장하기 위하여 판매만 하려고 하고 구매는 누구도 하려 하지 않을 것이기 때문이다.

만약 우리가 연간 재생산의 각 부분들 사이에서 유통과정이 직선 형태로 진행된다고 생각한다면—이런 생각은 틀린 것이다. 왜냐하면 이 유통과정은 몇 가지 예외를 제외하면 항상 서로 반대 방향으로 진행하는 운동들로 구성되기 때문이다—우리는 구매는 하지만 판매는 하지 않는 금 생산업자(혹은 은 생산업자)로부터 출발하면서 다른 모든 사람은 그에게 판매를 한다고 가정해야 할 것이다. 그렇게 되면 연간 사회적 총잉여생산물(총잉여가치의 담지자)은 그의 수중으로 넘어가고 다른 모든 자본가들은 자신들의 잉여생산물을 현물형태에서 화폐형태로 바꾸어〔즉 잉여가치를 금이라는 현물로 바꾸어〕 그들 사이에서 각기 나누어 갖게 될 것이다. 왜냐하면 금 생산업자의 생산물 가운데 그의 기능자본을 보전해줄 부분은 이미 묶여서 처분되고 있기 때문이다. 그렇게 되면 금의 형태로 생산된 금 생산업자의 잉여가치는 다른 모든 자본가들이 그들의 연간 잉여생산물을 화폐로 전화시키기 위한 재료를 끌어낼 수 있는 유일한 재원이 될 것이다. 따라서 금 생산업자의 잉여가치는 그 가치크기가 사회적 총잉여가치〔처음에는 축장화폐의 모습을 취해야만 하는〕와 같아야만 할 것이다. 이런 가정은 너무나 터무니없는 것이어서 화폐축장이 사회 전체에 걸쳐 동시에 이루어질 수 있는 가능성을 설명하는 것 외에는 아무런 의미가 없으며 재생산에서도 금 생산업자를 제외하고는 한 발자국도 더 나아가고 있지 못하다.

이런 외관상의 문제점을 해결하려면 먼저 I부문(생산수단의 생산)에서의 축적과 II부문(소비수단의 생산)에서의 축적을 구별해야만 한다. 우선 I부문에서 시작하기로 하자.

제1절 I부문에서의 축적

ㄱ. 화폐축장

M488 I부문을 구성하는 수많은 산업부문에서의 자본투자와 이들 각 산업부문 내에서의 개별 자본투자는, 그 규모와 기술조건, 시장조건 등을 완전히 무시한다면, 각자의 투자기간〔즉 그것들이 지금까지 기능을 수행해온 기간〕에 따라 잉여가치가 잠재적 화폐자본으로 전화하는—이 화폐자본이 그 기능자본의 확대에 사용되든, 아니면 새로운 사업체의 투자에 사용되든(이것이 생산 확대의 두 가지 형태이다) 상관없이—연속적인 과정의 각 단계에 있는 것이 분명하다. 따라서 자본가들 가운데 일부는 적절한 규모로 적립된 자신의 잠재적 화폐자본을 끊임없이 생산자본으로 전화시킨다. 즉 잉여가치의 화폐화를 통해 축장된 화폐를 가지고 생산수단〔즉 불변자본의 추가요소〕을 계속 구입한다. 그리고 또 다른 일부는 여전히 잠재적인 화폐자본을 적립하는 데 열중한다. 이들 두 범주의 자본가들은 한쪽은 구매자로서 다른 한쪽은 판매자로서 서로 만나며 양자는 각자 이들 역할 가운데 한 가지를 맡는다.

예를 들어 A가 B(이때 B는 한 사람 이상의 구매자를 대표할 수도 있다)에게 600(=400c+100v+100m)을 판매한다고 하자. A는 화폐 600을 받고 상품 600을 판매하고, 이 화폐 600 가운데 100은 그가 유통에서 끌어내어 화폐로 축장하는 잉여가치를 나타낸다. 그러나 이 화폐 100은 100이라는 가치의 담지자인 잉여생산물의 화폐형태에 불과하다. 화폐축장은 생산이 아니다. 즉 그것은 처음부터 생산의 증가분도 아니다. 이 경우 자본가의 행동은 단지 100의 잉여생산물을 판매하여 획득한 화폐를 유통에서 끌어내어 억류해두는 것일 뿐이다. 이런 행위는 A 혼자만이 아니라 유통의 주변에 있는 수많은 지점들에서 이런 종류의 화폐축장에 똑같이 열을 올리는 다른 많은 A′, A″, A‴ 등의 자본가들에 의해서도 함께 수행된다. 유통에서 화폐를 끌어내어 숱한 개별적 축장화폐〔혹은 잠재적 화폐자본〕로 적립하는 이 수많은 지점들은 그만큼 유통을 가로막는 장애물인 것처럼 보인다. 왜냐하면 그것은 화폐를 움직이지 못하게 함으로써 상당 기간 동안 그것의 유통능력을 빼앗기 때문이다. 그러나 화폐축장은 그것이 자본주의적 상품생산을 토대로 하기 훨씬 전인 단순상품유통에서도 이루어졌다는 것을 유의할 필요가 있다. 즉 거기에서도 사회에 존재하는 화폐량 M489
은 그중 실제로 유통되고 있는 화폐량(이것은 상황에 따라서 증가하기도 하고 감소하기도 한다)보다 항상 더 많았다. 우리는 여기에서도 역시 똑같은 축장화폐〔화폐축장〕를 보게 되는데 우리가 지금 고찰하는 화폐축장은 자본주의적 생산과정에 내재하는 한 계기로서의 화폐축장이라는 점에서 이것과 구별된다.

즉 우리가 말하는 화폐축장은 신용제도 내부에서 이 모든 잠재적 자본들이 은행에 모임으로써 이용 가능한 자본〔즉 '대부 가능한 자본'(말하자면 화폐자본), 다시 말해 더 이상 수동적인 자본(혹은 미래의 꿈)이 아니라 능동적이고 자기증식적인(여기에서 자기증식적이란 말은 양적으로 증가한다는 의미이다) 자본〕이 되어야만 비로소 만족스러운 상태가 되는 것이다.

하지만 A는 자신의 잉여생산물과 관련하여 자신이 판매자로만 행동하고 그 다음에 구매자로는 행동하지 않는 범위 내에서만 화폐축장을 완수할 수 있다. 그러므로 잉여생산물〔화폐화하는 그의 잉여가치의 담지자〕의 계속적인 생산은 그의 화폐축장의 전제조건이다. I부문 내에서의 유통만 고찰하는 지금, 잉여생산물의 현물형태는 총생산물(잉여생산물이 그 일부를 이루고 있는)의 현물형태와 마찬가지로 I부문 불변자본요소의 현물형태이다. 즉 그것은 생산수단을 만드는 생산수단의 범주에 속한다. 구매자 B, B′, B″ 등의 수중에서 그것들이 어떻게 되는지〔즉 어떤 기능을 수행하는지〕는 이제 곧바로 살펴보게 될 것이다.

그러나 여기에서 무엇보다도 먼저 명심해두어야 할 것이 있다. 즉 A는 자신의 잉여가치만큼 화폐를 유통에서 끌어내어 적립하긴 하지만 다른 한편으로 상품을 유통에 투입하면서 그만큼 다른 상품을 유통에서 끌어내지 않는다는 것이다. 그렇기 때문에 자본가 B, B′, B″ 등은 화폐를 유통에 투하하여 그만큼의 상품만 유통에서 끌어낼 수 있게 되는 것이다. 이 경우 이 상품들은 그 현물형태와 용도에 따라서 고정적 요소나 유동적 요소로 B, B′ 등의 불변자본으로 들어간다. 이 점에 대해서는 잉여생산물의 구매자〔즉 B, B′ 등〕를 다룰 때 좀더 살펴보게 될 것이다.

—

덧붙여서 함께 지적해두고 싶은 점은, 단순재생산의 고찰에서 이미 보았듯이 우리는 여기에서 다시 한 번 다음과 같은 사실을 알게 된다는 것이다. 즉 연간 생산물의 각 구성 부분들의 교환〔즉 그것들의 유통〕(여기에는 자본의 재생산이 포함되어야 하며, 또한 자본이 온갖 다양한 형태〔즉 불변자본, 가변자본, 고정자본, 유동자본, 화폐자본, 상품자본〕로 복원되는 것도 모두 포함되어야만 한다)은 뒤이은 판매에 의해 보완되는 단순상품
M490 구매〔혹은 뒤이은 구매에 의해 보완되는 판매〕를 결코 전제하지 않으며 따라서 경제학자〔특히 중농주의와 애덤 스미스 이후의 자유무역론자〕들이 가정했던 것과 같이 실제로는 오로지 상품과 상품 간의 교환만 있을 뿐이라는 것이다. 고정자본은 일단 그것에 대한 지출이 이루어지고 나면 그것이 기능하는 전체 기간 동안 갱신되지 않고 원래의 형태 그대로 계속해서 활동하며 그동안 그것의 가치는 조금씩 화폐로 적립된다는 것을 우리는 알고 있다. 우리가 이미 보았듯이 고정자본 IIc의 주기적 갱신은(총자본가치 IIc는 I(v+m)의 가치를 가진 요소들과 교환된다) 한편으로는 화폐형태에서 현물형태로 재전화하는 IIc의 고정 부분의 단순구매와 그만큼의 Im의 단순판매를 전제로 하며 다른 한편으로는 IIc 쪽에서의 단순판매〔즉

IIc 가운데 화폐로 적립된 고정(마모)가치 부분의 판매〕와 그만큼의 Im의 단순구매를 전제로 한다. 이 교환이 정상적으로 이루어지기 위해서는 IIc 쪽의 단순구매가 가치의 크기에서 IIc 쪽의 단순판매와 같고, 마찬가지로 IIc의 1부분에 대한 Im의 단순판매는 IIc의 2부분에서의 단순구매와 같다는 것이 전제되어야 한다(440쪽).* 그렇지 않으면 단순재생산은 혼란에 빠지게 된다. 단순재생산에서는 한쪽의 단순구매가 다른 한쪽의 단순판매에 의해서 상쇄되어야 하기 때문이다. 마찬가지로 여기에서는 Im 가운데 A, A′, A″의 화폐축장 부분의 단순판매가 Im 가운데 B, B′, B″의 단순구매 부분〔축장화폐를 추가 생산자본요소로 전화시키는 부분〕과 일치한다는 것이 전제되어 있다.

구매자가 이후에 같은 가치액의 판매자로 나타나고 그 반대도 역시 성립함으로써 균형이 이루어지는 한, 화폐는 구매를 위해 그것을 선대한 쪽(이쪽은 그 구매를 하기 전에 최초로 판매했던 쪽이기도 하다)으로 다시 복귀한다. 그러나 상품교환 그 자체〔즉 연간 생산물의 각 부분들의 교환〕와 관련하여 현실적인 균형이 이루어지기 위해서는 서로 교환되는 상품들의 가치액이 같아야만 한다.

그러나 일방적인 교환만 이루어질 경우〔즉 한쪽에서는 구매만 이루어지고 다른 한쪽에서는 판매만 이루어질 경우〕—그리고 우리가 이미 보았듯이 자본주의의 토대 위에서 이루어지는 연간 생산물의 정상적인 교환에는 이런 일방적인 형태변화가 필요하다—균형이 이루어지기 위해서는 일방적인 구매의 가치액과 일방적인 판매의 가치액이 일치한다는 것을 가정해야만 한다. 상품생산이 자본주의적 생산의 일반적 형태라는 사실은, 이미 화폐가 그 속에서 유통수단뿐만 아니라 화폐자본의 역할도 수행한다는 사실을 포함하며 또한 그 화폐가 이 생산양식에 특유한 조건, 즉 M491
정상적인 교환〔즉 재생산(단순재생산이든 확대재생산이든)의 정상적인

* MEW Bd. 24, 460쪽 참조.

진행]을 위한 조건을 만들어내고, 이 조건들은 다시 (이 생산의 자연발생적인 모습에서는 균형이라는 것 자체가 하나의 우연일 뿐이기 때문에) 그만큼 재생산의 비정상적인 진행조건(즉 공황의 가능성)으로 전환한다는 사실을 모두 포함한다.

또한 우리가 보았듯이, 같은 가치액의 Iv와 IIc 간의 교환에서는, IIc에서 결국 상품 II가 같은 가치액의 상품 I로 대체되고, 따라서 II부문의 총자본가 쪽에서 보면 자신들의 상품판매가 뒤이은 상품 I의 구매(같은 가치액의)에 의하여 보완된다. 이 대체는 분명 진행되긴 하지만, I부문과 II부문 자본가들 사이의 이 상품교환에서 두 자본가들 간의 직접적인 교환은 일어나지 않는다. IIc는 I부문의 노동자계급에게 자신의 상품을 판매한다. 후자는 일방적인 상품구매자로 그들과 만나고 그들은 일방적인 상품판매자로 노동자계급과 만난다. 이렇게 획득한 화폐를 가지고 IIc는 일방적인 상품구매자로 I부문의 총자본가와 만나고 I부문의 총자본가는 Iv 액수만큼 일방적인 상품판매자로 그들과 만난다. 단지 이 상품판매를 통해서만 I부문은 결국 자신의 가변자본을 다시 화폐자본 형태로 재생산하게 된다. I부문의 자본은 II부문의 자본에 대해서는 Iv의 액수만큼 일방적인 상품판매자로 만나지만 I부문의 노동자계급에 대해서는 노동력을 구매하는 상품구매자로 만난다. 그리고 I부문의 노동자계급은 II부문의 자본가에 대해서는 일방적인 상품구매자로(즉 생활수단의 구매자로) 만나지만 I부문의 자본가에 대해서는 일방적인 상품판매자[즉 노동력의 판매자]로 만난다.

I부문의 노동자계급으로부터 끊임없이 노동력의 공급이 이루어지고, I부문의 상품자본 가운데 일부가 가변자본의 화폐형태로 재전화하며, II부문의 상품자본 가운데 일부가 불변자본 IIc의 현물요소들로 대체되는 등 — 재생산에 필요한 이들 전제조건은 모두 서로 얽혀 있으며 모두 매우 복잡한 과정 — 서로 독립적으로 진행되지만 동시에 서로 얽혀 있는 세 개의 유통과정을 포함하는 과정 — 에 의해 매개되어 있다. 이 과정의 복잡

한 구조 그 자체가 바로 그만큼 재생산의 비정상적인 진행을 가져오는 원인을 이루는 것이기도 하다.

ㄴ. 추가 불변자본

잉여생산물〔잉여가치의 담지자〕은 자신을 취득하는 자본가 I에게 아무런 비용도 물리지 않는다. 그는 그것을 획득하기 위해서 어떤 화폐나 상품 M492 도 선대할 필요가 없다. 선대(Vorschuß, avance)는 이미 중농주의자들에게도 생산자본요소로 나타난 가치의 일반적 형태였다. 따라서 자본가 I이 선대하는 것은 다름 아닌 자신의 불변자본과 가변자본뿐이다. 노동자는 자신의 노동을 통해 그의 불변자본을 보존할 뿐만 아니라 그의 가변자본가치를 상품형태로 그만큼 새롭게 창출된 가치 부분에 의해 보전하며, 그 밖에 다시 자신의 잉여노동에 의해 잉여생산물의 형태로 존재하는 잉여가치를 그에게 제공한다. 이 잉여생산물을 계속 판매함으로써 자본가 I은 축장화폐〔즉 잠재적인 추가 화폐자본〕를 형성한다. 우리의 경우 이 잉여생산물은 처음부터 생산수단의 생산수단으로 이루어져 있다. 이 잉여생산물이 추가 불변자본으로 기능하는 것은 그것이 B, B′, B″(I부문) 등의 손에 들어가고 난 다음이다. 그러나 그것은 판매되기 전에 이미 화폐축장자 A, A′, A″(I부문)의 수중에서 잠재적인 추가 불변자본이다. 우리가 단지 I부문 쪽의 재생산가치량만 생각한다면 우리는 여전히 단순재생산의 범위 안에만 있는 것이다. 왜냐하면 이 잠재적인 추가 불변자본(잉여생산물)을 창출하는 데 어떤 추가자본도 사용되지 않았을 뿐만 아니라 단순재생산의 토대 위에서 지출된 것보다 더 많은 잉여노동도 지출되지 않았기 때문이다. 여기에서 차이점이란 단지 수행된 잉여노동의 형태〔즉 그 노동이 특수하게 사용되는 방식의 구체적인 성질〕에 있을 뿐이다. 그것은 IIc가 아니라 Ic를 위한 생산수단에〔즉 소비수단의 생산수단이 아니라 생산수단의 생산수단에〕 지출되었다. 단순재생산에서는 I부문의 총잉여가치가 수입으로〔즉 II부문의 상품에〕 지출된다고 가정한다. 따라서 그 잉여가치는 불변자본 IIc를 현물형태로 다시 보전해야 할 생산수단으로만 구성되어 있었다. 따라서 단순재생산에서 확대재생산으로 이행이 이루어지기 위해서는 I부문의 생산이, II부문을 위한 불변자본요소는 더 적게 생산하면서 I부문을 위한 불변자본요소는 그만큼 더 많이 제조할 수 있어야만 한다. 이런 이행은 항상 상당한 어려움을 수반하기는 하지만 I부문의 생산물 가운데 상당수가 두 부문에서 모두 생산수단으로 사용될 수 있다는 사실 때문에 비교적 쉽게 이루어진다.

그래서 가치량이라는 관점에서만 보면 확대재생산의 물적 토대는 단순재생산의 범위 내에서 만들어진다고 말할 수 있다. 그것은 단지 생산수단의 생산〔즉 I부문의 잠재적인 추가자본의 창출〕에 직접 지출된 I부문 노동자계급의 잉여노동일 뿐이다. 그러므로 이때 A, A′, A″(I부문) 쪽에서 이
M493 루어지는 잠재적인 추가 화폐자본의 형성 — 아무런 자본주의적 화폐지출 없이 형성된 잉여생산물의 연속적인 판매를 통해 — 은 단지 추가로 생산된 I부문 생산수단의 화폐형태일 뿐이다.

결과적으로 우리의 경우에는(우리는 그것이 전혀 다른 방식으로도 형성될 수 있다는 것을 뒤에서 보게 될 것이기 때문이다) 잠재적인 추가자본의 생산이 단지 생산과정 그 자체의 현상〔즉 생산자본요소의 특정한 형태로의 생산〕을 나타내는 것에 불과하다.

그러므로 유통 주변의 많은 지점들에서 이루어지는 잠재적인 추가 화폐자본의 대규모 생산은 잠재적인 추가 생산자본 — 이 자본의 성립 그 자체는 산업자본가 쪽에서의 추가 화폐지출이 필요하지 않다 — 의 갖가지 생산의 결과이자 표현일 뿐이다.

A, A′, A″(I부문) 쪽에서 이루어지는 이 잠재적인 추가 생산자본의 잠재적인 화폐자본(축장화폐)으로의 연속적인 전화 — 이것이 이루어지기 위해서는 이들이 자신들의 잉여생산물을 계속 판매〔즉 보완적인 구매 없이 일방적인 상품판매를 반복〕해야만 한다 — 는 유통에서 반복적으로 화

폐를 끌어내어 그만큼 축장화폐를 형성하는 방식으로 수행된다. 이 축장은 (구매자가 금 생산업자인 경우를 제외하면) 부의 현물(귀금속)을 추가로 증가시키는 것을 의미하는 것이 아니라 지금까지 유통되던 화폐의 기능을 변화시키는 것을 의미할 뿐이다. 조금 전까지 그것은 유통수단으로 기능했는데 이제는 축장화폐〔즉 형성과정에 있는 잠재적인 새로운 화폐자본〕로 기능한다. 따라서 추가 화폐자본의 형성과 한 나라에 존재하는 귀금속의 양 사이에는 서로 아무런 인과관계가 없다.

그리하여 다시 다음과 같은 결론이 도출된다. 즉 한 나라에서 이미 기능하고 있는 생산자본(그 속에 통합되어 있는 노동력〔즉 잉여생산물의 생산자〕을 포함하여)이 많으면 많을수록 또한 노동생산력이 발전하면 할수록〔그와 함께 생산수단의 생산을 급속하게 확대하기 위한 기술수단도 발전하면 할수록〕, 그리하여 잉여생산물의 크기가 그 가치와 현물(가치를 포함하고 있는)에서 모두 더욱 커지면 커질수록 ① A, A′, A″ 등의 수중에 잉여생산물의 형태로 존재하는 잠재적인 추가적 생산자본과 ② 화폐로 전환된 잉여생산물의 크기〔즉 A, A′, A″의 수중에 있는 잠재적인 추가 화폐자본의 크기〕도 더욱 커진다. 예를 들어 풀라턴(J. Fullarton)이 일상적 의미의 과잉생산에 대해서는 아무것도 알려고 하지 않고 자본〔특히 화폐자본〕의 과잉생산에 대해서만 알려고 하였다는 사실은 매우 우수한 부르주아 경제학자들조차도 자기들 체제의 메커니즘에 대해서 얼마나 제대로 이해하지 못하는가를 그대로 보여주는 증거이다.

자본가 A, A′, A″(I부문)이 직접 생산하여 취득하는 잉여생산물은— M494
실제로 이것이 그런 성격으로 기능하는 것은 그것이 B, B′, B″ 등의 수중에 들어가고 난 다음이긴 하지만—자본축적〔즉 확대재생산〕의 실질적인 기초이긴 하지만, 반면에 그것이 화폐로 틀어박혀 있는 동안〔축장화폐로 있는 동안, 즉 잠재적인 화폐자본으로 조금씩 형성되어가는 과정에 있는 동안〕에는 절대적으로 비생산적이며, 이런 형태로 생산과정과 병행하기는 하지만 생산과정의 외부에 놓여 있다. 그것은 자본주의적 생산의 무거운 짐이다. 잠재적인 화폐자본으로 적립되어가는 이 잉여가치를 수입이나 이윤으로 이용하려는 열망은 신용제도와 '유가증권'을 통해서 비로소 그 목적을 달성하게 된다. 그것들을 통해서 화폐자본은 또 다른 형태로 자본주의적 생산체제의 진행과 맹렬한 발전에 엄청난 영향력을 발휘하게 된다.

잠재적 화폐자본으로 전화하는 잉여생산물은 그것을 만들어내는 기존의 기능자본 총량이 크면 클수록 양적으로 더 많아질 것이다. 그러나 잠재적 화폐자본의 연간 재생산 규모가 절대적으로 증가하면 동시에 그것의 분할도 역시 더욱 용이해져서, 그것은 어떤 특정 사업체에(이 사업체가 동일한 자본가의 수중에 있든 혹은 다른 사람〔예를 들어 상속재산의 분할에서 각 가족 구성원들〕의 수중에 있든 상관없이) 보다 신속하게 투자된다. 여기에서 화폐자본의 분할이란 그것이 새로운 화폐자본으로 별개의 신규사업에 투자되기 위해서 자신의 모자본(母資本, Stammkapital)에서 완전히 분리되는 것을 의미한다.

잉여생산물의 판매자인 A, A′, A″(I부문) 등은 그 잉여생산물을 생산과정의 직접적인 결과물—단순재생산에서도 필요한 불변자본과 가변자본의 선대 외에는 어떤 유통행위도 더는 필요하지 않은—로 획득하고 그렇게 함으로써 확대재생산을 위한 실질적인 토대를 제공하지만〔즉 실제로 잠재적인 추가자본을 만들어내지만〕, B, B′, B″(I부문) 등은 그렇게 하지 않는다. ① A, A′, A″ 등의 잉여생산물이 실제로 추가 불변자본으로 기능하게 되는 것은 그것들이 B, B′, B″(I부문) 등의 수중에 들어오고 난 다음이다(우리는 당분간 생산자본의 다른 요소〔즉 추가 노동력, 다시 말해 추가 가변자본〕는 고려하지 않는다). ② 그 잉여생산물이 B, B′, B″(I부문) 등의 수중에 들어오기 위해서는 유통행위가 필요하다〔즉 그들이 그것을 구매해야 한다〕.

①과 관련하여 여기에서 주의해야 할 점은, 잉여생산물(잠재적인 추가 불변자본) 가운데 상당 부분은 A, A′, A″(I부문)이 올해에 생산하긴 하지

만 내년이나 혹은 그 이후까지도 사실상 B, B′, B″(I부문)의 수중으로 넘어가서 산업자본으로 기능하지 않을 수도 있다는 점이다. ②와 관련해서 M495 는 유통과정에 필요한 화폐가 어디에서 오느냐 하는 문제가 있다.

B, B′, B″(I부문) 등이 생산한 생산물은 스스로 다시 현물로 자신의 생산과정에 투입되기 때문에 그들의 잉여생산물 가운데 그만큼이 직접(어떤 유통의 개입도 없이) 생산자본에 이전되어 추가 불변자본요소가 된다는 것은 당연한 일이다. 그래서 잉여생산물 가운데 이만큼은 A, A′, A″(I부문) 등의 잉여생산물을 화폐화하지 못한다. 이런 경우를 제외한다면 화폐는 도대체 어디에서 오는가? 우리가 알고 있듯이, B, B′, B″(I부문) 등은 A, A′ 등과 마찬가지로 각자의 잉여생산물을 판매하여 축장화폐를 형성했으며, 이제 축장화폐로 적립된〔단지 잠재적인 형태만 취하고 있을 뿐인〕 자신들의 화폐자본이 실제로 추가 화폐자본으로 기능을 수행해야 할 지점〔목적지〕에 도달하였다. 그러나 그것으로는 단지 제자리를 맴돌 뿐이다. 문제는 여전히 남아 있다. 즉 I부문의 B부분이 앞서서 유통에서 끌어내어 적립했던 그 화폐는 도대체 어디에서 온 것인가?

그러나 우리는 이미 단순재생산을 고찰하면서 I부문과 II부문의 자본가들이 자신들의 잉여생산물을 교환하기 위해서 일정량의 화폐를 수중에 가지고 있어야 한다는 것을 알고 있다. 그 경우 수입으로 소비수단에 지출하는 용도로만 사용된 화폐는 이들 자본가가 각자 자신의 상품을 교환하기 위하여 선대한 양만큼 자본가들에게 회수되었다. 여기에서 다시 나타난 화폐는 똑같은 것이긴 하지만 그 기능은 달라진다. I부문의 A부분과 B부분은 잉여생산물을 잠재적인 추가 화폐자본으로 전화시키기 위해 서로 번갈아 가며 화폐를 공급하고, 새로 형성된 화폐자본을 서로 번갈아 가며 구매수단으로 유통에 다시 투입한다.

이 경우 유일한 전제는 국내의 화폐량이(유통속도가 일정하다고 할 때) 유통을 활발하게 진행시키고 축장화폐를 준비하는 데 충분할 정도가 되어야 한다는 것이다. 우리가 이미 보았듯이 이것은 단순상품유통에서도 충족되어야 했던 것과 똑같은 전제이다. 단지 지금은 축장화폐의 기능만 다를 뿐이다. 또한 현존하는 화폐량도 더 많아야 하는데 그것은 다음의 네 가지 이유 때문이다. 첫째, 자본주의적 생산에서는 모든 생산물이(새로 생산된 귀금속과 생산자 자신이 소비하는 몇 안 되는 생산물들을 제외하면) 상품으로 생산되기 때문이다〔즉 화폐화하는 과정을 거쳐야 하기 때문이다〕. 둘째, 자본주의적 토대 위에서는 상품자본의 양과 그 가치크기가 절대적으로는 물론 상대적으로도 훨씬 더 빨리 증가하기 때문이다. 셋째, 계속 팽창해가는 가변자본은 항상 화폐자본으로 전화해야 하기 때문이다. 넷째, 새로운 화폐자본의 형성은 생산의 확대와 보조를 맞추어야 하기 때문이다〔즉 생산이 확대되는 만큼 축장화폐의 재료도 더 많이 존재해야 하기 때문이다〕. 이것은 단지 자본주의적 생산의 초기 단계〔즉 신용제
M496 도까지도 주로 금속화폐의 유통을 수반하는〕에만 적용되는 것이긴 하지만 신용제도가 최고도로 발전된 국면에서도 그것이 여전히 금속화폐의 유통을 토대로 하는 경우에는 역시 그대로 적용된다. 그럴 경우 한편으로 귀금속의 추가 생산은, 그것이 남아돌거나 부족할 경우, 장기간은 물론 단기간에도 상품가격을 교란할 수 있다. 그리고 또 다른 한편 전체 신용 메커니즘은 온갖 조작과 방법, 그리고 기술적인 장치 등을 이용하여 현실의 금속화폐 유통을 상대적으로 계속해서 최소한의 수준으로 줄이기 위해 끊임없이 노력하는데, 바로 이런 것들과 함께 전체 신용 메커니즘의 인위적인 조작 가능성과 그것의 정상적인 진행을 교란할 가능성도 그만큼 증가하게 된다.

잠재적인 새로운 화폐자본이 실제의 자본으로 기능을 시작하는 B, B′, B″(I부문) 등은 각자의 생산물(각자의 잉여생산물 가운데 일부)을 서로 구매하고 또 서로 판매할 수도 있다. 잉여생산물의 유통을 위해서 그들이 직접 선대한 화폐는 (유통이 정상적으로 진행될 경우) 각자가 자신의 상품유통을 위해 선대한 것에 비례하여 각각의 B에게 화폐자본으로 되돌아온다. 화폐가 지불수단으로 유통된다면 이 경우 화폐는 서로 간의 매매가

상쇄되지 않는 차액 부분에 대해서만 지불될 것이다. 그러나 여기에서 나타나듯이 언제나 가장 중요한 것은 금속화폐의 유통을 가장 단순하고 본원적인 형태로 가정하는 것이다. 왜냐하면 그렇게 해야만 화폐의 유출과 회수, 차액 부분의 정산〔즉 신용제도에서 화폐유통의 진행을 의식적으로 규제하기 위해서 나타나는 모든 계기〕이 신용제도와 독립된 것으로 나타나고, 문제가 사후에 조정된 형태가 아니라 자연스러운 본래 형태로 나타나기 때문이다.

ㄷ. 추가 가변자본

이제까지 우리는 추가 불변자본만 다루었다. 이제 우리는 추가 가변자본으로 눈을 돌려야만 한다.

우리는 제1권에서 자본주의적 생산의 토대 위에서는 노동력이 항상 준비되어 있고, 필요할 경우에는 노동자들의 수〔혹은 노동력의 양〕를 늘리지 않고도 더 많은 노동량을 움직일 수 있다는 것을 자세히 설명하였다. 그러므로 이 점과 관련된 부분은 여기에서 더 논의할 필요가 없고 오히려 새로 형성된 화폐자본 가운데 가변자본으로 전화할 수 있는 부분이 언제든지 자신을 〔가변자본으로〕 전화시키기 위한 노동력을 쉽게 발견할 수 있다고 가정하고자 한다. 제1권에서는 또한 주어진 자본이 축적 없이도 M497 일정한 범위 내에서는 생산량을 확대할 수 있다는 것도 이미 설명하였다. 그러나 여기에서 우리는 진정한 의미에서의 자본축적을 다루기 때문에 생산의 확대는 잉여가치의 추가자본으로의 전화〔즉 생산의 자본적 토대를 확대하는 것〕를 의미하는 것이어야 한다.

금 생산업자는 금으로 이루어진 자신의 잉여가치 가운데 일부를 잠재적인 화폐자본으로 축적할 수 있다. 그것이 필요한 규모에 도달하면 그는 자신의 잉여생산물을 판매하지 않고도 그것을 곧바로 새로운 가변자본으로 전화시킬 수 있다. 마찬가지로 그는 그것을 불변자본요소로 전화시킬 수도 있다. 그러나 후자의 경우에는 그의 불변자본의 물적 요소가 그의 눈앞에 이미 존재하고 있어야만 한다. 이때 그 물적 요소가, 지금까지의 설명에서 가정했던 것처럼, 각각의 생산업자가 먼저 작업을 해서 상품을 창고에 저장해두었다가 시장에 나온 것이든 아니면 주문을 받아 작업을 한 것이든 그것은 별로 중요하지 않다. 두 경우 모두 생산의 실질적인 확대〔즉 잉여생산물〕를 가정하기 때문이다. 즉 전자는 잉여생산물이 이미 현실적으로 존재하는 것으로 후자는 잠재적으로 존재하는 것〔즉 공급 가능한 것〕으로 가정하고 있는 것이다.

제2절 II부문에서의 축적

우리는 지금까지 A, A′, A′′(I부문)이 자신들의 잉여생산물을 같은 I부문에 속하는 B, B′, B′′ 등에게 판매한다고 가정하였다. 그러나 A(I부문)가 자신의 잉여생산물을 II부문의 B에게 판매함으로써 화폐화한다고 가정해보자. 이것은 오직 A(I부문)가 B(II부문)에게 생산수단을 판매한 다음 소비수단을 구매하지 않아야만〔즉 A 쪽의 일방적인 판매에 의해서만〕 가능하다. 그런데 Iv만이 아니라 최소한 Im 가운데 일부도 IIc(IIc는 소비수단의 형태로 존재한다)의 일부와 교환되어야만 IIc는 상품자본 형태에서 생산적 불변자본의 현물형태로 전화할 수 있다. 그러나 A는 이 교환을 통해서 자신의 Im을 화폐화하는 것이 아니라, 오히려 자신의 Im을 팔아서 II부문에서 받은 화폐를 소비수단 IIc를 구매하는 데 사용하지 않고 유통에서 끌어내버림으로써 화폐화한다. 그리하여 A(I부문) 쪽에서는 잠재적인 추가 화폐자본이 형성되지만, B 쪽에서는 B(II부문)의 불변자본 가운데 그만한 크기의 가치량이 생산적 불변자본의 현물형태로 전화하지 못하고
M498 상품자본의 형태로 붙잡혀 있게 된다. 달리 말해서 B(II부문)의 상품 가운데 일부〔즉 얼핏 보면 이것을 판매하지 않고서는 B가 자신의 불변자본을

완전한 생산적 형태로 재전화시킬 수 없는 것처럼 보이는 바로 그 일부〕가 판매되지 않은 것이다. 그러므로 이 부분과 관련하여 과잉생산이 발생하는 것이고, 이 과잉생산은 또한 이 부분과 관련된 재생산〔즉 단순재생산〕까지도 방해하게 된다.

따라서 이 경우 A(I부문) 쪽에서의 잠재적인 추가 화폐자본은 잉여생산물(잉여가치)의 화폐화된 형태가 분명하지만 잉여생산물(잉여가치) 그 자체는 여기에서 단순재생산의 현상이지 아직 확대재생산의 현상은 아니다. IIc의 재생산이 같은 규모로 이루어지기 위해서는 I(v+m)가(이것은 m의 일부에도 언제나 똑같이 적용된다) 결국은 IIc와 교환되어야 한다. A(I부문)는 자신의 잉여생산물을 B(II부문)에게 판매함으로써 그만큼의 불변자본가치 부분을 현물형태로 B(II부문)에게 제공하지만, 동시에 유통에서 화폐를 회수해버림으로써〔즉 자신이 판매한 부분을 뒤이은 구매를 통해 채워넣지 않음으로써〕 B(II부문)의 상품 가운데 그만큼이 판매되지 못하도록 만들어버렸다. 따라서 사회적 총재생산(I부문과 II부문의 자본가를 모두 포괄하는)의 관점에서 보면, A(I부문)의 잉여생산물이 잠재적 화폐자본으로 전화한다는 것은 그만큼의 가치크기를 가진 B(II부문)의 상품자본이 생산(불변)자본으로 재전화할 수 없게 되었다는 것을 의미한다. 즉 그것은 잠재적인 확대재생산을 의미하는 것이 아니라 단순재생산의 장애〔즉 축소〕를 의미한다. A(I부문)의 잉여생산물이 형성되고 판매되는 것은 단순재생산의 정상적인 현상이므로 단순재생산의 기초 위에서는 이미 다음과 같이 서로를 제약하는 현상들이 존재한다. 즉 I부문에서는 잠재적인 추가 화폐자본이 형성되고(II부문의 입장에서 보면 과소소비), II부문에서는 생산자본으로 재전화하지 못하는 상품재고가 누적되며(즉 II부문에서의 상대적 과잉생산), I부문에서는 화폐자본이 과잉상태가 되고 II부문에서는 재생산이 축소되는 등의 현상이 바로 그것이다.

이 점에 대해서는 이 정도로 줄이기로 하고, 단지 한 가지만 더 지적해두고자 한다. 즉 단순재생산을 서술할 때는 I부문과 II부문의 잉여가치가 모두 수입으로 지출된다는 것을 전제로 한다는 것이다. 그러나 실제로는 잉여가치 가운데 일부분만 수입으로 지출되고 다른 일부분은 자본으로 전화한다. 현실에서의 축적은 이것을 전제로 해야만 가능하다. 축적이 소
M499 비를 희생시켜 이루어진다는 것은 (일반적으로 말해서) 자본주의적 생산의 본질과 모순된 허상이다. 왜냐하면 그것은 자본주의적 생산의 목적과 추동력이 잉여가치의 획득과 그것의 자본화〔즉 축적〕가 아니라 소비에 있다고 전제하는 것이기 때문이다.

—

이제 II부문에서의 축적을 좀더 자세히 살펴보기로 하자.

IIc와 관련된 일차적인 난점〔즉 상품자본 II의 한 구성 부분으로 불변자본 II의 현물형태로의 (IIc의) 재전화〕은 단순재생산과 관련된 것이다. 앞서 다루었던 다음의 표식을 보자.

(1,000v+1,000m)I는
2,000IIc와 교환된다.

예를 들어 잉여생산물 I 가운데 절반〔즉 $\frac{1,000}{2}$m, 혹은 500Im〕이 다시 스스로 I부문의 불변자본에 합체된다면, 잉여생산물 가운데 I부문에 다시 남게 되는 부분은 IIc의 어떤 부분도 보전할 수 없다. 이 부분은 소비수단과 교환되지 않고(I부문과 II부문 사이의 유통 가운데 이 소비수단 부문에서는—노동자 I의 매개를 통해 이루어지는 1,000IIc의 보전(1,000Iv에 의한)과는 달리—실질적인 상호 교환〔두 부문 간에 상품이 서로 자리를 바꾸는 일〕이 이루어진다) I부문 내에서 추가 생산수단으로 사용되어야 한다. 이 부분은 이 기능을 I부문과 II부문에서 동시에 수행할 수는 없다. 자본가가 자신의 잉여생산물 가치를 소비수단에 지출하면서 동시에 바로

그 잉여생산물을 생산적으로 소비할 수는〔즉 자신의 생산자본에 합체할 수는〕 없다. 그러므로 2,000I(v+m)가 아니라 단지 1,500〔즉 (1,000v+500m)I〕만이 2,000IIc와 교환될 수 있다. 즉 500IIc는 자신의 상품형태에서 생산(불변)자본 II로 재전화할 수 없는 것이다. 따라서 II부문에서는 I부문에서 진행된 생산의 확대에 해당하는 만큼 과잉생산이 발생할 것이다. II부문의 과잉생산은 아마도 다시 I부문에 영향을 미쳐서 노동자 I이 소비수단 II에 지출한 1,000도 일부분만 회수될 것이다〔즉 이 1,000 가운데 일부는 가변적 화폐자본의 형태로 자본가 I의 수중으로 되돌아가지 못할 것이다〕. 자본가 I은 단순재생산에서도 장애에 부딪히게(더구나 생산규모를 확대하려는 시도에 의해서) 될 것이다. 여기에서 주의해야 할 점은 I부문에서는 사실상 단순재생산만 이루어졌고 단지 표식에 있는 요소들이 미 M500
래〔말하자면 내년〕의 확대재생산을 위하여 다르게 편성된 것뿐이라는 사실이다.

사람들은 다음과 같은 방법으로 이 난점을 피해 가려 할 수도 있을 것이다. 즉 자본가의 창고에 쌓여 있는〔그리고 직접적으로 생산자본으로 전환될 수 없는〕 500IIc는 결코 과잉생산된 것이 아니고 오히려 재생산에 필요한 한 요소(우리가 지금까지 무시해온)를 나타내는 것이다. 이미 살펴본 바와 같이, 일부는 I부문 내에서 새로운 화폐자본의 형성을 위해서, 또 다른 일부는 조금씩 소비되어가는 고정자본가치를 잠정적으로 화폐형태로 간직하기 위해서, 화폐준비금(Geldvorrat)은 여러 곳에서 적립되어야만 한다〔즉 유통에서 회수되어야만 한다〕. 그런데 표식에서는 모든 화폐와 상품이 처음부터 자본가 I과 II의 수중에만 있고, 상인이나 대부업자, 혹은 은행업자〔즉 소비만 하고 상품생산에는 직접 관여하지 않는 계급〕는 아무도 존재하지 않기 때문에, 여기에서는 재생산 메커니즘의 진행을 위해서 각 생산자가 스스로 자신의 상품재고를 끊임없이 만들어내야만 한다. 따라서 자본가 II의 창고에서 잠자고 있는 500IIc〔즉 소비수단의 상품재고〕는 재생산에 포함된 소비과정의 연속성을 매개한다〔즉 여기에서는 한 해에서 다음 해로의 이행을 매개한다〕. 이 소비재원〔여기에서는 아직 그 판매자이자 생산자의 수중에 존재하는〕은 올해에 0까지 떨어져서 다음 해에 다시 0부터 시작할 수는 없으며 이것은 오늘에서 내일로 넘어갈 경우에도 마찬가지이다. 이런 상품재고는 (규모는 변동하더라도) 끊임없이 새롭게 형성되어야 하기 때문에 자본가 생산자 II는 일정한 화폐준비자본〔즉 자신의 생산자본 가운데 일부가 잠시 상품형태로 묶여 있더라도 자신의 생산과정을 계속할 수 있도록 해줄〕을 가지고 있어야만 한다. 가정에 의하면 그들은 상인의 업무를 생산업무와 함께 수행한다. 따라서 그들은 재생산과정의 각 기능이 다양한 자본가들에게로 따로 떨어져 있을 경우, 상인의 수중에 있어야 할 추가 화폐자본을 자신의 수중에 가지고 있어야 한다.

이런 생각에 대해서는 다음과 같은 반론이 제기될 수 있다.

① 그런 재고의 형성과 그 필요성은 I부문과 II부문의 모든 자본가들에게 적용된다. 단순한 상품판매자로만 본다면 그들 사이의 차이점은 단지 그들이 서로 다른 종류의 상품을 판매한다는 점뿐이다. 상품 II의 재고는
M501 그 이전의 상품 I의 재고를 전제한다. 한쪽에 있는 이 재고를 무시한다면 다른 한쪽의 재고도 무시되어야만 한다. 그러나 두 부문을 모두 고려할 경우에도 문제는 조금도 달라지지 않는다.

② II부문 쪽의 금년도 결산에 내년도를 위한 상품재고가 포함되는 것과 마찬가지로 II 쪽의 금년도 회계의 시작에는 전년도에서 이월된 상품재고가 포함되어 있다. 따라서 연간 재생산의 고찰에서는 (가장 추상적인 형태로 표현할 경우) 두 경우 모두 상품재고를 소거해야만 한다. 내년으로 이월되는 상품재고는 올해의 총생산에 포함하고 전년도에서 이월된 상품재고는 올해의 총생산에서 제외함으로써 우리는 사실상 연평균 총생산물을 분석대상으로 잡아낼 수 있을 것이다.

③ 피하려고 했던 이 난점이 단순재생산의 고찰에서는 나타나지 않았다는 사실은 문제의 핵심이 확대재생산과 관련된 특수한 현상〔I부문의 각

구성요소들(재생산과 관련된)의 편성을 바꾸었기(확대재생산을 위해서는 반드시 필요한) 때문에 나타난 현상〕이라는 것을 보여준다.

제3절 표식을 통한 축적의 표현

이제 우리는 재생산을 아래와 같은 표식에 의해 고찰해보기로 하자.

표식 ⓐ I. 4,000c+1,000v+1,000m=6,000
II. 1,500c+ 376v+ 376m=2,252 합계=8,252

이 표식에서 우선 지적해둘 점은, 연간 사회적 생산물의 총액(=8,252)이 최초의 표식(총액=9,000)보다 적다는 것이다. 우리는 총액을 그보다 훨씬 크게〔예를 들어 10배로〕 잡을 수도 있다. 그런데도 처음의 표식보다 총액을 적게 선택한 이유는 확대재생산(여기에서는 단지 보다 큰 자본투하로 운영되는 생산을 의미할 뿐이다)이 생산물의 절대적 크기와는 상관이 없다는 것을〔그리고 확대재생산은 상품량이 주어져 있을 때 주어진 생산물의 각 요소 편성(혹은 용도)의 차이를 전제하는 것일 뿐이고 따라서 가치량에서는 단순재생산에 지나지 않는다는 것을〕 분명하게 보여주기 위해서이다. 즉 달라진 것은 단순재생산의 주어진 각 요소의 양이 아니라 질적 규정이며, 바로 이 변화가 나중에 이어지는 확대재생산의 물적 전제인 것이다.[25)]

가변자본과 불변자본의 비율을 바꾸어 표식을 다음과 같이 나타낼 수 M502

25) 이것은 제1권(제22장 제5절, 634쪽, 각주 65)*에서 다른 관점으로 검토했던 제임스 밀과 베일리 사이의 자본축적에 관한 논쟁, 즉 산업자본의 크기가 불변인 경우 그 기능의 확장 가능성에 관한 논쟁에서 완전히 결론을 지은 것이다. 이 점은 뒤에서 다시 살펴보기로 한다.

* MEW Bd. 23, 637쪽, 각주 64 참조.

도 있을 것이다.

표식 ⓑ I. 4,000c+875v+875m=5,750
II. 1,750c+376v+376m=2,502 합계=8,252

이것은 단순재생산을 위한 편성이고, 따라서 잉여가치는 모두 수입으로 지출되어 축적은 없게 될 것이다. 표식 ⓐ와 ⓑ 모두 연간 생산물의 가치량은 똑같은데, 단지 ⓑ에서는 연간 생산물 구성요소의 기능 편성이 단순재생산을 다시 시작할 수 있도록 되어 있는 반면, ⓐ에서는 그 기능 편성이 확대재생산의 물적 토대를 이룬다. 즉 ⓑ에서는 (875v+875m)I=1,750I(v+m)이 남김없이 1,750IIc와 교환되었지만, ⓐ에서는 (1,000v+1,000m)I=2,000I(v+m)이 1,500IIc와 교환됨으로써 I부문의 축적을 위하여 500Im이 여분으로 남겨졌다.

이제 표식 ⓐ를 좀더 자세히 분석해보자. I부문과 II부문 모두 잉여가치 가운데 절반이 수입으로 지출되지 않고 축적된다고〔즉 추가자본요소로 전화된다고〕 가정해보자. 1,000Im 가운데 절반〔=500〕이 여러 가지 형태로 축적되어 추가 화폐자본으로 투하〔즉 추가 생산자본으로 전화〕되기 때문에 단지 (1,000v+500m)I만이 수입으로 지출된다. 따라서 이 경우에는 IIc의 정상적인 크기가 단지 1,500으로만 나타난다. 1,500I(v+m)과 1,500IIc와의 교환은 단순재생산 과정에서 이미 설명했기 때문에 더 논의할 필요가 없다. 마찬가지로 4,000Ic도 문제가 되지 않는데, 왜냐하면 새로 시작되는 재생산(이번에는 확대재생산으로 진행된다)을 위한 4,000Ic의 새로운 편성도 단순재생산 과정에서 이미 설명되었기 때문이다.

그러므로 여기서 연구해야 할 것은 500Im과 (376v+376m)II뿐이다(한편으로는 I부문과 II부문 각각의 내부 관계, 다른 한편으로는 두 부문 사이의 운동을 고찰하게 된다). II부문에서도 잉여가치의 절반이 축적되는 것으로 가정하였기 때문에, 여기서 자본으로 전화해야 할 것은 188이고 그중 $\frac{1}{4}$〔=47, 반올림하면 48〕은 가변자본으로 전환하고 나머지 140은 불변자본으로 전환한다.

여기서 우리는 새로운 문제를 만나는데, 이런 문제가 존재한다는 것은 일상적인 견해 — 한 종류의 상품이 다른 종류의 상품과 교환되는〔즉 상품이 화폐와 교환되고, 그 화폐가 다시 다른 상품과 교환되는〕 것이 일상적인 것이라는 견해 — 에 비추어 보면 매우 의아스러운 일이 틀림없다. M503 140IIm은 상품 Im 가운데 일부(같은 가치액)로 대체됨으로써만 생산자본으로 전환할 수 있다. Im 가운데 IIm과 교환되는 부분이 생산수단 — 이것은 I부문의 생산과 II부문의 생산에 모두 들어갈 수도 있고 II부문의 생산에만 들어갈 수도 있다 — 으로 이루어져 있다는 것은 당연한 일이다. 이 대체는 II부문 쪽의 일방적 구매에 의해서만 일어날 수 있는데 그것은 지금 논의의 대상이 되는 잉여생산물 500Im이 전부 I부문 내부의 축적에 사용되어야 하기 때문이다. 〔즉 상품 II와는 교환될 수 없기 때문이다. 다시 말해서 I부문이 그것을 축적하면서 동시에 소비할 수 없기 때문이다.〕 따라서 II부문은 140Im을 현금(이 화폐는 II부문의 상품이 나중에 I부문에 판매됨으로써 다시 II부문으로 회수되는 것이 아니다)을 주고 구매해야 한다. 더욱이 이것은 매년 새로운 생산〔그것이 확대재생산인 한〕이 이루어질 때마다 끊임없이 반복되는 과정이다. 그렇다면 II부문의 이 화폐는 어디에서 오는 것인가?

그러나 II부문은 정반대로 새로운 화폐자본의 형성〔실질적인 축적을 가져오는 것이면서 동시에 그 축적을 위한 조건이 되는 것으로서 실제로는 일단 단순한 화폐축장으로 나타난다〕이 전혀 이루어질 수 없는 불모의 땅으로 보인다.

우선 376IIv를 보자. 노동력에 선대된 이 화폐자본 376은 상품 II의 구입에 의해서 끊임없이 화폐형태의 가변자본으로 자본가 II에게 되돌아간다. 이처럼 출발점(자본가의 호주머니)에서 떨어져 나갔다가 다시 복귀하기를 끊임없이 반복하는 것으로는 이 순환 내에서 떠돌아다니는 화폐를 조금도 증가시키지 못한다. 따라서 그것은 결코 화폐축적의 원천이 아니다. 이 화폐는 또한 적립된 잠재적인 새로운 화폐자본을 형성하기 위해서 이 유통에서 끌어낼 수도 없는 것이다.

그러나 잠깐! 여기에서 눈곱만 한 이윤도 만들 수 없는 것일까?

우리가 잊어서는 안 될 점은, II부문이 사용하는 노동자는 자신이 생산한 상품을 II부문에서 다시 구매해야 한다는 점에서, II부문은 I부문보다 유리하다는 것이다. II부문은 노동력의 구매자임과 동시에 그가 사용하는 노동력 소유자에 대한 상품판매자이기도 하다. 따라서 II부문은

① I부문의 자본가와 마찬가지로, 임금을 정상적인 평균수준 이하로 떨어뜨릴 수 있다. 그럼으로써 가변자본 가운데 화폐형태로 기능하는 화폐
M504 의 일부가 풀려나게 되고 이것이 (똑같은 과정이 끊임없이 반복될 경우) II부문에서 화폐축장〔따라서 잠재적인 추가 화폐자본의 형성〕의 정상적인 한 원천이 될 수 있는 것은 아닐까? 우리는 여기에서 정상적인 자본형성을 논의하고 있기 때문에 우연적인 사기행각을 통해서 취득하는 이윤은 당연히 논의에서 배제해야 한다. 그런데 잊지 말아야 할 것은 현실적으로 지불된 정상적 임금(이것은 다른 사정이 불변이라면 가변자본의 크기를 규정한다)이 결코 자본가의 호의에 의해 지불되는 것이 아니라, 주어진 조건에서 지불할 수밖에 없는 것이라는 점이다. 그러므로 이런 설명방식은 제외해야 한다. 376v를 II부문이 지출해야 할 가변자본으로 가정한 이상, 우리는 새로 부딪힌 문제를 설명하기 위해서 II부문이 선대한 것을 376v가 아니라 350v뿐이라는 식으로 갑자기 그 가정을 바꿀 수는 없는 일이다.

② 다른 한편 II부문은 전체적으로 볼 때 앞서 말했듯이 노동력의 구매자이면서 동시에 자신의 노동자에 대한 자기 상품의 판매자이기도 하다는 점에서, I부문보다 유리하다. 그리고 이것을 II부문이 어떻게 이용할 수는 없을까? 즉 명목상으로는 정상 임금을 지불하더라도 실제로는 그중 일부를 그만한 상품등가 없이 회수할〔즉 훔쳐낼〕 수 없을까? 이런 도둑질을 어떻게 현물지급제도(Trucksystem: 노동자들에게 지급할 임금을 현물이나 현

물쿠폰으로 지급하는 방법으로 현물쿠폰의 경우에는 다시 그 쿠폰을 자본가가 자신이 운영하는 상점에서만 사용하도록 함으로써 노동자들의 임금을 이중으로 수탈하는 방법 — 옮긴이)나 유통수단(물론 법률적으로 포착하기 어려운 방식으로)의 위조를 이용하여 이루어낼 수는 없을까? — 이에 대해서는 모든 산업국가마다 명백한 자료들이 존재한다. 예를 들어 영국에도 미국에도 존재한다(여기에 적절한 몇 가지 예를 삽입할 것). 그러나 이들 행위는 ①과 마찬가지로 사실을 위장하고 우회해 나가는 방법에 지나지 않는다. 따라서 이들 행위도 ①과 마찬가지로 우리의 논의에서는 배제해야만 한다. 여기서 문제로 삼는 것은 명목임금이 아니라 실질임금이다.

자본주의 메커니즘을 객관적으로 분석하면서 이 메커니즘에 이례적으로 붙어 있는 특이한 흠집을 이용하여 이론적 난점을 제거하려고 해서는 안 된다. 그러나 이상하게도 부르주아 비평가들 대다수는 마치 내가 『자본』 제1권에서 자본가가 노동력의 현실적 가치를 지불한다(자본가 대부분은 그렇게 지불하지 않는다)고 가정함으로써, 자본가들을 틀리게 표현한 것처럼 외쳐대고 있다(딴에는 나에게 아량을 베풀어준 셰플레를 당장 인용할 수도 있다).

따라서 376IIv는 위에서 언급한 목적에 아무런 도움도 되지 않는다.

그런데 376IIm의 경우에는 더욱 그래 보인다. 여기에서는 같은 부문의 자본가들끼리만 서로 만나서 자신들이 생산한 소비수단을 서로 사고판다. 이 교환에 필요한 화폐는 유통수단으로만 기능하고, 유통이 정상적으 M505
로 진행될 경우 유통에 참여한 사람들은 각자가 유통에 선대한 액수를 회수하여 새로운 과정을 계속해서 반복하게 된다.

잠재적인 추가 화폐자본을 형성하기 위해 이 화폐를 유통에서 끌어낼 수 있는 방법은 두 가지밖에 없어 보인다. 한 가지 방법은 자본가 II 가운데 일부가 다른 일부를 속이는 방법〔즉 화폐를 도둑질하는 방법〕이다. 새로운 화폐자본을 형성하기 위해서, 우리가 이미 알고 있듯이, 유통수단(화폐 — 옮긴이)을 미리 확대할 필요는 없다. 그것을 위해서는 단지 화폐를 어

단가 유통과정에서 끌어내어 축장화폐로 적립하기만 하면 된다. 화폐를 훔쳐내어 자본가 II 가운데 일부가 다른 일부의 실질적인 화폐손실을 이용하여 추가 화폐자본을 형성할 수 있다는 것은 우리의 문제와 아무 상관이 없다. 자본가 II 중에서 사기당한 사람들이 약간 사치를 줄여야 할 뿐 그것 외에는 아무것도 없을 것이다.

다른 한 가지 방법은 IIm 가운데 생활필수품으로 나타나는 부분이 II부문 내부에서 직접 새로운 가변자본으로 전화하는 것이다. 이것이 어떻게 이루어지는지에 대해서는 이 장의 마지막 부분(제4절)에서 다루기로 하자.

ㄱ. 첫 번째 예

A. 단순재생산 표식

I. 4,000c+1,000v+1,000m=6,000
II. 2,000c+ 500v+ 500m=3,000 합계=9,000

B. 확대재생산*의 출발 표식

I. 4,000c+1,000v+1,000m=6,000
II. 1,500c+ 750v+ 750m=3,000 합계=9,000

표식 B에서 I부문 잉여가치의 $\frac{1}{2}$ 〔=500〕이 축적된다고 가정하면, 일단 (1,000v+500m)I〔즉 1,500I(v+m)〕은 1,500IIc에 의해 대체된다. 그러면 I부문에는 4,000c+500m이 남게 되는데 이 500m이 바로 축적되는 부분이다. 1,500IIc에 의한 (1,000v+500m)I의 대체는 단순재생산의 한 과정이고

* 초판과 제2판에는 '축적'(Akkumulation)으로 되어 있다.

이것은 이미 앞에서 설명했다.

500Im 가운데 400은 불변자본으로, 100은 가변자본으로 전화한다고 가 M506
정해보자. I부문 내부에서의 400m〔자본화해야 할〕의 교환은 이미 앞에서 설명했다. 즉 이 400m은 그대로 Ic에 합체될 수 있고 그 결과는 다음과 같다.

4,400c+1,000v+100m(이 100m은 100v로 전화되어야 한다)

II부문 쪽에서는 축적을 목적으로 I부문에서 100Im(생산수단으로 존재하는)을 구매하고 이것은 이제 추가 불변자본 II를 형성하고, 반면 II부문이 여기에 지불한 화폐 100은 추가 가변자본 I의 화폐형태로 전화한다. 그리하여 I부문의 자본은 다음과 같이 된다.

4,400c+1,100v(이 후자는 화폐)=5,500

II부문의 불변자본은 이제 1,600c이다. II부문은 이것을 운용하기 위해 추가로 화폐 50v를 새로운 노동력의 구입에 투하해야만 하고, 따라서 II부문의 가변자본은 750에서 800으로 증가한다. II부문의 불변자본과 가변자본이 확대된 부분〔합계 150〕은 II부문의 잉여가치에서 조달된다. 따라서 750IIm 가운데 남는 것은 자본가 II의 소비재원인 600뿐이고 자본가 II의 연간 생산물은 이제 다음과 같이 배분된다.

II. 1,600c+800v+600m(소비재원)=3,000

여기에서는 소비수단으로 생산된 150m이 (100c+50v)II로 전화되어 그 현물형태 전체가 노동자의 소비에 들어간다. 이미 위에서 설명했듯이, 이 중 100은 노동자 I(100Iv)에 의해서 50은 노동자 II(50IIv)에 의해서 소비된다. II부문 — 여기에서는 총생산물이 축적에 필요한 형태로 만들어진다 — 에서는 사실상 잉여가치 가운데 100만큼 더 큰 부분이 필요소비수단의 형태로 재생산되어야만 한다. 실제로 재생산이 확대된 형태로 시작되면 100의 가변자본이 I부문에서 노동자계급의 손을 거쳐 II부문으로 회수되고, 반면 II부문은 상품재고 가운데 100m을 I부문에 넘겨주고 동시에 상품재고 가운데 50을 II부문 자신의 노동자계급에게 넘겨주어야 한다.

이제 축적을 목적으로 변경된 새로운 편성은 다음과 같다.

I. 4,400c+1,100v+500소비기금=6,000
II. 1,600c+ 800v+600소비재원=3,000
합계 9,000(위와 같음)

이 가운데 자본은

I. 4,400c+1,100v(화폐)=5,500
II. 1,600c+ 800v(화폐)=2,400
=7,900

인 반면 생산이 시작될 때의 편성은 다음과 같았다.

I. 4,000c+1,000v=5,000
II. 1,500c+ 750v=2,250
=7,250

M507 그런데 현실의 축적이 이것을 토대로 이루어진다면〔즉 이 증가한 자본을 가지고 실제로 생산이 이루어지면〕 다음 해 말에는 다음과 같이 될 것이다.

I. 4,400c+1,100v+1,100m=6,600
II. 1,600c+ 800v+ 800m=3,200
=9,800

이제 I부문에서는 동일한 비율로 축적이 계속된다〔즉 550m이 수입으로 지출되고 550m이 축적된다〕고 하자. 그러면 우선 1,100Iv가 1,100IIc* 에 의해 보전되고, 550Im은 같은 액수의 상품 II로 실현되어야 한다. 즉 합계 1,650I(v+m)이 실현되어야 한다. 그러나 보전되어야 할 불변자본 II는 1,600뿐이다. 따라서 나머지 50은 800IIm에서 보충되어야만 한다. 여기서 일단 화폐를 무시한다면 이 교환의 결과는 다음과 같이 된다.

I. 4,400c+550m(자본화해야 할 부분); 그 밖에 자본가와 노동자의 소비재원으로 1,650(v+m)이 상품 IIc로 실현된다.

II. 1,650c(즉 위에서 지적한 것처럼 IIm에서 50이 추가된다)+800v+750m(자본가의 소비재원)

하지만 II부문에서 c와 v의 비율이 불변이라면 50c에 대해서 추가로 25v가 투하되어야만 한다. 이것은 750m에서 가져와야 하고 따라서 다음과 같이 된다.

II. 1,650c+825v+725m

I부문에서는 550m이 자본화되어야 한다. 자본구성비율이 불변이라면 그중 440은 불변자본을 이루고, 110은 가변자본을 이룰 것이다. 이 110은 아마도 725IIm에서 가져와야 할 것이다. 즉 110의 가치를 가진 소비수단이 자본가 II가 아니라 노동자 I에 의해서 소비되어야 하고 따라서 자본가 II는 자신이 소비할 수 없는 이 110m을 자본화하지 않을 수 없게 될 것이다. 그리하여 725IIm 가운데 615IIm이 남게 될 것이다. 그런데 만일 II부문

* 초판과 제2판에는 1,100Ic로 되어 있지만 엥겔스의 인쇄용 원고에 의거해 수정하였다.

이 이 110을 추가 불변자본으로 전화하면 II부문은 추가 가변자본 55가 필요하게 되고 이것은 다시 자신의 잉여가치에서 조달해야 할 것이다. 이것을 615IIm에서 공제하면 자본가 II의 소비를 위해서 560이 남게 되고 실질적이든 잠재적이든 모든 이전을 완료하고 난 다음의 자본가치는 이제 다음과 같이 될 것이다.

I. (4,400c+440c)+(1,100v+110v)	=4,840c+1,210v=6,050	
II. (1,600c+50c+110c)+(800v+25v+55v)	=1,760c+ 880v=2,640	
	8,690	

M508 모든 것이 정상적으로 이루어지기 위해서는 II부문의 축적속도가 I부문보다 더 빨라야 한다. 만일 그렇지 않으면 I(v+m) 가운데 상품 IIc로 전화해야 할 부분이 IIc(그 부분과 유일하게 교환될 수 있는)보다 더 빨리 증가할 것이기 때문이다.

재생산이 이런 토대 위에서 계속되고 다른 조건이 불변이라면 다음 해 말에는 다음과 같이 될 것이다.

I. 4,840c+1,210v+1,210m=7,260	=10,780
II. 1,760c+ 880v+ 880m=3,520	

잉여가치의 분배비율이 불변이라면 우선 I부문이 수입으로 지출해야 하는 것은 1,210v와 m의 절반〔=605〕을 합해서 모두 1,815이다. 이 소비재원은 다시 IIc보다 55만큼 더 크다. 이 55는 880m에서 빼내야 하고 그러면 825가 남는다. 55IIm이 IIc로 전화한다는 것은 그만큼의 가변자본〔=$27\frac{1}{2}$〕을 IIm에서 공제한다는 것을 의미하고 따라서 결국 소비재원으로 남는 것은 $797\frac{1}{2}$ IIm이 된다.

이제 I부문에서 자본화되어야 할 것은 605m이고 그중 484는 불변자본,

121은 가변자본이다. 후자는 IIm(이제는 797 $\frac{1}{2}$)에서 공제되어야 하고 그러면 676 $\frac{1}{2}$ IIm이 남는다. 따라서 II부문에서는 추가로 121을 불변자본으로 전화시키고 이를 위해 다시 추가로 가변자본 60 $\frac{1}{2}$ 이 필요하다. 이것도 또한 676 $\frac{1}{2}$ 에서 나와야 하기 때문에 소비용으로 남는 것은 616이 된다.

그리하여 자본은 다음과 같이 된다.

I. 불변자본: 4,840+484 =5,324

가변자본: 1,210+121 =1,331

II. 불변자본: 1,760+55+121 =1,936

가변자본: 880+27 $\frac{1}{2}$ +60 $\frac{1}{2}$ =968

합계 I. 5,324c+1,331v =6,655 ⎫
II. 1,936c+ 968v =2,904 ⎭ =9,559

그리고 그해 말 생산물은 다음과 같이 된다.

I. 5,324c+1,331v+1,331m=7,986 ⎫
II. 1,936c+ 968v+ 968m=3,872 ⎭ =11,858

똑같은 계산을 반복하여 소수점 이하를 반올림하면 다음 해 말의 생산물은 다음과 같이 된다.

I. 5,856c+1,464v+1,464m=8,784 ⎫
II. 2,129c+1,065v+1,065m=4,259 ⎭ =13,043

그리고 그 다음 해 말에는

I. 6,442c+1,610v+1,610m=9,662 ⎫
II. 2,342c+1,172v+1,172m=4,686 ⎭ =14,348

M509 5년간의 확대재생산이 진행되는 동안 I부문과 II부문의 총자본은 5,500c+1,750v=7,250에서 8,784c+2,782v=11,566으로〔즉 100 : 160의 비율로〕 증가하였다. 총잉여가치는 처음의 1,750에서 2,782로 증가하였다. 소비된 잉여가치는 처음에는 I부문 500, II부문 600, 합계 1,100이었지만 최종 연도에는 I부문 732, II부문 746 합계 1,477로 되었다. 즉 100 : 134†25의 비율로 증가하였다.

ㄴ. 두 번째 예

이제 연간 생산물 9,000(그 전부가 상품자본으로 산업자본가 계급의 수중에 있다)이 가변자본과 불변자본의 비율(일반적 평균)을 1 : 5로 유지한다고 하자. 이런 조건은 자본주의적 생산과 거기에 상응하는 사회적 노동생산력이 꽤 발달해 있고, 확대재생산이 이미 상당한 규모로 진행되고 있으며 마지막으로 노동자계급에서 상대적 과잉인구가 만들어지는 온갖 조건들이 매우 발달해 있다는 것을 전제로 한다. 이 경우 소수점 이하를 반올림하여 계산하면 연간 생산물은 다음과 같이 배분된다.

$$\left.\begin{array}{l} \text{I. } 5{,}000c+1{,}000v+1{,}000m=7{,}000 \\ \text{II. } 1{,}430c+\ 285v+\ 285m=2{,}000 \end{array}\right\}=9{,}000$$

이제 I부문의 자본가계급이 잉여가치의 절반〔=500〕을 소비하고 나머지 절반을 축적한다고 가정해보자. 그러면 (1,000v+500m)I=1,500은 1,500IIc와 교환되어야 할 것이다. 여기에서 IIc는 1,430에 불과하기 때문에 잉여가치에서 70이 추가되어야 한다. 285IIm에서 이 70을 공제하면 215IIm이 남는다. 그러면 다음과 같이 될 것이다.

I. 5,000c+500m(자본화되어야 할 부분)+1,500(v+m)(자본가와 노동자의 소비재원)

II. 1,430c+70m(자본화되어야 할 부분)+285v+215m

여기에서 70IIm은 직접 IIc에 합체되었기 때문에 이 추가 불변자본을 운동시키기 위해서는 $\frac{70}{5}$=14의 가변자본이 필요하게 된다. 따라서 이 14를 215IIm에서 빼내야 하고 그러면 201IIm이 남게 되어 다음과 같이 될 것이다.

II. (1,430c+70c)+(285v+14v)+201m

1,500I(v+$\frac{1}{2}$m)과 1,500IIc와의 교환은 단순재생산*의 한 과정이고 그런 방식으로 처리된다. 그런데 여기에는 몇 가지 주의해야 할 점이 있는데 M510
그것은 확대재생산의 경우 I(v+$\frac{1}{2}$m)이 IIc만으로 보전되는 것이 아니고 IIc+IIm의 일부에 의해 보전된다는 사실에서 비롯되는 것들이다.

축적을 전제하면 I(v+m)은 당연히 IIc와 같지(단순재생산의 경우처럼) 않고 IIc보다 크다. 왜냐하면 ① I부문은 자신의 잉여생산물 가운데 일부를 자신의 생산자본에 합체하여 그 $\frac{5}{6}$를 불변자본으로 전화시키고 따라서 이 $\frac{5}{6}$는 소비수단 II와 교환할 수 없기 때문이다. ② I부문은 자신의 잉여생산물 중에서 II부문의 축적에 필요한 불변자본 소재를 제공해야만 하기 때문이다. 이것은 마치 II부문이 I부문에 대하여, I부문의 잉여생산물 가운데 I부문이 내부의 추가 불변자본으로 사용하는 부분을 움직이는 데 필요한 가변자본을 위하여 소재를 제공해야 하는 것과 꼭 마찬가지이다. 잘 알려져 있듯이 현실의 가변자본은 노동력으로 구성되고 추가 가변자본도 마찬가지이다. 자본가 I은 노예소유자와는 다르고 따라서 자신이 사

* 초판과 제2판에는 '축적'(Akkumulation)으로 되어 있다.

용할 추가 노동력을 위해 생활필수품을 II부문에서 구입하거나 적립해 두지 않는다. II부문과 거래를 하는 것은 노동자 자신이다. 그러나 그렇다고 해서 추가 노동력을 위한 소비수단이 (자본가의 입장에서 보면) 그가 사용하는 추가 노동력의 생산수단 혹은 유지수단〔즉 자신의 가변자본의 현물형태〕이라는 사실이 변하는 것은 아니다. 여기에서 자본가 자신이 당장 해야 하는 행위〔여기서는 I부문의 행위〕는 단지 추가 노동력을 구입하는 데 필요한 새로운 화폐자본을 적립하는 것뿐이다. 그가 추가 노동력을 구입하는 순간 이 화폐는 이 노동력을 위한 상품 II의 구매수단이 되고 따라서 노동력을 위한 소비수단을 찾아내야만 한다.

이와 관련하여 덧붙여 말해둘 것이 있다. 즉 자본가와 그들의 언론은 노동력이 자신들의 화폐를 지출하는 방식에 대해서, 그리고 노동력이 이 화폐를 실현하는 상품 II와 관련하여 종종 불만을 토로한다. 그러면서 자본가들은 예를 들어 워싱턴 주재 영국 대사관의 서기관인 드러먼드(V. Drummond)처럼 철학과 문화, 그리고 박애를 들먹이곤 한다. 『네이션』(*The Nation*)은 1879년 10월에 드러먼드의 흥미 있는 논설을 실었는데, 그 가운데 다음과 같은 구절이 있다.

노동자들은 문화적으로 발명의 진보에 보조를 맞출 수 없다. 많은 것들을 새롭게 만나긴 하지만 그 사용법을 몰라 시장이 형성되지 못하는 것이 많다. {물론 모든 자본가는 노동자들에게 자신의 상품을 팔고 싶어 한다} 노동자들이 그들만큼 수입을 올리는 목사나 변호사, 의사들과 똑같은 수준의 안락을 누리지 못할 이유는 없다. {사실 이 정도의 수입을 올리는 목사, 변호사, 의사에게는 높은 수준의 안락이란 단지 희망사항일 뿐이다!(노동자들 정도의 낮은 수입으로는 많은 안락을 구입할 수 없기 때문이다—옮긴
M511 이)} 그런데 그들은 그렇게 하지 않는다. 문제는 어떻게 하면 이들을 합리적이고 건전한 방법으로 소비자로 끌어올릴 것인가 하는 것이다. 이것은 쉬운 문제가 아니다. 왜냐하면 그들의 모든 열망은 자신의 노동시간을 단

축하는 것 이상을 넘지 못하고, 선동가들도 그들의 정신적·도덕적 능력을 개선하여 그들의 상태를 끌어올리는 문제보다 노동시간의 단축 문제에 더 열을 올리고 있기 때문이다.(『주재국의 상공업에 관한 영국 공사관 서기관 보고서』, 1879, 404쪽)

그가 말하는 합리적이고 건전한 방법〔즉 정신적·도덕적 능력의 진보를 통해 노동자들의 상태를 끌어올리고 그들을 합리적 소비자로 만드는 바로 그 방법〕의 비밀은 장시간 노동에 있는 것 같아 보인다. 자본가의 상품에 대한 합리적 소비자가 되기 위해서 그들은 무엇보다도 우선(그런데 선동가들이 이것을 방해하고 있다!) 자신의 노동력을 자본가들이 비합리적이고 건강을 해치는 방식으로 소비하도록 허용하는 데서 시작해야만 한다. 자본가가 생각하는 합리적 소비가 무엇인지는, 자본가가 자신의 노동자의 소비행위에 직접 개입하는 것을 허용하는 경우 명확하게 드러나는데 그 대표적인 예가 바로 현물지급제도〔그중 한 가지 방식은 자본가가 집주인으로 노동자에게 직접 세를 놓는 방식이다〕이다.

드러먼드 — 그의 아름다운 영혼은 노동자계급을 자본가로 끌어올리는 것이 꿈이다 — 는 같은 보고서에서 특히 로웰·로런스 밀스(Lowell and Lawrence Mills)의 모범적인 면직공장에 대해서 말하고 있다. 여공들의 기숙사는 공장소유주인 위의 주식회사가 소유하고 있다. 이 기숙사의 사감들은 그 회사의 종업원들이며 회사로부터 관리수칙을 지시받는다. 그런데 이 관리수칙에서 가장 핵심적인 것은 회사 전속 경찰관 한 사람이 이 기숙사 규칙 위반을 막기 위해 기숙사 일대를 순시한다는 점이다. 밤 10시가 넘으면 여공들의 출입은 일절 허락되지 않는다. 여공들은 회사 소유지 이외의 다른 곳에서 하숙하는 것이 금지되어 있고 회사 소유지 내의 모든 집은 매주 약 10달러의 집세를 회사에 지불해야 한다. 그런 다음 이제 우리는 충만한 영광을 듬뿍 받고 있는 합리적 소비자를 보게 된다.

그렇지만 빼어난 시설이 갖추어진 많은 여공 기숙사들에는 피아노가 상시적으로 비치되어 있어서 10시간의 계속된 방적작업을 끝마친 후 그 단조로움을 벗어나고 싶어 하는 사람들에게 참된 휴식으로서 음악, 노래, 무용을 제공해주고 있다.(412쪽)

그러나 노동자를 합리적 소비자로 만드는 핵심적인 비밀은 그 다음 부분에 등장한다. 드러먼드가 터너스 폴스(코네티컷 강)에 있는 나이프공
M512 장을 방문했을 때 이 회사의 회계과장 오크먼은 미국제 식탁용 나이프가 영국제보다 질적으로 우수하다고 설명한 다음 계속해서 다음과 같이 말했다.

가격에서도 우리 제품은 영국 제품을 압도합니다. 질적으로 우리 제품이 영국제보다 우수하다는 것은 이제 이미 누구나 인정하는 사실입니다. 그러나 우리는 가격을 더 낮추어야 하고 그것은 우리가 강철을 더 값싼 가격에 구입하고 노동비용을 더 낮춤으로써 달성될 것입니다!(427쪽)

임금의 인하와 장시간 노동이야말로 노동자를 당당한 합리적 소비자로 끌어올리고 문화와 발명의 진보가 노동자들에게 쏟아놓는 많은 발명들을 위한 시장을 만들어내는 합리적이고 건전한 방법의 핵심인 것이다.

—

이리하여 I부문이 II부문의 추가 불변자본을 자신의 잉여생산물에서 제공해야 하는 것과 꼭 마찬가지의 의미에서 II부문은 I부문을 위한 추가 가변자본을 제공한다. 가변자본에 관한 한 II부문은 자신의 총생산〔특히 자신의 잉여생산물〕 가운데 상당 부분을 필요소비수단의 형태로 재생산함으로써 I부문과 II부문 자신을 위하여 축적을 수행한다.

증대하는 자본에 기초한 생산에서는 'I(v+m)=IIc+II부문의 생산확대에 필요한 불변자본의 추가 부분'이어야만 한다. 그리고 이 확대는 최소한 실질적인 축적〔즉 I부문 내에서의 실질적인 생산확대〕을 수행할 수 있을 정도라야 한다.

이제 우리는 마지막에 살펴본 경우로 돌아가 보기로 하는데 그것은 IIc가 I(v+ $\frac{1}{2}$ m)〔I부문의 생산물 가운데 수입으로 소비수단에 지출된 부분〕보다 작고, 따라서 1,500I(v+m)과의 교환을 위해서 잉여생산물 II 가운데 일부〔=70〕가 곧바로 실현된다는 특성이 있었다. IIc〔=1,430〕에 대해서 살펴보면 이것은 II부문의 단순재생산을 위해서 (다른 조건이 불변일 때) 같은 가치액의 I(v+m)에 의해서 대체되어야 하는 것이며 따라서 여기에서 더 고찰할 필요가 없다. 그러나 보충되는 부분인 70IIm은 그렇지 않다. I부문에서는 수입이 단순히 소비수단으로 대체되는 것〔즉 소비를 위한 상품교환〕일 뿐이었는데 여기 II부문에서는 (단순재생산에서처럼) 불변자본 II가 단순히 상품자본의 형태에서 불변자본의 현물형태로 재전화하는 것이 아니라 직접적인 축적과정이〔즉 잉여생산물 II 가운데 일부가 소비 M513 수단의 형태에서 불변자본의 형태로 전화하게〕 된다. I부문이 70의 화폐(잉여가치의 교환을 위한 화폐준비금)를 갖고 70IIm을 구입하고, II부문은 그 70으로 70Im을 구매하는 것이 아니라 그것을 화폐자본으로 축적하게 되면 이 70은 항상 추가 생산물〔바로 II부문의 잉여생산물 가운데 일부〕—생산에 다시 투입되는 생산물은 아니지만—을 나타내게 된다. 그러나 그렇게 되면 II부문의 화폐축적은 동시에 판매될 수 없는 생산수단 70Im의 표현이기도 하다. 그래서 II부문의 재생산이 이처럼 확대되지 않음에 따라 I부문에서는 그만큼의 상대적 과잉생산이 발생할 것이다.

그러나 이것과 또 다른 문제가 있다. 즉 I부문에서 나온 화폐 70이 전부〔혹은 일부〕 II부문 쪽의 70Im의 구입에 의해 아직 I부문으로 회수되지 못하는 동안 화폐 70은 전부〔혹은 일부〕 II부문의 수중에서 잠재적인 추가 화폐자본의 형태를 취한다. 이것은 I부문과 II부문 사이의 모든 교환에 (두 부문의 상품이 서로 교환되어 화폐가 원래의 출발점으로 회수되기 전까지는) 적용된다. 그러나 모든 것이 정상적으로 진행될 경우 여기에서 화폐는 단지 일시적으로만 그런 역할을 수행한다. 신용제도—여기에서는 일시적으로 풀려난 각각의 추가 화폐가 즉시 적극적으로 추가 화폐자본으로 기능한다—하에서는 이처럼 일시적으로 풀려난 화폐자본이 다시 붙잡혀서, 예를 들어 I부문의 새로운 기업을 위해 사용될 수 있어서, 그것은 다시 다른 기업에 아직 정체된 상태로 쌓여 있는 추가 생산물을 유통시키게 될 것이다. 또 한 가지 주의할 점은 70Im이 불변자본 II에 합체되면 동시에 14만큼 가변자본 II의 확대가 필요하다는 점이다. 이것은—I부문에서 잉여생산물 Im이 자본 Ic에 직접 합체되는 경우와 마찬가지로—II부문의 재생산이 이미 보다 확대된 자본화의 경향을 띠고 진행된다는 것〔즉 II부문의 재생산이 잉여생산물 가운데 생활필수품으로 이루어진 부분을 확대한다는 것〕을 전제로 한다.

—

이미 본 바와 같이 두 번째 예에서 생산물 9,000은 재생산의 목적을 위해서 500Im을 자본화하려고 할 경우 다음과 같이 분할되어야만 한다. 여기서 우리는 상품만 생각하고 화폐유통은 무시하기로 한다.

I. 5,000c+500m(자본화되어야 할 부분)
+1,500(v+m)(소비재원)=7000(상품)
II. 1,500c+299v+201m =2,000(상품)
합계=9,000(상품생산물)

M514 이제 자본화는 다음과 같이 진행된다.

I부문에서 자본화된 500m은 그 $\frac{5}{6}$〔=417c〕와 $\frac{1}{6}$〔=83v〕로 분할된다.

이 83v는 그만큼의 액수를 IIm에서 끌어내고 II부문은 그것으로 불변자본요소를 구입하여 IIc에 추가한다. 83만큼의 IIc 증가는 IIv가 83의 $\frac{1}{5}$〔=17〕만큼 증가할 것을 요구한다. 따라서 이들 교환이 끝나고 나면 다음과 같이 된다.

I. (5,000c+417m)c+(1,000v+83m)v=5,417c+1,083v=6,500

II. (1,500c+ 83m)c+(299v+17m)v=1,583c+ 316v=1,899

합계: 8,399

자본 I은 6,000에서 6,500으로〔즉 $\frac{1}{12}$만큼〕 증가하고 자본 II는 1,715에서 1,899로〔즉 대략 $\frac{1}{9}$만큼〕 증가한다.

2차 연도에는 이것을 기초로 한 재생산이 이루어지고 연말에는 자본이 다음과 같이 된다.

I. (5,417c+452m)c+(1,083v+90m)v =5,869c+1,173v=7,042

II. (1,583c+42m+90m)c+(316v+8m+18m)v=1,715c+ 342v=2,057

그리고 3차 연도 말에는 생산물이 다음과 같이 된다.

I. 5,869c+1,173v+1,173m

II. 1,715c+ 342v+ 342m

여기에서 I부문이 이전과 같이 잉여가치의 절반을 축적한다면, I(v+ $\frac{1}{2}$m)은 1,173v+587($\frac{1}{2}$m)=1,760이 되고, 따라서 1,715IIc의 총액보다 45만큼 더 커진다. 따라서 이 초과액은 그만한 액수의 생산수단을 다시 IIc로 이전함으로써 정리되어야만 한다. 그리하여 IIc는 45만큼 증가하고 이 증가는 다시 IIv가 그 $\frac{1}{5}$〔=9〕만큼 증가할 것을 요구한다. 또한 자본화된

587Im은 $\frac{5}{6}$와 $\frac{1}{6}$〔즉 489c와 98v〕로 분할되고 이 98은 불변자본 II에 새롭게 98을 추가하고 이 추가는 다시 가변자본 II가 $\frac{1}{5}$〔=20〕만큼 증가할 것을 요구한다. 그리하여 이제 다음과 같이 된다.

I. (5,869c+489m)c+(1,173v+98m)v=6,358c+1,271v =7,629

II. (1,715c+45m+98m)c+(342v+9m+20m)v=1,858c+371v=2,229

총자본=9,858

이리하여 3년간의 확대재생산을 통해 I부문의 총자본은 6,000에서 7,629로 증가하고 II부문의 총자본은 1,715에서 2,229로 증가하여 사회적 총자본은 7,715에서 9,858로 증가하였다.

ㄷ. 축적이 이루어질 경우 IIc의 교환

M515 I(v+m)과 IIc의 교환에는 여러 가지 경우가 있을 수 있다.

단순재생산에서는 양자가 동일한 크기로 서로를 보전해야만 한다. 그렇지 않으면 앞에서 본 것처럼 단순재생산이 교란될 수밖에 없기 때문이다.

축적에서는 무엇보다도 먼저 축적률이 중요하다. 지금까지는 I부문의 축적률이 Im의 $\frac{1}{2}$이고 연도가 바뀌어도 축적률은 불변이라고 가정하였다. 단, 이 축적된 자본이 가변자본과 불변자본으로 분할되는 비율만은 변동하도록 내버려두었다. 그런 경우로는 다음과 같은 세 가지가 있을 수 있다.

① I(v+$\frac{1}{2}$m)=IIc이고 따라서 IIc는 I(v+m)보다 작다. 이것은 항상 그래야만 하고 그렇지 않으면 I부문의 축적이 이루어지지 않는다.

② I(v+$\frac{1}{2}$m)이 IIc보다 크다. 이 경우에는 이 차액만큼 IIm 가운데 일부가 IIc에 추가되어 그 총액이 I(v+m)과 같도록 보전이 이루어진다. 이 경우의 교환은 II부문에서 불변자본의 단순재생산이 아니라 이미 축적〔즉

II부문의 잉여생산물 가운데 생산수단 I과 교환되는 부분만큼 불변자본 II가 증가하는 것〕이다. 이 증가는 동시에 거기에 따른 가변자본 II의 증가(II부문의 잉여생산물로부터 조달되는)를 포함한다.

③ I(v+ $\frac{1}{2}$ m)이 IIc보다도 작다. 이 경우 II부문은 교환을 통해 자신의 불변자본을 완전히 재생산하지 못하고 부족분을 I부문에서 매입하여 보전해야만 한다. 그러나 이 경우에는 가변자본 II가 추가로 축적될 필요가 없다. 왜냐하면 불변자본 II는 양적으로 위의 과정을 거치고 나서야 비로소 겨우 본래의 크기로 완전히 재생산되기 때문이다. 한편 이 교환을 통해서 자본가 I 가운데 추가 화폐자본을 적립한 자본가는 이미 그만큼 축적을 수행하였다.

I(v+m)=IIc라는 단순재생산의 전제는 자본주의적 생산과 양립할 수 없는 것이긴 하지만 10~11년의 산업순환에서는 어느 해의 총생산이 지난해의 총생산보다 감소하고, 따라서 지난 해에 비해 단순재생산조차도 이루어지지 못하는 경우가 있을 수 있다. 또한 인구가 해마다 자연적으로 증가함으로써 그만큼 더 늘어난 비생산적 인구가 총잉여가치 1,500을 나누어 받을 경우에도 역시 단순재생산이 이루어질 수 있다. 그러나 자본의 축적〔즉 진정한 의미의 자본주의적 생산〕은 이 경우 불가능해질 것이다. 따 M516
라서 자본주의적 축적이라고 하는 사실 그 자체는 IIc=I(v+m)을 배제한다. 그렇지만 자본주의적 축적에서도 이전의 여러 생산기간 동안에 이루어졌던 축적과정의 결과로서 IIc가 I(v+m)과 같을 경우는 물론 그보다 더 클 경우도 생길 수 있다. 이것은 II부문의 과잉생산을 의미하고 대규모 공황—그 결과 자본이 II부문에서 I부문으로 이전한다—을 통해서만 해결될 것이다. 예를 들어 농업에서 자신이 생산한 종자를 사용하는 것과 마찬가지로 불변자본 II 가운데 일부가 II부문 자체에서 재생산되는 경우에도 그것 때문에 I(v+m)와 IIc의 관계가 변하지는 않는다. IIc 가운데 이 부분이 I부문과 II부문 사이의 교환에서 문제가 되지 않는 것은 Ic에서 그런 부분이 문제로 되지 않는 것과 마찬가지이다. 또 II부문의 생산물 가운데 일부가 I부문의 생산수단으로 투입될 수 있는 경우에도 역시 사정은 마찬가지로 변하지 않는다. 이런 부분은 I부문이 제공하는 생산수단 가운데 일부에 의해 다시 상쇄될 것이고, 우리가 사회적 생산의 양대 부문〔즉 생산수단의 생산업자와 소비수단의 생산업자〕 사이의 교환을 순수한 형태로 연구하려 한다면 이런 부분은 처음부터 두 부문에서 모두 제외해야 할 것이다.

따라서 자본주의적 생산에서는 I(v+m)가 IIc와 같을 수가 없다. 즉 양자가 교환에서 과부족 없이 완전히 서로를 상쇄할 수 없다. 반면 I $\frac{m}{x}$ 이 Im에서 자본가 I이 수입으로 지출하는 부분이라고 한다면 I(v+ $\frac{m}{x}$)은 IIc에 비하여 같을 수도, 클 수도, 또 작을 수도 있다. 그러나 I(v+ $\frac{m}{x}$)은 항상 II(c+m)보다 작아야 한다. 그것도 IIm 가운데에서 자본가계급 II가 어떤 경우에도 반드시 스스로 소비해야만 하는 부분보다 작아야 한다.

주의해야 할 점은 축적에 관한 지금까지의 서술에서는 불변자본의 가치가(그것이 불변자본의 도움을 받아 생산된 상품자본의 가치 부분인 경우) 정확히 서술되지 않았다는 것이다. 새롭게 축적된 불변자본의 고정 부분은 이 고정적 요소들의 상이한 성격에 따라 조금씩 주기적으로만 상품자본에 들어가기 때문에 원료나 반제품 등이 대량으로 상품자본에 들어가는 경우에는 상품자본의 대부분이 유동적 불변 부분과 가변자본의 보전 부분으로 이루어진다(그러나 유동적 구성 부분의 회전으로 인해 그것은 다음과 같이 취급될 수 있다. 즉 한 해 동안 유동 부분이 자신에게 이전된 고정자본의 가치 부분과 함께 회전함으로써 결국 공급된 상품의 총
M517 액이 연간 생산에 들어간 총자본의 가치와 같아진다고 가정하는 것이다). 그러나 기계 운전처럼 보조재료만 들어가고 원료가 들어가지 않는 경우에는 노동요소=v가 상품자본 가운데 대부분의 구성요소로 다시 나타날 수밖에 없을 것이다. 이윤율은 고정적 구성 부분이 주기적으로 생산물에 이전하는 가치의 크기와 상관없이 총자본에 대한 잉여가치의 비율로만 계산되는데, 주기적으로 생산되는 각 상품자본의 가치에서는 불변자본의

고정 부분이 스스로의 소비를 통해 평균적으로 생산물에 이전하는 가치만 계산에 포함되어야 한다.

제4절 보유(補遺)

II부문에서 일차적인 화폐의 원천은 IIc의 일부분과 교환되는 금 생산 I의 v+m이다. 금 생산자가 잉여가치를 그대로 적립하거나 혹은 생산수단 I로 전화시킬〔즉 자신의 생산을 확대할〕 경우에는 그의 v+m이 II부문으로 흘러들어가지 않는다. 한편 금 생산자 자신의 화폐축적이 결국 확대재생산을 가져올 경우에는 금 생산자의 잉여가치 가운데 수입으로 지출되지 않는 부분이 금 생산자의 추가 가변자본 형태로 II부문으로 흘러들어가서 거기에서 새로운 화폐축장을 조장하든지 혹은 I부문에서 새로운 생산수단을 구매하게 한다(곧바로 다시 파는 일이 없이). 금 생산부문의 이 I(v+m)에서 유래하는 화폐 가운데 II부문의 특정 생산영역에서 원료 등〔즉 불변자본의 보전요소〕으로 사용된 부분은 공제된다. I부문과 II부문 사이의 교환에서 일시적인(미래의 확대재생산을 목적으로 이루어지는) 화폐축장의 요소는 다음의 경우에 발생한다. 즉 우선 I부문에서 Im 가운데 일부가 II부문에 일방적으로(반대쪽으로의 구매 없이) 판매되어 II부문의 추가 불변자본으로 사용되는 경우, 그리고 II부문에서 I부문 쪽의 추가 가변자본을 둘러싸고 똑같은 일이 나타나는 경우, 마지막으로 I부문이 수입으로 지출한 잉여가치 가운데 일부가 IIc를 통해 모두 보전되지 않아서 결국 그것으로 IIm 가운데 일부를 매입하여 화폐로 전화되는 경우 등이다. 만일 I$(v+\frac{m}{x})$이 IIc보다 크면 IIc는 단순재생산을 위해서 IIm 가운데 I부문이 소비한 부분을 상품 I로부터 보전할 필요가 없다. 문제는 자본가 II 상호 간의 교환〔즉 IIm을 서로 교환하는 것만으로 이루어진 교환〕 내에서 어느 정도까지 화폐축장이 이루어질 수 있는가 하는 것이다. 우리가 알고 있듯이 II부문 내부에 직접적인 축적이 이루어지는 것은 IIm 가운데 일부가 직접 가변자본으로 전화함으로써이다(I부문에서 Im 가운데 일부가 직
M518 접 불변자본으로 전화하는 것과 꼭 마찬가지로). II부문의 각 사업부문 내에서〔그리고 한 사업부문 내에서도 다시 개별 자본가별로〕 각기 서로 다른 시차를 두고 진행되는 축적은 (필요한 대로 몇 가지만 수정하면) I부문의 경우와 똑같은 방법으로 전부 설명된다. 즉 한쪽은 아직 화폐축장의 단계〔즉 구매는 없이 판매만 하는 단계〕에 있고 다른 한쪽은 판매 없이 구매만 하는 단계〔즉 실제로 재생산을 확대하는 단계〕에 도달해 있다. 그리고 추가 가변화폐자본은 처음에 추가 노동력에 지출된다. 그런 다음 이 추가 노동력은 노동자용의 추가 소비수단의 소유자들(화폐축장을 하고 있는)에게서 생활수단을 구입한다. 이 후자의 화폐축장에 비례하여 화폐는 자신의 출발점으로 회수되지 못하고 이들에 의해 적립된다.

| 후주 |

†1 엥겔스의 사망으로 『잉여가치학설사』는 『자본』 제4권으로 출간되지 못하였다. 『잉여가치학설사』는 1905~10년에 걸쳐 카를 카우츠키(Karl Kautsky)에 의해 처음으로 출간되었는데, 이 독일어판은 마르크스 초고 가운데 많은 부분을 자의적으로 수정하거나 위치를 바꾸고, 생략하기도 하였다. 『잉여가치학설사』의 독일어 신판은 독일사회주의통일당 부설 마르크스 · 레닌주의 연구소에 의해 착수되어, 1956~62년에 걸쳐 간행되었다(여기에 관해서는 MEW, Bd. 26, 『잉여가치학설사』, 제1분책의 서문을 볼 것).

†2 독일 부르주아 경제학의 일파로 1870년대에 생겨났다. 강단사회주의자(구스타프 슈몰러, 루요 브렌타노, 아돌프 바그너, 카를 뷔허, 베르너 좀바르트 등)들은 격렬한 마르크스주의의 적으로, 일종의 부르주아 개량주의를 주장하였다. 그들은 부르주아와 프롤레타리아트 사이의 계급평화를 선전하고, 계급투쟁을 약화시키고자 하였으며, 약간의 사회개량을 제안하여, 그것을 통해 혁명적 사회민주주의를 밀어내고, 노동자를 반동적인 프러시아 국가에 융화시키려고 하였다. 그들은 프러시아 정부가 실행한 철도 국유화나 비스마르크가 창안한 술 · 담배의 국가전매사업을 '국가사회주의' 라고 불렀다. 마르크스와 엥겔스는 강단사회주의에 대하여 철저한 투쟁을 감행하여, 그 반동적이고 비과학적인 본질을 폭로하였다.

†3 여기에서 엥겔스가 언급하고 있는 것은 로드베르투스가 첼러에게 보낸 1875년 3월 14일자 편지로, 이 편지는 1879년 처음으로 튀빙겐의 『정치학총론』에 발표되었다.

†4 로드베르투스 야게초프, 『키르히만에게 보내는 사회서한, 제3서한: 리카도 지대론의 반박과 신지대론의 확립』, 베를린, 1851, 87쪽. (로드베르투스의 사회서한은 세 개로 되어 있는데, 제1서한은 「국가경제의 사회적 의의Die soziale Bedeutung der Staatswirtschaft」〔1850〕이고, 제2서한은 「키르히만의 사회이론과 나의 사회이론Kirchmanns Soziale Theorie und die meinige」〔1850〕이다. — 옮긴이)

†5 이 별명은 존 윌슨(John Wilson)이 멀리언(M. Mullion)이라는 필명으로 쓴 팸플릿, 『매컬럭의 경제학 원리해설』(에든버러, 1826)에서 저자가 매컬럭에게 붙여준 것이다.

†6 로드베르투스 야게초프, 『서한 및 사회정책 논집』 제1권, R. 마이어 엮음, 베를린, 1881, 111쪽.

†7 베일리(S. Bailey),『가치의 성질, 척도와 원인에 관한 비판적 논고』, 런던, 1825, 72쪽.

†8 뛰어난 원시사회 유적을 남긴 노예제 국가. 사회경제조직의 토대는 토지와 가축을 공동으로 소유하던 씨족〔혹은 농민공동체(Aylla라고 불리는)〕이었다. 잉카제국은 15세기 말부터 스페인에 의해 정복될 때까지 번성을 누리다가 1530년경 완전히 멸망하였다. 당시 잉카제국의 영토는 오늘날의 페루, 에콰도르, 볼리비아와 북부 칠레에까지 다다랐다.

†9 너대니얼 리(Nathanael Lee)의『경쟁자 왕비들』에서 인용.『희곡집』제3권, 런던, 1734, 266쪽.

†10 레일러,『화폐와 윤리』, 런던, 1852, 43~44쪽. 시스몽디,『경제학 연구』제1권, 브뤼셀, 1837, 49쪽 이하.

†11 세이,『경제학 개론』제2권, 제3판, 파리, 1817, 433쪽.

†12 여기에서 마르크스가 인용한 것은 윌리엄스(Williams)의 강연『선로 유지에 관하여—토목기사협회에서의 강연』이다. 이 강연문은『금융시장 리뷰』(1867년 12월 2일)에 게재되었다.

†13 라드너(D. Lardner)의『철도경제학』에는 '약 8%'로 되어 있다. 여기에서는 정확히 8%로 계산하여 $12\frac{1}{2}$로 하였다.

†14 마르크스는 자신의 초고에서 자본의 회전기간에 대한 이런 계산방법이 틀렸다고 지적하였다. 인용문에서 말하는 평균 회전기간(16개월)은 총자본 50,000달러에 대한 7.5%의 이윤을 감안하여 계산된 것이다. 이윤을 무시한다면 이 자본의 회전기간은 18개월이 된다.

†15 이 글은 포터(A. Potter)의『경제학』(뉴욕, 1841)에서 인용한 것이다. 그 서문에서 밝혔듯이 이 책의 대부분은 사실상 1833년 영국에서 이미 출간된 스크로프(G. Scrope)의『경제학 원리』앞부분 10장을 그대로 옮겨놓은 것이다. 포터는 여기에 약간의 변형만 가했을 뿐이다.

†16 존 스튜어트 밀,『경제학의 몇 가지 미해결 문제』, 런던, 1844, 164쪽.

†17 램지,『부의 분배에 관한 고찰』, 에든버러, 1836, 21~24쪽.

†18 매클라우드,『경제학 요강』, 런던, 1858년, 76~80쪽.

†19 패터슨,『금융학』, 에든버러 · 런던, 1868, 129~144쪽.

†20 고대 인도의 법전으로서 브라만으로부터 시작하는 모든 카스트들의 생활과 행동규범을 정해놓은 종교와 의식(儀式)에 관한 법령집. 전래되는 바로는 인류의 조상으로 간주되는 마누(Manu)가 이 유명한 인도 법령집을 기초하였다고 한다. 마르크스가 인용한 교본은 *Manava Dharma Sastra, or the institutes of Manu according to the gloss of kulluka, comprising the Indian system of duties, religious and civil*(제3판, 마드라스, 1863, 281쪽)이다.

†21 마르크스는 경제표를『잉여가치학설사』제1부 제6장과 자신이 편집한 엥겔스의『반뒤링론』제2부 제10장에서 보다 상세히 다루고 있다.

†22 예기치 않게 우연히, 그리고 때맞춰 나타나는 갈등의 해소. 고전극에서 무대장치를 통해 극적인 갈등에 끼어들어 그것을 해소하는 신의 출현.

†23 프리츠 로이터(Fritz Reuter)의 작품에 등장하는 인물.

†24 프랑스 최고의 학술단체로서 다양한 계급〔혹은 아카데미〕으로 이루어져 있다. 데스튀트 드 트라시는 윤리학 · 정치학 아카데미 회원이었다.

†25 초판과 제2판에는 이 부분이 다음과 같이 쓰여 있다. "4년간의 확대재생산에 의해 I부문과 II부문의 총자본은 5,400c+1,750v=7,150에서 8,784c+2,782v=11,566으로, 즉 비율로 환산하면 100 : 160으로 증가하였다. 총잉여가치는 원래의 1,750에서 이제 2,782로 늘어났다. 소비된 잉여가치는 처음에는 I부문에서 500, II부문에서 535, 합계 1,035였다가, 마지막 연도에는 I부문에서 732, II부문에서 958, 합계 1,690이 되었다. 즉 비율로 환산하면 100 : 163으로 증가하였다.

| 참고문헌 |

마르크스와 엥겔스가 언급한 문헌들을 포함하였다.

마르크스와 엥겔스가 인용한 저서는 확정된 경우에 한하여 두 사람이 사용했다고 생각되는 판을 제시하였다. 몇몇 경우, 특히 출전이나 문헌을 일반적으로 지시하는 경우에는 그 저서의 어느 판인지를 제시하지는 않았다. 법률이나 기록문서는 그 중에서 인용된 경우에만 제시하였다. 또한 그 출전이 조사되지 않은 것도 있다.
(각 사항 뒤의 숫자는 MEW판의 쪽수이다. 그러나 주의 경우, 쪽수는 이 책에서 약간 변동이 있을 수도 있다. — 편집자)

1. 저서와 논문
(지은이가 밝혀진 것들로, 지은이 이름의 가나다순으로 제시하였다. — 편집자)

굿 Good, William Walter, 『정치, 농업, 상업에 대한 오류』(*Political, agricultural and commercial fallacies; or the prospect of the nation after twenty years*), 런던, 〔1866〕. 238, 239

뉴먼 Newman, Samuel Philips, 『경제학 요강』(*Elements of political economy*), 앤도버/뉴욕, 1835. 156

데스튀트 드 트라시 Destutt de Tracy, 『이데올로기 요론』(*Elémens d'idéologie*), 제4부와 제5부 「의지와 의지작용론」, 파리, 1826. 476~484

뒤퐁 드 느무르 Dupont de Nemours, 『케네 박사의 준칙, 또는 그 사회경제학 원리의 요강』(*Maximes du docteur Quesnay, ou résumé de ses principes d'économie sociale*), 『중농학파』(외젠 데르 엮음), 제1부, 파리, 1846. 190

라드너 Lardner, Dionysius, 『철도경제학』(*Railway economy: a treatise on the new art of transport, its management, prospects, and relations, commercial, financial, and social. With an exposition of the practical results of the railways in operation in the United Kingdom, on the continent, and in America*), 런던, 1850. 170, 179~181

라베르뉴 Lavergne, Léonce de, 『영국 · 스코틀랜드 · 아일랜드의 농업경제』(*The rural economy of England, Scotland, and Ireland*), 에든버러 · 런던, 1855. 240

라벨레 Laveleye, Émile de, 『벨기에 농촌경제론』(*Essai sur l'économie rurale de la Belgique*), 브뤼셀〔1863〕. 245, 246

래번스톤 Ravenstone, Piercy, 『국채제도와 그 영향에 대한 고찰』(*Thoughts on the funding system and its effects*), 제3판, 런던, 1824. 21

램지 Ramsay, George, 『부의 분배에 관한 고찰』(*An essay on the distribution of wealth*), 에든버러, 1836. 230, 389, 434

레일러 Lalor, John, 『화폐와 윤리』(*Money and morals: a book for the times*), 런던, 1852. 141

로드베르투스 Rodbertus-Jagetzow, Johann Karl, 『서한 및 사회정책 논집』(*Briefe und Socialpolitische Aufsätze*), 루돌프 마이어 엮음, 제1권, 베를린〔1881〕. 14, 24

________, 『우리나라의 경제상태에 관한 인식』(*Zur Erkenntniß unsrer staatswirthschaftlichen Zustände*), 제1분책, 노이브란덴부르크 · 프리드란트, 1842. 13, 14, 18, 26

________, 『자본. 키르히만과의 제4사회서한』(*Das Kapital. Vierter socialer Brief an von Kirchmann*), 테오필 코작 엮음, 베를린, 1844. 14

________, 『키르히만에게 보내는 사회서한, 제3서한: 리카도 지대론의 반박과 신지대론의 확립』(*Sociale Briefe an von Kirchmann*), 베를린, 1851. 14, 15

로셔 Roscher, Wilhelm, 『국민경제학 원리』(*Die Grundlagen der Nationalökonomie. Ein Hand und Lesebuch für Geschäftsmänner und Studierende*), 제3수정판, 슈투트가르트 · 아우크스부르크, 1858. 372

로스코/쇼를레머 Roscoe, Henry Enfield/Schorlemmer, Carl, 『화학상론』(*Ausführliches Lehrbuch der Chemie*) 제1권, 브라운슈바이크, 1877. 22

르 트론 Le Trosne, 〔Guillaume-François〕, 「사회적 이해에 대하여」(De l'intérêt social par rapport à la valeur, à la circulation, à l'industrie et au commerce intérieur et extérieur), 『중농학파』(Physiocrates. Quesnay, Dupont de Nemours, Mercier de la Riviére Baudeaux, Le Trosne, avec une introd. sur la doctrine des physiocrates, des commentaires et des notices historiques, par Eugéne Daire), 제2부, 파리, 1846. 190

리 Lee, Nathanael, 『희곡집』(*The dramatick works*) 제3권, 런던, 1734. 131

마르크스 Marx, Karl, 『경제학 비판』(*Zur Kritik der Politischen Oekenomie*) 제1권, 베를린, 1859. 8, 346

________, 『자본』(*Das Kapital. Kritik der politischen Oekonomie*) 제1권, 제1부: 자본의 생산과정, 제2개정판, 함부르크, 1872. 8, 13, 18, 21, 35, 45, 55, 59, 72, 83, 84, 116, 125, 128, 136, 143, 155, 158, 162, 164, 166, 173, 174, 182, 187, 203, 205, 209, 218, 227~229, 241, 309, 310, 322, 327, 333, 342, 343, 352, 353, 355, 356, 360, 395, 412, 436, 476, 485, 496, 497, 501, 502, 504

________, 『철학의 빈곤. 프루동의 '빈곤의 철학'에 대한 응답』(*Misère de la philosophie. Réponse à la philosophie de la misère de Proudhon*), 파리 · 브뤼셀, 1847. 15, 20, 21, 24

________, 『철학의 빈곤. 프루동의 '빈곤의 철학'에 대한 응답』(*Das Elend der phiosophie Antwort auf Proudhons Philosophie des Elends*), 베른슈타인 · 카우츠키 옮김, 슈투트가르트, 1885. 13

________(익명), 『임노동과 자본』(*Lohnarbeit und Kapital*), 사회민주당 기관지, 『신라인 신문』에 게재, 쾰른, 1849년 4월 5, 6, 7, 8, 11일자. 15

마이어 Meyer, Rudolf Hermann, 『제4신분의 해방투쟁』(*Der Emancipationskampf des vierten Standes*) 제1권, 베를린, 1874. 13, 14

매클라우드 Macleod, Henry Dunning, 『경제학 요강』(*The elements of political economy*), 런던, 1858. 230

뮐러 Müller, Adam Heinrich, 『정치학 요강』(*Die Elemente der Staatskunst*)』, 베를린, 1809. 186

밀 Mill, John Stuart, 『경제학의 몇 가지 미해결 문제』(*Essays on some unsettled questions of political economy*), 런던, 1844. 230

바턴 Barton, John, 『노동자계급의 상태에 영향을 끼치는 요인에 관한 고찰』(*Obeservations on the circumstances which influence the condition of the labouring classes of society*), 런던, 1817. 229

〔베일리, Bailey, Samuel〕, 『가치의 성질, 척도와 원인에 관한 비판적 논고』(*A critical dissertation on the nature, measures, and causes of value: chiefly in reference to the writings of Mr. Ricardo and his followers*), 런던, 1825. 110

세이 Say, Jean-Baptiste, 『맬서스에게 보내는 편지』(*Lettres à M. Malthus sur différens sujets d'économie politique notamment sur les causes de la stagnation générale du commerce*), 파리, 1820. 438

________, 『경제학 개론』(*Traité d'économie politique, ou simple exposition de la manière dont se forment, se distribuent, et se consomment les richesses*), 제3판, 파리, 1817. 152, 389

슈토르흐 Storch, Henri, 『국민소득의 성질에 관한 고찰』(*Considérations sur la nature des revenu national*), 파리, 1824. 390, 432

________, 『경제학 강의』(*Cours d'économie politique ou exposition des principes qui déterminent la prospérité des nations*) 제2권, 상트페테르부르크, 1815. 390

스미스 Smith, Adam, 『국부론』(*An inquiry into the nature and causes of the wealth of nations*), 에든버러, 1848. 16, 17, 141, 190~199, 201~211, 213, 216, 361~367, 369~373, 376, 377, 380, 388, 471, 472

스크로프 Scrope, 『경제학 원리』(*The principles of political economy*) → 포터, 『경제학』

시니어 Senior, Nassau-William, 『경제학의 근본원리』(*Principes fondamentaux de l'économie politique*), 장 아리바베네 옮김, 파리, 1836. 436

시스몽디 Sismondi, Jean-Charles-Léonard Sismondi de, 『경제학 연구』(*Études sur l'économie politique*) 제1권, 브뤼셀, 1837. 141

________, 『신경제학 원리』(*Nouveaux principes d'économie politique, ou de la richesse dans ses rapports avec la population*) 제1권, 파리, 1819. 24, 25, 114, 115, 390

애덤스 Adams, William Bridges, 『도로와 철도』(*Roads and rails and thier sequences, physical and Moral*), 런던, 1862. 170, 171, 173

웨일런드 Wayland, Francis, 『경제학 요강』(*The elements of political economy*), 보스턴,

1843. 227

윌리엄스 Wiliams, Richard Price, 『선로 유지에 관하여—토목기사협회에서의 강연』(*On the maintenance and renewal of permanent way*) 제25권, 1865~66년 회기(제임스 포레스트 엮음), 런던, 1866. 170, 180, 181

죄트베어 Soetbeer, Adolf, 『아메리카 발견 이후 지금까지의 귀금속 생산과 금은의 가치비율』(*Edelmetall Produktion und Werthverhältniss zwischen Gold und Silber seit der Entdeckung Amerika's bis zur Gegenwart*), 『페터만 보고서』(*Petermann's Mittheilungen*) 추록 제57번, 고타, 1879. 465

찰머스 Charlmers, Thomas, 『경제학과 도덕국가 및 사회의 도덕관의 관계에 대하여』(*On political economy in connexion with the moral state and moral prospects of society*), 제2판, 글래스고, 1832. 156

추프로프 Tschuprow, 『철도의 경제학』(**Желвзиодорожное хозяйство**) 제1권 「그 경제적 특징 및 이윤과의 관계」(**Его экономическiя особенности и его отношенiя къ интересамъ страны**), 모스크바, 1875. 60

케네 Quesnay, François, 『경제표 분석』(*Analyse du Tableau économique*, 1766), 파리, 1846. 133, 190, 359, 369

________, 『상업 및 수공업자의 노동에 관한 대화』(*Dialogues sur le commerce et sur les travaux des artisans*), 파리, 1846. 133, 343

코벳 Corbet, Thomas, 『개인적 부의 원인과 그 양식에 대한 연구』(*An inquiry into the causes and modes of the wealth of the individuals: or the principles of trade and speculation explained*), 제2부, 런던, 1841. 140

쿠르셀스뇌유 Courcelle-Seneuil, Jean-Gustav, 『공업 · 상업 · 농업 기업의 이론과 실제』(*Traité théorique et pratique des entreprises industrielles, commerciales et agricoles ou manuel des affaires*), 개정증보 제2판, 파리, 1857. 242

키르히호프 Kirchhof, Friedrich, 『농업경영학 요강』(*Handbuch der landwirthschaftlichen Betriebslehre, Ein Leitfaden für praktische Landwirthe zur zweckmäßigen Einrichtung und Verwaltung der Landgüter*), 데사우, 1852. 179, 243, 246~250, 257, 258

타일러 Tyler, Edward Burnett, 『인류의 상고사와 문명의 발전에 관한 연구』(*Forschungen über die Urgeschichte der Menschheit und die Entwickelung der Civilisation*), 뮐러 옮김, 라이프치히, 연도 미상. 436

톰프슨 Thompson, William, 『부의 분배원리에 대한 연구』(*An inquiry into the principles of the distribution of wealth most conducive to human happiness: applied to the newly proposed system of voluntary equality of wealth*), 런던, 1824. 20, 324

________, 『부의 분배원리에 관한 연구』(*An inquiry into the principles of the distribution of wealth most conducive to human happiness*) 신판(윌리엄 페어 엮음), 런던, 1850. 20, 21, 324~326

투크 Tooke, Thomas, 『통화원리에 관한 연구』(*An inquiry into the currency principle: the connection of the currency with prices, and the expediency of a separation of issue from banking*), 제2판, 런던, 1844. 472

튀르고 Turgot, 〔Anne-Robert-Jacques, de L'Aulne〕, 『부의 형성과 분배에 관한 고찰』(*Réflexions sur la formation et la distribution des richesses*), 『저작집』(*Oeuvres*), 신판(데르 엮음), 제1권, 파리, 1844. 190, 343, 360

패터슨 Patterson, Robert Hogard, 『금융학』(*The science of finance. A practical treatise*), 에든버러·런던, 1868. 230

포터 Potter, Alonzo, 『경제학』(*Political economy: its objects, uses, and principles: considered with reference to the condition of the American people. With a summary, for the use of students*), 뉴욕, 1841. 186, 187

호지스킨 Hodgskin, Thomas, 『민중경제학』(*Popular political economy. Four lectures delivered at the London Mechanics' Institution*), 런던, 1827. 245

홀즈워스 Holdsworth, W. A., 『지주 및 임차인 법』(*The law of landlord and tenant, with a copious collection of useful forms*), 런던, 1857. 173, 177, 178

2. 저서와 논문

(지은이가 밝혀지지 않은 것들로, 책명의 가나다순으로 배열하였다. — 편집자)

『국난의 근원과 처방, 존 러셀 경에게 보내는 서한』(*The source and remedy of the national difficulties*), 런던, 1821. 18~21

『마누법전』(Manava Dharma Sastra), 퍼시벌 엮음, 제3판, 마드라스, 1863. 240

3. 국회보고서와 그 밖의 공문서

『벵골과 오리사의 기근에 관한 하원 보고서』(*East India〔Bengal and Orissa famine〕*), 1867년 5월 31일. 142

________, 1867년 7월 30일. 239, 240

『왕립철도위원회. 양원에 제출된 위원회의 증언록』(*Royal commission on railways. Report of the commissioners*), 런던, 1867. 140, 170, 174, 179, 254

『은행법 특별위원회 보고서』(*Report from the select committee on bank acts: together with the proceedings of the committee minutes of evidence, appendix and index. Part I Report and evidence*), 제1부 1857년 7월30일. 236, 237

『주재국의 상공업에 관한 영국 공사관 서기관 보고서』(*Reports by Her majesty's secretaries of embassy and legation, on the manufactures, commerce & c., of the countries in which they reside. Part III*), 제3부, 런던, 1879. 467, 510~512

________, 제8번, 런던, 〔1865〕. 243, 244

4. 신문 · 잡지

『금융시장 리뷰』(*Money Market Review*), 런던, 1867년 12월 2일자. 170

________, 1868년 1월 25일자. 179

『신라인신문』(*Neue Rheinische Zeitung*), 쾰른, 1848년 6월 24일자. 15

________, 1848년 7월 4일자. 15

________, 1848년 7월 26일자. 15

________, 1848년 9월 10일자. 15

________, 1848년 9월 12일자. 15

________, 1848년 11월 9일자. 15

________, 1849년 4월 5일자. 15

________, 1849년 4월 6일자. 15

________, 1849년 4월 7일자. 15

________, 1849년 4월 8일자. 15

________, 1849년 4월 11일자. 15

『이코노미스트』(*The Economist*), 〔런던〕, 1847년 5월 8일자. 138

________, 1866년 6월 16일자. 255

________, 1866년 6월 30일자. 255

________, 1866년 7월 7일자. 255

『정치학 총론』(*Zeitschrift für die gesammte Staatswissenschaft*), 제35권, 튀빙겐, 1879. 13, 14

| 인명 찾아보기 |

* 각 인명 해설 뒤의 숫자는 MEW판의 쪽수이다. 본문에서는 M1, M2, M3……로 표시하였다 — 편집자.

ㄹ

남겼다. 22
르 트론 Guillaume François Le Trosne (1728~1780): 프랑스의 경제학자, 중농주의자. 190
리스트 Friedrich List (1789~1846): 19세기 초반 독일 부르주아 경제학자 가운데 가장 진보적인 학자. 자본주의 제도의 내적 연관을 이론적으로 포착할 수 있는 능력은 없었지만 '실천적 오성'(마르크스)으로서 독일 산업자본주의의 관철을 위해 여러모로 기여하였다. 독일 관세동맹과 독일 전국에 걸친 철도망의 건설 등에 적극 참여함으로써 독일 통일을 위한 투쟁에 중요한 역할을 수행하였다. 독일 산업 부르주아의 보호관세주의의 대가로서 "독일 부르주아 경제학의 저작들 가운데 가장 훌륭한 저술을"(엥겔스) 남겼다. 14
리카도 David Ricardo (1772~1823): 영국의 경제학자. 그의 저술은 부르주아 고전경제학의 정점을 이룬다. 17~21, 23, 25, 26, 151, 152, 217~221, 225, 226, 228~230, 388, 389, 476

ㅁ

마르크스 Marx, Karl (1818~1883) 7, 8, 11~26, 83, 286, 504
마르크스(예니) Jenny Marx (1814~1881): 마르크스의 아내(베스트팔렌 집안 출신)이자 투쟁 동지. 26
마르크스-에이블링 Eleanor Marx-Aveling (1855~1898): 마르크스의 막내딸. 1880~90년대 영국 노동운동과 국제 노동운동의 대표적 인물. 1884년 에드워드 에이블링과 결혼하였다. 12, 14
마블리 Gabriel-Bonnot de Mably (1709~1785): 프랑스의 사회철학자이자 역사학자. 사유재산제도에 반대해서 싸우고 유토피아적인 평등주의적 공산주의를 주장하였다. 360
마이어 Rudolf Hermann Meyer (1839~1899) : 독일의 경제학자로 비스마르크의 반대자. 13, 14, 21
매컬럭 John Ramsay MacCulloch (1789~1864): 스코틀랜드의 경제학자이며 리카도의 이론을 속류화한 자본주의 옹호론자. 19, 249, 389
매클라우드 Henry Dunning Macleod (1821~1902): 영국의 경제학자로서 특히 금융이론에 몰두하였다. 230
맬서스 Thomas Robert Malthus (1766~1834): 영국의 성직자이며 경제학자. 부르주아화한 토지귀족의 이데올로그로서 자본주의 옹호론자. 자본주의에서 나타나는 노동자의 빈곤을 정당화하려는 목적에서 반동적인 과잉인구이론을 만들어냈다. 438
뮐러 Adam Heinrich Müller (1779~1829): 독일의 정치평론가이자 경제학자. 봉건적 귀족계급의 이익에 봉사한 이른바 낭만주의적 경제학의 대표자로 애덤 스미스의 학설에 반대하였다. 186
밀 James Mill (1773~1836): 영국의 경제학자이자 철학자. 리카도의 학설을 속류화하였다. 249, 501
밀 John Stuart Mill (1806~1873): 영국의 경제학자이자 실증주의 철학자. 리카도의 학설을 속류

화하여, 부르주아 계급의 이윤과 노동자계급의 생활 사이의 이해관계의 조화를 주장하고 자본주의의 모순을 분배구조의 개혁을 통해 극복하고자 하였다. 제임스 밀의 아들. 230, 390

ㅂ

바그너 Adolph Wagner (1835~1917): 경제학자로서 강단사회주의자. 비스마르크의 반동적인 정치를 지지하였다. 21

바크웰 Robert Bakewell (1725~1795): 영국의 농업경영가이자 축산업자. 240

바턴 John Barton (18세기 말~19세기 초): 영국의 경제학자로, 부르주아 고전경제학의 주창자. 229, 230, 390

베른슈타인 Eduard Bernstein (1850~1932): 독일 사회민주당과 제2인터내셔널의 기회주의의 대표적인 지도자. 당 기관지 『조치알데모크라트』(*Der Sozialdemokrat*, 1881~90)의 편집장 역임. 독일 수정주의의 이론적 지주. 계급투쟁과 프롤레타리아 혁명, 프롤레타리아 독재 그리고 노동자계급의 연대 등에 관한 마르크스의 이론을 부인하고 그에 대한 반론으로 기존 부르주아 사회체제의 틀 속에서 개혁을 통해 평화적으로 사회주의로 이행할 수 있다는 잘못된 이론을 제기하였다. 13

베서머 Sir Henry Bessemer (1813~1898): 영국의 엔지니어이자 화학자. 자신의 이름을 딴 제철법을 개발하였다. 242

베일리 Samuel Bailey (1791~1870): 영국의 철학자이자 경제학자. 속류경제학의 입장에서 리카도의 노동가치론에 반대하는 한편, 리카도의 경제학적 견해가 안고 있는 두세 가지 모순을 정확하게 지적해내었다. 110, 501

ㅅ

세이 Jean Baptiste Say (1767~1832): 프랑스의 경제학자. 애덤 스미스의 저술을 체계화하고 속류화하였다. 토지 · 자본과 노동을 지대 · 이윤 그리고 임금의 독자적인 원천이라고 이름 붙임으로써 속류경제학적 생산요소 이론의 기초를 형성하였다(삼위일체 정식). 151, 152, 389, 390, 438

셰르뷜리에 Antoine-Elisée Cherbuliez (1797~1869): 스위스의 경제학자로 시스몽디의 제자. 시스몽디의 이론을 리카도 학설의 원리와 결합시켰다. 390

셰플레 Albert Eberhard Friedrich Schäffle (1831~1903): 속류경제학자이자 부르주아 사회학자. 14, 504

셸레 Karl Wilhelm Scheele (1742~1786): 스웨덴의 화학자. 산소에 대한 글을 썼다. 22

쇼를레머 Carl Schorlemmer (1834~1892): 독일 태생의 화학자로 맨체스터 대학의 교수를 지냈다. 독일 사회민주당 당원이며 마르크스와 엥겔스의 절친한 친구였다. 22

ㅇ

ㅊ

ㅋ

| 사항 찾아보기 |

* 각 사항 뒤의 숫자는 MEW판의 쪽수이다. 본문에서는 M1, M2, M3……로 표시하였다—편집자.

ㄷ

ㅅ

ㅇ

ㅈ